G. Reinhart • H. Schnauber (Hrsg.)

Qualität durch Kooperation

Springer
Berlin
Heidelberg
New York
Barcelona
Budapest
Hongkong
London
Mailand
Paris
Santa Clara
Singapur
Tokio

Gunther Reinhart · Herbert Schnauber (Hrsg.)

Qualität durch Kooperation

Interne und externe Kunden-Lieferanten-Beziehungen

Mit 220 Abbildungen

Springer

HERAUSGEBER

Prof. Dr.-Ing. Gunther Reinhart
Institut für Werkzeugmaschinen und Betriebswissenschaften (iwb)
TU München
Boltzmannstraße 15
85748 Garching

Prof. Dr.-Ing. Herbert Schnauber
Institut für Arbeitswissenschaft
Lehrstuhl für Arbeitssystemplanung und -gestaltung (LAS)
Ruhr-Universität Bochum
Universitätsstraße 150, Geb. NB 1/69
44801 Bochum

ISBN 3-540-61658-6 Springer-Verlag Berlin Heidelberg New York

Die Deutsche Bibliothek – CIP-Einheitsaufnahme
Qualität durch Kooperation : interne und externe Kunden-Lieferanten-Beziehungen / G. Reinhart ; H. Schnauber (Hrsg.) – Berlin ; Heidelberg ; New York ; Barcelona ; Budapest ; Hongkong ; London ; Mailand ; Paris ; Santa Clara ; Singapur ; Tokio : Springer, 1997
ISBN: 3-540-61658-6
NE: Reinhart, Gunther; Schnauber, Herbert [Hrsg.]

Einbandgestaltung: de'blik, Berlin
Satz/Datenkonvertierung: Medio, Berlin
Herstellung: Renate Schulte

SPIN: 10548288 62/3020-5 4 3 2 1 0 – Gedruckt auf säurefreiem Papier.

Vorwort des Projektträgers „Fertigungstechnik und Qualitätssicherung"

Im Vorwort des Programms Qualitätssicherung 1992-1996 vom Juli 1992 schrieb der damalige Bundesminister für Forschung und Technologie, Dr. Heinz Riesenhuber:

„Ziel des Programms Qualitätssicherung ist es, unsere Unternehmen durch Bereitstellung von Know-how, durch Kooperation und Information anzuregen, integrierte Qualitätssicherungssysteme beschleunigt einzuführen, damit sie im internationalen Wettbewerb bestehen können; dies gilt vor allem für kleine und mittlere Unternehmen. Dieses Programm soll auch dazu beitragen, daß unsere Unternehmen den Anforderungen des europäischen Binnenmarktes gewachsen sind und der Industriestandort Deutschland auch künftig attraktiv bleibt."

Im Jahre 1992 wurde im Bundesanzeiger das Thema „Qualitätsförderliche Organisations- und Führungsstrukturen" bekanntgegeben. Ziel dieses Verbundprojektes war es, neue Organisationskonzepte und Führungsstrukturen zu konzipieren und zu entwickeln. Dabei sollte insbesondere das Erfahrungswissen der Beschäftigten in allen Unternehmensbereichen zum Ausgangspunkt qualitätssichernder Maßnahmen genommen werden. Hierzu sollten ganzheitliche Unternehmens- und Führungskonzepte unter Berücksichtigung bereits bekannter Ansätze entwickelt und pilotartig erprobt werden, die das Qualitätsbewußtsein im Unternehmen fördern und Qualitätspotentiale durch ein harmonisches Zusammenspiel von Mensch, Organisation und Technik im Unternehmen erschließen. Eine weitere Forderung der Bekanntmachung war, daß „die Ergebnisse breit umsetzbar und anwendbar sein sollen. Hierzu ist die Mitarbeit besonders geeigneter und motivierter Unternehmen und Institute mit einschlägigen Erfahrungen erforderlich".

Die rund 100 eingereichten Projektskizzen verschiedener Projektgemeinschaften verdeutlichten die überaus große Bedeutung dieser Thematik. Aus diesem Fundus wurde ein Gesamtverbundprojekt gestaltet, das nach Diskussionen auf mehreren Fachgesprächen und der Einsicht, daß es „die beste organisatorische Lösung" für die Vielzahl von betrieblichen Konstellationen nicht gibt, in vier Teilprojekte mit folgenden Arbeitsschwerpunkten gegliedert:

- Teilprojekt 1 „Innovatives Qualitätsmanagement in mittelständischen Unternehmen"
- Teilprojekt 2 „Entwicklung von Konzeptionen zur qualitätsförderlichen Reorganisation von Unternehmen"
- Teilprojekt 3 „Gestaltung von internen Kunden-Lieferanten-Beziehungen"
- Teilprojekt 4 „Gestaltung von externen Kunden-Lieferanten-Beziehungen"

Die Ergebnisse der beiden letztgenannten Teilprojekte werden in dem vorliegenden Buch dargestellt.

In den Teilprojekten 3 und 4 erarbeiteten jeweils 5 Projektgemeinschaften mit über 50 beteiligten Partnern zu unterschiedlichen Themen- und Arbeitsschwerpunkten praxisorientierte Ergebnisse zum Thema „Qualitätsförderliche Organisations- und Führungsstrukturen". Wir hoffen, daß mit diesen Projekten „wesentliche Anstöße in dem Prozeß ohne Ende" im Sinne eines umfassenden Qualitätsmanagements auch nach dem offiziellem Förderende weiterleben werden.

Die vorliegenden Ergebnisse der verschiedenen Projektgemeinschaften und die Erfahrungsberichte der beteiligten Partner sind so vielseitig und facettenreich, daß interessierte Unternehmen, die sich für eine qualitätsförderliche Umstrukturierung ihres eigenen Betriebs interessieren, aus diesen Ergebnissen Nutzen ziehen können. Sie werden darüber hinaus erkennen können, welche Entwicklungsmöglichkeiten für sie bestehen und mit welchen Schritten, Ansätzen und Methoden sie, für sich selbst angepaßt, einen nachhaltigen Wandel herbeiführen können.

Wir möchten an dieser Stelle den Federführern der Projektgemeinschaften und insbesondere den beiden Koordinatoren Herrn Prof. Dr.-Ing. G. Reinhart (Teilprojekte 3) und Herrn Prof. Dr.-Ing. H. Schnauber (Teilprojekte 4) für Ihr kompetentes Projektmanagement danken. Durch den großen persönlichen Einsatz der Federführer und das zielgerichtete Engagement der Koordinatoren wurde eine erfolgreiche Zusammenarbeit in diesem großen Verbundprojekt sowie die projektübergreifende Ergebnisdarstellung ermöglicht.

Forschungszentrum Karlsruhe GmbH
Projektträgerschaft Fertigungstechnik und Qualitätssicherung

DR.-ING. INGWARD BEY Februar 1997

Vorwort der Herausgeber

„Der Kunde ist König" – Eine goldene Regel, die über Jahrzehnte, wenn nicht über Jahrhunderte ihre Gültigkeit besaß. In den letzten zehn Jahren allerdings war zu beobachten, daß diese Regel in Deutschland weniger ernst genommen wurde. Das lag sicherlich einerseits daran, daß der direkte Zusammenhang zwischen Umsatz, Betriebsergebnis und persönlichem Einkommen auch im Handel durch die Tarifierung der Gehälter verwässert wurde und insbesondere, daß die Märkte sich zu einem Verkäufermarkt hin entwickelten – viele Produkte wurden eher verteilt als verkauft. Dies hat sich nun in dramatischer Weise geändert. Die Märkte sind in Bewegung geraten, Sättigung und Internationalisierung kennzeichnen das Geschehen und der Kunde ist in einem Käufermarkt nun wieder zum König geworden.

In diesem Kontext hat sich auch die Bedeutung von Qualität für den Geschäftserfolg in Produktionsbetrieben und im Handel durchgesetzt. Führende Unternehmen gehen über die Implementierung und Zertifizierung eines Qualitätsmanagementsystems hinaus in Richtung eines Total-Quality-Management und messen sich beispielsweise am Europäischen Modell für Umfassendes Qualitätsmanagement der EFQM. Auch hier kommt der Rolle des „König Kunden" große Bedeutung zu. Die Forderung nach kompromißloser Qualität bei der Erbringung einer Leistung, sei es als Produkt oder als Dienstleistung, wird mit der Metapher von einem einvernehmlichen Kunden-Lieferanten-Verhältnis wohl am treffendsten und für jedermann eingängig beschrieben. Dies gilt gleichermaßen für die Gestaltung von Kooperationen zwischen Unternehmen, sozusagen den externen Kunden-Lieferanten-Beziehungen, wie für die Gestaltung innerbetrieblicher Führung und Zusammenarbeit, den internen Kunden-Lieferanten-Beziehungen. Dabei ist internen wie externen Kunden-Lieferanten-Beziehungen gemeinsam, daß der Vorgänger in der Prozeßkette (Lieferant) bei Abgabe seiner Leistung kompromißlos prüfen muß, ob sie in ihrer Qualität den Anforderungen des Nachfolgers (Kunde) genügt. Dieser ist im Sinne gelebter Qualitätsregelkreise zur Informationsrückkopplung verpflichtet. Unterschiedlich sind dagegen vielfach Selbstverständis und Vertrauen: Es ist nicht von vornherein für Jedermann in einem Unternehmen klar, daß sein Kollege auch sein Kunde ist – das ist über die Unternehmensgrenzen hinweg schon selbstverständlicher. Andererseits ist es schwieriger, Vertrauen zwischen Unternehmen und ihren Mitarbeitern zu schaffen, auf dessen Basis sich qualitativ hochwertige Ergebnisse in der Kooperation erzielen lassen. Dies ist innerhalb der Unternehmensgrenzen oft einfacher.

Dieses Buch entstand im Rahmen des Verbundprojektes 2 (QS-VP 2) „Qualitätsförderliche Organisations- und Führungsstrukturen" innerhalb des Förderprogrammes Qualitätssicherung 1992-1996 des BMBF und beschreibt die wesentlichen Ergebnisse der Teilprojekte VP 2.3 und 2.4, die sich mit der Gestaltung von internen (Teil I) und externen (Teil II) Kunden-Lieferanten-Beziehungen beschäftigt haben. Die Projektlaufzeit erstreckte sich von 1993 bis 1996. Es adressiert die sogenannten Softfactors des Qualitätsmanagements: Zusammenarbeit, Führung und Organisation und beleuchtet ihre praktische Bedeutung in den Unternehmen. Geeignete Methoden zur zielstrebigen Einführung und Verbesserung werden genauso beschrieben wie Voraussetzungen und Randbedingungen zur Verbesserung ihrer Wirkung.

Mit dem Vorhaben, im betrieblichen Alltag den oben genannten Entwicklungen Rechnung zu tragen und die eigene Organisation durch Kooperation auf Qualität auszurichten, treten die Beziehungen der an dieser Kooperation Beteiligten in den Vordergrund. Für alle, die sich mit der Umsetzung Qualitätsförderlicher Organisations- und Führungsstrukturen beschäftigen, können und sollen diese Praxiserfahrungen eine wertvolle Hilfe sein. Deshalb haben wir uns bei der Erstellung dieses Buches drei Ziele gesetzt: Es soll für den Praktiker greifbare Hinweise geben, möglichst viele Praxisbeispiele zur anschaulichen Darstellung enthalten und kompakt und zügig lesbar sein. Es waren uns weniger theoretische Grundlagen als praxisorientierte Umsetzungshinweise von Bedeutung. Die Theorie haben wir in den beiden Teilen daher jeweils knapp an den Anfang gestellt, die Praxisberichte erfolgen daraufhin in Teil I mit den Kapiteln 4 bis 8 von der qualitätsförderlichen Organisation von Entwicklung und Arbeitsvorbereitung bis zur produktneutralen verrichtungsorientierten Werkerselbstprüfung und in Teil II mit den Kapiteln 2 bis 6 anhand von Erfahrungsberichten aus der praktischen Umsetzung verschiedener Gestaltungsmodelle unternehmensübergreifender Kooperationen.

Die Gestaltung von Kooperation im und zwischen Unternehmen erfordert ein hohes Maß an Multi-Disziplinarität, wenn die Zusammenarbeit die erwarteten Synergien entwickeln soll. Welche Lösungen und Erfahrungen Teams aus Industrie und Hochschule mit Vertretern unterschiedlicher Disziplinen auf dem Weg zur Gestaltung qualitätsförderlicher Kunden-Lieferanten-Beziehungen gemeinsam erarbeitet haben, soll in dem vorliegenden Werk vorgestellt werden. Fallbeispiele aus den 36 Unternehmen aus verschiedensten Branchen vom Maschinenbau über die Elektronik bis hin zur Textilindustrie bieten die Möglichkeit, Ergebnisse und Erkenntnisse anschaulich und nachvollziehbar darzustellen. Die Betreuung dieser Maßnahmen durch 17 Forschungsinstitute gewährleistete die Einbeziehung neuester Erkenntnisse und die Verallgemeinerbarkeit der Ergebnisse. Die beteiligten Unternehmen waren sehr offen bei der Darstellung ihrer Probleme. Dafür möchten wir uns hiermit bedanken. Sie haben sie nun in vielen Fällen bereits gelöst. Daraus sollten Sie lernen, denn schließlich geht es nahezu allen Unternehmen ähnlich wie den Unternehmen des Forschungkonsortiums.

Allen Autoren möchten wir für Ihren Einsatz und die gute Zusammenarbeit in den letzten drei Jahren und bei der Erstellung des Buchmanuskriptes unseren Dank aussprechen. Die Erstellung dieses Buches wäre sicherlich ohne die tatkräftige Hilfe aller Mitwirkenden nicht möglich gewesen. Unser Dank gilt auch dem BMBF und dem Projektträger für Fertigungstechnik und Qualitätssicherung im Forschungszentrum Karlsruhe für die finanzielle und organisatorische Unterstützung des Gesamtprojektes. Insbesondere möchten wir Frau Dipl.-Des. Christiane Peters, Herrn Dipl.-Soz. Helmut Mense und Herrn Ing. Siegfried Liese namentlich erwähnen, die durch ihre offene und sachliche Begleitung zum Gelingen des Projektes beigetragen haben.

Unser besonderer Dank gilt den Herren Thomas Kampschulte und Markus König für die ausgezeichnete Planung und Gesamtkoordination des Buchprojektes sowie für die redaktionelle Betreuung des Textes. Weiterhin möchten wir uns bei allen hier nicht genannten Kollegen und Mitarbeitern für die wertvolle Unterstützung bedanken. Dank gilt schließlich auch dem Springer-Verlag für die schnelle und sorgfältige Ausführung der Drucklegung.

GUNTHER REINHART
HERBERT SCHNAUBER

Februar 1997

Inhaltsverzeichnis

Vorwort des Projektträgers V

Vorwort der Herausgeber VII

Einführung: Qualität durch Kooperation
(M. König und Th. Kampschulte) 1

TEIL I:
GESTALTUNG INTERNER KUNDEN-LIEFERANTEN-BEZIEHUNGEN 11

1 **Einführung** *(G. Reinhart und M. König)* 17

2 **Der Mitarbeiter und seine neue Bedeutung im Unternehmen**
(M. König und R.Aichner) 27

3 **Methodik zur Gestaltung interner Kunden-Lieferanten-Beziehungen**
(M. König) 37

4 **Gestaltung von Organisations- und Führungsstrukturen**
(W. E. Lulay, R. Aichner, F. Schmidt und B. Hartmann) 75

5 **Qualitäts-, prozeß-und teamorientierte Planungsinseln – evolutionäre Organisationsgestaltung**
(J. Otzipka, A. Fricker, K. Krings, U. Sander, D. Elsinghorst, P. Fazekas) 129

6 Regelkreisgesteuerte Auftragsabwicklung
(K. Betzl, R. Ruckaberle, W. Schweizer, T. Langhoff, U. Uhrmann-Novak, R. Harzem, U. Rüffer, F. Schmidt, H. Schott, U. Becker, E. Kiesling, H. Pawelke) 173

7 Von der Werkerselbstkontrolle zur Produzentenverantwortung
(Th. Linsenmaier und St. Wilhelm) 211

8 Selbstprüfpläne – Neugestaltung von Prüfprozessen
(F. Fleissner, J. Burghardt, B. Mahnke, H. Erkes, Chr. Räuber, C. Seyb, L. Hallasch) 257

9 Zusammenfassung der Ergebnisse
(M. König) 301

10 Anhang Teil I 305

TEIL II:
GESTALTUNG EXTERNER KUNDEN-ZULIEFERER-BEZIEHUNGEN 311

1 Anforderungen und Handlungsmöglichkeiten
(Th. Kampschulte) 317

2 Symbiotische Zusammenarbeit – ein Gestaltungsmodell als Hilfe zur Selbsthilfe
(Projektgemeinschaft QS-VP 2.4.1: Anlagen-, Geräte- und Maschinenbau
Federführung: LAS-Bochum 331

3 Kleinstbetriebsmanagement in der Lieferkette
(Projektgemeinschaft QS-VP 2.4.2: Kleinstbetriebe / Handwerk
Federführung: FOWIG, Karlsruhe) 419

4 Qualitätssicherung durch Pozeßorientierung
(Projektgemeinschaft QS-VP 2.4.3: Kfz-Zulieferer
Federführung: IPH-Hannover) 509

5 QualiTex Qualitätsförderung durch zukunftsweisende Kooperation einer textilen Fertigungskette
(Projektgemeinschaft QS VP 2.4.4: Textilverarbeitung Federführung: HDZ / IMA – Aachen) 567

6 Qualitätsförderung als innerbetriebliche und unternehmensübergreifende Aufgabe in der Papierverarbeitenden Industrie
(Projektgemeinschaft QS-VP 2.4.5: Papierverarbeitende Industrie, Federführung: August Faller KG, Waldkirch i. Brsg.) 611

7 Resümee der Projektgemeinschaft zur „Gestaltung externer Kunden-Lieferanten-Beziehungen"
(Federführer des QS-VP2.4) 637

8 Anhang Teil II 641

Sachwortverzeichnis (Teil I und Teil II) 653

Einführung: Qualität durch Kooperation

M. König und Th. Kampschulte

Der Markt und die Herausforderung

Ein Unternehmen lebt von dem Gewinn, den es bei dem Verkauf seiner Produkte auf dem Markt erzielen kann. Der Gewinn ist dabei die Differenz zwischen dem erzielten Preis und den Kosten, die bei der Erstellung des Produkts anfallen. Auf dem Markt treffen sich sowohl potentielle Kunden als auch weitere Produzenten gleicher Produkte.

Die Anforderungen der Kunden haben sich gewandelt

Ein Unternehmen kann sich nur dann dauerhaft auf dem Markt behaupten, wenn es Kunden findet, die seine Produkte den Produkten der Wettbewerber vorziehen. Dies setzt aber voraus, daß das Produkt den Bedürfnissen des Kunden entspricht. Und genau an diesem Punkt haben sich in den vergangenen Jahren dramatische Veränderungen vollzogen, die produzierende Unternehmen vor eine neue, komplexe Herausforderung stellen (Bild 1).

Verkäufermarkt

In der Vergangenheit war der Markt durch die verkaufenden Unternehmen geprägt. Bis auf wenige Ausnahmen waren sie weitestgehend in der Lage, die Forderungen und Wünsche des Kunden zu ignorieren. Es bestand ein großer Bedarf an Produkten jeglicher Art. In der Regel konnte der Markt sehr große Stückzahlen aufnehmen. Die Kosten für die Produkterstellung waren verhältnismäßig gering. Der Anteil an fehlerhaft produzierten Produkten in der Lieferung an den Kunden wurde durch Qualitätskontrollen nach der Fertigstellung möglichst gering ge-

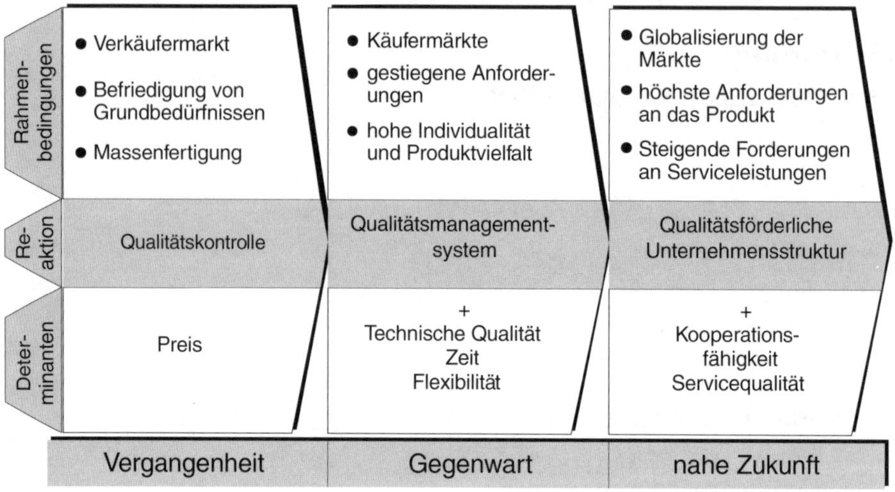

Bild 1: Veränderung der marktseitigen Rahmenbedingungen

halten. Der Kunde akzeptierte Fehler bis zu einem gewissen Ausmaß, solange das Produkt im Preis wettbewerbsfähig war.

Käufermarkt

Die zunehmende Sättigung brachte eine deutliche Wandlung des Marktes. Die Verringerung der Absatzmengen und die Verteuerung des Ressourceneinsatzes machten eine wirtschaftliche Produktion bei gleichbleibendem Fehleranteil unmöglich. Gleichzeitig kräftigte der verstärkte Wettbewerb die Stellung des Kunden. Er konnte immer häufiger die Erfüllung seiner Bedürfnisse zur Kaufentscheidung heranziehen. Neben einem geringeren Fehleranteil bezogen sich seine Forderungen auch auf niedrigere Preise und kürzere Lieferzeiten. Als eine Reaktion hierauf wurden in Unternehmen u.a. Qualitätsmanagementsysteme nach DIN EN ISO 9000ff. eingeführt. Diese sollten eine fehlerarme und somit kostengünstigere Produktion ermöglichen.

Veränderungen werden zukünftig noch intensiver und dynamischer

Die Veränderungen sind jedoch noch nicht abgeschlossen. Trends der letzten Jahre lassen sogar vermuten, daß sie erst am Anfang stehen und sich in Zukunft noch intensiver und dynamischer vollziehen werden.

Die Globalisierung der Märkte erhöht die Anzahl der Wettbewerber. Qualitativ hochwertige Produkte und die Beherrschung hochtechnologischer Fertigungsprozesse sind nicht mehr Monopole einzelner Unternehmen, sondern werden zum weltweiten Standard. Verstärkter Wettbewerb rückt auch die Position des Kunden in das Zentrum des Marktes. Seine Bedürfnisse richten sich aber nicht mehr nur auf immer komplexere und anspruchsvollere Produkte. Er wird verstärkt auch auf zusätzliche Leistungen des Produzenten drängen. Er wird Aufgaben verlangen können, die entweder eine engere Zusammenarbeit mit ihm selbst erfordern oder die Leistungsfähigkeit eines einzelnen Produzenten übersteigen. Produzenten werden sich zunehmend gezwungen sehen, Leistungen anderer Produzenten in ihre eigenen Prozesse zu integrieren bzw. eigene Leistungen anderen Unternehmen zur Verfügung zu stellen. Die uneingeschränkte Erfüllung dieser bereits heute erkennbaren Bedürfnisse des Kunden wird über den Fortbestand eines Unternehmens entscheiden.

Neben den technischen Produkten werden zusätzliche Leistungen entscheidend

Diese Entwicklung wird aber noch eine weitere Auswirkung haben. Die Verkürzung der Änderungszyklen wird es den Produzenten unmöglich machen, sich immer wieder aufs neue den geänderten Randbedingungen anzupassen. Vielmehr muß ein Unternehmen seine passive, reagierende Rolle verlassen und sich proaktiv auf die Anforderungen des Kunden einstellen.

Unternehmen müssen sich proaktiv auf die Veränderungen einstellen

Diesen neuen Herausforderungen können heutige Unternehmen auch mit einem Qualitätsmanagementsystem nicht mehr gerecht werden. Vielmehr muß eine Organisations- und Führungsstruktur geschaffen werden, die den zielgerichteten, effizienten und effektiven Einsatz aller für die Bewältigung der Aufgabe erforderlichen, intern und extern verfügbaren Potentiale und Kapazitäten ermöglicht und fördert. Diese neuen qualitätsförderlichen Strukturen ersetzen dabei nicht zwingend bestehende Werkzeuge bzw. machen sie überflüssig, sondern koordinieren deren Leistungsfähigkeit und führen sie zum gesamtoptimalen Nutzen.

Qualitätsförderliche Organisations- und Führungsstrukturen sind erforderlich

Notwendigkeit der Kooperation

Qualität heißt die Kundenbedürfnisse zu befriedigen

Das Maß für Qualität ist die Erfüllung der gestellten bzw. vorausgesetzten Anforderungen. Ein hohes Qualitätsniveau bedeutet somit die nahezu vollständige Befriedigung der Kundenbedürfnisse. Bedürfnisse, die der Kunde hat bzw. zukünftig verstärkt haben wird, sind im vorangegangenen aufgezeigt worden. Hieraus läßt sich eine Notwendigkeit ableiten, die es im Unternehmen zu realisieren gilt: die verstärkte Ausrichtung an den Erwartungen der Kunden.

Kundenorientierung durch Kooperation

Die Erzielung eines hohen Qualitätsniveaus der Produkte (Dienstleistungen und physikalische Produkte) kann nur dann gewährleistet werden, wenn alle, die an der Erstellung des Produktes beteiligt sind, kooperieren. Dabei ist unter Kooperation die arbeitsteilige, zielgerichtete Zusammenarbeit von selbständigen Personen, Gruppen oder Organisationen (den sog. Kooperationspartnern)

- auf der Basis gemeinsamer Werte und Normen,
- auf der Grundlage ähnlicher Ziele, Interessen und Prioritäten bzgl. eines Vorhabens sowie
- der Perspektive eines erreichbaren, eigenen Vorteils aus dem Gesamtergebnis für alle Beteiligten

zu verstehen [vgl. 1.1, 1.2, 1.3, 1.4].

Einen Beitrag zur Erreichung eines hohen technischen Qualitätsniveaus leisten die immer anspruchsvolleren und leistungsfähigeren Fertigungsverfahren. Inwieweit aber diese technologischen Möglichkeiten für die richtigen, nutzbringenden Dinge eingesetzt werden, hängt von den beteiligten Mitarbeitern selbst sowie deren Interaktion untereinander ab. Erst der uneingeschränkte Einsatz aller intern und extern vorhandenen Fähigkeiten und Kenntnisse, der sog. humanen Potentiale, sowie deren zielgerichtete Koordination und Kooperation sichert das hohe Qualitätsniveau des zu erstellenden Produkts.

Kooperation findet auf allen Ebenen statt

Die erforderliche Zusammenarbeit der Kooperationspartner kann auf verschiedenen Ebenen stattfinden (Bild 2). Sowohl einzelne Mitarbeiter, Gruppen, Abteilun-

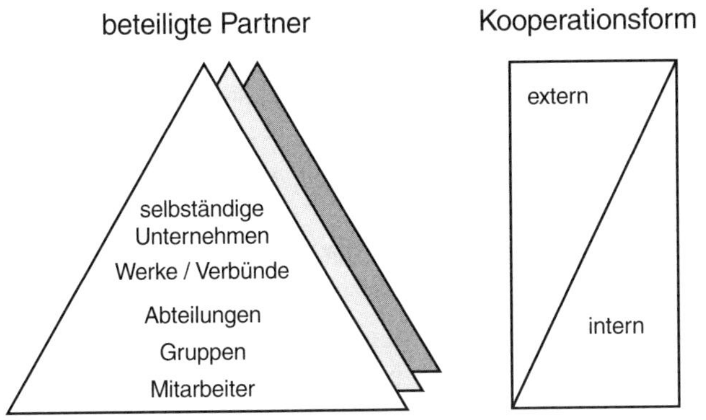

Bild 2: Kooperationsformen und Kooperationspartner

gen, oder Werke eines Konzerns als auch rechtlich eigenständige Unternehmen können als Kooperationspartner miteinander agieren. An diesen Ebenen orientiert sich die Bezeichnung der internen und externen Kooperation, wobei auf keiner Ebene eine der beiden Kooperationsformen vernachlässigt werden darf.

Gemeinsames Ziel erreichen und eigene Interessen verfolgen

Unabhängig davon, ob interne oder externe Kooperation betrachtet wird, im Vordergrund steht immer das gemeinsame Ziel, das durch die Kooperation erreicht werden soll. Die Zielerreichung ermöglicht dabei beiden Kooperationspartnern die Verfolgung der eigenen Interessen.

Die interne Kooperation aller Mitglieder in einem Unternehmen verfolgt das oberste Ziele: die Erfüllung der Kundenbedürfnisse. Aus Sicht des Unternehmers ist die Kooperation eine Möglichkeit, den Gewinn des Unternehmens zu sichern bzw. zu steigern. Für die Mitarbeiter ermöglicht die Zielerreichung den Erhalt des Arbeitsplatzes und die Sicherung und Steigerung des Einkommens.

Externe Kooperation zwischen eigenständigen Unternehmen verfolgt das Interesse, den eigenen Absatz zu sichern und zu steigern. In der Kooperation zwischen Kunden und Lieferanten sollte dabei das Ziel im Vordergrund stehen, die Bedürfnisse des Abnehmers des Endprodukts zu befriedigen. Bei der Kooperation von konkurrierenden Unternehmen ist die gemeinsame Verbesserung des Endprodukts und damit wiederum die Steigerung des Kundennutzens das Ziel.

Vertrauen ist die Basis der Kooperation

Wie diese kurzen Beispiele zeigen, ist Kooperation ein wirksames Werkzeug zur Erfüllung der Kundenbedürfnisse. Sie setzt aber eine Vertrauensbasis der beteiligten Kooperationspartner voraus, die bislang nur selten zu finden ist. Kooperation erfordert die Einsicht, daß nur die Erreichung des gemeinsamen Ziels die optimale Erfüllung der eigenen Interessen ermöglicht. Die Verfolgung egoistischer Ziele kann zwar kurzfristigen Erfolg bedeuten, führt aber mittel- und langfristig vielfach zu suboptimalen Lösungen. Die Bereitschaft der Kooperationspartner muß daher soweit gehen, scheinbare Benachteiligungen zu Gunsten des Gesamtnutzens zu akzeptieren.

Kooperationsförderung durch die Gestaltung interner und externer Kunden-Lieferanten-Beziehungen

Überdenken und Neugestalten der Beziehungen zwischen potentiellen Kooperationspartnern

Die Verbesserung der Fähigkeit und der Bereitschaft heutiger Unternehmen zur Kooperation erfordert ein grundsätzliches Überdenken und Neugestalten der Beziehungen zwischen den potentiellen Kooperationspartnern. Macht auf der einen Seite die notwendige Vertrauensbasis eine generelle Umorientierung und Neudefinition von Wettbewerb und Kundenbedürfnis unabdingbar, so verlangt die Kooperationsfähigkeit auf der anderen Seite die organisatorische Ausrichtung an den Kooperationsnotwendigkeiten.

Differenziert man wiederum nach internen und externen Kooperationsformen, so lassen sich wesentliche Unterschiede in den Ausgangszuständen und Gestaltungsschwerpunkten erkennen (Bild 3). Die aus diesen Unterschieden erwachsenden Abhängigkeiten sind bei der Verbesserung der internen und externen Zusammenarbeit zu berücksichtigen.

Kooperation erfordert von jedem Beteiligten das Ver-

interne Kunden-Lieferanten-Beziehung	externe Kunden-Lieferanten-Beziehung
Ähnliche Führungs- und Umgangsformen,	Unterschiedliche Unternehmenskulturen,
Teils formelle Weisungsbefugnisse,	Informelle Machtstrukturen,
Dauerhafter Verbund,	Zeitlich begrenzt / Ausstieg möglich,
Evtl. keine Prüfung an Schnitt-/Kontaktstellen,	Annahme- / Abnahmeprüfung erforderlich,
Abgestimmte Regelkreise,	Unabhängige Abläufe (Black-Box),
Übergeordnete Instanzen / zentrale Steuerung / Ressourcen	--

Bild 3: Gegenüberstellung interner und externer Kooperationsformen

Lieferant und Kunde zugleich

antwortungsbewußtsein, die Befähigung und die Motivation permanent sein Bestes zu geben, seine Tätigkeiten ständig zu verbessern und nur fehlerfreie Leistungen an den nächsten weiterzugeben. Er muß sich als Lieferant seiner Leistung an andere und als Kunde der Leistungen anderer verstehen. Dieses Verständnis bildet die Grundlage für die in dem vorliegenden Buch behandelten internen und externen Kunden-Lieferanten-Beziehungen.

Grenzen wirken kooperationshemmend

Hemmend bei der Gestaltung qualitätsförderlicher Kooperationen wirken jegliche Formen von Abgrenzungen und Mauern zwischen den Kooperationspartnern. Dabei sinkt die Kooperationsfähigkeit mit zunehmender Undurchlässigkeit der Grenzen zwischen den Beteiligten, die idealerweise zusammenarbeiten müßten. Solche Grenzen findet man nicht nur bei unternehmensübergreifenden Beziehungen, sondern bereits in hoher Anzahl innerhalb eines Unternehmens.

Kooperationsverbesserung zur Qualitätsförderung, wie sie in diesem Buch beschrieben wird, ist gleichbedeutend mit der Hinterfragung dieser Grenzen. Es geht dabei jedoch nicht um die Abschaffung sämtlicher Abteilungen oder eigenständiger Unternehmen, sondern vielmehr um die Verlagerung von Grenzen an die Stellen, wo deren hindernde Auswirkungen nicht zu stark ins Gewicht fallen. An den Stellen, wo Grenzen noch erforderlich bleiben, müssen diese so durchlässig, so transparent wie möglich gestaltet werden. Darüber hinaus müssen Werkzeuge und Methoden eingesetzt werden, die diese Grenzen überwinden helfen.

Kooperationsförderung im Rahmen der Forschungsprojekte

Kooperationsverbesserung zur Qualitätsförderung

Im Bewußtsein der o.a. Zusammenhänge wird im folgenden das Themenfeld der internen und externen Kooperation näher untersucht. Die dargestellten Inhalte sind dabei als Ergebnisse zweier Forschungsprojekte zu verstehen, die im Rahmen des Programms „Qualitätssicherung 1992-1996“ vom BMBF unter Projektträgerschaft des FZK/PFT gefördert wurden.

Die Fördermaßnahmen waren insbesondere darauf ausgerichtet, organisatorische, qualifikatorische und technisch wissenschaftliche Defizite beim Qualitätsmanagement in Deutschland aufzudecken. Es sollten Problemlösungen und Wege zur Verbesserung erarbeitet, pilotmäßig erprobt und anschließend einer breiten Fachwelt von Interessenten verfügbar gemacht werden [1.5].

Gleichzeitige Betrachtung von Mensch, Technik und Organisation

Als Beitrag zu dieser Aufgabenstellung stellt die Gestaltung der internen und externen Kunden-Lieferanten-Beziehungen einen Ansatz für die Entwicklung qualitätsförderlicher Organisations- und Führungsstrukturen dar. Sie fördern über die gleichzeitige Betrachtung von Mensch, Organisation und Technik das Qualitätsbewußtsein im Unternehmen.

Teil I und Teil II dieses Buches

Die Erfahrungen aus der Arbeit im Rahmen der Teilprojekte werden unter Berücksichtigung der Abhängigkeiten getrennt voneinander in Teil I (Gestaltung interner Kunden-Lieferanten-Beziehungen) und Teil II (Gestaltung externer Kunden-Lieferanten-Beziehungen) dieses Buches dargestellt. Inhaltliche und begriffliche Überschneidungen der beiden Teile sollten dabei akzeptiert werden, liegen sie doch in der engen Verzahnung der Problemstellungen begründet. Ungeachtet der Trennung ist zu berücksichtigen, daß die Erreichung eines gesamtoptimalen Zustands erst durch die gemeinsame Verbesserung der internen und externen Kooperation erzielt werden kann.

Im Vordergrund der beiden Teile des Buches stehen die Erfahrungen und Erkenntnisse, die während der Projektarbeit in den beteiligten Industrieunternehmen erarbeitet wurden.

Der umsetzungsinteressierte Leser

Dies soll dem umsetzungsorientierten Leser erlauben, den Blick auf die für ihn wesentlichen Aspekte zu konzentrieren. Es ist jedoch zu beachten, daß hier keine Patentrezepte dargestellt werden sollen, sondern Lösungsansätze zur Bewältigung der unternehmensspezifischen Probleme beschrieben werden. Es ist somit immer eine Anpassung der Konzepte an die persönlichen Aufgaben- oder Problemstellungen erforderlich.

Der wissenschaftlich interessierte Leser

Der wissenschaftlich interessierte Leserkreis ist eingeladen, den direkten Vergleich der Erfahrungsberichte vorzunehmen und die als „offene Fragen“ angesprochenen Themen aufzugreifen.

Literatur

[1.1] Büschges, G. (Hrsg.): Organisation und Herrschaft, Reinbek, 1976.
[1.2] Deutsch, M.: A theory of cooperation and competition, Hum. Relat. 1949, 2, S. 129-152.
[1.3] Endress, R.: Strategie und Taktik der Kooperation, Berlin 1995
[1.4] Wunderer, R.; Grunwald, W.: Führungslehre, Band 2: Kooperative Führung; de Gruyter 1980.
[1.5] Bey, Ingward: Zwischenbilanz – Zum Stand des Programms Qualitätssicherung. In: QZ – Qualität und Zuverlässigkeit 39 (1994) 2, S. 66-67; München: Hanser, 1994.

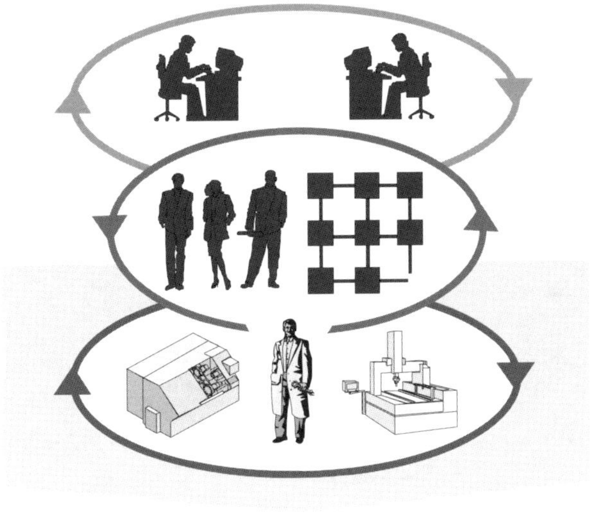

Teil I
- Gestaltung interner Kunden-Lieferanten-Beziehungen -

Teilprojekt QS-VP 2.3

Die diesem Bericht zugrundeliegenden Arbeiten wurden mit Mitteln des Bundesministeriums für Bildung, Wissenschaft, Forschung und Technologie (BMBF) im Rahmen des Programms Qualitätssicherung 1992 - 1996 gefördert.
Vorhaben-Nr. 02QV2300
Projektträger: Forschungszentrum Karlsruhe
Förderkennzeichen der Einzelvorhaben: 02QV2301 bis 02QV23023

Inhaltsverzeichnis
Teil I

1 Einführung
(G. Reinhart und M. König) 17

1.1 Die geänderten Anforderungen an das Unternehmen 17
1.2 Hemmnisse bestehender Organisationsstrukturen 18
1.3 Notwendige Veränderungen 21
1.4 Interne Kunden-Lieferanten-Beiehungen als Lösungsansatz 22
1.5 Das weitere Vorgehen in TeilI dieses Buches 24
1.6 Literatur 26

2 Der Mitarbeiter und seine neue Bedeutung im Unternehmen
(M. König und R. Aichner) 27

2.1 Ungenutzte Potentiale der Mitarbeiter 27
2.2 Mitarbeiterorientierung 28
2.3 Konsequenzen für den Veränderungsprozeß 34
2.4 Literatur 36

3 Methodik zur Gestaltung interner Kunden-Lieferanten-Beziehungen
(M. König) 37

3.1 Systematischer Gestaltungsansatz 38
3.2 Autonomie als Grundlage eigenverantwortlichen Handelns 43
3.3 Optimierung der Leistungserstellung durch Prozeßorientierung 53
3.4 Strukturelle Ausrichtung der Unternehmensorganisation 59
3.5 Implementierung der internen Kunden-Lieferanten-Beziehungen 69
3.6 Literatur 74

4 Gestaltung von Organisations- und Führungsstrukturen
(W. E. Lulay, R. Aichner, F. Schmidt und B. Hartmann) 75

4.1 Ausgangssituation und Motivation für Veränderungen 75
4.2 Konzeptidee und Handlungsrahmen 77
4.3 Entwicklung einer qualitätsförderlichen Organisationsstruktur 80

4.4 Qualifizierung der Mitarbeiter für die neuen, erweiterten Aufgaben 105
4.5 Zusammenfassung und Ausblick 124

5 Qualitäts-,prozeß-und teamorintierte Planungsinseln - evolutionäre Organisationsgestaltung
(J. Otzipka, A. Fricker, K. Krings, U. Sander, D. Elsinghorst, P. Fazekas) 129

5.1 Motivation für innovative Organisationsstrukturen 129
5.2 Qualitätsförderliche Planungsinseln - ein erfolgversprechender Ansatz für indirekte Unternehmensbereiche 131
5.3 Methodenrahmen zur Gestaltung und Einführung von Planungsinseln in indirekten, produktionsvorgelagerten Bereichen 146
5.4 Erfahrungen und Nutzenbetrachtung 164
5.5 Literatur 171

6 Regelkreisgesteuerte Auftragsabwicklung
(K. Betzl, R. Ruckaberle, W. Schweizer, T. Langhoff, U. Uhrmann-Novak, R. Harzem, U. Rüffer, F. Schmidt, H. Schott, U. Becker, E. Kiesling, H. Pawelke) 173

6.1 Ausgangssituation bei Serienfertigern 173
6.2 Beschreibung der regelkreisgesteuerten Auftragsabwicklung 176
6.3 Optimierung und Gestaltung der internen Kunden-Lieferanten-Beziehungen durch den Aufbau einer regelkreisgesteuerten Auftragsabwicklung 182
6.4 Ergebnisse und Nutzen 207
6.5 Zusammenfassung und Ausblick 210

7 Von der Werkerselbstkontrolle zur Produzentenverantwortung
(Th. Linsenmaier und St. Wilhelm) 211

7.1 Ausgangssituation 212
7.2 Konzeptidee - Die Produzentenverantwortung 214
7.3 Umsetzung im Betrieb 236
7.4 Nutzenanalyse 255
7.5 Literatur 256

8 Selbstprüfpläne – Neugestaltung von Prüfprozessen
(J. Burghardt, F. Fleissner, B. Mahnke, H. Erkes, Chr. Räuber, C. Seyb, L. Hallasch) 257

8.1 Verrichtungsorientierte Prüfplanung für eine wirtschaftliche Werkerselbstprüfung 257
8.2 Vision - Konzeption 263
8.3 Umsetzung der verrichtungsorientierten Selbstprüfpläne 264
8.4 Erfahrungen und Nutzen 290
8.5 Weitergehende Konzeption - Integration des Konzepts in die Prozeßkette „Produkterstellung" 293
8.6 Zusammenfassung und Ausblick 297
8.7 Literatur 298

9 Zusammenfassung der Ergebnisse
(M. König) ... 301

10 Anhang ... 305

10.1 Struktur und Partner des Teilobjekts QS-VP 2.3 ... 305
10.2 Autorenverzeichnis ... 306

1 Einführung

G. Reinhart und M. König

Inhaltsverzeichnis

1.1 Die geänderten Anforderungen an das Unternehmen 17
1.2 Hemmnisse bestehender Organisationsstrukturen 18
1.3 Notwendige Veränderungen 21
1.4 Interne Kunden-Lieferanten-Beziehungen 22
1.5 Das weitere Vorgehen in Teil I dieses Buches 24
1.6 Literatur 26

1.1 Die geänderten Anforderungen an das Unternehmen

Qualität ist eine Voraussetzung für den Erfolg

Qualität ist insbesondere in den letzten Jahren zu einer Voraussetzung für unternehmerischen Erfolg und zufriedene Kunden geworden. Vor allem bei den strategischen Wettbewerbsvorteilen von Unternehmen gegenüber Konkurrenten zeichnet sich ab, daß Qualität neben Wettbewerbsfaktoren wie Preis, Zeit und Flexibilität entscheidend an Bedeutung gewinnt [1.1].

Erweitertes Produkt- und Qualitätsverständnis

Qualität bezieht sich in diesem Zusammenhang nicht mehr allein auf die physikalische Beschaffenheit des Produkts. Unter dem Oberbegriff Qualität werden zunehmend auch produktionsbegleitende Dienstleistungen zusammengefaßt. Dementsprechend sind bei Qualitätsbetrachtungen auch diese Zusatzleistungen zu berücksichtigen.

Der Kunde definiert den Qualitätsmaßstab

Den Maßstab zur Ermittlung des Qualitätsniveaus gibt der Kunde vor. Er definiert mit der direkten oder indirekten Formulierung seiner Anforderungen die Eigenschaften, denen ein Produkt entsprechen muß. Die Fähigkeit des Produkts, diese Forderungen zu erfüllen, wird als Qualität bezeichnet [1.2]. Als Gesamtheit bestimmen sowohl die physischen Produkte als auch die Dienstleistungen das Qualitätsniveau der Leistungserstellung.

Die Anforderungen des Kunden ändern sich dramatisch

Zur dauerhaften Sicherstellung des Erfolgs eines Unternehmens müssen dessen Produkte den Erwartungen und Anforderungen des Kunden entsprechen. Jedoch haben sich diese Anforderungen in den vergangenen Jahren gravierend geändert. Kundenspezifische Produktgestaltung, verstärkte Übernahme von Aufgaben im Erstellungsprozeß beim Kunden und eine schnellstmögliche Reaktion auf Änderungswünsche des Kunden sind nur einige Schlaglichter dieser neuen Anforderungen. Der hier erkennbare Trend wird sich in den kommenden Jahren eher noch verstärken als abschwächen.

Das unternehmerische Eigeninteresse ist durch die Berücksichtigung qualitäts- und wirtschaftlichkeitsorientierter Auswirkungen zu wahren

Je nachdem, inwieweit ein Unternehmen in der Lage ist, diesen geänderten Anforderungen gerecht zu werden, wird entscheidend für den Fortbestand und den zukünftigen Erfolg sein. Dabei muß die Wahrung des unternehmerischen Eigeninteresses unter gleichzeitiger Berücksichtigung der qualitäts- und wirtschaftlichkeitsorientierten Auswirkungen erfolgen. Ein hohes Qualitätsniveau der Leistungen bei gleichzeitig kostenoptimaler Leistungserstellung kann nur im Rahmen eines funktionsfähigen, qualitätsorientierten Gesamtsystems erfolgen. Qualität wird somit ein Oberbegriff für die Güte der im Unternehmen vorhandenen Prozesse und Strukturen.

1.2 Hemmnisse bestehender Organisationsstrukturen

Organisations- und Führungsstrukturen sind häufig für geringe Qualität verantwortlich

Häufig sind die Ursachen, die für die mangelnde Kundenorientierung verantwortlich sind und somit der Steigerung des Unternehmenserfolgs entgegenwirken, nicht sofort erkennbar. Erst das mehrmalige Hinterfragen und Analysieren von erkannten Problemen führt zu den versteckten Ursachen, die vor allem in den durch die Organisations- und Führungsstruktur vorgegebenen Rahmenbedingungen begründet sind. Vielfach liegen die Ursachen für eine hohe Fehlerquote eben nicht alleine in der mangelnden Prozeßbeherrschung oder bei den wenig motivierten Mitarbeitern. Nicht selten sind fehlende oder fehlerhafte Informationen oder eine zu geringe Kooperation im Auftragsablauf verantwortlich. Und dies liegt meistens nicht daran, daß die Mitarbeiter nicht wollen, sondern nicht können oder nicht dürfen.

In heutigen Unternehmen werden die zur Produkterstellung notwendigen Tätigkeiten meist noch auf eine Vielzahl von Abteilungen verteilt. Dabei wird ein Auftrag seriell von einer zur nächsten Abteilung weitergereicht (Bild 1-1). Innerhalb einer Abteilungen werden weitere Arbeitsteilungen vorgenommen. Die Folge dieser funktionsorientierten Unterteilung ist eine große Zahl beteiligter Mitarbeiter und eine ebenso hohe Anzahl an Schnittstellen. Durch die Unterteilung der Auftragsbearbeitung in kleinere Teilaufgaben geht häufig der Bezug zu dem Kunden, der das Produkt bestellt hat, verloren. Darüber hinaus verliert der einzelne Mitarbeiter aber auch die

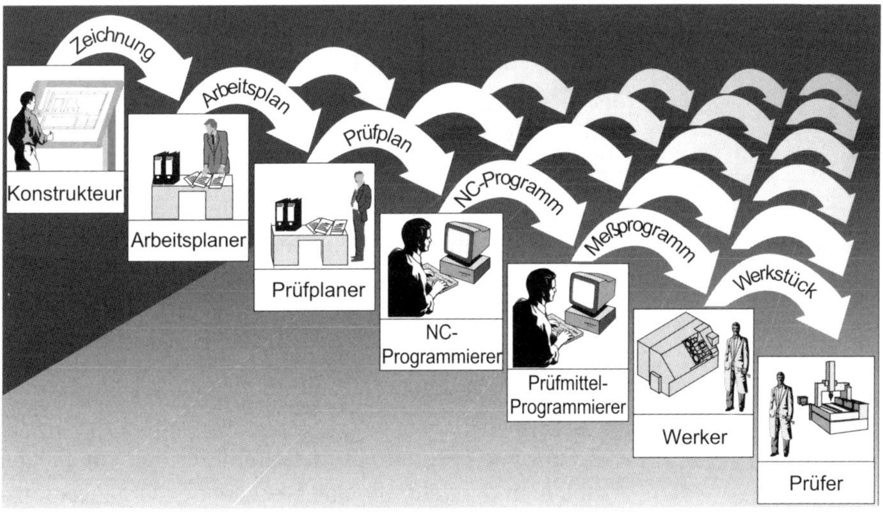

Bild 1-1: Ausgangssituation in der Auftragsabwicklung

Übersicht über den gesamten Prozeß. Er weiß lediglich, was er zu tun hat und was für seine Tätigkeit wichtig ist. Für wen aber seine Ergebnisse, seine Produkte von Bedeutung sind und worauf dieser Empfänger besonderen Wert legt, bleibt ihm verborgen.

Schnittstellen führen zu Reibungsverlusten

Die vielen Schnittstellen im Auftragsablauf bergen die Gefahr von Qualitäts- und Reibungsverlusten. Informationen und Arbeitspapiere müssen von einem Mitarbeiter zum nächsten gereicht werden. Abstimmungen bei dieser Übergabe sind in den seltensten Fällen vorgesehen. Die mit jeder Übergabe auftretenden geistigen Rüstzeiten verlängern die Durchlaufzeit. Das Wissen eines einzelnen, welches nicht standardmäßig festgehalten werden muß, geht verloren bzw. erreicht nicht den Mitarbeiter, der es benötigen könnte. Informationen, die fehlerhaft weitergegeben werden, können aufgrund mangelnden Wissens nicht als fehlerhaft erkannt werden. Eine abteilungsübergreifende Kooperation und Abstimmung, die solchen Fehlern entgegenwirken könnte, erfolgt meist nicht. Verantwortlich hierfür sind häufig sog. Bereichsegoismen oder das weitverbreitete Abteilungsdenken.

Die Potentiale der Mitarbeiter werden unzureichend genutzt

In vielen Fällen wirkt auch die mangelnde Nutzung der Potentiale aller Mitarbeiter gegen eine anforderungsgerechte Auftragsabwicklung. Zusammenarbeit und Abstimmung erfolgt oftmals nicht zwischen den Stellen mit der höchsten problembezogenen Fachkompetenz, sondern durch die Abteilungsleiter. Die bestehenden Führungsstrukturen konzentrieren Entscheidungsvollmachten auf einige wenige Stellen, Entscheidungen werden lediglich nach “unten” weitergeben. Auf die Bedürfnisse der Mitarbeiter wird kaum eingegangen. Mitarbeiter werden so zu Befehlsempfängern degradiert. Die Folge ist die Verhinderung der Motivation von Mitarbeitern, die entscheidend von deren Selbstentfaltungsmöglichkeiten abhängt.

Auch wenn dies nur ein Ausschnitt aus den komplexen Problemen darstellt, die aus bestehenden Organisations- und Führungsstrukturen erwachsen, so wird deutlich, daß hier Veränderungen zwingend erforderlich sind. In welcher Form diese Veränderungen zu gestalten sind, wird im folgenden dargestellt.

1.3 Notwendige Veränderungen

Es sind ganzheitliche Verbesserungsansätze notwendig

Die Darstellung der vorhandenen Qualitätshemmnisse in heutigen Unternehmen läßt erkennen, daß eine Verbesserung nicht allein durch lokale Schönheitskorrekturen erzielt werden können. Vielmehr ist ein ganzheitlicher, systemischer Ansatz zur Gestaltung qualitätsförderlicher Organisations- und Führungsstrukturen notwendig (Bild 1-2).

Die Gestaltung der Aufgabenerfüllung muß sich an der Notwendigkeit der Kooperation orientieren

Die klassischen Grenzen zwischen den funktionsorientierten Abteilungen müssen auf ihre Sinnhaftigkeit und Existenzberechtigung hin überprüft werden. Es müssen die Mitarbeiter und Tätigkeiten zusammengefaßt werden, bei denen die Kooperationsnotwendigkeit besonders hoch ist. Bei der Verrichtung der Aufgaben muß der optimale Einsatz aller im Unternehmen vorhandenen Ressourcen und Mitarbeiter sowie deren Wissen und Erfahrungen gewährleistet werden. Geeignete Werkzeuge müssen dabei zur Unterstützung der Mitarbeiter eingesetzt werden.

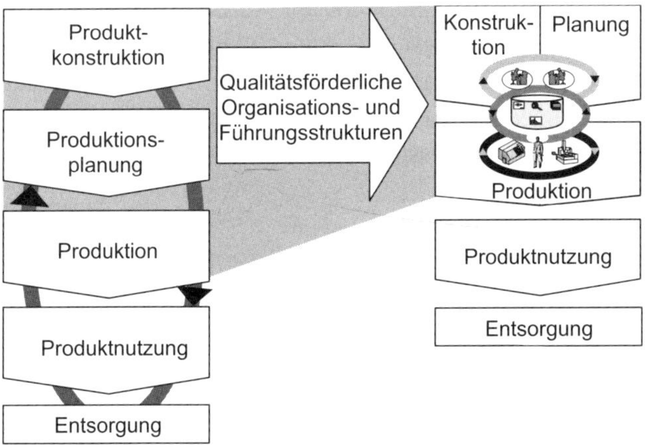

Bild 1-2: Notwendige ganzheitliche Veränderung am Beispiel des Produktentstehungsprozesses

Potentiale der Mitarbeiter nutzen

Die Verantwortungen und Kompetenzen müssen an die Stellen verlagert werden, wo das zur Lösung von Aufgaben und Problemen größtmögliche Wissen vorliegt. Es müssen Tätigkeitsfelder geschaffen werden, die den Mitarbeitern den Sinn ihrer Arbeit vermitteln und sie fordern sowie ihnen Möglichkeiten zur Selbstentfaltung geben. Die Aufgaben der Führungskräfte müssen sich verstärkt auf die Unterstützung der Geführten konzentrieren. Nur so lassen sich Probleme bzgl. der Motivation der Mitarbeiter bewältigen.

Kundenanforderungen transparent machen

Darüber hinaus muß das Kundenbewußtsein verstärkt in das Unternehmen getragen und von jedem Mitarbeiter verinnerlicht werden. Die Notwendigkeit eines hohen Qualitätsniveaus sowie die Bedeutung, was unter Qualität zu verstehen ist, wird erst deutlich, wenn man auch die Anforderungen kennt. Die Kenntnis der Forderungen läßt dann auch die Notwendigkeit von Veränderungen transparent werden. Die bislang vorhandene Starrheit der Struktur, die vor allem auch durch die Angst aller Mitarbeiter vor Veränderungen hervorgerufen wird, kann so beseitigt werden.

Verbesserung der Kooperation durch geeignete Organisations- und Führungsstrukturen

Zusammenfassend lassen sich alle Einzelaspekte einem gemeinsamen gestalterischen Ziel unterordnen, der Verbesserung der Kooperation. Erst die Schaffung einer Organisations- und Führungsstruktur, die die Kooperation notwendig macht und nicht nur wünscht, ermöglicht die Bewältigung der beschriebenen Qualitätshemmnisse. Sie führt dabei gleichermaßen zu einer Effizienz- und Qualitätssteigerung der Leistungserstellung. Somit wird sie sowohl den Interessen des Unternehmens als auch der Kunden gerecht.

1.4 Interne Kunden-Lieferanten-Beziehungen als Lösungsansatz

Kundenzufriedenheit kann nur gemeinsam erreicht werden

Ein Ansatz, die notwendigen Veränderungen im Unternehmen anzustoßen und zu gestalten, sind sog. interne Kunden-Lieferanten-Beziehungen als Grundlage der Organisations- und Führungsstrukturen. Sie stellen die Kooperation aller im Unternehmen beschäftigten Mitarbeiter in den Vordergrund. Ziel ist es, den Faktor Kundenzufriedenheit in allen Unternehmensbereichen einzubringen, um die Voraussetzungen externer Kundennähe durch interne Kundenorientierung zu schaffen. Durch das Zusammenwirken und Ausrichten auf ein Ziel, die Kundenzufriedenheit, ermöglicht dieser Ansatz die Nutzung bislang verborgener Qualitätspotentiale und somit die Verbesserung des Qualitätsniveaus des gesamten Unternehmens.

Die Produkterstellung als Kette interner Kunden und Lieferanten verstehen

Den internen Kunden-Lieferanten-Beziehungen liegt die Vorstellung zugrunde, betriebliche Prozesse als eine Kette von internen Kunden und Lieferanten zu begreifen (Bild 1-3). Die Marktleistung des Unternehmens wird als Ergebnis des gesamten Leistungserstellungsprozesses mit jeweils spezifischen Teilleistungen verstanden. Jeder Mitarbeiter in diesem Prozeß muß sich gleichzeitig als Kunde seiner Kollegen sehen, der von ihnen Produkte, Dokumente und andere Informationen erhält, und als Lieferant anderer interner Kunden. Allein die Zufriedenstellung des Kunden gibt Aufschluß darüber, ob seine Aufgabe richtig oder falsch ausgeführt wurde [1.3].

Jeder Mitarbeiter muß sich gleichermaßen als Kunde, Produzent und Lieferant verstehen

Darüber hinaus erfordert die Einführung interner Kunden-Lieferanten-Beziehungen neben der Veränderung des Selbstverständnisses aller Mitarbeiter auch die organisatorische Neuausrichtung. Damit sich das Kunden-Liefe-

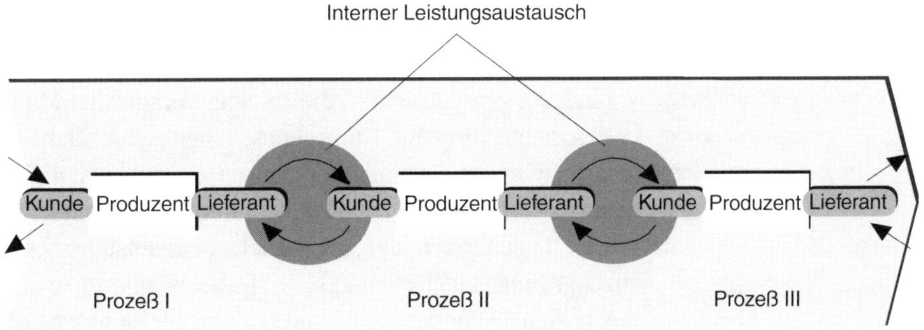

Bild 1-3: Interne Kunden-Lieferanten-Beziehungen

ranten-Verständnis bei allen Beteiligten entwickeln kann, müssen die innerbetrieblichen Abläufe und Strukturen sowie die organisatorischen Rahmenbedingungen optimiert werden.

Auf der Basis dieses Gestaltungsansatzes läßt sich im Unternehmen eine Organisations- und Führungsstruktur verwirklichen, die den Anforderungen des Kunden entspricht und damit die Erfüllung des Unternehmenszweckes ermöglicht.

1.5 Das weitere Vorgehen in Teil I dieses Buches

In dem vorliegenden Teil I des Buches werden basierend auf den Forschungsergebnissen des Verbundprojekts QS-VP 2.3

Qualitätsförderliche Organisations- und Führungsstrukturen
Gestaltung interner Kunden-Lieferanten-Beziehungen,

Ansätze aufgezeigt, die zu einer Verbesserung der internen Kooperation im Unternehmen beitragen. Eine Übersicht über die beteiligten Projektpartner sowie über die Struktur des Verbundprojekts befindet sich im Anhang. Die Projektarbeit erstreckte sich von der Erarbeitung aus produktionstechnischer und arbeitspsychologischer Sicht notwendiger Änderungen bis zur praxisrelevanten Umsetzung dieser Ansätze.

Kapitel 2 und 3: Organisations- und motivationstheoretische Betrachtung interner Kunden-Lieferanten-Beziehungen

In den beiden folgenden Kapiteln werden daher zunächst die theoretischen Ergebnisse dargestellt. Es werden die Veränderungen betrachtet, die zu einer verstärkten Mitarbeiterorientierung im Unternehmen beitragen. Darüber hinaus wird eine verallgemeinerte Gestaltungsmethode beschrieben, die der Einführung interner Kunden-Lieferanten-Beziehungen als ganzheitliches Organisationsprinzip zugrunde gelegt werden kann. Dabei ist darauf zu achten, daß insbesondere aufgrund der unternehmensspezifischen Randbedingungen eine Anpassung dieser Ergebnisse an die jeweiligen Gegebenheiten notwendig ist.

Kapitel 4 bis 8: Umgesetzte Lösungskonzepte und Nachweis der Praxistauglichkeit

In den Kapiteln 4 bis 8 werden dann Ansätze beschrieben, wie interne Kunden-Lieferanten-Beziehungen praxistauglich umgesetzt werden können. Die Ansätze stellen dabei Lösungsansätze dar, die bei den beteiligten, industriellen Projektpartnern konzipiert, umgesetzt, erprobt und auf ihren Nutzen hin untersucht worden sind. Die grau hinterlegten Textpassagen weisen dabei auf konkrete Praxisbeispiele hin. Entsprechend der Projektstruktur untergliedern sich die Lösungsansätze in fünf Themenbereiche, die jeweils in den Gesamtkontext des in den theoretischen Kapiteln dargestellten umfassenden Gestaltungsansatz einzugliedern sind.

Das Kapitel 4 beschäftigt sich mit der grundsätzlichen Fragestellung, wie man auf der Basis unternehmensspezifischer Rahmenbedingungen eine qualitätsförderliche, anforderungsgerechte Organisationsstruktur definieren kann. Darüber hinaus werden Ansätze dargestellt, wie die Qualifizierung der Mitarbeiter im Rahmen solcher Strukturen gestaltet werden kann. In Kapitel 5 werden teamorientierte Strukturelemente betrachtet, mit deren Hilfe der indirekt-produktive Bereich eines Unternehmens gesamtheitlich verbessert werden kann. In Kapitel 6 wird das Konzept des Regelkreises auf die Gestaltung der Auftragsabwicklung übertragen, um so den direkt-produktiven Bereich eines Unternehmens an den neuen Qualitätsanforderungen auszurichten. Der Schwerpunkt liegt hier auf der kundenanonymen Serienfertigung.

Die Gestaltung interner Kunden-Lieferanten-Beziehungen erfordert neben den organisatorischen Änderungen auch eine Veränderung im Rollenverständnis des Mitarbeiters sowie der Bedeutung, die seiner Leistung beigemessen wird. Diese Aspekte werden in Kapitel 7 erläutert. In Kapitel 8 erfolgt darauf aufbauend die Darstellung eines neuen Werkzeugs zur Unterstützung des operativen Mitarbeiters bei seinen qualitätssichernden Aufgaben. Darüber hinaus werden organisatorische Verbesserungspotentiale, welche durch dieses Werkzeug eröffnet werden, dargestellt.

Bei allen Ausführungen ist der Tatsache besondere Beachtung zu schenken, daß insbesondere organisatorische

Ein lohnender Schritt auf einem langen, dornigen Weg

Veränderungen oft langfristige Einführungsprozesse erfordern. Die positiven Verbesserungspotentiale können leicht durch übertriebenen Aktionismus und überhöhte Ergebnisforderungen in der Anfangsphase gefährdet werden. In diesem Sinne müssen die dargestellten Inhalte dieses Buches als initiierende Schritte auf dem Weg zu qualitätsorientierten Unternehmensstrukturen verstanden werden. Auch wenn dieser Weg sicherlich kein einfacher sondern mitunter ein sehr steiniger sein kann, so lassen doch die jeweiligen Nutzenbetrachtungen der Projektpartner erkennen, daß es sich hier zum einen um den richtigen Weg handelt und zum anderen sich dieser auch auszahlen wird.

1.6 Literatur

[1.1] Porter, M.E.: Wettbewerbsvorteile. Frankfurt, New York: Campus, 1986.

[1.2] DIN EN ISO 8402: Qualitätsmanagement, Begriffe. Berlin: Beuth, 1995.

[1.3] Gummesson, E.: The New Marketing - Developing Long-Term Interactive Relationships. Long Range Planning (1987) 20, p. 10-20.

2 Der Mitarbeiter und seine neue Bedeutung im Unternehmen

M. König und R. Aichner

Inhaltsverzeichnis

2.1	Ungenutzte Potentiale der Mitarbeiter	27
2.2	Mitarbeiterorientierung	28
2.2.1	Determinanten des menschlichen Handelns	28
2.2.2	Bedürfnisse der Mitarbeiter	29
2.2.3	Entwicklung der Kompetenzen	31
2.2.4	Neuorientierung in der Führung	33
2.3	Konsequenzen für den Veränderungsprozeß	34
2.4	Literatur	36

2.1 Ungenutzte Potentiale der Mitarbeiter

Flexibilität der Organisation erfordert verbesserten Einsatz der Mitarbeiter

Die kurzen Reaktionszeiten, die gestiegene Komplexität der Produkte und der Produktion sowie die unvorhersehbare Entwicklung des Unternehmensumfelds verstärken die Notwendigkeit einer Erhöhung der Flexibilität der Unternehmensorganisation. Dieser Anforderung kann nur durch den intelligenten Einsatz aller Mitarbeiter begegnet werden. Dabei ist insbesondere auf die verbesserte Nutzung ihrer Potentiale im Zusammenhang mit der Organisation der Leistungserstellung zu achten.

Entscheidend sind die geistigen und kreativen Potentiale des Menschen

Die Kunden- und Qualitätsorientierung im Unternehmen muß einhergehen mit der Verpflichtung aller Mitarbeiter, ihre geistigen und kreativen Potentiale einzusetzen. Im Vergleich zu den Produktions- und Betriebsmitteln besitzt der Mensch die Fähigkeit, sich selbst zu motivieren, Lernprozesse zu vollziehen und sich an sich ändernde und unvollständig definierte Umstände anzupassen. Er ist somit in der Lage, dynamische Prozesse flexibel zu steuern. Aber erst die Ergänzung der Fähigkeiten eines einzelnen durch die Fähigkeiten anderer im Rahmen der alltäglichen Zusammenarbeit, der Kooperation, hebt diese positiven Effekte auf die Ebene, komplexe Prozesse zu beherrschen.

Selbststeuerung ist das zentrale Wirkungsprinzip

Durch die Anpassungs-, Lern- und Selbstmotivationsfähigkeit besitzt der Mensch die Fähigkeit zur Selbststeuerung, die das zentrale Wirkungsprinzip der internen Kunden-Lieferanten-Beziehungen darstellt. Die Fähigkeit zur Selbststeuerung zeichnet dabei insbesondere die Mitarbeiter aus, die im Rahmen ihrer beruflichen Erfahrungen und aktuellen Tätigkeiten anspruchsvolle Aufgaben und Freiräume zur Selbstentfaltung vorfinden. Die Fähigkeit zur Selbststeuerung bildet die Voraussetzung für die weitergehende Fähigkeit zur Selbstorganisation. Dieses Potential kann aber nur durch gezielte Weiterentwicklung der beruflichen Qualifikation im Rahmen einer qualitätsförderlichen Organisations- und Führungsstruktur realisiert werden.

2.2 Mitarbeiterorientierung

2.2.1 Determinanten des menschlichen Handelns

Arbeitsumfeld und Arbeitsbedingungen beeinflussen das menschliche Verhalten

Die Realisierung der bislang unzureichend genutzten Potentiale der Mitarbeiter erfordert die Schaffung eines geeigneten Arbeitsumfeldes und geeigneter Arbeitsbedingungen (vgl. Abschnitt 7.2). Dies setzt das Verständnis der Aspekte voraus, die das menschliche Handeln beeinflussen (Bild 2-1). Diese sind

- das Wollen, als die Motivation zum Handeln,
- das Sollen, als die Aufforderung zum Handeln,
- das Wissen, als die Kenntnis der Handlungsmöglichkeit und -notwendigkeit,
- das Können, als die Fähigkeit zum Handeln,
- das Dürfen, als die Möglichkeit zum Handeln, sowie
- das Müssen, als die Notwendigkeit zum Handeln.

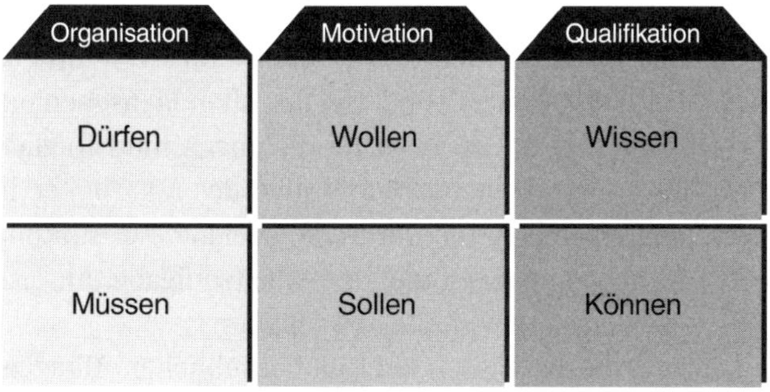

Bild 2-1: Determinanten des menschlichen Handelns

Der effektive und effiziente Einsatz der Mitarbeiter im Produkterstellungsprozeß erfordert eine positive und stimmige Gestaltung von betrieblichen Faktoren, die auf diese Aspekte einwirken oder sie verkörpern. Hier sind insbesondere die Organisations- und Führungsstrukturen zu nennen. Als Schwerpunkte der notwendigen Gestaltungsmaßnahmen lassen sich dabei die Organisation selbst sowie die Motivations- und Qualifikationsförderung ausmachen. Jedoch ist zu beachten, daß keine verallgemeinerbare Aussage darüber zu treffen ist, wie eine konkrete Gestaltungsmaßnahme auf unterschiedliche Mitarbeiter wirkt. Es lassen sich lediglich Trends oder Erwartungen ableiten, wie ein Mitarbeiter reagieren wird.

Schwerpunkte sind die Gestaltung der Organisation sowie die Motivations- und Qualifikationsförderung

2.2.2 Bedürfnisse der Mitarbeiter

Motivation ist als Bereitschaft des Menschen zu verstehen, ein bestimmtes Verhalten zu entwickeln oder eine bestimmte Aktion auszuführen. Im Alltag reagiert der Mensch auf Anreize, die er in der Umwelt wahrnimmt, mit diesem Verhalten. Voraussetzung dafür, daß etwas als Anreiz auf einen Menschen wirkt, ist zum einen, daß er stark genug ist, um als solcher wahrgenommen und anerkannt zu werden, und zum anderen, daß er ein Motiv anspricht und so erst zum „An"-reiz wird.

Der Mensch reagiert auf Anreize, die er wahrnimmt

Auf die Entwicklung bestimmter Motive kann von außen nahezu kein Einfluß genommen werden. Sie sind

Vorhandene Motive der Mitarbeiter müssen durch Anreize angesprochen werden

das Ergebnis eines lebenslangen Entwicklungs- und Lernprozesses jedes Menschen. Die Zuordnung von Anreiz, Motiv und Verhalten ist somit bei fast allen Menschen unterschiedlich. Das Ziel des Unternehmens muß folglich darin liegen, die bestehenden Motive der Mitarbeiter in Rechnung zu stellen, um durch die geeignete Gestaltung von Arbeitsbedingungen und der Arbeitsaufgabe, Anreize für das gewünschte Verhalten zu schaffen.

Ansätze, dieses Wissen auf den betrieblichen Alltag zu transformieren, stellen die unterschiedlichen Motivationstheorien dar. Hier werden zum einen inhaltliche Motive dargestellt, die Menschen antreiben, und zum anderen werden die Prozesse beschrieben, die motiviertes Verhalten steuern. Stellvertretend soll hier die Motivationstheorie nach Maslow betrachtet werden. Die darin getroffenen Aussagen finden sich in ähnlicher Form in den unterschiedlichsten Ansätzen wieder.

Wachstums- und Defizitmotive bestimmen das Verhalten

Maslows Theorie besagt, daß die Mitarbeiter im wesentlichen durch ihre Arbeitsaufgabe und durch die Anerkennung, die sie dafür erfahren, zu einem bestimmten Verhalten bewegt werden [2.1]. Er unterscheidet dabei Wachstums- und Defizitmotive, die er in eine Bedürfnishierarchie einordnet (Bild 2-2). Die Hierarchie drückt dabei eine gegenseitige Beeinflussung der Motive aus. Für die einzelnen Mitarbeiter sind zunächst die Bedürfnisse

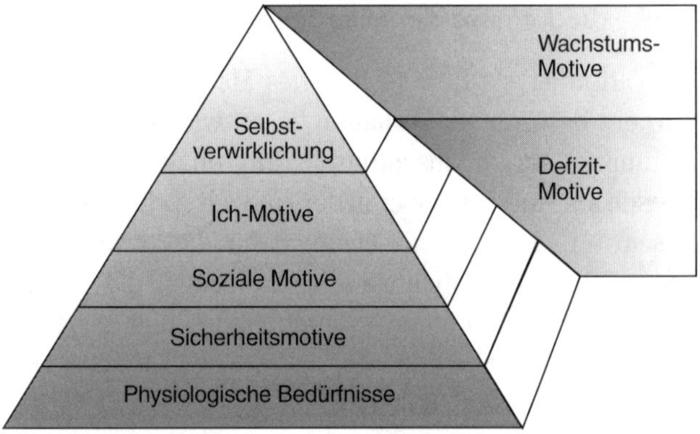

Bild 2-2: Bedürfnispyramide nach Maslow

auf den unteren Ebenen entscheidend. Erst mit zunehmender Erfüllung eines Bedürfnisses wächst für die Mitarbeiter die Bedeutung, die die Erfüllung des darüber liegenden Motivs für sie besitzt. Kennzeichnend ist auch, daß es keine vollkommene Erfüllung eines Bedürfnisses gibt. Jedoch nimmt mit steigender Bedürfnisbefriedigung die zusätzlich zu erzielende Motivationswirkung ab. Die Konsequenz hieraus ist, daß eine Steigerung des Anreizes zwar immer möglich, aber nicht immer sinnvoll ist. Besonders deutlich wird diese Tatsache am Wachstumsmotiv *Selbstverwirklichung*.

Durch welche Anreize die entsprechenden Motive angesprochen werden können, ist von Mitarbeiter zu Mitarbeiter verschieden. Auch variiert die Intensität der Reaktion auf gleiche Anreize. Damit jedoch im Unternehmen ein Mitarbeiter seine volle Leistungsfähigkeit entwickelt, also hoch motiviert ist, müssen solche Anreize ermittelt und gepflegt werden. Denkbare Gestaltungsansätze sind z. B. die Neugestaltung der Arbeitsaufgabe, die Veränderung des Führungsstils, die Gestaltung des Arbeitsumfelds, die Verstärkung der sozialen Einbindung sowie die Anpassung des Lohnsystems. Es sei aber noch einmal darauf hingewiesen, daß nicht alle Mitarbeiter die gleichen Motiv- und Bedürfnisstrukturen besitzen, und somit durch eine Anreizgestaltung nicht beliebig „motiviert" werden können.

Die Bedürfnisse sind nicht bei allen Mitarbeitern gleich; Anreize wirken auf jeden anders

2.2.3 Entwicklung der Kompetenzen

Neben der Motivation ist im Rahmen einer qualitätsförderlichen Organisations- und Führungsstrukturgestaltung das Können und Wissen, die Fähigkeit oder Kompetenz jedes Mitarbeiters entscheidend. Der Wunsch und die Notwendigkeit, alle vorhandenen oder verborgenen Potentiale optimal zur Qualitätsverbesserung einzusetzen, erfordert deren Ermittlung, Pflege und Weiterentwicklung.

Vorhandene Potentiale müssen ermittelt, gepflegt und weiterentwickelt werden

Die berufliche Kompetenz oder Problemlösungskompetenz ist als die Fähigkeit zu verstehen, für Aufgabenstellungen realisierbare, nicht vordefinierte Lösungen im Arbeitsprozeß zu finden. Sie basiert auf drei Säulen (Bild 2-3):

- Beherrschung von Arbeitsmethoden,
- Regelwissen und Urteilsfähigkeit für Sachprozesse und
- Team- und Kooperationsfähigkeit.

Den drei Säulen lassen sich Kompetenzen zuordnen, die es zu entwickeln und in konkreten Situationen zu realisieren gilt. Neben den Aspekten der sozialen, der Fach- und der Methodenkompetenz, die heute bereits in vielen Unternehmen durch interne Schulungsprogramme verbessert werden, müssen insbesondere auch die Veränderungs-, die Lern- sowie die Entscheidungs- und Handlungskompetenz beachtet werden. Sie unterstützen die Fähigkeit des Mitarbeiters, dynamisch, lernend und selbststeuernd auf äußere Einwirkungen zu reagieren. Konkrete Ausprägungen dieser Kompetenzen lassen sich an der Kreativität, Durchsetzungsfähigkeit, Veränderungs-

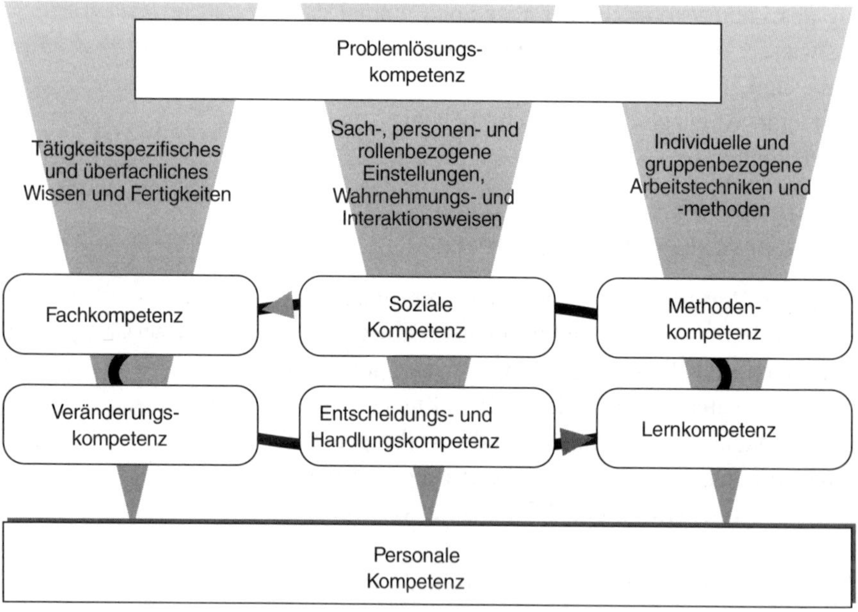

Bild 2-3: Struktur beruflicher Kompetenz

bereitschaft, Werthaltung, Selbstmotivation, Risiko- und Leistungsbereitschaft der Mitarbeiter messen.

Die Entwicklung der Personalen Kompetenz aller Mitarbeiter erfordert ein systematisches, zielgruppenorientiertes und praxisnahes Qualifizierungsprogramm. Dabei ist insbesondere vor dem Hintergrund einer erweiterten Aufgabenstellung darauf zu achten, daß sich Schulungen und Qualifizierungen nicht mehr allein an der Hierarchieebene, sondern an den Anforderungen der Tätigkeit orientieren.

2.2.4 Neuorientierung in der Führung

Die Fähigkeiten der Mitarbeiter richtig einzusetzen, erfordert ein neues Führungsverständnis

Die Fähigkeiten der Mitarbeiter richtig einzusetzen, verlangt die Neuorientierung in der Führungsstruktur und im Führungsverhalten. Die erweiterte Aufgabenstellung, Probleme selbständiger wahrzunehmen und zu lösen, kann nicht mehr dadurch bewältigt werden, daß angewiesen wird, was zu tun ist und wie es im einzelnen getan werden muß. Es müssen vielmehr die erwünschten Ergebnisse, die Ziele benannt werden, die es zu erreichen gilt. Dies setzt zum einen eine umfassende und laufende Information der Mitarbeiter über die Ziele und deren Erreichung in der Vergangenheit voraus und erfordert zum anderen eine Beteiligung der Mitarbeiter an der Definition neuer Ziele. Die damit notwendig verbundene Orientierung an den Bedürfnissen der Mitarbeiter bedeutet eine Neudefinition der Führungsaufgaben (Bild 2-4).

Führungsverhalten muß sich an situative Gegebenheiten anpassen

Die Führungsaufgabe ist keine eindeutig fixierte Vorgabe. Es gibt keinen idealen, immer und zu jeder Zeit erfolgreichen Führungsstil [2.3]. Das Führungsverhalten muß sich an die jeweiligen Gegebenheiten, an die Bedürfnisse der Mitarbeiter und die konkrete Führungssituation anpassen. Die Führungskraft muß situativ das notwendige Verhalten erkennen und umsetzen können.

Führung heißt unterstützen und fördern

Die Führungskraft muß, um führen zu können, sich mehr als z. B. Trainer verstehen, der seine Mannschaft in der Ausübung einer Aufgabe ermutigt und unterstützt. Die Führungskraft muß beraten können und Probleme

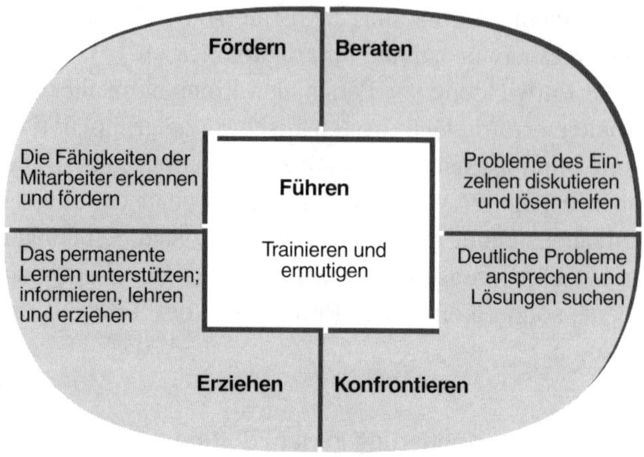

Bild 2-4: Neue Aufgaben der Führung (nach [2.2])

einzelner Mitarbeiter beseitigen helfen. Sie muß fördern können und so verborgene Talente der Mitarbeiter zum Einsatz bringen. Sie muß erziehen und unterweisen können, um so die permanente Weiterentwicklung der Kompetenzen aller Mitarbeiter sicherzustellen. Sie muß aber auch konfrontieren können und so Gefahren erkennen und abwenden können.

In ihrer neuen Aufgabe muß sich die Führungskraft verstärkt als Dienstleister für ihre Mitarbeiter verstehen und das eigene Verhalten kritisch danach befragen und befragen lassen, ob es dem gerecht wird. Sie ist dafür verantwortlich, daß die Mitarbeiter die zur Entfaltung ihrer Fähigkeiten notwendigen Randbedingungen vorfinden [2.4]. Sie muß die zur Erfüllung der Aufgaben notwendigen Informationen zur Verfügung stellen, Sicherheit, Anerkennung und Feedback geben, aber auch die Orientierung des einzelnen ermöglichen.

2.3 Konsequenzen für den Veränderungsprozeß

Die Gestaltung interner Kunden-Lieferanten-Beziehungen mit den zentralen Gestaltungsprinzipien Selbststeuerung,

Funktionsintegration und Eigenverantwortlichkeit erfordert die Orientierung an den Bedürfnissen der Mitarbeiter. Letztlich sind sie es, die die Leistungen eines Unternehmens erbringen bzw. entscheidend beeinflussen. Wenn die Potentiale der Mitarbeiter zur Steigerung des Erfolgs genutzt werden sollen, so geht es darum, Organisationsformen und Formen der Zusammenarbeit zu entwickeln, die dem Verhalten und den Wünschen der Mitarbeiter entsprechen [2.5]. Die vier wesentlichen Elemente des Veränderungsprozesses zur Schaffung einer qualitätsförderlichen Organisations- und Führungsstruktur sind in Bild 2-5 dargestellt.

Selbststeuerung, Funktionsintegration und Eigenverantwortlichkeit erfordert Anpassung an die Bedürfnisse der Mitarbeiter

Inwieweit der Veränderungsprozeß von Erfolg gekrönt wird, hängt insbesondere von der Vorgehensweise und dem zeitlichen Verlauf ab. Komplexe Veränderungen erfordern dabei auch die Berücksichtigung der Sicherheitsbedürfnisse der beteiligten Mitarbeiter. Die Sicherheitsbedürfnisse werden vielfach als Starrheit oder Intoleranz gegenüber Veränderungen fehlinterpretiert.

Sicherheitsbedürfnisse der Mitarbeiter müssen berücksichtigt werden

Der Übergang muß in solchen Schritten erfolgen, daß für die Mitarbeiter stimmige Aufgabendefinitionen und mitwachsende Qualifikationen gesichert sind. Die Selbststeuerung der Beteiligten garantiert dabei eine flexible

Mitarbeiter müssen auch in die Planung der Veränderung einbezogen werden

Bild 2-5: Elemente des Veränderungsprozesses

Anpassung. Der gesamte Planungsvorgang muß unter verstärkter Einbeziehung aller Mitarbeiter erfolgen. Nur so kann eine ausreichende Transparenz und Akzeptanz der Ziele erreicht werden. Diese Prozesse, die sich über einen längeren Zeitraum erstrecken, müssen in regelmäßigen Abständen einem gemeinsamen Review unterzogen werden, um so notwendige Korrekturen und Anpassungen erkennen und umsetzen zu können.

Der Übergang vom Veränderungsprozeß zum Normalbetrieb muß so gestaltet werden, daß die gewonnene Veränderungsbereitschaft der Mitarbeiter nicht verloren geht. Er muß bewußt als laufende Qualifizierungs- und Verbesserungsbestrebung gestaltet werden. Nur so können die internen Kunden-Lieferanten-Beziehungen auf Dauer implementiert und erhalten werden.

2.4 Literatur

[2.1] Maslow, A. H.: Motivation and personality. New York: Harper, 1954.

[2.2] Peters, T.; Austin, N.: A Passion for Excellence. The leadership difference. New York: Warner, 1986.

[2.3] Haase, P.: Schulen von Führungskompetenz — geht das? In: Kamiske, G. F. (Hrsg.): Die Hohe Schule des Total Quality Management. Berlin Heidelberg: Springer, 1994.

[2.4] Lietz, H.: Von der Zweck—Gemeinschaft zur Sinn—Gemeinschaft. In: Kamiske, G. F. (Hrsg.): Die Hohe Schule des Total Quality Management. Berlin Heidelberg: Springer, 1994.

[2.5] Tikart. J.: Vertrauensmanagement. In: Kamiske, G. F. (Hrsg.): Die Hohe Schule des Total Quality Management. Berlin Heidelberg: Springer, 1994.

3 Methodik zur Gestaltung interner Kunden-Lieferanten-Beziehungen

M. König

Inhaltsverzeichnis

3.1 Systematischer Gestaltungsansatz . . . 38
3.1.1 Zielsetzung der Gestaltung . . . 38
3.1.2 Das Vorgehen bei der Gestaltung . . . 40
3.2 Autonomie als Grundlage eigenverantwortlichen Handelns . . . 43
3.2.1 Mögliche Formen der Autonomie . . . 43
3.2.2 Autonomie auf den Ebenen des Unternehmens . . . 45
3.2.2.1 Autonomie auf Systemebene . . . 45
3.2.2.2 Autonomie auf Gruppenebene . . . 47
3.2.2.3 Autonomie auf Individuenebene . . . 49
3.2.3 Ausfüllen des vorgegebenen Autonomierahmens . . . 51
3.3 Optimierung der Leistungserstellung durch Prozeßorientierung . . . 53
3.3.1 Der Prozeß als Strukturelement . . . 53
3.3.2 Unterschiedliche Prozeßarten . . . 55
3.3.3 Vorgehen bei der Prozeßgestaltung . . . 57
3.4 Strukturelle Ausrichtung der Unternehmensorganisation . . . 59
3.4.1 Von Prozessen zu Strukturen . . . 59
3.4.2 Gestaltung der Systemebene . . . 62
3.4.3 Gestaltung der Gruppenebene . . . 64
3.4.3.1 Die Bedeutung von Gruppen- und Teamarbeit . . . 64
3.4.3.2 Teilautonome Arbeitsgruppen . . . 66
3.4.3.3 Projektgruppen . . . 68
3.4.3.4 Qualitätszirkel . . . 68
3.5 Implementierung der internen Kunden-Lieferanten-Beziehungen . . . 69
3.5.1 Ganzheitlicher Gestaltungsprozeß . . . 69
3.5.2 Umsetzung durch Kunden-Lieferanten-Vereinbarungen . . . 72
3.6 Literatur . . . 74

3.1 Systematischer Gestaltungsansatz

3.1.1 Zielsetzung der Gestaltung

Aufteilung der Arbeit ist unumgänglich

In Abhängigkeit von der Komplexität der zu fertigenden Produkte in einem Unternehmen stellt die Leistungserstellung eine Abfolge mehr oder weniger stark vernetzter Einzeltätigkeiten dar. Ab einer bestimmten Anzahl an erforderlichen Tätigkeiten ist die Verteilung der Aufgaben auf unterschiedliche Mitarbeiter und Einheiten im Unternehmen unumgänglich. Durch die Untergliederung der Aufgaben steigen die Anforderungen an eine übergreifende Koordination und Kooperation der Einzeltätigkeiten bzw. der beteiligten Mitarbeiter.

Die Produktqualität hängt direkt von der Qualität des Systems, dem Unternehmen, ab. Das System muß die Fähigkeit besitzen, einen für das Produkt, den Kunden und das Unternehmen gesamtoptimalen Erstellungsprozeß zu garantieren. Diese Forderung macht einen ganzheitlichen Gestaltungsansatz notwendig, der in vielen Bereichen des Unternehmens mit einem grundlegenden Umdenkungsprozeß gleichzusetzen ist.

Berücksichtigung organisations- und motivationstheoretischer Ziele

Der Gestaltungsansatz muß zwei unterschiedlichen, in Teilen sogar widersprüchlichen Zielen gerecht werden: den Forderungen der Organisations- sowie der Motivationstheorie (Bild 3-1).

Effektivität und Effizienz der Organisation

Die Organisationstheorie legt den Schwerpunkt auf die Effektivität und Effizienz innerhalb des Unternehmens. Dies bedeutet, die richtigen Dinge zu tun und diese richtigen Dinge auch richtig zu tun. Die Ausrichtung sämtlicher Prozesse an den Bedürfnissen des Kunden und des Produkts ist die Basis für die Effektivität, die Optimierung der Tätigkeiten sowie die Koordination der Einzelschritte für die Effizienz der Prozesse. Es muß ein gesamtoptimaler Einsatz aller finanziellen, materiellen und personellen Ressourcen entlang der Produkterstellung gewährleistet werden.

Bedürfnisbefriedigung der Menschen in der Organisation

Die Motivationstheorie stellt die Bedürfnisse der Mitarbeiter bzw. der Menschen in den Vordergrund. Da alle erforderlichen Tätigkeiten im Unternehmen direkt oder in-

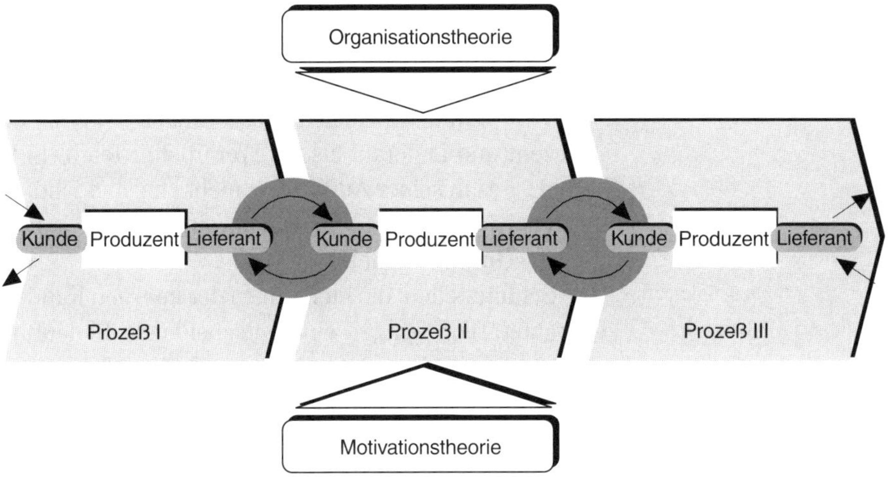

Bild 3-1: Ausrichtung an internen Kunden-Lieferanten-Beziehungen

direkt von den Mitarbeitern beeinflußt werden, hängt deren Ausführung von der Motivation des einzelnen ab. Somit steht die Forderung, die Randbedingungen, das Arbeitsumfeld im Unternehmen so zu gestalten, daß ein motiviertes Arbeiten der Mitarbeiter möglich ist. Neben der Anpassung der Tätigkeiten an die Bedürfnisse des Mitarbeiters, ist besonderer Wert auf die Sinnvermittlung zu legen. Dem einzelnen muß transparent sein, wie er sich in das Ganze einfügt und wofür seine Tätigkeiten notwendig sind.

Überlagernde Betrachtung von Aufbau- und Ablauforganisation

Die Gestaltung qualitätsförderlicher Organisations- und Führungsstrukturen auf der Basis interner Kunden-Lieferanten-Beziehungen stellt einen Ansatz dar, diese beiden Zielsetzungen miteinander zu vereinen. Die internen Kunden-Lieferanten-Beziehungen sind dabei als eine Überlagerung der aufbau- und ablauforganisatorischen Strukturierung des Unternehmens zu verstehen.

Der Produzent einer Leistung ist verantwortlich für die Planung und Ausführung eines Prozesses. Ein Prozeß ist die Zusammenfassung eng zueinandergehörender Tätigkeiten. Als Lieferant erzeugt der Produzent Leistungen für seinen Kunden und erhält als Kunde von seinem Lieferanten Leistungen, die er selber benötigt. Leistungen sind

z. B. Informationen, Produkte oder auch die notwendige Unterstützung durch eine Führungskraft. Die Übergabe der Leistungen erfolgt an den Schnittstellen zwischen den Prozessen. Juran bezeichnet diese Einheit von Kunde, Produzent und Lieferant als ein „Verarbeiter-Team" [3.1]. Hierbei ist es in seiner Auffassung nicht entscheidend, ob es sich bei dem Verarbeiter-Team um eine einzelne Person oder eine Gruppe handelt.

Schnittstellen zu Nahtstellen machen

Die Schnittstellen, die im Rahmen der internen Kunden-Lieferanten-Beziehungen eine entscheidende Bedeutung besitzen, sollen aber nicht eine (Ab-)Teilung der zusammengehörenden Funktionen bewirken. Vielmehr sollen sie die durch eine Arbeitsteilung entstehende Untergliederung an den sinnvollen Stellen im Produkterstellungsprozeß zusammenführen.

3.1.2 Das Vorgehen bei der Gestaltung

Die Gestaltung interner Kunden-Lieferanten-Beziehungen als Basis der innerbetrieblichen Leistungserstellung erfordert ein systematisches Vorgehen. Die Komplexität der Zielsetzung bestimmt dabei auch die Komplexität des Lösungsansatzes.

Ermittlung und Definition der unternehmensspezifischen Randbedingungen

Grundlegende Voraussetzung für den im folgenden beschriebenen Gestaltungsansatz ist die Ermittlung und Definition der unternehmensspezifischen Randbedingungen. Es müssen die wesentlichen Forderungen bekannt sein, die entscheidenden Einfluß auf die organisatorische Gestaltung des Unternehmens besitzen. Hierzu zählen Forderungen des Marktes bzw. der Kunden, Forderungen der Produkte und der hierfür erforderlichen Erstellungsprozesse, Forderungen der an der Produkterstellung beteiligten Mitarbeiter sowie langfristige, rechtliche und volkswirtschaftliche Notwendigkeiten. Erst auf der Basis dieser grundlegenden organisatorischen, an den Forderungen angepaßten Entscheidungen ist eine Orientierung an internen Kunden-Lieferanten-Beziehungen sinnvoll.

Der Gestaltungsprozeß stellt ein in sich geschlossenes Vorgehen dar, das auch als Regelkreis interpretiert werden kann (Bild 3-2). Er unterteilt sich in die drei Phasen

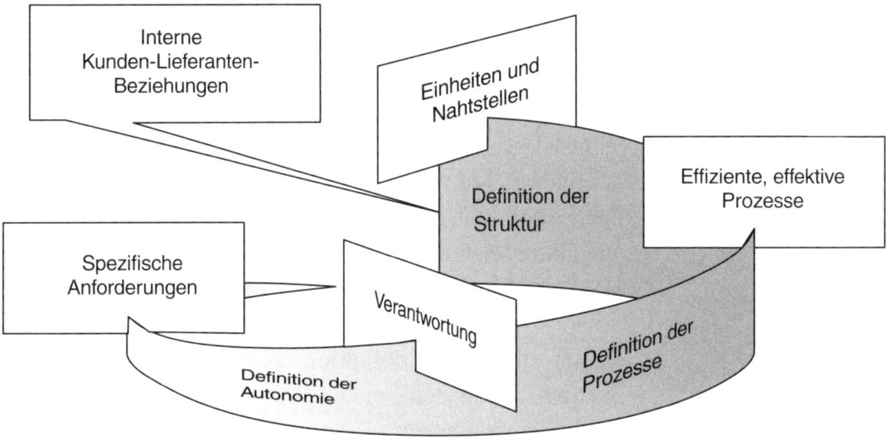

Bild 3-2: Vorgehen bei der Gestaltung interner Kunden-Lieferanten-Beziehungen

- Festlegung der Autonomie,
- Festlegung der Prozesse und
- Festlegung der Strukturen.

Verantwortlichkeit der Mitarbeiter festlegen

Der erste Schritt stellt eine Art Grundsatzentscheidung darüber dar, wieviel Eigenverantwortlichkeit oder Autonomie den einzelnen an der Produkterstellung beteiligten Mitarbeitern zugestanden wird. Hier wird festgelegt, in welchem Umfang sich die Aspekte Selbststeuerung und Kundenorientierung im Unternehmen entwickeln können. Die beiden Extrema, die vollkommene Zentralisierung bzw. Dezentralisierung, stellen dabei keine realistische Zielgröße dar. In Abhängigkeit von den Anforderungen werden meistens Mischformen geeignet sein.

Effiziente und effektive Prozesse definieren

Der zweite Schritt, die Festlegung der Prozesse, beschäftigt sich mit der effektiven und effizienten Gestaltung der Aufgabenverrichtung. Hier werden die logischen und zeitlichen Abhängigkeiten der Arbeitsabfolge definiert. Die zugelassene Autonomie bestimmt, inwieweit hier entscheidende und ausführende Tätigkeiten integriert werden dürfen. Zur Erreichung eines Gesamtoptimums können in der Prozeßdefinition aber auch Tätigkeiten ermittelt werden, bei denen eine Ausweitung der Autonomie zwingend erforderlich ist. Die definierten Prozesse geben für den nächsten Schritt die erforderlichen Nahtstellen in der Auftragsabwicklung vor.

Die Aufbauorganisation an den Erfordernissen der Prozesse ausrichten

Der dritte Schritt, die Festlegung der Strukturen, stellt die organisatorische Verankerung der in den vorangegangenen Definitionsschritten festgelegten Gestaltungsparameter dar. Auf deren Basis werden organisatorische Einheiten gebildet, die ihren jeweiligen Beitrag zur Aufgabenerfüllung leisten. Bei der Zusammenfassung von Prozessen und Mitarbeitern zu Einheiten steht insbesondere die Ausnutzung vorhandener Synergien im Vordergrund. Die durch die Prozeßdefinition vorgegebenen Nahtstellen werden durch den Leistungsaustausch zwischen diesen Einheiten festgelegt.

Qualitativ hochwertige Produkterstellung durch ein Netzwerk interner Kunden und Lieferanten

Das Ergebnis dieser Gestaltungsmethode ist ein Netzwerk von Kunden und Lieferanten im Unternehmen, die über den Leistungsaustausch miteinander in Verbindung stehen. Dieses Netzwerk ermöglicht eine qualitativ hochwertige Produkterstellung durch die Ausführung effektiver, effizienter Prozesse, die optimale Ausnutzung aller im Unternehmen vorhandenen Ressourcen sowie die Implementierung kurzer Regelkreise, die das Auftreten von Fehlern verringern und Abweichungen schnell aufdecken. Der beschriebene Gestaltungsprozeß ermöglicht darüber hinaus die Überprüfung der Zielkonformität der zu Beginn ermittelten Randbedingungen und Gestaltungsgrenzen.

Im folgenden werden nun die drei Gestaltungsphasen der beschriebenen Methodik näher dargestellt. Da die Organisationsstruktur immer unternehmensspezifisch sein muß, können keine konkreten, allgemeingültigen Aussagen darüber getroffen werden, wie die internen Kunden-Lieferanten-Beziehungen aussehen müssen. Es können lediglich die alternativen Ausprägungen der zur Verfügung stehenden Gestaltungsparameter dargestellt und Trends aufgezeigt werden, die den Aufbau dieser Beziehungen fördern.

3.2 Autonomie als Grundlage eigenverantwortlichen Handelns

3.2.1 Mögliche Formen der Autonomie

Für interne Kunden-Lieferanten-Beziehungen ist eine größere Eigenverantwortung der Einheiten notwendig

Die Grundlagen interner Kunden-Lieferanten-Beziehungen bilden die Entwicklung der Eigenverantwortlichkeit und der Kundenorientierung bei allen an der Leistungserstellung beteiligten Mitarbeitern bzw. Einheiten. Eine Voraussetzung hierfür ist die Erweiterung der Selbständigkeit dieser Einheiten in Planung und Ausführung ihrer Tätigkeiten sowie im Treffen von Entscheidungen. Dies wird als Autonomie bezeichnet. Sie entsteht durch die Unabhängigkeit einer Einheit gegenüber Zulieferungen von anderen Einheiten. Somit stellt Autonomie keine absolute Größe dar, sondern kann unterschiedliche Grade besitzen. Grundlegend lassen sich zwei Dimensionen der Autonomie unterscheiden (Bild 3-3).

Die vertikale Dimension der Autonomie beschreibt das Ausmaß der Entscheidungsfreiheit einer Einheit. Sie gibt an, inwieweit Planungs- und Kontrollbefugnisse in einer Einheit vorhanden sind. Darüber hinaus gibt sie den Freiraum vor, nicht vorhandene Regeln durch eigene Ent-

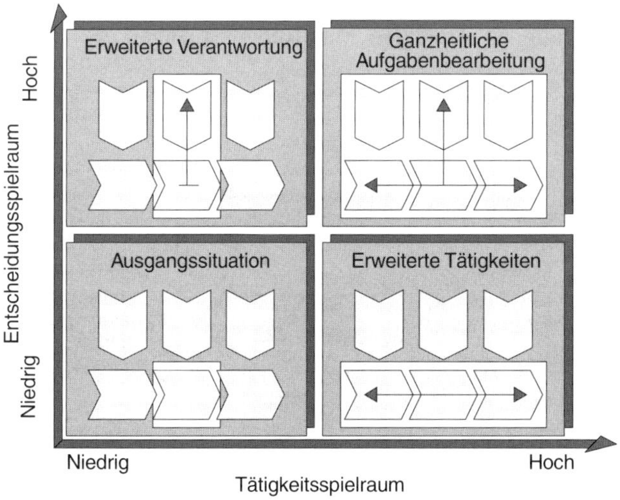

Bild 3-3: Dimensionen der Autonomie (nach [3.2])

scheidungen zu ersetzen. Die horizontale Dimension der Autonomie gibt den Grad der Aufgabenvielfalt der Tätigkeit einer Einheit an. Eine strikte Arbeitsteilung steht hier im Gegensatz zu einer ganzheitlichen Aufgabenbearbeitung.

Das Ausmaß an Autonomie muß unter Berücksichtigung der Fähigkeiten der Mitarbeiter festgelegt werden

Die Auswahl des erforderlichen Autonomiegrads muß unter Berücksichtigung teilweise gegensätzlicher Aspekte erfolgen (Bild 3-4). Dabei bedingen die Vorteile, die durch eine Ausprägung erzielt werden, immer auch Nachteile durch Vernachlässigung des anderen Gestaltungsziels. Die Ermittlung des vertretbaren Autonomiegrads muß insbesondere unter Berücksichtigung der Fähigkeiten der Mitarbeiter und der Führungskräfte erfolgen.

Der grundsätzliche Trend bei der Gestaltung der internen Kunden-Lieferanten-Beziehungen ist die Ausweitung der Autonomie der Einheiten. Die Erhöhung der Autonomie birgt aber auch existenzgefährdende Nachteile für das Unternehmen. Es besteht die Gefahr, daß durch die Reduzierung der Steuerungsmöglichkeiten das notwendige Zusammenwirken aller Beteiligten auf und zwischen den organisatorischen Einheiten verloren geht. Daher ist es erforderlich, daß die Autonomie nicht absolut sein darf.

Einerseits sollte die Autonomie der einzelnen Einheiten so wenig wie möglich eingeschränkt werden. Sie sollte über alle notwendigen Funktionen verfügen, so daß in

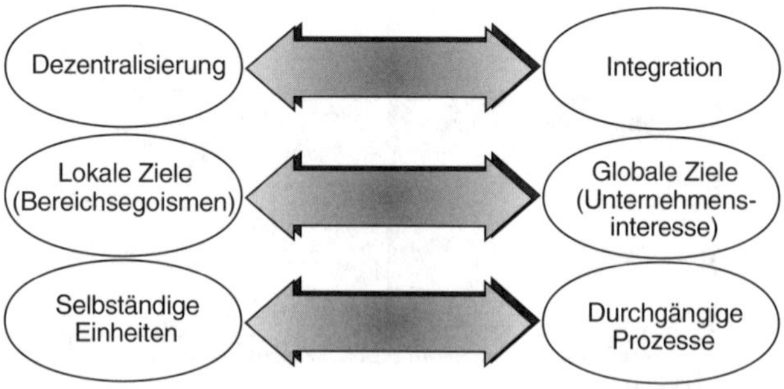

Bild 3-4: Widersprüche bei der Definition der Autonomie

voller Eigeninitiative die eigenen Tätigkeiten weiterentwickelt werden können. Andererseits sind bestimmte zentrale Funktionen unbedingt erforderlich, um die gesamtheitliche Koordination, Integration und Ausnutzung von Synergien sicherzustellen. Im Falle einer Gefährdung des Ganzen muß es möglich sein, die Autonomie des einzelnen einzuschränken [3.3].

Die Autonomie des einzelnen muß zum Wohle der Gesamtheit eingeschränkt werden können

Die Interessen des Ganzen und die Ansprüche des einzelnen müssen gleichzeitig im Blick behalten werden. Freiräume sind also nicht auf Dauer festzulegen, sondern flexibel zu handhaben.

3.2.2 Autonomie auf den Ebenen des Unternehmens

Für die grundlegende Entscheidung, welche Eigenverantwortung in den einzelnen Einheiten zugelassen wird, ist es nicht erforderlich, die konkrete Ausprägung und Zusammensetzung dieser Einheit zu kennen. Vielmehr erfordert die organisatorische Gestaltung der Einheiten die vorausgegangene Definition der Autonomie, die ihr zugestanden wird.

Die organisatorische Gestaltung erfordert die vorausgegangene Definition der Autonomie

Die Bestimmung des Autonomiegrads kann vorausschauend auf abstrakten Ebenen eines Unternehmens vorgenommen werden. Diese sind

- die Systemebene,
- die Gruppenebene und
- die Individuenebene.

Die zur Gestaltung interner Kunden-Lieferanten-Beziehungen geeigneten Ausprägungen der Autonomie werden im folgenden dargestellt.

3.2.2.1 Autonomie auf Systemebene

Die Autonomie auf Systemebene stellt den Kristallisationspunkt für die Autonomie auf allen anderen organisatorischen Ebenen dar. Oberstes Gestaltungsziel auf dieser Ebene ist die konsequente Kundenorientierung durch die

Autonomie auf Systemebene gibt den Rahmen für alle anderen Ebenen vor

Schaffung effizienter Schnittstellen zwischen dem Unternehmen und seinen Kooperationspartnern.

Die Einheiten des Systems erlangen Autonomie durch die Übertragung ganzheitlich geschlossener Aufgaben, durch entsprechend qualifizierte Mitarbeiter, durch das Vorhalten der zur Aufgabendurchführung notwendigen Ressourcen sowie durch einen erweiterten Verantwortungsspielraum für die Planung und Steuerung der Aufgaben (Bild 3-5).

Gleichgewicht zwischen Verantwortung, Zuständigkeit und Rechten

Diese auch als Kongruenzprinzip [3.4] bezeichnete Gestaltungsvorgabe unterstreicht die Notwendigkeit, daß jede Systemeinheit genau definierte Ziele und Aufgaben besitzen muß. Gleichzeitig ist es aber auch erforderlich, neben der Verantwortung zur Aufgabenerfüllung auch die notwendigen Zuständigkeiten und Rechte zu übertragen. Autonomie erfordert die Übereinstimmung dieser drei Aspekte.

Die Schaffung ganzheitlicher Aufgabenfelder läßt sich durch folgende Ansätze gestalten [3.5]:

- Unterteilung entlang der logistischen Kette,
- Unterteilung entlang der Funktionen und
- Unterteilung entlang der Informationsflüsse.

Die Integration entlang der logistischen Kette stellt den Materialfluß im Unternehmen in den Vordergrund. An-

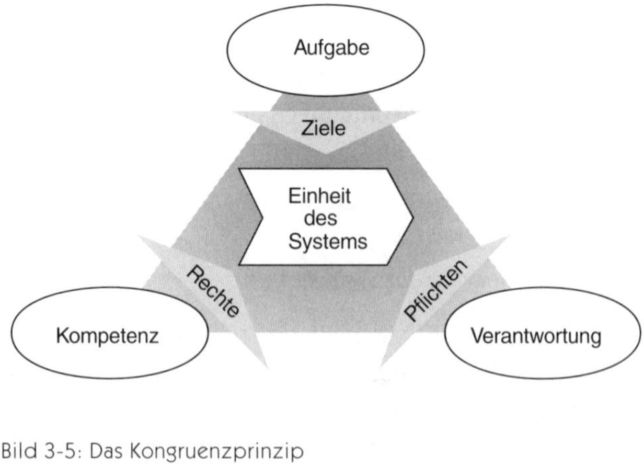

Bild 3-5: Das Kongruenzprinzip

hand dieses Gestaltungsansatzes können z. B. Geschäftsbereiche gebildet werden, die für bestimmte Produktgruppen zuständig sind. Die Integration entlang der Funktionen faßt direkte und indirekte Tätigkeiten zu abgeschlossenen Aufgabengebieten zusammen. Hier sind z. B. Einheiten möglich, die sich ausschließlich mit der Neuentwicklung von Produkten oder mit der Abwicklung von Kundenaufträgen beschäftigen. Die Integration entlang der Informationsflüsse stellt die erforderlichen Informations- und Kommunikationsstrukturen in den Vordergrund und faßt durchgängige prozeßorientierte Abwicklungsketten zusammen.

Die Folge sind Einheiten, die entweder durch das erhöhte Ausmaß an Entscheidungsspielraum oder durch die Unabhängigkeit von anderen Einheiten autonom sind [3.6]. Die Entscheidung über die Einräumung horizontaler Autonomie ist insbesondere davon abhängig, wieweit sich durch eine entsprechende Gestaltung der Organisationsstruktur Verbund- oder Synergieeffekte realisieren lassen.

3.2.2.2 Autonomie auf Gruppenebene

Systemautonomie durch Gruppenautonomie fortsetzen

Eine Erhöhung des Autonomiegrads auf der Systemebene muß auf der Gruppenebene mit Hilfe selbststeuernder Einheiten, wie Gruppen oder Teams, fortgesetzt werden. Selbststeuernde Gruppen beinhalten sowohl eine Ausweitung des Tätigkeits- als auch des Entscheidungsspielraums.

Gruppen und Teams fördern Leistungsbereitschaft und -fähigkeit der Mitarbeiter

Studien haben gezeigt, daß sich die Potentiale der Mitarbeiter für die betriebliche Zielerreichung am besten in Teams oder Gruppen entwickeln lassen. Hierbei können zusätzliche Synergien durch das gegenseitige Befruchten mit Ideen und Innovationen genutzt werden. Die interdisziplinäre Zusammenarbeit erhöht somit die Effizienz der Aufgabenerfüllung. Informations- und Entscheidungsintegration tragen zu einer Förderung formeller und informeller Kontakte bei.

Durch Gruppenkonzepte sollen Motivations- und Kreativitätspotentiale aller Mitarbeiter geweckt werden, die eine zieladäquate Nutzung der Problemlösungskapazitäten im Sinne eines kontinuierlichen Verbesserungsprozesses ermöglichen. Sie stellen somit auch ein Instrument zur Qualitätsförderung dar.

Die Gruppe bearbeitet einen abgegrenzten, zusammengehörenden Aufgabenkomplex

Für eine Gruppe müssen relativ autonome Tätigkeits- und Entscheidungsbereiche geschaffen werden. Darin wird der Gruppe ein zusammenhängender Aufgabenkomplex übertragen, der von ihr verantwortlich zu organisieren und auszuführen ist. Die aufgabenbezogenen Verantwortungsbereiche erstrecken sich über dispositive und operative Aspekte (Bild 3-6).

Dezentralisierung erhöht Reaktionsfähigkeit auf äußere Einflüsse

Mit zunehmender Dezentralisierung von Verantwortung und Tätigkeiten sinken die Anforderungen an die vertikale Steuerung. Insbesondere bei zeitkritischen Entscheidungen werden Kosten zur Unterstützung durch übergeordnete Ebenen verringert. Gleiches gilt bei sich rasch ändernden Entscheidungssituationen. Die Aufgabe der übergeordneten Ebene verlagert sich zunehmend von der

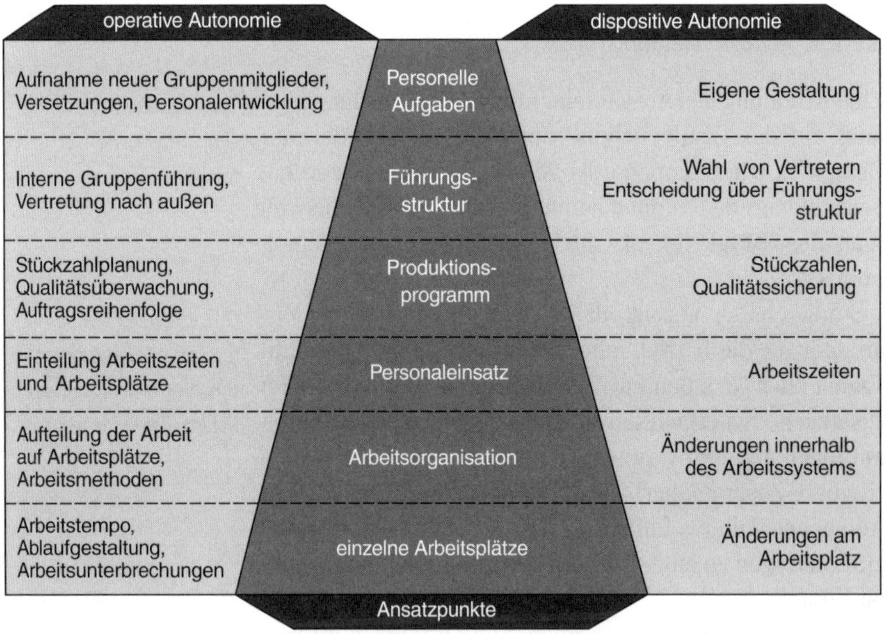

Bild 3-6: Mögliche Ansatzpunkte der Gruppenautonomie

steuernden zur koordinierenden Tätigkeit. Jedoch wird dieser Vorteil auf Kosten der detaillierten Problemumsicht übergeordneter Einheiten erzielt.

Der Autonomierahmen einer Gruppe soll einerseits sehr weit gesteckt sein, andererseits muß aber die Zusammenarbeit der Gruppen untereinander reibungslos funktionieren. Verantwortung und Aufgabenfelder sind idealerweise so zu gestalten, daß sie sich überlappen. Durch überlappende Team- und Gruppenbildung kann die Gefahr einer falsch verstandenen Autonomie, die sich in Bereichsegoismen äußert, verringert werden.

Marktdruck verhindert die Verfolgung unwirtschaftlicher Ziele

Die Tendenz zur Bürokratisierung wird um so geringer, je kleiner die gebildeten Einheiten sind und je intensiver der Marktdruck ist. Dadurch läßt sich vermeiden, daß Ressourcen für unwirtschaftliche Zwecke gebunden und Programme verfolgt werden, die aus Sicht des Unternehmens keinen Nutzen versprechen.

3.2.2.3 Autonomie auf Individuenebene

Autonomie verbessert die Arbeitsbedingungen

Vertikale und horizontale Autonomie auf Individuenebene läßt sich durch drei unterschiedliche Formen der Arbeitsstrukturierung realisieren. Sie sollen insgesamt zu einer Humanisierung der Arbeitswelt führen. Gekennzeichnet sind diese Ansätze durch unterschiedliche Freiheitsgrade bei der Ausführung der gestellten Aufgaben [3.7]:

- **Arbeitsplatzwechsel (job rotation):** Die Mitarbeiter tauschen nach gegenseitiger Absprache oder einem festen System regelmäßig ihren Arbeitsplatz. Die vorherrschende Struktur der Arbeitsteilung wird durch das job rotation nicht berührt. Für den einzelnen Mitarbeiter wird der Tätigkeitsspielraum erweitert.
- **Arbeitserweiterung (job enlargement)**: Dem einzelnen Mitarbeiter werden zusätzliche Aufgaben übertragen. Die bisherige Arbeitsteilung wird reduziert, indem strukturell gleichartige oder ähnliche Tätigkeiten an einem Arbeitsplatz zusammengeführt werden. Auf diese Weise wird die Arbeit inhaltlich anspruchsvoller und abwechslungsreicher. Dies hat keinen Einfluß auf den

Entscheidungsspielraum des Mitarbeiters, auch hier wird lediglich der Tätigkeitsspielraum erweitert.

- **Arbeitsanreicherung (job enrichment):** Aus der Integration von dispositiven und kontrollierenden Aufgaben resultiert eine quantitative und qualitative Ausweitung der Arbeitsaufgaben. Damit wird der Handlungsspielraum in beiden Dimensionen erweitert, was die Eigenverantwortlichkeit des Mitarbeiters stärkt und so dessen Kreativität und Innovationsfähigkeit aktiviert.

Autonomie des einzelnen nur im Rahmen der Gruppenautonomie sinnvoll

Diese drei unterschiedlichen Möglichkeiten, Autonomie auf der Mitarbeiterebene zu gestalten, muß im Einklang mit der organisatorischen Gestaltung auf der Gruppenebene stehen. So ist z. B. die Arbeitsanreicherung nur möglich, wenn auch eine entsprechende Aufgabenintegration in der Gruppe stattgefunden hat.

Unabhängig vom situationsspezifisch ausgewählten Gestaltungselement haben empirische Untersuchungen zwei wesentliche Auswirkungen der Autonomie gezeigt [3.8]:

- Die Autonomie bzw. der Handlungsspielraum besitzt einen großen Einfluß auf die Arbeitszufriedenheit von Mitarbeitern.
- Mit zunehmendem Entscheidungsspielraum, etwa durch job-enrichment-Maßnahmen, wächst die Zufriedenheit der Organisationsmitglieder mit ihrer Arbeit.

Bei diesen Aussagen ist zu beachten, daß aufgrund der Begrenzung auf humanorientierte Zielsetzungen lediglich die Arbeitszufriedenheit der Mitarbeiter als Effizienzkriterium betrachtet wurde.

Autonomie des Mitarbeiters muß die Belange seiner Kunden und Lieferanten berücksichtigen

Zur Vervollständigung sei an dieser Stelle aber auch auf die Grenzen der Autonomie auf Mitarbeiterebene verwiesen. Die Gestaltungsfreiheit des einzelnen ist als durch Verantwortung getragene Absprache zu verstehen, welche allen Beteiligten Freiheit bringen kann, ohne Pflichten vernachlässigen zu müssen [3.9]. Absprachen beruhen auf der Kompromißbereitschaft der Mitarbeiter und haben sich innerhalb eines durch betriebliche Interessen und Interessen anderer Mitarbeiter vorgegebenen Rahmens zu bewegen. Grenzen sind der Selbstabsprache der Mitarbeiter dort gesetzt, wo Abstimmungen über eine Vielzahl verbundener Arbeitsplätze oder über Unternehmensgrenzen hinaus notwendig sind. Wesentliche Voraussetzung für den verantwortungsbewußten Umgang der Mitarbeiter mit dem Handlungsspielraum ist deren Versorgung mit Informationen.

3.2.3 Ausfüllen des vorgegebenen Autonomierahmens

Autonome Einheiten werden über ein gemeinsames Zielsystem koordiniert

Die Steigerung der Autonomie auf den verschiedenen Unternehmensebenen verringert die Möglichkeiten zur gezielten Steuerung einzelner Einheiten. Zumindest weisen hier bestehende Werkzeuge erhebliche Defizite auf. Es gilt, den durch die Autonomie vorgegebenen Rahmen für die einzelnen organisatorischen Einheiten auszufüllen. Durch die Schaffung eines unternehmensweiten Zielsystems kann dabei der Gefahr entgegen gewirkt werden, daß sich eigenständige Einheiten wider das Gesamtinteresse entwickeln. Definierte Zielgrößen bzw. deren Erreichung ermöglichen die Koordination der Einheiten.

Ziele einer Einheit geben den Freiraum für die darunter liegende Einheit vor

Die internen Kunden-Lieferanten-Beziehungen basieren auf der Umsetzung der Unternehmensziele im Rahmen eines Zielableitungs- und Kontrollprozesses unter Beteiligung aller Mitarbeiter (Bild 3-7). Die jeweiligen Ziele einer Einheit werden aus den übergeordneten Zielen abgeleitet und geben für die darunter liegende Ebene den entsprechenden Freiraum vor.

Ziele müssen für die Einheit meßbar und beeinflußbar sein

In einem ersten Schritt müssen aus den marktgerichteten Unternehmenszielen Systemziele abgeleitet werden, die das Erreichen der Unternehmensziele ermöglichen. In den weiteren Schritten werden die Systemziele in Gruppenziele und die Gruppenziele in Mitarbeiterziele umgesetzt. Wesentlich hierbei ist es, Ziele zu definieren, die für die einzelne Einheit meßbar und beeinflußbar sind. Mit der Zielvereinbarung muß auch die Erarbeitung von Maßnahmenplänen zur Erreichung der Ziele erfolgen.

Die Zielkontrolle überwacht die Einhaltung der gesetzten Ziele

Die Einhaltung der gesetzten Ziele wird im Rahmen der Zielkontrolle überwacht. Diese gibt Rückmeldung über

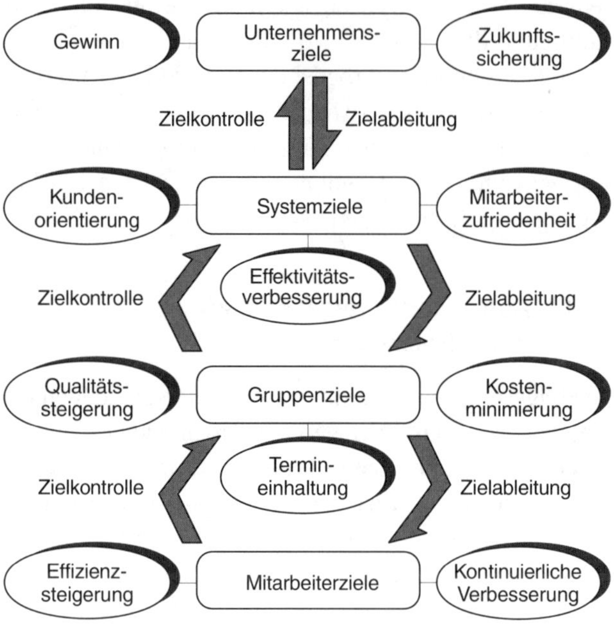

Bild 3-7: Zielableitung und -kontrolle beispielhafter Zielkategorien

den Erfolg der durchgeführten Maßnahmen, deckt notwendige Zieländerungen auf und läßt frühzeitig die fehlende Zielkonformität einzelner Einheiten erkennen.

Die entscheidende Frage ist jedoch, welche Anforderungen aus den übergeordneten Zielen für die einzelnen organisatorischen Einheiten erwachsen. Hierzu ist es erforderlich, für das Unternehmen die wesentlichen Erfolgsfaktoren zu identifizieren.

Die Erfolgsfaktorenanalyse gibt Aufschluß darüber, welche Zielgrößen wichtig sind

Die Durchführung der Erfolgsfaktorenanalyse hat vor dem Hintergrund der Kundenforderungen zu erfolgen, wobei jedoch ein geeignetes Gleichgewicht zwischen Kunden- und Unternehmensinteresse gefunden werden muß. In der Praxis erweisen sich meist Größen wie Qualität, Preis, Zeit und Service als kritische Erfolgsfaktoren. Da jedoch diese Größen einen hohen Abstraktionsgrad aufweisen und sich aus mehreren Einflußgrößen zusammensetzen, sind die kritischen Erfolgsfaktoren in greifbare Größen umzusetzen. So läßt sich z. B. der Erfolgsfaktor

Qualität aufsplitten in Zielgrößen für die Qualitätskosten, Produktlebensdauer und Garantieleistungen. Die Ziele der einzelnen Einheiten müssen dann auf das Erreichen dieser Zielgrößen ausgerichtet sein.

Führungsinstrument für dezentrale Organisationseinheiten

Ein unternehmensweites Zielsystem kann somit als Führungsinstrument im Rahmen einer weitgehend dezentralen Organisation auf der Basis interner Kunden-Lieferanten-Beziehungen eingesetzt werden. In welcher Form die notwendigen Tätigkeiten zur Produkterstellung hiermit in Einklang gebracht werden können, wird im folgenden beschrieben.

3.3 Optimierung der Leistungserstellung durch Prozeßorientierung

3.3.1 Der Prozeß als Strukturelement

Prozeßorientierung heißt Ausrichtung an den Erfordernissen des Produkts sowie der Produkterstellung

Das Ziel der Prozeßorientierung ist die konsequente Ausrichtung aller Tätigkeiten an den Erfordernissen des Produkts und der Produkterstellung. Im Mittelpunkt der Gestaltung steht die Forderung, zum einen die richtigen Tätigkeiten und zum anderen diese Tätigkeiten richtig durchzuführen. Die Effizienz und Effektivität der Leistungserstellungsprozesse unterstützt und vereinfacht die externe Kundennähe.

Ein Prozeß faßt inhaltlich zusammengehörenden Einzeltätigkeiten zusammen

Die Erstellung eines Produktes setzt sich aus einer Vielzahl von Einzeltätigkeiten zusammen, die über den Austausch von materiellen oder immateriellen Leistungen miteinander verbunden sind und so zur Wertschöpfung beitragen. Die Intensität dieses Leistungsaustausches, der auch als Transaktion bezeichnet wird, gibt Aufschluß über die inhaltliche Zusammengehörigkeit von Einzeltätigkeiten. Diesen Gedanken greift der Ansatz der prozeßorientierten Strukturierung auf.

Zentrales Element dieses Strukturierungsansatzes ist die Integration von Tätigkeiten, die über einen sehr hohen Transaktionsaufwand miteinander verbunden sind.

Ein Prozeß beliefert einen Kunden mit einer Leistung

Ein wesentliches Merkmal für einen Prozeß ist das Vorhandensein eines internen oder externen Kunden [3.10], für den die Leistung erbracht wird. Darüber hinaus wird der Prozeß durch folgende Eigenschaften charakterisiert [3.11]:

- meßbarer In- und Output,
- Wertsteigerung,
- Wiederholbarkeit sowie
- Zuordnung in den Entscheidungsbereich eines einzelnen Verantwortlichen.

Unabhängig von den jeweiligen Tätigkeiten weisen Prozesse eine einheitliche Struktur auf (Bild 3-8).

Die Inputfaktoren werden in dem Prozeß mit Hilfe der erforderlichen Ressourcen in die Outputfaktoren transformiert. Die Struktur des Prozesses ermöglicht dabei die wirtschaftlich optimale Nutzung der Ressourcen. Die Erfüllung ganzheitlicher Aufgaben macht es erforderlich, daß innerhalb des Prozesses Führungsgrößen und -regeln vorhanden sind, die eine effiziente Erfüllung des Prozeßoutputs gewährleisten. Für die Prozeßleistung insgesamt ist der Prozeßeigner verantwortlich. Ihm unterliegt ebenfalls die Verantwortung über die Definition der Schnittstellen zu anderen Prozessen.

Auf der Basis dieses einheitlichen Strukturmodells erfolgt die prozeßorientierte Gestaltung der Tätigkeiten im Unternehmen.

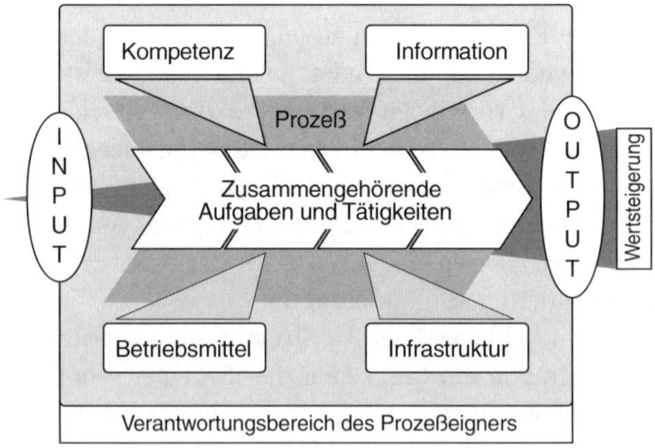

Bild 3-8: Das Prozeßstrukturmodell

3.3.2 Unterschiedliche Prozeßarten

Die Gestaltung der unternehmensspezifisch erforderlichen Prozesse erfolgt auf drei Abstraktionsebenen (Bild 3-9):

- den Geschäftsprozessen,
- den Teilprozessen und
- den Prozeßschritten.

Das Ziel der Prozeßgestaltung auf den Abstraktionsebenen ist die Schaffung ganzheitlicher Aufgabenkomplexe, die in Ausführung und Verantwortung einer einzelnen Instanz im Unternehmen übertragen werden kann. Den einzelnen Ebenen sind dabei verschiedene Gestaltungs- und Optimierungsziele zugrunde gelegt.

In Geschäftsprozessen werden die erforderlichen Kernleistungen und -kompetenzen zusammengefaßt

Die Gestaltung der Geschäftsprozesse, auch Hauptprozesse genannt, stellt eine Konzentration der unternehmensinternen Aufgaben auf die wesentlichen, zur Sicherstellung des Kundennutzens und des langfristigen Unternehmenserfolgs erforderlichen Kernleistungen dar. Geschäftsprozesse müssen aus den kritischen Erfolgsfaktoren des Marktes sowie aus den Kernkompetenzen des Unternehmens abgeleitet werden. Welche Geschäftsprozesse in einem Unternehmen vorhanden sind, hängt von den spezifischen Randbedingungen ab.
Ein Gliederungsansatz, der von fünf Geschäftsprozessen im Unternehmen ausgeht, nennt die folgenden [3.12]:

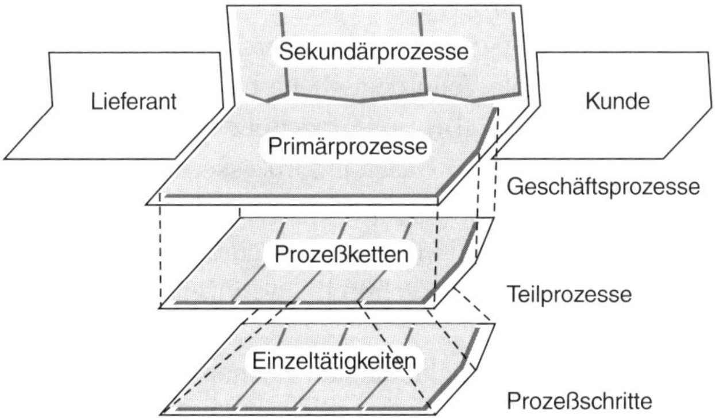

Bild 3-9: Das Drei-Ebenen-Modell der Prozeßgestaltung

- **Planungsprozeß**: Der Planungsprozeß beinhaltet die Elemente der strategischen und operativen Unternehmensplanung.
- **Innovationsprozeß**: Der Innovationsprozeß umfaßt die Aktivitäten der Bereiche Marketing, Entwicklung, Konstruktion sowie Prototypenentwicklung und Vorserienbau, wobei Produkt- und Prozeßinnovationen zu betrachten sind. Änderungsprozesse werden durch markt- oder technikbedingte Rückkopplungen initiiert.
- **Fertigungsprozeß**: Der Fertigungsprozeß beinhaltet alle fertigungsnahen Aktivitäten zur Gütererstellung.
- **Auftragsabwicklungsprozeß**: Dieser umfaßt die vollständige Auftragsbearbeitung von der Auftragserfassung bis zur Fakturierung.
- **Logistik- und Serviceprozeß**: Die Aktivitäten der Beschaffung und Distribution sowie der Produktionsplanung und -steuerung sind in einem übergeordneten Logistikprozeß zusammenzufassen. Getrennt davon ist der Serviceprozeß zu betrachten, der Vorgänge im Bereich Reparaturen und Wartung, Schadensanalyse sowie Ersatzteilabwicklung umfaßt.

Geschäftsprozesse können in primäre und sekundäre Prozesse unterteilt werden. Besitzen primäre Prozesse, z. B. der Fertigungsprozeß, als Abnehmer den externen Kunden, so sind dies bei den sekundären Prozessen interne Kunden. Sekundäre Prozesse unterstützen einen oder mehrere Primärprozesse.

Geschäftsprozesse werden untergliedert in Prozeßketten und Prozeßschritte

In einem Top-down-Ansatz werden die Geschäftsprozesse über die Teilprozeßebene bis zur Prozeßschrittebene detailliert. Die Teilprozeßebene ermöglicht, je nach Komplexität der Geschäftsprozesse, eine mehrfache Untergliederung der Hauptprozesse in Prozeßketten.

Sie setzen sich aus den Prozeßschritten, den logisch und zeitlich zusammengehörenden Einzeltätigkeiten, zusammen.

Die auf den unterschiedlichen Ebenen definierten Prozesse werden verschiedenen Instanzen zugeordnet. Diese sind

- Geschäftsbereiche,
- Gruppen oder Teams sowie
- einzelne Mitarbeiter.

Im folgenden werden nun die einzelnen Gestaltungsschritte sowie deren Zielsetzungen näher dargestellt.

3.3.3 Vorgehen bei der Prozeßgestaltung

Die konsequente Ausrichtung an den Erfordernissen der Produkterstellung setzt ein systematisches Vorgehen bei der Prozeßgestaltung voraus. Das Ziel ist die Identifikation von Schnittstellen- und Ablaufproblemen, die Offenlegung von Fehlleistungen sowie die Intensivierung der internen und externen Kooperation [3.13]. Der Gestaltungsprozeß orientiert sich an dem Drei-Ebenen-Modell des Unternehmens (Bild 3-10).

Orientierungsobjekte der Geschäftsprozesse

Wie bereits erwähnt stellen die Geschäftsprozesse die notwendigen Kernleistungen im Unternehmen dar. Die Ausrichtung der Geschäftsprozesse kann sich an folgenden Objekten orientieren:

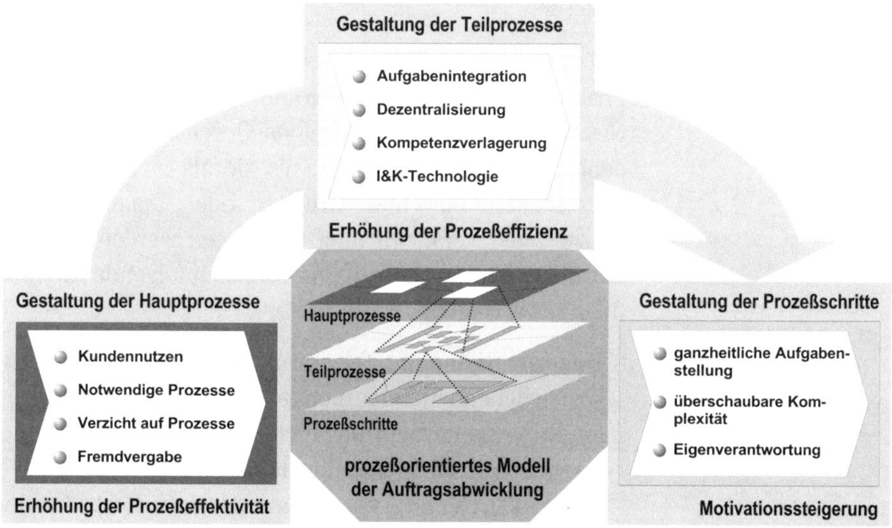

Bild 3-10: Schema der Prozeßgestaltung

- den Produkten,
- der Form der Auftragsabwicklung oder
- der Fertigungsarten.

Geschäftsprozesse sollen die Effektivität erhöhen

Da auf dieser Gestaltungsebene die Verbesserung der Prozeßeffektivität im Vordergrund steht, ergeben sich folgende Ansätze:

- **Zum Kerngeschäft notwendige Prozesse**: Identifikation von strategisch oder technologisch wichtigen Aktivitäten im Sinne der Zielsetzung des Unternehmens.
- **Fremdvergabe von Prozessen**: Klassifikation der einzelnen Prozesse dahingehend, ob diese dem strategisch wichtigen Kerngeschäft des Unternehmens zuzurechnen sind, oder es sich um unterstützende Prozesse handelt, die grundsätzlich auch durch Fremdunternehmen wahrgenommen werden könnten.
- **Verzicht auf Prozesse**: Identifikation von Prozessen, auf die völlig verzichtet werden kann.
- **Ausgliederung von Prozessen**: Identifikation von Prozessen die zwar nicht zum Kerngeschäft gehören wohl aber wirtschaftlich ausgeführt werden. Diese können entweder in einen gesonderten Geschäftsbereich oder ein eigenständiges Unternehmen ausgegliedert werden.

Teilprozesse sollen die Effizienz steigern

Auf der Ebene der Teilprozesse steht die Verbesserung der Prozeßeffizienz im Vordergrund. Es werden hier die Geschäftsprozesse der einzelnen Geschäfts- bzw. Unternehmensbereiche detailliert, bis sie als abgeschlossene Prozeßketten einzelnen Gruppen oder Teams in Ausführung und Verantwortung übertragen werden können. Für die Gestaltung stehen grundsätzlich folgende Alternativen zur Verfügung:

- **Dezentralisierung**: Dezentralisierung all jener Prozesse, bei denen Wirtschaftlichkeitsaspekte einer dezentralen Prozeßverantwortung nicht entgegenstehen. Sie unterstützen so die Steigerung der Kundenorientierung.
- **Restrukturierung von Kompetenzen**: Restrukturierung von Kompetenzen mit dem Ziel, Spielräume für unternehmerisches Verhalten zu schaffen.

- **Neugestaltung von Abläufen**: Durch den Einsatz moderner Informations- und Kommunikationstechnologien eröffnen sich neue Lösungen für optimierte Auftragsabläufe.
- **Schnittstellenmanagement**: Unvermeidbar entstehende Schnittstellen sind durch ein wirksames Schnittstellenmanagement zu überbrücken.

Auf der Ebene der Prozeßschritte werden ganzheitliche Aufgabenkomplexe zusammengefaßt, die von einem einzelnen Mitarbeiter des entsprechenden Teams ausgeführt werden können. Die Aufgabenstellung muß in seiner Komplexität auf die Fähigkeiten der Mitarbeiter angepaßt sein. In Verbindung mit der erhöhten Eigenverantwortung für diesen Prozeßschritt wird die Steigerung der Motivation zur Leistungserbringung verfolgt.

Prozeßschritte sollen die Motivation der Mitarbeiter steigern

Die Einführung und Umsetzung der Prozeßorientierung ist neben technischer und wirtschaftlicher Art insbesondere auch kulturell bestimmt. Sie macht es erforderlich, daß jede Führungskraft und jeder Mitarbeiter versteht, daß der Erfolg der Unternehmung davon abhängt, wie die internen und externen Kunden zufriedengestellt werden und daß dabei jeder eine Verantwortung übernehmen muß, die über die hinausgeht, die ihm formal zugewiesen ist [3.11].

Prozeßorientierung erfordert das Verantwortungsbewußtsein aller Beteiligten

3.4 Strukturelle Ausrichtung der Unternehmensorganisation

3.4.1 Von Prozessen zu Strukturen

Neben der Neugestaltung der Autonomie und der Prozesse erfordert die Orientierung an internen Kunden-Lieferanten-Beziehungen auch die entsprechende aufbauorganisatorische Ausrichtung. Insbesondere aus der Prozeßorientierung resultieren hier entscheidende Konsequenzen. Neben der Betrachtung, welche Prozesse in einem Unternehmen vorhanden sind, ist die Frage entscheidend, anhand welcher Kriterien diese Prozessen in Einheiten zusammengefaßt werden. Hierbei sind neben den logi-

Wirtschaftliche Gründe machen eine Unterteilung der Prozesse auf unterschiedliche Einheiten erforderlich schen und zeitlichen Abhängigkeiten vor allem auch wirtschaftliche Aspekte zu berücksichtigen.

Es ist ein Gleichgewicht von Transaktionsminimierung und Synergienutzung erforderlich

Die logischen und zeitlichen Abhängigkeiten der Einzeltätigkeiten geben die Randbedingungen vor, die nur bedingt verändert werden können. Der Prozeßgestaltung obliegt darauf aufbauend die Aufgabe, diese Tätigkeiten zu integrierten Aufgabenkomplexen zusammenzufassen. Dabei müssen einerseits der notwendige Transaktionsaufwand zwischen den Prozessen so gering wie möglich gehalten werden und andererseits innerhalb der Aufgabenkomplexe möglichst alle vorhandenen Synergieeffekte ausgenutzt werden. Beide Aspekte können durchaus gegenläufige Ausrichtungen bewirken (Bild 3-11).

Ein hoher Transaktionsaufwand ist ein Anzeichen für die Kooperationsnotwendigkeit

Das grundlegende Optimierungskriterium ist der Transaktionsaufwand. Er stellt den Aufwand dar, der zur formellen Weiterleitung von Material und Informationen zwischen zwei Prozessen zu betreiben ist. Ein hoher Transaktionsaufwand ist als ein Anzeichen für eine hohe

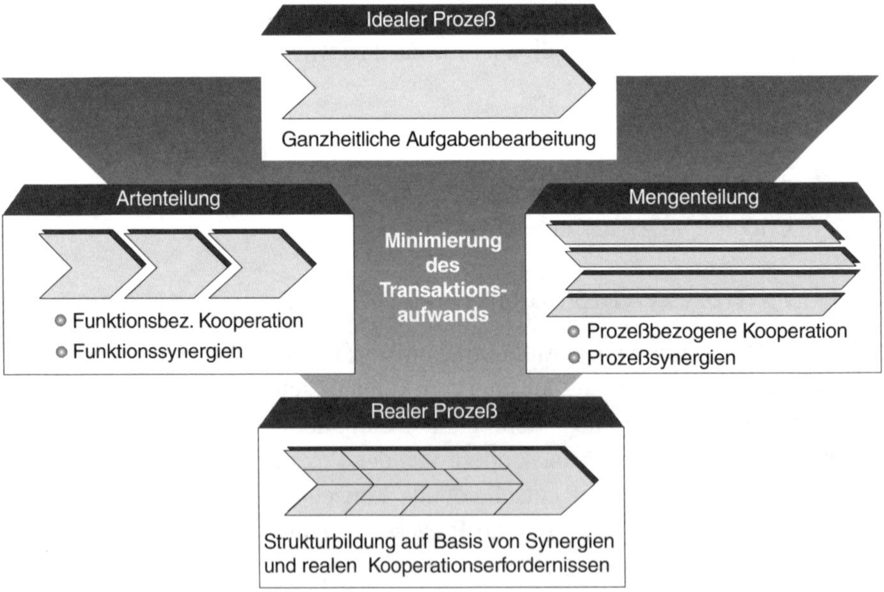

Bild 3-11: Gestaltungskriterien der Prozeßdefinition

aufgabenbezogene Kooperationsnotwendigkeit zu deuten.

In einem „idealen" Prozeß, der aufgrund seiner Komplexität von einem einzelnen Mitarbeiter ausgeführt werden kann, ist der Transaktionsaufwand nicht vorhanden. Kooperationen mit anderen Prozessen sind nicht erforderlich. Transaktionen bestehen nur zu externen Kunden und Lieferanten, die aber an dieser Stelle nicht betrachtet werden. Ist jedoch die ganzheitliche Aufgabenbearbeitung durch eine einzelne Einheit nicht möglich, so müssen interne Transaktionen akzeptiert werden.

Aufgabenteilung muß Funktions- und Prozeßsynergien realisieren

Bei der Aufgabenteilung ist die Ausnutzung von Funktions- oder Prozeßsynergien ein wichtiges Strukturierungskriterium. Die beiden Alternativen sind hier

- die Artenteilung und
- die Mengenteilung.

Die Schnittstellen zwischen Einheiten müssen dort gesetzt werden, wo der Transaktionsaufwand am geringsten ist

Der Schwerpunkt wird in der Artenteilung auf die funktionsbezogene Kooperation gelegt. Hier erledigt eine Einheit z. B. einen bestimmten Aufgabenkomplex für alle zu erstellende Produkte. Bei der Mengenteilung wird der Fokus auf die prozeßbezogene Kooperation gelegt. Hier erfüllt eine Einheit z. B. sämtliche Aufgaben, die zur Erstellung eines bestimmten Produkts erforderlich sind. Die Definition der Schnittstellen zwischen den Prozessen erfolgt wiederum dort, wo die Kooperationsnotwendigkeit am geringsten und somit auch der Transaktionsaufwand minimal ist.

Da jedoch in der Realität nur in den seltensten Fällen eine Definition entsprechend einer der beiden Reinformen sinnvoll ist, stellen Prozesse i.d.R. eine Mischform aus beiden Ansätzen dar. Hier ist fallspezifisch zu überprüfen, welche Synergieeffekte genutzt werden können und welche Kooperationserfordernisse überwiegen.

Die Prozeßorientierung impliziert eine strukturelle Gestaltung des Unternehmens, die in vielen Fällen quer zur funktionsorientierten Organisationsstruktur verläuft. Diese Ausrichtung muß sich dabei konsequenterweise wiederum über sämtliche Ebenen des beschriebenen Drei-Ebenen-Modells des Unternehmens erstrecken.

Im folgenden werden nun für die unterschiedlichen Unternehmensebenen mögliche Gestaltungsansätze dargestellt.

3.4.2 Gestaltung der Systemebene

Modulare Systemeinheiten bilden die Grundlage der Organisationsstruktur

Wesentliche Voraussetzung für den Aufbau interner Kunden-Lieferanten-Beziehungen ist die modulare Gestaltung der Organisationsstruktur auf der Systemebene. Hier wird der Grundstein für die organisatorische Umsetzung des Kunden-Lieferanten-Prinzips gelegt. Der Autonomiegrad auf dieser Ebene ist maßgebend für die Eigenverantwortung, die auf der Mitarbeiterebene realisiert werden kann.

Verknüpfung von Ressourcen-, Markt- und Prozeßeffizienz

Die Schaffung modularer Organisationseinheiten folgt dem Ansatz der Segmentierung. Dieser Ansatz zielt darauf ab, die Ressourcen- und Markteffizienz mit der Prozeßeffizienz zu verknüpfen [3.14]. Modulare Organisationsstrukturen sind gekennzeichnet durch [3.15]

- Kunden- und Zielausrichtung,
- Mehrstufigkeit in der Wertschöpfung,
- dezentrale Komplettverantwortung,
- Kompetenz und Entscheidungsbefugnis sowie
- wenige Hierarchie- und Berichtsebenen.

Grundsätzlich sind folgende Module mit unterschiedlichen Aufgabenstellungen zu unterscheiden:

Kompetenz-Center
- Konzentration auf modulübergreifende Aufgabenstellungen
- Sicherstellung des Know-how-Transfers zwischen den Modulen
- Produktbezogene Forschung und Grundlagenentwicklung
- Verfahrensentwicklung
- Zentrale Dienstleistungen für die Fabrikmodule

Profit-Center
- Konzentration auf produktbezogene Wertschöpfungstätigkeiten

- Ertragsmaximierung gemäß Zielvereinbarung
- Gewinnverantwortung
- Leistung wird am Markt abgesetzt
- Marktpreise

Cost-Center
- Konzentration auf produktbezogene Wertschöpfungstätigkeiten
- Kostenminimierung gemäß Zielvereinbarung
- Kostenverantwortung
- Leistung wird intern genutzt

Anhand dieser Gestaltungsalternativen lassen sich zunächst nur die produktionsorientierten Bereiche im Unternehmen segmentieren. Eine Ergänzung der Produktionssegmente unternimmt Wildemann durch die Einführung sog. Führungssegmente.

Management-Center
- Konzentration auf Strategische Führung
- Zentrale Koordination der Fabrikmodule
- Unternehmenskultur
- Finanzhoheit
- Personalpolitik

Service-Center
- Zentrale Dienstleistungen am Standort
- Zusammenfassung nicht kerngeschäftsrelevanter Tätigkeiten des Standortes zur Vermeidung von Teilungsverlusten
- Marktgerechte Verrechnungspreise

Durch die Segmentierung sollen unabhängige Bereiche entstehen, deren Grenzen so zu ziehen sind, daß die zur Aufgabenerfüllung notwendigen Transaktionen zwischen den einzelnen Einheiten der modularen Organisation möglichst gering sind.

Die Schaffung einer modularen Organisation auf der Systemebene erfordert folgenden mehrstufigen Gestaltungsprozeß:

- Eingrenzung der direkten Bereiche, die zur Erfüllung des Kerngeschäfts benötigt werden, und Errichten von Produktionssegmenten.

- Integration all jener indirekten Funktionen in diese Produktionseinheiten, die zur Erfüllung der Fertigungsaufgaben unmittelbar benötigt werden.
- Integration von indirekten Funktionen, die zur Auftragsabwicklung sowie zur Planung und Steuerung der Fertigungssegmente im Rahmen des definierten Kerngeschäfts benötigt werden.
- Integration von indirekten Tätigkeiten, die zur betriebsnahen Führung und Lenkung innerhalb des zustehenden Autonomiegrads benötigt werden.

Dezentralisierung von Tätigkeiten darf keine wirtschaftlichen Nachteile bewirken

Bei jedem Schritt dieser Vorgehensweise ist zu fragen, ob eine Segmentierung der jeweiligen Funktion ohne wirtschaftliche Nachteile möglich ist oder ob eine Wahrnehmung dieser Funktion in einem Service-/Kompetenz-Center deutliche Vorteile verspricht. Eine zentrale Wahrnehmung von Funktionen darf jedoch die Handlungsfähigkeit der dezentralen Segmente nicht unnötig einschränken und das Gleichgewicht von Aufgabe, Kompetenz und Verantwortung nicht zerstören.

3.4.3 Gestaltung der Gruppenebene

3.4.3.1 Die Bedeutung von Gruppen- und Teamarbeit

In Gruppen und Teams erfolgt die Kooperation am effektivsten

Ausgehend von den gewandelten Anforderungen an die innerbetriebliche Leistungserstellung sind eine Reihe von team- und gruppenorientierten Konzepten entwickelt worden, die in ihrer Grundaussage die gleichen Ziele verfolgen. Die Bedeutung der Kommunikation der Mitarbeiter bei der alltäglichen Aufgabenverrichtung wird in den Vordergrund gestellt. Es werden die Mitarbeiter zusammengefaßt, die im Leistungserstellungsprozeß intensiv miteinander kommunizieren müssen. Die Kommunikation erfolgt auf dem schnellst möglichen Weg, durch den direkten Kontakt. Die Überwindung räumlicher Distanzen wird soweit wie möglich reduziert.

Die Gestaltung einer Gruppen- oder Teamstruktur muß unter Berücksichtigung folgender Aspekte erfolgen [3.6]:

- die sozialen Beziehungen und Motive des Menschen;
- aus Gruppenbindung erwachsende integrative Kräfte;

- desintegrative Kräfte, die innerhalb und zwischen Gruppen Konflikte heraufbeschwören.

Teams sind besondere Gruppen, die durch ihre erhöhte Leistungsfähigkeit charakterisiert werden können. Im Gegensatz zur rein additiven Wirkungen der Gruppenarbeit übersteigt bei einem Team die Gemeinschaftsleistung die Summe der Einzelleistungen. Im folgenden ist zu beachten, daß die Begriffe Gruppe und Team synonym verwendet werden, sich aber immer auf die Teamarbeit beziehen.

In Teams ist die Gemeinschaftsleistung höher als die Summe der Einzelleistungen

Die Arbeit in Teams setzt sich aus zwei Aspekten zusammen, die unterschiedlich stark ausgeprägt sein können:

- der sachlich-integrative Aspekt, der die Teams als eine Gruppe von Leuten beschreibt, die kooperieren, um ein gemeinsames Ziel zu verfolgen, und
- der sozial-integrative Aspekt, der das Team als eine gut, gerne und eng zusammenarbeitende Gruppe beschreibt.

Neben diesen beiden Hauptmerkmalen zeichnet sich Teamarbeit durch folgende Aspekte aus:

- **Größe**: Teams sind Kleingruppen, bei denen alle Mitglieder unmittelbar in Kontakt treten können.
- **Dauer**: Teams werden überwiegend als dauerhafte oder zumindest für einen längeren Zeitraum gebildete Arbeitsgruppen definiert.
- **Leistungsorientierung**: In Teams werden klar definierte Arbeits- und Leistungsziele verfolgt, die über das Definitionsmerkmal einer Gruppe als zielorientierte Gemeinschaft hinausgehen.
- **Arbeitsstil**: Teamarbeit zeichnet sich durch einen besonderen Arbeitsstil aus, bei dem Kompetenzträger verschiedener Sachgebiete kooperativ interagieren und kollektiv Verantwortung tragen.
- **Kohäsion**: Unter Kohäsion versteht man die Resultante aller Kräfte, die ein Gruppenmitglied veranlaßt, in der Gruppe zu bleiben; sie ist in Teams besonders hoch.

Bereits die Anerkennung eines Teams steigert dessen Leistung

Ein nicht zu unterschätzender Aspekt der Teamarbeit ist, daß sich die Leistung eines Teams allein schon durch die ihm gewidmete Aufmerksamkeit und Zuwendung erhöht, der sogenannte „Hawthorne-Effekt".

Gruppen- oder Teamarbeit kann auch negative Auswirkungen haben

Jedoch sind auch negative Auswirkungen der Teamarbeit, wie die Führungsproblematik und die Tendenz zur Gruppenuniformität, zu berücksichtigen. Die Probleme in der Führung entstehen dadurch, daß das Team beim Abbau von Hierarchien und zunehmender Gleichwertigkeit der Personen Koordinationsfunktionen übernehmen muß. Somit werden Konfliktpotentiale in das Team hineingetragen. Bei der Tendenz zur Gruppenuniformität besteht die Gefahr, daß sich einzelne Teammitglieder ohne Einsicht in die Richtigkeit der vorgeschlagenen Lösung der Mehrheit anschließen und damit ein Konsens oft voreilig und unter Vernachlässigung wichtiger Informationen erzielt wird. In diesem Zusammenhang spricht man von „kollektiver Dummheit".

Die hier dargestellten Aspekte sind bei der Gestaltung von Teams zu beachten. Sie sollen dem weitverbreiteten Verständnis, daß Gruppenarbeit einfach umzusetzen ist, entgegenwirken.

Im folgenden werden nun wesentliche Teamkonzepte dargestellt, die zur Gestaltung der Gruppenebene geeignet sind. Hierbei wird die Teilautonome Gruppe als Bestandteil der Primärorganisation dargestellt. Darüber hinaus werden zwei weitere Teamkonzepte mit informellem Charakter erläutert, die parallel zur Primärorganisation arbeiten.

3.4.3.2 Teilautonome Arbeitsgruppen

Teilautonome Arbeitsgruppen praktizieren Aufgabenerweiterung, Arbeitsplatzwechsel, Aufgabenanreicherung

Die teilautonome Arbeitsgruppe ist eine Kleingruppe, die zusammenhängende Aufgabenkomplexe eigenverantwortlich zu erfüllen hat und über Entscheidungs- und Kontrollkompetenzen verfügt.

Das Konzept der teilautonomen Arbeitsgruppe umfaßt die Bereiche Aufgabenerweiterung (job enlargement), als horizontale Ausweitung des Tätigkeitsbereichs, Aufgabenanreicherung (job enrichment), als vertikale Ausweitung unter Einschluß von Dispositionsspielräumen, und Arbeitsplatzwechsel (job rotation), als Verfahren ohne organisationsstrukturelle Maßnahmen. Sie soll dabei Erscheinungen, wie qualitativer Unterforderung, quantitativer Überforderung, einem zu geringen Grad an Autonomie und der Dominanz vertikaler, hierarchischer Kontrollen entgegenwirken [3.14].

Grenzen erfährt die Teilautonome Arbeitsgruppe durch ihr Umfeld

Das zentrale Gestaltungselement dieser Arbeitsgruppen ist die Teilautonomie, d.h. die Gruppen werden als Einheiten eines Gesamtsystems aufgefaßt und sind somit in ihrer Autonomie nur durch die Rahmenbedingungen dieses Gesamtsystems begrenzt. Der Autonomiegrad definiert aufgabenbezogen die mögliche Selbstregulation, arbeitsmethodenbezogen das Maß der Selbstbestimmung und materiellhierarchisch den Grad der Selbstverwaltung.

Teilautonome Arbeitsgruppen erfordern Veränderungen in der Organisationsstruktur und der Personalpolitik

Die Einführung von teilautonomen Arbeitsgruppen bringt Konsequenzen für organisationale Strukturen und Prozesse mit sich. Es werden Informationssysteme notwendig, die die Arbeitsgruppen mit den Informationen versorgen, die sie zur eigenverantwortlichen Ausführung ihrer Aufgaben benötigen. Auch das Controlling ist entsprechend anzupassen. Unter dem Gesichtspunkt der Führung wird die Handlungsfreiheit durch Identifikation und Verankerung der Organisationsziele in den Köpfen der Gruppenmitglieder gewährleistet.

Personalpolitisch sind von diesem Konzept die Aspekte Qualifizierung, Entgeltregelung und Führungsverhalten betroffen. Alle Mitarbeiter müssen kontinuierlich in den Punkten Fachkompetenz, Problemlösungsverhalten und soziale Kompetenz weiterqualifiziert werden. Die veränderte Qualifikationsstruktur bedingt eine Entgeltregelung, die sich nicht nur an der Qualifikation und Leistung des einzelnen, sondern auch an der Leistung der Gruppe orientiert. Die Ziele der Führung einer Gruppe sind dabei die Gestaltung eines optimalen Arbeitsumfeldes und die Mitarbeiterentwicklung.

3.4.3.3 Projektgruppen

Projektgruppen arbeiten temporär an abgegrenzten Aufgaben

Projektgruppen, als Zusammenfassung verschiedener Mitarbeiter aus unterschiedlichen Funktionsbereichen des Unternehmens, werden temporär gebildet und mit der Durchführung einer speziellen Aufgabe betraut. Geeignete Aufgaben für die Projektgruppe sind vor allem umfangreiche und komplexe Planungsaufgaben oder einmalige und neuartige Aufgaben, die in der eigentlichen Struktur nicht erfolgversprechend ausgeführt werden können.

Projekte, die im Rahmen einer Projektgruppe bearbeitet werden können, sind z. B. die Entwicklung neuer Produkte oder die Erarbeitung umfangreicher Analysen. Ein weiteres Anwendungsgebiet ist aber auch die pilothafte Erprobung neuer Organisations- bzw. Arbeitsformen, wie die Gruppenarbeit.

Projektgruppen erfordern keine zwingende Veränderung der Organisationsstruktur

Die Einführung von Projektgruppen hat nur einen bedingten Einfluß auf die konkrete Ausprägung der Organisation. Sie können parallel zu den üblichen organisatorischen Einheiten arbeiten. Die Gesamtverantwortung für die Projektgruppe unterliegt dem Projektmanager, der die Gruppe über die Laufzeit führt.

Projektgruppen fördern interdisziplinäre Kooperation

Die Projektorganisation ist ein Instrument zur zumindest teilweisen Überbrückung von Schnittstellen. Das Projektprinzip resultiert aus der Notwendigkeit, die Primärorganisation im Streben nach ständiger Verbesserung durch Einführung bereichsübergreifender Sekundärstrukturen zu unterstützen. Im Rahmen dieser Sekundärorganisationen gewinnen Problemlösungsgruppen eine zunehmende Bedeutung. Ziel ist es auch, ein gemeinsames Verständnis für unterschiedliche Bereiche zu schaffen.

3.4.3.4 Qualitätszirkel

Ein Qualitätszirkel ist eine temporäre, interdisziplinäre Arbeitsgruppe auf freiwilliger Basis

Ein Qualitätszirkel stellt eine interdisziplinär zusammengesetzte Gruppe von Mitarbeitern dar, die sich freiwillig, zeitlich begrenzt mit der Lösung aktueller Probleme beschäftigt. Dabei liegt die ursprüngliche Aufgabenstellung der Qualitätszirkel allein auf qualitätsbeeinflussenden Problemstellungen vorwiegend in der Produktion. Diese Einschränkung hat sich jedoch mit der Ausweitung des Qualitätsgedankens abgeschwächt, und es haben sich unternehmensspezifische Weiterentwicklungen dieser Gruppenform etabliert. Die Definition der Themenstellungen obliegt der Gruppe.

Positive Effekte, die der Einsatz von Qualitätszirkeln bewirkt, sind:

- die Aktivierung von Kreativitätspotentials,
- die Erarbeitung innovativer Problemlösungen sowie
- die Motivationssteigerung bei den Mitarbeitern.

Ein ausgebildeter Moderator sollte die Gruppe leiten

Die Gruppe wird während der Zusammenarbeit von einem ausgebildeten Moderator in systematischen Fragen unterstützt und gefördert. Für die Ausbildung von geeigneten Moderatoren sind intensive Schulungen und Weiterqualifizierungen notwendig.

Qualitätszirkel arbeiten parallel zur Primärorganisation

Organisatorische Veränderungen für die Einführung von Qualitätszirkeln sind nur bedingt erforderlich. Es ist jedoch darauf zu achten, daß durch die Tätigkeit im Rahmen einer solchen Gruppe nicht eine unzumutbare Mehrbelastung auf den Mitarbeiter zukommt, die demotivierend wirkt. Darüber hinaus sollte sichergestellt sein, daß die Qualitätszirkel während der normalen Arbeitszeit zusammentreffen und ihre Ergebnisse präsentieren können.

3.5 Implementierung der internen Kunden-Lieferanten-Beziehungen

3.5.1 Ganzheitlicher Gestaltungsprozeß

Interne Kunden-Lieferanten-Beziehungen bilden das Fundament der Aufgabenerfüllung

In den vorangegangenen Abschnitten wurden die unterschiedlichen Gestaltungsparameter für die Schaffung einer qualitätsförderlichen Organisations- und Führungsstruktur behandelt. Im folgenden soll nun ein ganzheitlicher Gestaltungsprozeß dargestellt werden, der die Entwicklung und Implementierung einer unternehmensspezifischen Organisationsstruktur ermöglicht. Die Aufgabe der Strukturgestaltung liegt darin, Kunden-Lieferanten-Beziehungen zum Fundament einer effizienten und effektiven Aufgabenerfüllung zu machen.

Die Gestaltung der internen Kunden-Lieferanten-Beziehungen geht über das reine Verständnis der Mitarbeiter, daß sie Kunden, Produzent und Lieferant zugleich sind, hinaus, auch wenn dieser Aspekt nicht zu unterschätzen ist. Vielmehr sind die zu gestaltenden Kunden-Lieferanten-Beziehungen als ein Ergebnis der vorangegangenen grundlegenden Organisations- und Prozeßoptimierungen zu verstehen. Der hierfür notwendige ganzheitliche Ansatz ist in Bild 3-12 dargestellt.

Der Gestaltungsansatz erstreckt sich über die Phasen Autonomie-, Prozeß- und Strukturgestaltung

Der notwendige Gestaltungsprozeß erstreckt sich über die Definitionsphasen der Autonomie, der Prozesse sowie der Strukturen auf den drei Abstraktionsebenen System, Gruppe und Individuum. Die Definitionsschritte stellen in der angegebenen Reihenfolge auf jeder Ebene eine zeitliche und logische Abfolge dar. In der detaillierenden, vertikalen Abfolge geben die Lösungen der übergeordneten der darunterliegenden Ebene einen Lösungsraum vor. Konflikte, also das Überschreiten der vorgegebenen Grenzen des Lösungsraums, müssen in Regelschleifen behoben werden.

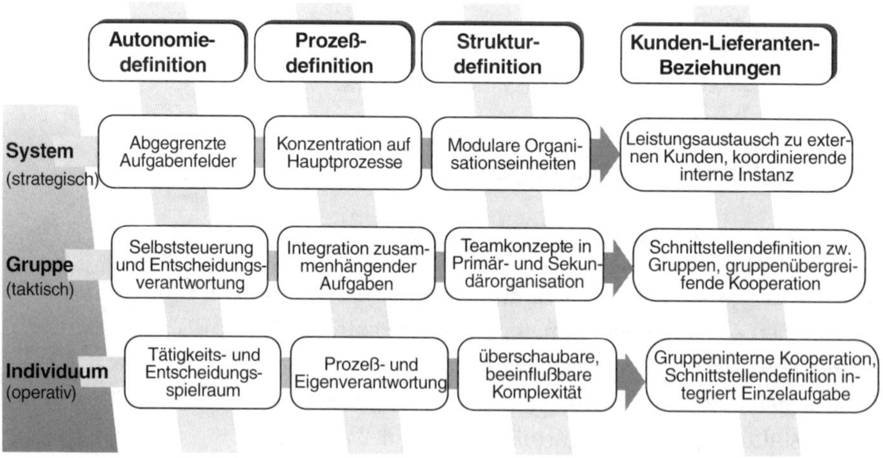

Bild 3-12: Elemente des Gestaltungsprozesses

Die Definition der Autonomie verfolgt die Intensivierung des eigenverantwortlichen Denkens und Handelns jedes Mitarbeiters und erfordert eine eindeutige Aussage über Entscheidungs- und Handlungsfreiräume auf allen Ebenen des Unternehmens.

Die Definition der Prozesse legt auf der Basis der Autonomie die Effektivität und Effizienz der erforderlichen Aufgaben fest. Dazu werden die Leistungen in den Vordergrund gestellt, die zur Erfüllung der Kundenwünsche unabdingbar sind bzw. vom Unternehmen als die Kernkompetenzen betrachtet werden. Tätigkeiten, die nicht vom Kunden gewünscht werden oder zur langfristigen Existenzsicherung notwendig sind, sollen vermieden werden.

Die Ergebnisse der beiden ersten Schritte erfahren in der Strukturdefinition ihre organisatorische Verankerung. Entsprechend der festgelegten Autonomie und Prozesse werden die auf den Unternehmensebenen optimalen Formen der Arbeitsorganisation definiert.

Die auf jeder Abstraktionsebene gewählten Gestaltungselemente definieren als Ergebnis die im Unternehmen vorhandenen Kunden-Lieferanten-Beziehungen. Die Umsetzung dieser Beziehungen in Form von Leistungsaustauschdefinitionen läßt Schnittstellen zu Nahtstellen werden.

Vereinfachend läßt sich der Gestaltungsprozeß interner Kunden-Lieferanten-Beziehungen in zwei Kernaussagen zusammenfassen. In einem ersten Schritt wird die Organisation basierend auf den unternehmensspezifischen Anforderungen unter qualitätsorientierten Gesichtspunkten optimiert. Hierzu gehört insbesondere die Reduzierung aller überflüssigen Schnittstellen im Unternehmen. In dem zweiten Schritt werden dann diese Schnittstellen festgehalten und transparent gemacht.

Kunden und Lieferanten bilden kleine, reaktionsschnelle Regelkreise

Der vorgegebene Top-down-Ansatz sichert über die gesamte Organisation das Erreichen eines Gesamtoptimums. Inkonsistenzen können sehr früh erkannt und behoben werden. Durch die Definition von Kunden und Lieferanten werden über das gesamte Unternehmen verteilt, kleine Regelkreise definiert, die binnen kurzer Zeit auf die

Änderung von Anforderungen reagieren bzw. ohne konkreten Anstoß die Optimierung ihrer Prozesse betreiben können.

3.5.2 Umsetzung durch Kunden-Lieferanten-Vereinbarungen

Die Schnittstellen zwischen Kunden und Lieferanten müssen vereinbart werden

Die Umsetzung und Implementierung der gefundenen internen Kunden-Lieferanten-Beziehungen erfordert die Transparenz der Schnittstellen. Zur Vereinbarung der Schnittstelle zwischen internem Kunden und Lieferanten dient ein Stufenkonzept, das fünf Schritte umfaßt. Diese sind in Bild 3-13 dargestellt.

Identifikation der Kunden und Lieferanten

Den internen Kunden bzw. Lieferanten erkennen

In einem ersten Schritt geht es um die Identifikation der internen Kunden bzw. Lieferanten, mit denen eine Interaktionsbeziehung besteht und interne Leistungen ausgetauscht werden.

Erhebung der Erwartungen/Anforderungen

Die Anforderungen des anderen kennenlernen und verhandeln

Gegenstand des zweiten Schrittes ist das Anstoßen eines Zielklärungsprozesses, in dessen Verlauf die nachfolgenden Kategorien von Kunden-Lieferanten-Beziehungen aufgedeckt werden sollen:

- Anforderungen an meine internen Lieferanten,
- Erwartungen meiner internen Kunden,
- Informationen, die mein interner Lieferant benötigt, um

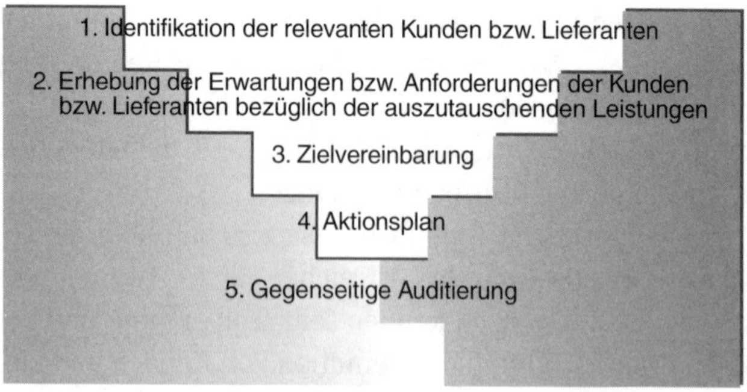

Bild 3-13: Stufenkonzept zur Vereinbarung der Schnittstellen

meinen Ansprüchen genügen zu können bzw. die ich benötige, um den Anforderungen des Kunden gerecht zu werden,
- Konsequenzen meiner Fehler für die Arbeit meiner Kunden und
- Kosten durch Nichteinhaltung der Qualitätsanforderungen.

Wesentlicher Aspekt dieses Zielklärungsprozesses ist, daß die eigene Serviceeinstellung und die Intergruppen-Kommunikation aktiviert wird.

Zielvereinbarung

Die Form des Leistungsaustauschs gemeinsam definieren

Der Prozeß der Zielvereinbarung ist ein Balanceakt zwischen Interessenvereinbarung und Kooperation, der im Konfliktfall die Vermittlung der übergeordneten Organisationseinheit erforderlich macht. Ziel ist es, Mechanismen und Anreize für gemeinsames Handeln bzw. Entscheiden in gegenseitigem Interesse zu schaffen.

Aktionsplan

Vorgehensweisen gemeinsam erarbeiten

Der Aktionsplan legt fest, welche Aktivitäten bis wann erledigt werden müssen und welche Erfolgskriterien zur Leistungsbeurteilung herangezogen werden. Auf Basis dieser Erfolgsfaktoren wird über die Annahme- oder Zurückweisung der Leistung entschieden.

Gegenseitige Auditierung

Auditierung dient der kontinuierlichen Verbesserung der Kooperation

Die regelmäßige Rückkopplung zwischen internem Kunden und Lieferanten soll eine bessere Abstimmung zwischen der geforderten Leistung einerseits und dem Leistungsangebot andererseits gewährleisten. Als Maßstab für gegenseitige Auditierung können die im Rahmen der internen Kunden-Lieferanten-Beziehungen aufgestellten Kriterien herangezogen werden.

Mit Hilfe dieser Implementierung werden die vereinbarten Kunden-Lieferanten-Beziehungen zum Rückgrat der funktionsfähigen Organisationsstruktur. Sie bilden die Grundlage für eine flexible Anpassung des Systems Unternehmen an sich ändernde Anforderungen unter Ausnutzung aller vorhandenen Ressourcen.

3.6 Literatur

[3.1] Juran, J. M.: Der neue Juran - Qualität von Anfang an. Landsberg: Moderne Industrie, 1993.

[3.2] Ulich, E.; Groskurth, P.; Bruggemann, A.: Neue Formen der Arbeitsgestaltung. Frankfurt/Main: Europ. Verl.-Anst., 1973.

[3.3] Sloan, A.: My Years With General Motors. New York: Doubleday, 1964.

[3.4] Lauermann, A.: Gestaltung des Autonomiegrades in Fertigungssegmenten. In: Wildemann, H.: Schnell lernende Unternehmen – Quantensprünge in der Wettbewerbsfähigkeit. München: Transfer-Centrum (1995), S. 783-813.

[3.5] Wildemann, H.: Leanmanagement, Strategien zur Erreichung wettbewerbsfähiger Unternehmen. Frankfurt a.M.: Frankfurter Allgemeine Zeitung, Verl.-Bereich Wirtschaftsbücher 1993.

[3.6] Frese, E.: Geschäftssegmentierung als organisatorisches Konzept. ZfbF (1993) 12, S. 999-1024.

[3.7] Heinen, E.: Industiebetriebslehre. 9. Aufl. Wiesbaden: Gabler, 1991.

[3.8] Müller-Böling, D.: Handlungsspielraum und Arbeitszufriedenheit von Organisationsmitgliedern. Zeitschrift für Organisation (1979) 6, S. 303-307.

[3.9] Wildemann, H.: Fertigungsstrategien: Reorganisationskonzepte für eine schlanke Produktion und Zulieferung. 2. Aufl. München: Transfer-Centrum, 1994.

[3.10] Bullinger, H.-J.; Roos A.; Wiedmann G.: Amerikanisches Business Reengineering oder japanisches Lean Management? Office Management (1994) 7-8, S. 14-20.

[3.11] Hinterhuber, H.; Matzler, K.: Reengineering. WISU (1995) 2, S. 132-139.

[3.12] Wildemann, H.: Produktionscontrolling: Systemorientiertes Controlling schlanker Produktionsstrukturen. 2. Aufl. München: Transfer-Centrum, 1994.

[3.13] Droege, W.: Re-Engineering: Vorwärtsstrategien zur fundamentalen Neuorientierung - Teil 1. Der Betriebswirt (1995) 1, S. 33-37.

[3.14] Ostermaier, H.: Unternehmenserfolg durch Geschäftssegmentierung. Kostenrechnungspraxis (1992) 4, S. 215-216.

[3.15] Wildemann, H.: Die modulare Fabrik: Kundennahe Produktion durch Fertigungssegmentierung. 4. Aufl. München: Transfer-Centrum, 1994.

4 Gestaltung von Organisations- und Führungsstrukturen

W. E. LULAY, R. AICHNER, F. SCHMIDT
UND B. HARTMANN

Inhaltsverzeichnis

4.1 Ausgangssituation und Motivation für Veränderungen 75
4.2 Konzeptidee und Handlungsrahmen 77
4.3 Entwicklung einer qualitätsförderlichen Organisationsstruktur 80
4.3.1 Vorbemerkung 80
4.3.2 Zielorientierung 81
4.3.3 Positionsbestimmung 83
4.3.3.1 Orientierung an Produkt, Prozeß und Ressource 83
4.3.3.2 Orientierung an Referenzpunkten 89
4.3.4 Ablaufgestaltung 94
4.3.5 Aufbaugestaltung 99
4.3.6 Realisierungsaspekte 103
4.4 Qualifizierung der Mitarbeiter für die neuen, erweiterten Aufgaben 105
4.4.1 Veränderte Anforderungen an die Mitarbeiter 105
4.4.2 Anforderungen an Qualifizierungsprogramme 107
4.4.3 Konzept eines Informations- und Qualifizierungssprogramms 108
4.4.3.1 Methodenmix und Zielgruppenorientierung 108
4.4.3.2 Struktur eines Informations- und Qualifizierungsprogramms 113
4.4.3.3 Elemente eines Informations- und Qualifizierungsprogramms 115
4.4.4 Durchführung des Qualifizierungsprogramms 120
4.5 Zusammenfassung und Ausblick 124

4.1 Ausgangssituation und Motivation für Veränderungen

In den vorangegangenen Kapiteln wurden die geänderten Anforderungen an Unternehmen dargestellt. Zusammen mit einer Untersuchung der Hemmnisse bestehender Organisationsstrukturen und der Betrachtung der gewan-

Fokus auf die Gestaltung von Organisations- und Führungsstrukturen in Produktionsvorbereitung und Fertigung

delten Bedeutung der Mitarbeiter wurden ungenutzte Potentiale bei den Organisations- und Führungsstrukturen herausgearbeitet. Mit den nun folgenden Ausführungen werden diese Aspekte auf die Gestaltung von Organisations- und Führungsstrukturen in Produktionsvorbereitung und Fertigung fokussiert und anhand praktischer Beispiele verdeutlicht.

Die Projektpartner

Die Vorgehensmethodik und die Beispiele stützen sich im wesentlichen auf die Ergebnisse einer Projektgemeinschaft bestehend aus zwei Unternehmen, der MAN Nutzfahrzeuge AG München und der RENK AG Augsburg, sowie zwei Instituten, der Gesellschaft für Arbeitsgestaltung und Organisationsentwicklung (ago GmbH) München und dem Institut für Werkzeugmaschinen und Betriebswissenschaften (iwb) der Technischen Universität München.

Ziele im Projekt

Ziel der in dieser Projektgemeinschaft beteiligten Unternehmen und Institute war es, die Ursachen und Wirkzusammenhänge zu ermitteln, die zu dem derzeit noch zu hohen Aufwand führen, mit dem die Produkt- und Prozeßqualität sichergestellt wird. Zur Reduzierung des Aufwands sollen passende Veränderungs- und dauerhafte Verbesserungskonzepte entwickelt werden.

Individuell abgestimmte Gesamtkonzepte anstelle von Einzellösungen

Die Untersuchungen der Analysephase zeigten eine Fülle von Ursachen und Wirkungen, die aufgrund der bestehenden Zusammenhänge nicht vollständig voneinander zu trennen waren. Aufgrund der Vernetzungen der Aspekte ist eine langfristige Verbesserung nicht durch einzelne, isolierte Maßnahmen sondern letztlich nur durch ein optimal auf das jeweilige Unternehmen abgestimmtes Konzept zu erreichen.

Schlüsselfaktor interne Kunden-Lieferanten-Beziehung

Dauerhafte Verbesserungen sind nur dann möglich, wenn die Mitarbeiter, die als wichtigste Ressource eines Unternehmens letztlich alle Vorgänge im Unternehmen bestimmen, sich als interne Kunden und Lieferanten fühlen und als Produzenten eines wie auch immer gearteten (Teil-)Produkts im Unternehmen auftreten. Der Schlüssel für das notwendige umfassende Konzept ist die Gestaltung interner Kunden-Lieferanten-Beziehungen.

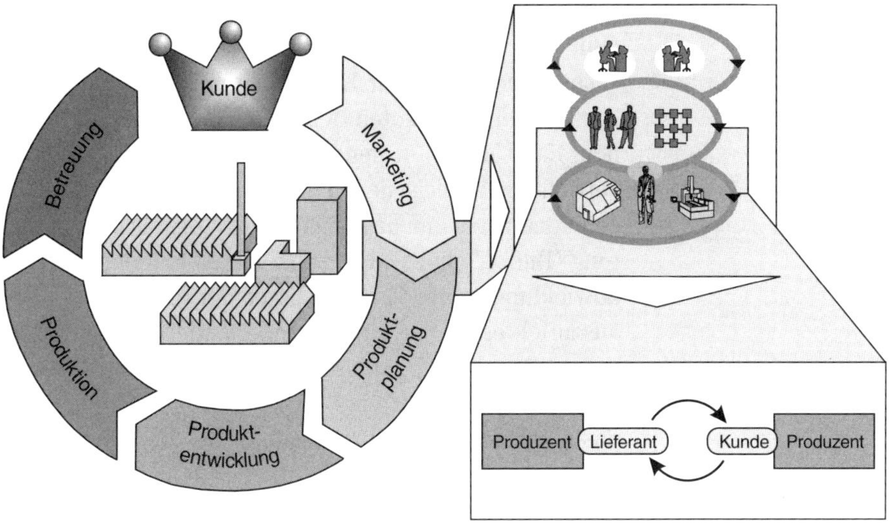

Bild 4-1: Abbildung von Kunden-Lieferanten-Beziehungen auf die internen Abläufe in Unternehmen

Dabei ist es notwendig, die Art der Beziehungen, die bislang auf der Seite des Marketings und der Kundenbetreuung gegenüber externen Kunden gepflegt wurden, auf die internen Abläufe im Unternehmen abzubilden. Dieses neue Rollenverständnis ist über die gesamte Innovations- und Wertschöpfungskette, über alle Detaillierungsebenen und über sämtliche Hierarchieebenen im Unternehmen erforderlich (Bild 4-1).

4.2 Konzeptidee und Handlungsrahmen

Wurzeln der Konzeptidee

Obwohl sich die Untersuchung auf die beiden genannten Unternehmen konzentrierten, sind die gewonnenen Erkenntnisse doch typisch für die Produkterstellung in Unternehmen mit kundenspezifischer Einzel- und Kleinserienproduktion. Anhand der konkreten Problemstellungen der beteiligten Unternehmen wurden unternehmensspezifische Lösungsansätze erarbeitet. Diese wurden im Laufe der Projektarbeit permanent angepaßt und zu einem übergreifend anwendbaren *Verbes-*

serungskonzept bzw. Handlungsrahmen verdichtet (Bild 4-2).

Gestaltung des organisatorischen Rahmens

Zum einen ist es zur Einführung und Förderung interner Kunden-Lieferanten-Beziehungen zunächst erforderlich, das Umfeld, in dem die Mitarbeiter ihre Aufgaben verrichten, für diese neuen Strukturen vorzubereiten – es geht demnach um das Thema der Organisationsgestaltung (Bild 4-2, links). Hierzu ist der Ablauf der Auftragsabwicklung an den Erfordernissen der Produkterstellung auszurichten, so daß eine Prozeßorientierung der Abläufe vorzunehmen ist. Die im Rahmen der Prozeßorientierung erzielten Ergebnisse sind zu institutionalisieren, indem das passende aufbauorganisatorische Modell realisiert wird.

Gestaltung innerhalb des Rahmens

Zum zweiten müssen den Mitarbeitern zur besseren Verrichtung ihrer bestehenden oder im Zuge der Organisationsgestaltung veränderten Aufgaben zusätzliche individuelle Kompetenzen vermittelt und Freiräume geschaffen werden. Die Gestaltungsmaßnahmen setzen daher auch innerhalb eines gegebenen organisatorischen Rah-

Bild 4-2: Schwerpunkte der Konzeptidee

mens an (Bild 4-2, rechts). Dazu muß Qualifizierungsbedarf ermittelt, daraufhin ein Qualifizierungsprogramm entwickelt und durchgeführt sowie dessen Erfolg überprüft werden. Aus der abschließenden Feed-back-Phase muß zur dauerhaften Erfolgssicherung weiterer Handlungsbedarf abgeleitet werden.

Zwei Sichtweisen auf ein Konzept

Beide Schwerpunkte, die *Gestaltung des Rahmens* und die *Gestaltung innerhalb des Rahmens*, greifen konzeptionell nahtlos ineinander. Es hängt von den Randbedingungen und Freiheitsgraden im Unternehmen ab, in welchem Ausmaß die Gestaltung der beiden Schwerpunkte notwendig oder möglich und demnach anzugehen ist.

Vorgehen bei der RENK AG Augsburg

Für den Fall der RENK AG erlaubten die gegebenen Randbedingungen eine Betrachtung der Ablauf- und Aufbauorganisation. Es wurde hierzu eine Vorgehensweise erarbeitet, welche die internen Kunden-Lieferanten-Beziehungen durch die *Neugestaltung des organisatorischen Rahmens* der Auftragsabwicklung verbessert. In diesem Fall galten die Bemühungen demnach der Organisationsstruktur des Untersuchungsbereiches (vgl. Abschnitt 4.3).

Vorgehen bei der MAN Nutzfahrzeuge AG München

Im betrachteten Bereich der MAN Nutzfahrzeuge AG lag der Fokus auf der Führungsstruktur. Es wurde dazu ein Konzept entwickelt und umgesetzt, welches die Verbesserung interner Kunden-Lieferanten-Beziehungen *innerhalb eines gegebenen Rahmens der Auftragsabwicklung* ermöglicht. Hier stand exemplarisch die Qualifizierung der Mitarbeiter für ihre neuen Aufgaben im Vordergrund (vgl. Abschnitt 4.4).

Weitergabe von Methoden und Werkzeugen zur Bestimmung individueller Randbedingungen und Auswahl geeigneter Gestaltungsbausteine

Aufgrund der in jedem Unternehmen individuell verschiedenen Randbedingungen ist es wenig zielführend, die Konzeptidee sowie ihre Konkretisierung in den nachfolgenden Abschnitten als pauschale und unreflektiert zu übernehmende Handlungsanweisung aufzufassen. Vielmehr wird mit der Weitergabe der Projektergebnisse versucht, interessierten Unternehmen Werkzeuge zur Hand zu geben, mit denen sie ihre individuellen Randbedingungen im Unternehmen bestimmen können, um sich daraufhin die für sie passenden Gestaltungsbausteine auszuwählen.

4.3 Entwicklung einer qualitätsförderlichen Organisationsstruktur

4.3.1 Vorbemerkung

Vier Gestaltungsschritte

Ausgehend von der unternehmensspezifischen Motivation für Veränderungen (vgl. Abschnitt 4.1) wird als erster Teilaspekt der skizzierten Konzeptidee (vgl. Abschnitt 4.2) nun eine Vorgehensweise zur Gestaltung des organisatorischen Rahmens dargestellt. Ziel ist es, über die Schritte

- Zielorientierung
- Positionsbestimmung
- Ablaufgestaltung
- Aufbaugestaltung

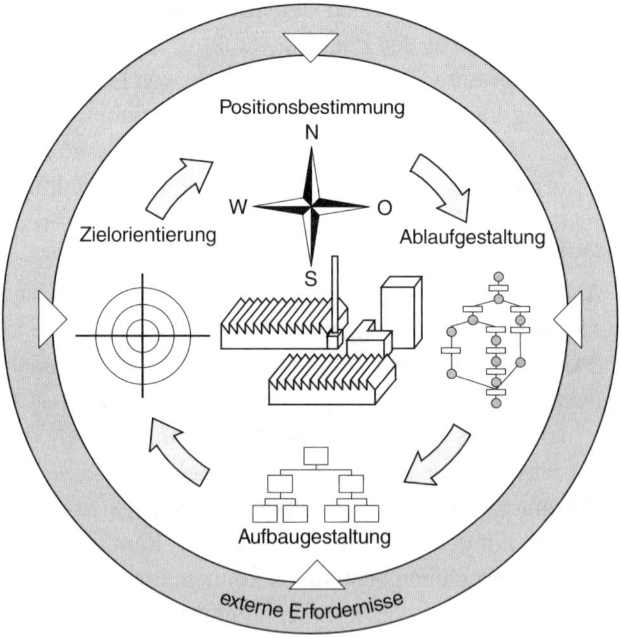

Bild 4-3: Vier Gestaltungsschritte

zu einer im Sinne von Produkt- und Prozeßqualität qualitätsförderlichen Organisationsstruktur zu gelangen (Bild 4-3).

Ein zyklischer Gestaltungsprozeß

Die nachfolgend beschriebene Organisationsgestaltung ist idealerweise ein zyklischer Vorgang, der nie endet und die internen Abläufe im Unternehmen permanent an die externen Erfordernisse anpaßt (vgl. Abschnitt 3.5.1).

4.3.2 Zielorientierung

Bedeutung der Zielorientierung

Die *Zielorientierung* ist ein äußerst wichtiger Prozeß und liefert mehrere wesentliche Ergebnisse. Zum einen wird durch den Vorgang der Zielorientierung überhaupt erst darüber nachgedacht, welches die eigentliche Intention des Projekts ist – ein Reflexionsprozeß, der unter der Flut des Alltagsgeschäfts häufig vernachlässigt wird. Zum anderen dient das definierte Ziel während der späteren Projektphase als ständige Marke, an der es sich auszurichten gilt. Damit kann im Laufe der Projektabwicklung erkannt werden, ob die getroffenen Maßnahmen im ursprünglich anvisierten Zielkorridor liegen.

Durchführung der Zielorientierung

Die Durchführung der Zielorientierung ist Aufgabe der beteiligten Entscheidungsträger. Diese nehmen sie im Rahmen der Vorgaben und Freiheitsgrade, die von der Unternehmensleitung spezifiziert werden, für das jeweilige Veränderungsprojekt vor. Bei der Auseinandersetzung mit dieser Fragestellung müssen die Beteiligten den Blick über Alltagsprobleme und -routinen hinaus auf den gemeinsamen Auftrag richten, der in der Zufriedenstellung der Kunden besteht. Nicht selten spiegelt sich in den Zielformulierungen die drängende Problematik im unmittelbaren Umfeld des Einzelnen wider und jeder Befragte wird seine eigene, persönliche Sicht auf die Dinge in den Vordergrund stellen wollen.

Anforderungen an die Zielformulierung

Wichtig ist an dieser Stelle, daß die Formulierung der Ziele stets vor dem Hintergrund der Unternehmenspolitik und der globalen Unternehmensziele vorgenommen wird. Nicht zuletzt muß die Gewichtung der gemeinsam formulierten Ziele in einem Konsens erzielt werden, in den jeder Beteiligte seine persönliche Problematik integrieren kann. Die Ziele beschreiben aus der Sicht der Beteiligten, die *Zustände, die erreicht werden sollen.* Es ist wichtig, daß jedes der Ziele *nur einen Aspekt* beschreibt und *festgehalten* wird. In der Summe müssen die Ziele *möglichst widerspruchsfrei und strukturiert* sein. Der Zielekatalog muß aus Sicht der Beteiligten *vollständig* sein bzw. gezielt *auf Lücken hinweisen.*

PRAXISBEITRAG
Zielehierarchie

In dem hier beschriebenen Projekt wurde die Zielehierarchie im Rahmen einer Nutzwertanalyse erarbeitet (Bild 4-4). Für das richtige Verständnis dieses Beispiels ist wichtig, die Ziele als Orientierungsmarke zu begreifen, die zum Teil schon erreicht, zum Teil noch zu erreichen sind, in jedem Falle jedoch das weitere Vorgehen im Projekt bestimmen.
Die Nutzwertanalyse ergab auf dem ersten Rang die Forderung nach zuverlässigen, aber technisch weniger aufwendigen und damit kostengünstigeren Produkten. Diese Forderung drückt die zunehmende Schwierigkeit aus, mit technisch hochwertigen, aber teuren Produkten auf dem Markt zu bestehen.
An die zweite Stelle wurde die lückenlose Dokumentation gesetzt, mit der im Bedarfsfall die Rückverfolgbarkeit des Bauteil-Werdegangs möglich ist. Auch dieser Aspekt gewinnt bei RENK durch die aktuelle Situation an Bedeutung, in der die Produkte hinsichtlich Leistung, Baugröße und Gewicht ständig optimiert und bis zu den Leistungsgrenzen ausgeschöpft werden. Obwohl der Aufwand für eine solche Dokumentation sehr hoch ist, erweist sie sich im Falle eines Schadens als letztlich unverzichtbar.
An die dritte und vierte Stelle der Zielehierarchie setzten die Beteiligten eine schnelle Auftragsabwicklung im Produktionsvorfeld und Kundennähe. Gerade an dieser Stelle setzt auch das Verbundprojekt an, denn gegenüber der Fertigung und Montage, deren Abläufe bereits weitgehend gestrafft sind, bietet das Produktionsvorfeld noch einige Ansätze zur Verbesserung. Die Kundennähe selbst ist für einen Einzel- und Kleinserienfertiger ein lebenswichtiges Element. Das Vertrauen des Kunden zu gewinnen und zu erhalten, seine Forderungen und Wünsche zu erfüllen, muß für alle Beteiligten die Basis ihres Handelns sein.

Ziele	Abt. 1	Abt. 2	Abt. 3	Abt. 4	Abt. 5	Abt. 6	Abt. 7	Rangsumme	Rang	Faktor
Einfache, kostengünstige, fertigungstechnische Produkte	3 (6)	1 (8)	4 (5)	2 (6,5)	1 (7)	1 (5,5)	2 (6)	14 (44)	1	17
Dokumentation zur Rückverfolg-, und Nachvollziehbarkeit	2 (7)	2 (5,5)	1 (8)	8 (2)	4 (4)	1 (5,5)	1 (8)	19 (40)	2	16
Beschleunigte Auftragsabwicklung	4 (5)	2 (5,5)	3 (6)	4 (4,5)	2 (5,5)	3 (5)	6 (3)	24 (34,5)	3	14
Kundennähe	1 (8)	9 (0)	2 (7)	1 (8)	9 (0)	7 (3,5)	2 (6)	31 (32,5)	4	13
Beschleunigter Informationsfluß, vollständige Information	6 (2,5)	2 (5,5)	7 (2)	3 (5)	4 (4)	5 (4,5)	4 (4)	31 (27,5)	5	11
Organisierter Informationsrückflußzwang	8 (1,5)	5 (4,5)	6 (2,5)	5 (4)	3 (4,5)	8 (3)	4 (4)	39 (24)	6	10
Reduzierung Schittstellen	9 (0)	6 (3)	8 (1,5)	6 (3,5)	4 (4)	3 (5)	6 (3)	42 (20)	7	8
Räumlich-organisatorisch kurze Wege	5 (4)	7 (1,5)	5 (3,5)	7 (2,5)	8 (3)	6 (4)	9 (0)	47 (18,5)	8	7
Anpassungsfähige Organisation	7 (2)	7 (1,5)	9 (0,5)	9 (0)	4 (4)	9 (0)	8 (2)	53 (10)	9	4

Erläuterungen:

Die Ziele wurden gegeneinander gewichtet.
„Wichtiger" im Paarvergleich wurde mit einen Punkt, „gleich wichtig" mit einem halben Punkt bewertet.
In den Spalten Abt. 1-Abt. 7 stehen je befragtem Abteilungsleiter die Ränge, in Klammern die erreichten Punktzahlen.
Die Spalte Rang ergibt auf Basis der Spalte Rangsumme den Gesamtrang.
Die Spalte Faktor gibt den prozentualen Anteil der Rangsumme wieder.

Bild 4-4: Ermittlung der Zielehierarchie

Alle in ihrer Bedeutung nachfolgenden Ziele dienen letztlich dieser Ausrichtung auf kurze Durchlauf- und Reaktionszeiten. So wurden in der weiteren Zielehierarchie auf die Plätze fünf bis neun die Ziele beschleunigter und verbesserter Informationsfluß (von „oben nach unten"), zwangsgesteuerter Informationsrückfluß (von „unten nach oben"), Reduzierung von Schnittstellen, Kürzung von räumlichen und organisatorischen Wegen und eine lern- und anpassungsfähige Organisation gesetzt.

4.3.3 Positionsbestimmung

4.3.3.1 Orientierung an Produkt, Prozeß und Ressource

Analyse von Produkt, Prozeß und Ressource

Ausgehend von der Zielorientierung liefert die *Positionsbestimmung* Erkenntnisse darüber, wo sich die derzeitige Situation gegenüber der vorher definierten Ziele befindet. Betrachtungsobjekt kann dabei sowohl das *Produkt (was)*, der *Prozeß (wie)* oder die *Ressource (womit)* sein (Bild 4-5).

Produkt

Für die *Analyse des Produkts* (Bild 4-5, links) werden Strukturanalysen, wie Produkt- bzw. Teilespektrumsanalysen oder Untersuchungen des Auftragspektrums durchgeführt. Für den hier betrachteten Fall der Organisationsgestaltung kann daraus abgeleitet werden, welche Anforderungen das gegebene Produkt- und Auftragsspektrum an die Organisationsstruktur stellt. So können aus Analysen des Teilespektrums Teilefamilien abgeleitet werden, die zusammen mit der Untersuchung des Auftragsvolumens mittels ABC – bzw. XYZ – Analysen Hinweise liefern, ob die Einrichtung einer *objektorientierten Organisation* (in der Produktionsvorbereitung z. B. integrierte, funktionsübergreifende Teams, in der Fertigung z. B. Fertigungsinseln) sinnvoll ist oder ob eine *funktionale Organisation* (in der Produktionsvorbereitung z. B. funkti-

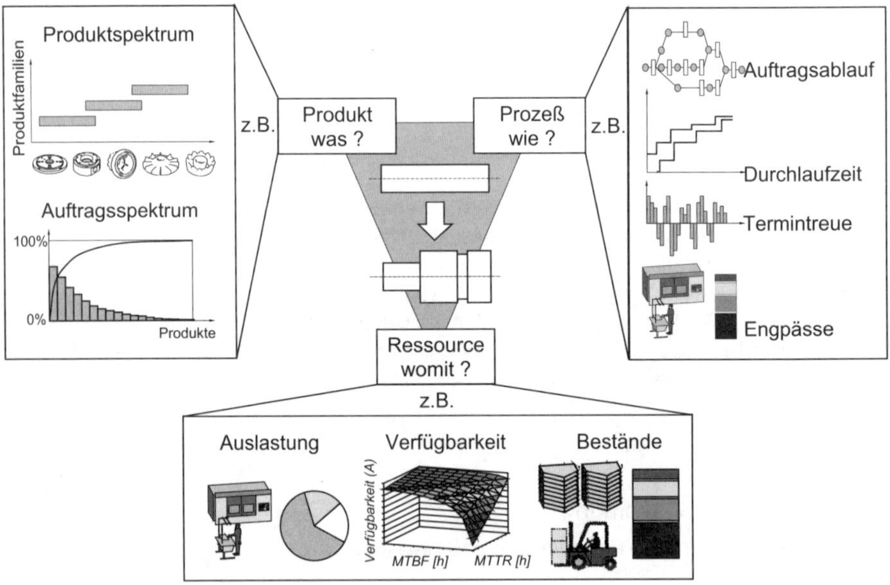

Bild 4-5: Positionsbestimmung durch Produkt-, Prozeß- und Ressourcenanalysen

onsorientierte Abteilungen, in der Fertigung z. B. Werkstätten) geeigneter wäre.

Prozeß

Bei *Prozeß- bzw. Ablaufuntersuchungen* (Bild 4-5, rechts) ist die erkenntnisleitende Frage zunächst, in welcher Reihenfolge die einzelnen organisatorischen Einheiten ihre prozeßbezogenen Verrichtungen ausüben, wie sie ihr Leistungsverhalten steuern und welche Schnittstellen es im Auftragsablauf gibt. Welche Informationen liegen wann und in welcher Form vor und welche Formen des Störungsmanagements sind vorgesehen? Weiterführende Untersuchungen sind Analysen zum Durchlaufzeitverhalten und zur Termintreue sowie Engpaßanalysen. Schon hier können die in den Untersuchungen des Produkt- und Auftragsspektrums gewonnen Erkenntnisse genutzt werden, indem untersucht wird, ob die strukturellen Anforderungen in der Form der Auftragsabwicklung berücksichtigt werden.

Gestützt auf Experteninterviews und Dokumentenanalysen (Arbeitspläne, Ablaufpläne, Projektpläne, Vorgangsbeschreibungen, Schriftverkehr) wird dazu die Auftragsabwicklung zunächst aufgenommen und in einer transparenten Form abgebildet. Hilfestellung können hier Werkzeuge zur rechnergestützten Prozeßkettenmodellierung leisten, wobei oft schon einfache grafische Mittel genügen.

Ressource

Im Falle der *Ressourcenanalysen* (Bild 4-5, unten) liefern Auslastungsuntersuchungen, Verfügbarkeitsuntersuchungen, produktionsmittelbezogene Bestandsanalysen und Untersuchungen zur Bearbeitungsqualität Ansatzpunkte für Verbesserungsmaßnahmen.

Aspekte der Werkzeugauswahl

Bei der Auswahl der hier lediglich exemplarisch dargestellten Analysewerkzeuge sind eine Reihe von Fragen relevant, wie etwa der *Zweck* und die benötigte *Form der Informationen*. Muß z. B. der *Nachweis der Vollständigkeit* und der *Neutralität* geliefert werden oder benötigt man nur *qualitatives Material* für eine Diskussion? Genauso ist zu bedenken, ob Zeit und Ressourcen vorhanden sind, um *komplett neue Informationen* einzuholen oder ob man besser *auf vorhandenen aufsetzen* sollte. Wichtig ist bereits bei der Klärung dieser Fragen, daß die Kommunikation mit den betroffenen Bereichen gesucht wird und diese bei der Auswahl der Methoden auch mitentscheiden können. Dadurch wird schon früh über das Vorhaben aufgeklärt und damit dessen Akzeptanz erhöht.

Meßbarkeit und Akzeptanz

Unabhängig davon, welche Methoden angewandt werden, sollten die Analysen durch objektive Meßgrößen unterstützt und nicht zuletzt von allen Beteiligten akzeptiert werden. So wird vermieden, daß darauf aufbauende Lösungskonzepte zu einem späteren Zeitpunkt behindert werden, weil die prognostizierten Verbesserungseffekte entweder nicht quantifiziert werden können oder gar die Ausgangssituation an sich in Frage gestellt wird.

PRAXISBEITRAG
Positionsbestimmung

Zu Beginn des Projekts wurde eine grundlegende Positionsbestimmung durchgeführt. Dabei wurden **Produkte** und **Prozesse** untersucht, wobei letztere im Vordergrund standen. Es wurde ermittelt, welche Produkt- und Teilegruppen für die weiteren Betrachtungen im Vordergrund stehen sollen und wie die generelle Auftragsabwicklung zum Untersuchungszeitpunkt gestaltet war. Aus den erhaltenen Untersuchungsergebnissen und Auswertungen seien exemplarisch ein Ausschnitt aus den erarbeiteten Ablaufplänen (Bild 4-6) und eine Kommunikationsmatrix (Bild 4-7) herausgegriffen.

Mit Hilfe der Ablaufpläne konnte ermittelt werden, an welchen Stellen der Auftragsabwicklung die größten Verbesserungspotentiale lagen und wo die Abläufe stärker an den Erfordernissen des Produkt- und Teilespektrums orientiert werden mußten. Aus der Kommunikationsmatrix konnten auf Basis der Verteilung von symmetrischen und unsymmetrischen Bereichen Hinweise für die spätere Einheitenbildung abgeleitet werden (vgl. Lesehilfe in Bild 4-7).

Im Rahmen der Positionsbestimmung wurde deutlich, daß die Ist-Situation bei RENK, zumindest was den Bereich der Einzelfertigung anbelangt, von einem stark funktionsorientierten Abteilungsaufbau geprägt ist, der in dieser oder ähnlicher Form derzeit in der deutschen Industrielandschaft durchaus üblich ist. Eine vereinfachte Darstellung hierzu enthält Bild 4-8.

Es existieren nach Funktionsgesichtspunkten ausgerichtete Abteilungen, wie Vertrieb, Konstruktion, Arbeitsvorbereitung, Fertigungssteuerung etc., die mehr oder weniger seriell, also nacheinander ihren Beitrag zum Auftragsablauf leisten.

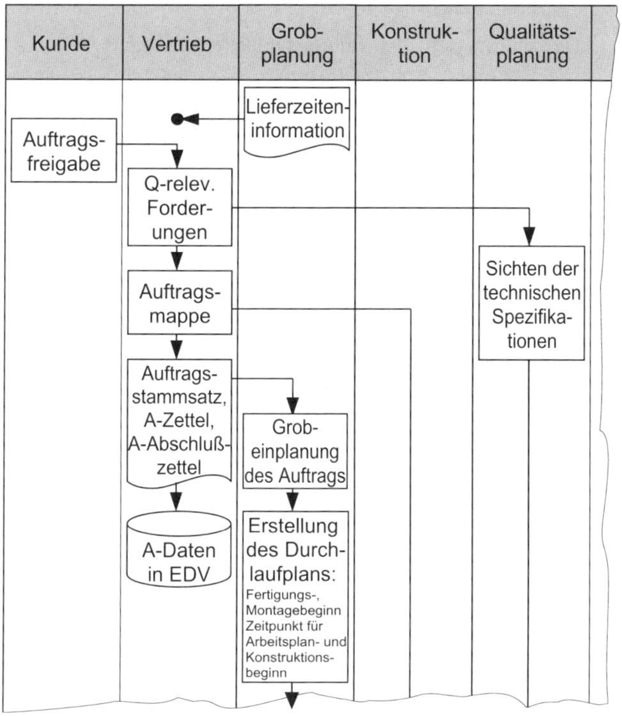

Bild 4-6: Ausschnitt aus einem Flußdiagramm zur Darstellung der Ist-Situation der Auftragsabwicklung

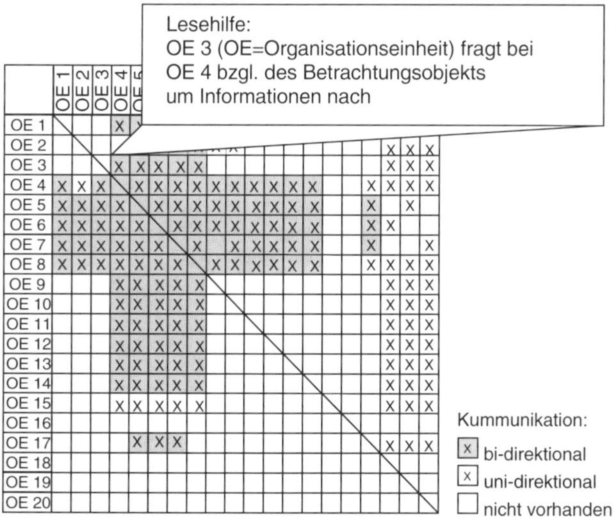

Bild 4-7: Kommunikationsmatrix bzgl. eines Betrachtungsobjektes (Betrachtungsobjekt ist z.B. Termin, Qualität, Kosten, ...)

Hinzu kommen die unterschiedlichen Orientierungen der einzelnen Abteilungen: der Vertrieb orientiert sich an Kundenaufträgen (Kunde A, Kunde B), während sich die nachgelagerte Programmplanung an Auftragsarten (Standard-Fertigungsauftrag, Ersatzteile, Reparatur) orientiert. Die Konstruktion unterscheidet Produktgruppen (Schiffsgetriebe, Turbogetriebe, Industriegetriebe), die Arbeitsvorbereitung Teilegruppen (Gehäuse, Radsatz, Peripherie) usw.
Demnach ist die Ist-Situation nicht nur durch das Vorhandensein einer Reihe von Abteilungsgrenzen geprägt, sondern auch durch die Tatsache gekennzeichnet, daß im Auftragsfluß an den Abteilungsgrenzen wiederholt Orientierungswechsel stattfinden.
Neben unbestrittenen Vorteilen dieser über lange Zeit gewachsenen Struktur, wie z.B:

- konzentriertes Fachwissen aus eigener Erfahrung und ständigem Austausch mit Kollegen innerhalb der Fachabteilung,
- hohe Flexibilität durch Kapazitätsverteilung innerhalb der Abteilung je nach Erfordernissen oder
- einfache Urlaubs- und Krankheitsvertretungen,

zeigte die kritische Betrachtung bei der Positionsbestimmung aber auch Aspekte, die sich unter den veränderten Rahmenbedingungen mittlerweile zu erheblichen Nachteilen gewandelt haben. Als solche seien hier im wesentlichen

- die hohe Anzahl der Informationsschnittstellen und der damit zwangsweise verbundene Informationsverlust,
- die räumliche Trennung und der entsprechende Zeitverlust im Hinblick auf Informationseinholung oder Informationsweitergabe,
- das Versickern von Informationen in anderen Abteilungen aufgrund des leider allzu menschlichen „Trägheitsgesetzes",
- zu hoher Zeitverbrauch bis zum Produktionsbeginn und
- die steigerungsfähige auftragsbezogene Verantwortung in den Fachabteilungen

genannt.

Besonders der letzte Aspekt führt leicht dazu, daß abteilungsbezogenes Denken und Handeln, möglicherweise noch in innerbetrieblicher Konkurrenz, den gemeinsa-

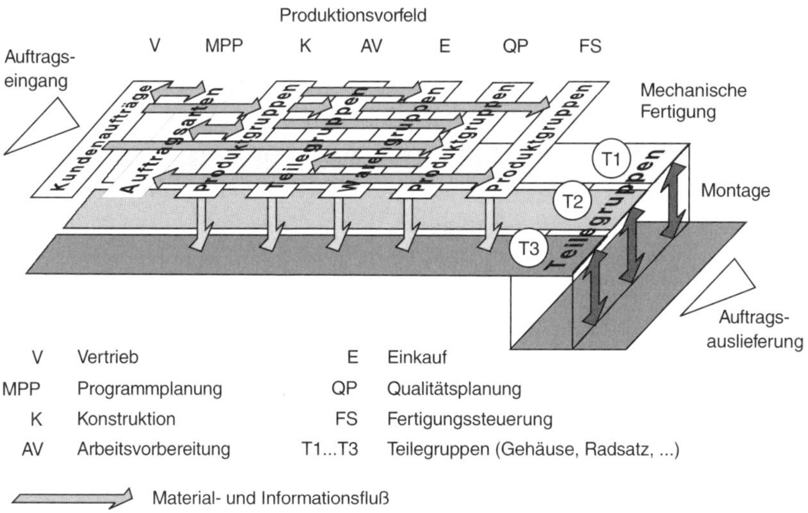

Bild 4-8: Ist-Ablauf der Auftragsabwicklung im Untersuchungsbereich der RENK AG

men Blick auf den Kunden verstellt. Auch werden übergreifende Problemlösungen erschwert, da Aktionen einer Fachabteilung meist Auswirkungen auf verschiedene Unternehmensbereiche haben, oft jedoch nicht in der erforderlichen Deutlichkeit wahrgenommen werden. Im Falle von Konstruktionsänderungen wirkt sich dies beispielsweise auf die Fertigungs- oder die Montagefreundlichkeit, auf Kosten und Termine oder auch „nur" auf die Akzeptanz beim Kunden aus.

4.3.3.2 Orientierung an Referenzpunkten

Definition einer Referenzsituation

Weitergehende Schwachstellenermittlungen und insbesondere die erforderliche Fokussierung der Gestaltungsmaßnahmen auf einen eingegrenzten Untersuchungsbereich können durchgeführt werden, indem die Ist-Situation einer Referenzsituation gegenübergestellt wird. Dabei kann die Referenz von anderen, evtl. sogar in Konkurrenz stehenden Unternehmen oder aber auf Grundlage der zu Projektbeginn erfolgten Zielformulierung definiert werden.

Externe Referenz

Dem ersten Fall liegt im wesentlichen ein Benchmarking zugrunde. Dabei wird die Ist-Situation des eigenen Unternehmens einem systematischen, kennzahlenbasierten Vergleich mit Referenzunternehmen unterzogen. Bild 4-9 zeigt am Beispiel des Betrachtungsobjekts „Prozeß", wie ein derartiger kennzahlenbasierter Vergleich aussehen kann. Die Referenzunternehmen müssen nicht zwingend bracheninterne Mitbewerber sein – es genügt, wenn sie bzgl. eines bestimmten Betrachtungsschwerpunktes als „Klassenbester" gelten. Entsprechend können für unterschiedliche Prozeßschritte (Prozeß A, Prozeß B, ...) und unterschiedliche Kennzahlen (Kosten, Fehlerrate, ...) auch jeweils verschiedene Referenzunternehmen zum Vergleich herangezogen werden.

Durch die strukturierte Gegenüberstellung lassen sich in der Auftragsabwicklung eigene Stärken und Schwächen erkennen und gezielt Verbesserungspotentiale ableiten. Nachteil dabei ist, daß diese strukturierte Gegenüberstellung relativ aufwendig und eine echte Vergleichbarkeit mit den Referenzunternehmen auf objektiver Basis nur selten gegeben ist. Außerdem sind die Daten unmittelbar in Konkurrenz stehender Unternehmen schwer zu erhalten, während die Analogie zu Unternehmen an-

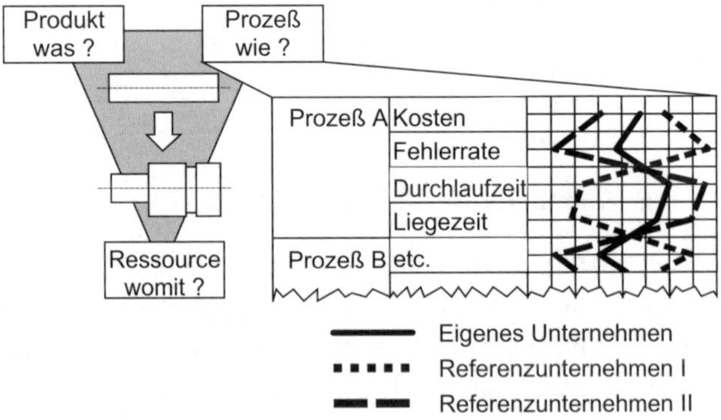

Bild 4-9: Benchmarking am Betrachtungsobjekt „Prozeß"

derer Brachen häufig leidet. Zudem stellt sich die Frage, ob das Kopieren anderer Unternehmen, wozu Benchmarking letztlich auch verleiten kann, nicht den Blick für neue, innovative und für das eigene Unternehmen maßgeschneiderte Lösungen verschleiert.

Interne Referenz

Eine andere Möglichkeit eine Referenzsituation zu definieren ist, die anfangs formulierten Ziele auf die eigene Auftragsabwicklung abzubilden. Dabei muß geklärt werden, ob der jeweils betrachtete Prozeßschritt zur Zielerfüllung beiträgt und mit welchem Aufwand dies geschieht. Hieraus lassen sich Ansatzpunkte für Verbesserungen ableiten.

Bild 4-10 zeigt diese Gegenüberstellung in einem Portfolio. Durch die in der dritten Dimension symbolisch aufgetragene bestehende Prozeßkette werden die Ergebnisse auf konkrete Teile der Auftragsabwicklung abgebildet. Folgende Lesehilfe soll den Weg durch das Portfolio erleichtern:

- der günstigste Fall ist Feld 1 zu entnehmen, bei dem mit niedrigem Erfüllungsaufwand ein hoher Erfüllungsgrad erreicht wird. Dieses Feld ist nach Möglichkeit für alle Prozeßschritte anzustreben.
- Feld 2 enthält Prozesse, die zur Zielerfüllung beitragen, bei denen der hierzu notwendige Aufwand jedoch erhöht ist. Hier muß überdacht werden, ob der höhere

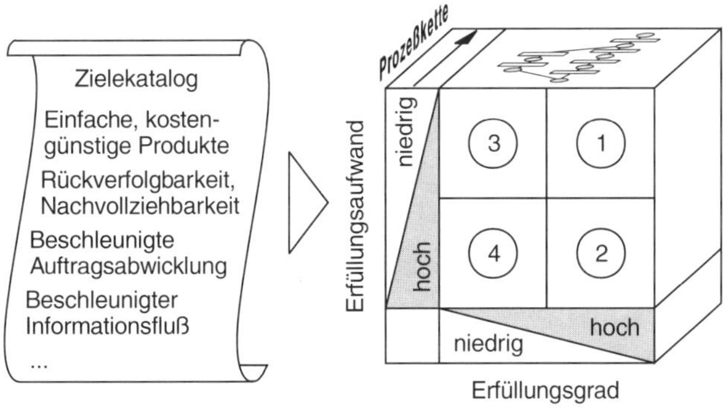

Bild 4-10: Portfolio-Analyse der Auftragsabwicklung

Aufwand toleriert werden kann bzw. wie er zu reduzieren ist.

- in Feld 3 finden sich Prozesse, bei denen zwar der Erfüllungsaufwand niedrig ist, die Ziele jedoch nicht erfüllt werden. Es sind Maßnahmen zur Zielerfüllung einzuleiten, wobei im ersten Schritt ein höherer Aufwand durchaus in Kauf genommen werden kann.
- Feld 4 schließlich stellt den ungünstigsten Fall dar. Obwohl der Aufwand hoch ist, werden die Ziele nicht erreicht. Die Methoden dieser Prozeßschritte sind gründlich zu überdenken, um die Erfüllung der Ziele zu erreichen und nach Möglichkeit den Aufwand zu reduzieren. Im Extremfall ist zu untersuchen, ob auf die jeweiligen Prozeßschritte verzichtet werden.

Insbesondere muß versucht werden, Zielkonflikte aufzulösen, die sich auf der Ebene der Prozeßschritte häufig ergeben, um das für den jeweiligen Prozeßschritt bestehende Optimum zu erreichen.

PRAXISBEITRAG
Zielkonflikte

Als Beispiel seien die Ziele „kostengünstige Produkte herstellen" und „Kernkompetenzen sichern" aufgeführt. Als Prozeßschritt sei die **Beschaffung** herausgegriffen, welche vor die Aufgabe gestellt ist, eine **Make-or-buy-Entscheidung** zu treffen. Das Ziel, kostengünstige Produkte herzustellen wird die Beschaffung, einen aufwendigen und daher zu teuren Produktionsprozeß des betrachteten Einzelteils vorausgesetzt, dazu veranlassen, das Teil außer Haus fertigen zu lassen. Handelt es sich dabei jedoch um ein technologiebestimmendes Teil, so würde diese Entscheidung dem Ziel, die Kernkompetenzen zu sichern, eindeutig widersprechen. Da es trotz der im Bereich der Zielorientierung (vgl. Abschnitt 4.3.2) geforderten Widerspruchsfreiheit der Ziele auf operativer Ebene immer wieder zu derartigen Zielkonflikten kommen wird, muß geklärt werden, welches der Ziele im jeweiligen Prozeßschritt dominant ist und die entsprechende Entscheidung daraus abgeleitet werden.
So einleuchtend dieser Sachverhalt ist, so häufig wird er in der Praxis übersehen, wenn allein operative Größen handlungsentscheidend sind und übergreifende Einflüsse vernachlässigt werden. Im dargestellten Fall von Outsourcing-Entscheidungen werden dabei Nebeneffekte,

wie der kurzfristig wirksame relative Anstieg der Gemeinkosten bei weiterhin im Haus gefertigten Teilen und der langfristige Kompetenzverlust, der durch die Mißachtung strategischer Ziele auftritt, häufig ignoriert.

Aus der Abbildung der gesetzten Ziele auf den Prozeßschritt und der Abwägung gegeneinander können somit die einzelnen Prozeßschritte auf Schwachstellen untersucht werden und auf diese Weise Handlungsbedarf abgeleitet werden. Das Ergebnis dieser Analyse ist die Identifikation von Bereichen innerhalb der bestehenden Auftragsabwicklung, die ein besonders hohes Verbesserungspotential bezüglich der formulierten Ziele besitzen.

PRAXISBEITRAG
Eingrenzung des Untersuchungsbereiches

In dem hier beschriebenen Projekt wurde der Fokus der Gestaltungsmaßnahmen vor allem auf die produktionsvorbereitenden Bereiche gelegt.
Hintergrund dafür war die im Rahmen der Positionsbestimmung erlangte Erkenntnis, daß das qualitätsrelevante Potential in der Fertigung bei RENK durch den Einsatz bewährter Werkstoffe und Methoden, durch die ständige Optimierung von Spannmitteln, Werkzeugen etc. und nicht zuletzt durch die Möglichkeit von 2- und 3-schichtiger Auslastung bereits weitgehend ausgeschöpft ist.
Demgegenüber sind gezielte Methoden zur Beurteilung von Effizienz und Qualität der Arbeit von Vertrieb über Beschaffung bis zur Arbeitsvorbereitung heute in der Regel nicht vorhanden oder werden nicht genutzt.
Dabei entsteht bekanntermaßen der größte und kostenträchtigste Umfang an Fehlern oder Mängeln im Vorfeld der Produktion. Ein technisch nicht eindeutig formulierter Vertrag, eine unrealistische Terminzusage, häufiger Wechsel von Unterlieferanten aus vermeintlichen Kostengründen, „Angstzuschläge" auf Toleranzen oder ein nicht mit der Zeichnung oder den betrieblichen Möglichkeiten übereinstimmender Arbeitsplan wirken sich in der Summe ungleich schlimmer aus, als ein Maßfehler in der Fertigung.
Daher ist es unter den spezifischen Randbedingungen bei RENK die eigentlich zwingende Konsequenz, sich bei

der Suche nach realisierbaren Einsparungspotentialen hinsichtlich Kosten, Termin und Qualität auf die produktionsvorbereitenden Tätigkeiten hin auszurichten.

Um die Komplexität der nachfolgenden Optimierungsphase zu reduzieren, sind die weiteren Aktivitäten der Organisationsgestaltung auf die eingegrenzten Bereiche zu fokussieren.

4.3.4 Ablaufgestaltung

Ziel der Ablaufgestaltung

In der anschließenden Phase der Ablaufgestaltung gilt es, die bei der Positionsbestimmung im Ausgangszustand der Auftragsabwicklung ermittelten Schwachstellen, wie etwa die hohe Anzahl von Schnittstellen, Zeitverluste und Informationsdefizite sowie fehlender Kundenbezug, durch die Neugestaltung der Abläufe zu beseitigen.

Hierzu wird der bestehende Auftragsablauf entweder schrittweise verbessert oder die Chance der begonnenen Neustrukturierung dahingehend genutzt, daß eine komplett neue Form der Auftragsabwicklung entwickelt wird.

Schrittweise Optimierung

Bei der schrittweisen Optimierung versucht man, durch das gezielte Anwenden der in Bild 4-11 dargestellten Maßnahmen, die bestehende Auftragsabwicklung schrittweise an die Erfordernisse der Produktentstehungskette anzupassen und damit deren Effizienz zu erhöhen.

Dieses Vorgehen hat in der Praxis seine Bedeutung, optimiert jedoch meist nur punktuell. Es führt in der Regel zu keiner grundsätzlich neuen Lösung, da es schwerpunktmäßig auf den bestehenden Verhältnissen der Auftragsabwicklung aufsetzt.

Grundlegende Neugestaltung

Wesentlich umfassender ist das Vorgehen, wenn eine komplett neue Form der Auftragsabwicklung entwickelt wird. Diese kann gemeinsam mit allen Beteiligten als produktbezogener jedoch zunächst unternehmensneutraler Modellablauf definiert werden, der als Grundlage für die Neuorientierung der Auftragsabwicklung dient. Der Blick auf das Produkt ist notwendig, um eine Orientierung an

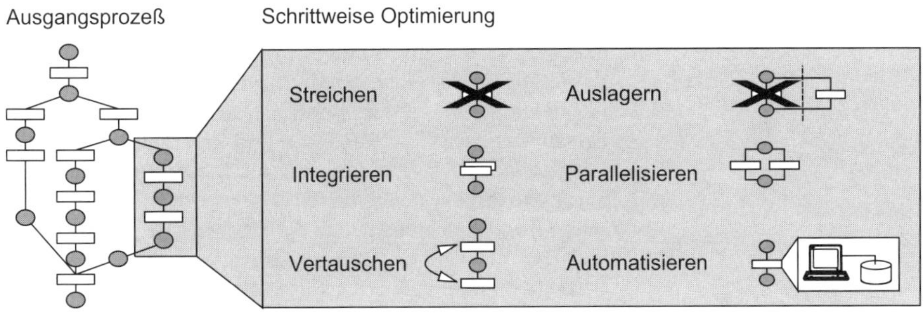

Bild 4-11: Schrittweise Optimierung der bestehenden Auftragsabwicklung

den Erfordernissen der Produkterstellung zu ermöglichen, während die Unabhängigkeit vom Unternehmen die Befangenheit der Mitwirkenden zu verringern hilft.

Radikal neu, radikal einfach

Die Beteiligten sollten die Intention verfolgen, einen radikal neuen und radikal einfachen Modellablauf zu entwerfen. Dabei müssen bestehende Abläufe vor dem Hintergrund der zu Projektbeginn definierten Ziele gründlich hinterfragt und, falls notwendig, alte Zöpfe abgeschnitten werden.

Detaillierungstiefe

Bei diesem Vorgehen gilt es, die geeignete Detaillierungstiefe zu finden. Ein zu grober Detaillierungsgrad würde dazu führen, daß die eigentlichen Zusammenhänge, die Probleme und die Möglichkeiten, die im Zusammenspiel der Einzelprozesse liegen, nicht erkannt werden. Ein zu feiner Detaillierungsgrad dagegen würde die Lösungsfindung mit an dieser Stelle überflüssigen technischen Details belasten. Diese bergen erfahrungsgemäß reichen Diskussionsstoff, lassen das Ziel jedoch nicht wirklich näher rücken. Daher wird man sich auf die Hauptprozesse beschränken, wenn es darum geht Überblick zu erhalten. Für die zeitliche und kapazitive Feinabstimmung des Modellablaufs ist es dagegen notwendig bis auf die Ebene der Einzelprozesse zu gehen.

PRAXISBEITRAG
Modellablauf

Eine Möglichkeit, die Auftragsabwicklung zu optimieren, ist die Entwicklung eines Ideal- bzw. Wunschablaufes einer Prozeßkette, bei dem sich die Beteiligten zunächst einmal über alle organisatorisch und kapazitiv Grenzen des Betriebes hinwegsetzen dürfen. Dieser Weg wurde in diesem Projekt auch von RENK beschritten, wobei als Hintergrundwissen nicht nur die betriebliche Erfahrung und die Analyse der internen Auftragsabwicklung, sondern auch Kenntnisse über Vorgehensweisen in anderen Firmen zur Verfügung standen.

Zur Ermittlung dieses Idealablaufes wurden alle wesentlichen Tätigkeiten von der Akquisition, Vertragsprüfung, Terminplanung und Lastenhefterstellung, über Produktentwurf und Produktdetaillierung, bis zur Beschaffung und Fertigungsplanung zusammengetragen. Diese Tätigkeiten wurden detailliert und anschließend daraufhin untersucht, ab wann ihnen Unterstützung aus anderen Abteilungen oder Bereichen zuteil werden kann, welche Arbeitsschritte unvermeidbar sequentiell abgearbeitet und welche parallel durchgeführt werden können. Das Ergebnis wurde in Form einer Petrinetz-Darstellung zusammengefaßt, welche Bild 4-12 in einer stark verdichteten Form wiedergibt.

Der grundsätzliche Inhalt dieses Petri-Netzes ist die Darstellung des neuen Gesamtablaufs der Auftragsabwicklung und die Hervorhebung von Bereichen, an denen parallele Bearbeitungsschritte im Auftragsablauf möglich sind. Natürlich wird auch bei RENK bereits jetzt schon parallel oder überlappend gearbeitet, allerdings steht dabei mehr die technologische Betrachtung unterschiedlicher Teilegruppen im Vordergrund. Konsequenterweise sollte aber auch der Durchlauf eines Einzelteils auf parallele Bearbeitungsmöglichkeiten hin untersucht werden.

Besonders zu erwähnen ist noch die von allen Projektmitgliedern getragene Erkenntnis, daß der Auftrag vom frühestmöglichen Zeitpunkt an bis zur Auslieferung an den Kunden durch einen Kundenauftragskoordinator persönlich betreut und überwacht werden soll.

Bild 4-12 zeigt eine stark abstrahierte Darstellung eines gemeinsam entwickelten Modellablaufs, der sich als Grundlage für Gestaltungsmaßnahmen eignet. Die grau unterlegten Bereiche kennzeichnen logisch und aufgrund

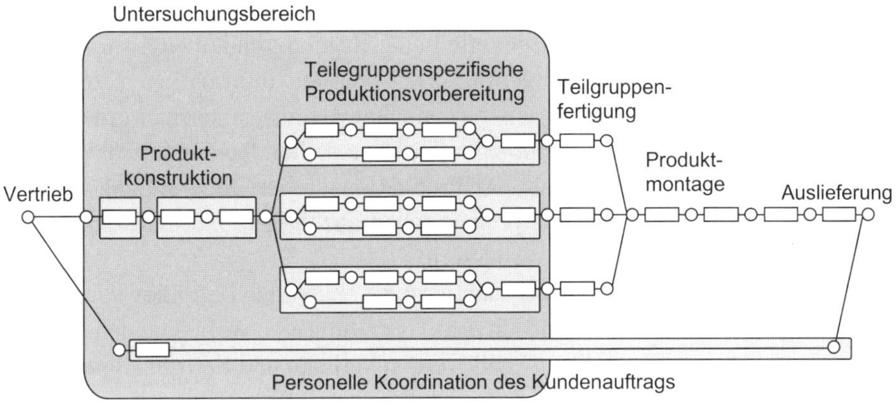

Bild 4-12: Idealisierter Modellablauf (abstrahiert)

ihrer Interaktionsdichte zusammengehörige Bereiche der Prozeßkette.

Schon auf dem hohen Abstraktionsniveau der Darstellung lassen sich Randbedigungen erkennen, die für die spätere Aufbaugestaltung interessant sind und die jeweils im Einklang mit den vormals definierten Zielen stehen.

Kundenauftragsorientierte Eingangsschnittstelle

So wird sich bei der kundenspezifischen Einzel- und Kleinserienfertigung die Notwendigeit ergeben, eine an Kundenaufträgen orientierte Eingangsschnittstelle zu definieren, um die Arbeitsweise des Vertriebs und der Konstruktion zu unterstützen sowie Kundennähe zu fördern.

Wechsel der Orientierung zwischen Gesamtprodukt und Teilegruppen

Der Produkterstellungsprozeß bringt es mit sich, daß im Bereich der Produktionsvorbereitung, in diesem Projekt der Untersuchungsbereich, ein Orientierungswechsel vollzogen wird von der am Gesamtprodukt ausgerichteten zu der auf Teilegruppen fokussierten Sichtweise. Grund dafür ist der methodisch bzw. technologisch unterschiedliche Produkterstellungsprozeß für verschiedene Teilegruppen, wie etwa beim Gehäuse und Radsatz eines Getriebes. Dieser Orientierungswechsel ist auch in der Entwicklung des Modellablaufes zu berücksichtigen. In Bild 4-12 ist er an der Aufsplittung der Prozeßkette nach der Produktkonstruktion in drei Einzelprozeßketten zu erkennen.

Schnittstellenreduzierung und Kommunikationsverbesserung

Die Arbeit in der Produktionsvorbereitung ist entlang der Prozeßkette in der Regel durch hohen Abstimmungsbedarf geprägt. Es müssen Informationen technologischer wie terminlicher Art ausgetauscht werden. Hieraus ergibt sich eine weitere Randbedingung, die fordert, innerhalb der Produktionsvorbereitung entlang der Prozeßkette Schnittstellen abzubauen und die Kommunikation zu verbessern.

Schnittstellen zu Nahtstellen machen

Ebenso wichtig ist die eindeutige Definition sowie nahtlose und direkte Gestaltung der verbleibenden Schnittstellen. Damit werden Verluste und Koordinationsprobleme beim Schnittstellenübertritt reduziert.

Koordination der Kundenaufträge und Kundenbetreuung

Die wohl wichtigste Randbedingung in der kundenspezifischen Einzel- und Kleinserienfertigung ist die heute meist noch ungenügend ausgeprägte personelle Koordination der technischen Auftragsabwicklung. Zwar gibt es einen Vertrieb, der den Kunden in der Phase der Auftragsakquisition betreut und einen Service, der dies während der Anwendungsphase übernimmt. Ergänzend dazu ist jedoch ein Ansprechpartner notwendig, der während der gesamten Auftragsabwicklung die Koordination des Kundenauftrags in einer Hand behält und den Kunden zu Fragen der technischen Auftragsabwicklung kompetent betreuen kann.

PRAXISBEITRAG Randbedingungen

Bei der Entwicklung des Modellablaufs konnten vor dem Hintergrund der besonderen Anforderungen in der Einzelfertigung von Industrie-, Turbo- und Schiffsgetrieben folgende Randbedingungen herausgearbeitet werden:

- frühestmögliche Einbindung der Konstruktion, fallweise auch der Arbeitsvorbereitung in die Vertragsverhandlungen (Pflichtforderung bei Neukonstruktionen)
- Existenz einer kundenauftragsorientierten Eingangsschnittstelle zu den teilegruppenorientierten Teams der Produktionsvorbereitung
- Abbau von Schnittstellen in der Produktionsvorbereitung durch Zusammenfassung der Tätigkeiten Detailkonstruktion, Qualitätsplanung, Beschaffung und Arbeitsvorbereitung sowie Terminsteuerung
- Verbesserung der internen Kommunikation durch die integrierten Teams in der Produktionsvorbereitung

- weitgehende Kundenorientierung durch die personelle Auftragsbegleitung durch einen Kundenauftragskoordinator
- Definition einer teilegruppenorientierten Ausgangsschnittstelle der Produktionsvorbereitung zur ebenfalls teilegruppenbezogenen Fertigung
- Fokussierung der externen Kommunikation mit dem Kunden auf den Kundenauftragskoordinator, was Fragen der technischen Auftragsabwicklung betrifft

Im Vordergrund steht bei dieser Neuorientierung sowohl die schnelle Information während der Auftragsabwicklung, welche kurze Reaktionszeiten zuläßt, als auch das Auftragsmanagement des Kundenauftragskoordinators, der dem Kunden zu jedem Zeitpunkt als umfassend unterrichteter Ansprechpartner auskunftsfähig ist.
Diese Randbedingungen aus dem Modellablauf der Auftragsabwicklung sind bei der nachfolgenden Aufbaugestaltung zu berücksichtigen.

Entwicklung des Modellablaufs vor realem Hintergrund

Bei diesem Vorgehen erweist sich die frühe und intensive Einbeziehung der Beteiligten als unbedingt notwendig. Bei dieser Einbeziehung ist es wichtig, daß die Diskussion jederzeit vor dem Hintergrund einer im späteren Projektverlauf real werdenden Umsetzung stattfindet. Wird dagegen in einer frühen Phase zu lange theoretisiert, so gestaltet sich die Umsetzung der gemeinsam entwickelten Konzepte aufwendiger als notwendig.

4.3.5 Aufbaugestaltung

Ziel der Aufbaugestaltung

Mit dem in Abschnitt 4.3.4 dargestellten Vorgehen wurde ein Modellablauf entwickelt, der die Auftragsabwicklung im Untersuchungsbereich an den Erfordernissen der Produkterstellung orientiert. Nun gilt es hierfür einen aufbauorganisatorischen Rahmen zu finden, der die Randbedingungen, die sich aus der Auftragsabwicklung heraus an der *Systemgrenze* und *innerhalb des Systems* ergeben, optimal umsetzt. Als System sind dabei fallweise die *gesamte betrachtete Prozeßkette*, einzelne *Teilprozeßketten* oder einzelne *Prozeßschritte* zu sehen.

Anforderungen an die Aufbaugestaltung

Aus den unternehmensindividuell zu bestimmenden Rahmenbedingungen ist abzuleiten, ob und wie eine aufbauorganisatorische Zusammenfassung mehrerer Prozeßschritte möglich ist, um homogene sowie qualitäts- und leistungsorientierte Einheiten zu erhalten. Es ist festzulegen, wie die Ausstattung mit Ressourcen zu erfolgen hat, ob die Interaktion an der Systemgrenze einer besonderen Koordination bedarf und ob darüber hinaus die internen Kunden-Lieferanten-Beziehungen, beispielsweise durch geeignete Qualifizierungsprogramme (vgl. Abschnitt 4.4), verbessert werden müssen.

Es ist erforderlich, in jedem Fall eine weitgehende 1:1-Anbindung an der Systemgrenze zu erreichen und damit Schnittstellenverluste durch Transport-, Liege- und Einarbeitungszeiten sowie Informationsinkonsistenzen zu vermeiden. Der aufbauorganisatorische Rahmen soll weiterhin die ganzheitliche Verrichtung der Aufgaben unterstützen und damit die den internen Kunden-Lieferanten-Beziehungen zugrunde liegende Verantwortung der Mitarbeiter als Produzenten eines (Teil-)Produkts fördern.

PRAXISBEITRAG
Wesentliche Konzeptelemente

Bild 4-13 zeigt das Konzept eines organisatorischen Aufbaus, wie es auf der Basis eines Modellablaufs (vgl. Abschnitt 4.3.4) für den hier betrachteten Einzel- und Kleinserienproduzenten von Großgetrieben erarbeitet wurde. Die wesentlichen Elemente des Konzepts sind:

- ein Kundenauftragsmanagement bzw. Steuerkreis,
- teilegruppenorientierte Teams in der Produktionsvorbereitung, sogenannte Teilegruppenteams, und
- Funktionsbereiche bzw. Stabsabteilungen.

Kundenauftragsmanagement

Das **Kundenauftragsmanagement** stellt die Basis des Konzepts dar, mit dem externe Kundennähe und eine effizientere Kundenbetreuung realisiert wird, die für Einzel- und Kleinserienhersteller kundenspezifischer Produkte überlebenswichtig sind. Der Steuerkreis besteht aus einem Kundenauftragskoordinator und aus ihm assoziierten Teammitgliedern. Aufgabe ist, Kundenaufträge mit Methoden des Projektmanagements (Projektplanung, -überwachung, -steuerung) zu koordinieren. Die Person des Kundenauftragskoordinators nimmt dabei die Rolle des Projektmanagers ein. Mit der Einrichtung dieses Steuerkreises wird in zweierlei Hinsicht Kundennähe realisiert. Zum einen berät der Kundenauftragskoordinator den Vertrieb in der Phase der Auftragsakquisition, was Fragen der technischen Auftragsabwicklung betrifft. Der Kundenauftragskoordinator kann durch sein Wissen über die terminliche und kapazitive, zum Teil auch technologische Umsetzbarkeit der Kundenwünsche die Qualität der Auftragsakquisition maßgeblich steigern. Zum zweiten wird die Kundennähe gefördert, indem der Steuerkreis und personell der Kundenauftragskoordinator den Kunden während der gesamten Phase der technischen Auftragsabwicklung kompetent und aus einer Hand beraten kann. Die aus der Akquisitionsphase bereits gegebene Vertrautheit mit dem Kunden wirkt dabei unterstützend. Während der Kundenauftragskoordinator die terminliche Verantwortung und Koordination für den Kundenauftrag übernimmt, liegt bei den Steuerkreismitgliedern die Verantwortung für die ihnen gestellten Teilaufgaben (z.B. Feinabstimmung der Beschaffung bei terminkritischen Teilen) und die laufende Berichterstattung über deren Fortschritt an den Kundenauftragskoordinator. Außerdem können im Steuerkreis kritische Pfade

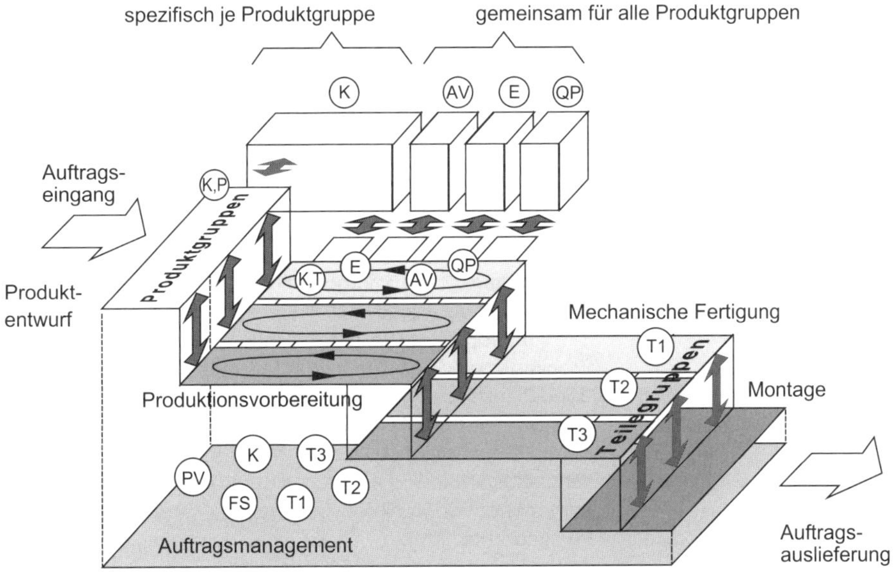

Bild 4-13: Konzept zur Neugestaltung der Produktionsvorbereitung

und Alternativen bezüglich der technischen Ausführung des Kundenauftrags und der dabei zu integrierenden Lieferanten aus gesamtheitlicher Sicht bewertet werden.

Teilegruppenteams

In den **Teilegruppenteams** wird die operative Produktionsvorbereitung gemeinsam im Team erledigt. Diese Teams sind quer zu den bisherigen Abteilungen organisiert und integrieren verschiedene, in enger Interaktion stehende Funktionen (Detail-Konstruktion, Arbeitsvorbereitung, Einkauf und Qualitätsplanung) in jeweils eine organisatorische Einheit je Teilegruppe (Gehäuse, Radsatz, Peripherie). Die Abstimmung der Mitarbeiter bei der Auftragsabwicklung erfolgt funktionsübergreifend und teamintern. Die Hierarchie innerhalb dieser Teilegruppenteams orientiert sich stark an den bereits aus der Gruppenarbeit bekannten Hierarchieprinzipien. Demzufolge hat ein Teilegruppenteam einen Gruppensprecher, der zeitlich begrenzt von den anderen Teammitgliedern als „primus inter pares" gewählt wird. Mit den Teilegruppenteams werden Schnittstellen im Auftragsfluß sowie Kommunikationshürden abgebaut und die Durchlaufzeit und Fehlleistung im Produktionsvorfeld reduziert.

Funktionsbereiche

Die **Funktionsbereiche** unterstützen die funktionsbezogene Kommunikation quer zur bestehenden Prozeßkette, die auch in einer prozeßorientierten Organisation weiterhin ihren Stellenwert hat. Diese Funktionsbereiche übernehmen wichtige, jedoch auftragsneutrale Tätigkeiten, wie die ständige fachbezogene Qualifikation der Teammitglieder, die Vorgabe von Firmenstandards oder auch die Festlegung von Arbeitsstrategien. Ohne diese Funktionen besteht die Gefahr des Auseinanderdriftens der Teams.

In Bild 4-13 läßt sich auch der stringente Auftragsdurchlauf nachvollziehen, der sich vom Produktentwurf aus der Konstruktion, über die Teilegruppenteams 1 bis 3 in die Fertigung und Montage erstreckt und ständig über Auftragsmanagementmethoden des Kundenauftragskoordinators überwacht wird. Außerdem wird die Funktion der Funktionsbereiche gut ersichtlich, die übergreifend für alle Produkt- und Teilegruppen ihre oben beschriebene Dienstleistung einbringen.

Die um 90° gedrehte Struktur

Interessant ist an dieser Stelle ein direkter Vergleich des neuen Organisationskonzepts in Bild 4-13 mit der Ausgangssituation in Bild 4-8. Aus diesem Vergleich wird die ausgehend von funktionsbezogenen Abteilungen um 90° gedrehte Struktur hin zu einer durchgängigen prozeßorientierten Teamstruktur deutlich.

4.3.6 Realisierungsaspekte

Flexibilitätsreserven vorhalten

Die Entwicklung eines Umsetzungskonzepts muß, wie das bisherige Vorgehen auch, ebenfalls kooperativ erfolgen. Es ist vor allem darauf zu achten, daß während der Umsetzung genügend Freiräume bleiben, um flexibel reagieren zu können. Denn keine noch so gute Planung wird die Komplexität der realen Abläufe erschöpfend abbilden. Änderungen im laufenden Prozeß sind nicht auszuschließen, da ohnehin eine zunehmende Dynamik des wirtschaftlichen Geschehens kaum mehr längere Zeiträume relativer Ruhe zuläßt.

Betriebliche Randbedingungen

Der Übergang zu einer neuen Aufgabenverteilung und veränderter Aufgabenverantwortung muß in solchen Schritten erfolgen, daß für die Mitarbeiter stimmige Aufgabendefinitionen und mitwachsende Qualifikationen gesichert sind. Die Selbststeuerung der Beteiligten soll dabei eine flexible Anpassung garantieren.

Die Erfahrung zeigt, daß ergänzend zu den vor allem fachlichen Herausforderungen der Analyse-, Synthese- und Optimierungsphase, die Phase der organisatorischen Umsetzung zusätzlich betriebspolitische Hürden aufweisen kann. Schließlich werden damit bestehende Grenzen aufgebrochen und verändert, Einflußbereiche erweitert oder beschnitten.

Es muß damit gerechnet werden, daß die oft ermüdende Kleinarbeit, die Rückschläge und Ungereimtheiten der Umsetzung für alle Beteiligten demotivierend wirken können. Es ist darauf zu achten, daß zum einen die Qualifikationsanstrengungen für die direkt beteiligten Mitarbeiter nicht nachlassen, zum anderen aber auch angemessene Information und Dokumentation für die indirekt Betroffenen oder die in das Projektteam Nachrückenden vorhanden sind.

Spätestens hier zeigt sich die hohe Bedeutung der frühen Einbindung und Beteiligung der betroffenen Entscheidungsträger und der Vertreter des Betriebsrates. Argumentationsunterstützend ist in dieser Phase der zu Beginn von allen Beteiligten gemeinsam aufgestellte und akzeptierte Meßgrößen- und Bewertungskatalog.

PRAXISBEITRAG
betriebliche Hürden

Bei der Einführung einer neuen oder doch stark veränderten Organisationsstruktur, und sei es auch sehr vorsichtig und in kleinen Teilschritten, muß neben allen sachlichen Klärungen auch intensiv über betriebsbedingte und menschliche Hürden nachgedacht werden. Gerade mit individuellen, persönlichen Vorbehalten wurde das beschriebene Projekt im Laufe seiner Tätigkeit häufig konfrontiert. Oft versteckt hinter vorgeschobenen technischen Argumenten, oft aber auch offen und direkt. Durch die in den zurückliegenden zehn Jahren immer wieder vorgenommenen Rationalisierungswellen, zumeist basierend auf Untersuchungsergebnissen externer Berater, ist die Belegschaft in Bezug auf Veränderungen hoch sensibilisiert. Vermutungen über den Verlust von Ansehen und Einfluß oder gar der eigenen Stellung stehen sofort im Raum und sind aufgrund der Erfahrungen durchaus nachvollziehbar. Hier ist es von ganz entscheidender Bedeutung, daß die oberste Leitung von Beginn an vermittelt, daß nicht Personaleinsparungen im Vordergrund stehen, sondern eine Struktur zu schaffen ist, mit der das Unternehmen seine Stellung auf dem Markt langfristig festigt oder gar ausbaut.

Ein weiterer Aspekt ist die erforderliche Weiterqualifizierung der Mitarbeiter. Nachdem die Teilegruppenteams weitgehend autark arbeiten, ist es mittelfristig nicht ohne weiteres möglich, bei Kapazitätsengpässen sowie bei Urlaubs- oder Krankkeitsausfällen von außen unterstützend einzugreifen. So muß der Einkaufsspezialist des Teams zukünftig in der Lage sein, den Arbeitsvorbereiter bei Routineaufgaben zu vertreten und umgekehrt. Zusätzlich zu dieser fachübergreifenden Weiterbildung steht auch die Erfordernis, Arbeitstechniken zur Problemlösung sowie Analyse- und Bewertungsmethoden zu erlernen, um einen Prozeß der kontinuierlichen Weiterentwicklung und Verbesserung des Erreichten anzustoßen. Alles in allem ein beträchtlicher Weiterbildungsbedarf, der nicht nur vom Mitarbeiter akzeptiert, sondern auch vom Arbeitgeber finanziert und vom Betriebsrat mitgetragen werden muß.

In dieser Hinsicht ist es ohnehin hilfreich, den Betriebsrat frühzeitig in das Vorhaben einzubeziehen, denn im Zusammenhang mit Weiterqualifizierung, Aufgabenveränderung und zeitlich intensiverer Belastung stehen schnell auch Lohn- oder Gehaltsfragen im Raum.

Ein Projekt dieser Kategorie steht und fällt mit der Art und Weise, wie sich der einzelne Mitwirkende mit den Absichten und Zielen der Veränderung identifizieren

kann. Von daher ist von Anfang an die glaubhafte Vermittlung der Botschaft, daß nicht der Verlust, sondern der Erhalt des Arbeitsplatzes am Ende des Weges steht, von entscheidender Bedeutung.

Kompetenzentwicklung als weiterführender Aspekt

Setzt man nun voraus, daß ein Unternehmen eine geeignete Organisationsform gefunden hat, so genügt dies noch nicht, damit diese Organisation real auch funktionieren kann – die im Unternehmen beschäftigten Mitarbeiter müssen auch auf ihre neuen, veränderten und eventuell erweiterten Aufgaben in geeigneter Weise vorbereitet werden. Begleitend zu den bisher beschriebenen, eher technisch orientierten Maßnahmen sind daher effiziente Maßnahmen zur Kompetenzentwicklung notwendig, welche diese Personalentwicklung begleiten und fördern. Hierzu sei auf die Ausführungen des nun folgenden Abschnitts 4.4 verwiesen, wo ein praxisnahes Qualifizierungsprogramm beschrieben wird.

4.4 Qualifizierung der Mitarbeiter für die neuen, erweiterten Aufgaben

4.4.1 Veränderte Anforderungen an die Mitarbeiter

Individuelle Kompetenzen und Freiräume

Aufbauend auf den Ausführungen des Abschnitts 4.3, in dem Ansatzpunkte für die Gestaltung einer qualitätsförderlichen Organisation aufgezeigt wurden, müssen nun Maßnahmen aufgeführt werden, welche eine Gestaltung interner Kunden-Lieferanten-Beziehungen innerhalb eines gegebenen organisatorischen Rahmens erlauben. Dabei müssen die Voraussetzungen geschaffen werden, daß der Mitarbeiter, der die internen Kunden-Lieferanten-Beziehungen umsetzen und aufrechterhalten soll, auch hierfür relevante individuelle Kompetenzen entwickeln und Freiräume genießen kann.

Der Mitarbeiter als Problemlöser

Diese Voraussetzungen sind entsprechend der im Unternehmen gegebenen Anforderungen nur durch die umfassende Information der Mitarbeiter über die im Betrieb ablaufenden Vorgänge und durch die permanente Qualifizierung für ihre neuen bzw. erweiterten Aufgaben zu schaffen. Nimmt man die Mitarbeiter als Mitgestalter und Mitverantwortliche ernst, so müssen sie in die Lage versetzt werden, sowohl die Zusammenhänge ihrer Arbeitsinhalte und -bedingungen übergreifend erfassen zu können als auch aktiv an deren Verbesserung mitzuarbeiten. Die wichtigste Aufgabe ist es dabei, die Mitarbeiter zu qualifizierten Problemwahrnehmern und -lösern zu entwickeln.

Diese erweiterte Aufgabenstellung, Zusammenhänge zu erkennen sowie selbständig Probleme wahrzunehmen und zu lösen, kann nicht allein dadurch bewältigt werden, daß im einzelnen angewiesen wird, was getan werden muß und wie dies zu tun ist. Vielmehr müssen die gewünschten Ergebnisse gezielt mit den Mitarbeitern erarbeitet und ihnen die hierfür notwendigen Fähigkeiten vermittelt werden.

Dies setzt eine umfassende, grundlegende und laufende Information der Mitarbeiter über das Durchzuführende (Ziele) wie auch das Durchgeführte (Zielerreichung) voraus. Dies verlangt eine Übernahme der Ziele, wie Unternehmensziele, Abteilungsziele, und ihre stufenweise Konkretisierung auf operative Ziele und Projektziele. Dies erfordert zudem die Unterstützung durch Verfahren und Vorgehensweisen, die ökonomisches und systematisches Handeln ermöglichen.

Abgestimmte und integrierte Maßnahmen

Langfristig fruchtbar und wirksam wird die Information, die Beteiligung und die methodische Unterstützung der Mitarbeiter aber nur dann, wenn sie aufeinander *abgestimmt* und *integriert* sind. Die Anwendung der Prinzipien des möglichst selbständigen Problemlösens muß bereits bei der Entwicklung aller Maßnahmen, die auf die Eigenverantwortung und das Engagement der Mitarbeiter zielen, gewährleistet sein, da sich Vertrauen und Motivation am Vorbild und am beispielhaften Tun am ehesten entwickeln.

Das Ergebnis des Problemlösens muß die zielgenaue, ressourcenschonende und für die Gesamtheit der Prozesse optimale Erreichung der betrieblichen Ziele sein. Dieser Qualitätsbegriff dient als zentrale Handlungsorientierung. Die wesentliche Aufgabe der Qualifizierung ist die Vermittlung dieser Orientierung und der dazu nötigen Kompetenzen.

Kontinuität statt Ausnahme

Dabei darf die Qualifizierung nicht als eine einmalige Anstrengung verstanden werden, die zur Vermittlung isolierter Fertigkeiten führt. Sie muß kontinuierlich darauf ausgerichtet sein, den Auf- und Ausbau der Problemlösungskompetenzen für die sich rasch verändernden Anforderungen zu fördern.

4.4.2 Anforderungen an Qualifizierungsprogramme

Anforderungen an Qualifizierungsprogramme

Die allgemeine Forderung, das Potential der eigenen Mitarbeiterressourcen besser zu nutzen, führt unter dem Gesichtspunkt des *Qualitätsbewußtseins* dazu, daß der *Kunden-Lieferanten-Aspekt* Inhalt der Schulung und zugleich methodisches Prinzip der Entwicklung der Maßnahmen ist. Folgende Anforderungen an Qualifizierungsprogramme lassen sich daraus ableiten:

- Förderung des Selbstlernens anstatt passiver Aufnahme
- Herausforderungen bieten ohne zu überfordern, Erfolg erreichbar machen ohne zu unterfordern
- Sachverhalte erfahrbar machen
- einfach anzuwendende Methoden vermitteln
- an vorhandenen Methoden und Techniken ansetzen
- Maßnahmen mehrstufig aufbauen und Folgeschulungen vorsehen
- Betreuung der Mitarbeiter und Weiterentwicklung der Qualifizierungsmodelle auch nach der Durchführung der eigentlichen Qualifizierungsmaßnahmen
- Qualifizierungsmaßnahmen in Projekte einbinden, um momentan herrschende Arbeitsweisen zu überprüfen
- arbeitsplatznahe Maßnahmen formen
- Implementierung des Vermittelten bewußt in der Alltagsarbeit fördern

- konkrete Abmachungen und Ziele formulieren (Kunden-Lieferanten Vereinbarung, etc.)
- ganzheitliche, interdisziplinäre Sichtweisen fördern
- teamorientierte Methoden anwenden statt Einzelkämpferschulung
- Führungskräfte auf veränderte Rollen vorbereiten

Teamorientierung als Hebel

Insbesondere teamorientierte Maßnahmen, mit dem Ziel, umfassende Problemsicht und Vertretungsmöglichkeiten durch Mehrfachqualifikation zu vermitteln, sind ein besonders zu förderndes Qualifizierungsmodell.

4.4.3 Konzept eines Informations- und Qualifizierungsprogramms

4.4.3.1 Methodenmix und Zielgruppenorientierung

Interdisziplinäre Kompetenz bei der Maßnahmenentwicklung

Bei der Entwicklung von Qualifizierungprogrammen, wie sie im Bereich der Produktion eingesetzt werden, sind eine Reihe von Kompetenzen gefordert, die von produktionstechnischen Kenntnissen über arbeits- und organisationspsychologischem Wissen bis hin zur Kenntnis betrieblicher Zusammenhänge reichen. Daher sollte die Vorbereitung solcher Maßnahmen in einem interdisziplinär besetzten Team erfolgen, das mit externer Unterstützung Vorschläge für das Qualifizierungsprogramm erarbeitet.

Methodenmix

Mit Blick auf die in Abschnitt 4.4.2 definierten Anforderungen können eine Reihe verschiedener Werkzeuge bestimmt werden, von denen nachfolgend die Maßnahmen

- Vortrag,
- Seminar,
- Besprechungsformen („Montagsbesprechung“, „9-Uhr-Besprechung“),
- Einzelunterweisung,
- Führungskräftebeurteilung,
- Visualisierung,
- Betriebsbesuch,

- Qualifizierungsinsel und
- Qualitätszirkel

kurz zu skizzieren sind.

Der *Vortrag* gehört zu den klassischen Schulungsmaßnahmen und zeichnet sich durch eine unidirektionale Kommunikation zwischen Vortragendem und Zuhörern aus. Der Vortrag ist wenig handlungsorientiert und daher im Rahmen der Förderung interner Kunden-Lieferanten-Beziehungen nur bedingt und eher zur Vermittlung visionärer Inhalte und betriebspolitischer Grundsätze durch den Leitungskreis geeignet. Vortrag

Das *Seminar* ist wie der Vortrag eher theoretisch orientiert, wobei einzelne Inhalte in einem zeitlich größeren Umfang von verschiedenen Seiten beleuchtet und vertieft werden. Es schafft zu einem ausgewählten Themengebiet eine breite Basis, die anschließend, die richtige Zielgruppe vorausgesetzt, entsprechend vertieft werden kann. Seminar

Die beiden *Besprechungsformen*, die unter dem Arbeitstitel *Montags- und 9-Uhr-Besprechung* geführt werden, dienen dem Zweck, Informationen auszutauschen, mit unterschiedlichen Zielgruppen Ziele zu vereinbaren und Feed-back über das eigene Tun zu geben. Dabei sollen nicht nur Aspekte angesprochen werden, die in der Vergangenheit negativ verlaufen sind, sondern auch solche, die besonders positiv waren. Hier sollte die Leitfrage sein „was hat dazu geführt, daß wir ein gutes Ergebnis erzielt haben". Dieses „was" muß identifiziert und langfristig sichergestellt werden. Besprechungsformen

Die *Einzelunterweisung* hat das Ziel, einzelne Mitarbeiter an ihrem Arbeitsplatz bzgl. der zu verrichtenden Aufgabe zu schulen. Sie gehört ebenfalls zu den klassischen Maßnahmen und dient internen Kunden-Lieferanten-Beziehungen nur dann, wenn über die Unterweisung hinaus in einem Art Coaching- bzw. Trainerverhältnis zwischen Unterwiesenem und Unterweisendem erreichbare Ziele vereinbart werden. Einzelunterweisung

Die *Führungskraftbeurteilung* wie sie hier gemeint ist, hat die Aufgabe, dem Führenden selbst, der im operativen Bereich in der Regel hierarchisch höher als der Geführte Führungskraftbeurteilung steht, Rückmeldung über sein eigenes Handeln zu geben. Der Führende erfährt dabei wie er von seinen Mitarbeitern wahrgenommen wird und was er tun sollte, um deren Potential maximal zu fördern. Die Führungskraftbeurteilung erfordert bei dem Mitarbeiter genügend Fingerspitzengefühl, um das ausdrücken zu können, was ihn wirklich bewegt und doch den Führenden nicht gegen sich zu stellen. Von der beurteilten Führungskraft wird die Fähigkeit zur Annahme von sachlicher Kritik und zur Selbstreflexion verlangt – Eigenschaften die im wesentlichen mit der jeweiligen Person zusammenhängen zum Teil jedoch auch geschult werden können.

Visualisierung

Die *Visualierung* ist eine Maßnahme, die zum einen den Mitarbeitern helfen soll, sich in der täglichen Auftragsabwicklung zurecht zu finden und zum anderen die Folgen ihres Tuns zu erleben. Denn nur wenn der Mitarbeiter seine Rolle und seine Aufgabe kennt und wenn er die Folgen seiner Arbeit auch unmittelbar erleben kann, wird er in der Lage sein, als Produzent, Kunde und Lieferant zu denken und zu handeln. Eine Möglichkeit hierzu ist, die einzelnen Prozeßschritte der Auftragsabwicklung im Betrieb mit Symbolen zu kennzeichnen, so daß die Mitarbeiter die meist unübersichtlichen Prozesse nachvollziehen und damit nicht zuletzt ihre internen Kunden und Lieferanten kennenlernen können. Schautafeln mit Grafiken zur Entwicklung von Stückzahlen und Qualitätskennzahlen sind weitere Maßnahmen zur Visualisierung.

Betriebsbesuch

Der *Betriebsbesuch* erlaubt einen Blick über den eigenen Tellerrand hinaus. Die eigene Situation kann mit anderen Unternehmen bzw. Unternehmensbereichen verglichen und Handlungsbedarf abgeleitet werden. Außerdem fördern gemeinsame Aktivitäten im Rahmen des Besuchs den Zusammenhalt innerhalb der Gruppe.

Qualifizierungsinsel

Ziel der *Qualifizierungsinsel* ist es, die Prozeßketten im Betrieb exemplarisch darzustellen, um verschiedene Situationen innerhalb der Auftragsabwicklung nachbilden zu können. In der Qualifizierungsinsel werden daher die verschiedenen Prozeßschritte mit allen Materialien, Informationen etc. nachgebildet und die produzierten Teile bzw. Produkte in verschiedenen Bearbeitungsstufen und wenn nötig in verschiedenen Bearbeitungsqualitäten aufgebaut. Damit können die Prozesse außerhalb der eigentlichen Auftragsabwicklung den Mitarbeitern transparent gemacht und Schwachstellen im Ablauf ermittelt werden. Durch die transparente und kompakte Darstellung können die Mitarbeiter probeweise Rollen tauschen und damit die Folgen ihres eigenen Tuns aus einer anderen Sicht, z. B. als eigener Kunde kennenlernen. So wird es möglich, Überblick in intransparente Prozeßketten zu bringen und über Verbesserungsmaßnahmen nachzudenken. Auch hier sollte die Leitfrage immer sein: „würde ich gerne mein eigener Kunde sein?". Die Konkretisierung dieser hier prinzipiell formulierten Idee findet sich in Abschnitt 4.4.4.

Qualitätszirkel

Die Idee hinter den *Qualitätszirkeln* war und ist die Erkenntnis, daß die Probleme, die in jedem Unternehmen auftreten, am besten von den Mitarbeitern gelöst werden, die davon am meisten betroffen sind. Hierzu werden die Qualitätszirkel als Problemlösegruppe eingerichtet, in der die Mitarbeiter während ihrer Arbeitszeit freiwillig und unter der moderierenden Führung eines Gruppenleiters arbeitsbezogene Probleme bearbeiten und gesamtverantwortlich lösen. Insbesondere im Zusammenhang mit den gerade dargestellten Qualifizierungsinseln stellt der Qualitätszirkel eine gute Möglichkeit dar, in der Qualifizierungsinsel identifizierte und dort nicht lösbare Probleme zu vertiefen und zu beseitigen. Abschnitt 4.4.4 zeigt die im Untersuchungbereich konkretisierte Ausführung der Qualitätszirkel.

Zielgruppenorientierung

Aus diesem Methodenmix heraus ist es nun die Aufgabe der an der Entwicklung des Informations- und Qualifizierungsprogramms Beteiligten, die auf die jeweilige Zielgruppe passenden Maßnahmen herauszugreifen. Bild 4-14 stellt die verschiedenen Zielgruppen (Abt.-Leiter, Meister, Werker) in Zusammenhang mit den verschiedenen Methoden (Q-Insel, Q-Zirkel, etc.) dar. Eine in Bild 4-14 vorhandene räumliche Zuordnung der Methoden zu den Zielgruppen symbolisiert die besondere Eignung für diese Zielgruppe.

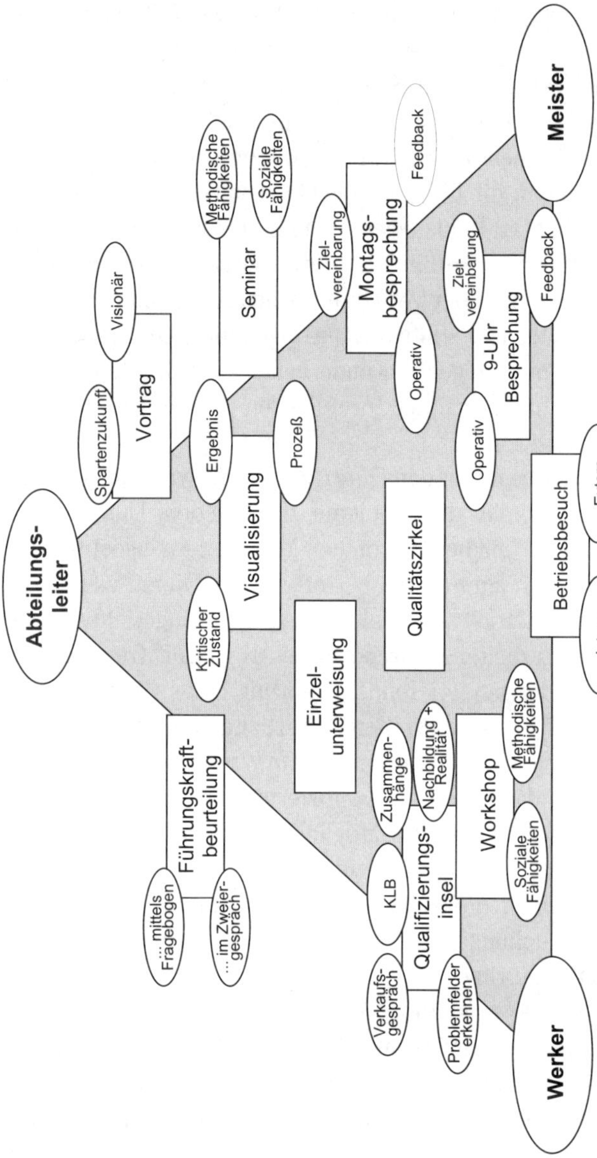

Bild 4-14: Zielgruppen-Methoden-Dreieck

4.4.3.2 Struktur eines Informations- und Qualifizierungsprogramms

Inhaltlich abgestimmtes Konzept

Um der Ganzheitlichkeit der Aufgabenstellung gerecht zu werden, gilt es, eine inhaltlich aufeinander abgestimmte *Folge von Qualifizierungsmaßnahmen* zu konzipieren, die wiederum in ein *breiteres Informationskonzept* eingepaßt sind. Für einen Erfolg der Gesamtmaßnahmen muß bei allen Mitarbeitern über die direkt betroffenen Bereiche hinaus für Verständnis und Unterstützung geworben werden. Die offene Diskussion und konstruktiv-kritische Begleitung betrieblicher Maßnahmen muß generell gefördert werden.

Die Qualifikationsmaßnahmen müssen insbesondere bei angestrebten Einstellungs- und Verhaltensänderungen auf Eigenaktivität und Einsicht der Mitarbeiter beruhen. Diese Einsicht und Eigenaktivität kann nicht direkt Gegenstand solcher Maßnahmen sein, sondern muß auf individuell anzupassenden Beteiligungsformen gründen und durch die Schaffung methodischer und organisatorischer Voraussetzungen gefördert werden.

Schulung und Anwendung

Dazu gehört es, in einem ersten Schritt die nötigen methodischen Qualifikationen bereitzustellen, um Ideen und Vorschläge formulieren und einbringen zu können. In einem zweiten Schritt werden geeignete Formen definiert, innerhalb derer gezielt Probleme abgearbeitet werden können. Diese Formen werden im weiteren Werkzeuge genannt, da unterstrichen werden soll, daß diese die Mitarbeiter bei ihren Aufgaben unterstützen und deren Lösung erleichtern sollen, die Lösungen aber nicht gleichsam automatisch erzeugen. Die enge Verknüpfung dieser Werkzeuge untereinander und ihr konsequenter Einsatz ist eine wesentliche Forderung an die Gestaltung des Programmes. Gefördert wird die Implementierung solcher Werkzeuge, wenn man die Erfahrungen der Mitarbeiter nutzt und sich eng an die im Betrieb vorhandenen Methoden anlehnt.

Eine konkrete Form, die ein solches Programm annehmen kann, zeigt Bild 4-15.

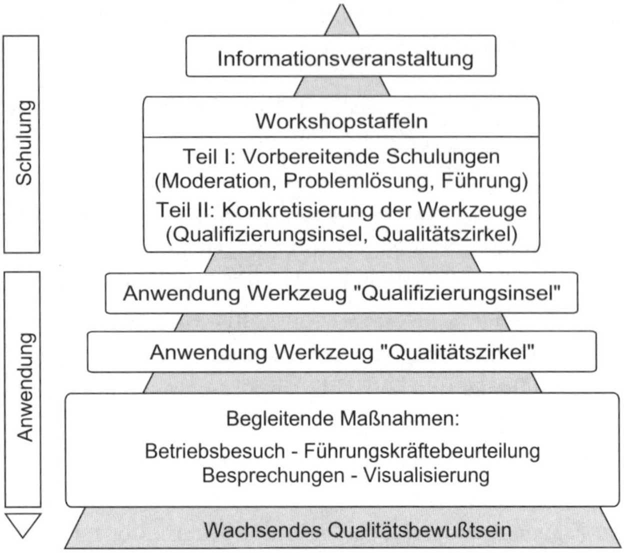

Bild 4-15: Aufbau eines Informations- und Qualifizierungsprogramms

PRAXISBEITRAG
Vier Phasen eines Informations- und Qualifizierungsprogramms

Das Informations- und Qualifizierungsprogramm, wie es in der Hinterachsfertigung der MAN Nutzfahrzeuge AG geplant und durchgeführt wurde, gliedert sich in vier wesentliche Phasen:

- Informationsveranstaltung zur Bekanntmachung der Maßnahmen und Werbung um Beteiligung
- Workshopstaffel Teil I mit vorbereitenden Schulungen zur Vermittlung von methodischer und organisatorischer Qualifikation, wie Führungsverhalten, Moderationstechniken, Problemlösetechniken, etc.
- Workshopstaffel Teil II zur Konkretisierung und Installation der später anzuwendenden Werkzeuge, hier die Werkzeuge „Qualifizierungsinsel“ und „Qualitätszirkel“
- Laufende Arbeit und Integration der Werkzeuge in die tägliche Arbeit

Langfristig wird das Qualifizierungsprogramm durch begleitende Maßnahmen ergänzt, wie Betriebsbesuche, die den Blick über den Tellerrand fördern, sowie Führungskraftbeurteilungen oder „Montags- und 9-Uhr-Besprechungen“, in denen Feed-back über durchgeführte Arbeiten gegeben und Ziele vereinbart werden.

4.4.3.3 Elemente eines Informations- und Qualifizierungsprogramms

Information

Die Information der Mitarbeiter der betroffenen Bereiche muß frühzeitig und umfassend erfolgen. Hier werden wichtige Weichen für die Aufnahme der Maßnahmen bei den Mitarbeitern gestellt.

Information

PRAXISBEITRAG
Informationsveranstaltung

Obwohl die Mitarbeiter im betrachteten Bereich bei MAN in der vorgelagerten Analysephase bzw. Phase der Positionsbestimmung schon mit dem Projekt in Verbindung kamen, war es notwendig, die Ziele und die Arbeitsweise der zum Einsatz kommenden Werkzeuge allgemeinverständlich von einer kompetenten Person vorstellen zu lassen.
Ein wichtiger Bestandteil dieser Informationsveranstaltung ist, daß sowohl die Geschäftsleitung als auch der Betriebsrat daran teilnehmen, ihren Standpunkt einbringen und ihren Willen bekunden, das Projekt zu tragen. Diese Stellungnahme muß im Vorfeld abgestimmt werden, was sich im konkreten Fall in einer Betriebsvereinbarung dokumentiert. Eine Betriebsvereinbarung ist sicher nicht in jedem Einzelfall erforderlich, sie erleichtert aber die Arbeit.
Je besser diese Informationsveranstaltung vorbereitet und durchgeführt wird, desto leichter werden Mitarbeiter gefunden, die Verantwortung übernehmen und desto rascher entwickelt sich die konkrete Arbeit im Qualifizierungsprogramm.

Workshopstaffel Teil I „Vermittlung von methodischer und organisatorischer Qualifikation“

Schulungsphase

Es zeigt sich immer wieder, wie wichtig eine intensiv vorbereitete Schulung ist, die es den Gruppenmitgliedern ermöglicht, ihre Probleme zu artikulieren, die gemeinsamen Ziele zu definieren, die Wege dorthin festzulegen und zu quantifizieren sowie eine permanente Erfolgskontrolle zu betreiben. Nur so ist es möglich, die anfänglich vorhandene Skepsis, oft basierend auf Unkenntnis der Probleme anderer, schon in wenigen Gesprächsrunden abzubauen und durch die spontane Bereitschaft zur Übernahme von Verantwortung zu ersetzen.

Notwendige Schulungsinhalte

Zentrale Aspekte der im Rahmen des Gesamtprogramms anzuwendenden Werkzeuge Qualifizierungsinsel und Qualitätszirkel sind daher Arbeit in der Gruppe, Diskussion, Moderation, kooperatives Führungsverhalten, Visualisierung und Problemlösen. Daher ist eine vorbereitende Schulung dieser Fähigkeiten unbedingt notwendig. Die Bereitstellung methodischer Hilfsmittel für die Mitarbeiter und die Vorbereitung von Führungspersonen auf ihre veränderte Rolle sind die Aufgaben, die mit diesen Schulungsinhalten abgedeckt werden müssen.

PRAXISBEITRAG Schulungsphase

Im konkreten Fall, der Durchführung eines Informations- und Qualifizierungsprogramms, speziell der Implementierung der Qualifizierungsinseln und Qualitätszirkel in der Kegel-Tellerrad-Fertigung für LKW-Hinterachsen, wurde unter Einbeziehung aller am Prozeß beteiligten Gruppen, die vorbereitende Schulung in Form eines zweigeteilten, jeweils einwöchigen Workshops durchgeführt.
Der erste Teil galt der Erlernung und des Trainings allgemeiner Moderations- und Führungstechniken. Hier ging es darum, Mitarbeitern, die ihre Kompetenzen sonst eher in den operativen Produktionsbereichen haben, an Teamarbeits-, Diskussions- und Visualisierungstechniken heranzuführen.
Ergänzend dazu wurde in einer allgemeinen Betrachtung über Auswirkungen struktureller Änderungen in der Vergangenheit auch die Frage bearbeitet „wie kann **man** es besser machen?“ In der Diskussion wurde diese Fragenstellung durch die Gruppe selbständig in „wie kann **ich** es besser machen?“ abgeändert. Es wurden auch Fragen diskutiert wie „wie sieht der andere meine Position“ und „würde ich gerne mein eigener Kunde sein?“.
Dieses Beispiel zeigt, daß die Gruppe sich nicht hinter allgemeinen Floskeln verschanzen will und auf dem Weg ist, die Philosphie der Partizipation und nicht zuletzt der internen Kunden-Lieferanten-Beziehung zu verinnerlichen.

Werkzeug "Qualifizierungsinsel"

Thema	Methode/Inhalt
Was bedeutet die Qualfizierungsinsel für die Hinterachsfertigung?	Referat Klärung des Ziels Klärung offener Fragen
Interne Kunden-Lieferanten-Beziehungen	Präsentation der Thematik
Prozeßkette Radsatzfertigung	Gruppenarbeit: Darstellung der gesamten Prozeßkette einschließlich aller Verbindungsstellen wie z.B. Infofluß, Materialfluß, betroffene Bereiche
Ausstattung für die Qualifizierungsinsel	Kartenabfrage: "Was brauchen wir als Grundausstattung für unsere Qualifizierungsinsel?
Aktionsplan	Erarbeitung um Plenum

Bild 4-16: Auszug aus der Tagesordnung bei der Konkretisierung der Qualifzierungsinsel

Workshopstaffel Teil II „Konkretisierung und Installation der anzuwendenden Werkzeuge“

Konkretisierung und Installation

Aufgrund ihrer besonderen Eignung zur Einführung und Förderung interner Kunden-Lieferanten-Beziehungen wurden, wie bereits dargestellt, zunächst Qualifizierungsinsel und Qualitätszirkel als die beiden Grundwerkzeuge ausgewählt. Ergänzend zu der Grunddefinition der Werkzeuge (vgl. Abschnitt 4.4.3.3) müssen diese nun entsprechend der tatsächlichen Anforderungen im jeweiligen Betrachtungsbereich konkretisiert werden. Aufgrund der geforderten Mitarbeiterpartizipation und der neuen Rolle der Mitarbeiter in der internen Kunden-Lieferanten-Beziehung ist diese Konkretisierung am besten durch die Mitarbeiter vorzunehmen, welche die Werkzeuge später anwenden sollen.

PRAXISBEITRAG
Konkretisierung und Installation der Werkzeuge

Die Konkretisierung der beiden Werkzeuge **Qualifizierungsinsel** und **Qualitätszirkel** wurde schwerpunktmäßig durch Segmentleiter (Meister), Gruppenführer und sonst „führende" Mitarbeiter der operativen Ebene vorgenommen. Der Grund für diese Auswahl bestand darin, daß man „Promotoren" der Qualifizierungsidee heranbilden wollte, um damit bei den Maßnahmen gleichsam einen Multiplikatoreffekt und eine Hebelwirkung zu erzielen.
Bild 4-16 und Bild 4-17 zeigen einen Auszug aus der Tagesordnung zu dieser Workshopstaffel, bei der die Mitarbeiter diese Konkretisierung vornahmen.

Aktionsplan

Ergebnis dieser beteiligungsorientierten Konkretisierung sind Aktionspläne zur Umsetzung der Werkzeuge in den beruflichen Alltag, in dem letztlich die Bewährung der Werkzeuge zu erfolgen hat. Als Ergebnisbeispiel dient der in Bild 4-18 aufgeführte Aktionsplan zur Einrichtung

Werkzeug "Qualitätszirkel"

Thema	Methode/Inhalt
Der Qualitätszirkel in der Qualifizierungsinsel	Rerefat Klärung der Zielsetzung Klärung offener Fragen
Aufgabenstellung aus der Qualifizierungsinsel	Abfrage durch Zuruf: "Welche Aufgabenstellungen können aus der Qualifizierungsinsel kommen, die in den Qualitätszirkeln gelöst werden sollen?"
Die moderierte Besprechung im Qualitätszirkel	Kleingruppen bilden und Aufgabenstellung wählen Gruppenarbeit: Aufgabenstellung anhand der gelernten Moderationstechniken bearbeiten Präsentation und Diskussion Feed-back im Plenum
Qualifizierungsinsel und Qualitätszirkel als Dauereinrichtung	Simultanvisualisierte Diskussion: "Wie stellen wir sicher, diese Einrichtung dauerhaft zu nutzen?"

Bild 4-17: Auszug aus der Tagesordnung bei der Konkretisierung der Qualitätszirkel

Aktionsplan

Was wird getan? **Wer? Mit wem? Bis wann?**

Treffen der Teilnehmer
aus den beiden
Workshops

Abstimmung: Wer macht was ?
- Schreibmaterial
- Raumbelegungsplan
- Grundausstattung
- technische Ausstattung
- Werkstücke
- technische Informationen
- Dokumentation
- Prozeßkette

Vorinformation für die
Mitarbeiter

Darstellung der Prozeßkette
- Darstellung
- Format
- Befestigung
- Veränderbarkeit

Technische Ausstattung
- Ablagen, Tische
- Werkstücke
- Terminal, PC
- Overhead-Projektor
- Fotoapparat
- Beleuchtung
- Prüfmittel
- Werkzeuge
- Aufnahme für
  technische Unterlagen

Technische Informationen
- Zeichnung
- Arbeitspläne
- Prüfpläne
- Fotos

Raum
- Schlüssel für Raum
- Reinigung des Raums

Bild 4-18: Beispiel aus einer Schulungsmaßnahme: Aktionsplan zur Einrichtung der Qualifizierungsinsel

einer Qualifizierungsinsel, wobei in der Darstellung auf die Verantwortlichkeiten (wer? mit wem? bis wann?) aus Gründen der Anonymität verzichtet wurde.

4.4.4 Durchführung des Qualifizierungsprogramms

Anforderungen an die Durchführung

Zwei wesentliche Funktionen müssen durch die Etablierung von Werkzeugen und Vorgehensweisen abgedeckt sein: die laufende, realitätsnahe, für Schulungs- und Informationszwecke geeignete Abbildung des realen Prozesses zur *Problemerkennung* und die aufgabenbezogene, flexible und systematische Bildung von Arbeitsgruppen zur *Problemlösung*.

Integration der Werkzeuge in den Alltag

Ebenso wichtig wie die Verknüpfung der Werkzeuge ist es auch, dafür Sorge zu tragen, daß diese Werkzeuge zum Grundbestand der Verfahrens- und Vorgehensweisen gehören werden, welche die Mitarbeiter und die Organisation selbstverständlich anwenden. Dazu gehört neben der beschriebenen Auswahl und Gestaltung der Werkzeuge auch deren kontinuierliche Überarbeitung und Erweiterung sowie die sachliche Kritik der Verfahrensweisen. Vor allem aber müssen die Unternehmenskultur und die gelebten Grundsätze der Unternehmung die Anwendung solcher Werkzeuge fördern und, in welcher Form auch immer, belohnen.

PRAXISBEITRAG
Qualifizierungsinsel

Die **Qualifizierungsinsel,** wie sie in der Workshopstaffel I detailliert wurde, versucht einen Prozeß in seiner Gesamtheit außerhalb des realen Ablaufes so wirklichkeitsgetreu wie möglich nachzubilden. Sie enthält alle kennzeichnenden Elemente des Prozesses, wie die zu bearbeitenden Teile in verschiedenen Bearbeitungs- und Qualitätsstufen, Werkzeuge und Software. Die Bearbeitungsmaschinen wurden durch eine detaillierte Fotodokumentation ersetzt. Die Qualifizierungsinsel wird in einem eigenen Raum aufgebaut, der möglichst nahe dem tatsächlichen Geschehen liegt und allen Beteiligten ständig zur Verfügung steht. Da auch Rückänderungen möglich sind, empfiehlt es sich, jeden Stand zu dokumentieren und für eine einfach zu handhabende Austauschbarkeit der Elemente zu sorgen (Bild 4-19).
Die konkrete Ausprägung der Qualifizierungsinsel sieht weiterhin vor, daß eine sechs bis acht Personen umfassende Problemlösegruppe, in der alle Belange und un-

terschiedliche Hierarchieebenen vertreten sein sollen, das Kernteam bildet. Dessen Aufgabe ist es, die Fragestellungen herauszuarbeiten, damit den Themenspeicher zu füllen und, soweit möglich, selbst Lösungen zu erarbeiten. Bei umfangreichen Problemstellungen initiiert das Kernteam einen Qualitätszirkel bzw. spricht einen vorhandenen an. Das Kernteam begutachtet die Lösungsvorschläge und präsentiert sie dem Entscheidungsgremium, das sich im vorliegenden Fall aus den höheren Führungskräften der Hinterachsfertigung und je einem ständigen Vertreter des Personal- und Qualitätswesens zusammensetzt. Eine weitere Aufgabe ist die Überwachung der Umsetzungsmaßnahmen, die Kontrolle der Ergebnisse mit der dazugehörenden Berichterstattung an die Leitung.
Die Häufigkeit der Arbeitssitzungen und die Wahl des Gruppensprechers richtet sich nach den anstehenden Problemen und werden von der Gruppe in eigener Regie geregelt. Es wird jedoch darauf geachtet, daß kein Abriß der Aktivitäten entsteht. Die Dauer einer Arbeitssitzung sollte erfahrungsgemäß 1,5 bis 2 Stunden nicht übersteigen. Selbstverständlich kann die Gruppe bei Bedarf Experten hinzuziehen.

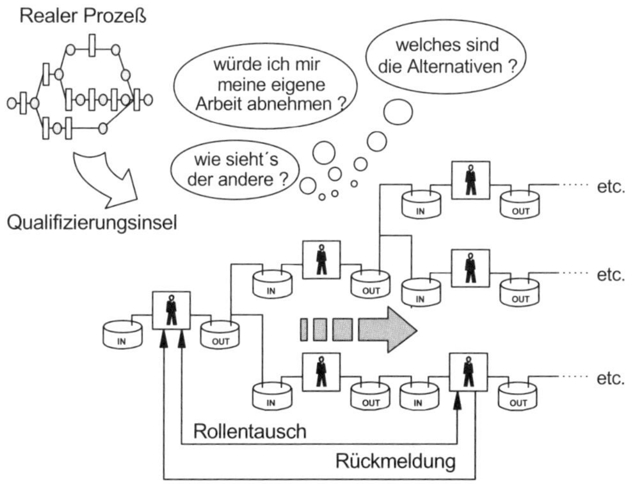

Bild 4-19: Die Qualifizierungsinsel als Instrument zur Förderung interner Kunden-Lieferanten-Beziehungen in intransparenten Prozeßketten

Durch die Qualifizierungsinsel soll es möglich werden, Reibungsverluste an den Schnittstellen aber auch Blind- und Scheinleistung in der Wertschöpfungskette zu ermitteln und zu reduzieren. Erarbeitete Verbesserungen lassen sich dabei ohne großen finanziellen Aufwand „simulieren" und gegebenenfalls optimieren. Weitere Vorteile ergeben sich aus der Anlage von Themenspeichern, die es ermöglichen, Prioritäten festzulegen, dabei die Probleme zu quantifizieren, um sie so exakter bearbeiten zu können, ohne daß die Übersicht über den Gesamtprozeß verloren geht.

Ein Nebenaspekt, der aber nicht unterschätzt werden sollte, ist die Möglichkeit, die Qualifizierungsinsel in der beruflichen Aus- und Weiterbildung sowie für die Einarbeitung neuer Mitarbeiter einzusetzen.

Ein Beispiel, wie die Arbeit in der Qualifizierungsinsel der Hinterachsfertigung bei der MAN Nutzfahrzeuge AG München abläuft, zeigen die Bilder 4-20 und 4-21. Im

Bild 4-20: Erläuterung eines Sachverhaltes am Produkt

Hintergrund ist jeweils die symbolisch dargestellte Prozeßkette zu sehen. Fotographien von Bearbeitungsmaschinen und Produktmerkmalen sowie Arbeitspapiere ergänzen die Visualisierung.

Qualitätszirkel

Der **Qualitätszirkel** im klassischen Sinn ist ein Instrument, das in der Literatur schon ausreichend beschrieben ist und auch weitverbreitet erfolgreich eingesetzt wird. Der Begriff Qualitätszirkel wurde in der Hinterachsfertigung der MAN Nutzfahrzeuge AG nicht zuletzt aus betrieblichen, historischen Gründen gewählt. So wie er in der Workshopstaffel II detailliert wurde, erhält er im Zusammenspiel mit der Qualifizierungsinsel die etwas abgewandelte Funktion einer Problemlösegruppe (Bild 4-22). Er stellt hier einen ad hoc einberufenen Expertenkreis dar, dessen Zusammensetzung weitgehend in der Qualifizierungsinsel bestimmt wird. Er bekommt eine klar umrissene Aufgabenstellung, erarbeitet Lösungsvorschläge

Bild 4-21: Erarbeitung eines Themenspeichers in der Qualifizierungsinsel

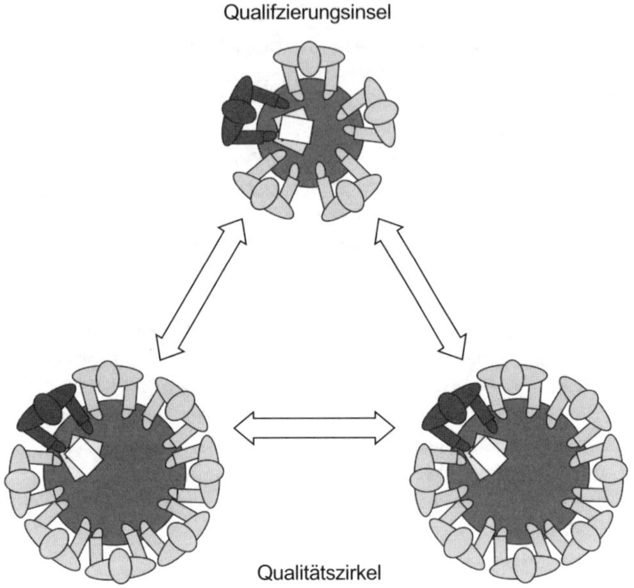

Bild 4-22: Qualitätszirkel

und trägt sie in der Qualifizierungsinsel vor. Gemeinsam werden die Konsequenzen durchgespielt, die Lösung akzeptiert oder die Aufgabenstellung modifiziert. Mit dem Umsetzungsbeschluß des Lösungsvorschlags löst sich der Qualitätszirkel in der Regel auf. Es ist möglich, daß mehrere Qualitätszirkel parallel zu einer Qualifizierungsinsel arbeiten

4.5 Zusammenfassung und Ausblick

Zusammenfassung

Das Gestaltungsfeld der internen Kunden-Lieferanten-Beziehungen ist in sich so komplex und vielgestaltig, daß es in zwei Schwerpunktbereiche aufgelöst wurde. Dies ist nicht nur aus Gründen der Vermittlung und Darstellung nötig sondern reflektiert auch die Notwendigkeit, bei der

Umsetzung dieses Konzeptes gestuft vorzugehen, da die Mitarbeiter wie die Umsetzer sonst überfordert werden.

Das zentrale Anliegen aber, das Qualitätsbewußtsein der Mitarbeiter in ihrer Eigenschaft als Produzenten von Qualität zu steigern, kann nur als ganzheitlich verstandenes und umgesetztes Veränderungskonzept wirksam werden.

Die Auseinandersetzung mit den Abläufen und Strukturen als Rahmenbedingungen, welche die Handlungsmöglichkeiten und -notwendigkeiten definieren, und die Beschäftigung mit den Mitarbeitern, ihrer Qualifikation und Motivation, gehören untrennbar zusammen. Der Gedanke der Qualität verbindet die Kundenorientierung mit dem Gedanken der innerbetrieblichen Effektivität und Effizienz, indem den Mitarbeitern, der flexibelsten und intelligentesten Ressource, die Kontrolle über den zur Produkterstellung optimalen Prozeß zugeeignet wird.

Zentrale Gestaltungselemente sind damit der direkte Kontakt und die große Transparenz in Bezug auf alle Stationen des Kundenauftrags. Der Bezug zum Kundenauftrag steuert als Organisationskriterium für die Prozeßorientierung die Gestaltung und Unterstützung der Arbeitsabläufe. Nur die direkte Information, Kommunikation und Verantwortung vor Ort sowie die ständige bewußte Überprüfung und Optimierung der Abläufe kann letztlich die Prozesse am Laufen halten. Allein die konsequente Orientierung am Mitarbeiter kann den dazu notwendigen Rollen- und Kompetenzwandel langfristig tragen. Teile davon sind Organisationsformen, wie die in Abschnitt 4.3 beschriebene Neugestaltung der Organisationsstruktur und das in Abschnitt 4.4 dargestellte Informations- und Qualifizierungsprogramm.

Was hat dies nun bislang in den Betrieben gebracht? Am Anfang steht die zunehmende Sensibilisierung für die Bedürfnisse und Probleme anderer Prozeßschritte. Damit wird die Kommunikation, die Abstimmung und die Kooperation zwischen den Zuständigen wesentlich verbessert. Mit dem besseren Überblick über den Gesamtprozeß und den gewonnenen Einflußmöglichkeiten wächst auch das Selbstverständnis der Mitarbeiter als aktiver Gestalter und Problemlöser und damit deren Engagement. Der stärkere Bezug zum Gesamtprodukt und -prozeß führt auf der Ebene der Organisation zu einem Abbau an Schnittstellen und Informationsbrüchen, was Übertragungsfehler und -zeiten ebenso verringert, wie inhaltlich adäquatere Lösungen ermöglicht. Die Kompetenzentwicklungswerkzeuge wie Qualifizierungsinsel etc. verankern spontane oder sporadische Verbesserungsprozesse in die alltägliche Arbeitssituation und verhelfen so zur besseren Ausschöpfung der Mitarbeiterpotentiale. Letztlich wird aufgrund der individuellen Vorbereitung der organisatorischen und qualifikatorischen Maßnahmen auch deren Handhabbarkeit und damit Effizienz erhöht.

Ausblick

Was muß noch besser werden? Viele Veränderungen werden zwar mit erheblichem Aufwand angestoßen, bleiben ohne die notwendige Begleitung dann aber oft auf halbem Wege stehen. Die Qualität des Selbstläufers gilt es deshalb gezielt weiterzuentwickeln, insbesondere betrifft dies weiche Faktoren, wie Qualitätsbewußtsein, selbstinitiierte Optimierungen, etc.

Dazu müssen z. B. geeignete Anreize und spezifische Unterstützungsformen gefunden werden. Die eigenständige und selbstverständliche Lösung von Problemen muß weiter als Leitbild des modernen Mitarbeiters propagiert werden.

Noch immer ist die Realität der Unternehmen durch die Verwechslung von Problembenennung und Problemverursachung geprägt. Häufig wird dabei die Identifikation eines Problems als Schuldzuweisung und nicht als Chance zur Verbesserung begriffen. Neben einem weiteren Bewußtseinswandel ist die weitere Flexibilisierung der verwendeten Methoden hilfreich, welche zur Problemlösung und zur Personalbeurteilung sowie -auswahl herangezogen werden.

Der Einsatz speziell der elektronischen Medien muß weiter gestärkt werden, da noch immer zu viel Problemlösungswissen verloren geht, weil es nicht geeignet dokumentiert wird oder darauf nicht zugegriffen werden kann. Auch die umfassende Visualisierung zur schnellen, aktuellen und umfassenden Information muß weiter ausgebaut werden, nicht zuletzt auch mit Hilfe elektronischer und wo nötig bzw. möglich durch den Einsatz multimedialer Mittel.

Wie wird es weitergehen? Vielfach wird betont, daß die für die Betriebe wirksame Dynamik weiter zunehmen wird, sei dies aufgrund des Marktes, der Technologie oder aufgrund anderer Einflußfaktoren. Damit müssen die Organisationsformen und Hilfsmittel noch stärker auf Veränderung, Anpassungsfähigkeit und schnelle Umsetzung hin orientiert werden. Die organisatorischen Einheiten, aus denen sich die Betriebe zusammensetzen, werden zunehmend unabhängiger und müssen auf neuartige Weise im Sinne des optimalen Gesamtprozesses hin koordiniert werden. Neue Koordinations- und Kooperationsformen werden hier ebenso entstehen, wie auch neue Anforderungen an die interpersonelle Kompetenz des Mitarbeiters gestellt werden. Die gesamte Kette der Organisations- und Personalentwicklungsmaßnahmen wird zunehmend zu einem zentralen Erfolgsfaktor.

Dies zu erkennen und aktiv zu gestalten wird zukünftig die Aufgabe und das Kennzeichen erfolgreicher Unternehmen sein.

5 Qualitäts-, prozeß- und teamorientierte Planungsinseln - evolutionäre Organisationsgestaltung

J. Otzipka, A. Fricker, K. Krings, U. Sander,
D. Elsinghorst, P. Fazekas

Inhaltsverzeichnis

5.1 Motivation für innovative Organisationsstrukturen ... 129
5.2 Qualitätsförderliche Planungsinseln - ein erfolgversprechender Ansatz für indirekte Unternehmensbereiche ... 131
5.2.1 Das Planungsinselkonzept ... 132
5.2.2 Aufgaben von Planungsinseln ... 133
5.2.3 Gestaltungsvarianten ... 135
5.2.4 Einführungsprozeß von Planungsinseln ... 140
5.2.4.1 Ziele im Einführungsprozeß ... 140
5.2.4.2 Strategien im Einführungsprozeß ... 141
5.2.4.3 Bleibende Veränderungen durch Organisationsentwicklung ... 143
5.3 Methodenrahmen zur Gestaltung und Einführung von Planungsinseln in indirekten, produktionsvorgelagerten Bereichen ... 146
5.3.1 Strukturmodell für die Gestaltung qualitätsförderlicher Planungsinseln ... 148
5.3.2 Prozeßmodell für die Einführung qualitätsförderlicher Planungsinseln ... 160
5.4 Erfahrungen und Nutzenbetrachtung ... 164
5.5 Literatur ... 171

5.1 Motivation für innovative Organisationsstrukturen

Stärkung der Kunden- und Marktorientierung durch interne Kunden-Lieferanten-Beziehungen

Im Zuge umfassender Bemühungen zur Standortsicherung rücken die Rationalisierungspotentiale in indirekten Bereichen, die vorgelagerte Planungsaufgaben wahrnehmen, zunehmend in das Zentrum der Betrachtungen [5.1]. Sie haben aufgrund ihrer koordinierenden und initiierenden Aufgabeninhalte entscheidenden Einfluß auf die Qualität nachgelagerter betrieblicher Prozesse, die daraus resultierende Leistungserstellung und den Ressourcenverzehr. Ihr Anteil an der Auftragsdurchlaufzeit beträgt rund 80%, wobei bis zu 87% dieses Anteils aus Übergangs-, d.h. Liege- und Transportzeiten bestehen [5.2]. Bis zu 75% aller Fehler entstehen in den fertigungsvorgelagerten Produktentstehungsphasen Definition, Entwicklung und Ablaufplanung [5.3]. Diese Zusammenhänge verdeutlichen den großen Bedarf an umfassenden Qualitätsmanagement- und Reorganisationsmaßnahmen in fertigungsvorgelagerten indirekten Bereichen. Vor diesem Hintergrund werden team- und gruppenorientierte Reorganisationsansätze zur Optimierung der Qualität des betrieblichen Wertschöpfungsprozesses, die in den direkten Bereichen der Fertigung und Montage bereits erfolgreich praktiziert wurden, auch für die Bereiche Vertrieb, Entwicklung, Konstruktion, Arbeitsplanung und Beschaffung als ein Erfolgsfaktor erkannt. Ziel derartiger Konzepte ist eine verstärkte Kunden- und Marktorientierung infolge durchgängiger interner Kunden-Lieferantenbeziehungen.

PRAXISBEITRAG
Ausgangssituation in einem Unternehmen des Maschinen- und Anlagenbaus im Schmiedesektor

Bêché & Grohs: Handlungsmotivation

Insbesondere im Auslandsgeschäft hat der Trend weg von der Einzelmaschine, hin zu kompletten Systemlösungen stark zugenommen, verbunden mit einer Erweiterung des Engineeringanteils. Gleichzeitig ist der Technologieanspruch bzw. die Forderung nach neuen innovativen Schmiedemaschinen infolge eines breiten Angebotes qualitativ hochwertiger Gebrauchtmaschinen gestiegen. Auch hat die Bedeutung der Fertigungskonzentration zugenommen. Unternehmensintern wurde das bestehende Koordinationssystem aus Auftragsklärungs-, Termin- und Auftragsnachbesprechungen zur Abstimmung der Aufträge den Anforderungen nach flexibler und effizienter Auftragsabwicklung innerhalb einer klassischen Unternehmensorganisation nur unzureichend gerecht. Trotz der komplexen Randbedingungen des Unternehmens (z.B. geringe Personalstärke in einzelnen Fachbereichen, komplexes Produktprogramm infolge Ersatzteil- und Reparaturaufträge) sollten daher die Wertschöpfungsprozesse und Organisationsstrukturen durch eine organisatorisch dauerhaft verankerte Flexibilisierung in Form von Inselstrukturen über die gesamte Auftragsabwicklung weiter optimiert werden.

ICT: Handlungsmotivation

Ausgangssituation bei einem Systemzulieferer der Halbleiterindustrie

Der beschleunigte Fortschritt in der Halbleiterindustrie verursacht zunehmend kürzere Produktlebenszyklen, steigende Anforderungen an die funktionale Konzentration, Komplexität und Zuverlässigkeit integrierter Schaltkreise. Entsprechend diesen Marktbedingungen besteht die Anforderung, zunehmend komplexere Meßsysteme nach kundenspezifischen Vorgaben bei abnehmenden Entwicklungszeiten anzubieten. Auch gewinnen derartige Systeme zunehmend an Bedeutung für begleitende Analysen in der Serienproduktion von Halbleiterelementen. Damit einher gehen technische Forderungen nach Integrationsfähigkeit, Zuverlässigkeit und Benutzerfreundlichkeit der Systeme sowie organisatorische Forderungen nach hoher Lieferbereitschaft, Flexibilität und kurzfristiger Reaktionsfähigkeit. Für das Unternehmen liegt somit eine wichtige Aufgabe darin, Innovationszeiten beim Prototypenbau kontinuierlich zu verkürzen, den Serienanlauf zu optimieren und dadurch den Serienprozeß zu stabilisieren. Die Lieferzeit (i.d.R. werden vom Kunden drei Monate vorgegeben) sowie die Termintreue (Langläuferproblematik: 6-8 Monate bei besonders qualitätskritischen und teuren Zukaufteilen) bilden maßgebliche Zielgrößen für eine optimierte Auftragsabwicklung. Aufgrund des schnellen Wachstums des Unternehmens hatten sich aus ursprünglich vorhandenen Teamstrukturen arbeitsteilige Strukturen herausgebildet, die die Kundenforderungen nicht in ausreichendem Maße erfüllten. Die Einführung von Inselstrukturen sollte die interne Kundenorientierung wiederbeleben und somit eine Erfüllung der Kunden- und Marktanforderungen gewährleisten.

5.2 Qualitätsförderliche Planungsinseln – ein erfolgversprechender Ansatz für indirekte Unternehmensbereiche

Verbesserungspotentiale durch personenorientierte Konzepte

Fortschrittliche Beiträge der Organisations- und Managementwissenschaft zeigen auf, daß Verbesserungspotentiale durch personenorientierte Konzepte in Verbindung mit systemisch-evolutionären Gestaltungskriterien zu erschließen sind [5.4]. Als Aspekte der Organisationsgestaltung werden eine durchgehende Prozeßorientierung, eine enge Informations- und Kommunikationsvernetzung, geschlossene Regelkreise, eine ausgeprägte Dezentralisierung, ein durchgehendes Qualitätsmanagement und die Förderung der Selbstorganisation hervorgehoben (vgl. Kap. 3).

Vermeidung von Schnittstellenverlusten durch Insel-/Gruppenkonzepte

Für die konkrete Organisationsgestaltung stellt sich die Frage, wie sich diese eher abstrakten Anforderungen und die damit verbundenen Wirkungen realisieren lassen. Einen Gestaltungsansatz zur Optimierung interner Kunden-Lieferanten-Beziehungen auch in indirekten Bereichen stellen Insel-/Gruppenkonzepte dar. Gemeinsames Ziel von Insel-/Gruppenkonzepten - hier im weiteren für produktionsvorgelagerte Bereiche als Planungsinseln bezeichnet - ist es, durch die Gestaltung objektorientierter Organisationseinheiten die Anzahl der organisatorischen Schnittstellen und die damit verbundenen Verluste an Zeit, Kosten, Qualität und Flexibilität zu reduzieren und den Erfüllungsgrad der allgemeinen Unternehmensziele zu steigern [5.5].

5.2.1 Das Planungsinselkonzept

Merkmale von Planungsinseln

Planungsinseln sind objekt- und prozeßorientierte Organisationseinheiten, in denen Mitarbeiter unterschiedlicher Fachbereiche dauerhaft und räumlich zusammengefaßt werden. Sie sind verantwortlich für eine Auftragsfamilie [5.2]. Durch eine weitgehende, prozeßorientierte Aufgabenintegration können Planungsinseln als Bindeglied zwischen Markt und Produktion fungieren. Nachgelagerte direkte Bereiche, organisiert als objekt- und prozeßorientierte Fertigungsinseln und teilautonome Gruppen, schließen den Prozeß der Auftragsabwicklung. Somit wird eine starke und durchgängige Kundenorientierung erreicht (Bild 5-1).

Einsatzflexibilität, Innovations- und Lernfähigkeit der Betroffenen sind wesentliche Erfolgsfaktoren

Die Gestaltungskriterien zielen auf eine höhere Qualität der Kommunikation und Kooperation. Die Transparenz der Prozesse soll erhöht, Rückkopplungen intensiviert, sowie Verantwortungsbewußtsein, Teamgeist und Moti-

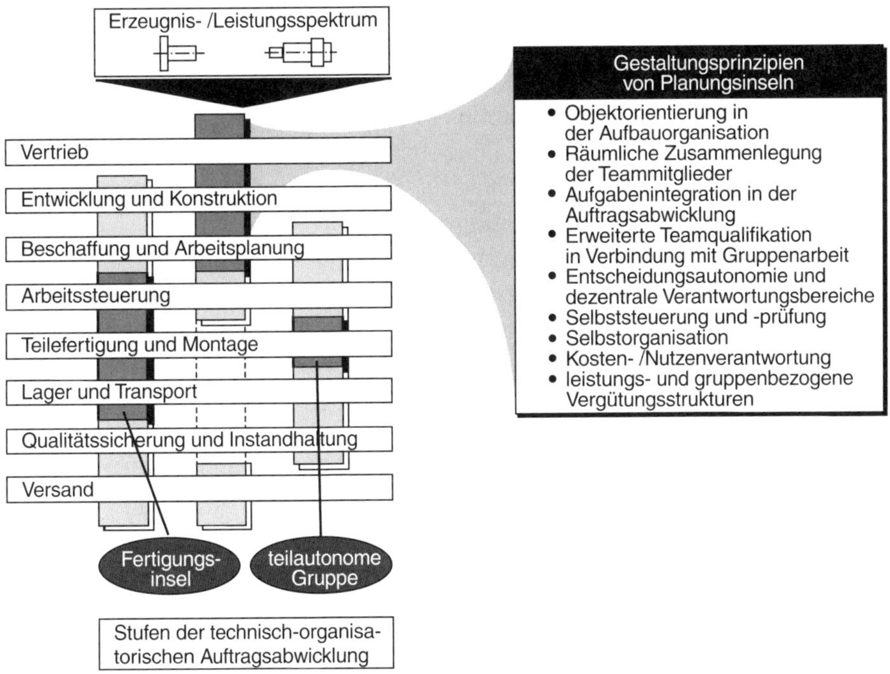

Bild 5-1: Das Planungsinselkonzept /modifiziert nach [5.6]

vation gesteigert werden. Die Einsatzflexibilität, Innovations- und Lernfähigkeit der Beteiligten werden als Träger dynamischer Organisationsstrukturen angesehen, die maßgeblich die Reaktions- und Anpassungsfähigkeit bestimmen (vgl. Abschnitt 3.4).

5.2.2 Aufgaben von Planungsinseln

Zusammenfassung tagesaktueller Aufgaben der Auftragsabwicklung

Innerhalb von Planungsinseln werden die tagesaktuellen Aufgaben der Auftragsabwicklung zusammengefaßt, von der Kundenanfrage bis zur Angebotserstellung und vom Auftragseingang bis zum Versand des fertigen Produktes. Im einzelnen können grundsätzlich folgende Aufgaben der Auftragsabwicklung in Planungsinseln integriert werden:

- Vertriebsaufgaben, z. B. Anfragenbewertung, Angebotsbearbeitung etc.

- Auftragsplanungsaufgaben, z. B. Terminplanung, Kostenkalkulation etc.
- Konstruktionsaufgaben, z. B. Anpassungs-/Variantenkonstruktion, Detaillierung, Zeichnungs- und Stücklistenerstellung etc.
- Beschaffungsaufgaben, z. B. Bedarfsermittlung, Beschaffungsabwicklung etc.
- Fertigungsplanungs- und -steuerungsaufgaben, z. B. Ausgangsmaterialplanung, Ablaufplanung-grob etc.
- Versandaufgaben
- kaufmännische Auftragsabwicklung, z. B. Erfolgskontrolle/Nachkalkulation etc.

Planungsinseln sind von zentraler Bedeutung für das Qualitätsmanagement

Auf einer übergeordneten Ebene sind Qualitätsmanagementaufgaben (Qualitätsplanung, -kontrolle, -lenkung) mit diesen Aufgaben verbunden. In den indirekten Zentralabteilungen verbleiben lediglich unregelmäßig auftretende oder spezifisches Fach-Know-how voraussetzende Aufgaben, wie z. B. Vertriebsfunktionen (Marketing, strategische Verkaufsplanung etc.), Einkaufsfunktionen (Preis-Neuverhandlungen, Vertragsgestaltung etc.), Entwicklungsfunktionen (Produktinnovation, Neukonstruktion etc.), Normierung, Buchhaltung, Controlling-, EDV- sowie Personalfunktionen (Bild 5-2).

Unternehmerisches Denken durch Kundenorientierung und dezentrale Verantwortung

Kundenwünsche sowie der Grad der Kundenzufriedenheit werden direkt über integrierte Vertriebsfunktionen, oder indirekt durch eine Anbindung der Planungsinsel an vorgelagerte Vertriebseinheiten, durchgängig bis in den Fertigungsprozeß hinein erfahrbar bzw. aktiv rückgekoppelt. Innerhalb kleiner, überschaubarer Einheiten wird den Mitarbeitern die Verantwortung für ganzheitliche Prozesse übertragen. Hierbei sollten elementare Grundfunktionen von allen Planungsinselmitgliedern beherrscht werden. Dispositive, den Erfolg der Planungsinsel wesentlich beeinflussende Kernaufgaben sollten gemeinsam durchgeführt werden. Auf diese Weise wird den Planungsinselmitgliedern der Stellenwert jedes Aufgabenbereiches innerhalb der Gesamtaufgabe bewußt, sowie die persönliche Leistung als Beitrag zum Gesamterfolg erfahrbar.

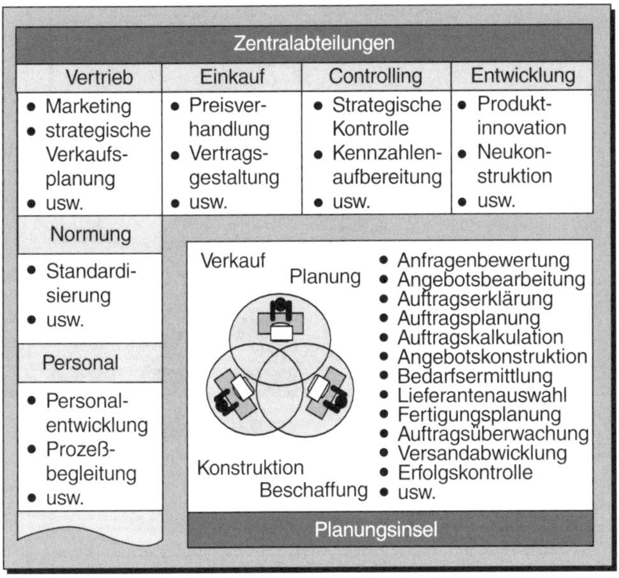

Bild 5-2: Grundsätzliches Aufgabenspektrum von Planungsinseln [5.7]

5.2.3 Gestaltungsvarianten

Unternehmensspezifische Randbedingungen erfordern unterschiedliche Planungsinselformen

Unternehmensspezifische Randbedingungen erfordern unterschiedliche Gestaltungsvarianten für Planungsinseln. In Abhängigkeit von Absatz- und Beschaffungsmarktsituation, sowie der Komplexität des Produktes lassen sich verschiedene Planungsinselformen unterscheiden, wie beispielsweise die Projektierungsinsel, die Auftragsinsel, die Logistikinsel oder die Vertriebsinsel. Sie sind durch unterschiedliche Grade der funktionalen Integration geprägt (Bild 5-3).

Projektierungsinseln

In Projektierungsinseln ist das Know-how des technischen Vertriebes sowie der Entwicklung und Konstruktion integriert. Ausgehend von einer Kundenanfrage wird eine entsprechende Problemlösung projektiert und als Angebot dem Kunden übermittelt. Die Einführung von Projektierungsinseln kann in Unternehmen des Anlagenbaus sinnvoll sein.

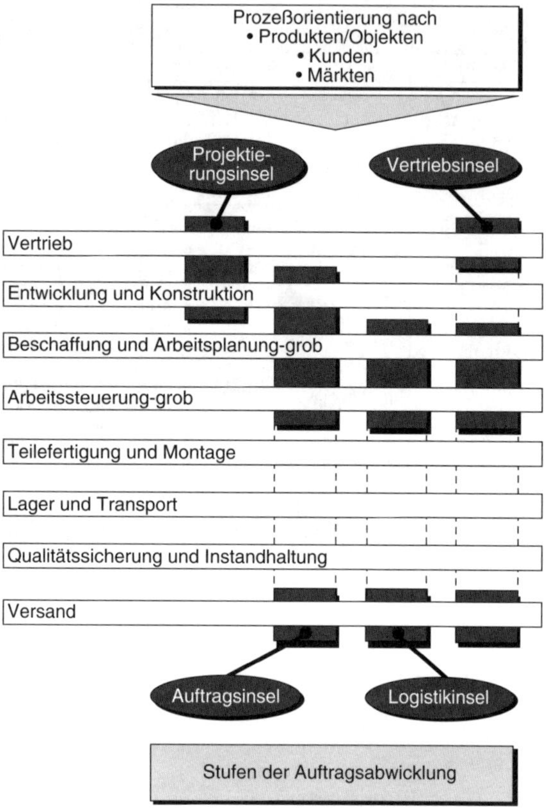

Bild 5-3: Planungsinselvarianten [5.7]

Auftragsinseln

Die Verantwortung für die Auftragsführung bei Auftragseingang kann Auftragsinseln übertragen werden. Sie legen nach Eingang des Kundenauftrages die erforderlichen Arbeitsstunden und Termine fest, übernehmen die Beschaffung und überwachen den Auftragsfortschritt. Auftragsinseln bieten sich für Unternehmen des Anlagen- und Maschinenbaus an, auch in Verbindung mit Projektierungsinseln oder Entwicklungsteams. Je nach Produktkomplexität oder für Produktreihen, die in Kleinstserien mit geringen konstruktiven Änderungen aufgelegt werden, kann auch eine Zusammenfassung der Aufgaben der Projekt- und der Auftragsführung in eine Planungsinsel sinnvoll sein.

Logistikinseln

Für Produkte mit Seriencharakter, keinem oder nur geringem Änderungsaufwand und hohem Fremdfertigungsanteil bietet sich die Einführung von Logistikinseln an. Deren Verantwortung liegt in einer optimalen Abstimmung von Beschaffungs- und Fertigungslogistik.

Vertriebsinseln

Für Produkte ohne Entwicklungs- und Konstruktionsanteil und Forderungen nach hoher Lieferbereitschaft sind Vertriebsinseln einsetzbar, in denen der gesamte Prozeß der Auftragsabwicklung von der Kundenanfrage bis zur Angebotserstellung und vom Auftragseingang bis zum Versand der Produkte integriert ist.

Unternehmensinterne Einflußgrößen

Unabhängig von diesen rein funktionalen Überlegungen sind jedoch gerade auch in Kleinunternehmen Aspekte wie die Unternehmenskultur, Personal- und Qualifikationsengpässe, informelle Machtstrukturen etc. für die letztendlich realisierte Lösung entscheidend.

PRAXISBEITRAG

Unterscheidung in Projektierung und Auftragsbearbeitung bei zunehmendem Engineeringanteil

Bêché & Grohs: Herleitung eines Planungsinselkonzeptes (Anlagenbau)
Auf der Basis eines Strategiepapieres der Geschäftsführung wurden im Verlauf mehrerer fachbereichs- und hierarchieübergreifender Workshops und Arbeitsgruppensitzungen die Kernziele für eine Straffung und Flexibilisierung der Auftragsabwicklungsprozesse abgeleitet. Hierbei wurde dem zunehmenden Anteil von Engineeringleistungen und Komplettsystementwicklungen Rechnung getragen, indem von vorne herein der Gesamtablauf in die Phasen Projektierung (von der Kundenanfrage bis zur Auftragsübergabe) und Auftragsbearbeitung (von der Auftragsübergabe bis zur Inbetriebnahme) untergliedert wurde.
Im Verlauf des Reorganisationsprozesses wurden unter Berücksichtigung der Verbesserungspotentiale verschiedene Alternativen kritisch reflektiert (Bild 5-4).

Kriterien \ Inselkonzepte	Projektierungsinsel	Auftragszentrum	Planungsinsel/ Prozeßverantwortlicher
Prozeßsegmente	Angebotserstellung	Koordination des Auftragspools	Projekt-/Auftrags-abwicklung
Kernkompetenzen	- Technischer Vertrieb - Entwicklung (Konstruktion)	- Auftragsplanung und -steuerung in indirekten und direkten Bereichen - Engineering - Beschaffungsdisposition/ Disposition	- Projektcontrolling/ Projektmanagement - Engineering - Arbeitsvorbereitung/ Einkauf - Produktion
Hauptziele	- durchgängige Angebots-erstellung - Fehlerfolgenvermeidung	- Gesamtprozeßoptimie-rung/Simultanisierung (Durchlaufzeit, Termin-treue, Kosten) - Projektberatung	- Projektfortschritts-optimierung (Durchlauf-zeit, Termintreue, Kosten) - Fehlerfolgenvermeidung
Zeitbezug	permanent - temporär	permanent	temporär
Vorteile/Potentiale	- beschleunigte, simultane Angebotserstellung - Zusammenführung von Vertriebs- und Kon-struktions Know-how - abgeschlossener Prozeß, Schnittstellenreduzierung - institutionalisierte Kommunikation - kompetente Kunden-beratung	- beschleunigte, simultane Auftragskoordination - Einheit von Entschei-dungs- und Verantwor-tungsbereich (Gesamtprozeß) - Keimzelle Engineering/ Planungs Know-how - Teampromotoren - institutionalisierte Kommunikation	- beschleunigte, simultane Projektkoordination - Zusammenführung des Prozeß Know-how - abgeschlossener Prozeß, Schnittstellenreduzierung - Einheit von Entschei-dungs- und Verantwor-tungsbereich - Reduzierung des Ände-rungsaufwandes, frühe Klarheit für Einkauf - institutionalisierte Kommunikation

Bild 5-4: Bêché & Grohs: Systematisierung geeigneter Planungsinselkonzepte

Frühzeitige Einbindung der Geschäftsleitung zur Festlegung wesentlicher Randbedingungen

ICT: Herleitung eines Planungsinselkonzeptes (seriennahe Produkte)

Ausgehend von der Erhebung, Analyse und Bewertung der vorliegenden Istsituation wurden unter Berücksichtigung der Marktanforderungen und der Unternehmensstrategie in einem schrittweisen, iterativen und beteiligungsorientierten Prozeß durch eine fachbereichs- und hierarchieübergreifende Projektgruppe Kernziele und grundsätzliche Gestaltungsmaßnahmen für die Einführung einer Planungsinsel erarbeitet. In Zusammenarbeit zwischen Projektgruppe und Geschäftsführung wurden den Voraussetzungen für die Einrichtung einer funktionierenden Planungsinsel ermittelt, die im weiteren Projektverlauf zu schaffen waren:

Gestaltungsalternativen / Zielsetzungen der Inselbildung	Auftragsinsel	Koordinations-zentrum	Vertriebsinsel	Logistikinsel
	Vertrieb (innen), Konstruktion, Einkauf, Produktionsplanung	Produktions-planung und -steuerung, Final-Test	Vertrieb (innen), Einkauf, Produktionsplanung, Final-Test	Einkauf, Produktions-planung
Informationsknotenpunkt bzgl. Auftragsabwicklung	++	−	++	−
Informationsknotenpunkt bzgl. Kapazitätssituation	+	+	+	+
Einplanung von Anfragen/Prognosen	+	−	+	−
Preisermittlung/Schaffung einer Kalkulationsbasis	+	−	+	+
Anfragebewertung/Angebotserstellung	+	−	+	−
Planung/Abstimmung	+	−	+	+
Beschaffungs-/Produktionslogistik: - Beschaffungsstrategie	++	−	+	+
- Aufbaustrategie	+	−	+	+
- Final-Test	−	+	+	−
- EDV-Einsatzstrategie Logistik	+	−	+	+
Übernahmebereitschaft neuer Produkte	+	−	+	+

Bild 5-5: ICT: Bewertung alternativer Planungsinselkonzepte

- Klare hierarchische Zuordnung der Planungsinsel und des Lagers.
- Autonomie der Planungsinsel bei der Entscheidungsfindung und der eigenverantwortlichen Budgetnutzung (Langläuferproblematik im Beschaffungsprozeß).
- Zielsystem konform zur Strategie der Geschäftsführung.
- Bekenntnis der Geschäftsführung zur Planungsinsel.
- Vereinbarung über Ziele, Aufgaben und Verantwortung der Planungsinsel mit der Geschäftsführung.
- Vereinbarung über die schrittweise Einführung der Planungsinsel.
- Abgestimmte, realisierbare Vorgaben für die Planungsinsel, Transparenz politischer Verkaufsentscheidungen / -preise.
- Nachbesprechung, Controlling der Planungsinsel.
- Durch unternehmerisches Verantwortungsgefühl der Planungsinsel hervorgebrachte Verbesserungsvorschläge zügig prüfen, rückkoppeln, Umsetzung aktiv fördern und einfordern.
- Transparentes Leistungsbewertungs- und Belohnungssystem.

- Definierter Gestaltungsfreiraum (zeitlich, inhaltlich) und -auftrag an eine Beteiligungsgruppe zur Feinplanung der Planungsinsel.

Bewertung unterschiedlicher Varianten anhand Zielerfüllungsgraden

Als grundlegende Gestaltungsanforderungen an die Planungsinsel wurde eine ausreichende Personalkapazität, ein optimierter Personaleinsatz (Know-how-Nutzen) und eine möglichst weitgehende Integration der Kernaufgaben der Auftragsabwicklung angesehen. Anschließend wurden im Projektteam verschiedene Planungsinselalternativen erarbeitet und in Bezug auf Zielerfüllungsgrade bewertet (Bild 5-5).

5.2.4 Einführungsprozeß von Planungsinseln

Erfolgsfaktor mitarbeiterorientierter Einführungsprozeß

Die Einführung von Planungsinseln erfordert eine Vorgehensweise, die durch spezifische Formen des Projektmanagements, der Personal- und der Organisationsentwicklung gekennzeichnet ist. Hierbei kommt im Rahmen eines mitarbeiterorientierten Prozesses der Organisationsentwicklung einer systematischen Personalentwicklung unter Berücksichtigung von Qualitätsmanagementaspekten besondere Bedeutung zu [5.8].

5.2.4.1 Ziele im Einführungsprozeß

Gelebtes Qualitätsmanagement als Voraussetzung für selbständig, qualitäts- und verantwortungsbewußt handelnde Mitarbeiter

Soll langfristig der Sprung hin zu einem lernenden Unternehmen mit selbständig, qualitäts- und verantwortungsbewußt handelnden Miarbeitern vollzogen werden, erfordert dies eine Loslösung von der Philosophie des verordneten Qualitätsmanagements. Bei einem verordneten Qualitätsmanagement besteht die Gefahr, daß qualitätsförderliche Aktivitäten lediglich durch Vorgaben an die operative Ebene ausgelöst werden. Erfolge greifen oft nur kurzfristig, da für die betroffenen Mitarbeiter Zusammenhänge nur wenig transparent sind und eine geringe Identifikation mit den Zielen besteht.

Ziel sollte eine Philosophie des gelebten Qualitätsmanagementes sein, innerhalb der das Managen mit Ergebnissen im Vordergrund steht. Die Ergebnisse sollten sich an den Dimensionen des erweiterten Qualitätsbegriffes (Qualität des Produktes/der Dienstleistung, des Prozesses, der Arbeitsbedingungen und der Außenbeziehungen) orientieren. Dies bedeutet, daß nicht nur Qualitätsdaten auf operativer Ebene erhoben werden, sondern über Beteiligungsmöglichkeiten, sowie Tätigkeits- und Entscheidungsspielräume auch eine kurzfristig und direkt wirkende Datenanalyse und Prozeß- bzw. Qualitätslenkung durch direkt Betroffene ermöglicht wird. Durch eine permanente, schnelle Datenrückkopplung könnten Ursachen-Wirkungs-Beziehungen transparent und somit eine Schärfung des Qualitätsbewußtseins erzielt werden.

Schnelle, benutzergerechte Datenrückkopplungen fördern das Qualitätsbewußtsein

Im Rahmen der Personalentwicklung sollten in diesem Zusammenhang die notwendigen Voraussetzungen zum Verständnis eines erweiterten Qualitätsbegriffes, zur Anwendung von Qualitätstechniken und zum gemeinschaftlichen Umgang mit Qualitätsdaten geschaffen werden. Ferner sind durch Maßnahmen zur Steigerung der Sozialkompetenz ein Grundstein für das Entstehen einer Vertrauenskultur zu legen. Erst auf dieser Grundlage kann das Leistungspotential dezentraler, team- und geschäftsprozeßorientierter Organisationsstrukturen voll ausgeschöpft werden (Bild 5-6).

Leistungspotentiale dezentraler, team- und prozeßorientierter Organisationsstrukturen im Rahmen einer Vertrauenskultur voll ausschöpfen

5.2.4.2 Strategien im Einführungsprozeß

Um dieses Niveau zu erreichen, sollte ein evolutionärer Ansatz berücksichtigen, daß eine erfolgreiche Unternehmensgestaltung von der Wahl einer geeigneten Einführungsstrategie abhängig ist. Dabei sind die strukturelle Ausgangssituation und der Stand des Qualitätsbewußtseins im Unternehmen maßgebliche Einflußgrößen. Auch stellt die Akzeptanz der Mitarbeiter für die neuen Strukturen ein entscheidendes Kriterium dar. Die Wahl einer ungeeigneten Strategie kann sowohl zu einer Über- als auch Unterforderung der Beteiligten führen und den Erfolg der Um- bzw. Neugestaltung gefährden. Mit einer geeigneten Strategie können derartige Akzeptanzprobleme vermieden werden.

Die Einführungsstrategie hat wesentlichen Einfluß auf den Erfolg der Umgestaltung

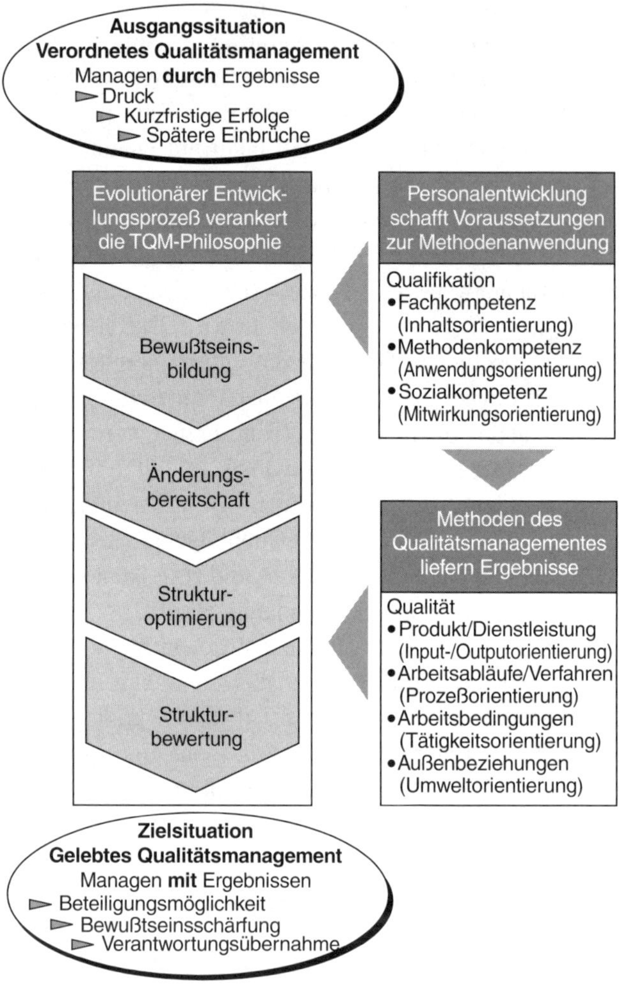

Bild 5-6: Weg zum gelebten Qualitätsmanagement innerhalb innovativer Organisationsstrukturen [5.8]

Gefahr der Entstehung von Akzeptanzlücken bei Fremdorganisation

Grundsätzliche Strategien zur Einführung von Planungsinseln sind Fremdorganisation, geführte Selbstorganisation und reine Selbstorganisation [5.4]. Fremdorganisation beinhaltet die Gefahr, daß durch eine zu starke Abstraktion und Vereinfachung der Lösungsvorschläge nicht wirklich die unternehmensspezifische Problematik erfaßt wird. Eine Rückkopplung und Einbindung des Fach- und Erfahrungswissens der betroffenen Mitarbeiter findet nur unzureichend statt. Durch eine Vernachlässigung der Mitarbeiterbeteiligung werden ferner mangelnde Akzeptanz erreicht und Motivationspotentiale ungenutzt bleiben.

Akzeptanzförderung durch Mitarbeiterbeteiligung

Akzeptanz erwächst, wenn die Vorteile qualitätsförderlicher Aktivitäten für die Mitarbeiter erfahrbar werden. Durch die Einbindung in den Planungs- und Gestaltungsprozeß werden Entscheidungsprozesse nachvollziehbar und beeinflußbar. Die Motivation nimmt zu, die getroffenen Entscheidungen zu tragen. Damit kann ein Wandel vom Reagieren zum Agieren vollzogen werden, worin eine erfolgsbestimmende Voraussetzung für die Einführung und Funktionsfähigkeit qualitätsförderlicher Planungsinseln liegt.

Reine Selbstorganisation schöpft Gestaltungsspielräume nicht voll aus

Vor dem Hintergrund der Besonderheiten und der Tragweite der Einführung fachbereichs- und in kleinen und mittleren Unternehmen oft auch hierarchieübergreifender Planungsinseln ist der Ansatz der reinen Selbstorganisation kritisch zu hinterfragen. Gestaltungsspielräume können aufgrund noch fehlender Qualifikation nicht erkannt und wirksam ausgeschöpft oder aufgrund von „Bestrebungen zur Besitzstandswahrung“ ungenutzt bleiben, so daß keine wirklich innovativen Strukturveränderungen erzielt werden.

Selbstorganisation im Rahmen strategischer, vorgegebener Randbedingungen

Daher empfiehlt sich eine gestufte Vorgehensweise, bei der zunächst innerhalb eines hierarchisch „hoch“ besetzten Projektteams notwendige Rahmenbedingungen bezüglich Abteilungs- und Verantwortungsstrukturen, sowie Macht- und Unterstellungsverhältnissen auf einer Makro-Ebene vorentwickelt werden. Anschließend sollten die von der Planungsinseleinführung direkt betroffenen Mitarbeiter im Zuge der Grob- und Feinplanung der Führungs- und Organisationsstrukturen beteiligt werden (Bild 5-7).

5.2.4.3 Bleibende Veränderungen durch Organisationsentwicklung

Damit die gewünschte Qualitätsphilosophie in den Köpfen aller betrieblichen Akteure auch langfristig verankert wird

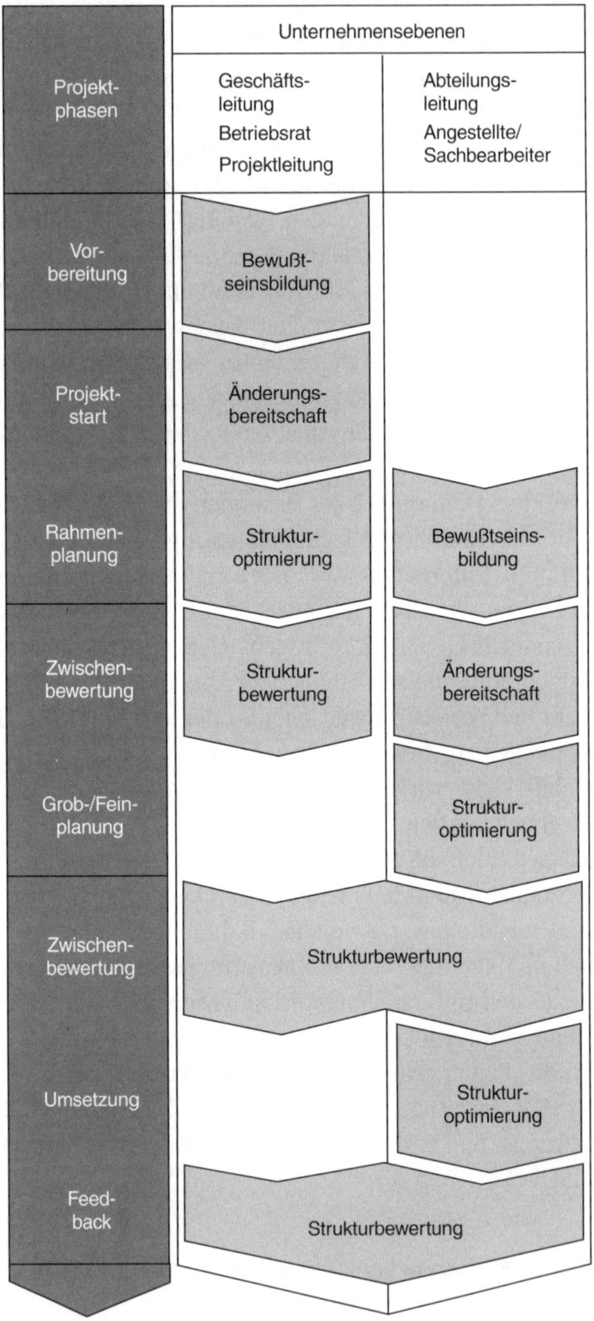

Bild 5-7: Zwei-Ebenen-Modell der Einführung von Planungsinseln [5.7]

und die Vertrauenskultur reifen kann, bedarf es zur Herbeiführung einer bleibenden Veränderung eines systematischen, beteiligungsorientierten und längerfristig angelegten Organisationsentwicklungsprozesses. Wesentlich hierbei ist, daß alle Beteiligten durch eine gezielte Einbindung in einzelne Projektaktivitäten bereits zu Beginn des Projektes eine „Bewußtseinsschärfung" erleben und ein gewisses Maß an „Änderungsbereitschaft" entwickeln.

Bleibende Veränderungen durch beteiligungsorientierten Organisationsentwicklungsprozeß

Anschließend sollten sie sich aktiv an der eigentlichen Strukturoptimierung und der späteren Strukturevolution (kontinuierliche Struktur- und Prozeßverbesserung nach Etablierung der Planungsinsel) beteiligen. Bewußtseinsbildung läßt sich erzielen, indem den Mitarbeitern im Rahmen der Personalentwicklung die Möglichkeit zu einer intensiven Auseinandersetzung mit der unternehmensbezogenen TQM-Philosophie eingeräumt wird, beispielsweise im Rahmen überfachlicher Schulungsmaßnahmen. Durch eine ebenfalls frühzeitige und intensive Einbindung der Mitarbeiter in Analyse- und Bewertungsphasen aller qualitätsrelevanten Aktivitäten gilt es, Betroffenheit als Basis für die Entstehung von Änderungsbereitschaft zu erzeugen. Diese Effekte können beispielsweise im Zuge einer systematischen Rückspiegelung von Qualitätsdaten an die Verursacher herbeigeführt werden. Die anschließende Organisationsgestaltung wird dabei beteiligungsorientiert durch eine enge Verzahnung zwischen struktureller Gestaltung und Einführungsprozeß realisiert. Erst auf dieser Basis kann eine bleibende und gelebte Strukturveränderung und -optimierung erwartet werden. Eine sich an die Strukturoptimierung anschließende Bewertung der Veränderungen (wieder mit Hilfe spezifischer Qualitätstechniken) schließt den Veränderungszyklus ab. Anschließend sollte der Prozeß in eine Evolutionsphase übergeleitet werden, in dem die Phasen des Organisationsentwicklungsprozesses immer wieder unter Anwendung von Qualitätstechniken und gestützt durch Personalentwicklungsmaßnahmen zyklisch durchlaufen werden.

Zyklisches Durchlaufen der Phasen:
1.) Bewußtseinsbildung,
2.) Änderungsbereitschaft,
3.) Strukturoptimierung,
4.) Strukturbewertung

Ziel ist es, einen Lern- und Gestaltungsprozeß der Organisation einzuleiten, der zunächst bestehende Barrieren

Lernprozesse erfordern Zeit

und Widerstände gerade auch im höheren Management überwindet und mit zunehmender Eigendynamik eine geführte Selbstorganisation unterstützt.

Evolutionäre Unternehmensgestaltung durch geführte Selbstorganisation

Systemgestaltung kann somit im Sinne eines gelebten Qualitätsmanagements sowie einer evolutionären Unternehmensgestaltung bewußt und kontinuierlich betrieben werden. Orientiert an den Unternehmenszielen kann ein Mittelweg zwischen „akzeptanzgefährdender" Fremdorganisation und „reiner" Selbstorganisation im Sinne einer geführten Selbstorganisation beschritten werden. Da aufgrund qualifikatorischer oder unternehmenskultureller Spezifika differenzierte Gestaltungskonzepte und Einführungsvorgehensweisen erforderlich sein können, stellt sich die Frage nach geeigneten Systematisierungsansätzen, die Einflußgrößen aufzeigen, Handlungsalternativen anbieten und somit den Prozeß der miteinander eng verzahnten Gestaltung und Einführung von Planungsinseln unterstützen.

5.3 Methodenrahmen zur Gestaltung und Einführung von Planungsinseln in indirekten, produktionsvorgelagerten Bereichen

Methodenrahmen zur Unterstützung des Problemlösungs- und Lernprozesses

Gemäß dieser Ansatzpunkte wird ein systemisch-evolutionärer Ansatz zur integrierten Planung und Einführung von Planungsinseln zugrundegelegt. Da die Strukturplanung und Struktureinführung jeweils Problemlösungs- und Lernprozesse bezüglich komplexer Fragestellungen umfassen, muß eine entsprechende methodische Unterstützung gewährleistet werden. Durch Instrumente, die eine planungsinselspezifische Problemstrukturierung und Modellierung unterstützen, lassen sich abstrakte oder unscharfe Vorstellungen über Lösungsalternativen im Team abbilden und analysieren. Durch Diskussion und inhaltliche Anreicherung sowie Qualifizierungsmaßnahmen kann deren Einsatz vorbereitet werden.

Entsprechend wurde ein Methodenrahmen entwickelt, der anhand verschiedener Analyseinstrumente eine Untersuchung der organisatorischen Situation ermöglicht. Zusätzlich begleitet er anhand von Planungshilfsmitteln sowohl die Auswahl geeigneter Gestaltungsalternativen für Planungsinseln, als auch geeigneter Maßnahmen für den Einführungsprozeß. Die Entwicklung dieses Methodenrahmens basiert auf einem Modell zur integrierten Gestaltung und Einführung von Planungsinseln. Darin wird ein wechselseitiger Zusammenhang zwischen struktureller Gestaltung und Einführungsprozeß zugrundegelegt, der sich durch eine Regelkreisdarstellung veranschaulichen läßt (Bild 5-8).

Zusammenhang zwischen Strukturgestaltung und Einführungsprozeß

Der Einführungsprozeß ist in Abhängigkeit von den angestrebten Veränderungen und der betrieblichen Ausgangssituation zu wählen. Im Einführungsprozeß ergeben sich aufgrund von Störungen oder konkreter Zwischenergebnisse neue Bedingungen, die bezüglich der weiteren Einführungsvorgehensweise kurzfristig berücksichtigt werden sollten. Die letztendlich veränderten Gestaltungsparameter führen zu einem konkreten Lösungskonzept, das in der Regel aufgrund realer Bedingungen und Störeinflüsse von dem geplanten abweicht. Jetzt gilt es

Einflußgrößen, betriebliche Ausgangssituation und Gestaltungsziel

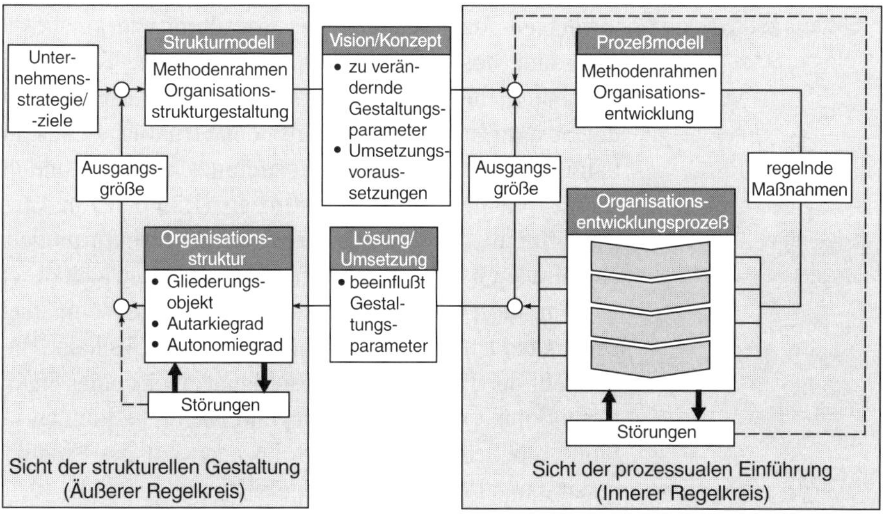

Bild 5-8: Modell zur integrierten Gestaltung und Einführung von Planungsinseln [5.9]

diese Abweichungen zwischen erreichten Veränderungen und Unternehmenszielen zu erfassen und mit Hilfe des Strukturmodells geeignete Maßnahmen zur Konzeptweiterentwicklung abzuleiten. Somit kann der Regelkreis erneut durchlaufen werden.

5.3.1 Strukturmodell für die Gestaltung qualitätsförderlicher Planungsinseln

Auswahl von Gestaltungsoptionen mit Hilfe des Strukturmodells

Einem äußeren Regelkreis vergleichbar, kann der Prozeß der Strukturplanung abgebildet werden. Anhand organisatorischer Merkmale können hier mit Hilfe des Strukturmodells Lösungsvarianten für Planungsinseln modelliert werden (Bild 5-9). Unterschiedliche Merkmalsausprägungen ermöglichen eine Untersuchung der Auswirkungen von Gestaltungsvarianten und -optionen auf die Unternehmensziele. Das Modell bietet entsprechende Wirkungsannahmen an, die jedoch grundsätzlich unternehmensspezifisch im Gestaltungsteam zu überprüfen sind. In Abhängigkeit von der betrieblichen Zielsetzung lassen sich dann Gestaltungsmaßnahmen für Planungsinseln modellgestützt auswählen (Bild 5-10). Deren Umsetzung kann als regelnder Eingriff aufgefaßt werden.

Ausweisung möglicher Gestaltungseffekte innerhalb des Strukturmodells

Das dargestellte Strukturmodell ermöglicht anhand der jeweiligen Ausprägungen der Gestaltungsmerkmale die Erfassung des Ist-Profils einer bestehenden Organisationseinheit, indem die jeweils vorliegenden Ausprägungen der Strukturmerkmale mit Hilfe des Strukturmodells anhand der Beschreibung der Gestaltungsmerkmale und ihrer Ausprägungsformen identifiziert (Bild 5-10) und per Schraffur in das Typologieschema des Strukturmodells eingetragen werden (Bild 5-9). Im Team lassen sich durch die Variation der Merkmalsausprägungen systematisch geeignete Strukturen für Planungsinseln entwickeln (Bild 5-9). Mit der Variation der Ausprägungen einzelner Strukturmerkmale verbundene Vor- und Nachteile können im Sinne möglicher Effekte z. B. bezogen auf die Produktqualität und Prozeßzeiten aufgezeigt werden (Bild 5-10).

Vergleichbarkeit unterschiedlicher Planungsinselvarianten

Somit können Verbesserungspotentiale analysiert und bewertet werden. Letztendlich werden unterschiedliche

Merkmal	Merkmalsausprägung			
Organisatorisches Gliederungsprinzip	funktionsorientiert	funktionsorientiert / objektorientiert	objektorientiert	
Räumliche Struktur	mehrere Gebäude	verschiedene Etagen	gemeinsamer Flur	gemeinsames Büro
Zielsetzung	bereichsbezogene Auslastungsorientierung	kundenbezogene Prozeßorientierung		
Prüfautonomie	fremdgeprüft	zentral selbstprüfend	dezentral selbstprüfend	
Steuerungsautonomie	Fremdsteuerung	Selbststeuerung		
Organisationsautonomie	fremdorganisiert	zentral selbstorganisiert	dezentral selbstorganisiert	
Selbständigkeit (indirekte Fachaufgaben)	Separation indirekter Fachaufgaben	teilweise Integration	weitgehende Integration	
Form der Entscheidungsfindung	zentrale Einzelentscheidung	dezentrale Einzelentscheidung	dezentrale Gruppenentscheidung	
Verantwortungsverteilung	Stellenverantwortung	Stellen-/Gruppenverantwortung	Gruppenverantwortung	
Qualifikationsstruktur	weitgehend Spezialisten	Spezialisten / Generalisten	weitgehend Generalisten	
Formalisierung	weitgehend formell	formell / informell	weitgehend informell	
Fristigkeit	spontan befristet	geplant befristet	institutionalisiert unbefristet	

Bild 5-9: Typologieschema qualitätsförderlicher Planungsinseln [5.9]

Integrationsumfänge von Planungsinselvarianten überprüf- und vergleichbar. Darüber hinaus werden erforderliche Voraussetzungen für eine angestrebte Lösung angeführt, sowie mögliche Hemmnisse aufgezeigt. Notwendige Voraussetzungen sind beispielsweise in der Schaffung von Methoden-, Fach- oder Sozialkompetenz, in der Bereitstellung organisatorischer Hilfsmittel oder auch in Investitionen in die betriebliche Infrastruktur (Räumlichkeiten, EDV etc.) zu sehen.

Frühzeitige Unterstützung bei der Konzeptfindung

Mit diesem anwendungsbezogenen Hilfsmittel soll der Organisationsplaner somit bei der Konzeptfindung im

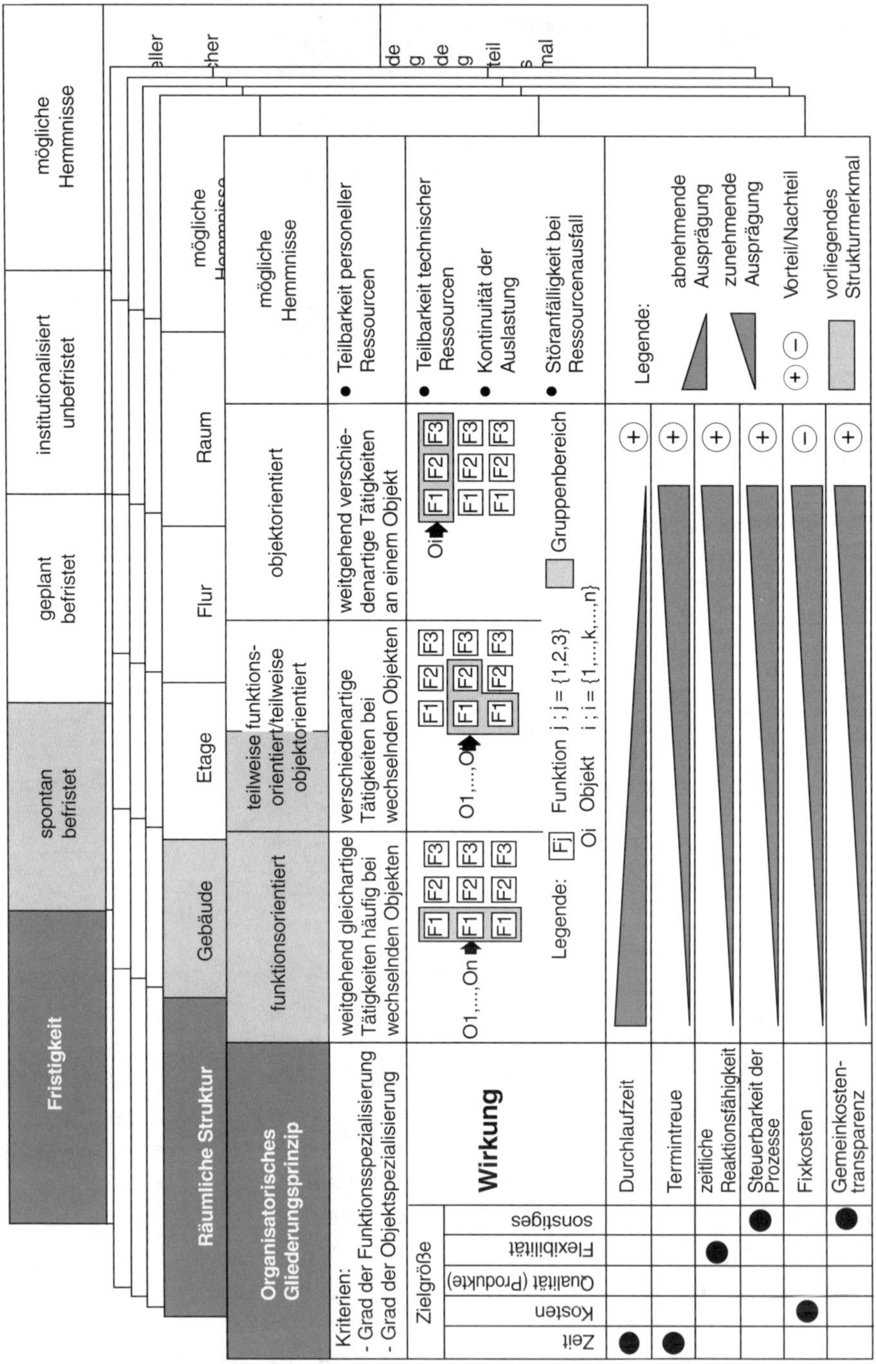

Bild 5-10: Gestaltungsmerkmale qualitätsförderlicher Planungsinseln

Sinne einer Reengineering-Vorgehensweise unterstützt werden. Generell gilt es, zunächst die in der bestehenden Ist-Organisationsstruktur wirksamen Mechanismen im Rahmen einer Schwachstellenanalyse mit Hilfe von ziel- und meßgrößenrelevanten Methoden zu bestimmen. Sind die Mechanismen erkannt, können mit Hilfe des Strukturmodells mögliche erfolgsrelevante Strukturgestaltungsoptionen (Merkmale) hergeleitet werden. Durch die Veränderung eines Strukturmerkmals können aber auch weitere, zunächst nicht vordringlich erwünschte Effekte ausgelöst werden. Daher gilt es durch einen iterativen Abgleich die Wechselwirkungen zwischen den einzelnen Strukturmerkmalen mit Hilfe des Modells zu überprüfen und abzusichern. Somit kann sichergestellt werden, daß die ursprünglich erwünschte Wirkung nicht um den Preis unerwünschter Nebenwirkungen erkauft oder durch die Veränderung andere Strukturmerkmale neutralisiert wird (Bild 5-11).

Frühzeitige Abschätzung des Aufwand-/Nutzenverhältnisses möglich

Sind die Wirkmechanismen bereits ausreichend bekannt, können auch ohne eine vertiefende Analyse der Ausgangssituation relevante Gestaltungsoptionen bestimmt werden. Auf diese Weise kann im Vorfeld einer Planungsinseleinführung eine Gestaltungslösung erarbeitet werden, die orientiert an den Unternehmenszielen den

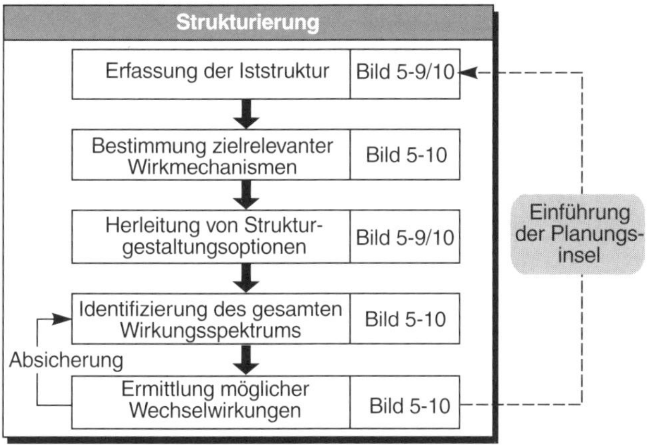

Bild 5-11: Nutzungsmodus für das Strukturmodell

größtmöglichen Nutzen bei geringen Nebenwirkungen bereitstellt.

PRAXISBEITRAG

Fehlende Segmentierungsmöglichkeiten erfordern ein organisatorisches Netzwerk von Planungsinseln

Bêché & Grohs: Gestaltung eines Netzwerkes aus Planungsinseln mit Hilfe des Strukturmodells
Fehlende Segmentierungsmöglichkeiten (dünne Personaldecke, stark schwankende Auslastung bei einzelnen Typen etc.) verhindern eine kundenorientierte Integration des gesamten Prozesses der Auftragsabwicklung in eine organisatorische Einheit. Daher wird als Gestaltungskonzept ein organisatorisches Netzwerk von Planungsinseln gewählt. Als begleitende Kooperationsinstrumente zur Sicherung der verbleibenden Nahtstellen und Abstimmungsbedarfe dienen ereignisgesteuerte Meetings, zyklische Besprechungen und Übergabegespräche. Die ereignisgesteuerten Meetings sichern ebenso wie die zyklischen Besprechungen die übergreifende Kooperation. Die Übergabegespräche festigen die internen Kunden-Lieferantenbeziehungen. Bezugsbasis sind formale Servicegradvereinbarungen, die turnusmäßig aktualisiert werden (Bild 5-12).

Angebots- und Auftragsklarheit als Aufgabe der Projektierungsinsel

Die Angebots- und Auftragsklarheit wird durch die Nahtstelle zwischen Verkauf und Technischem Büro (TB) maß-

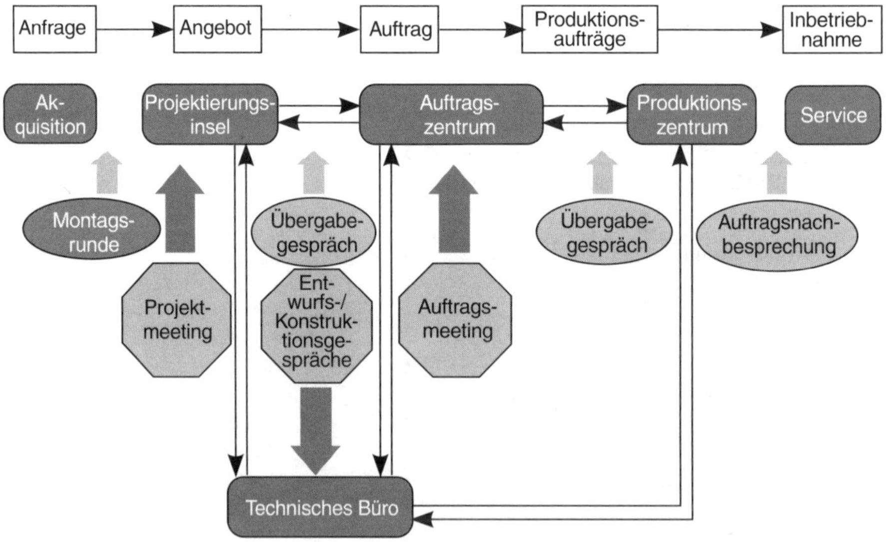

Bild 5-12: Bêché & Grohs: Netzwerk aus Planungsinseln [5.10]

geblich bestimmt. Die räumliche Situation läßt gegenwärtig kein näheres Zusammenrücken der beiden Abteilungen zu. Trotzdem konnte eine geeignete Lösung gefunden werden. Zunächst wurde an der Nahtstelle pilothaft eine Servicegradvereinbarung mit dem Ziel einer Optimierung der Qualität interner Kunden-Lieferanten-Beziehungen durchgeführt: Mittels einer gemeinsamen Problemlösegruppe wurde eine Checkliste erarbeitet, welche die für eine störungsfreie Projektierung erforderlichen Informationsbedarfe enthält. Gemeinsam wurde vereinbart, zukünftig die Qualität der Informationsbereitstellung zu beobachten und gegebenenfalls durch einen Qualitätszirkel nachzubessern. Ergänzt wurde diese Lösung durch eine Projektierungsinsel. Die Aufgabe der Projektierungsinsel -sie besteht aus Mitarbeitern des technischen Vertriebes- liegt in der Angebotserstellung inkl. zugehöriger Angebotskonstruktion. Nach der Auftragsklärung übergibt sie den Auftrag an das Auftragszentrum und das Technische Büro (TB). Die räumliche Integration der Sachbearbeiter des technischen Vertriebs und des Leiters TB innerhalb der Projektierungsinsel unterstützt eine zusammenhängende Datenübergabe in das TB.

Optimierte Abstimmung von Produktions- und Beschaffungslogistik durch das Auftragszentrum

Die übergeordnete Projektplanung und Koordination ist Aufgabe des Auftragszentrums. Bei hohem Fremdfertigungsanteil und niedrigen Beständen können die Montage- und Liefertermine durch Störungen bei Zulieferungen gefährdet werden. Dies erfordert höchste Reaktionsfähigkeit und Kooperation im Beschaffungsprozeß. Wichtig ist eine wechselseitige „on-line" Rückkopplung zwischen Einkauf, Materialdisposition und Auftragsplanung, damit Störungen möglichst im vorhinein abgefangen und Entscheidungen kurzfristig und dezentral gefällt werden können. Hieraus resultiert als weitere Aufgabe des Auftragszentrums die Optimierung zwischen Produktions- und Beschaffungslogistik (Bild 5-13).

Gemeinsame Verantwortung für logistische Zielgrößen

Hieraus leitete sich auch die Forderung nach einer dauerhaften und räumlichen Integration der Leiter der Abteilungen Arbeitsvorbereitung und Einkauf sowie je eines Sachbearbeiters ab. Das Auftragszentrum übernimmt die gemeinsame Verantwortung insbesondere für die logistischen Zielgrößen Einkaufspreis, Lagerbestand/ Kapitalbindung, Wiederbeschaffungszeit, Liefertreue und Lieferqualität.

Verbesserte produktionsbezogene Kooperation

Die Übertragung dieses Ansatzes auf den Fertigungsbereich führte zum Produktionszentrum. Der Zweck dieser Insel liegt in der Optimierung der Kooperation zwischen

Merkmal	Merkmalsausprägung ☐ vorher ☐ nachher			
Organisatorisches Gliederungsprinzip	funktionsorientiert	funktionsorientiert / objektorientiert	objektorientiert	
Räumliche Struktur	mehrere Gebäude	verschiedene Etagen	gemeinsamer Flur	gemeinsames Büro
Zielsetzung	bereichsbezogene Auslastungsorientierung	kundenbezogene Prozeßorientierung		
Prüfautonomie	fremdgeprüft	zentral selbstprüfend	dezentral selbstprüfend	
Steuerungsautonomie	Fremdsteuerung	Selbststeuerung		
Organisationsautonomie	fremdorganisiert	zentral selbstorganisiert	dezentral selbstorganisiert	
Selbständigkeit (indirekte Fachaufgaben)	Separation indirekter Fachaufgaben	teilweise Integration	weitgehende Integration	
Form der Entscheidungsfindung	zentrale Einzelentscheidung	dezentrale Einzelentscheidung	dezentrale Gruppenentscheidung	
Verantwortungsverteilung	Stellenverantwortung	Stellen-/ Gruppenverantwortung	Gruppenverantwortung	
Qualifikationsstruktur	weitgehend Spezialisten	Spezialisten / Generalisten	weitgehend Generalisten	
Formalisierung	weitgehend formell	formell / informell	weitgehend informell	
Fristigkeit	spontan befristet	geplant befristet	institutionalisiert unbefristet	

Bild 5-13: Bêché & Grohs: Strukturelle Veränderungen am Beispiel des Auftragszentrums

Fertigungssteuerung, Fertigung und Montage durch räumliche Zusammenlegung der drei verantwortlichen Mitarbeiter. Es besteht direkte räumliche Nähe zum Auftragszentrum und zu den Hallenbereichen.

Erfolgsfaktor räumliche Nähe

Insgesamt konnten durch den Umzug der Auftrags- und Produktionszentren in neu eingerichtete Räumlichkeiten in direkter Nähe zur Fertigung und zur Projektierungsinsel sowie zum Technischen Büro die Möglichkeiten zur spontanen und direkten Kommunikation und Kooperation zwischen unterschiedlichen Bereichen stark verbessert werden (Bild 5-14)

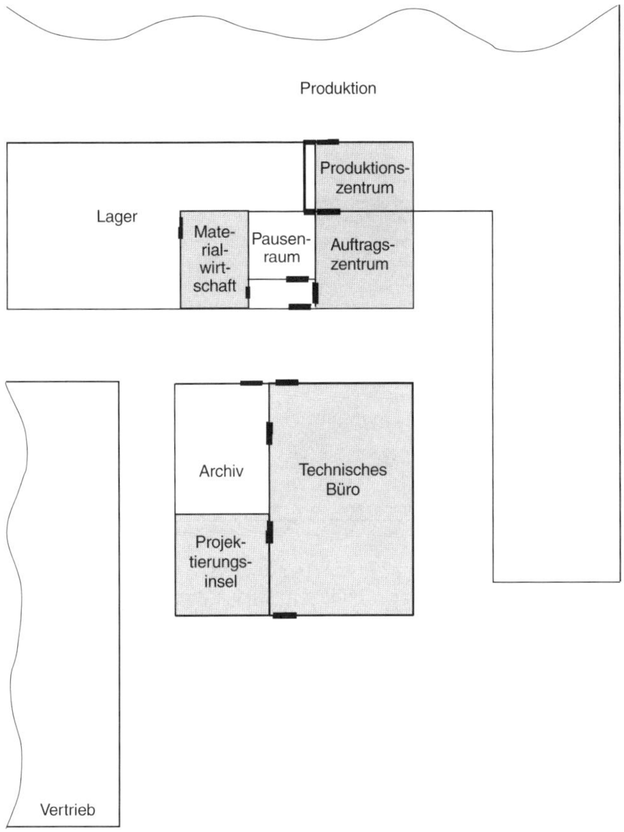

Bild 5-14: Bêché & Grohs: Räumliche Anordnung der Planungsinseln

ICT: Vertriebsinsel für Serienprodukte

Nach einer Präsentation und Diskussion der Ergebnisse der Konzeptfindung zwischen Geschäftsführung und Projektteam wurde eine grundsätzliche Einverständniserklärung über Eckpfeiler der Vertriebsinseleinführung und ihrer personellen Zusammensetzung erzielt.

Einbindung der Geschäftsführung im Rahmen von Zwischenbewertungen

Der Prozeß der Auftragsabwicklung für Produkte mit Seriencharakter wird in einer Vertriebsinsel zusammengefaßt. Durch eine Integration der Aufgaben der Angebotserstellung, der Auftragsbearbeitung, der Beschaffung, des Wareneingangs, der Erstellung der Fertigungsaufträge bis hin zum Final-Test und Versand wird eine durch-

Größtmögliche Kundenorientierung durch vollständige Aufgabenintegration

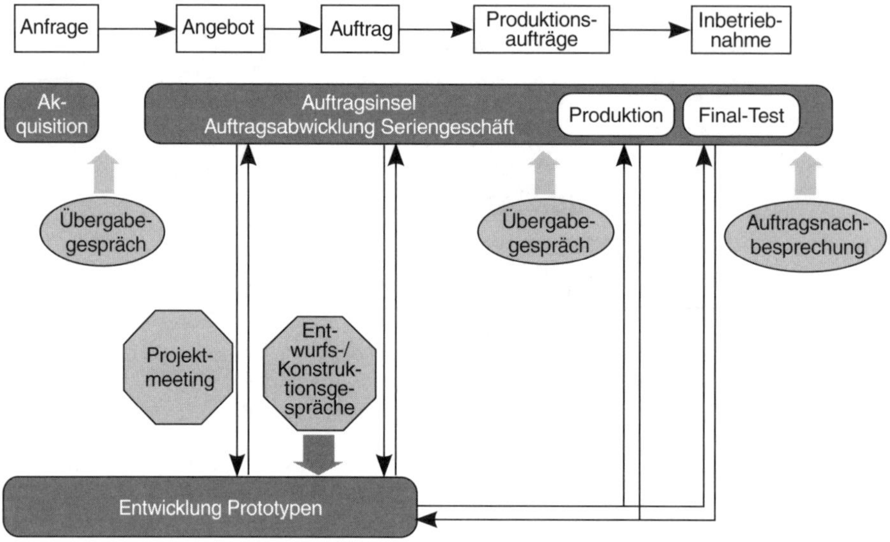

Bild 5-15: ICT: Vertriebsinsel für die Abwicklung von seriennahen Produkten

gängige Kundenorientierung erreicht. Einzelnen Planungsinselmitgliedern sind Teams im Wareneingang, der mechanischen und elektronischen Montage und Service fachlich unterstellt. Als begleitende Kooperationsinstrumente innerhalb der Auftragsabwicklung werden ereignisgesteuerte Übergabegespräche und Nachbesprechungen eingesetzt.

Quasi on-line Rückkopplung in die Produktentwicklung

Erfahrungswissen aus dem Seriengeschäft bezüglich Produktverbesserungen fließt aus dem laufenden Prozeß in den Entwicklungsbereich zurück. Im Prozeß der Prototypenentwicklung werden Projektmeetings und Entwicklungs- bzw. Konstruktionsgespräche durchgeführt (Bild 5-15).

Einheitlicher Status innerhalb der Vertriebsinsel

In der Vertriebsinsel sind je ein Mitarbeiter aus dem Vertrieb (Innendienst), dem Einkauf (ehemaliger Abteilungsleiter), dem Lager (Lagerleiter), dem Final Test (ehemaliger Abteilungsleiter) und zwei Meister (Elektronik, Mechanik) aus der Fertigung als gleichberechtigte Partner in einer räumlichen und organisatorischen Einheit dauerhaft zusammengefaßt.

Hiermit wird das Ziel verfolgt, durch eine gruppenarbeitsorientierte, verbesserte Zusammenarbeit den Beschaffungs- und Produktionsprozeß zu einem Gesamtoptimum zu führen und dadurch die Liefertreue und die Qualität der Produkte weiter zu verbessern und die Herstellkosten zu senken. Aufgaben der Vertriebsinsel sind die Anfragen- und Angebotsbearbeitung sowie die Auftragsplanung auf der Basis der eingegangenen Bestellungen sowie des Absatzplanes. Weiterhin werden im Rahmen einer selbstverantwortlichen Budgetnutzung erforderliche Beschaffungsvorgänge geplant, durchgeführt und überwacht, sowie laufend mit der aktuellen Termin- und Kapazitätssituation in der Montage und dem Final-Test abgeglichen. Neben der Überwachung von Waren-

Gesamtoptimum im Beschaffungs- und Produktionsprozeß durch selbstverantwortliche Budgetnutzung

Merkmal	Merkmalsausprägung (vorher / nachher)			
Organisatorisches Gliederungsprinzip	funktionsorientiert	funktionsorientiert / objektorientiert	objektorientiert	
Räumliche Struktur	mehrere Gebäude	verschiedene Etagen	gemeinsamer Flur	gemeinsames Büro
Zielsetzung	bereichsbezogene Auslastungsorientierung	kundenbezogene Prozeßorientierung		
Prüfautonomie	fremdgeprüft	zentral selbstprüfend	dezentral selbstprüfend	
Steuerungsautonomie	Fremdsteuerung	Selbststeuerung		
Organisationsautonomie	fremdorganisiert	zentral selbstorganisiert	dezentral selbstorganisiert	
Selbständigkeit (indirekte Fachaufgaben)	Separation indirekter Fachaufgaben	teilweise Integration	weitgehende Integration	
Form der Entscheidungsfindung	zentrale Einzelentscheidung	dezentrale Einzelentscheidung	dezentrale Gruppenentscheidung	
Verantwortungsverteilung	Stellenverantwortung	Stellen-/Gruppenverantwortung	Gruppenverantwortung	
Qualifikationsstruktur	weitgehend Spezialisten	Spezialisten / Generalisten	weitgehend Generalisten	
Formalisierung	weitgehend formell	formell / informell	weitgehend informell	
Fristigkeit	spontan befristet	geplant befristet	institutionalisiert unbefristet	

Bild 5-16: ICT: Strukturelle Veränderungen nach Einführung der Vertriebsinsel

Aufgaben: x = zuständig • = vertretungsweise/bei Bedarf	Auftragsinsel						Geschäftsleitung			
	Elektronik-Produktion	Mechanische Produktion	Einkauf	Vertrieb	Lager	Final-Test	technisch (Inselleitung)	kaufmännisch	Finanzbuchhaltung	Entwicklung/Konstruktion
Anfrageerfassung	X	X	•	X		•				
Anfragebewertung	X	X	X	X		X	•			X
Lieferterminbestimmung	X	X	X	X		X	•			
Angebotserstellung/-versendung			•	X			X	X	X	
Auftragserfassung im PPS (CF)			•	X			•			
Absatzplan erstellen/anpassen (FP)	X	X	X	X	X	X	X		X	
Auftragserfassung/-pflege im PPS (FP)	X	X								
Auftragsrunde	X	X	X	X	X	X	X			
MRP anstoßen/durchführen/überprüfen	X	X	X		•					
Anfrageerstellung			X							
Angebotsbewertung/Lieferantenwahl	X	X	X			•				
Bestellmenge ermitteln/überprüfen	•	•	X		•					
Bestellung schreiben/versenden	•	•	X		•					
Auftragsbestätg. fordern/Termin aktual.	•	•	X							
Lieferterminüberwachung (Bestellung)	•	•	X		•					
Warenannahme	X	X	X		X	X				
Bestellung und Lieferschein vergleichen			•		X					
Wareneingangsprüfung (Menge)	•	•	•		X					
Wareneingangsprüfung (Qualität)	X	X			X	•				
Reparaturauftrag beurteilen/abstimmen	X	X			X	X				X
Reparat.auftrag/Reklamation abwickeln			X		X					
Einlagerung	•	•			X					
Weiterbearbeitung anstoßen	•	X	X		X					
Wareneingang buchen (PPS)	•	•	•		X					
Rechnungsabwicklg. (prüfen/kontieren)			X							
Zahlung anweisen								•	X	
Fertigungsauftr. zum Termin freigeben	X	X	•		•					
Materialbereitstellung	•	•			X					
Materialschein abbuchen im PPS	•	•	•		X					
Fehlteile/Minusbestände verfolgen	•	•	X		X					
Fehlteile den Fertigungsauftr. zuführen	•	•			X					
Material an Produktion ausgeben	•	•			X					
Baugruppen fertigen und prüfen	X	X								
Fertigungstermine überwachen	X	X								
Fertigungsaufträge abschließen	X	X	•		•					
Baugruppen einlagern	•	•			X					
Systemmontage	X	X								
Vortest	X	X				•				
Finaltest						X				
Testprotokoll erstellen						X				
Info-Weitergabe/Abstimmung Lieferung	X	X	X	X	X	X	X			
System zubuchen im PPS	X	X	•		•					
Lieferschein schreiben (abbuchen PPS)	•	•	•	X						
Vorbereitung der Versandpapiere			X	X						
Zollabwicklung			•		X					
Packliste erstellen			•	X		X				
Verpacken	•	•			X	X				
Abholung durch Spediteur veranlassen			•	X						
Flugdaten an Kunden mitteilen			•	X						
Rechnung versenden								•	X	
Aufbau vor Ort/Installation						X				•
Kundenschulung						X				•
Auftragsabwicklung analysieren	X	X	X	X	X	X	•			
Nachkalkulation der Aufträge	X	X	•							
Nachbespr. Kalkulation/Verbesserung	X	X	X	X	X	X	X			
Lagerorganisation					X					
Controlling	X	X	X	X	X	X	X	X	•	

Bild 5-17: ICT: Verantwortungsmatrix

eingangs- und -ausgangsvorgängen, der Montageauftragsauslösung und der Versandabwicklung, gehört die abschließende Nachkalkulation und Nachbesprechung der Aufträge, verbunden mit der Ableitung von Verbesserungspotentialen, zum Verantwortungsbereich der Vertriebsinsel (Bild 5-16).

Darüberhinaus wurde eine Phase der Feinplanung zur Klärung noch offener Randbedingungen vereinbart. Hierzu wurde eine Beteiligungsgruppe gebildet, die aus den Mitarbeitern bestand, die später nach dem offiziellen Startschuß in der Vertriebsinsel arbeiten sollten.

Detailplanungen durch die Inselmitglieder selbst

In der Beteiligungsgruppe wurde abschließend eine Verantwortungsmatrix (Bild 5-17), sowie ein Layoutentwurf (Bild 5-18) erarbeitet und gemeinsam mit Vorschlägen zur Umsetzung noch offener Rahmenbedingungen wiederum mit der Geschäftsführung erörtert und die Ergebnisse in einer schriftlichen Vereinbarung festgehalten.

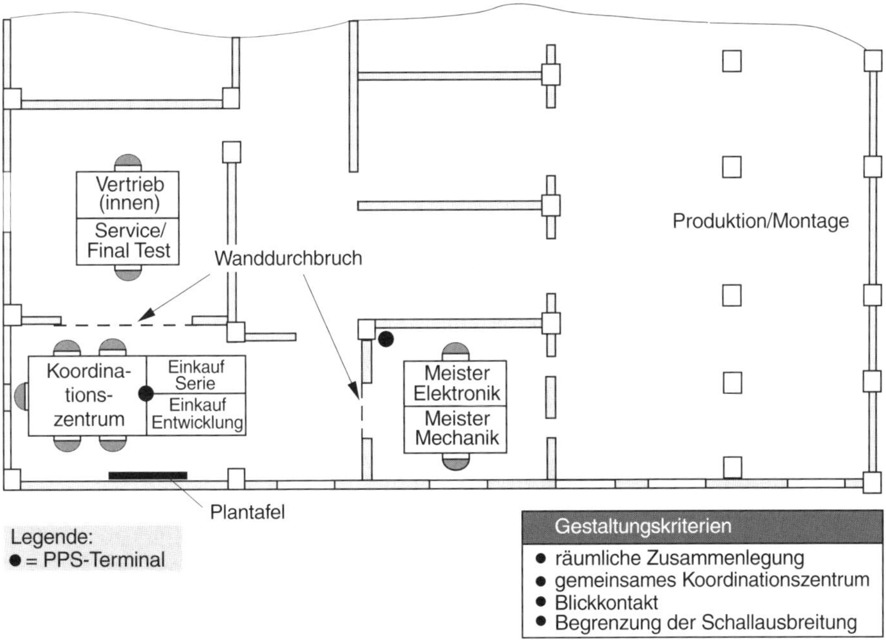

Bild 5-18: ICT: Layout zur Vertriebsinsel

5.3.2 Prozeßmodell für die Einführung qualitätsförderlicher Planungsinseln

Unterstützung bei der Gestaltung eines stabilen und erfolgreichen Einführungsprozesses durch das Prozeßmodell

Die bei der Ableitung eines Planungsinselkonzeptes mit Hilfe des Strukturmodells gewonnenen Ergebnisse bilden Eingangsgrößen für den Prozeß der Struktureinführung, der mit einem inneren Regelkreis vergleichbar ist. Dabei findet die Umsetzung der Modellvorstellung in eine reale Planungsinsel statt. Zunächst ist eine geeignete Vorgehensweise zu wählen, die in Abhängigkeit von fallspezifisch zu definierenden Projektphasen durch die vernetzte Anwendung unterschiedlicher Arbeitsformen, Analyse-, Gestaltungs- und Interventionsinstrumenten geprägt ist. Störungen oder Veränderungen einführungsprozeßrelevanter Rahmenbedingungen sind durch phasenspezifische Maßnahmen des prozeßlenkenden Teams zu beeinflussen. Die Maßnahmen zielen auf einen stabilen Einführungsprozeß, der sich insbesondere durch eine hohe Motivation und breite Akzeptanz der Mitarbeiter sowie eine effektive und effiziente Projektabwicklung auszeichnet.

Bereitstellung eines Spektrums geeigneter Gestaltungsoptionen und Reaktionsmaßnahmen

Zentraler Baustein des inneren Regelkreises, der kurzfristig bzw. schnell - während des Einführungsprozesses - wirksam wird, ist ein Prozeßmodell. Das Prozeßmodell umfaßt ein Spektrum geeigneter Gestaltungsoptionen und Reaktionsmaßnahmen für den Struktureinführungsprozeß und stellt damit ebenfalls ein anwendungsbezogenes Hilfsmittel dar. Auf dieser Grundlage können alternative Maßnahmen zur Gestaltung des Einführungsprozesses ausgewählt werden (Bild 5-19):

- Projektorganisation (-status, -lenkung etc.)
- Organisationsentwicklung (Bewußtseinsbildung, Schaffung von Änderungsbereitschaft, Strukturoptimierung)
- Personalentwicklung (Fach-, Methoden, Sozialkompetenz)
- Prozeßbegleitung
- Projektevaluation
- schrittweise Mitarbeiterbeteiligung

Wie im Strukturmodell werden innerhalb des Prozeßmodells einzelnen Merkmalen des Einführungsprozesses von

<table>
<tr><th>Merkmal</th><th colspan="12">Merkmalsausprägung</th></tr>
<tr><td>Projekt-status</td><td colspan="4">Einbindung Geschäftsleitung über Projektberichte</td><td colspan="4">über Projektberichte/ sporadische Teilnahme</td><td colspan="4">über regelmäßige Teilnahme</td></tr>
<tr><td>Projekt-lenkung</td><td colspan="3">nicht institutionalisiert/ top down bereichsintern</td><td colspan="3">institutionalisiert/ top down bereichsintern</td><td colspan="3">institutionalisiert/top down bereichsübergreifend</td><td colspan="3">institutionalis./hierarchie-, bereichsübergreifend</td></tr>
<tr><td>Projekt-strategie</td><td colspan="4">reine Fremdorganisation</td><td colspan="4">geführte Selbstorganisation</td><td colspan="4">reine Selbstorganisation</td></tr>
<tr><td>Informations-politik</td><td colspan="4">nicht institutionalisiert / zufällig, geschlossen</td><td colspan="4">geplant / sporadisch, selektiv</td><td colspan="4">insitutionalisiert / regelmäßig, offen</td></tr>
<tr><td>Bewußt-seinsbildung</td><td colspan="3">keine Vision und Bewußtseinsbildung</td><td colspan="3">abstrakte Vision/ allgemeine Proklamation</td><td colspan="3">klare Vision/ selektive Diskussion</td><td colspan="3">klare Vision/ breite Kampagne</td></tr>
<tr><td>Änderungs-bereitschaft</td><td colspan="3">Istanalyse top down/ Strategiebildung top down</td><td colspan="3">top down bereichsüber-greifend/topdown</td><td colspan="3">hierarchie-, bereichsüber-greifend/top-down</td><td colspan="3">komplett hierarchie-, bereichsübergreifend</td></tr>
<tr><td>Rahmen-planung</td><td colspan="3">Makroplanung top down/ Anpassung top down</td><td colspan="3">top down bereichsüber-greifend/top down</td><td colspan="3">top down bereichs-/ hierarchieübergreifend</td><td colspan="3">komplett hierarchie-, bereichsübergreifend</td></tr>
<tr><td>Struktur-planung</td><td colspan="3">Grobplanung top down/ Feinplanung top down</td><td colspan="3">top down bereichsüber-greifend/top down</td><td colspan="3">top-down, bereichs-/ hierarchieübergreifend</td><td colspan="3">komplett hierarchie-, bereichsübergreifend</td></tr>
<tr><td>Installation</td><td colspan="4">schlagartig/ kein Testbetrieb</td><td colspan="4">schrittweise/ kein Testbetrieb</td><td colspan="4">schrittweise/ Testbetrieb</td></tr>
<tr><td>Projekt-evaluation</td><td colspan="3">Bewertung top down/ Konsequenzen top down</td><td colspan="3">top down bereichsüber-greifend/top down</td><td colspan="3">hierarchie-, bereichs-/ top-down</td><td colspan="3">komplett hierarchie-, bereichsübergreifend</td></tr>
<tr><td>Prozeß-absicherung</td><td colspan="4">keine Prozeßbegleitung</td><td colspan="4">Prozeßbegleitung extern</td><td colspan="4">Prozeßbegleitung extern und intern</td></tr>
<tr><td>Verhalten Führung</td><td colspan="4">keine Trainings/ keine Führungszirkel</td><td colspan="4">Trainings oder Führungszirkel</td><td colspan="4">Trainings und Führungszirkel</td></tr>
<tr><td>Verhalten Mitarbeiter</td><td colspan="4">keine Teamtrainings/ keine Teambesprechungen</td><td colspan="4">Teamtrainings oder Teambesprechungen</td><td colspan="4">Teamtrainings und Teambesprechungen</td></tr>
<tr><td>Methoden-kompetenz</td><td colspan="4">kein Training</td><td colspan="4">Management-, Projekt-gruppenleiterebene</td><td colspan="4">Management-, Projekt-gruppen-, Teamebene</td></tr>
<tr><td>Fach-kompetenz</td><td colspan="3">nicht gezielt/zufällig</td><td colspan="3">off the job, klassisch</td><td colspan="3">off the job, klassisch/ lernen im Team</td><td colspan="3">off the job, teamorientiert/ lernen im Team</td></tr>
</table>

Bild 5-19: Typologieschema für ein Prozeßmodell zur Einführung qualitätsförderlicher Planungsinseln [5.11]

Rahmenkonzept Prozeßgestaltung (Strukturmerkmal – Element – Einflußgröße)

Räumliche Struktur	Selbständigkeit	Qualifikationsstruktur	Verantwortungsverteilung	Element	Information/ Mitsprache	Verhältnis zwischen Kollegen	Verhalten des Vorgesetzten	Rückmeldung von Personen	Konsequente Umsetzung	Offenheit gegenüber Neuerungen
	●	◍	●	Projektstatus			○		●	
	●	◍	◍	Projektlenkung	◍			●	●	
	◍	◍	◍	Projektstrategie	◍					◍
	◍	○	◍	Informationspolitik	●			●		◍
●	◍	◍	●	Bewußtseinsbildung	○	○	○	○	◍	●
●	◍		●	Änderungsbereitschaft		○	○	○	○	●
●	●	◍	◍	Rahmenplanung	○	○	○	○	●	○
●	○	○	●	Strukturplanung	●	○	○	○		○
	○		●	Installation	○					◍
			◍	Projektevaluation	●	○	○	○		○
		◍	●	Prozeßabsicherung	○	◍	◍		●	○
●			●	Sozialkompetenz	●	●	●	○	○	○
			●	Methodenkompetenz	○	○	○		●	
	●	●		Fachkompetenz				●		

● starker Einfluß ◍ mittelerer Einfluß ○ schwacher Einfluß

Bild 5-20: Bedeutung einzelner Elemente des Einführungsprozesses qualitätsförderlicher Planungsinseln [5.11]

Planungsinseln Merkmalsausprägungen innerhalb eines Typologieschemas zugeordnet.

Mitarbeiterbeteiligung als Basis des Prozeßmodells

Die Merkmalsausprägungen geben jeweils unterschiedliche Grade der Mitarbeiterbeteiligung im Gestaltungsprozeß an. Der Grad nimmt innerhalb des Schemas bezogen auf jedes Merkmal von links nach rechts zu. Somit wird den betrieblichen Projektverantwortlichen nicht nur ein Spektrum erforderlicher Einführungsprozeß-Bausteine, sondern jeweils auch eine Bandbreite von Möglichkeiten zur projektphasenspezifischen Mitarbeiterbeteiligung aufgezeigt.

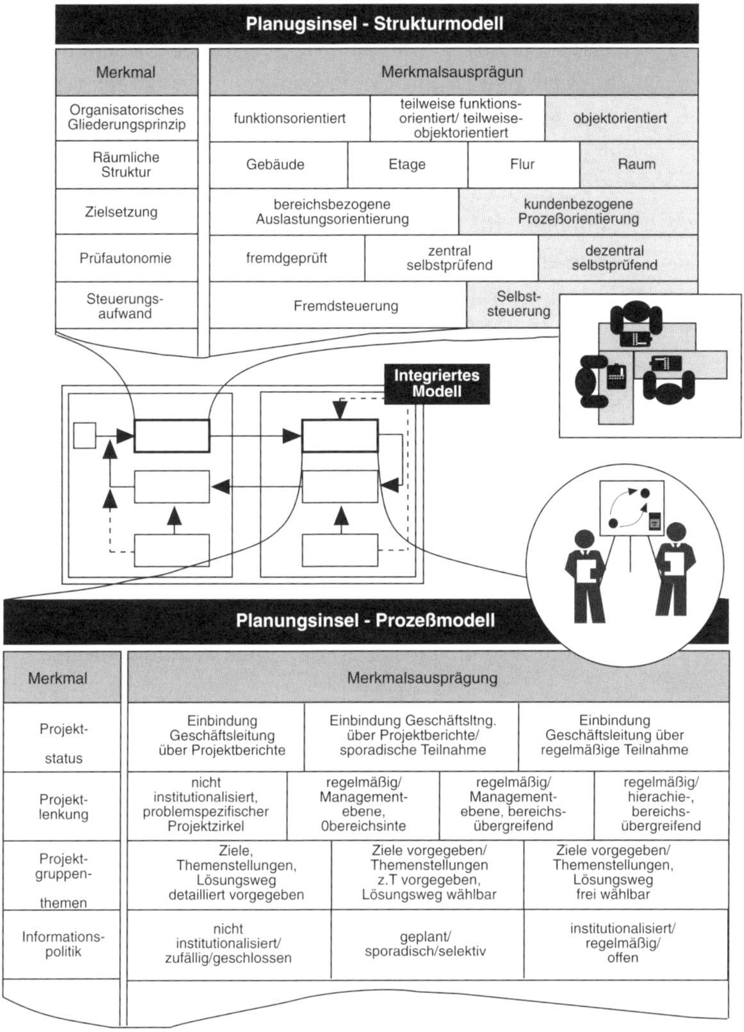

Bild 5-21: Stellung von Struktur- und Prozeßmodell innerhalb des Methodenrahmens

Zuordnung von Einführungsprozeß-maßnahmen zu Struktur-merkmalen und Störgrößen

Mit Hilfe des Prozeßmodells können vor Beginn der Einführung bestimmten Gestaltungsoptionen von Planungsinseln (Strukturmerkmale) jeweils besonders umsetzungsförderliche Einführungsprozeßmerkmale (Bild 5-20: Prozeßelemente) zugeordnet werden. Weiterhin kann das Prozeßmodell für regelnde Eingriffe in den laufenden Einführungsprozeß herangezogen werden: Werden Umstände (Bild 5-20: Einflußgrößen) identifiziert, die den Einführungsprozeß hemmen (z. B. das Verhalten von Vorgesetzten), können auf übergeordneter Ebene Gegenmaßnahmen (Bild 5-20: Prozeßelemente) abgeleitet werden. Auf Basis dieser grundsätzlich sinnvollen Reaktionsmaßnahmen (z. B. Schulung der Sozialkompetenz, Prozeßabsicherung), können dann mit Hilfe des Typologieschemas (Bild 5-19) konkrete Aktivitäten zur Stabilisierung des Einführungsprozesses bestimmt werden (z. B. Führungskräftetraining, interne Prozeßbegleitung).

Strukturmodell und Prozeßmodell als geschlossener Regelkreis

Der Einführungsprozeß führt letztendlich zu einer realen Veränderung der organisatorischen Strukturen. Hierdurch ist schließlich die Rückkopplung zum längerfristig wirkenden äußeren Regelkreis gegeben, der die erzielten Veränderungen und Effekte - nach Beendigung des Einführungsprozesses - mit den bestehenden Unternehmenszielen abgleicht. Bild 5-21 verdeutlicht zusammenfassend die Stellung des Struktur- und des Prozeßmodells innerhalb des kybernetischen Modells zur integrierten Gestaltung und Einführung von qualitätsförderlichen Planungsinseln.

5.4 Erfahrungen und Nutzenbetrachtung

Synergieeffekte sowie Vermeidung von Schnittstellenverlusten

Die Vorteile des Planungsinselkonzeptes liegen in der Realisierung einer durchgängigen Kundenorientierung, einem hohen und frühzeitigen Reaktionspotential infolge stark verbesserter Kommunikation, Kooperation und Transparenz und der Vermeidung von Schnittstellenverlusten [5.2, 5.13]. Infolge der hohen räumlichen Nähe innerhalb eines gemeinsamen Büros werden Bürokratismen und Egoismen durch dynamische Gruppeneffekte ausgeregelt. Rückfragen lassen sich schneller und einfacher klären, während die Entstehung schwerwiegender Mißverständnisse bei gelebter Gruppenarbeit zurückgeht. Das Zusammenwirken unterschiedlicher Know-how-Träger verschiedener Fachdisziplinen ermöglicht insbesondere in Verbindung mit Gruppenarbeit Synergieeffekte. Durch eine erhöhte Transparenz von Abläufen und Zusammenhängen innerhalb kleiner organisatorischer Einheiten mit ganzheitlich definierten Aufgaben- und Verantwortungsbereichen, können Engpässe im Prozeß der Leistungserstellung erkannt und die kunden- und marktgerechte Ausgestaltung der Wertschöpfungskette forciert werden. Hiermit verbunden ist eine Minimierung und Vermeidung indirekter und nicht wertschöpfender Tätigkeiten, sowie eine Verbesserung der Prozeßbeherrschung und -sicherheit. Wenn die Qualifizierung der Planungsinselmitarbeiter als Investition in die Zukunft angesehen wird, lassen sich mittel- und langfristig Personalkosten insgesamt reduzieren.

Anpassung der Unternehmensphilosophie an die Belange der Team- und Prozeßorientierung

Problematisch können eine ungleichmäßige Auslastung der Mitarbeiter der Planungsinsel bei heterogenem Qualifikationsprofil, Personal- und Know-how-Engpässe in anderen Unternehmensbereichen bei geringer Gesamtpersonalstärke und eine nicht an die Belange der Team- und Prozeßorientierung angepaßte Unternehmensphilosophie sein. Auch kann eine dem Sinn von Selbstorganisation zuwiderlaufende zentrale Leitstelle zur Koordination mehrerer Planungsinseln bei konkurrierendem Zugriff auf betriebliche Ressourcen (Fertigungs-, Montage-, Inbetriebnahmekapazitäten) erforderlich sein.

Strategische Führungsverantwortung von Planungsinseln

Aus dem beschriebenen Aufgabenumfang von Planungsinseln wird deren besondere Stellung als objektorientierte Führungseinheit auch in strategischer Hinsicht (Kostenentwicklung, Produktqualität, kontinuierliche Verbesserung hinsichtlich Produkt- und vor allem Prozeßinnovation etc.) für jeweils nachgelagerte direkte Bereiche innerhalb segmentierter Unternehmensstrukturen deutlich.

Unternehmerisches Verantwortungsgefühl durch abgestimmte Leistungsanforderungen und Entfaltungsmöglichkeiten

Die beschriebenen Aufgabenumfänge können am besten erfüllt werden, wenn es einerseits gelingt, innerhalb des Unternehmens möglichst voneinander unabhängige, produktorientierte und den gesamten Prozeß der Auftragsabwicklung umfassende Unternehmenssegmente einzurichten. Andererseits sollte durch eine aufeinander abgestimmte Gestaltung von Leistungsanforderungen (Zielsetzung, Erfolgskontrollmechanismen) und Entfaltungsmöglichkeiten (Tätigkeits- und Entscheidungsspielräume, Budgetverantwortung) die Entstehung eines unternehmerischen Verantwortungsgefühls bei jedem einzelnen Mitglied einer Planungsinsel gefördert werden [5.12].

PRAXISBEITRAG
Gelebte interne Kunden-Lieferanten-Beziehungen ermöglichen eine durchgängige Kundenorientierung

Bêché & Grohs: Nutzenbetrachtung

Hinsichtlich der Qualität der Prozesse erfolgt eine zunehmende Parallelisierung der Aufgabenabwicklung, was sich positiv auf die Durchlaufzeiten und Termintreue auswirkt. Durch die engere Zusammenarbeit an den Nahtstellen werden zunehmend Synergien bei der Abstimmung insbesondere von Beschaffungs- und Produktionsplanungsprozeß genutzt. Die Einsparung redundanter Aufgaben führt zu einer Entlastung der Mitarbeiter im Tagesgeschäft und schafft Freiräume für wichtige gestalterische Aufgaben im Sinne des kontinuierlichen Verbesserungsprozesses. Prozeßbezogene Ziele werden gegenüber den klassischen Abteilungsprioritäten aufgewertet, wodurch die gesamte Prozeßabwicklung harmonisiert wird. Durch die direkte Rückkopplung auftretender Problem- und Fragestellungen in den verschiedenen Inseln werden interne Kunden-Lieferanten-Beziehungen bewußt und zunehmend gelebt. Das Verständnis für die Wichtigkeit der Qualität der internen Dienstleistungen nimmt zu. Es entsteht ein gemeinsames Verständnis für die Notwendigkeit einer frühzeitigen Fehlervermeidung. Bezüglich der Qualität der Arbeitsbedingungen und des damit verbundenen Motivationspotentials zeichnen sich ebenfalls positive Wirkungen ab. Dazu tragen insbesondere der Wechsel zu qualitativ anspruchsvolleren Aufgabeninhalten, eine höhere Geschlossenheit der Aufgabeninhalte, ein klareres Verständnis für die Wichtigkeit der Aufgaben für den Gesamtprozeß, eine zunehmende Eigenverantwortlichkeit und auch die direkte Rückkopplung durch Kollegen und durch die Arbeit selbst bei. Weiterhin konnte mit Hilfe des entwickelten Methodenrahmens der Prozeß der geführten Selbstorganisation stabilisiert werden. Durch die gemeinsame Entwicklung und Anwendung des Methodenrahmens konnte zunächst die „Wissensbasis Organisation" der Mitarbeiter erweitert werden, die eine wesentliche Voraussetzung darstellt. Das Bewußtsein für die Bedeutung einer intakten Organisation mit gelebten Instrumenten, wie Problemlösegruppen, konnte gefestigt werden.

Effiziente und effektive Auftragsabwicklung durch Teamarbeit und unternehmerisches Verantwortungsgefühl

ICT: Nutzenbetrachtung

Durch eine intensive Auseinandersetzung mit Aufgabenstellung und Zielsetzungen der Vertriebsinsel konnte bei den Vertriebsinselmitarbeitern ein Gefühl für die gemeinsame Verantwortung geweckt werden. Aus dem Verständnis, daß die Ziele nur gemeinsam erreicht werden können, entwickelten sich relativ früh erste Ansätze von

Teamarbeit und Zusammengehörigkeitsgefühl. Infolge dessen hat sich die Zusammenarbeit innerhalb der Vertriebsinsel stark verbessert, da mehr Verständnis für Probleme aber auch Ansprüche bezüglich der Arbeitsqualität eigener Aufgabenbereiche, als auch der anderer Fachbereiche vorliegt. Bezogen auf die Qualität der Dienstleistungen ist eine erhöhte Planungssicherheit feststellbar. Die Anzahl von Fehlbuchungen in der Materialwirtschaft sowie unvollständiger oder fehlerhafter Arbeitsunterlagen wurde reduziert. Die Qualität der Prozesse konnte verbessert werden, indem die bisher zwischen den Fachbereichen bestehenden Reibungsverluste in der Auftragsabwicklung innerhalb der Vertriebsinsel beseitigt werden konnten. Aufgrund besserer Informationsflüsse und der Vermeidung von Doppelarbeiten konnten die Effizienz und die Flexibilität erhöht werden. Die für die Erstellung einer Anlage benötigten Personalstunden konnen stark reduziert werden. Infolge erweiterter Entscheidungsmöglichkeiten und Aufgabenbereiche konnten im Zusammenwirken mit einer stark verbesserten Transparenz von Zusammenhängen und der Bedeutung einzelner Teilaufgaben in der Auftragsabwicklung, die Qualität der Arbeitsbedingungen und letztlich die Mitarbeiterzufriedenheit verbessert werden.

Erfolgsfaktoren

Als wichtige Elemente eines reibungsarmen, konsequenten Einführungsprozesses haben sich folgende Faktoren herausgestellt:

Vision- und Zielformulierung

- Verankerung der Ziele der Planungsinseleinführung
- Klare Vision und grobe Zielvorgabe, eingebettet in eine umfassende Qualitätsphilosophie.
- Ausreichend groß bemessener Zeitraum zur Zielformulierung.
- Offene, frühzeitige und breite Informationspolitik mit Zeitraum zur Reflektion und Diskussion von Zielvorstellungen und Qualitätsphilosophie.

Umsetzungswille

Demonstrativer bzw. spürbarer Wille zur Einführung der Planungsinsel

- Deutlich artikulierter Wille der gesamten Geschäftsführung zur Einführung einer Planungsinsel.

– Klare, von vorneherein artikulierte und konsequent verfolgte Strategie für den Umgang mit Mitarbeitern, die den notwendigen Umgestaltungsprozeß nicht mittragen wollen.
– Einbeziehung der Geschäftsleitung in den gesamten Gestaltungsprozeß.

Rahmenbedingungen

Berücksichtigung wesentlicher, den Grad der Zielerreichung mitbestimmender Randbedingungen
– Innerhalb des Unternehmens sind möglichst voneinander unabhängige, produktorientierte und jeweils den gesamten tagesaktuellen Prozeß der Auftragsabwicklung umfassende Unternehmenssegmente einzurichten.
– Die Gestaltung von Leistungsanforderungen (Zielsetzung, Erfolgskontrollmechanismen) und Entfaltungsmöglichkeiten (Tätigkeits- und Entscheidungsspielräume, Budgetverantwortung, Selbstorganisationsautonomie) sollte aufeinander abgestimmt und in einem angemessenen, dezentralen Controlling-Konzept verankert sein, um die Entstehung eines unternehmerischen Verantwortungsgefühls bei jedem einzelnen Mitglied einer Planungsinsel zu fördern.
– Die Kosten-/Nutzenverantwortung sollte für die Planungsinselmitglieder auch über leistungs- und gruppenbezogene Vergütungsstrukturen erfahrbar sein.
– Die kooperationsorientierte und fachübergreifende Aufgabenintegration sollte durch eine angepaßte, d.h. gruppenarbeitstaugliche EDV-technische Informations- und Kommunikationsvernetzung unterstützt werden [5.13].
– Flexible Wochen- und Jahresarbeitszeitmodelle sollten eine an die Belange des Fertigungsprozesses (Mehrschichtbetrieb etc.), des Betriebes (Jahresabschluß etc.) sowie des Marktes (saisonale Schwankungen etc.) angepaßte Verfügbarkeit von Planungsinselleistungen sicherstellen.

Projektmanagement

Konsequentes und straffes Projektmanagement
– Realistische Zeitvorgaben und konsequente Einforderung von Ergebnissen.
– Randbedingungen, wie geforderte Projektdauer, finanzielle und personelle Mittel oder auch die Qualifikation

und Erfahrung der Prozeßteilnehmer, -berater bzw. -begleiter sind zu berücksichtigen.
- Schrittweises Vorgehen mit regelmäßigen Meilensteinen zur Zwischenbewertung.
- Bereitschaft, offene Gestaltungsprozesse innerhalb abgesteckter Rahmen zuzulassen.
- Sofortiges und konsequentes Aufgreifen und Umsetzen von gemeinsam als sinnvoll bewerteten Verbesserungsvorschlägen.
- Konsequente Vermeidung von Detailverliebtheit und Perfektionismus in frühen Planungsphasen.
- Vermeidung von Alleingängen einzelner besonders „motivierter oder ungeduldiger" Projektteammitglieder gerade in frühen Planungsstadien.

Beteiligung betroffener Mitarbeiter

Mitarbeiterbeteiligung

- Breite Mitarbeiterbeteiligung an der Stark- und Schwachstellenanalyse.
- Gezielte Integration von Vertretern relevanter Fachbereiche und des Betriebsrates in das Projektteam zur Strukturplanung unter Vorgabe konkreter Zielvorstellungen und Rahmenvorgaben.
- Fachbereichs- und hierarchieübergreifende Zusammenarbeit im Projekteam.

Konfliktmanagement

Prozeßbegleitung

- Offener Umgang miteinander und mit Sachproblemen innerhalb des Projetkteams.
- Umfangreiche Aktivitäten und Vier-Augen-Gespräche mit der gesamten Geschäftsführung, um das Verständnis zu wecken, daß die Anforderungen an die Planungsinsel mit ihren Handlungsspielräumen übereinstimmen müssen.
- Offener Umgang mit „Kontrollbedürfnissen" und Entwicklung von gegenseitig vereinbarter, schrittweiser Erweiterung der Handlungsspielräume.
- Offener und frühzeitiger Umgang mit Ängsten (z. B. Statusverlust sowohl im Außen- als auch im Innenverhältnis) im Management.
- Tandem aus Projekt-Mentor mit Durchsetzungsmacht

Methoden- und Sozialkompetenz

und Personal- bzw. Organisationsentwickler mit Gespür für soziale Prozesse.

Überfachliche Qualifizierung
- Trainings zur Schaffung von Methoden- und Sozialkompetenz auf allen Mitarbeiterebenen (Führungskräfte, Planungsinselmitarbeiter).
- Vorleben des neuen Führungsstiles bzw. des kooperativen und im Regelfall konsensorientierten Umgangs miteinander, vor allem auch durch die Geschäftsführung.

Bedarf für frühzeitige Weichenstellungen auf höchster Entscheidungsebene

Die Ausführungen machen deutlich, daß die Gestaltung und Einführung von Planungsinseln einer frühzeitigen und sorgfältigen Vorbereitung und Weichenstellung auf höchster Entscheidungsebene bedarf. Als ideal ist ein ressourcen-, d. h. mitarbeiterorientierter Weg zur Gestaltung von Planungsinseln mit erweitertem Entscheidungs- und Tätigkeitsspielraum anzusehen.

Methodenrahmen als Entscheidungshilfe

Diesbezüglich wurde in diesem Beitrag ein Modell zur ganzheitlichen Gestaltung und Einführung qualitätsförderlicher Planungsinseln vorgestellt. Mit dessen Hilfe können betriebliche Akteure Handlungsspielräume erkennen, Risiken bestimmter Entwicklungspfade und Alternativen bezogen auf die Planungsinselstruktur und den Einführungsprozeß herausarbeiten.

Effektivität und Zufriedenheit durch aufeinander abgestimmte Veränderung organisatorischer und personeller Gestaltungsmerkmale

Wesentliches Ergebnis des Projektes ist, daß effektive und effiziente Prozesse bei gleichzeitig motivierten und zufriedenen Mitarbeitern geschaffen werden können. Dazu müssen neben eher organisatorischen (Organisatorisches Gliederungsprinzip, räumliche Struktur, Fristigkeit, Zielsetzung) auch personelle Gestaltungsmerkmale (Qualifikationsstruktur, Autonomiegrade) gleichermaßen und aufeinander abgestimmt in Richtung dezentraler Gestaltungslösungen verändert werden. Auch müssen alle betroffenen Mitarbeiter durch eine angepaßte Einführungsstrategie auf die Erfordernisse dezentraler und teilautonomer Planungsinseln im Rahmen von überfachlichen Schulungsprogrammen (TQM-Bewußtseinsbildung, Führungskräfte- und Teamtrainings, Moderations- und Problemlösetechniken) intensiv vorbereitet werden. Außerdem sollte der Einführungsprozeß und die erzielten Veränderungen durch eine interne Prozeßbegleitung und Maßnahmen zur Messung des Projekterfolges abgesichert werden.

5.5 Literatur

[5.1] Luczak, H.: Gruppenarbeit als strategische Unternehmensentscheidung. Personenorientierte Konzepte für schlanke Unternehmen. In: Luczak, H.; Eversheim, W. (Hrsg.): Marktorientierte Flexibilisierung der Produktion: Sicherung der Wettbewerbsfähigkeit am Standort Deutschland. Köln: TÜV Rheinland 1993, S. 309-329.

[5.2] Fuhrberg-Baumann, J.; Müller, R.: Integriertes Auftragsmanagement in Vertriebsinseln - Ein prozeßorientiertes Organisationskonzept. In: FB/IE 41(1992)6, S. 304-308.

[5.3] Pfeifer, T.: Qualitätsmanagement. München, Wien: Hanser 1996.

[5.4] Kieser, A.: Fremdorganisation, Selbstorganisation und evolutionäres Management. In: ZFBF, (1994)3, S. 199-227.

[5.5] Keller, G.; Kern, S.; Nüttgens, M.: Planungsinseln - Vom Konzept zum integrierten Informationsmodell. In: HMD, 168(1992), S. 25-39.

[5.6] AWF-Ausschuß für Wirtschaftliche Fertigung e. V. (Hrsg.): Flexible Fertigungsorganisation am Beispiel von Fertigungsinseln, Eschborn 1992.

[5.7] Otzipka, J.: Erfolgsfaktoren der Gestaltung und Einführung von Gruppenarbeit in indirekten, produktionsvorgelagerten Bereichen. Gruppenarbeit in den indirekten Bereichen, AWF-Expertenforum 15.-16.02.96, Ausstellungs- und Veranstaltungszentrum im Logenhaus, AWF: Berlin 1996.

[5.8] Luczak, H.; Otzipka, J.; Flachsenberg, U.; Krings, K.: Qualitätsmanagement und Personalentwicklung. In: Zeitschrift für Arbeitswissenschaft, 49(1995)3, S. 149-156.

[5.9] Fricker, A.; Otzipka, J.; Hornung,V.; Sander,U.: A Cybernetic Model for Integrated Design and Development of Planning Islands in preproductive Departments. Proceedings of the Ninth World Productivity Congress. Istanbul 1995, S. 822-829.

[5.10] Elsinghorst, D.; Hornung, V.; Fricker, A.; Otzipka, J.: Evolutionäre Strukturinnovation. Planungsinseln bei Bêché & Grohs. In: Hoß, D.; Wirth, B. (Hrsg.): Wege zur innovativen Organisation. Konzepte und Erfahrungsberichte aus der Industrie. Stuttgart; Berlin; Bonn; Budapest; Düsseldorf; Heidelberg; Prag, Wien: Raabe 1996, S. 161-182.

[5.11] Otzipka, J.; Fricker, A.: Kybernetisches Modell zur Gestaltung und Einführung innovativer Führungs- und Organisationsstrukturen in indirekt-produktiven Unternehmensbereichen. 42. Arbeitswissenschaftlicher Kongreß. Zürich 1996.

[5.12] Otzipka, J.: Design of Quality Supporting Organisation of Work in Planning Departments. Advances in Applied Ergonomics. Proceedings of the 1st International Conference on Applied Ergonomics (ICAE ´96), Istanbul, Turkey, May 21-24 1996, Edited by Özok, A. F.; Salvendy, G.: USA Publishing Istanbul-West Lafayette 1996, S. 55-60.

[5.13] Kruse, C.; Scheer, A.-W.: Dezentrale Prozeßkoordination in Planungsinseln. In: Information Management, (1994)3, S. 6-11.

6 Regelkreisgesteuerte Auftragsabwicklung

K. Betzl, R. Ruckaberle, W. Schweizer,
T. Langhoff, U. Uhrmann-Novak, R. Harzem,
U. Rüffer, F. Schmidt, H. Schott,
U. Becker, E. Kiesling, H. Pawelke

Inhaltsverzeichnis

6.1 Ausgangssituation bei Serienfertigern ... 173
6.2 Beschreibung der regelkreisgesteuerten Auftragsabwicklung ... 176
6.2.1 Aufbau einer regelkreisgesteuerten Auftragsabwicklung nach dem KANBAN-Prinzip ... 179
6.3 Optimierung und Gestaltung der internen Kunden-Lieferanten-Beziehungen durch den Aufbau einer regelkreisgesteuerten Auftragsabwicklung ... 182
6.3.1 Dokumentenanalyse als Basis für die Festlegung von Qualifizierungsmaßnahmen zur Optimierung der internen Kunden-Lieferanten-Beziehungen ... 189
6.3.2 Visualisierung von internen Kunden-Lieferanten-Beziehungen ... 193
6.3.3 Wechselwirkung zwischen Materialwirtschaft und Qualitätssicherung ... 196
6.3.4 Qualifizierungsmaßnahmen zur Optimierung der regelkreisgesteuerten Auftragsabwicklung ... 198
6.3.5 Instrumente zur Förderung des Qualitätsbewußtseins ... 203
6.3.5.1 Qualitätsförderliche Entgeltmodelle ... 203
6.3.5.2 Hierarchie- und bereichsübergreifende Qualitätszirkel ... 205
6.4 Ergebnisse und Nutzen ... 207
6.5 Zusammenfassung und Ausblick ... 210

6.1 Ausgangssituation bei Serienfertigern

Wettbewerbsdruck erfordert dynamische Unternehmensstrukturen

Der internationale Wettbewerb mit seinem Kostendruck, sinkende Stückzahlen und kürzere Produktlebenszyklen bei gleichzeitig steigenden Amortisationszeiten erfordern dynamische Unternehmensstrukturen, die den veränderten Markterfordernissen jederzeit gerecht werden müssen.

Die jahrelang andauernde Fokussierung der Serienfertiger auf eine rationelle Bewältigung des Absatzwachstums bzw. einer möglichst kostensparenden Produktion mit hochautomatisierten Anlagen und arbeitsteiligen Prozessen zur Erschließung der Erfolgsfaktoren von Qualität, Zeit und Kosten ist ausgereizt, bzw. muß den veränderten Anforderungen des Markt- und Käuferverhaltens Rechnung tragen.

Umstrukturierungsprozeß mit dem Ziel der Erhöhung der Markt- und Kundenorientierung

Die deutschen Unternehmen unterliegen vor diesem Hintergrund momentan einen Umstrukturierungsprozeß mit dem Ziel der Erhöhung der Markt- und Kundenorientierung. Neben den nach außen gerichteten Maßnahmen wie konsequente Marktbeobachtung und Investition in Innovationen ist jedoch eine nach innen gerichtete Unternehmensstrategie mit einer konsequenten Integration von Mensch, Technik und Organisation von hoher Bedeutung.

Tayloristische Organisationsformen führen zu Komplexität

In den traditionellen tayloristischen Organisationsformen wird der innerbetriebliche Produkterstellungsprozeß zentral geplant und gesteuert. Dies führt bei den Serienfertigern zu einer hohen Komplexität der internen Unternehmensbeziehungen, die nur sehr schwer beherrschbar und mit erheblichen Steuerungsaufwänden verbunden ist. In den hoch arbeitsteiligen Produkterstellungsprozessen ist ein hoher Qualitätsstandard nur in Verbindung mit hohen Kosten, langen Durchlauf- und Reaktionszeiten realisierbar.

Zukunftsorientierte Unternehmen verfügen im Gegensatz dazu über prozeßorientierte, teilautonome Organisationseinheiten, die als selbststeuernde, untereinander kooperierende und korrespondierende Regelkreise im Sinne konsequenter innerbetrieblicher Kunden-Lieferanten-Beziehungen entlang der gesamten Wertschöpfungskette vom Kunden bis zum Kunden, vom Vertrieb bis zum Versand definiert werden.

Es wird eine Betrachtungsweise zugrunde gelegt, bei der das Unternehmen in Form durchgängiger Geschäftsprozesse mit selbststeuernden Regelkreisen betrachtet wird. So stellt jede Organisationseinheit für die nachfolgende Organisationseinheit, als internen Kunden, Material und Information termin-, kosten- und qualitätsgerecht bereit.

Aufbau einer regelkreisgesteuerten Auftragsabwicklung

Durch den Aufbau einer regelkreisgesteuerten Auftragsabwicklung und die damit verbundene Schaffung qualitätsförderlicher Organisationsstrukturen wird ein wesentlicher Beitrag zur Gestaltung und Optimierung der internen Kunden-Lieferanten-Beziehungen entlang der gesamten Wertschöpfungskette für eine weitgehend kundenanonyme Produkterstellung geschaffen.

Wie im Bild 6-1 dargestellt, werden die internen Kunden-Lieferanten-Beziehungen über alle Prozeßstufen hinweg aufgebaut. Beginnend beim Wareneingang, zum Rohmateriallager, über alle Fertigungs- und Montagestufen hinweg, bis zum Versand an den Kunden. In die Regelkreise integriert, gehören selbstverständlich auch die qualitätssichernden Funktionen und Tätigkeiten, die eine fehlerfreie Produktion sicherstellen.

Die Mitarbeiter arbeiten in prozeßorientierten, teilautonomen Organisationseinheiten weitgehend in Teamstruk-

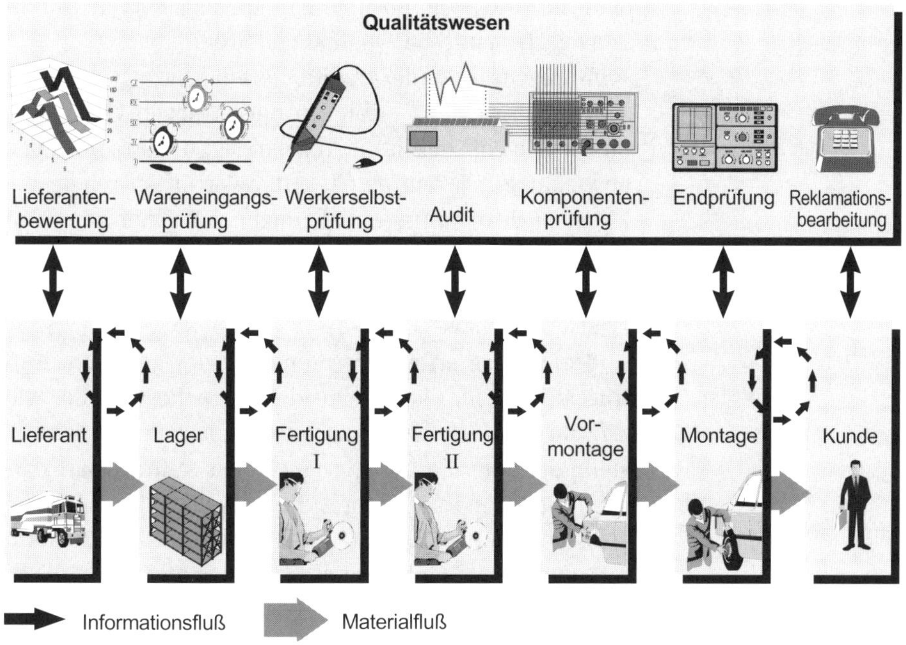

Bild 6-1: Interne Kunden-Lieferanten-Beziehungen entlang der Wertschöpfungskette

turen mit einem hohen Selbstorganisations- und Eigenverantwortungsgrad.

Schaffung von qualitätsförderlichen Strukturen entlang der Wertschöpfungskette

Innerhalb dieses Kapitels werden Methoden und Vorgehensweisen zur Schaffung von qualitätsförderlichen Strukturen entlang der gesamten Wertschöpfungskette beschrieben. In Abgrenzung zu den anderen Beiträgen des Buches liegt der Schwerpunkt dieses Kapitels in der Gestaltung effizienter interner Kunden-Lieferanten-Beziehungen durch eine regelkreisgesteuerte Auftragsabwicklung. Die Methoden werden beispielhaft dargestellt, unterstützt durch anschauliche Praxisbeispiele.

6.2 Beschreibung der regelkreisgesteuerten Auftragsabwicklung

Die Gestaltung des Unternehmens in Form durchgängiger Geschäftsprozesse, die hochintegrierte Strukturen besitzen und in denen die Mitarbeiter mit einer hohen Eigenverantwortung innerhalb ihrer Bereiche ausgestattet sind, bewirkt sehr positive Effekte hinsichtlich Durchlaufzeit, Termintreue, Qualität und Produktivität.

Dezentrale regelkreisgesteuerte Auftragsabwicklung

Im Gegensatz zu der traditionierten zentralgesteuerten Auftragsabwicklung erfolgt in diesen neuen Organisationsformen eine dezentrale regelkreisgesteuerte Auftragsabwicklung. Die einzelnen Verantwortungsbereiche bekommen ihre Aufträge nicht mehr von einer zentralen Produktionsplanungsstelle, sondern sind in einen regelkreisbasierten Auftragsablauf integriert, der selbststeuernd aufgebaut ist (Bild 6-2).

Idealerweise erfolgt die Steuerung der gesamten Auftragsabwicklung durch eine definierte Regelgröße, wie z. B. durch die Teilestückzahl als Kenngröße für den Bestellpunkt, die die Initiative für einen Auftragsstart darstellt. Basierend auf dieser Auftragsauslösung erfolgt eine selbstgesteuerte Regelung aller vorgelagerten Produktions- und Wertschöpfungsstufen ohne einen Eingriff durch z. B. eine Zentralsteuerung.

Eine vorgelagerte Produktionsstufe erhält bei der Unterschreitung des Sicherheitsbestandes in der nachgela-

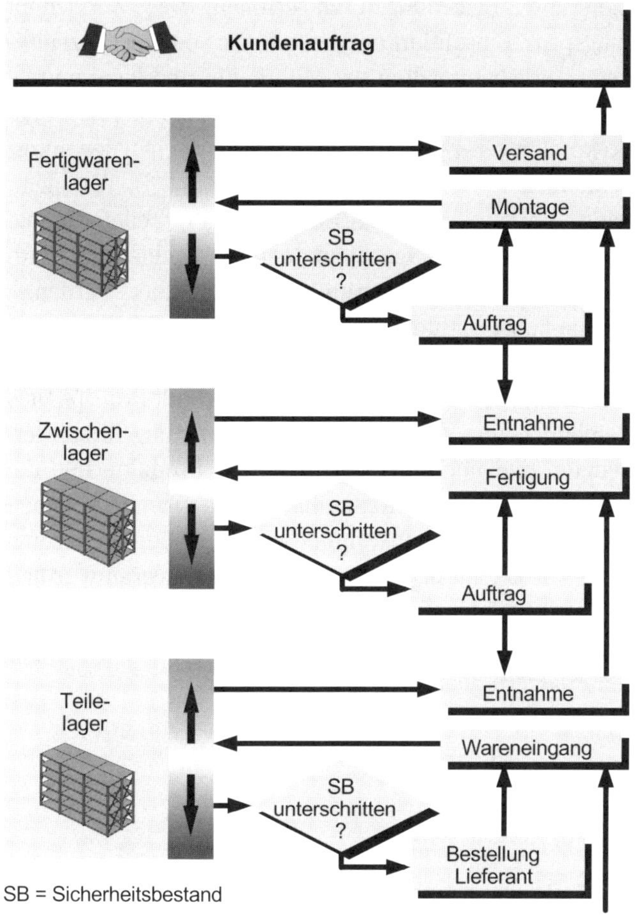

Bild 6-2: Auftragsabwicklung über Regelkreise (Bestand als Regelgröße)

gerten Produktionsstufe das Signal zur Auslösung eines internen Fertigungsauftrags. Die prozeßorientierten, teilautonomen Organisationseinheiten sind durch einen hohen Kooperationsgrad sowohl intern als auch strukturübergreifend gekennzeichnet.

Aufgrund der ganzheitlichen Integration der für eine störungsfreie Auftragsabwicklung notwendigen indirekten Aufgaben, sind die Mitarbeiter in der Lage, sämtliche Tätigkeiten für eine qualitätsgerechte Auftragsabwicklung innerhalb ihres Bereiches der internen Kunden-

Lieferanten-Beziehungen zu erfüllen. Der Wertschöpfungsprozeß profitiert auf diese Weise von den ganzheitlichen Aufgabeninhalten der Mitarbeiter und kann mittels selbststeuernder Regelkreise detailliert definiert werden. So können verschiedene Regelkreise zwischen den unterschiedlichen Wertschöpfungsstufen wie z. B. Wareneingang, Rohmaterial- und Einzelteillager, Teilefertigung, Blechfertigung, Baugruppenmontage, Lackierung, Endmontage, Fertigteilelager und Versand definiert werden.

Einführung innerbetrieblicher, interner Kunden-Lieferanten-Beziehungen

Eine konsequente Einführung innerbetrieblicher, interner Kunden-Lieferanten-Beziehungen erfordert einen Übergang vom klassischen Push- zum Pull-Prinzip. Dies beinhaltet eine größere Eigenverantwortung für die erzeugten und noch nicht „verkauften" Produkte und die damit verbundenen Kapitalbindungen. Sämtliche noch nicht vom Kunden abgerufenen bzw. benötigten Erzeugnisse verbleiben in der Lager- und Kostenverantwortung der erzeugenden Produktionseinheit. Hiermit wird eine Optimierung des Zielkonfliktes Kapitalbindung versus Materialverfügbarkeit angestrebt.

PRAXISBEITRAG

Gestaltung interner Kunden-Lieferanten-Beziehungen

Ein Maschinenbauunternehmen hat sich in vier voneinander unabhängige, produktorientierte Geschäftsprozesse organisiert und richtete vom Vertrieb bis zum Versand durchgängige Regelkreise zur Selbststeuerung der Auftragsabwicklung ein.

Der Vertrieb bestellt sein Produkte mit vordefinierten Lieferzeiten bei dem zentralen Auftragsabwicklungscenter der Geschäftsprozesse. Dieses Auftragsabwicklungscenter wiederum ruft den Teile- und Komponentenbedarf für die Fertigung bzw. die Montage in den Geschäftsprozessen mittels fest definierter Regelkreise, bei den Abteilungen Teilefertigung, Blechfertigung und Steuerungsbau etc. ab, die als Dienstleister für die Produktion organisiert sind. Diese Dienstleister rufen wiederum ihren Rohmaterial- bzw. Teilebedarf von vordefinierten Lieferanten in einer Standardlosgröße ab.

Durch den Aufbau der regelkreisgesteuerten Auftragsabwicklung vom Vertrieb bis zum Kunden entfiel die Zentralsteuerung und es wurde eine wesentliche Verkürzung der Durchlaufzeit sowie eine deutliche Senkung der Materialbestände erreicht.

6.2.1 Aufbau einer regelkreisgesteuerten Auftragsabwicklung nach dem KANBAN-Prinzip

Regelkreisgesteuerte Auftragsabwicklung nach dem KANBAN-Prinzip

In einfachster Form lassen sich Regelkreise zwischen Kunden und Lieferanten verwirklichen, wenn sie nach dem KANBAN-Prinzip organisiert werden. Bei der KANBAN-Strategie werden Teile über selbststeuernde Regelkreise direkt vom Lieferanten zum Kunden geliefert, wobei die Steuerungs- und Regelungsfunktion mittels einfacher Karten („KANBAN" = Japanisches Wort für Karte) erfolgt. Die KANBAN-Karten übernehmen die Aufgabe des Rücktransports der Information über „verbrauchte" Teile vom Kunden zum Lieferanten.

Zum Aufbau der KANBAN-Grundregelkreise werden basierend auf den produktspezifischen Grunddaten (Bedarf, Rüstkosten, Herstellkosten, etc.) die Losgrößen für die KANBAN-Regelkreise ermittelt (Bild 6-3). Diese Losgrößen, oder ganzzahlige Vielfache davon, stehen dann auf der KANBAN-Karte und bestimmen über die Anzahl der Karten, die sich momentan im System befinden, die Fertigungsmenge. Ist eine Veränderung der Stückzahl notwendig, wird die Kartenanzahl im System angepaßt, während die Grundregelkreise erhalten bleiben.

Durch die KANBAN-Karten erfolgt die Beauftragung des Lieferanten zur Teilelieferung nach vorher festgelegten Prinzipien. Falls der eigene Bestand zur Lieferung nicht mehr ausreicht, beginnt der Lieferant selbständig mit der Fertigung definierter Losgrößen.

Durch den Aufbau einer KANBAN-Steuerung kann ein Unternehmen über die gesamte Wertschöpfungskette hin-

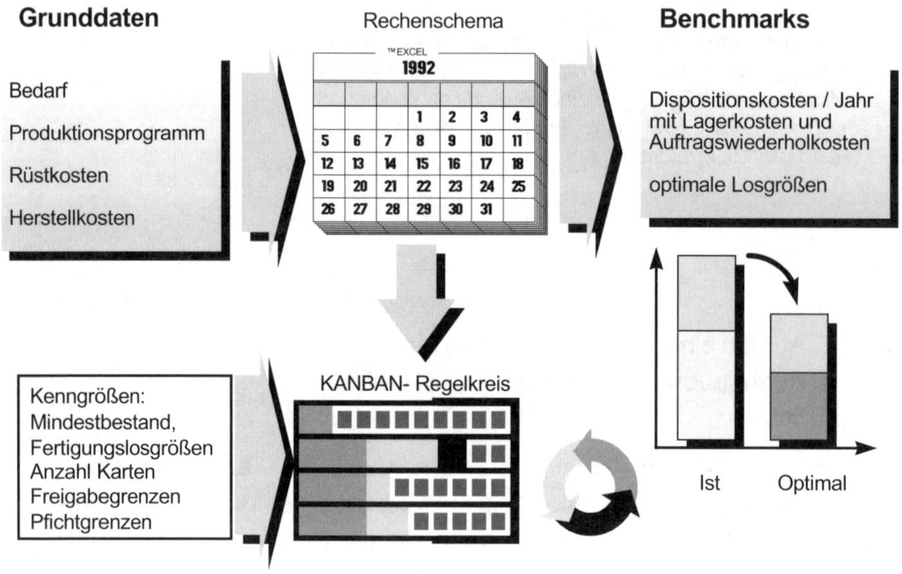

Bild 6-3: Berechnung von KANBAN-Regelkreisen

weg mit selbststeuernden Regelkreisen innerhalb der Auftragsabwicklung gesteuert werden. Dieses Prinzip gilt über alle Fertigungsstufen hinweg, in verschiedenen Anwendungsfällen sogar für die externen Rohmaterial- oder Baugruppenlieferanten.

Aufbau von KANBAN-Regelkreisen

Dem Lieferanten geben die ihm vorliegenden KANBAN-Karten stets einen aktuellen Überblick über die Bestandssituation beim Kunden (Bild 6-4). Eine Lagerbewirtschaftung bzw. -verwaltung ist beim KANBAN-Prinzip nicht erforderlich. Die KANBAN-Regelkreise können unabhängig von bestehenden PPS-Systemen sowohl als Regelkreis zwischen einem Kunden und einem Lieferanten als auch über die komplette Wertschöpfungskette hinweg aufgebaut werden. Prinzipiell bleiben bei Stückzahlschwankungen infolge von veränderten Absatzstrukturen die KANBAN-Regelkreise erhalten. Lediglich die Frequenz der Auftragshäufigkeit, d.h. der Austausch der Karten zwischen Kunden und Lieferanten, ändert sich.

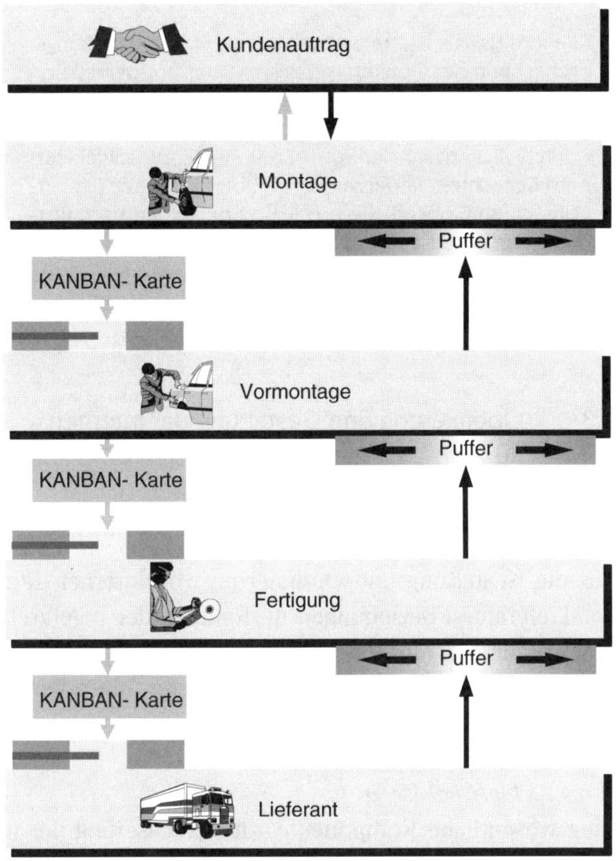

Bild 6-4: Auftragsabwicklung über KANBAN-Regelkreise

PRAXISBEITRAG

Aufbau von KANBAN-Regelkreisen

Bei der Produktion von Spectralanalysegeräten kam es aufgrund der Zentralsteuerung immer wieder zu Lieferengpässen, da die kundenspezifischen Optiken der Montageabteilung nicht rechtzeitig bereitgestellt werden konnten.

Zur Lösung des Problems baute das Unternehmen zwischen der Vorfertigung und der Montage einen KANBAN-

Regelkreis zur Auftragssteuerung auf. Die Verpackungsschachteln der Optiken werden in einer Doppelfunktion als Transportbehälter und Informationsträger für die KANBAN-Steuerung eingesetzt. Die Optikfertigung hat, durch die Anzahl der von der Montage zurückgelieferten Schachteln, jederzeit einen Überblick über die verbrauchten Optiken. Sie produziert bei Bedarf nach festgelegten Regeln Losgrößen von jeweils sechs Optiken.

6.3 Optimierung und Gestaltung der internen Kunden-Lieferanten-Beziehungen durch den Aufbau einer regelkreisgesteuerten Auftragsabwicklung

Für die Gestaltung und Optimierung von internen Kunden-Lieferanten-Beziehungen im Rahmen der regelkreisgesteuerten Auftragsabwicklung gibt es eine Vielzahl geeigneter Methoden und Hilfsmittel, die im folgenden anhand von Fallbeispielen beschrieben werden.

Prozeßfehleranalyse

Prozeßfehleranalyse als ein Instrument zur Optimierung der Auftragsabwicklung

Eine wesentliche Komponente zur Verbesserung der internen Kunden-Lieferanten-Beziehungen sind beherrschbare Auftragsabwicklungsprozesse. In Abhängigkeit der Beherrschbarkeit und Stabilität der eingesetzten Produktionsverfahren können unterschiedliche Methoden zur Verbesserung der Prozeßstabilität eingesetzt werden. Eine Methode zur Steigerung der Prozeßstabilität ist die Fehler-Möglichkeits- und Einfluß-Analyse (FMEA). Sie stellt eine systematische Vorgehensweise zur Sicherung der Qualität im Serienprozeß dar.

Eine firmen- und aufgabenspezifisch anpaßbare Prozeßfehleranalyse ist ein geeignetes Instrument zur Optimierung der internen Kunden-Lieferanten-Beziehungen innerhalb der regelkreisgesteuerten Auftragsabwicklung.

Die Prozeßfehleranalyse ermöglicht das systematische, erfahrungsgestützte Erarbeiten von Maßnahmen zur Prozeßverbesserung. Im Rahmen von Expertengesprächen werden hierbei die Maßnahmen zur Fehlervermeidung und zur Verbesserung der Prozeßstabilität im Rahmen von Vorbeugungs- und Korrekturmaßnahmen entwickelt. Als Instrument zur Dokumentation dient ein Standardformular, durch das folgende Merkmale aufgenommen, dokumentiert und die eingeleiteten Korrekturmaßnahmen sowie deren Verbesserungen ermittelt werden können:

- die Fehler bzw. Fehlerfolge,
- die Fehlernummer (basierend auf einer Fehlerklassifizierung),
- die potentielle Fehlerursache,
- die empfohlenen Abstellmaßnahmen,
- die verantwortliche Organisationseinheit oder Person,
- den geplanten Umsetzungstermin,
- sowie die erzielte Verbesserung.

Zu Beginn des Einsatzes der Prozeßfehleranalyse können Experten-Workshops zum Aufbau eines Grunddatenstamms beeinflußbarer und nicht beeinflußbarer Prozeßparameter durchgeführt werden. Mittels dieser Einflußgrößen wird eine Fehlersammlung mit objektiven und subjektiven Fehlermerkmalen sowie den ableitbaren Fehlerfolgen aufgebaut. Sie ist die Datenbasis einer sukzessiv wachsenden Fehlersammlung, die mit fortlaufender Anwendung kontinuierlich ergänzt wird. Im Sinne eines lernenden Regelkreisprinzips wird damit eine systematische Verbesserung der Prozeßstabilität und der Prozeßqualität innerhalb der Auftragsabwicklung möglich.

Mittels der Erfassung der Fehlerkosten sowie der Fehlerfolgen bzw. der Aufwände zur Fehlerbehebung können durch die Prozeßfehleranalyse auch Ziele des Qualitätsmanagements erreicht werden. Durch eine regelmäßige kostenorientierte Auswertung der Daten sowie der erreichten Verbesserungen wird eine systematische Ermittlung der Qualitätskosten durchgeführt. Mögliche Strategien für die Umsetzbarkeit und Wirkung von prozeßstabilisierenden Maßnahmen können somit ermittelt werden.

PRAXISBEITRAG

Prozeßfehleranalyse in der Extruderfertigung von Schrumpfschläuchen

Im Rahmen von mehreren Expertenworkshops wurden folgende Fehlerarten und Fehlerfolgen innerhalb des Extrusionsprozesses erarbeitet:

Anlagenfehler:	Qualitätsmängel:
– Temperaturführung	– Farbänderungen
– Probleme mit Wickler	– Längsschrumpfprobleme-
– Verstopfte Siebe	– Stopfenbildung
– Falsches Werkzeug	– Riefen/Kerben
– Hilfsstoff fehlt	–Oberflächenpickel
– Schneckenprobleme	– Bartbildung im Schlauch
– Parameterfehler	– Wasserblasen
– Verschmutzung	– Fremdeinschlüsse
– Energieausfall	– Schlauchabriß

Auf Basis der Prozeßfehleranalyse ist ein Vorbeugungs- und Korrekturmaßnahmenkatalog erarbeitet worden, um die Fehlerquoten und -kosten in der Extruderfertigung zu senken.

Multimomentaufnahme

Im Rahmen der Analyse der Prozeßstabilität wird die Methode der Multimomentaufnahme eingesetzt. Mit ihr werden Störungsursachen sowie deren Wichtigkeiten bzw. relativen Zeitanteile innerhalb der Auftragsabwicklung untersucht.

In der ersten Stufe einer Multimomentanalyse werden im Rahmen von Expertengesprächen bzw. durch Tätigkeitsanalysen die auftretenden Tätigkeitsarten ermittelt. Wichtig sind aus Qualitätssicherungssicht insbesondere die Anteile an Haupttätigkeiten sowie die Anteile an Qualitätssicherungsaktivitäten der Mitarbeiter im Rahmen von Werkerselbstprüfungskonzepten. Durch weitere Expertengespräche werden die im Produktionsprozeß auftretenden Maschinenzustandsarten ermittelt.

Vorgehen bei der Multimomentanalyse

Auf Basis der erhobenen Zustandsmerkmale wird ein Erfassungsraster generiert, das als integriertes Erhebungsformular für die Multimomentaufnahme der Maschinen- und Personalzustandsarten einsetzbar ist. Das Erfassungspersonal begeht bei zufällig ausgewählten Zeitpunkten in einer variierenden Abfolge die Produktion, um die jeweiligen Zustände der Maschinen sowie die momentanen Tätigkeiten des Bedienpersonals zu erfassen. Durch die zufällige Aufnahme der Zustandsmomente werden die Relativanteile der Personal- und Maschinenzustandsarten ermittelt.

Damit eine repräsentative Auswahl der auftretenden Zustandsarten erhalten wird, ist die Multimomentaufnahme über einen längeren Zeitraum durchzuführen. Die Multimomentaufnahme sollte über mehrere Tage, bei Mehrschichtbetrieb zumindest über alle Schichten hinweg, durchgeführt werden.

Durch die Multimomentaufnahme werden sowohl die zeitlichen Anteile von Maschinenzustandsarten in Form einer Nutzungszeitanalyse als auch die Tätigkeitsanteile des Bedienpersonals analysiert.

Mit Hilfe der ermittelten Relativanteile der Personal- und Maschinenzustandsarten können verschiedene Strategien zur Systemverbesserung entwickelt werden. Ziel ist die Entwicklung von Optimierungsstrategien für den Maschinen- und Personaleinsatz sowie zur Reduzierung organisatorischer und personeller Stillstands- und Störungszeiten, die negative Auswirkungen auf die termingerechte Auftragsabwicklung haben.

Die erhobenen Tätigkeitsanteile der Mitarbeiter geben wichtige Hinweise für die organisatorischen Gestaltung der Arbeit in der Organisationseinheit sowie auch für die Gestaltung von Arbeitsinhalten.

PRAXISBEITRAG

Multimomentaufnahme in der Produktion

Maschinenzustandsarten:
- Maschine produziert
- Maschine rüsten

Personalzustandsarten:
- Maschine überwachen

- Maschine rüsten
- Maschine anfahren
- Auftrag fehlt
- Hilfsmittel fehlt
- Material fehlt

- Reparatur/Störung
- Werkzeug fehlt
- Personal fehlt
- Energieausfall

- Prüfen/Selbstkontrolle
- Dateneingabe am PPS
- Material holen/Transport
- Werkzeugwechsel
- Folgeauftrag vorbereiten
- Schichtübergabe
- Meeting / QS-Zirkel
- Persönliche Verteilzeit

Die gewichtete Ermittlung der Maschinen- und Personalzustandsarten führt zu wichtigen Hinweisen für die Optimierung der internen Kunden-Lieferanten-Beziehungen. Es bietet sich an, im Rahmen einer ABC-Strategie kurzfristig zuerst die Hauptproblemfelder anzugehen. Im Sinne einer langfristigen strategischen Vorgehensweise sollten anschließend sämtliche Problemfelder optimiert bzw. falls notwendig, der Gesamtgeschäftsprozeß neu gestaltet werden.

Die Multimomentaufnahme kann Hinweise zur Ermittlung von Qualifizierungsdefiziten und der darauf basierenden Gestaltung von Qualifizierungsprofilen innerhalb der Organisationseinheit geben.

Im Rahmen von Gestaltungsmaßnahmen können neue Aufgabenprofile für die Mitarbeiter definiert werden, in denen sich ersetzende und ergänzende Qualifikationsprofile, wie beispielsweise Mehrfachqualifikationen im Sinne einer strategischen Qualifizierung innerhalb der Organisationseinheiten, anzustreben sind.

Teilnehmende Beobachtung

Teilnehmende Beobachtung zur Verbesserung der Prozeßstabilität

Ein weiteres Verfahren zur Verbesserung der Prozeßstabilität bzw. zur Optimierung der internen Kunden-Lieferanten-Beziehungen ist die Methode der „Teilnehmenden Beobachtung". Über einen begrenzten Zeitabschnitt hinweg werden Tätigkeitsanalysen in einem definierten Prozeßabschnitt der Wertschöpfungskette durchgeführt.

Neben der Analyse des Arbeitsablaufes können sowohl qualitative als auch quantitative Tätigkeitsanteile ermittelt werden. Im Gegensatz zu der im vorhergehenden Abschnitt beschriebenen Multimomentaufnahme, die nur relative Tätigkeitsanteile bzw. Personalzustandsarten ermittelt, werden mit diesem Verfahren Absolutanteile der Tätigkeit sowohl quantitativ als auch in der zeitlichen Abfolge eines Wertschöpfungsprozesses ermittelt.

Weiterhin ist es möglich, die kausalen Abhängigkeiten für die Durchführung der Tätigkeiten zu ermitteln, sowie eine Kostenabschätzung für bestimmte Tätigkeitsanteile durchzuführen.

Die Methode der teilnehmenden Beobachtung sowie die abgeleiteten Ergebnisse sollen am Beispiel der Lagerbewirtschaftung erläutert werden.

PRAXISBEITRAG

„Teilnehmende Beobachtung" in der Lagerbewirtschaftung

In einem Einzelteil- bzw. Komponentenlager wurde eine „Teilnehmende Beobachtung" während einer Woche durchgeführt. Als grundlegender Eindruck konnte festgestellt werden, daß die Einzelabläufe im Rahmen der Lagerbewirtschaftung, diese umfaßt hier den Wareneingang, den Warenausgang sowie die Kommissionierabläufe, prinzipiell ordnungsgemäß sind.

Die eingesetzten Instrumentarien, das zur Verfügung stehende EDV-System sowie die Qualifikation der Lagermitarbeiter sind aufgabengerecht und entsprechen voll den Anforderungen bzw. dem Stand der Technik.

Dies bedeutet, daß die Lagerbewirtschaftung innerhalb der regelkreisgesteuerten Auftragsabwicklung, unter Einhaltung der vorgegebenen Abläufe, ein funktionierendes System ist. Störungen innerhalb der Lagerbewirtschaftung wurden durch sytemexterne Störeinflüsse, wie z.B. unberechtigte Lagerentnahmen durch den Kundendienst, verursacht.

Folgende Mängel wurden während der „Teilnehmenden Beobachtung" ermittelt:

- Hohe Wareneingangs- und Warenausgangsfrequenzen führen zu überhöhten Auslastung in Spitzenzeiten und verursachen lange Warteschlangen
- Die Teileentnahme erfolgt durch Fremdpersonal teilweise ohne Kenntnis von Artikelnummer und Artikelbezeichnung
- Es finden selbständige Lagerzugriffe durch Produktionsmitarbeiter statt
- Unkoordinierte Zugriffe durch die Mitarbeiter der Entwicklung und des Kundendienstes auf Versuchsmaterial und Standardlagerbestände außerhalb der üblichen Lageröffnungszeiten
- Durch Nachkommisionierung von Werkstattaufträgen entstehen Fehlbuchungen (doppelte Ausgabe, einfache Abbuchungen)
- Musterverleih findet ohne Abbuchungen statt
- Der Teilerücklieferung aus der Komponentenfertigung findet ungeregelt statt.

Folgende Verbesserungen zur Optimierung der Lagerbewirtschaftung wurden als Ergebnis der teilnehmenden Beobachtung bzw. basierend auf Expertengesprächen eingeleitet:

- Klassifizierung der Lagerteile basierend auf einer verbrauchsorientierten ABC-Analyse
- Einführung von Verbrauchsstrukturen für Schüttgut, Normteile und Standardkabel
- Einführung eines Zwei-Behältersystems für Teile mit kontinuierlichem Verbrauch
- Einführung von KANBAN-Regelkreisen für Komponenten und Baugruppen
- Einführung eines Koordinators für Lager und Montage
- Entwicklung neuer Materialbereitstellungsstrategien/ Lagerzugriffszeiten.

Die Durchführung der Verbesserungsmaßnahmen führte zu einer wesentlichen Verbesserung der Teileverfügbarkeit. Durch die effizientere Auftragsbearbeitung ergaben sich innerhalb der internen Kunden-Lieferanten-Beziehungen zahlreiche positive Effekte hinsichtlich Durchlaufzeit, Termintreue und Qualität.

6.3.1 Dokumentenanalyse als Basis für die Festlegung von Qualifizierungsmaßnahmen zur Optimierung der internen Kunden-Lieferanten-Beziehungen

In der konkreten Situation der Prozeßgestaltung greifen Forscher- und Gestalterteams oftmals auf theoretische Referenzmodelle zurück mit dem Ziel, die darin dargestellten Strukturmuster und deren Rückbezug auf Betriebs- oder Marktsituationen als Such- und Vergleichsmuster heranzuziehen. Allerdings können diese Modelle nicht als betriebliche Realität angesehen werden. Wie im sozial- so auch im arbeits- und ingenieurwissenschaftlichen Kontext beginnt unterhalb der Ebene verallgemeinerbarer Strukturmuster eine Vielfalt konkreter – und nicht immer systematisch entwickelter – Einzelfallösungen und Umsetzungen wirksam zu werden. Deren Erhebung bedeutet den wirklichen Einstieg in die betriebliche Realität.

Soweit überhaupt festgeschrieben, sind die betrieblichen Umsetzungen allgemeiner Gestaltungslösungen meist in aufgabenspezifischen Dokumenten wie

- Stellenbeschreibungen,
- Qualitätshandbüchern,
- Verfahrens- und Arbeitsanweisungen,
- Prüfplänen und -anweisungen,
- Fehlersammelkarten,
- Prüfmittellisten und
- Anweisungen zur Prüfmusterhandhabung etc.

zu finden. Diese Dokumente beschreiben aber oftmals nur die theoretisch geplanten Abläufe der Einzelfunktionen, ohne jedoch eine repräsentative Abbildung der betrieblichen Realität darzustellen. Zur Erfassung der Komplexität der betrieblichen Strukturen und Abläufe, der Arbeitsaufgaben, der Eingriffsmöglichkeiten in den Prozeß und zur Festlegung der Arbeits- und Schulungsinhalte in neu strukturierten Aufgabenbereichen ist die inhaltsanalytische Bearbeitung betrieblicher Dokumente unerläßlich. Sie stellt eine wesentliche Grundlage der Inhalte von

Ist-Zustandsbeschreibungen und dem Neuentwurf der umgestalteten Bereiche dar.

Dabei muß eng mit den unmittelbaren Verfassern und Anwendern solcher Dokumente mit dem Ziel kooperiert werden, deren Intentionen sowie die Anwendungszusammenhänge genauer zu erfassen. Dies ist insbesondere notwendig, wenn die Unterlagen als unmittelbare Schulungsmaterialien herangezogen werden.

Moderationsgestützte Problem- und Anforderungsanalyse

Zur verbesserten Gestaltung interner Kunden-Lieferanten-Beziehungen können unter Einbeziehung unterschiedlicher Bereiche der Wertschöpfungskette moderationsgestützte Problem- und Anforderungsanalysen durchgeführt werden.

Oft zeigen Beobachtungen, z. B. der Lagerbewirtschaftung, Fehler und Mängel bei der Handhabung des Gesamtsystems, die u.a. auf ein Fehlverhalten des Personals zurückzuführen waren.

Moderationsgestützte Problemanalyse in Gruppen

Generelle Zielsetzung des moderationsgestützten Vorgehens in Gruppen ist, die gesamtbetriebliche Situation zu verbessern, indem Fehler, Probleme, Störungen und die gemeinsame Durchsetzung von Maßnahmen zu deren Beseitigung erarbeitet werden.

Für die moderationsgestützte Durchführung von Problem- und Anforderungsanalysen in Gesprächsgruppen können folgende Techniken eingesetzt werden:

Visualisierungstechnik

- Visualisierungsmittel bereitstellen,
- das Gespräch optisch abbilden,
- Übersicht schaffen, Poster präsentieren.

Interaktionstechnik

- Gespräch regeln,
- mit Fragen Interaktion erzeugen,
- eine Kartenfrage moderieren,
- mit der Gewichtungsfrage konzentrieren,
- und mit der These öffnen.

Dramaturgietechnik
- das Gruppengespräch vordenken,
- den Moderationsablauf planen.

Es wird empfohlen Führungskräfte bei solchen Gruppensitzungen auszuschließen, um eine offene Diskussion zu erreichen. Die Moderation kann u.a. durch neutrale Moderatoren, Trainer, externe Begleitforscher bzw. Berater erfolgen.

PRAXISBEITRAG

Dramaturgie der Problemanalyse „Lagerbewirtschaftung" mit einer Arbeitsgruppe von Montagearbeitern

1 *Einführung: (ca. 10 Minuten mit Overhead-Projektor)*
- Vorstellung der Moderatoren
- Zielsetzung der Moderation
- Betonung der Anonymität

2 *Allgemeine Frage: „Wenn Sie ganz allgemein an Ihre Arbeit denken, wo drückt Sie der Schuh?" (ca. 20 Minuten)*
- Offene Gesprächssituation herstellen, Bereitschaft zur Mitarbeit wecken
- Grobe Problemcluster bilden

3 *Überleitung vom Allgemeinen zur Lagerbewirtschaftung, (ca. 10 Minuten mit Overhead-Projektor)*
- Darstellung der Probleme der Lagerbewirtschaftung
- Schnell-/Sonderentnahmen als wesentliche Ursache der Probleme
- Das gemeinsame Erarbeiten eines Lösungskonzeptes als Ziel (keine Suche nach Schuldigen)

4 Frage: „Welche Ursachen für die Schnell- bzw. Sonderentnahmen gibt es?" (ca. 20 Minuten)
- Antworten sammeln, strukturieren und gewichten

5 *Frage: „Welche Ursachen gibt es für Fehler bei der Schnellentnahme?" (ca. 20 Minuten)*
- Antworten sammeln, strukturieren und gewichten

6 *Frage: „Welche Verbesserungsvorschläge fallen Ihnen ein?" (ca. 30 Minuten)*
- Die Verbesserungsvorschläge sind den Antworten von 4. und 5. zuzuordnen.

- Ziel der Gesprächsführung ist die Erarbeitung von einem oder mehreren Lösungskonzepten

7 Frage: „Wenn Sie die Unternehmensleitung wären, was wäre Ihre erste Maßnahme?" (ca. 10 Min.)

Auf Basis dieser Problem- und Anforderungsanalysen erfolgt die Auflistung, Strukturierung und Gewichtung der Ursachen für die Schnell- bzw. Sonderentnahmen aus Sicht des Montagepersonals sowie die Erarbeitung von Verbesserungsvorschlägen zur Erreichung einer reibungslosen Lagerentnahme.

Bei moderationsgestützten Problem- und Anforderungsanalysen ist zu beachten, daß durch die erfahrungsgemäß engagierte Beteiligung der Mitarbeiter Erwartungen aufgebaut werden können, die zu erfüllen sind. Hierzu werden die Ergebnisse der Gruppensitzungen ausgewertet und der Geschäftsführung zuzüglich Empfehlungen für Gestaltungsmaßnahmen vorgestellt und erläutert.

Die Geschäftsführung hat für eine zügige Umsetzung dieser Maßnahmen zu sorgen.

PRAXISBEITRAG

Verbesserung der Organisation der Lagerbewirtschaftung als Ergebnis einer moderierten Gruppenarbeit

Basierend auf den Vorschlägen einer aus Montage-, Fertigungs-, und Lagermitarbeitern bestehenden Arbeitsgruppe wurde die Lagerbewirtschaftung neu geregelt. Folgende Vorschläge der Arbeitsgruppe wurden umgesetzt:

- Bereitstellung eines zusätzlichen Computers zur zeitgenauen Abbuchung von Lagerentnahmen
- Einstellung eines dritten Lageristen
- Festlegung von beschränkten Lageröffnungszeiten (Vormittags von 7-9 Uhr, nachmittags von 13-15 Uhr sowie auf Abruf.)
- Dezentralisierung des Komponentenlagers direkt in die Produktionsprozesse

6.3.2 Visualisierung von internen Kunden-Lieferanten-Beziehungen

Untersuchung der internen Kunden-Lieferanten-Beziehungen entlang der kompletten Wertschöpfungskette

Im Rahmen der Gestaltung von internen Kunden-Lieferanten-Beziehungen stellt die Technik der Visualisierung eine wichtige unterstützende Maßnahme zur Ermittlung von Optimierungsstrategien dar. Die Analyse der internen Kunden-Lieferanten-Beziehungen erstreckt sich über die gesamte Prozeß- bzw. Wertschöpfungskette vom Eingang der Kundenanfrage bzw. des Kundenauftrags bis zur Auslieferung des fertigen Produkts (Bild 6-5). Die Kernprozesse werden auf der Basis der einzelnen Wertschöpfungsabschnitte identifiziert. Die darin abzubildenden selbststeuernden Regelkreise sowie die Strategien für eine vertikale bzw. horizontale Arbeitsteilung sind zu ermitteln.

Gestaltung der Schnittstelle zwischen kundenanonymer und kundenspezifischer Fertigung

Ein wichtiger Ansatz zur Optimierung von internen Kunden-Lieferanten-Beziehungen besteht in der Festlegung und Gestaltung der Schnittstelle zwischen kundenanonymer und kundenspezifischer Fertigung. Bei einer

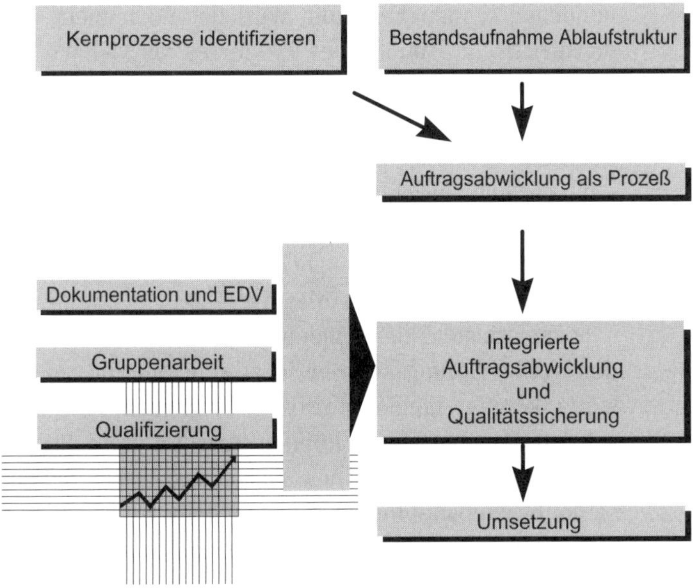

Bild 6-5: Identifizierung interner Kunden-Lieferanten-Beziehungen

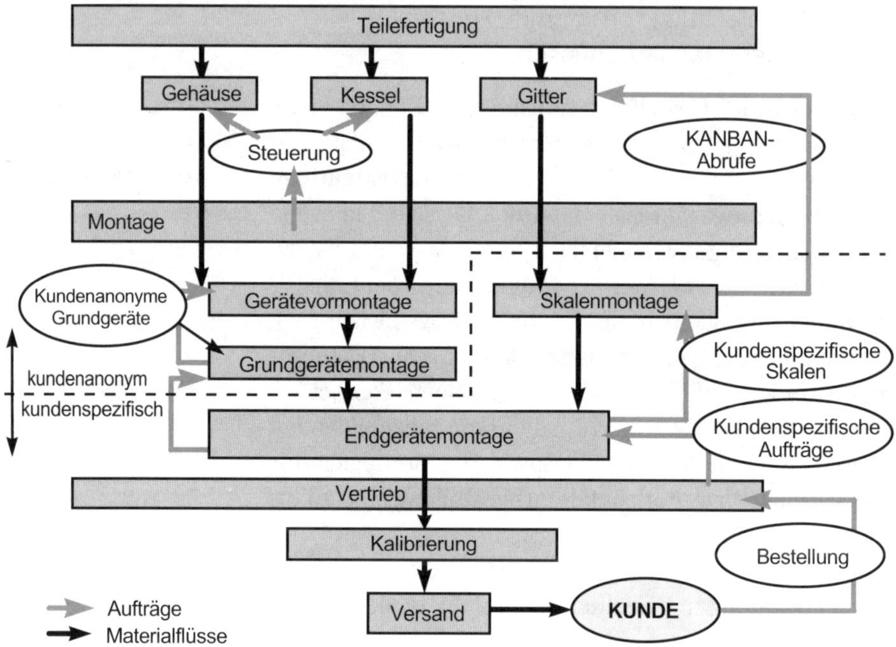

Bild 6-6: Visualisierung der internen Kunden-Lieferanten-Beziehungen

kundenanonymen Fertigung wird der noch nicht kundenspezifische Anteil eines Produktes als vielfach verwendbare Grundvariante hergestellt. Basierend auf dieser Grundvariante erfolgt in den nachfolgenden Produktionsschritten die kundenspezifische Anpassung. Aus strategischen Gesichtspunkten ist es sinnvoll, den Übergang von der kundenanonymen zur kundenspezifischen Fertigung soweit wie möglich an das Ende des Wertschöpfungsprozesses zu verlagern.

Je umfassender der kundenanonyme Anteil innerhalb der Wertschöpfungskette ist, desto kosten- und zeitgünstiger können kundenspezifische Varianten produziert werden. Darüber hinaus können unter Berücksichtigung der produktionstechnischen Festlegung dieser Schnittstelle bestandsoptimierende Fertigungs- und Materialbereitstellungsstrategien entwickelt werden (Bild 6-6).

PRAXISBEITRAG

Produktionsstrategie für ein Spectralanalysegerät
Basierend auf einer Produktanalyse, in der die kundenspezifischen und kundenanonymen Produktkomponenten untersucht wurden, wurde der Fertigungsablauf bei der Produktion von Spectralanalysegeräten in zwei Produktionsabschnitte gegliedert. Bei der Vorfertigung wird das Spectralanalysegerät als kundenanonymes Grundgerät aufgebaut. Liegt ein Kundenauftrag vor, wird das Grundgerät mit der kundenspezifischen Auswertelogik (Auswertungsrechner und Erfassungsoptik) aufgerüstet. Durch diese Aufteilung der Produktion in zwei Produktionsabschnitte konnten die Lager- und Bestandskosten erheblich gesenkt werden.

Die Ausgestaltung der regelkreisgesteuerten Auftragsabwicklung sowie die Festlegung der Regelkreise, erfordert insbesondere die kapazitiven Zusammenhänge innerhalb der gesamten Wertschöpfungskette zu berücksichtigen. Die teilautonomen Organisationseinheiten müssen in der Lage sein, Kapazitätsschwankungen, innerhalb eines vorbestimmten Korridors, eigenständig zu bewältigen.

Nur wenn eine ausreichende Flexibilität und hinreichende Eigenverantwortlichkeit in den einzelnen prozeßorientierten teilautonomen Organisationseinheiten installiert ist, kann eine hinreichende Selbststeuerung verbunden mit einer hohen Prozeßstabilität erreicht werden.

Die teilautonomen Organisationseinheiten müssen über die Fähigkeit verfügen, dynamisch auf die unterschiedlichsten Anforderungen im Produktionsprozeß reagieren zu können.

PRAXISBEITRAG

Flexibilität durch kapazitätsorientierte Arbeitszeiten

Kapazitätsorientierte Arbeitszeiten von Mitarbeiter eines Montagebereiches
Der Montagebereich eines Meßgeräteherstellers wurde in teilautonome Organisationseinheiten strukturiert. Die

Teammitglieder können eigenverantwortlich ihre täglichen Arbeitszeiten in Abhängigkeit von der Auftragslage festlegen.
Um dynamisch auf Marktschwankungen reagieren zu können, haben die Mitarbeiter die Möglichkeit, die tägliche Arbeitszeit variabel zwischen 4 und 10 Stunden zu gestalten. Bei Kapazitätsengpässen können Mitarbeiter aus anderen Bereichen zur Unterstützung angefordert werden.

6.3.3 Wechselwirkung zwischen Materialwirtschaft und Qualitätssicherung

Die Materialwirtschaft hat eine wichtige Funktion innerhalb der Qualitätssicherung von produzierenden Unternehmens. Basierend auf dem grundsätzlichen Produktaufbau, der im wesentlichen durch die Variantenproblematik bei den Serienfertigern zu einer Materialwirtschaft mit hoher Komplexität führt, bestehen vielseitige Wechselwirkungen zwischen der Materialwirtschaft und der Qualitätssicherung. Regelmäßig durchgeführte Teilestammanalysen leisten im Rahmen dieser Problematik einen wichtigen Beitrag zu störungsfreien internen Kunden-Lieferanten-Beziehungen.

Teilestammanalysen zur Bestimmung von Verbrauchsstrukturen und Reichweiten in der Materialwirtschaft

Basierend auf Ergebnissen der Teilestammanalysen werden Verbrauchsstrukturen und Reichweiten sowie die entsprechenden Qualitätssicherungsfunktionen definiert. Weiterhin werden durch die Ergebnisse der Material- und Bedarfsanalysen die Dispositionsstrategien optimiert, mit dem Ziel den Konflikt zwischen einer hohen Lieferbereitschaft und niedrigen Beständen zu lösen.

Innerhalb der Materialwirtschaft kann der Aufbau regelkreisorientierter Dispositionsstrategien einen wesentlichen Beitrag zu stabilen und beherrschbaren Produktionsprozessen leisten. Eine in diesem Sinne realisierte Materialwirtschaft, mit einer zeit- und mengengerechten Teilebereitstellung sowie mit abgesicherten Qualitätssicherungsabläufen, bildet die Grundlage für störungsfreie

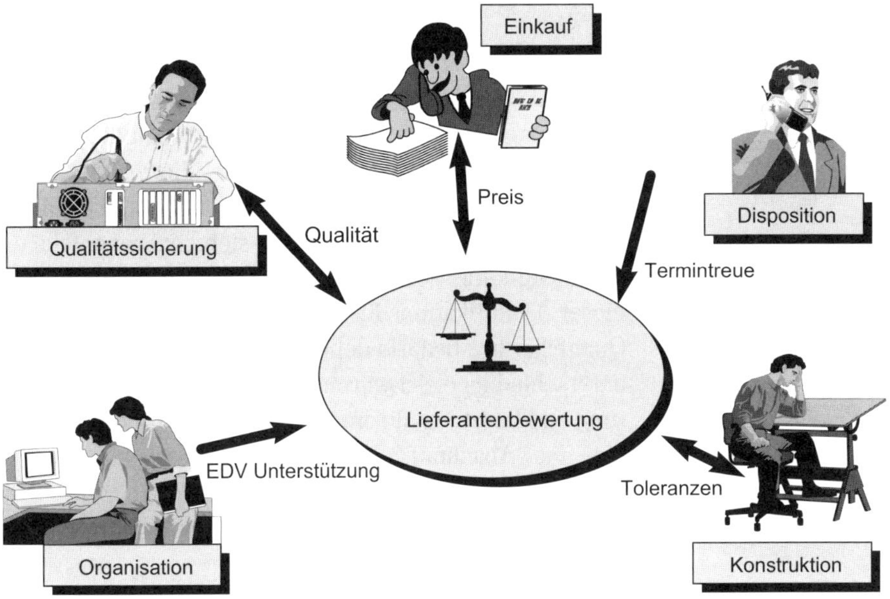

Bild 6-7: Beteiligte und Einflußgrößen bei der Lieferantenbewertung

interne Kunden-Lieferanten-Beziehungen in der Auftragsabwicklung.

Lieferantenbewertung zur Optimierung des Lieferantenstamms

Im Rahmen einer strategisch langfristig orientierten Materialwirtschaft ist die Betrachtung der Schnittstelle zum Lieferanten von großer Bedeutung. Nur durch eine konsequent durchgeführte Lieferantenbewertung kann eine strategische Optimierung des Lieferanten erreicht werden. Mit Hilfe der im internen Wertschöpfungsprozeß ermittelten Daten werden Rückschlüsse auf die Qualität der Lieferanten gezogen und wichtige Entscheidungsgrundlagen für die Materialwirtschaft geschaffen. Wie in Bild 6-7 dargestellt, müssen alle am Wertschöpfungsprozeß Beteiligten in den Entscheidungsprozeß integriert werden, damit die unterschiedlichen Interessen und die daraus zu bewertenden Einflußgrößen wie z.B. die Qualität, der Preis und die Termintreue ganzheitlich erfaßt werden können.

6.3.4 Qualifizierungsmaßnahmen zur Optimierung der regelkreisgesteuerten Auftragsabwicklung

Auf Basis der geschilderten Erhebungen erfolgt eine Beschreibung der Anforderungen des jeweiligen Arbeitssystems bzw. der Arbeitsplätze an die Mitarbeiter. Durch die Spiegelung dieser Anforderungen mit dem Qualifikationsangebot der Mitarbeiter läßt sich gegebenenfalls eine Qualifikationsdifferenz ermitteln. Resultierend aus dieser Qualifikationsdiffernz kann somit der aktuelle Qualifizierungsbedarfs definiert werden. Es ergeben sich unterschiedliche Schwerpunkte betrieblicher Qualifizierung und Beratung, die im folgenden beschrieben werden (vgl. auch Abschnitt 2.2.3 und 4.4).

Managementberatung zum Aufbau innerbetrieblicher Qualifizierungskapazitäten

Mit dem Ziel der effektiven Gestaltung und Umsetzung einer regelkreisgesteuerten Auftragsabwicklung, müssen neben reinen fachlichen Qualifikationen, wie z. B. zur Werkerselbstprüfung auch soziale Kompetenzen, wie z. B. die Übernahme von Traineraufgaben oder Coachingaufgaben vermittelt werden. In der betrieblichen Praxis können diese Aufgaben durch die Meister oder durch angegliedertes Fachpersonal der betroffenen Fertigungsbereiche übernommen werden.

PRAXISBEITRAG

Schulungsinhalte für Führungskräfte als Ergebnis einer Managementgesprächs

Im Rahmen eines Managementgespächs wurden für die Führungskräfte der Produktionsteams ein Schulungsprogramm mit folgenden Inhalten erarbeitet:

- Rolle der Mitarbeiter in der neuen Organisation
- Schulung über Leadership und Teamentwicklung der Führungskräfte
- Multiplikatorenschulung für die Durchführung interner Weiterbildungsmaßnahmen
- Team- und Gruppentraining bzw. Coachingschulung.

Qualifizierung von Werkern zur Durchführung von Selbstprüfungskonzepten

Die Betriebe sollten mittels Qualifizierungsleitfäden in die Lage versetzt werden, Weiterbildungsmaßnahmen mit einem eigenen Trainer selbständig durchzuführen. Dazu müssen die künftigen Trainer in der Beurteilung der Denk- und Lernweise, der Schwierigkeiten und Defizite, der Leistungsschwerpunkte und der Berufserfahrung der künftigen Kursteilnehmer geschult werden.

Die Leitfäden können in der Regel im wesentlichen kein Fach(arbeiter)wissen vermitteln, wie es in Lehrbüchern und Berufsschullehrplänen nach Sachkapiteln zusammengefaßt, geordnet und dann in dieser Reihenfolge im Unterricht bearbeitet wird.

Der Anspruch der Leitfäden besteht darin, arbeitsbezogene, handlungsorientierte und sprachgestützte Qualifizierung für Un- und Angelernte zu ermöglichen und auf das werkstattnahe Führungspersonal als betriebseigene Trainergruppe zuzugreifen.

PRAXISBEITRAG

Qualifizierungsleitfaden im Spritzgußbereich

1 Einführung zum Gebrauch
1.1 Methodik der Unterweisung
1.2 Gegenstand der Werkerqualifizierung
2. Zielgruppe und Didaktik
3 Leitfaden zur Werkerqualifizierung
3.1 Vorstellung und Begründung des Selbstprüfungskonzepts für die Werker
3.2 Sichtprüfung
3.3 Prüfen von Kunststoff-Werkstücken mittels Lehren
3.4 Messen von Demo-Werkstücken mit dem Stahlmaßstab, Grundlagen technischer Zeichnungen
3.5 Messen von Demo-Werkstücken mit Meßschieber ohne Nonius
3.6 Toleranzen an Kunststoffteilen; Bestimmung von Ist-Maßen mit Hilfe eines Nonius-Meßschiebers mit 1/20 (= 0,05) mm Auflösungsskalen
3.7 Bestimmung von Ist-Maßen mit Hilfe eines Digitalmeßschieber mit der Auflösung von 0,01 mm;

Schnitte in Zeichnungen von Demowerkstücken und Kunststoffteilen
4 Anhang: Lernprogramme und Arbeitsblätter sowie Lösungsblätter für den Trainer.

Arbeitsbezogene Qualifizierung zur Verbesserung der Mitarbeiterqualifikation

Arbeitsbezogene Qualifizierung bedeutet Qualifizierung für neue Arbeitsanforderungen im Rahmen der Gestaltung interner Kunden-Lieferanten-Beziehungen. Die Schulungsinhalte beziehen sich somit nicht auf allgemeintheoretische Ableitungen oder umfassende praktische handwerkliche oder Maschinenkenntnisse, sondern umfassen die konkreten Arbeitssituationen bei der Übernahme neuer und anspruchsvollerer Tätigkeiten in der regelkreisgesteuerten Auftragsabwicklung durch die Mitarbeiter.

Handlungsorientierte Qualifizierung der Mitarbeiter für künftige Arbeitssituationen

Handlungsorientiert heißt, daß der Kursteilnehmer dadurch aktiv werden soll, daß er im Schulungskontext bestimmte Aspekte der künftigen Arbeitssituation vorwegnimmt und bearbeitet. Er soll weder passiver Zuhörer eines Vortrags sein noch aus dem Kurs Wissen mitnehmen über dessen praktische Anwendbarkeit und Bedeutung er keine oder nur ungefähre Vorstellungen hat. Nur Theorievermittlung ohne praktischen Bezug ist für die spezielle Zielgruppe lernentwöhnter Erwachsener ohne Berufsausbildung ebenso sinnlos wie das Antrainieren von Handgriffen oder Operationsabfolgen ohne tieferes Verständnis.

Sprachgestützt bedeutet, daß wichtige Erkenntnisse der Arbeitspsychologie folgend, der teilnehmende Werker nicht nur zur praktischen Umsetzung des Gelernten in Übungen angeregt werden soll. Vielmehr soll jeder Teilnehmer darüber hinaus zur Selbstverdeutlichung der wichtigsten Zusammenhänge und zum besseren gedanklichen Speichern dieser Inhalte und Strukturen seine Tätigkeit laut sprechend erklären und kommentieren. Dies ist auch eine Merk- und Lernhilfe für die anderen Teilnehmer und ein wichtiges Mittel zur Lernerfolgskontrolle für den Trainer.

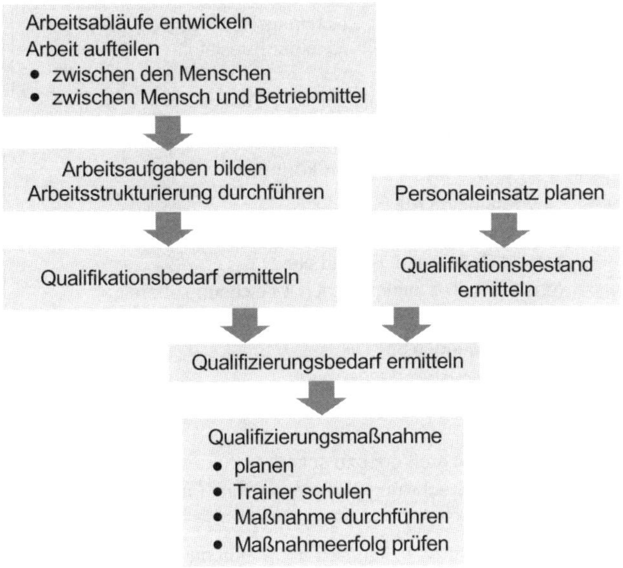

Bild 6-8: Schritte zur Planung und Durchführung von Qualifizierungsmaßnahmen

In Bild 6-8 ist dargestellt, welche Schritte nach der REFA-Methodenlehre für die Planung und Durchführung von Qualifizierungsmaßnahmen erforderlich sind. Auf Grundlage dieser Vorgehensweise wurden im folgenden Beispiel Maßnahmen zur Qualifizierung der Mitarbeiter im Spritzgußbereich entwickelt.

Die permanente Kooperation und Rücksprache zwischen Entwicklern, Beratern und Anwendern in den Phasen der Konzeption, Umsetzung und Erprobung, sichert, nicht nur eine sachgerechte inhaltliche Konzeption, sondern auch eine zielgruppengerechte methodisch-didaktische Gestaltung der Unterweisungsprogramme und Unterweisungsmaterialien.

Bei der Schulung und Aufgabenübertragung an die Werker kann wie folgt verfahren werden:

- Alle Werker der betroffenen Fertigungsbereiche nehmen an den Schulungsmaßnahmen teil.
- Zeitversetzt wird parallel zu den Schulungen mit der Aufgabenübertragung in der Fertigung begonnen.

	Prüfen, Messen, Zeichnungslesen für die Werkerselbstprüfung in der Kunststoff-spritzgießerei	Arbeitsblatt 4.2.6

Fehler am Spritzgußteil, die durch Sichtprüfung erkannt werden können

1. Unvollständige Ausformung
2. nicht vorhandene Bohrungen und Rippen
3. zuviele Bohrungen, Rippen etc.
   (das heißt, Teil stimmt nicht mit Zeichnung überein),
4. weiße Flecken, Schlieren, Brandstellen
5. Beschädigungen am Teil
6. Ziehstellen, Rißbildungen
7. Einfallstellen
8. Gratbildung
9. Anschnitt zu groß oder zu scharf
10. Materialverwechslung (Auftragspapiere, Farbmuster)

Bild 6-9: Fehlerkatalog im Rahmen der Schulung zur Werkerselbstkonstrolle

Anfangs unterstützen und prüfen beispielsweise fliegende Kontrolleure die Mitarbeiter an den Meß- und Prüfplätzen. Nach ca. 2 Monaten wird diese Unterstützung beendet. Die fliegende Kontrolleure sind aber noch auf Abruf zur Mithilfe bereit. Hierbei ist von großer Bedeutung, daß die Mitarbeiter mittels aussagekräftiger und leicht verständlicher Prüfanweisungen geschult werden, wie in Bild 6-9 beispielhaft an einem Fehlerkatalog dargestellt.

Nach etwa einem halben Jahr ist die Selbstprüfung in voller Verantwortung der Werker durchzuführen. Während dieses Zeitraumes sollten regelmäßig Gespräche zwischen den Werkern, den QS-Verantwortlichen und den Einstellern der Bereiche stattfinden. Dabei ist der Fortschritt in der Selbständigkeit der Werker abzuschätzen und eventuell notwendige zusätzliche Unterstützungsmaßnahmen sind zu organisieren.

6.3.5 Instrumente zur Förderung des Qualitätsbewußtseins

6.3.5.1 Qualitätsförderliche Entgeltmodelle

Zur Förderung eines umfassenden Qualitätsverständnisses bei allen Mitarbeitern leisten qualitätsförderliche, betriebsspezifische Entgeltmodelle unter anderem in folgenden Punkten einen Beitrag leisten:

- Qualität von Produkt, Prozeß und Arbeitswelt
- Flexibilität
- Motivation
- Produktivität
- Kostenbewußtsein
- Eigenverantwortlichkeit
- Termintreue
- Kreativität
- Kooperation
- Qualifizierungsbereitschaft.

Entgeltmodelle zur Unterstützung qualitätsförderlicher Organisationsformen

Zur Sicherstellung der längerfristigen Einsetzbarkeit eines qualitätsförderlichen Entgeltkonzeptes muß gewährleistet werden, daß sich zum einen die Unternehmens- und Qualitätsziele abbilden lassen. Zum anderen muß eine Offenheit gegenüber Änderungen der Entgeltsumme bestehen, die sich aus Produktivitäts- und Arbeitssystemveränderungen ergeben können.

Aktuelle Managementkonzepte, die durchgängig eine starke Kundenorientierung – und damit eine marktorientierte Qualitätsausrichtung – als zentrale Gestaltungsmomente haben, benötigen Entgeltsysteme, die flexibler als die tayloristischen Strukturen der Vergangenheit sind. Die Verschiebung der Arbeitsinhalte weg von der bisher tayloristisch orientierten Arbeitsteilung hin zu größeren, steuernden und disponierenden Tätigkeitsanteilen der Mitarbeiter, ist im Entgeltsystem zu berücksichtigen.

Kombinierte Prämienmodelle als Beispiel für qualitätsförderliche Entgeltmodelle

Als qualitätsförderliche Entgeltmodelle bieten sich kombinierte Prämienmodelle an, die aus einem Grundentgelt- und einem leistungsabhängigen Prämienentgeltanteil bestehen.

Als Grundentgelt wird meist ein Gehalt oder Zeitlohn bezahlt, der sich auf einen durchschnittlichen Monatsstundensatz bezieht. Die Entgelthöhe basiert auf einer summarisches Bewertung der durch die Prozeßtechnologie und Organisationsgestaltung abgeforderten Qualifikation.

Zur entstehungsgerechten Bewertung zusätzlicher, vor allem qualitätsorientierter, Leistungen bietet sich ein Prämienentgelt an. Diese Prämie wird als variabler Anteil dem Grundentgelt zugeordnet. Bei der Gestaltung von Prämien ist darauf zu achten, daß sie sowohl den individuellen Beitrag des einzelnen Mitarbeiters als auch den gemeinsam von einer Gruppe erbrachten Beitrag zur Wertschöpfung berücksichtigen.

Leistungskennzahlen für den Prämienverlauf

Um die Entgeltanteile an die teilweise sehr unterschiedlichen Anforderungen, auch innerhalb von Unternehmen, anzupassen, sollte eine aus mehreren Komponenten bestehende Prämie festgelegt werden. Als Leistungskennzahlen für den Prämienverlauf werden neben den reinen Mengen- bzw. Produktivitätskennzahlen, sowohl quantitative Kenngrößen wie Nutzungs-, Ausschuß- und Ersparniskennzahlen als auch qualitative Kenngrößen wie Gruppenverhalten, Zusammenarbeit mit Kollegen und Eigeninitiative verwendet.

Die transparente Gestaltung der Entgeltmodelle spielt auch eine wichtige Rolle. Der Mitarbeiter muß jederzeit

PRAXISBEITRAG

Qualitätsförderliches Prämienentgeltmodell in einem Extrusionsbereich

Ein Unternehmen, das Schrumpfschläuche herstellt, entlohnt seine Mitarbeiter auf Basis eines Prämienentgeltmodells.

Das Grundentgelt der Mitarbeiter besitzt sowohl einen tätigkeitsabhängigen als auch einen von der vorhandenen Qualifikation abhängigen Anteil. Der Mitarbeiter ist zur regelmäßigen Teilnahme an den durch das Unternehmen angebotenen Maßnahmen zur beruflichen Weiterbildung verpflichtet.

Die betrieblichen Weiterbildungsmaßnahmen werden regelmäßig durchgeführt und das erlangte Wissen durch

eine Prüfung bewertet. Das Ergebnis der Prüfung geht in die Grundentlohnung mit ein. Hierdurch wird gewährleistet, daß schon aus Eigeninteresse der Mitarbeiter, eine kontinuierliche berufliche Weiterbildung stattfindet.
Das Prämienentgelt wird basierend auf verschiedenen Kenngrößen berechnet. Hierbei werden Ausschußquoten (Menge des Granulatschrotts), die ausgebrachte Mengenleistung sowie die Anzahl der Rüstvorgänge herangezogen.

erkennen, wie sich sein Leistungsverhalten auf den Prämienverlauf auswirkt.

6.3.5.2 Hierarchie- und bereichsübergreifende Qualitätszirkel

Bei den in Abschnitt 6.2.2 beschriebenen Problem- und Anforderungsanalysen kann sich ergeben, daß der Informations- und Kommunikationsfluß sowohl zwischen Vorgesetzten und Mitarbeitern als auch zwischen den unterschiedlichen Betriebsbereichen und Abteilungen problematisch ist.

Zusammensetzung von hierarchie- und bereichsübergreifenden Qualitätszirkeln

Hierarchie- und bereichsübergreifende Qualitätszirkel werden mit dem Ziel initiiert, Probleme und Reibungsverluste an den Schnittstellen der internen Auftragsabwicklung zu verringern und das Qualitätsbewußtsein insgesamt zu erhöhen (vgl. Abschnitt 3.4.3).

Die Mitglieder von Qualitätszirkeln sollten aus unterschiedlichen Hierarchieebenen (Abteilungsleiter, Meister) und aus verschiedenen Funktionsbereichen (Lager, Arbeitsvorbereitung, etc.) des Unternehmens stammen, können fallweise auch durch externe Mitarbeiter z. B. von Zulieferern ergänzt werden. Die Gruppenzusammensetzung wird überwiegend nach fachlichen Gesichtspunkten festgelegt. (Wer kann einen Beitrag zur Lösung der anstehenden Problemstellung leisten?)

Für die Einführung des Qualitätszirkels und für die zu bearbeitenden Aufgaben müssen unter anderem folgende Rahmenbedingungen festgelegt werden:

- Verschiedene Teilnehmer des Qualitätszirkels sollten eine Moderatorenschulung erhalten, damit die Fähigkeiten zur abwechselnden, eigenständigen Leitung und Moderation der Qualitätszirkel vorhanden sind.
- Die Ergebnisse der Zirkelarbeit müssen dokumentiert (Qualitätszirkelprotokoll) und das Umfeld informiert werden können.
- Die Qualitätszirkelgröße soll speziell bei hierarchie- und bereichsübergreifenden Qualitätszirkeln 5-8 Mitarbeiter nicht überschreiten.
- Der Qualitätszirkel ist jeweils für eine vollständige Problembearbeitung zuständig, d.h. Problemidentifikation, Ursachenanalyse, Erarbeitung eines Lösungsvorschlags, Umsetzung des ausgewählten Lösungsvorschlags und Ergebnisbewertung.
- Sämtliche Teilnehmer des Qualitätszirkels müssen hinsichtlich der Anwendung geeigneter Problembearbeitungs- bzw. Problemlösetechniken ausreichend geschult (z. B. Ishikawa-Diagramm, Pareto-Diagramm etc.) werden.
- Der Qualitätszirkel soll sich regelmäßig treffen. Die Dauer der Sitzungen variiert und kann unter Umständen bis zu einem halben Tag dauern.

Die systematische Herangehensweise, wie sie beispielsweise die gemeinsame Analyse eines betrieblichen Problems mittels besonderer Techniken wie z. B. mit Ishikawa-Diagramm (Bild 6-10) und letztlich das gemeinsame Erarbeiten eines Lösungsvorschlags darstellt, führt zu erhöhter Akzeptanz und zu einer erheblichen Verbesserung des gegenseitigen Umgangs miteinander, bei einer gleichzeitig gesteigerten Kommunikation untereinander.

Ishikawa-Diagramm zur Problemanalyse

Der Einsatz des Ishikawa-Diagramms ermöglicht, daß die Wirkungszusammenhänge für das Fehlverhalten innerhalb des Produktionsprozesses, wie im obigen Beispiel bei der Schrumpfschlauchherstellung, systematisch ermittelt werden. Das Diagramm ist ein geeignetes Instrument um mit den Mitarbeitern Fehler zu diskutieren, Fehlerursachen zu ermitteln, um letztendlich aus den ge-

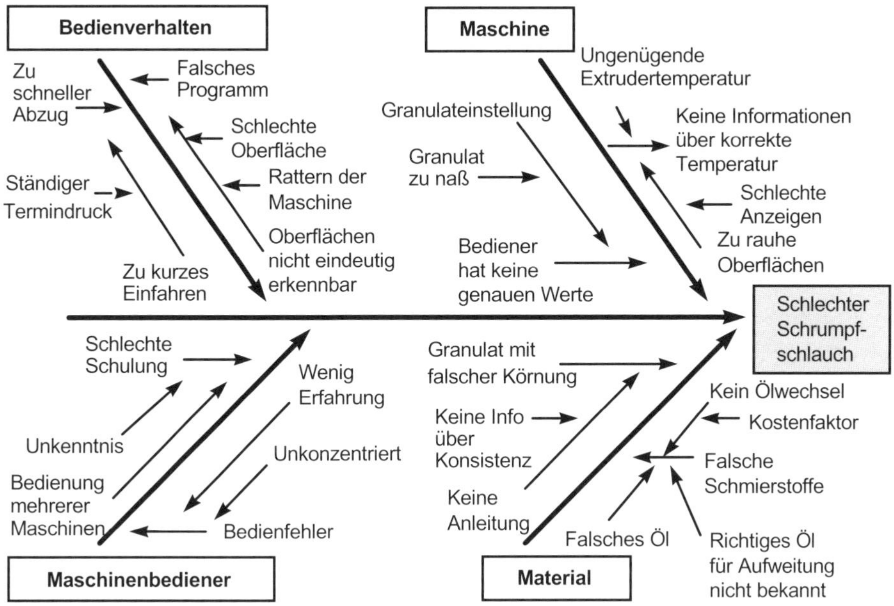

Bild 6-10: Ishikawa-Diagramm als Ergebnis eines Qualitätszirkels

wonnenen Erkenntnissen Korrektur- und Vorbeugungsmaßnahmen zu entwickeln.

6.4 Ergebnisse und Nutzen

Bei allen beteiligten Serienfertigern führte der konsequente Aufbau einer regelkreisgesteuerten Auftragsabwicklung zur Optimierung der internen Kunden-Lieferanten-Beziehungen über die gesamte Wertschöpfungskette hinweg. Die Flexibilität und Effizienz der Unternehmen konnte auf den unterschiedlichsten Wirkungsebenen entscheidend optimiert werden. Die Neugestaltung der Arbeitsstrukturen in prozeßorientierte, teilautonome Organisationseinheiten, in denen die Mitarbeiter weitgehend in Teamstrukturen mit einem hohen Selbstorganisations- und Eigenverantwortungsgrad arbeiten, spielte hierbei eine ausschlaggebende Rolle. Die definierten Regelkreise führten zu transparenteren, an den Geschäftsprozessen orientierten Strukturen sowie zu einer besseren Kooperation der unterschiedlichen Bereiche und Abteilungen. Damit wurde eine wesentlich Erhöhung der Qualität sowohl innerhalb der einzelnen Auftragsabwicklungsabschnitte als in der gesamten Wertschöpfungskette ermöglicht. Weitere Effekte ergaben sich sowohl durch eine gesteigerte Mitarbeitermotivation als auch durch die verbesserte Qualifikation der Mitarbeiter, die über erweiterte Entscheidungs- und Handlungsspielräume in den prozeßorientierten, teilautonomen Organisationseinheiten verfügen.

Trotz der unterschiedlichen Ausgangssituationen konnten auf Basis der beschriebenen Systematiken und Methoden bei allen beteiligten Unternehmen entsprechend den unterschiedlichen Projektschwerpunkten wesentliche Verbesserungen der Stabiliät der Prozesse bilanziert werden. Nach Durchführung der qualitätsfördernden Organisationsentwicklungen wurden bei den Serienfertigern folgende Ergebnisse erzielt:

Produktanalysen bzw. ABC-Analysen des Teilespektruktrums sowie die Betrachtung der externen Wiederbeschaffungs- und der internen Fertigungszeiten stellten die Grundlage für die Verbesserung und Neudefinition der Auftragsabwicklungsorganisation über die gesamte Wertschöpfungskette dar. Die Produktion wurde in kundenanonyme und kundenspezifische Abschnitte neu gegliedert. Auf Basis dieser Produktions- und Produktstrukturen wurde eine regelkreisgesteuerte Auftragsabwicklung mit verschiedenen Steuerungs- und Regelungsmodellen entwickelt und eingeführt. Durch die Einführung von KANBAN-Regelkreisen konnte zum einen die Teileverfügbarkeit wesentlich verbessert werden und zum anderen die Bestände gesenkt werden. Als Ergebnis der Analysen von Teileverwendung und Absatzstrukturen wurden erhebliche Verbesserungen sowohl im Bereich der Fertigungssteuerungsstrategien als auch im Bereich der Produktgestaltung hinsichtlich der Mehrfachverwendung von Teilen erzielt.

Gestaltungsansätze zum Aufbau dezentraler qualitätsfördernder Dispositionskonzepte wurden entwickelt und umgesetzt. Die beteiligten Teams bzw. Mitarbeitern konnten selbstverantwortlich im Rahmen ihrer Möglichkeiten, den Produktions-Planungs- und Steuerungsprozeß gestalten und umsetzen. Im Rahmen der Gestaltung von dezentralen Produktions-Planungs- und Steuerungsregelkreisen wurden auch externe Kunden-Lieferanten-Beziehungen betrachtet und soweit wie möglich in die interne regelkreisgesteuerte Auftragsabwicklung mit integriert. Hierdurch konnte die zentrale Produktionsplanung weitestgehend aufgelöst werden.

Zur Steigerung der Prozeßstabilität wurde von den Mitarbeitern eine Analyse der gesamten Materialbereitstellung durchgeführt. Dies führte sowohl zu Verbesserungen der internen Lagerbewirtschaftung als auch bei der Teileverfügbarkeit und -bereitstellung.

Zur Bewertung der Teilezulieferer wurde eine Lieferantenbewertung aufgebaut, wodurch eine Kostenverringerung und eine Erhöhung der Sicherheit in der Versorgung erreicht wurde.

Mit Hilfe von Expertengesprächen konnte der Organisationsentwicklungs- und Qualifizierungsbedarf in den beteiligten Unternehmen erfaßt und konkrete Qualifizierungsmaßnahmen abgeleitet werden. So wurde beispielsweise die zentrale Qualitätssicherung durch die Qualifizierung von Mitarbeitern zur Selbstprüfung entlastet. Hierdurch wurden die Regelkreise in der unmittelbaren Qualitätssicherung mit dem Effekt verkleinert, daß zeitnahe Rückmeldungen über das Prozeßverhalten jederzeit sichergestellt werden.

Die Einführung der hierarchie- und bereichsübergreifenden Qualitätszirkel führte zu wesentlich transparenteren Informationsflüssen. Die Kommunikation zwischen Vorgesetzten und Mitarbeitern sowie zwischen Abteilungen und Betriebsstätten wurde verbessert. Reibungsverluste der dieser Schnittstellen konnten verringert und das Qualitätsbewußtsein insgesamt erhöht werden. Als Ergebnis der Qualitätszirkel wurden z. B. verschiedene „Kommunikationstafeln" eingeführt, die nach dem Briefkastenprinzip mit Sendern und Empfängern funktionieren. Mit deren Hilfe wurde eine systematische Informationsweitergabe zwischen den teilautonomen Gruppen und Abteilungen gewährleistet.

6.5 Zusammenfassung und Ausblick

Die aufgezeigten Systematiken und Methoden zur Optimierung und Gestaltung der regelkreisgesteuerten Auftragsabwicklung stellen die Grundlage zur Gestaltung qualitätsförderlicher Organisationsstrukturen im Rahmen von internen Kunden-Lieferanten-Beziehungen dar.

Im Rahmen einer kritischen Selbstanalyse, können die Unternehmen damit eigenverantwortlich eine Überprüfung und Optimierung ihrer regelkreisgesteuerten Auftragsabwicklung vornehmen. Diese Optimierung kann und muß, im Sinne einer ganzheitlichen Vorgehensweise, über den eigentlichen Bereich der Produktion hinausgehen. Es müssen sämtliche Wertschöpfungsabschnitte vom Kunden bis zum Kunden hinsichtlich ihrer Effizienz und ihres Beitrages zur Auftragsabwicklung untersucht werden.

Um die Potentiale der regelkreisgesteuerten Auftragsabwicklung bei der Neugestaltung von internen Kunden-Lieferanten-Beziehungen voll auszuschöpfen, genügt nicht nur die Neudefinition von Arbeitsteilung, Arbeitsinhalten und Arbeitsorganisation, sondern es müssen Qualifizierungsstrategien entwickelt und umgesetzt werden, die über die Vermittlung der reinen Fachkompetenz hinausgehen. Strategisch operierende Unternehmen behandeln deshalb die Qualifikation ihrer Mitarbeiter als ein Element bei der Entwicklung ihrer Unternehmenskultur. Durch den Aufbau einer regelkreisgesteuerten Auftragsabwicklung, die zu einer engen Verzahnung der einzelnen Unternehmensbereiche führt, können erhebliche Produktivitätspotentiale erschlossen werden.

Entscheidend für die erfolgreiche Gestaltung der internen Kunden-Lieferanten-Beziehungen ist dabei die Konsequenz in der betrieblichen Umsetzung.

7 Von der Werkerselbstkontrolle zur Produzentenverantwortung

TH. LINSENMAIER UND ST. WILHELM

Inhaltsverzeichnis

7.1 Ausgangssituation ... 212
7.2 Konzeptidee - Die Produzentenverantwortung ... 214
7.2.1 Motivation der Mitarbeiter ... 218
7.2.1.1 Zielinhalts-Theorien ... 218
7.2.1.2 Prozeß-Theorien ... 220
7.2.2 Grundelemente bei der Gestaltung des Handlungsspielraumes ... 221
7.2.2.1 Führungsstil ... 222
7.2.2.2 Integration ... 224
7.2.2.3 Flexibilität ... 225
7.2.2.4 Transparenz durch Kommunikation und Information ... 225
7.2.3 Die Einführung der Produzentenverantwortung ... 226
7.2.3.1 Gruppenarbeit und Produktionsinseln ... 227
7.2.3.2 Job Rotation ... 230
7.2.3.3 Job Enrichment ... 230
7.2.3.4 Job Enlargement ... 231
7.2.3.5 Weiterbildung, Schulungsmaßnahmen ... 232
7.2.3.6 Qualitätszirkel und KVP-Runden ... 235
7.2.3.7 Vorschlagswesen ... 235
7.3 Umsetzung im Betrieb ... 236
7.3.1 Verwendete Methoden und Techniken ... 237
7.3.1.1 Moderation in Gruppen ... 237
7.3.1.2 Metaplan ... 239
7.3.1.3 Vier-Quadranten-Methode ... 239
7.3.1.4 Brainstorming ... 240
7.3.1.5 VMI-Matrix ... 241
7.3.2 Vorgehensweise ... 241
7.3.2.1 Vision ... 243
7.3.2.2 Zieleingrenzung und Konkretisierung ... 245
7.3.2.3 Erarbeitung von Maßnahmen und Realisierung ... 248
7.3.2.4 Erfolgskontrolle und Weiterführung ... 255
7.4 Nutzenanalyse ... 255
7.5 Literatur ... 256

7.1 Ausgangssituation

Motivierte und qualifizierte Mitarbeiter sind Voraussetzung für eine effiziente Qualitätssicherung

In den vergangenen Jahren hat sich die Aufgabe der Qualitätssicherung deutlich gewandelt. Mehr und mehr Unternehmen haben erkannt, daß die Qualitätssicherung nach herkömmlicher Methode nicht mehr ausreichend ist. Entsprechende Maßnahmen wurden dabei jedoch oft halbherzig oder isoliert eingeführt. So ist es zwar vielversprechend, Produktvergleiche, Produkt-Audits und Produktinnovationen durchzuführen. Kundenansprüche und allgemeine Anforderungen führen jedoch dazu, daß sich moderne Massenprodukte immer mehr einander ähneln. Was dem Unternehmen besonders auf dem Kostensektor bleibt, sind Kostenvorteile in den betrieblichen Abläufen und Prozessen – Entwickeln, Produzieren, Vertreiben – einschließlich Finanzieren und Verwalten. Dazu muß – neben der Konzentration auf das Produkt – auch die Konzentration auf die Mitarbeiter gegeben sein. Qualitätsmotivation und Bewußtseinsänderung sind entscheidende flankierende Maßnahmen, die zu einer deutlichen Qualitätsverbesserung führen können.

In diesem Unterkapitel erfolgt die Beschreibung der Ausgangssituation anhand von Untersuchungen in einem Großbetrieb (Weinig AG, Tauberbischofsheim), einem mittelständischen Betrieb (L'Orange GmbH, Stuttgart) und einem Kleinstbetrieb (P+T, Zunsweiler b. Offenburg). Schwerpunkte der Betrachtungen waren der Stand der Qualitätssicherung bzw. TQM (Total Quality Management) im Unternehmen. Der Stand des TQM in den jeweiligen Unternehmen zum Zeitpunkt der Analyse ist in Tabelle 7-1 dargestellt. Daraus geht hervor, daß qualitätssichernde Maßnahmen Verwendung finden, jedoch noch weiter ausbaufähig sind.

PRAXISBEITRAG

L'Orange GmbH:
Stand des TQM im Unternehmen zum Analysezeitpunkt

- Prüfmerkmale sind zu wenig dokumentiert
- Zuordnung Prüfmerkmal – Prüfmittel aus der Erfahrung der Werker heraus

	WEINIG AG	L'ORANGE GmbH	P + T
Orientierung am Konsumenten			
Erhebung der Kundenanforderungen bzw. -bedürfnisse?	kaum länderspezifische Erfassung; neue Anforderungen während der Konstruktionsphase	Erhebung von Einzelkunden-anforderungen	Kundengruppen werden gezielt angeschrieben
Umsetzung der Produkteigenschaften (QFD, Pflichtenheft)	Pflichtenheftphase mit interdisziplinären Teams	technisches Pflichtenheft	teilweise
Informationsrückfluß von Vetrieb, Service?	kaum Informationsrückfluß an die Fertigung	ja	ja, von Kunden, QS, Einkauf
Funktion und Zweck des Bauteils beim Werker bekannt?	teilweise	vage bekannt	teilweise
Kunden-Lieferanten-Prinzip			
werden von Folgeprozessen Qualitätsmerkmale definiert?	nur bei häufig gefertigten Teilen	nach Arbeitsplan; Verbesserungsvorschläge an AV	ggf. Rücksprache
Quality first			
Unterbrechung des Fertigungsprozesses	nach Rücksprache mit Meister oder Kontrolleur	nach Rücksprache mit Meister oder Kontrolleur	nach Rücksprache mit Meister
Hauptziel	Optimum zwischen Qualität, Kosten und Zeit	Qualität	Meister: Qualität Geschäftsleitung: Kosten
Speak with data			
werden Daten gesammelt?	ja; z.B. Fehlersammelkarte	nicht systematisch	ja
Fertigungs-/Qualitätskennzahlen	ja	ja	ja
PDCA-Zyklus			
Durchführung d. Verbesserungen	nur abteilungsintern	regelmäßige Gespräche	Ad-Hoc-Teams
Unternehmens-/Q-Politik			
Unternehmens/Q-Grundsätze	zu wenig bekannt	zu wenig bekannt	zu wenig bekannt
Qualitätssicherung			
zuständig	QS	QS	Werker
Zusammenarbeit in der QS	Ad-Hoc-Teams	ja	ja
Maßnahmen zur QS	keine präventiven Methoden	wenig	FMEA über den Kunden
Gibt es ein QS-Handbuch?	nein	nein	nein
Problemlösungstechniken	kaum bekannt	kaum bekannt	kaum bekannt
Schulungen zur TQM	teilweise	kaum	nein

Tabelle 7-1: Stand des TQM in den beteiligten Unternehmen

- benötigte Prüfmittel teilweise nicht am Arbeitsplatz vorhanden
- Verantwortung für die gefertigten Teile obliegt dem Kontrolleur
- Qualitätsgrundsätze nur zum Teil bekannt
- zu wenig klare Handlungsanweisungen bzgl. Ausschuß / Nacharbeit
- schlechte Rückverfolgbarkeit bzgl. des Einzelteils
- unzureichende Dokumentation der Arbeitsprozesse

P+T:
Stand des TQM im Unternehmen zum Analysezeitpunkt
- Arbeitspläne sind nicht umfassend vorhanden
- Funktionsmaße sind teilweise nicht bekannt
- Unsicherheit, welche Teile ein Abnahmeprotokoll benötigen und welche durchgängig gemessen werden sollen
- Durchgängige, transparente Dokumentation des Fertigungsablaufs fehlt
- Qualitätsgrundsätze sind nur zum Teil bekannt
- Die Prozeßverantwortung liegt beim Werker, dem jedoch die Qualifikation zur Prozeßbeurteilung fehlt

Anhand der beschriebenen Situation werden die Ansatzfelder für Verbesserungen deutlich. Die Schwachpunkte liegen hauptsächlich in Bereichen, die größtenteils durch Motivation und Qualifikation der Mitarbeiter geprägt sind. Die Lösung der Probleme liegt hierbei beim Werker selbst bzw. bei seiner inneren Einstellung. Es soll erreicht werden, daß der Mitarbeiter ein dauerhaftes Bewußtsein für Produkt, Arbeitsumgebung und Unternehmen entwickelt.

7.2 Konzeptidee – Die Produzentenverantwortung

Das Konzept der Produzentenverantwortung basiert auf den drei Komponenten Motivation, Qualifikation und Handlungsspielraum

Die heutige Arbeitswelt ist gekennzeichnet durch Mechanisierung und Automatisierung. Den limitierenden Faktor für betriebliche Effizienz bildet die menschliche Arbeitskraft und nicht mehr die Maschine. Es liegt deshalb nahe, beim Menschen selbst anzusetzen, um eine Leistungs- und Qualitätssteigerung zu erzielen.

Anhand der Zustandsanalysen in den beteiligten Unternehmen wurde deutlich, daß es zahlreiche Faktoren gibt, die sich hemmend auf den Produktentstehungsprozeß und damit auf die Qualität des Produktes selbst auswirken. Im vorliegenden Kapitel werden praxisnahe Lösungsvorschläge beschrieben. Es gilt, eine Methodik zu entwickeln, die die Qualität des Produktes bereits während der Planung und Produktion in den Vordergrund stellt und das dafür notwendige Bewußtsein bei allen Beteiligten erzeugt und langfristig sicherstellt. Ansatzpunkt hierfür war eine neue Sichtweise der Beziehung der Mitarbeiter untereinander. Das klassische Verhältnis von Mitarbeiter zu Mitarbeiter wird auf die Stufe Kunde-Lieferant transformiert und erhält somit eine noch wichtigere Bedeutung. Denk- und Handlungsweisen, die bei einer externen Kunden-Lieferanten-Beziehung den Erfolg des Unternehmens sichern, sollen nun schon während der Entstehungsphase, also betriebsintern, von den Mitarbeitern praktiziert werden.

Die Vision der Produzentenverantwortung sieht eine Verantwortungsübernahme durch den Mitarbeiter also den Produzenten eines Produktes oder einer Dienstleistung vor. Er selbst soll für zeitgerechte Fertigstellung und kundengerechte Qualität seines Produktes verantwortlich sein. Um diese Verantwortung zu übernehmen muß eine Kette von Kausalitäten erfüllt werden.

1. Verantwortungsübergabebereitschaft der Vorgesetzten
2. Verantwortungsübernahmebereitschaft der Betroffenen
3. Verantwortungsübernahmefähigkeit der Betroffenen

Die Übergabebereitschaft ist grundlegend erforderlich zur Realisierung der Produzentenverantwortung. Funktionsträger aus indirekt produktiven Bereichen müssen bereit sein, ihre Befugnisse und Tätigkeiten an die direkt produktiven Funktionsträger zu übertragen. Grundsätzlich ist Verantwortung immer gekoppelt mit entsprechender Handlungsbefugnis. So ist hier nicht nur die formale Übertragung der Verantwortung, während Kompetenz und Handlungsbefugnis und Spielraum beim ursprünglichen Funktionsträger verbleiben, sondern auch die funktionale Übertragung von Verantwortung und korrelierenden Handlungsspielräumen (das Dürfen) erforderlich.

Ist die Übergabebereitschaft vorhanden, muß bei den Betroffenen grundsätzlich die Bereitschaft und Fähigkeit vorhanden sein, um Verantwortung zu übernehmen. Dies setzt zum einen eine notwendige Motivation (das Wollen) wie auch Qualifikation (das Können) voraus. Sind beide Voraussetzungen in einem Unternehmen vorhanden, dann sind die Erfolgsaussichten für eine funktionierende Produzentenverantwortung ausgesprochen gut.

In Bild 7-1 ist die Produzentenverantwortung dem klassischen, arbeitsteiligen Organisationskonzept und der Werkerselbstkontrolle gegenübergestellt. Im Gegensatz zur klassischen Arbeitsteilung Fertigung – Kontrolle soll dem Arbeiter nun soviel Spielraum wie möglich eingeräumt werden, in den Fertigungsprozeß selbst aktiv einzugreifen. Ein wichtiger Schritt ist hierbei die Werkerselbstkontrolle, die in vielen Betrieben schon praktiziert wird. Bei der Produzentenverantwortung hat der Werker zusätzlich die Gelegenheit auf den Arbeitsablauf gestalterisch einzuwirken. Die Übertragung von Verantwortung

	Trennung Fertigung-Kontrolle	Werkerselbst-kontrolle	Produzenten-Verantwortung
Fertigen	Werker nach Plan	Werker nach Plan	Werker nach Plan, der gemeinsam mit AV verbessert wurde
Erkennen durch Kontrollieren	Kontolleur nach Zeichnung	Werker nach Zeichnung	Werker nach Plan, der gemeinsam mit QS verbessert wurde
Erkennen durch Überwachen	Werker überwacht Prozeß	Werker überwacht Prozeß	erarbeitete und dokumentierte Merkmale/ Kennwerte werden überwacht – Ziel ist keine Überwachung
Reagieren	Störmeldung an QS/Schlosser	Störmeldung an QS/Schlosser	persönliches Einwirken auf Prozeß und vorgelagerte Abteilungen AV, Konstruktion, Betriebsmittelbau
Vermeiden	gegebenfalls Verbesserungs-vorschlag	gegebenfalls Verbesserungs-vorschlag	persönliche Prozeßverbesserung (direktes Umfeld), Mitarbeit bei Verbesserungen (Prozeß/Produkt)

Bild 7-1: Die Entwicklung von der Aufgabentrennung zur Produzentenverantwortung

und Mitsprachemöglichkeit soll zur Ausbildung eines Qualitätsbewußtseins und zur Identifikation mit Produkt und Unternehmen beitragen.

In Bild 7-2 sind Einflußgrößen und Methoden dargestellt, die die Ausbildung einer Produzentenverantwortung auf Werkerebene unterstützen können.

Das Konzept der Produzentenverantwortung basiert auf den drei Grundelementen Motivation, Qualifikation und Handlungsspielraum (vgl. Abschnitt 2.2.1). Das Verhältnis zwischen diesen drei Komponenten muß ausgewogen sein. Ein motivierter Mitarbeiter kann nur dann

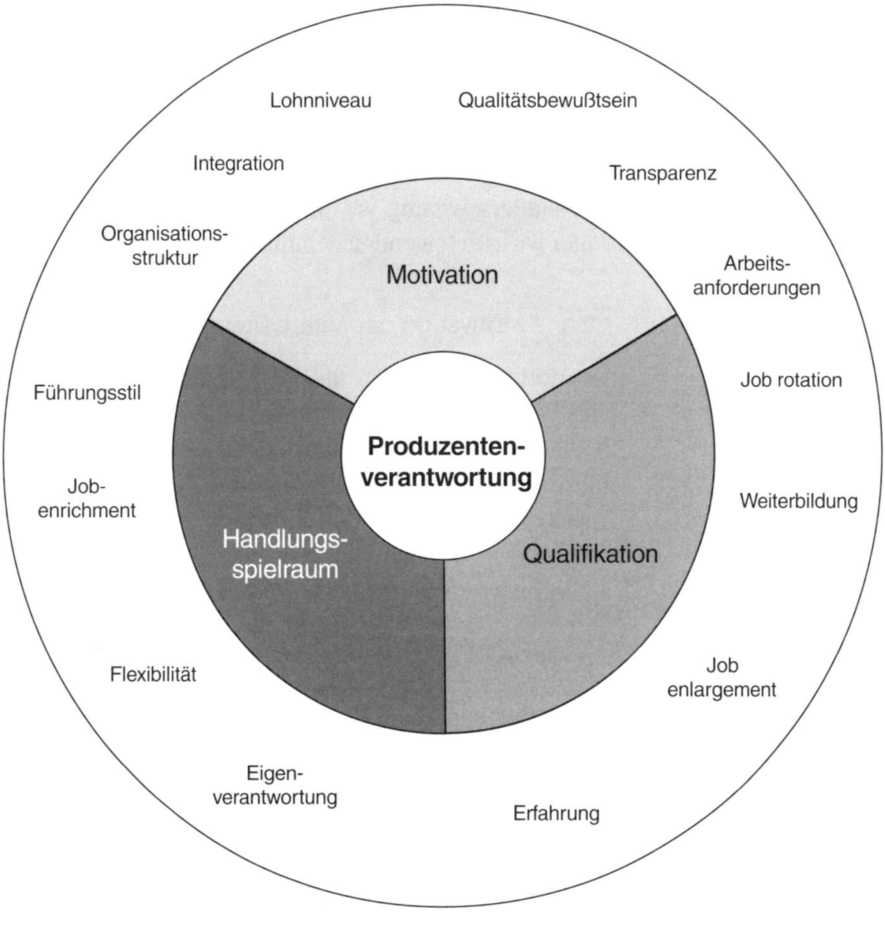

Bild 7-2: Einflußfaktoren und Umsetzungsmethoden der Produzentenverantwortung

seine Arbeit erfolgreich verrichten, wenn er ausreichend dafür qualifiziert ist. Umgekehrt wird ein qualifizierter Arbeiter nur bei entsprechender Motivation seine Leistung bringen. Die Optimierung der Arbeitsabläufe und die Umsetzung von Verbesserungsvorschlägen lassen sich sehr effizient umsetzen, wenn der Handlungsspielraum des entsprechend qualifizierten Werkers erweitert wurde.

Es gibt viele Hilfsmittel und Maßnahmen, welche die drei Faktoren Motivation, Qualifikation und Handlungsspielraum unterstützen. Die Qualifikation wird beispielsweise durch gezielte Weiterbildung oder Job Rotation verbessert. Den Handlungsspielraum kann man durch die Übertragung zusätzlicher Verantwortlichkeiten oder Zuständigkeiten erweitern. Eine höhere Motivation läßt sich beispielsweise neben einer Lohnerhöhung oder durch einen integrativen und partizipativen Führungsstil erreichen. Im weiteren Verlauf dieses Kapitels erfolgt eine vertiefende Darstellung dieser Hilfsmittel.

Besonders wichtig ist die Motivation der Mitarbeiter. Daher wird im folgenden detailliert auf sie eingegangen.

7.2.1 Motivation der Mitarbeiter

Als Motivation werden die Beweggründe für menschliches Verhalten bezeichnet. Sie beschreibt, warum jemand in einer bestimmten Weise handelt. Für die Personalführung eines Unternehmens ist besonders die praktische Umsetzung verschiedener Motivationstheorien interessant. Allgemein kann von zwei Forschungsansätzen ausgegangen werden [7.13].

7.2.1.1 Zielinhalts-Theorien

Es gibt fünf Gruppen von Grundbedürfnissen, die nacheinander befriedigt werden müssen, um in die jeweils folgende Gruppe aufsteigen zu können

Zielvorstellungen und Bedürfnisse veranlassen den Menschen zu einer bestimmten Handlungsweise. Dabei steht das Ziel selbst im Vordergrund und nicht Art und Weise, dieses zu erreichen. Bedeutende Vertreter dieser Theorie sind beispielsweise Maslow und Herzberg. *Maslow* geht davon aus, daß wir alle nach der Befriedigung nicht befriedigter Bedürfnisse streben. Er unterscheidet fünf Gruppen von Grundbedürfnissen:

1. Physiologische Existenz
2. Sicherheit
3. Zugehörigkeit, soziale Integration
4. Anerkennung, Erfolg
5. Selbstverwirklichung

Die Motivation wird durch Hygienefaktoren und Motivatoren beeinflußt

Die Sättigung einer Gruppe von Bedürfnissen zieht den Drang nach Sättigung der nachfolgenden Gruppe nach sich. In der höchsten Stufe, der Selbstverwirklichung gibt es keinen Sättigungszustand, das heißt der Mensch verharrt dort und strebt nach permanenter Bedürfnisbefriedigung innerhalb dieser Gruppe. Hier findet also der Wunsch nach Umwelt- und Persönlichkeitsgestaltung seinen Ausdruck. Der Mensch strebt innerhalb der Organisation eine eigenverantwortliche und anspruchsvolle Tätigkeit an.

Ein wesentlich praxisbezogenerer Ansatz wird von *Herzberg* vertreten. Von ihm in den 50er-Jahren durchgeführte Untersuchungen in amerikanischen Betrieben haben gezeigt, daß es zwei grundsätzliche Einflußgrößen gibt, die den Mitarbeiter in seinem Handeln beeinflussen, nämlich Hygienefaktoren und Motivatoren [7.12].
Das Fehlen von Hygienefaktoren führt zur Unzufriedenheit des Betroffenen. Sind sie jedoch vorhanden, müssen sie nicht notwendigerweise zur Arbeitszufriedenheit beitragen. Beispiele für Hygienefaktoren sind

- Arbeitsvertrag-Konditionen
- Beziehungen zu Kollegen und Vorgesetzten
- Arbeitsplatzsicherheit
- Unternehmenspolitik

Das Fehlen von Motivatoren hingegen führt zu keiner Arbeitsunzufriedenheit. Sind sie jedoch vorhanden, wirken sie stimulierend und tragen so zur Arbeitszufriedenheit bei. Daraus folgt, daß Arbeitsunzufriedenheit und -zufriedenheit zwei voneinander unabhängige Dimensionen bilden und somit getrennt bearbeitet werden müssen. Die Unzufriedenheit wird demzufolge durch die Hygienefaktoren beeinflußt und kann durch die entsprechenden Maßnahmen bekämpft werden. Erst wenn dies geschehen ist, kann mit dem Aufbau von Zufriedenheit begonnen werden, da nur dann eine Stimulanz zur Leistungserbringung den vollen Erfolg bringen kann. Die Behandlung der Hygienefaktoren hat also zunächst Vorrang [7.13]. Dies bedeutet, daß zuallererst die oberen Hierarchieebenen und die Geschäftsleitung gefordert sind, weil nur sie allein die Voraussetzungen für ein ganzheitliches, auf die Mitverantwortung jedes einzelnen beruhenden Konzeptes schaffen können.

7.2.1.2 Prozeß-Theorien

Prozeß-Theorien berücksichtigen auch die Erfolgswahrscheinlichkeit einer bestimmten Handlungsweise

Bei diesem Denkansatz steht weniger als Ziel des Handelnden als vielmehr der Weg und die Methodik, dieses Ziel zu erreichen, im Mittelpunkt. Der bedeutendste Vertreter dieser Theorie ist der Soziologe *V. H. Vroom*. Seiner Ansicht nach ist die Art und Weise, ein bestimmtes Ziel zu erreichen, sowohl vom Anreiz abhängig als auch von der individuellen Einschätzung der Wahrscheinlichkeit, dieses Ziel durch ein bestimmtes Handeln erfolgreich erreichen zu können. Das Individuum muß somit die Hinlänglichkeit seiner eigenen Fähigkeiten, also seine Qualifikation, bei seiner Entscheidung in Betracht ziehen. Daraus folgt, daß die Zielverfolgung des einzelnen keinem uniformen Strickmuster unterliegt und deshalb die erforderlichen motivierenden Maßnahmen auf die jeweiligen Personen speziell zugeschnitten sein müssen. Das Erwartungs-Wert-Modell von Porter & Lawler (1968) baut auf Vrooms Theorie auf und stellt dabei die individuelle Erfolgserwartung in den Vordergrund. Zufriedenheit stellt sich demnach dann ein, wenn der Mitarbeiter die seiner Meinung nach angemessene Anerkennung für seine erbrachten Leistungen erhalten hat. Auch hier ist zu beachten, daß die Erwartungshaltungen bei den Menschen verschiedenartig ausgeprägt sind.

Jedes dieser Modelle für sich allein ist heute jedoch nicht mehr ausreichend, um konsequente motivationsfördernde Personalpolitik zu betreiben. Besonders die Zielinhalts-Theorien konzentrieren sich zu stark auf vordergründige Motive und reduzieren sich dadurch auf die oberflächliche Untersuchung bestimmter Ereignisfolgen [7.12]. Es müssen viel stärker die Unterschiede zwischen den einzelnen Individuen, Gruppen oder Kulturen berücksichtigt werden. Bestimmte Ereignisse oder Erfahrungen wirken sich unterschiedlich auf den Betroffenen aus und produzieren folglich auch unterschiedliche Antworten und Reaktionen. Diese Überlegungen fließen verstärkt in die Prozeß-Theorien mit ein. Sie führten zur Entwicklung eines Modells, in dem Ziele, Anreize, Erwartungen und Erfolgswahrscheinlichkeit charakteristische Größen sind. Auf dieser Grundlage wird die heutige Motivationsforschung weiter betrieben.

Eine praktikable und sehr häufig verwendete Konvention ist die Einteilung in eine innere und eine äußere Motivation. Die äußere oder extrinsische Motivation für einen Mitarbeiter ist beispielsweise die Aussicht auf eine Sonderzulage gegeben. Die Arbeit dient hier lediglich als Mittel, ein bestimmtes Ziel zu erreichen. Wird die Arbeit als Selbstzweck betrachtet wie beispielsweise ein bestimmtes Hobby, spricht man von innerer oder intrinsischer Motivation.

Die Erhöhung der inneren Motivation ist für eine gute Arbeitsleistung besonders wichtig

Die Bedeutung extrinsischer Arbeitsmotive ist groß. Noch wichtiger in ihrem Einfluß auf die Arbeitsleistung und das Arbeitsverhalten dürften auf Dauer die intrinsischen Arbeitsmotive sein. Dies gilt in um so stärkerem Maße, je anspruchsvoller, abwechslungsreicher und eigenverantwortlicher die Tätigkeit ist [7.14]. Langfristig betrachtet ist die Erhöhung der inneren Motivation eines Werkers der effektivere, wenn auch mühsamere Weg. Voraussetzung ist ein interaktiver Führungsstil im Unternehmen, der den Arbeiter in die für ihn relevanten Betriebsabläufe so einbindet, daß er sich für die Qualität des erzeugten Produktes selbst verantwortlich fühlt.

7.2.2 Grundelemente bei der Gestaltung des Handlungsspielraumes

Ein weiterer wichtiger Gesichtspunkt bei der Einführung der Produzentenverantwortung ist die Gestaltung und Festlegung des Handlungsspielraumes der Mitarbeiter.

Dem Werker soll die seiner Qualifikation entsprechende maximale Verantwortung übertragen werden. Bild 7-3 zeigt, wie der Handlungsspielraum der Mitarbeiter erfaßt und gegebenenfalls erweitert werden kann.

Die Erweiterung des Handlungsspielraums muß durch die Mitarbeiterführung realisiert werden

Das Prinzip der internen Kunden-Lieferanten-Beziehungen betrifft auch die Mitarbeiterführung. Jede Führungskraft ist in die Kunden-Lieferanten-Kette des Unternehmens eingebunden und interner Lieferant der Dienstleistung „Mitarbeiterführung". Die Dienstleistung der Führungskräfte besteht darin, die Mitarbeiter in ihrer Leistungsbereitschaft und -fähigkeit zu fördern. Sämtliche Hindernisse, die einer positiven Einstellung zur Arbeit und dem Erreichen der Unternehmensziele im Wege stehen, sind von der Führung zu beseitigen. Die Qualität der Mitarbeiterführung wird von zwei wesentlichen Bedingungen bestimmt:

Die Führung ist an den Anforderungen „ihrer" Kunden auszurichten. Kunden sind entweder die direkt betroffenen Mitarbeiter oder die Unternehmensleitung, die die Erfüllung ihrer Unternehmensziele anstrebt [7.1].

Weitere Voraussetzung einer effizienten Mitarbeiterführung muß es sein, für die zu verrichtende Tätigkeit die optimal qualifizierte Arbeitskraft einzusetzen und gleichzeitig alle tätigkeitsrelevanten Potentiale des Mitarbeiters zu nutzen. Daraus ergibt sich die Forderung, ein ausgeglichenes Verhältnis von Motivation und Qualifikation beim Arbeiter anzustreben. Ist dies der Fall, kann die neue Philosophie innerhalb der Belegschaft am ehesten dauerhaft umgesetzt werden.

7.2.2.1 Führungsstil

Ein kooperativer Führungsstil verspricht langfristig den größten Erfolg

Als Führungsstil bezeichnet man ein auch in unterschiedlichen Situationen relativ stabiles Verhaltensmuster bei der Wahrnehmung von Führungsaufgaben [7.2]. Dieses Verhalten ist durch persönliche Grundeinstellungen geprägt und drückt sich im Extremfall in einem autoritären oder in einem demokratischen Führungsstil aus. In der Regel werden fünf Führungsstile unterschieden.

Handlungsspielraum	AV	Meister	Werker
Arbeitsplanung			
Auftragserfassung			
Zeichnung/Arbeitspapiere erstellen			
Arbeitsplan erstellen			
Technologiegrößen erfassen			
Werkstoffe erkennen			
Maschinenkenntnis			
Planung der Maschinenbelegung			
Prüfplanung			
Meßpläne/Prüfpläne erstellen			
NC-Programmierung			
NC-Programme lesen			
NC-Programme schreiben			
NC-Programme archivieren			
Werkzeuge definieren (Drehen, Fräsen, Schleifen)			
Maschine bedienen			
Maschinen einrichten			
Maschinen bedienen			
Maschinen einstellen			
Maschinen einstellen im Programm			
Programme einlesen			
Programme optimieren			
Prüfdurchführung			
Messen entsprechend Prüfplan			
Regelkarte/Histogramm			
Organisation und Abnahme von Serienmessungen			
Ergreifen von Korrekturmaßnahmen			
Wartung/Reparatur			
Maschinen reparieren			
Maschinen warten			
Sonstiges			
Service (Telefondienst, Kundenauskünfte)			
Lieferanten			
Warenannahme			
Umgang mit EDV			
Warenausgang (Verpackung, Lieferschein)			

Bild 7-3: Beispiel zur Festlegung des Handlungsspielraumes von AV, Meister und Werker

Beim *Patriarchalischen Führungsstil* geht der Führende davon aus, daß der Untergebene unmündig ist, also geführt werden muß. Der Patriarch muß also zusätzlich soziale Verantwortung für den Geführten übernehmen. Ebenfalls stark persönlichkeitsbezogen ist der *Charismatische Führungsstil*. Die Ausstrahlungskraft des Führenden bewirkt bei den Untergebenen Begeisterung teilweise sogar gläubige Gefolgschaft. Beim *Autokratischen Führungsstil* geht die Führung von einem souveränen Alleinherrscher aus, der sich eines hierarchisch gestaffelten Machtapparates bedient. Ist die Entscheidungsbefugnis auf mehrere Personen verteilt und ist eine Kommunikation und Kooperation zwischen Vorgesetzten und Untergebenen nicht vorgesehen, spricht man vom *Bürokratischen Führungsstil*.

Im Gegensatz dazu werden beim *Kooperativen Führungsstil* die Untergebenen in die Entscheidungsfindung miteinbezogen. Vorrangiges Ziel dieser Methode, die zwangsläufig mit einem teilweisen Kompetenzverlust des Vorgesetzten verbunden ist, ist die Motivation und Integration der Mitarbeiter [7.2].

7.2.2.2 Integration

Komplizierter werdende Arbeitsprozesse verlangen die Integration der Mitarbeiter

Hohe Erwartungen an das Produkt und starker Konkurrenzdruck haben in den letzten Jahren die Unternehmen veranlaßt, entsprechend zu reagieren. Es wurde die zunehmende Spezialisierung von Arbeitskräften notwendig, um dem steigenden Bedürfnis nach Perfektion Rechnung zu tragen. Die Standardisierung von Teilen, Normen, Beurteilungsverfahren und Anweisungen wurde eingeführt, um die immer komplizierteren Arbeitsprozesse beherrschbar zu machen. Negative Begleiterscheinungen dieser Maßnahmen waren bzw. sind Bürokratisierung, Koordinationsprobleme, Ressortdenken, Kommunikationsprobleme und Motivationsprobleme. Eine weitere Folge waren die Abstrahierung und Diskretisierung von Arbeitsprozessen mit der Konsequenz, daß sich der Werker mit dem Ergebnis seiner Arbeit nicht mehr identifizieren konnte.

Die Lösung dieser Probleme wird in zunehmendem Maße in der Integration der Mitarbeiter gesucht. Primäre Ziele sind, durch Partizipation und Übertragung von Verantwortlichkeit die Motivation zu steigern, ein langfristiges Qualitätsbewußtsein zu schaffen und ein produktives Vertrauensverhältnis zwischen Management und Werkern aufzubauen.

Es ist ratsam, integrative Maßnahmen, wie in diesem Falle die Produzentenverantwortung, von den Mitarbeitern in Eigenregie und -verantwortung durchführen zu lassen. Der dafür zu bildende Arbeitskreis sollte sich aus Mitgliedern verschiedener Tätigkeitsfelder und Hierarchien zusammensetzen, um möglichst unterschiedliche Meinungen und Vorschläge zu erhalten. Diese Vorgehensweise erzeugt bei den Beteiligten die Identifikation mit dem Projekt und sichert so eine erfolgreiche Umsetzung und langandauernde Unterstützung. In Kapitel 7.3 erfolgt eine detaillierte Beschreibung, wie dieses Konzept in Betrieben umgesetzt wurde.

7.2.2.3 Flexibilität

Das Erfahrungspotential des Unternehmens wird durch die Fluktuation bestimmt. Das Know-how, das der Mitarbeiter in seinem Berufsleben gesammelt hat, ist ein bestimmender Faktor der Mitarbeiterflexibilität. Durch eine höhere Erfahrung ist der Mitarbeiter viel flexibler einsetzbar, da er die Abläufe im Unternehmen genauer kennt. Eine andere Einflußgröße ist die Qualifikation, unterstützt durch Weiterbildungsmaßnahmen. Je breiter der Kenntnisbereich des Mitarbeiters ist, desto vielseitiger ist er im Unternehmen verwendbar. Dies setzt jedoch auch ein flexibles Personalsystem voraus, das beispielsweise innerbetrieblichen Stellenwechsel fördert.

7.2.2.4 Transparenz durch Kommunikation und Information

Die Steigerung der innerbetrieblichen Kommunikation unter Mitarbeitern und Vorgesetzten sowie eine transpa-

Transparenz der betrieblichen Abläufe fördert die Identifikation der Mitarbeiter mit Unternehmen und Produkt

rente Informationspolitik sind wichtige Aufgaben der Firmenleitung, um Leistungspotentiale und Engagement zur Qualitätsverbesserung durch den Einzelnen zu wecken. Identifizieren sich die Mitarbeiter mit dem Unternehmen, tragen sie bewußter und tatkräftiger zum Erfolg bei.

Entscheidend ist auch die Dokumentation und Distribution der Informationen besonders der Qualitätsinformationen. Standardisierte Darstellungen und übersichtliche Archivierung fördern die Nachvollziehbarkeit von Lösungen und Entscheidungen.

Gerade bei der Dokumentation muß auf die Systematisierung und auf die unterschiedlichen Empfänger der Informationen Wert gelegt werden. Je höher die Hierarchiestufe des Rezipienten ist, desto kompakter und umfassender sollen die Informationen sein. In den direkt produktiven Bereichen werden spezifische Informationen benötigt. Beispiel hierfür ist der Werker, der zur Ausübung seiner Tätigkeit Informationen zu den unmittelbar umgebenden Abläufen benötigt [7.1].

Im Hinblick auf Produzentenverantwortung beim Werker muß vor allem eine detaillierte Tätigkeitsbeschreibung einschließlich einer Beschreibung der eingesetzten Maschinen, Werkzeuge und Hilfsmittel vorhanden sein. Eine besondere Bedeutung liegt darin, dem Mitarbeiter die Fehlerfolgen zu verdeutlichen und mögliche Präventiv- oder Korrekturmöglichkeiten aufzuzeigen. Weiterhin müssen die Zusammenhänge zwischen den einzelnen Arbeitsgängen und ggf. die Einordnung innerhalb der Geschäftsprozesse visualisiert werden.

7.2.3 Die Einführung der Produzentenverantwortung

Der Aufwand und die Realisierungszeit zur Einführung der Produzentenverantwortung ist entsprechend der betrieblichen Ausgangssituation unterschiedlich. Entscheidend sind die vorhandenen Organistionskonzepte der Ablauforganisation. Im folgenden sollen kurz Methoden und Organisationsformen, die für den Umsetzungserfolg der Produzentenverantwortung bestimmenden Einfluß besitzen, vorgestellt werden (vgl. Abschnitt 3.2 und 3.4). Dabei werden insbesondere auch die Aspekte Job Rotation, Job Enrichment und Job Enlargement aus einer praxisorientieren Sicht betrachtet (vgl. Abschnitt 3.2.2.3).

7.2.3.1 Gruppenarbeit und Produktionsinseln

Gruppenarbeit erhöht den Zusammenhalt unter den Mitarbeitern

Die Einführung von Gruppenarbeit als integrationsförderndes Mittel ist schon weit verbreitet. Herausragendes Merkmal einer Gruppe ist, daß sich ein mehr oder weniger starkes Zusammengehörigkeitsgefühl ausprägt. Man unterscheidet zwischen formellen und informellen Gruppen. Formelle Gruppen sind jene, die innerhalb der Organisation geplant sind, um eine gestellte Aufgabe zu erfüllen; informelle Gruppen sind spontane, ungeplante Zusammenschlüsse, in der Regel auf Freundschaft oder gemeinsamen Interessen basierend. Eine formelle Gruppe ist beispielsweise ein Arbeitsteam im Produktionsbereich oder eine Fahrgemeinschaft, eine informelle Gruppe ist z. B. eine Gruppe von Mitarbeitern, die gemeinsam zum Essen gehen [7.14]. Für die Leistungsfähigkeit einer Arbeitsgruppe ist die Zusammengehörigkeit (Kohärenz) ein notwendiges aber nicht hinreichendes Kriterium. Entscheidend ist die gute Beziehung zu demjenigen, der die Aufgaben erteilt, also zum Vorgesetzten. Zusammenhalt und Einstellung zum Vorgesetzten können unter Umständen ambivalent sein. Hohe Kohäsion und eine schlechte Beziehung zum Chef bewirken, daß beide Parteien gezielt gegeneinander arbeiten. Ist der Zusammenhalt der Gruppe dagegen schwach, kann durch einen dominanten Vorgesetzten immer noch ein positives Ergebnis erreicht werden.

Die Arbeit in Produktionsinseln ist Gruppenarbeit mit erweitertem Handlungsspielraum

Eine Weiterentwicklung der Gruppenarbeit, die oftmals nur aus reiner Arbeitsteilung besteht, stellen Produktionsinseln dar. Je nach unternehmensspezifischen Randbedingungen ergeben sich unterschiedliche Gestaltungskriterien. Typische Merkmale sind

- Dezentralisierung von Entscheidungskompetenz und Verantwortung
- Übertragung bereicherter oder ganzheitlicher Arbeitsinhalte

- hohe Autonomiegrade
- Arbeiten im Team in überschaubaren Einheiten (vier bis zehn Mitarbeiter pro Schicht)
- hohe zeitliche und räumliche Entkopplung des Menschen vom Fertigungsprozeß
- leistungs- und gruppenbezogene Vergütungsstrukturen
- Selbststeuerung, Selbstprüfung und Selbstorganisation.

Im Mittelpunkt steht nicht die Funktion des einzelnen sondern der Auftrag. Durch diese Fokussierung erhält der Produktentstehungsprozeß absolute Priorität. Daraus ergibt sich die Forderung, daß alle oder zumindest ein Großteil der erforderlichen Betriebsmittel und betriebsinternen Dienstleistungen unmittelbar verfügbar sind. So kann beispielsweise durch Bereitstellung eines Meßgerätes innerhalb der Produktionsinsel der Arbeitsgang „Messen und Prüfen" wirksam integriert werden.

Die Vorteile von Produktionsinseln sind
- kürzere Durchlaufzeiten und geringere Lagerbestände
- höhere Arbeitsproduktivität
- höhere Kostentransparenz
- besserer Informations- und Materialfluß
- höhere Arbeitsplatzattraktivität
- höhere Motivation der Mitarbeiter
- Identifikation mit den Produkten und den Zielen des Unternehmens
- gesteigerte Personalflexibilität
- Verbesserung des Qualitätsbewußtseins

Produktionsinseln eignen sich vor allem für die überwiegend auftragsgebundene Klein- und Mittelserienfertigung. Weitere Voraussetzungen sind sich oft wiederholende Bearbeitungsfolgen und die Ähnlichkeit der Fertigungsschritte, so daß die Umrüstzeiten der Maschinen und die Einarbeitungszeit der Werker gering sind [7.2].

PRAXISBEITRAG

L'ORANGE GmbH:
Merkmale der Produktionsinsel „Weichbearbeitung"

Die Ablauforganisation wurde für die Fertigungsschritte der Weichbearbeitung zu einer Insel umstrukturiert. Handlungsspielraum und Qualifikation der Inselmitarbeiter wurde entsprechend den Anforderungen der Produzentenverantwortung erweitert. Beispiele dafür sind:

- Insel plant das Wochenprogramm selbst
- kleine Änderungen werden sofort durchgeführt
- Meßgeräte am Arbeitsplatz vorhanden
- Prüfmittelüberwachung durch zwei ausgebildete Personen
- einheitliche Prüfanweisung nach Fertigungszeichnung und Warenbegleitkarte
- Änderungen an den NC-Programmen der Maschinen werden vom Werker selbst vorgenommen

Die Einführung einer Insel hat den Produktionsablauf insgesamt positiv beeinflußt. Das Zusammengehörigkeitsgefühl innerhalb der Gruppe wuchs. Die Inselmitarbeiter gaben sich selbst den Spitznamen „Insulaner". Teilweise hat eine Identifikation mit dem Produkt eingesetzt.

L'ORANGE GmbH:
Verbesserungspotentiale in der Produktionsinsel

- Fehlerquote personenabhängig ➔ Qualifikation, Motivation
- Schulungsbedarf besteht bezüglich Werkzeugkorrektureingaben
- Erststückabnahme erfolgt noch durch Laufkontrolleur der QS → Zeitverzug oder Risiko des Produktionsanlaufs
- Kein dokumentierter Informationsrückfluß aus der Erststückabnahme durch den Laufkontrolleur
- Zusatztätigkeiten während der Hauptzeit werden als lästig empfunden → Motivation

Auffallend ist, daß diese Schwachstellen von außen kommen, das heißt durch Unzulänglichkeiten vor- und nachgeschalteter Arbeitsprozesse bedingt sind. Besonders gravierend ist die zeitliche Überlastung der Laufkontrolleure bei der Erststückabnahme. Durch entsprechende Schulungen müssen Angehörige der Insel befähigt werden, die Erststückabnahmen selbst durchzuführen.

7.2.3.2 Job Rotation

Job Rotation (Arbeitsplatzwechsel) ist ein Konzept, das dem Werker die Arbeitsabläufe seiner unmittelbaren Umgebung näherbringen und verständlich machen soll, indem er diese Tätigkeiten selbst ausführt. Die Beschäftigten mit einfachen Verrichtungen wechseln je Schicht ein- oder mehrmals ihren Arbeitsplatz. Dadurch ändern sich sowohl die Aufgaben als auch der Nachbar am Arbeitsplatz, was den Schichtablauf abwechslungsreicher werden läßt. Eine weiterführende Variante ist, den Arbeitern selbst die Auswahl von Tätigkeit und Nachbar zu überlassen. Der Motivationswert steigt, und der Kostenaufwand für diese Maßnahme ist sehr gering.

7.2.3.3 Job Enrichment

Job Enrichment motiviert den Werker innerlich

Als Job Enrichment bezeichnet man den Vorgang, eine bestimmte Tätigkeit inhaltlich so zu erweitern, daß die innere Motivation des Ausführenden erhöht wird. Es sollen also die Arbeitseffizienz und zugleich die Zufriedenheit des Werkers erhöht werden. Die Arbeit wird mit Elementen versehen, die Sinnhaftigkeit und Anspruch vermitteln. Der Mitarbeiter erfährt ein höheres Selbstwertgefühl und entwickelt so ein tieferes Bewußtsein für seine Tätigkeit [7.13]. Job Enrichment bedeutet nicht, einfach nur eine freundliche Arbeitsumgebung zu schaffen oder den Werker mit Wohltaten zu überschütten. Auch darf man den Arbeiter nicht mit zu komplizierten Aufgaben beauftragen. Dies würde dem sog. Peterschen Prinzip Vorschub leisten, wonach jeder Angestellte der Position zustrebt, in der er seine größte Inkompetenz aufweist. Es soll ein Weg gefunden werden, der losgelöst vom bisherigen Dualismus zwischen Arbeitseffektivität und menschlicher Zufriedenheit, beide Standpunkte vereinigt [7.12].

Der Arbeiter in der Produktion kann z. B. beauftragt werden, direkt nach der Fertigung eines Teiles die Qualität desselben zu prüfen oder Messungen durchzuführen und dann eventuelle Fehler zu korrigieren. Es liegt natürlich in seinem Interesse, seine Arbeit gut zu machen, da eine Nacharbeit zu seinen Lasten geht. Er ist also zunächst rein äußerlich motiviert. Ist er sich jedoch über die Bedeutung seiner Tätigkeit im klaren, d.h. insbesondere über die positive Auswirkung im Hinblick auf das Gesamtresultat (z. B. das entstehende Produkt), so wird er mehr und mehr innerlich motiviert sein, Qualität zu produzieren, weil er ja selbst auch in den Entscheidungsprozeß eingebunden ist. Bild 7-4 verdeutlicht den positiven Aspekt des Job Enrichments gegenüber der herkömmlichen Arbeitsteilung.

7.2.3.4 Job Enlargement

Arbeitsgängen mit kurzen Verrichtungszeiten werden weitere Verrichtungen zugefügt. Der Unterschied zum Job Enrichment besteht nun darin, daß die hinzugekommenen Tätigkeiten dasselbe Anforderungsniveau haben

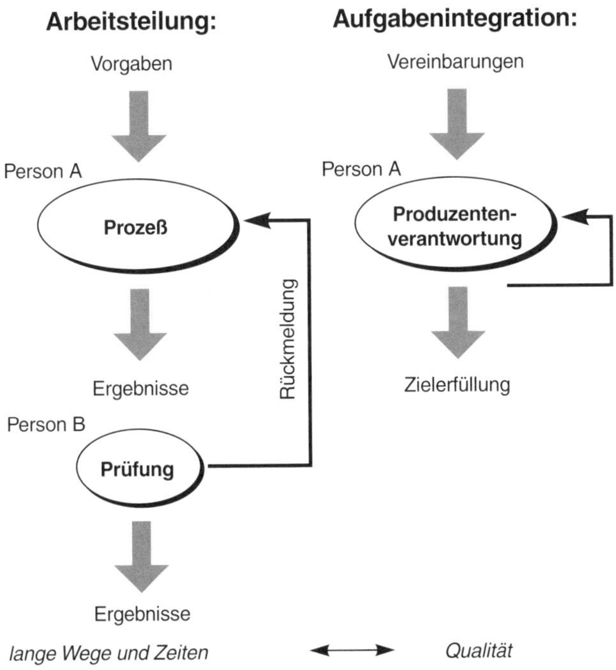

Bild 7-4: Prinzip des Job Enrichments

wie die bisherigen. Der Mitarbeiter kann nun auf die Reihenfolge der Arbeitsschritte einen gewissen Einfluß nehmen, und der Rhythmus der zeitlichen Wiederholung wird langsamer. In Verbindung mit vor- und nachgeschalteten Pufferlagern kann der Werker sein Arbeitstempo in gewissem Maße seinem momentanen Leistungsvermögen angleichen. Das Job Enlargement erfordert höhere Anlernzeiten je Mitarbeiter und zum Teil eine Umgestaltung der Arbeitsplätze [7.13].

Die offensichtlichen Vorteile von Job Rotation, Job Enrichment und Job Enlargement führten zur Entwicklung neuer Produktionsformen, wie beispielsweise die Fertigung in Produktionsinseln.

7.2.3.5 Weiterbildung, Schulungsmaßnahmen

Die Qualifikation des Werkers muß durch Schulungen kontinuierlich den Anforderungen angepaßt werden

Betriebliche Weiterbildung ist „die Gesamtheit aller direkten und indirekten personalpolitischen Maßnahmen, mit deren Hilfe eine Erweiterung oder Veränderung der Fähigkeiten der Mitarbeiter bewirkt werden soll“ [7.7]. Diese Definition sollte aber noch etwas erweitert werden. Ziel der Weiterbildung darf nicht nur der Einfluß auf die Fähigkeiten des Mitarbeiters sein; vielmehr müssen die Kenntnisse und vor allem auch das Bewußtsein des Werkers durch das Weiterbildungssystem angesprochen werden.

Wie bereits zu Anfang dieses Kapitels erwähnt, erfordert Produzentenverantwortung nicht nur motivierte, sondern auch qualifizierte Werker. Der Arbeiter bringt nur dann die optimale Leistung, wenn „Können“ und „Wollen“ in einem ausgewogenen Verhältnis stehen. Ist der Arbeiter unterqualifiziert, gelingt es ihm auch bei größtmöglicher Motivation nicht, die gestellte Aufgabe zu erfüllen. Durch die Enttäuschung wird er demotiviert, und seine Leistungsbereitschaft verringert sich, da er in Zukunft einen solchen Mißerfolg vermeiden will. Die hohe Motivation gleicht sich der niedrigen Qualifikation an. Ist der Werker dagegen überqualifiziert, fühlt er sich permanent unterfordert und kann sich nicht mit seiner Tätigkeit identifizieren. In solchen Fällen müssen vom Management die entscheidenden Impulse kommen, um dem Mißverhältnis Qualifikation und Motivation entgegenzuwirken [7.3].

Die Qualifikation eines Mitarbeiters kann durch Weiterbildungsmaßnahmen im allgemeinen Bereich (EDV, Sprachen) oder durch ganz spezielle Schulungen erfolgen. Erstere sind meistens von längerer Dauer und werden sehr oft von externem Lehrpersonal durchgeführt. Der Werker soll dadurch Zusatzqualifikationen erlangen, um eventuell in anderen Bereichen eingesetzt werden zu können. Zuvor muß natürlich geprüft werden, ob der Betreffende kraft seiner Begabung und auch seiner Interessen für die in Frage kommenden Kurse geeignet ist. Hilfreich bei der Ermittlung des Bildungsbedarfes ist die Unterteilung in die Kategorien „Kennen, Können und Beherrschen" [7.7]. Es ist dann möglich, ein Ist-Profil des Kandidaten aufzunehmen und durch den Vergleich mit dem Soll-Profil das Defizit zu ermitteln. Betriebliche Weiterbildung ist also nicht nur ein Mittel, unterqualifizierte Arbeitskräfte zu mehr Leistung zu befähigen, sondern auch um betriebsintern Fach- und Führungskräfte auszubilden.

Sinn einer umfassenden Weiterbildung ist nicht nur die Erweiterung allgemeiner Kenntnisse. Genauso wichtig ist es, dem Werker seine unmittelbare Arbeitsumgebung näherzubringen und verständlich zu machen. Diese Schulungen werden normalerweise kurzfristig anberaumt. Entsprechend den Inhalten können Vorgesetzte oder betriebsinternes Fachpersonal die Schulungen durchführen.

Der Schulungsbedarf muß gemeinsam von Vorgesetzen und Mitarbeitern ermittelt werden

Es wurde schon darauf hingewiesen, daß die Maßnahmen zur Einführung der Produzentenverantwortung in einem fach- und hierarchieübergreifenden Arbeitskreis erarbeitet werden sollten. Diese Methodik ist sehr gut geeignet, die Qualifikation des Mitarbeiters schnell und wirkungsvoll zu steigern. Durch die aktive Teilnahme der Werker kann unmittelbar festgestellt werden, wo aus dessen Sicht Schulungsbedarf besteht. Vorgesetzte oder Werker anderer Fachbereiche können dann sofort entscheiden, wer diese Schulungsmaßnahmen wann durchführen soll. Werden die Lerninhalte von den Werkern selbst bestimmt, ist erhöhtes Engagement zu erwarten. Wenn die

Schulungen von Kollegen oder Vorgesetzten abgehalten werden, ist bereits ein gewisses Vertrauensverhältnis vorhanden, so daß sich während der Lehrveranstaltung ein produktiver Dialog zwischen Lehrer und Schülern entwickeln kann.

Schulungsbedarf besteht zum Beispiel bei der Einführung einer neuen Produktserie. Der Mitarbeiter muß wissen, um was für ein Produkt es sich handelt, welchen Zweck es erfüllt und welche Fertigungsschritte vor und nach ihm durchgeführt werden. Darüber hinaus müssen technische Zeichnungen erklärt und gegebenenfalls mit für den Werker verständlichen Zusatzinformationen (z. B. Angabe von Toleranzen) versehen werden. Da eine effiziente Werkerselbstkontrolle die unmittelbare Prüfung des Arbeitsergebnisses verlangt, werden die Prüfmittel oftmals direkt in die Produktionsinsel räumlich integriert. Es ist daher notwendig, dem Arbeiter Zweck und ordnungsgemäße Anwendung beispielsweise eines Meßgerätes zu erklären. Besonders wichtig ist, auf Fehlerquellen hinzuweisen, die Bedeutung eines möglichen Fehlers herauszustellen sowie Maßnahmen zu Fehlervermeidung und -beseitigung aufzuzeigen. Sehr effektvoll ist in der Regel die Darstellung der Fehlerkosten. Hat der Arbeiter schon ein gewisses Qualitäts- und Kostenbewußtsein entwickelt, wird er bestrebt sein, die Fehler- und Ausschußrate gering zu halten. Im Idealfall entwickelt sich diesbezüglich eine Eigendynamik innerhalb der Arbeitsgruppe, die langfristig hohe Produktqualität sicherstellt.

PRAXISBEITRAG

Schulungsplan für die Werker zur Einführung der Produzentenverantwortung

Im Rahmen des Projekts wurden die Schulungsbedarfe in interdisziplinären Arbeitsgruppen ermittelt und zu Themenblöcken gebündelt. Eine Schulungsübersicht, die am Informationsbrett der Firmen ausgehängt wurde, gab über Zeitraum und Inhalt der Schulungen Auskunft. Besonderes Augenmerk wurde der Schulung zu den Funktionen der Produktmerkmale geschenkt, die von einem erfahrenen Konstrukteur durchgeführt werden sollte. Ein Schulungsplan wie er z.B. bei der Firma L'Orange durchgeführt wurde ist im folgenden dargestellt:

Datum	Thema	Verantwortlicher
04.06.	Funktion des Produktes	Alber
05.06.	Meßdurchführung allgemein	Ziegler
06.06.	Meßmitteleinsatz	Kaißling
07.06.	Zeichnungstoleranz	Plass
08.06.	Fehlermeldung	Haberl
08.06.	Fehlervermeidung	Haberl

7.2.3.6 Qualitätszirkel und KVP-Runden

Qualitätszirkel oder KVP (Kontinuierlicher Verbesserungsprozeß)-Runden sind fach- und hierarchieübergreifende Kleingruppen mit dem Ziel, qualitätsfördernde Maßnahmen zu erarbeiten und eventuell auftretende Probleme schnell und unkonventionell zu lösen. Hinsichtlich der Ziele eines Qualitätszirkels lassen sich zwei Arten unterscheiden [7.4]. Zum einen sind es konkrete Problemlösungen, die die Gruppen erarbeiten und die sich unter Kosten-Nutzen-Gesichtspunkten bewerten lassen. Zum anderen gibt es Prozeßziele wie z. B. die Steigerung von Arbeitszufriedenheit, Motivation und Problembewußtsein. Auf lange Sicht betrachtet ist die letztere Variante die wirkungsvollere, auch wenn sie sich nur unter hohem Kostenaufwand realisieren läßt.

Priorität bei der Durchführung von Q-Zirkeln hat die Beteiligung der Betroffenen auf allen Ebenen.

7.2.3.7 Vorschlagswesen

Beim betrieblichen Vorschlagswesen (BVW) haben die Werker die Möglichkeit, aktiv an der Verbesserung be-

Beim Vorschlagswesen muß unbürokratisch gehandelt werden, um den Erfolg sicherzustellen

trieblicher Abläufe mitzuwirken. Dazu werden die Vorschläge von einem Beauftragten eingesammelt, gesichtet und an den seiner Meinung nach zuständigen Verantwortlichen weitergeleitet. Dieser muß dann die zur Durchführung des Vorschlags notwendigen Maßnahmen einleiten. Da diese Prozedur im allgemeinen über mehrere Hierarchiestufen führt, ist eine schnelle und effektive Realisierung oft nicht gegeben. Es kann auch kein eigentlicher Dialog zwischen dem Vorschlagenden und dem Empfänger stattfinden, weil letzterer oft noch gar nicht ermittelt ist, d.h. die Zuständigkeiten nicht geklärt sind. Die Arbeiter bekommen schließlich das Gefühl, nicht genügend ernst genommen zu werden. Die Motivation, Vorschläge einzureichen nimmt ab, und das BVW kommt schließlich zum Erliegen. Äußere Anreize wie Geldprämien oder Sachpreise bekämpfen dieses Problem nur oberflächlich.

Eine Variante des BVW, die dem Werker mehr Handlungsspielraum einräumt, ermöglicht diesem, seinen Vorschlag eigenverantwortlich umzusetzen und das Ergebnis anschließend bekanntzumachen. Er kann dabei selbst die relevanten Personen kontaktieren und muß Zugriff auf die benötigten Hilfsmittel haben. Anschließend unterrichtet er seinen Vorgesetzten und seine Kollegen über das Ergebnis bzw. den Erfolg seiner Bemühungen. Die daraus resultierende Anerkennung wirkt motivierend auf andere Mitarbeiter und kann das Betriebliche Vorschlagswesen zu einem gewinnbringenden Faktor im Unternehmen machen.

Eine wirkungsvolle Ergänzung zum BVW stellt das bereits beschriebene Konzept der KVP-Runde dar. Dies ist dann sinnvoll, wenn die Verbesserungsvorschläge mit hohen finanziellen und personellen Anstrengungen verbunden sind und einen längeren Realisierungszeitraum erfordern.

7.3 Umsetzung im Betrieb

Das vorangegangene Kapitel enthielt den theoretischen Teil der Konzeptidee, einschließlich einiger Methoden, die dieses Konzept unterstützen. Im vorliegenden Abschnitt werden nun die erarbeiteten Lösungen konkret umgesetzt. Besonders wichtig ist dabei eine gemeinschaftliche Erarbeitung der Maßnahmen, d.h. die entsprechenden Arbeitskreise sollen sich aus Mitgliedern unterschiedlicher Fachbereiche und Hierarchiestufen zusammensetzen. Empfehlenswert ist der Einsatz spezieller Moderations- und Präsentationstechniken. Sie werden im folgenden detaillierter beschrieben. Die praktischen Beispiele hierfür erfolgen dann anschließend im Zusammenhang mit den verschiedenen Unternehmen.

7.3.1 Verwendete Methoden und Techniken

7.3.1.1 Moderation in Gruppen

Die Moderation dient dazu, eine Diskussion zielorientiert zu lenken und lebendig zu gestalten

Die Moderation hat die Aufgabe, die Gruppe bei der Erreichung gemeinsamer Ziele zu unterstützen. In der moderierten Gruppe treffen meistens Menschen zusammen, die unterschiedliche Einstellungen zu einer Sache haben – je nach Vorbildung, Erfahrung, Funktion und hierarchischem Rang. Diese Menschen bringen oftmals individuelle Arbeitstechniken mit, die nicht alle einer kreativen Kooperation förderlich sind [7.10]. Der Moderator muß somit ausgleichend zwischen den Gruppenmitgliedern und ihren unterschiedlichen Verhaltensweisen und Einstellungen wirken. Er sollte daher möglichst neutral sein und sich, soweit es geht, aus der inhaltlichen Aufgabe der Gruppe heraus halten. Bei den hier teilweise von externen Moderatoren durchgeführten Gruppendiskussionen ist dies besonders wichtig, da ja die Ergebnisse und Maßnahmen von den Beschäftigten des Unternehmens eigenständig hergeleitet werden sollen, um eine Identifikation mit der oben bereits erwähnten Vision sicherzustellen. Eine weitere Voraussetzung effektiver Moderation ist die Akzeptanz von Verhaltensspielregeln durch alle Beteiligten. Hierzu zählen beispielsweise Vereinbarungen zur Visualisierung [7.15].

Eine besondere, vor allem bei größeren Gruppen eingesetzte Variante ist die Teammoderation. Sie erleichtert die

Vor- und Nachbereitung der Gesprächsrunden und trägt, durch ständiges Feedback des anderen Partners, zur Verbesserung des eigenen Moderationsstils bei. Auch auf die Gruppe wirkt ein Moderatorenwechsel (und damit häufig auch ein Wechsel des Moderationsstils) belebend und bewirkt eine erhöhte Aufmerksamkeit.

Eine Moderation gliedert sich in mehrere Abschnitte, die unabhängig von der Dauer der Moderation durchlaufen werden:

1. Der Einstieg dient dazu, die einzelnen Mitglieder gegenseitig bekanntzumachen. Weiterhin müssen dabei die einzelnen Gesprächsregeln zur Sprache kommen.
2. Anschließend müssen die möglichen Themen aufgelistet werden.
3. Die zu diskutierenden Themen werden von den Gruppenmitgliedern ausgewählt.
4. Die Themen müssen entsprechend bearbeitet werden, wobei die unten beschriebenen Hilfsmittel zum Einsatz kommen.
5. Planung von Maßnahmen.
6. Abschluß, wobei jeder Teilnehmer die Möglichkeit haben sollte, sich noch einmal zu äußern.

Ein wichtiges Hilfsmittel des Moderators ist seine Fragetechnik. Er leitet damit die Gruppe Schritt für Schritt zu ihrem Ergebnis. Durch geschickte Fragetechnik erreicht der Moderator, alle Teilnehmer einzubeziehen, das Wissen der Gruppenmitglieder offenzulegen sowie die einzelnen Arbeitsschritte abzustimmen. Er trägt damit entscheidend zur Bildung eines Gruppenkonsenses bei. Je nach momentaner Situation empfehlen sich verschiedene Frageformen. *Geschlossene Fragen* lassen als Antwort nur „Ja" oder „Nein" zu. Sie dienen hauptsächlich zur Strukturierung. Ist es notwendig, möglichst schnell verschiedene Ansichten zu einem Thema zu erhalten, empfehlen sich *offene Fragen*. Sie beginnen mit einem Fragewort und zwingen den Angesprochenen zur sofortigen Äußerung seiner Gedanken. *Dirigierende Fragen* sind dann sinnvoll, wenn der Moderator die Gruppe wieder auf das Thema zurücklenken will, oder wenn ihm auffällt, daß ein

Aspekt vergessen worden ist. Hat der Moderator den Eindruck, daß Beiträge von anderen Gruppenmitgliedern nicht verstanden wurden, sollte er eine *Verständnisfrage* stellen [7.6].

7.3.1.2 Metaplan

Ein geeignetes Hilfsmittel zur Gruppenmoderation ist die Metaplantechnik. Es handelt sich um eine von der gleichnamigen Firma entwickelte Methode. Eine Definition hierfür ist in [7.10] angegeben:

„Metaplan heißt eine Methode der Gruppenarbeit, mit der es gelingt, alle Gruppenmitglieder zu eigenen Äußerungen zu stimulieren, die Aussprache zwischen den Personen in Gang zu halten und die Diskussionsinhalte gleichzeitig sichtbar zu machen. Durch die visuelle und sprachliche Verarbeitung der Gruppenkommunikation wird Kreativität für neue Gedanken und Ideen geweckt.“

Eine spezielle Eigenschaft von Metaplan ist, Diskussionsbeiträge und -ergebnisse unmittelbar zu visualisieren. Dies trägt zur Strukturierung und Transparenz des Gespräches sowie zu Verständnis und Akzeptanz bei den Teilnehmern bei.

Eine Möglichkeit, Metaplan praktisch umzusetzen, wird weiter unten beschrieben.

7.3.1.3 Vier-Quadranten-Methode

Zur Erarbeitung konkreter Maßnahmen ist die Vier-Quadranten-Methode ein geeignetes Mittel. Es werden – in schriftlicher Form – Ist-Zustand und Soll-Zustand definiert. Gleichzeitig werden die Hemmnisse aufgeschrieben, die diesen Soll-Zustand verhindern. Mittels der weiter unten beschriebenen Methoden werden dann die einzelnen Maßnahmen ausdiskutiert und niedergeschrieben. Bild 7-5 zeigt den prinzipiellen Aufbau eines Vier-Quadranten-Diagramms.

Bild 7-5: Aufbau eines Vier-Quadranten-Diagramms

7.3.1.4 Brainstorming

Brainstorming ist die bekannteste und am häufigsten angewandte Problemlösungstechnik. Es handelt sich um eine Form gemeinsamen Nachdenkens und gemeinsamer Ideenfindung über ein vorgegebenes Problem unter Leitung eines Diskussionsmoderators. Eine Vorgehensweise besteht darin, daß von jedem Teilnehmer kurze Äußerungen solange verlangt werden, bis das Potential der Teilnehmer ausgeschöpft ist. Alle Ideen werden grundsätzlich und gleichgewichtig protokolliert [7.18].

Dabei gelten folgende Regeln:

Für die Teilnehmer:
- keine Kritik
- Quantität vor Qualität
- „Spinnen" erwünscht
- Fortführen fremder Ideen jederzeit erlaubt.

Für den Moderator:
- überwacht Regeleinhaltung
- dokumentiert die Ideen
- aktiviert die Teilnehmer bei Flauten
- schafft Verbindungen zu früheren Ideen
- äußert eigene Ideen.

7.1.3.5 VMI-Matrix

Sind die zur Lösung eines Problems erforderlichen Maßnahmen festgelegt, müssen sie natürlich auch durchgeführt werden. Dazu dient die sogenannte VMI-Matrix. Es handelt sich hierbei um eine Tabelle, die in waagerechter Richtung die zu erfüllenden Aufgaben enthält. In den Spalten werden die jeweils **V**erantwortlichen, **M**itwirkende, der derzeitige **I**nformationsstand, der Termin, wann die Aufgabe erledigt sein soll, sowie das Realisierungsdatum eingetragen.

7.3.2 Vorgehensweise zur Konzeptrealisierung

Die Realisierung des Konzeptes vollzieht sich in vier aufeinander aufbauenden Schritten. In jeder einzelnen Schritt wird ein dediziertes Ziel verfolgt und eine spezielle Zielgruppe im Unternehmen angesprochen. Um die Inhalte zu vermitteln und das Ziel zu erreichen werden die oben beschriebenen Methoden und Techniken als Hilfsmittel eingesetzt.

Schritt 1: Festlegung der Projektziele und Formulierung einer Vision. Die Vision in diesem Projekt lautete, Produzentenverantwortung beim Werker als Mittel zur Qualitätsverbesserung einzuführen. Die Geschäftsleitung muß von der Vision überzeugt sein und geschlossen hinter dem Projekt stehen.

Schritt 2: Eingrenzung und Konkretisierung der Vision mit den Verantwortlichen der einzelnen Unternehmensbereiche (Konstruktion, Arbeitsvorbereitung, Fertigung, Qualitätssicherung). In diesem Schritt muß ein gemeinsames Grundverständnis geschaffen werden, sodaß die Umsetzungsverantwortlichen Sinn und Nutzen des geplanten Vorhabens verinnerlichen und durch proaktive Mitarbeit den Projektfortgang fördern. Die Konkretisierung führt zu verschiedenen thematischen Schwerpunkten, die im Projektverlauf für das Unternehmen relevant sind und im nächsten Schritt konkretisiert werden.

Schritt 3: Einrichtung interdisziplinärer Arbeitsgruppen, die entsprechend den Themenschwerpunkten praxisnahe

Maßnahmen erarbeiten und durchführen. Dieser Schritt ist bzgl. Zeit und Kapazität sehr aufwendig. Die Gruppen müssen aus Mitarbeitern verschiedener Hierarchiestufen bestehen. Die Sitzungen finden regelmäßig statt. Die erarbeiteten und detaillierten Einzelmaßnahmen werden in jeder Sitzung auf ihren Realisierungsfortschritt überprüft und gegebenenfalls modifiziert.

Schritt 4: Einrichtung von permanenten Arbeitsgruppen, die die Effektivität der eingeleiteten Maßnahmen überprüfen und – entsprechend der Konzeption des kontinuierlichen Verbesserungsprozesses – ständig die Optimierung vorantreiben.

Das mehrstufige Vorgehen zur Umsetzung der Konzeptidee ist in Bild 7-6 dargestellt.

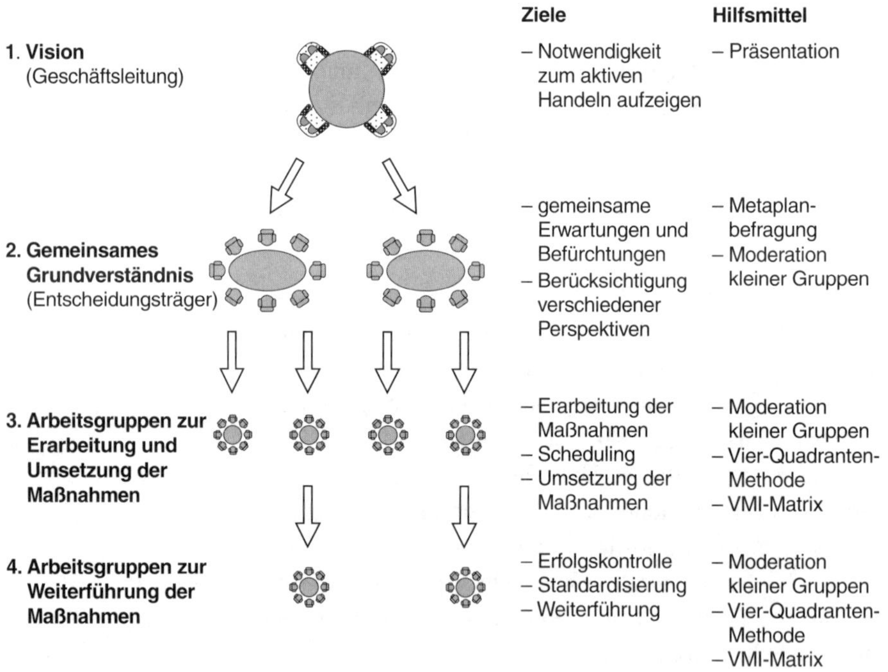

Bild 7-6: Vorgehensweise bei der Umsetzung der Konzeptidee

7.3.2.1 Vision

Die unternehmerische Vision ist das Bewußtwerden, die Formulierung eines Wunschtraumes. Sie soll eine Vorstellung der Zukunft vermitteln, quasi als „Leitstern", der das Handeln in einem Unternehmen prägt. Eine Unternehmensvision gibt somit die Richtung vor, die das Denken, Handeln und Fühlen innerhalb eines Unternehmens lenken soll [7.2].

Die Vision ist, beim Werker ein Verantwortungsbewußtsein für seine Tätigkeit auszubilden, um eine Qualitätssteigerung der Produkte zu erzielen. Es gilt, die Voraussetzungen dafür zu schaffen, damit der Werker bereit und in der Lage ist, dieses Verständnis zu entwickeln und ständig zu erweitern.

Den anwesenden Entscheidungsträgern, wird zuerst der Ist-Zustand mit den momentanen, offensichtlichen Mängeln präsentiert. Die einzelnen Analyseergebnisse wurden bereits in Tabelle 7-1 dargestellt. Es muß sichergestellt werden, daß sich bei der Beurteilung des Ist-Zustandes alle Gesprächsteilnehmer einig sind. Die Einsicht in die Notwendigkeit zum aktiven Handeln ist dann bei allen gegeben. Die möglichen Inhalte und Merkmale des verbesserten Zustandes werden gemeinsam erarbeitet und in einer Präsentation dem mittleren Management dargestellt.

Bild 7-7 zeigt ein graphisches Präsentationsbeispiel für des Konzepte der Produzentenverantwortung bei L'Orange.

PRAXISBEITRAG

L'ORANGE GmbH:
Die Vision zur „Produzentenverantwortung" in unserem Unternehmen

In der großen Runde der Geschäftsführung wurde der Wunschzustand mit folgenden Aussagen formuliert:
Eine transparente Unternehmenspolitik und ein partizipativer Führungsstil sollen ein Vertrauensverhältnis zwischen Management und Werker herbeiführen. Auftretende Probleme müssen eigenverantwortlich entweder

selbständig oder in Gruppen gelöst werden. Konsequente Fehlervermeidung ist der Garant dafür, daß sich der Werker auch auf die Korrektheit des vor ihm ablaufenden Arbeitsprozesses verlassen kann. Durch definierte, transparente und vereinfachte Arbeitsabläufe wird der Arbeiter mit seiner Umgebung vertraut und kann sich letztendlich mit dem von ihm gefertigten Produkt identifizieren. Zur Unterstützung der einzelnen Tätigkeiten stehen geeignete Hilfsmittel zur Verfügung (Messmittel, dokumentarische Hilfsmittel wie z.B. Selbstprüfpläne, messgerecht bemaßte Zeichnungen). Die Qualitätssicherung ist Dienstleister der Produktion.
Die bei der ersten Gesprächsrunde beteiligten Personen waren, neben dem Geschäftsführer, der technische Werkleiter, die Abteilungsleiter der Arbeitsvorbereitung, der Fertigung und der Qualitätssicherung, sowie je ein Meister aus Qualitätssicherung und Fertigung.

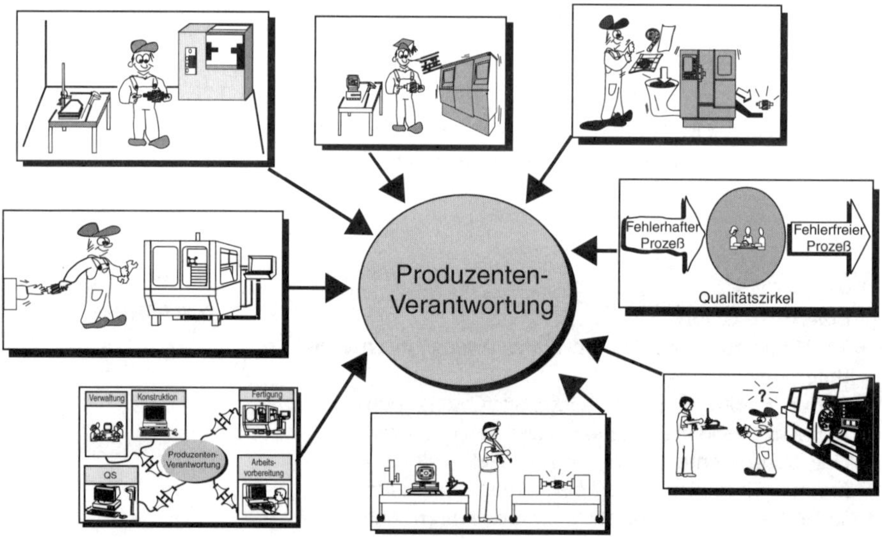

Bild 7-7: Beispiel zur Präsentation

7.3.2.2 Zieleingrenzung und Konkretisierung

Es werden Aufgabenbereiche festgelegt und entsprechende Arbeitsgruppen gebildet

Nachdem die Vision formuliert und dem mittleren Management vorgestellt wurde muß in diesem Schritt das gemeinsame Grundverständnis geschaffen werden. Jeder muß die Notwendigkeit des Handelns erkennen und den Aufbruch zur Veränderung wollen und aktiv mitgestalten. Besonders wichtig ist, transparent zu machen, welche Erwartungen und Befürchtungen jeder einzelne mit dem Begriff „Produzentenverantwortung" verknüpft.

Zu diesem Zweck wird in der Gruppe eine Metaplanbefragung durchgeführt. Jeder Diskussionsteilnehmer bekommt Karten, auf die er seine Erwartungen oder Befürchtungen schreibt. Diese Karten werden dann an einer Pinwand befestigt und nach Inhalten sortiert. Je nach Stellung und Funktion der Teilnehmer gibt es unterschiedliche Erwartungen für die jeweiligen Aufgabenbereiche. Der Produktionsmeister wünscht sich beispielsweise eine schnellere Durchlaufzeit, während der Leiter der Qualitätssicherung eine Reduzierung des Ausschusses erwartet. Bild 7-8 zeigt das Ergebnis dieser ersten Befragung bei der Firma L'Orange.

Die individuellen Erwartungen bzw. Befürchtungen werden thematisch strukturiert und bilden eine Ausgangsbasis für die zweite Befragung in dieser Runde. Auch hierzu wird wieder nach obigem Schema eine Metaplanbefragung im Plenum vorgenommen. Die Frage muß im jetzigen Fall lauten: Wie können wir diese Erwartungen erfüllen bzw. was ist notwendig um die Befürchtungen zu entkräften. Auf diese Weise erhält man einen Maßnahmenkatalog, der, dank der interdisziplinären und hierarchieübergreifenden Zusammensetzung des Arbeitskreises, ein breites Spektrum umfaßt und somit einen globalen Lösungsansatz darstellt. Die einzelnen Punkte werden wiederum nach Oberbegriffen geordnet. Sie sind in Bild 7-9 dargestellt.

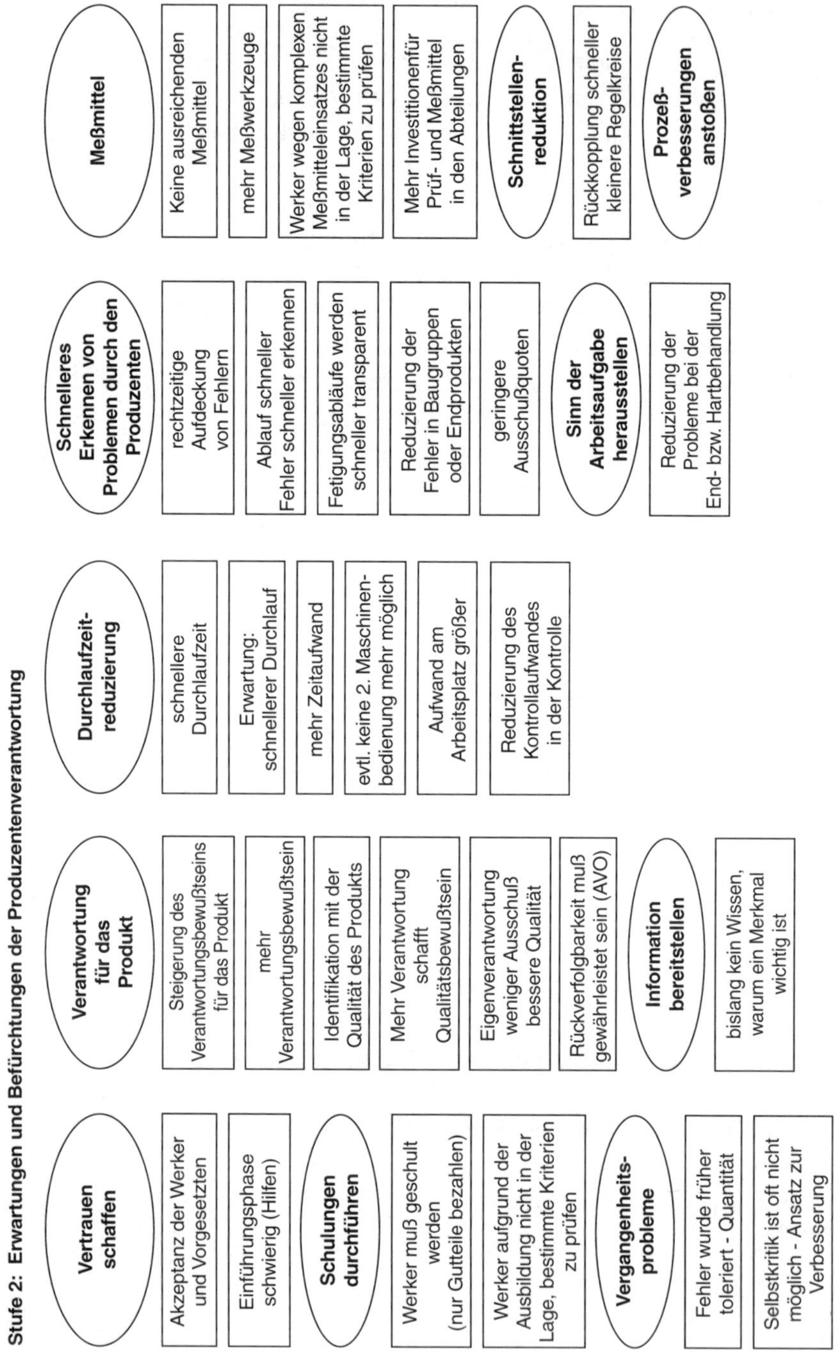

Bild 7-8: Metaplanbefragung bei L'Orange zu den Erwartungen und Befürchtungen der Produzentenverantwortung

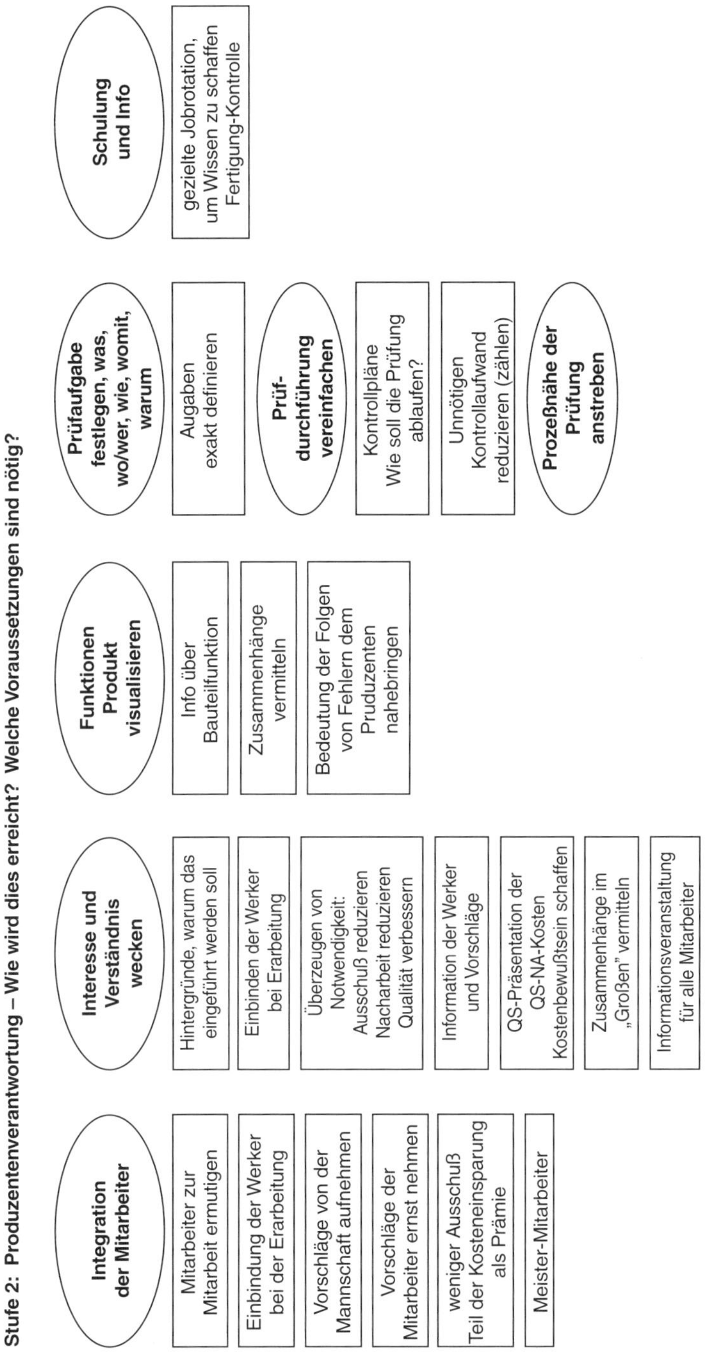

Bild 7-9: Metaplanbefragung bei L'Orange zu den Voraussetzungen einer erfolgreichen Einführung der Produzentenverantwortung

PRAXISBEITRAG

L'ORANGE GmbH:
Projektgruppenbildung und thematische Schwerpunkte
Bei L'Orange haben sich fünf Aufgabenbereiche herauskristallisiert, zu deren Realisierung in moderierten Kleingruppen konkrete Maßnahmen ausgearbeitet wurden. Dazu wurden fünf Projektgruppen gebildet. Für jede Gruppe wurde der Verantwortliche und eine mitwirkenden Person bestimmt. Die Teilnehmer sollen sich aus unterschiedlichen Abteilungen und Hierarchiestufen zusammensetzen. Dabei können Personen auch mehreren Arbeitskreisen angehören. Weiterhin wird ein genauer Zeitplan ausgearbeitet, wann und wie oft die Sitzungen der Projektgruppen stattfinden. Im folgenden sind die Themenstellungen der Kleingruppen dargestellt:
- Interesse und Verständnis wecken & Schulung & Information
- Integration der Mitarbeiter
- Funktion am Produkt visualisieren
- Prüfaufgabe festlegen
- Prüfdurchführung vereinfachen

P + T:
Thematische Schwerpunkte
Bei P + T wurden die folgenden thematischen Schwerpunkte festgelegt. Da die Firma sehr klein und überschaubar ist, wurde nur eine Arbeitsgruppe gebildet. Diese Gruppe hat die folgenden thematischen Schwerpunkte gesetzt und Realisierungsmaßnahmen erarbeitet.
- Mitarbeiterintegration erhöhen und Definition von Handlungsspielräumen
- Strukturierte Ordnung von Betriebsmitteln
- Transparenz und Standardisierung von Abläufen
- Strukturierte Ordnung von Arbeitsplatz und Umgebung
- Aufbau einer Firmenphilosophie

7.3.2.3 Erarbeitung von Maßnahmen und Realisierung

Die Arbeitsgruppen erarbeiten die notwendigen Maßnahmen und führen sie durch

Die interdisziplinären Arbeitskreise haben die Aufgabe, geeignete Einzelmaßnahmen zu erarbeiten. Ein geeignetes Hilfsmittel hierfür ist die bereits beschriebene Vier-Quadranten-Methode. Die Umsetzung der beschlossenen Maßnahmen wird mit einer VMI-Matrix dokumentiert und überwacht.

Sowohl bei der Vier-Quadranten-Methode als auch bei der Erstellung der VMI-Matrix ist eine zielgerichtete Moderation erforderlich. Die Rolle des Moderators wurde vom federführenden Institut übernommen. Dabei wurde die Absicht verfolgt die Methoden der geführten Moderation von kleinen Gruppen jedem Arbeitsgruppenteilnehmer soweit zu vermitteln, daß er selbst zum Moderieren von kleinen Arbeitsgruppen qualifiziert wurde. Wichtig ist weiterhin, daß jeder Teilnehmer mit einer Aufgabe betraut wird, um die Identifikation mit dem Projekt zu gewährleisten. Bestimmte Maßnahmen werden von Mitarbeitern mehr akzeptiert, wenn einer „ihrer" Kollegen dabei ist und sie über diesen sogar noch Impulse und Anregungen beisteuern können.

PRAXISBEITRAG

L'ORANGE GmbH:
Beispielhaft werden die von den bereits erwähnten fünf Projektgruppen (PG) erarbeiteten Einzelmaßnahmen dargestellt.

1. PG: Interesse und Verständnis wecken & Schulungen & Information

Teilnehmer waren der Geschäftsführer, der Betriebsleiter, zwei Werker sowie das externes Beraterteam des federführenden Instituts. Für jede der beschlossenen Maßnahmen wurden ein Verantwortlicher und gegebenenfalls die Mitwirkenden bestimmt. Es fand jede Woche ein 1,5 stündiges Treffen der Gruppe statt. Der Zeitraum der aktiven Gruppenarbeit betrug etwa sechs Wochen. Die Gruppenarbeit begann in jeder Gruppe mit einer Befragung nach der Vier-Quadranten-Methode. Bild 7-10 zeigt das Ergebnis der Vier-Quadranten-Befragung. In Bild 7-11 ist eine ausgefüllte VMI-Matrix dargestellt.

Von zentraler Bedeutung in dieser Arbeitsgruppe war die Informationsveranstaltung, die vom Betriebsleiter durchgeführt wurde. Sie dauerte etwa 30-40 Minuten, einschließlich einer Fragerunde für die Belegschaft. Ziel war, eine offene Firmenpolitik zu demonstrieren, Inhalte des laufenden Projekts zu vermitteln und eine kritische Marktbetrachtung vorzunehmen. Unter Hinweis auf Konkurrenzunternehmen wurden die Beschäftigten über notwendige Qualitätsverbesserungsmaßnahmen informiert. Dieser Punkt ist entscheidend. Wenn die Notwendigkeit

Wie wollen wir Interesse und Verständnis wecken?

Maßnahmen

- Informationen über Fehlerquoten - welche Fehler treten beim Kunden auf?
- Wo steht der Konkurrent „Bosch"?
- Marktbetrachtung/Firmenpolitik, neue Produkte
- L´Orange Denken - Identifikation mit der Firma
- Ansprechpartner
- ➛ Informations-Tafel (Stichpunkte) übersichtlich, am Info-Brett und an der Insel
  - was wird durchgeführt
  - Ziel
  - Ergebnisse
  - Hindernisse
- ➛ grobe Information in Betriebsversammlung (Vorinformation 20 Min. und Fragestunde 10 Min.)
- Leistungs-/Qualitätsanreiz über Bezahlung

Soll-Zustand

- Verständnis ist bei allen da
- Interesse einer Produzentenverantwortung ist da
- Verantwortung für Produkt/Werkstück ist selbstverständlich
- Durchsichtige Unternehmenspolitik
- Notwendigkeit zum Handeln ist bekannt

Ist-Zustand

- Projekt ist nicht bekannt
- Werkerselbstkontrolle soll kommen
- Es soll verstärkt gemessen werden (2.Werker Gegenmessung)
- Verständnis bei den Werkern wurde noch nicht abgefragt
- Meister, AV sind informiert
- unterschiedliches Verständnis der Produzentenverantwortung
- Weg ist nicht klar
- warum diese Produzentenverantwortung

Hemmnisse

- Bewertung der Leistung
- Stückzahlen müssen stimmen
- Tageszettel sagen nichts über Qualität aus
- früher war die persönliche Meinung nicht gefragt

Bild 7-10: Vier-Quadranten-Diagramm der Projektgruppe „Interesse und Verständnis wecken & Schulung + Information" (L'Orange)

Interesse und Verständnis wecken

Gruppenmitglieder: Dr.-Ing. Heinold, Ziegler, Haberl, Kaissling, Plass, Manegold, Loux

Maßnahmen	Verantwortlich für Durchführung	Mitwirkende	Information über Stand der Maßnahme an ...	Termin	Erledigt
Protokoll: Inhalt der Betriebsversammlung	Manegold		Gruppenmitglieder	22.11.94	
Vorschlag Infotafel Insel Vorschlag Infotafel alle	Loux		Gruppenmitglieder	29.11.94	30.11.94
Vorschlag Infotafel für die Insel	Haberl	Ziegler Kaissling		29.11.94	29.11.94
Betriebsversammlung vorbereiten	Dr. Heinold Loux			16.12.94 16.12.94	
Ankündigung Betriebsversammlung	Ziegler			19.12.94	
Tafel + Kästchen für A4-Blätter (Insel und allgemein)	Haberl	Kaissling		13.12.94	
Schriftzüge Tafel	Haberl			06.12.94	30.11.94
Ausschußquote in % und Ausschußkosten	Ziegler	Plass		14.12.94	
A4 Infoblätter	Manegold			16.12.94	

Inhalt nächstes Treffen: 16.12.94 - Vorstellung der erarbeiteten Maßnahmen

Bild 7-11: VMI-Matrix der Projektgruppe „Interesse und Verständnis wecken"

bekannt und Entschlossenheit zum Handeln vorhanden ist, wird die anschließende Erläuterung des Konzeptes bei den Werkern positiv aufgenommen. Die Information war sehr umfassend, so wurde auch die Einrichtung, Zusammensetzung und Thematik der fünf Arbeitskreise sowie der Zeitplan für die Realisierung besprochen.
Der Inhalt der Informationsveranstaltung wurde schriftlich festgehalten und an einer Schautafel präsentiert, um jederzeit vergegenwärtigt werden zu können.

Wie bereits erwähnt, können die Aufgaben der Projektgruppen von Firma zu Firma unterschiedlich sein. Bild 7-12 zeigt beispielhaft Ergebnisse der Vier-Quadranten-Befragung der Projektgruppe „Arbeitsplatzgestaltung“ der Weinig AG. Neben allgemeinen Gesichtspunkten standen hier vor allem die Vermeidung von Einstell- und Bedienfehlern im Vordergrund.

Wie können Einstell- und Bedienfehler vermieden werden?

Maßnahmen	Soll-Zustand
• Werker + Konstruktion + AV zur Erarbeitung von Zeichnungsnormen „Wunschzeichnung mit NC-gerechter Bemaßung” • Belichtungsparameter der Zeichnungsstelle festlegen –> Normen • WZ-Verwechslungsgefahr vermindern durch farbliche Kennzeichnung • Regelung für Teil-Abholungen: – Ort – Person – Ablauf • Entlohnsystem verändern	• Zeichnungsvorgaben z.B. für „Mechanisierung” • fertigungs-, programmier- und meßgerechte Zeichnung • Vereinheitlichung von Zeichnungen • Änderungen im Arbeitsplan werden sofort erledigt- keine Wiedervorlage
Ist-Zustand	**Hemmnisse**
• Zeichnungen sind nicht ordentlich (verölt, Ecke verbrannt, schmutzig) • sehr hoher Zeitdruck • hohe Teilevielfalt > 20 Teile/Schicht • Maschinenprogrammierung • manuelle WZ-Wechsel • Zeichnungen sind manchmal zu klein (Mechanisierung) • Maße müssen umgerechnet werden • man weiß nicht, welches Maß wichtig ist • Maße oft nicht lesbar • problematische Teile werden durchgesprochen (für die Nachtschicht + Tagschicht) • Störungen durch „Terminjäger – wo ist mein Teil?” • reklamierte Zeiten bei den Aufträgen werden nicht sorgfältig bearbeitet- d.h. mehrere Male zu geringe Vorgabezeiten	• Lohn sollte zumindest gleich sein

Bild 7-12: Vier-Quadranten-Diagramm der Projektgruppe „Arbeitsplatzgestaltung“ (Weinig AG)

PRAXISBEITRAG

P + T:

Erarbeitung von Einzelmaßnahmen in einem Kleinbetrieb

Die Unternehmensgröße ließ die Bildung von mehreren Arbeitsgruppen als wenig sinnvoll erscheinen. Daher wurden in diesem Fall mehrere Themenschwerpunkte in einer Arbeitsgruppe diskutiert. Besonders vorteilhaft erwies sich die hohe Funktionsintegration der Mitarbeiter. Dadurch wurden schnellere Realisierungen ohne zusätzlichen Abstimmungs- und Informationsaufwand möglich.

1. *Mitarbeiterintegration und Handlungsspielräume*

   Hier wurden speziell ablauforganisatorische Verbesserungsmaßnahmen angesprochen. So mußte hier beispielsweise das Vorgehen in der Bearbeitung neuer Aufträge geändert werden. Im Rahmen einer sog. Technologiebesprechung wurde der Auftrag und die Auftragsabwicklung zusammen mit den Werkern besprochen. In Bild 7-13 ist der strukturierte Gesprächsleitfaden dargestellt. Dieses Formular dient zum einen zur strukturierten Durchsprache der bevorstehenden Tätigkeiten sowie der einheitlichen Dokumentation aller Festlegungen.

   In der Fortführung der Vorgehensweise zur Technologiebesprechung wurde gleichzeitig eine Wochenbesprechung eingeführt, die allen Prozeßbeteiligten den Überblick über das zu erwartende Arbeitspensum vermittelt.

   Die weiteren Maßnahmen sind in stichpunktartiger Form im folgenden aufgelistet:

2. *Strukturierte Ordnung von Betriebsmitteln*
   - Werkzeuge
   - Spannmittel
   - Meßmittel
3. *Transparenz und Standardisierung von Abläufen*
   - Waren Ein- und Ausgang
   - Auftragsabwicklung
   - NC-Programmarchivierung
   - Einrichteblatt
   - Abnahmeprotokoll
   - Wartungsplan
4. *Strukturierte Ordnung von Arbeitsplatz und Umgebung*
   - Infotafeln Maschine / Betrieb
   - Ablagen für Standardwerkzeuge und Meßmittel
   - Rüstwagen
5. Aufbau einer Firmenphilosophie
   - Firmengrundsätze
   - Betriebshandbuch

	Kalkulationswerte	v	s	tr	th

ID	Bedarfsart	Bedarf ermittelt	Bedarf vorhanden	Bedarf bestellt	Bestellung eingetroffen
1	Material				
1.1	Werkstoffart – Stahlschlüssel				
1.2	Zerspanung				
1.3	Schnittgeschwindigkeit				
1.4	Vorschub				
1.5	Aufmaß festlegen				
1.6	Durchmesser Rohstoff				
2	Methode (Wie?)				
2.1	Arbeitsgänge – Aufmaß u. Gewindetabelle				
	10				
	20				
	30				
	40				
2.2	Spannungen				
2.3	Härten – Aufmaß beachten				
2.4	Schleifen – Aufmaß beachten				
2.5	Oberfläche				
3	Maschine (Womit?)				
3.1	Maschineneinsatz zu 2.1				
3.2					
4	Werkzeug				
4.1	Werkzeugeinsatz zu 2.1				
4.2					
5	Vorrichtungen				
5.1	Vorrichtungen zu 2.1-2.5				
5.2					
5.3					
5.4					
6	Meßmittel				
6.1	Meßmittelauswahl – Auflösung – Meßprinzip – Meßkraft (Verformung)				
6.2	Meßprogramme für IPC				
7	Meßmerkmale				
7.1	Kennzeichnung in Zeichnung				
8	Prüfgröße (Wie oft?)				
8.1	Intervalle festlegen				
9	Hilfsstoffe/Packmittel				
9.1					
9.2					

		Datum
Bearbeiter		Ident. Nr.

Bild 7-13: Checkliste zur Technologiebesprechung der Fa. P + T

Maßnahmenbewertung Fa. P + T	Aufwand (in Std. bzw. DM)			Auswirkung auf (Bewertung: klein, mittel, groß)				
	Material	Realisierungszeit	Schulungszeit einmalig /laufend	Ausschuß / Nacharbeit	Anzahl der Reklamationen	Durchlauf-Bearbeitungszeit	Bestände Material / Hilfsmittel	Rückfragen Häufigkeit
Mitarbeiterintegration und Handlungsspielräume								
Technologiebesprechung								
Reklamationsbesprechung								
Wochenproduktionsbesprechung								
Strukturierte Ordnung von Betriebsmitteln								
Werkzeuge								
Spannmittel								
Meßmittel								
Transparenz und Standardisierung von Abläufen								
Waren Ein- und Ausgang								
Auftragsabwicklung								
NC-Programmarchivierung								
Einrichteblatt								
Abnahmeprotokoll								
Wartungsplan								
Strukturierte Ordnung von Arbeitsplatz und Umgebung								
Infotafeln Maschine/Betrieb								
Ablagen für Standardwerkzeuge und Meßmittel								
Rüstwagen								
Aufbau einer Firmenphilosophie								
Firmengrundsätze								
Betriebshandbuch								
Gesamtveränderung				$\Delta =$	$\Delta =$	$\Delta =$	$\Delta =$	$\Delta =$
Gesamt in % oder Absolut:	$\Sigma =$	$\Sigma =$	$\Sigma =$	$\Sigma =$	$\Sigma =$	$\Sigma =$	$\Sigma =$	$\Sigma =$

Bild 7-14: Maßnahmenerarbeitung und -bewertung der Fa. P + T

7.3.2.4 Erfolgskontrolle und Weiterführung

Weiterführung und Standardisierung der Maßnahmen verlangen teilweise permanente Arbeitskreise

Je nach Art der Aufgabe ist es ratsam, die entsprechende Projektgruppe aufrechtzuerhalten, damit eine permanente Weiterführung der Maßnahmen gewährleistet ist. Bei L'Orange wurden beispielsweise die Arbeitsgruppen „Prüfdurchführung vereinfachen" und „Integration der Mitarbeiter" beibehalten, weil in diesen Bereichen oft Handlungsbedarf besteht. Dagegen kann – nach erfolgreichem Abschluß – der Arbeitskreis „Interesse und Verständnis wecken" aufgelöst werden.

Ein Beispiel für Umsetzung und Weiterführung der Maßnahmen in einem Kleinstbetrieb zeigt Bild 7-14 der Firma P + T. Es wurde in diesem eine Auswertetabelle erstellt, in der das Ergebnis der eingeleiteten Schritte unmittelbar nach deren Realisierung erfaßt wird und die anschließend permanent weitergeführt werden kann.

7.4 Nutzenanalyse

Rückmeldungen aus den am Projekt beteiligten Unternehmen haben gezeigt, daß die Umsetzung der Konzeption weitreichende Verbesserungen erbracht hat. Besonders deutlich wird dies in Betrieben, die neben Produktionsinseln teilweise noch in traditioneller, arbeitsteiliger Fertigung produzieren. Hinsichtlich Qualität und Kosten waren die Inseln den herkömmlichen Strukturen überlegen.

Weiterer positiver Aspekt ist die Einrichtung der Projektgruppen. Sie führte zu einem verstärkten Informationsfluß der Abteilungen untereinander. Der regelmäßige persönliche Kontakt der jeweiligen Ansprechpersonen untereinander trug erheblich zur Verbesserung des Klimas wie auch des Wissens über Tätigkeiten und Knowhow Potentiale des einzelnen bei.

Die Firmen konnten noch keine konkreten Zahlen vorlegen. Generell ist hervorzuheben, daß eine Umsatzsteigerung pro Mitarbeiter in allen Fällen zu verzeichnen war. Es hat sich gezeigt, daß die Übertragung von Verantwortung und Handlungsbefugnissen das Qualitäts- und Kostenbewußtsein beim Werker beträchtlich erhöhen kann. Das Potential eines Unternehmens sind die Mitarbeiter. Die Förderung und der gezielte Einsatz dieser, birgt für die Unternehmen große Chancen, Marktpositionen zu halten bzw. auszubauen.

7.5 Literatur

[7.1] Bühner, R.: Mitarbeiterführung systematisch verbessern. QZ 40 (1995) Heft 11, S. 1276-1280.

[7.2] Bullinger, H. J.: Einführung in das Technologiemanagement. 1. Aufl. Stuttgart: B.G. Teubner, 1994.

[7.3] Hucklenbroich, U.: Qualitätsmanagementsystem durch Motivation wirksam unterstützen. QZ 38 (1993) Heft 3, S. 154-158.

[7.4] Kamiske, G.F.: Die hohe Schule des TQM. 1. Aufl. Berlin: Springer 1994.

[7.5] Keller, G.; Kern, S.; Nüttgens, M.: Planungsinseln – Vom Konzept zum integrierten Informationsmodell. HMD 168 (1992), S. 25-39.

[7.6] König, A.: Moderation von Gruppen. Stuttgart: Fraunhofer-Institut für Arbeitswirtschaft und Organisation, 1996.

[7.7] Kottmann, K.: Unternehmensqualität. 1. Aufl. Stuttgart: B. G. Teubner, 1993.

[7.8] Masing, W.: Handbuch der Qualitätssicherung. 2. Aufl. München: Carl Hanser, 1994.

[7.9] Maslow, A.H.: Motivation and Personality. 1. Aufl. New York: Harper & Row, 1954.

[7.10] Mehrmann, E.: Moderierte Gruppenarbeit mit Metaplan-Technik. 1. Aufl. Düsseldorf: ECON Taschenbuch, 1994.

[7.11] N.N.: Aufbau von Qualitätssicherungssystemen in kleinen und mittleren Unternehmen. 1. Aufl. Frankfurt: Maschinenbauverlag 1992.

[7.12] Paul, W.J.; Robertson, K.B.: Job Enrichment and Employee Motivation. 1. Aufl. Epping: Gower Press, 1976.

[7.13] Richter, M.: Personalführung im Betrieb. 1. Aufl. München: Carl Hanser, 1985.

[7.14] v. Rosenstiel, L.: Motivation im Betrieb. 1. Aufl. München: Wilhelm Goldmann, 1972.

[7.15] Siebecke, D.: Seminarunterlage zum Moderationsseminar. Düsseldorf: Gesellschaft für Innovationsforschung und -beratung mbH, 1994.

[7.16] Sprenger, R.K.: Das Prinzip Selbstverantwortung. 2. Aufl. Frankfurt: Campus, 1995.

[7.17] Sprenger, R.K.: Mythos Motivation. 9. Aufl. Frankfurt: Campus , 1995.

[7.18] Warnecke, H.J.: Der Produktionsbetrieb. 1. Aufl. Berlin: Springer, 1984.

8 Selbstprüfpläne – Neugestaltung von Prüfprozessen

F. Fleissner, J. Burghardt, B. Mahnke,
H. Erkes, Chr. Räuber, C. Seyb, L. Hallasch

Inhaltsverzeichnis

8.1 Verrichtungsorientierte Prüfplanung für eine wirtschaftliche Werkerselbstprüfung 257
8.1.1 Motivation und Grundidee 257
8.1.2 Aktuelle Herausforderungen an die Prüfplanung und Prüfung in der Kleinserienfertigung 259
8.1.3 Verrichtungsorientierte Prüfplanung und Werkerselbstprüfung als neue Form der Produzentenverantwortung 261
8.2 Vision - Konzeption 263
8.3 Umsetzung der verrichtungsorientierten Selbstprüfpläne 264
8.3.1 Erarbeitung und Ableitung der Selbstprüfpläne 264
8.3.2 Gestaltung und Gliederung der Selbstprüfpläne 268
8.3.3 Anwendung des Selbstprüfplans bei Werkerselbstprüfung 275
8.3.4 Einführung der Selbstprüfpläne und Schulung 278
8.3.5 Organisatorische Einbettung und Integration in ein Qualitätsmanagementsystem 283
8.3.6 Gestaltungswerkzeuge für Selbstprüfung 288
8.4 Erfahrungen und Nutzen 290
8.5 Weitergehende Konzeption - Integration des Konzepts in die Prozeßkette „Produkterstellung" 293
8.6 Zusammenfassung und Ausblick 297
8.7 Literatur 298

8.1 Verrichtungsorientierte Prüfplanung für eine wirtschaftliche Werkerselbstprüfung

8.1.1 Motivation und Grundidee

Planungen immer seltener reproduzierbar

Mit dem Rückgang in Serien und der gleichzeitigen Zunahme der Variantenvielfalt sind Planungen entlang der

Prozeßketten immer seltener wiederholbar. Diese Entwicklungstendenz läßt sich ebenfalls auf die Erstellung und Anwendung von Prüfplänen in der mechanischen Fertigung übertragen.

Erfolgspotential Erfahrungswissen

Gerade in der zunehmenden Kleinserienfertigung ist darüber hinaus die Nutzung und Einbeziehung der Werkerqualifikation zur Qualitätssicherung besonders wichtig, da die betrieblichen Mitarbeiter über profundes, detailliertes Erfahrungswissen der einzelnen Produktionsprozesse verfügen. Gerade dieses Erfahrungswissen gilt es im Sinne einer optimalen Wertschöpfung zu nutzen.

Grundidee – Verrichtungsbezug

Ziel ist es, eine auf den fertigungstechnischen Verrichtungen basierende Prüfplanung für eine wirtschaftliche Selbstprüfung für die Klein- und Einzelserienfertigung aufzubauen und anhand realisierter Industrieeinführungen die möglichen Effizienzsteigerungen durch Werkerselbstprüfung im kleinen Regelkreis an der Bearbeitungsmaschine aufzuzeigen.

Ziel: Aufwandsarme Prüfplanung und Werkerselbstprüfung

Die grundlegende Idee basiert darauf, eine erfahrungsgeleitete und an den Verrichtungen (z. B. Bohren, Fräsen, Drehen, Sägen und Schleifen) orientierte Qualitätssicherung auf Basis von Bearbeitungselementen umzusetzen, mit dem Ziel, Prüfplanungs- und Prüfaufwand durch zusätzliche Kontrollprüfungen zu reduzieren, bei gleichzeitiger Erhöhung der Qualitätsverantwortung (durch geplante Selbstprüfung) der betrieblichen Mitarbeiter.

Die Reduktion des Prüfplanungsaufwands trägt hierbei speziell zur Beherrschung der Variantenvielfalt, der kleinen Losgrößen und der extrem verkürzten Produktlebenszeit bei.

Kleiner Regelkreis wird geschlossen

Die Erhöhung der Eigenverantwortung der betrieblichen Mitarbeiter durch Werkerselbstprüfung hat als Primärziel die Reduzierung von Ausschuß und Nacharbeit, die Verkürzung der Fehlerreaktionszeiten und damit die Schaffung kurzer, schneller Regelkreise in der mechanischen Fertigung.

Ein weiteres übergeordnetes Verbesserungspotential ist die Optimierung des Informationsflusses über die Schnittstellen einzelner Abteilungen hinweg, indem das Wissen und die Fähigkeiten der betrieblichen Mitarbeiter in der unmittelbaren Produktionsumgebung nutzbar gemacht werden. Weitere Ziele liegen in der Reduktion der qualitätsbezogenen Kosten, der Reduktion von organisatorischen Schnittstellen sowie der Konformität der erarbeiteten Lösung zur Normenreihe DIN ISO 9000ff. [8.1]. Ansatz und Ziele der Einführung von verrichtungsorientierten Werkerselbstprüfplänen sind in Bild 8-1 zusammenfassend dargestellt.

8.1.2 Aktuelle Herausforderungen an die Prüfplanung und Prüfung in der Kleinserienfertigung

Prüfplanung nach DIN 55350

Die Prüfplanung im herkömmlichen Sinn ist nach DIN 55350 als „Planung der Qualitätsprüfung" zu verstehen, d.h. innerhalb der traditionellen Anschauung ist es das Ziel, den einzelnen Fertigungsbereichen vollständige und eindeutige Vorgaben für die Durchführung der Kontrollarbeiten zur Verfügung zu stellen [8.2].

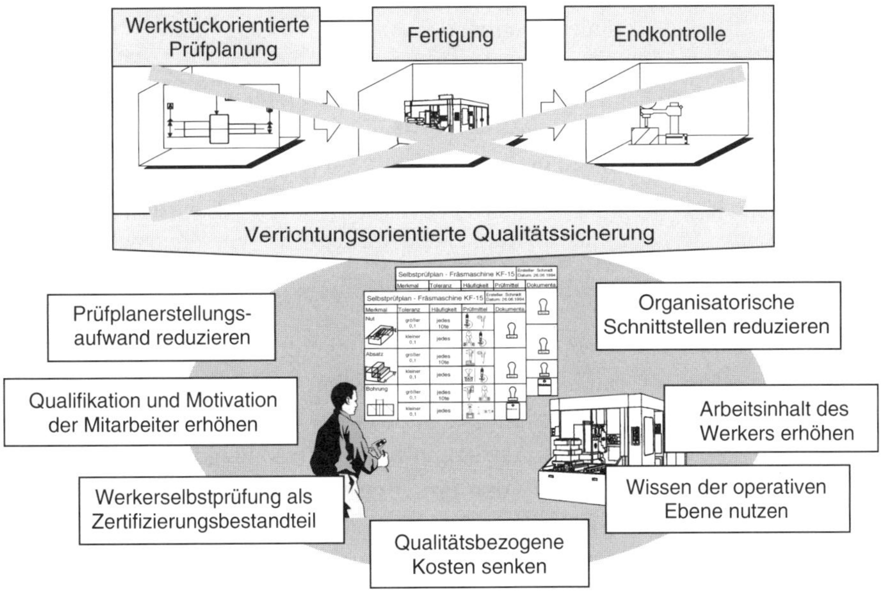

Bild 8-1: Ansatz und Ziel der verrichtungsorientierten Werkerselbstprüfung

In der betrieblichen Praxis werden in der Regel erzeugnisspezifische Prüfpläne von der Abteilung Qualitätssicherung bzw. -kontrolle erstellt und der Produktion zur Verfügung gestellt. Die anschließenden Qualitätsprüfungen in der Produktion werden heute üblicherweise von Qualitätskontrolleuren der Abteilung Qualitätssicherung durchgeführt.

Defizite bisheriger Ansätze

Diese funktionale Trennung von Produktion und Qualitätssicherung soll bisher eine objektive Aussage im Sinne eines Kontrollorgans gewährleisten und somit Kontrolle nicht wie im Englischen „Control", sondern in seiner hierzulande gebräuchlichen Bedeutung sein [8.3], d.h. Kontrolle als Überprüfungsinstrument, welches oftmals zu einer „Kriminalisierung" von Fehlern Anwendung findet.

In der Vergangenheit wurden mit diesem Ansatz Erfolge bei der Erreichung hoher Qualität bei steigenden bzw. stabilen Losgrößen erzielt. Andererseits verstärkt sich momentan der Trend zu kleinen Losgrößen bei steigender Teilevielfalt und immer kürzeren Produktlebenszyklen, was eine stetig steigende Komplexität in Produktion und Produkt zur Folge hat.

Fragt man Anwender in der Praxis, so tritt vermehrt der Fall auf, entweder:

- eine aufwendige Prüfplanerstellung (methodische Vorgehensweise, artikelbezogen) durchzuführen, oder
- die Prüfplanung im Kopf des betrieblichen Mitarbeiters (intuitiv, erfahrungsgeleitet, aber wenig transparent und kaum nachvollziehbare Vorgehensweise) abzuwickeln.

Optimum aus Methode und Erfahrung

Gerade zur schnellen Senkung der betrieblichen Komplexität bietet aber die Nutzbarmachung und Strukturierung des Erfahrungswissens der Mitarbeiter einen entscheidenden Ansatzpunkt, „denn wenn beide – Prüfplaner und Werker – den Prüfvorgang gemeinsam vorplanen, gibt es ein Optimum aus Methode und Erfahrung" [8.4].

In Maschinenbauunternehmen mit Kleinserien und Einzelfertigung ist der Prüfplanungsaufwand besonders groß, wenn man ihn auf die Stückzahl je Artikelnummer bezieht. Es ist im allgemeinen auch gar nicht wirtschaftlich realisierbar, für jedes Teil einen artikelspezifischen Prüfplan zu erstellen [8.5]. Mengendegressionseffekte durch große Stückzahlen (s.o.) rechtfertigen nicht mehr die konsequente artikelbezogene Prüfplanung.

8.1.3 Verrichtungsorientierte Prüfplanung und Werkerselbstprüfung als neue Form der Produzentenverantwortung

Interne Kunden-Lieferanten-Beziehung erzeugen

Wie oben beschrieben, stellt die Produzentenverantwortung eine konsequente Weiterentwicklung der Werkerselbstprüfung dar (vgl. Kap. 7). Die Einführung der auf Bearbeitungselementen basierten Prüfplanung und Werkerselbstprüfung bietet eine effiziente Methodik, interne Kunden-Lieferanten-Beziehungen aufzubauen.

Grundlegende Idee

Die Verantwortung wird hierbei an den Wertschöpfungsprozeß direkt verlagert, d.h der betriebliche Mitarbeiter übernimmt die Verantwortung „gute“ Teile zu produzieren „keine“ Fehler an seinen internen Kunden weiterzugeben und bei Störungen (Bearbeitungsfehler, Werkzeugbruch etc.) unmittelbar in den Prozeß einzugreifen (horizontale Kunden-Lieferanten-Beziehung).

Zusätzlich wird durch die „gemeinsame“ Prüfplanerstellung von Werker und Qualitätssicherer eine vertikale Kunden-Lieferanten-Beziehung aufgebaut, mit dem Ziel ein Maximum an Prozeßwissen des Werkers mit dem Erfahrungswissen des Prüfplaners zusammenzubringen.

The next process is your Customer

Dieser Ansatz zur Vereinfachung in der Produktion bzw. Prüfplanung bedeutet aber in erster Linie, daß sich alle am Wertschöpfungsprozeß Beteiligten im Sinn des „The next process is your customer“ aktiv und verantwortlich zeigen müssen (vgl. Abschnitt 3.2).

Zusammenfassend wird zur Realisierung einer wirksamen Produzentenveranwortung über die bisherigen Begrifflichkeiten der Werkerselbstprüfung hinaus, eine neue Qualifikations- und Organisationsform auf Basis einer auf Bearbeitungselementen basierenden Betrachtung des Produktionsprozesses, unter Einbeziehung des Erfahrungswissens der Mitarbeiter, aufgebaut.

Wiederholteilcharakter bei kleinen Serien

Durch Einführung des verrichtungsorienterten Prüfplans und der darauf aufbauenden Werkerselbstprüfung kann Wiederholteilcharakter geschaffen, die Rückkopplung von Fertigungswissen in die planenden Bereiche realisiert sowie planende und ausführende Tätigkeiten integriert werden (Qualitätsprüfung ohne vorherige artikelspezifische Prüfplanung).

Weiterhin gilt es, Wiederholteilcharakter zur Aufwandsreduktion herbeizuführen und innerhalb der produktionsnahen Bereiche planende und auszuführende Tätigkeiten zsammenzuführen.

Eine Verbesserungspotentialanalyse zur Ableitung der Anforderungen führt zu einer Konkretisierung und Priorisierung der angestrebten Projektziele (Bild 8-2).

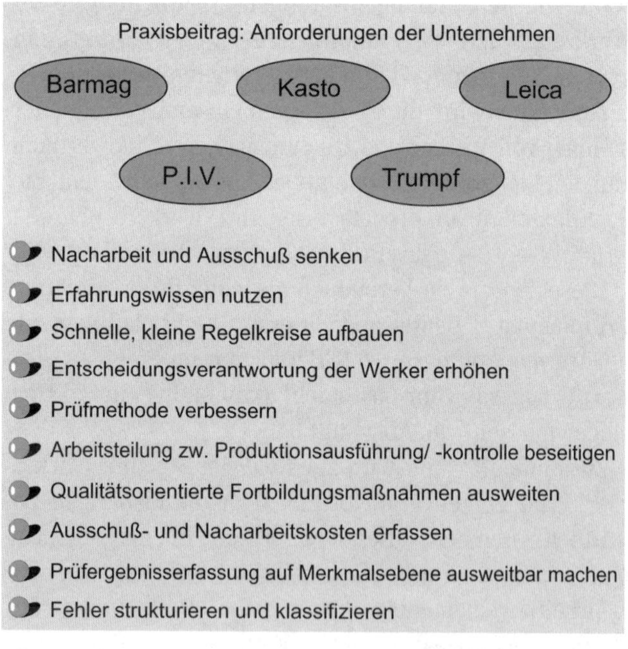

Bild 8-2: Angestrebte Projektziele der Industrieunternehmen

8.2 Vision – Konzeption

Selbstprüfplan (SPP)

Die verrichtungsorientierte Prüfplanung und Werkerselbstprüfung anhand des Selbstprüfplans ist als praxisnahes Werkzeug zu verstehen, mit dem zum einen der Werker mit einer erhöhten Qualitätsverantwortung unterstützt werden kann und mit dem zum anderen die Aufgabenintegration im Sinne einer Geschäftsprozeßoptimierung ermöglicht wird. Der Selbstprüfplan ermöglicht es, ohne vorherige artikelspezifische Prüfplanung, die Qualitätsprüfung direkt an der Bearbeitungsmaschine durchzuführen.

Einbeziehung der Mitarbeiter

Entscheidend ist hierbei, daß der Werker in den gesamten Prozeß der Ableitung, Gestaltung und Umsetzung der Prüfplanung eingebunden wird.

Somit ist es möglich, das Erfahrungspotential der „operativen" Kräfte in den Prozeß der Prüfplanung bzw. -ausführung einzubringen, da gerade mit zunehmender Prozeßnähe der Einfluß von Erfahrung stark an Bedeutung gewinnt.

Neu ist auch die Orientierung an den maschinenspezifisch herstellbaren Zerspanvolumen, im weiteren Verlauf als Bearbeitungselemente bezeichnet.

Bearbeitungselement als Grundlage

Als Bearbeitungselement ist im folgenden zu verstehen:

- Ein Formelement, welches außer den reinen geometrischen Attributen, um fertigungstechnische Informationen der Herstellung ergänzt wird, d.h. Bearbeitungselemente sind um einen speziellen technologischen Bezug ergänzte geometrische Formelemente (hier: Qualitäts- und Fertigungselemente).

Der Vorteil dieser Bearbeitungselementorientierung liegt in der grundlegenden Unabhängigkeit der Merkmale von der geometrischen Form und den absoluten Maßen des zu fertigenden Werkstücks. Hierdurch wird die Schaffung eines Wiederholteilcharakters auf Basis allgemeingültiger und übertragbarer Merkmale möglich und nutzbar.

Die verrichtungsorientierte Betrachtung (Drehen, Fräsen, Bohren, Schleifen, u.s.w.) hat als Vorteil, daß die

Komplexität und Anzahl der zur Anwendung kommenden Bearbeitungselemente sofort auf die fertigungstechnischen Herstellprozesse vereinfacht werden kann.

8.3 Umsetzung der verrichtungsorientierten Selbstprüfpläne

Fokus: praktische Umsetzung

Nachdem die Grundidee und Vision der bearbeitungselementbasierten Selbstprüfpläne dargestellt ist, liegt der Fokus nun auf der Umsetzung – also der Operationalisierung – der Idee in der praktischen Anwendung.

Wichtige Teilaspekte sind hierbei:

- Erarbeitung und Ableitung der Selbstprüfpläne
- Aufbau und Gliederung der Selbstprüfpläne,
- Anwendung der Selbstprüfpläne bei Werkerselbstprüfung,
- Einführung und Schulung,
- Gestaltungswerkzeug für Selbstprüfpläne,
- organisatorische Einbettung der bearbeitungselementbasierten Werkerselbstprüfung,
- Selbstprüfpläne und DIN ISO 9000ff.

8.3.1 Erarbeitung und Ableitung der Selbstprüfpläne

Prozeßanalyse als Startpunkt

Zu Beginn der Erarbeitung der Selbstprüfpläne ist zunächst eine detaillierte Analyse der relevanten Verrichtungen eines Produktionsprozesses und des Produktionsspektrums durchzuführen. Produktionsprozesse derart, daß die herstellbaren Zerspanvolumen maschinenbezogen herausgearbeitet werden und produktorientiert, um die tatsächlich gefertigten Elemente zu verifizieren.

80:20 Lösung entspricht der Realität am besten

Sobald eine hinreichende Vollständigkeit dieser, im Sinne einer 80:20-Lösung erreicht ist, werden die relevanten, abgeleiteten Bearbeitungselemente zu einem Katalog zusammengefaßt. Innerhalb durchgeführter Prozeßanalysen hat sich gezeigt, daß sich mit einem relativ geringen Aufwand schnell ein guter Zielerreichungsgrad der abgeleiteten Bearbeitungselemente darstellen läßt. Eine weitergehende Untersuchung zur Erlangung einer 100%-Vollständigkeit bringt mit Sicherheit nur wenig zusätzliche Information bei gleichzeitig unverhältnismäßig steigendem Aufwand. Dies bedeutet, daß schon nach der Untersuchung verhältnismäßig weniger Elemente eine Pareto-Verteilung der Bearbeitungselemente auftritt (Ergebnis einer ABC-Analyse).

Ableitung prozeßbezogener Bearbeitungselemente

Bild 8-3 zeigt den Prozeß der Analyse der Verrichtungen und die anzuschließende Ableitung der prozeßbezogenen Bearbeitungselemente (im Beispiel: Planfläche, Nut, Absatz etc.).

Zur Überprüfung der Vollständigkeit der in der Realität auftretenden Bearbeitungselemente wurden in den beteiligten Unternehmen zahlreiche Häufigkeitsuntersuchungen verschiedener Verrichtungen durchgeführt [8.1]. Man ermittelt die Elemente durch Untersuchungen der Konstruktions- und Werkstattzeichnungen, der Arbeitspläne und durch Befragung der Werker.

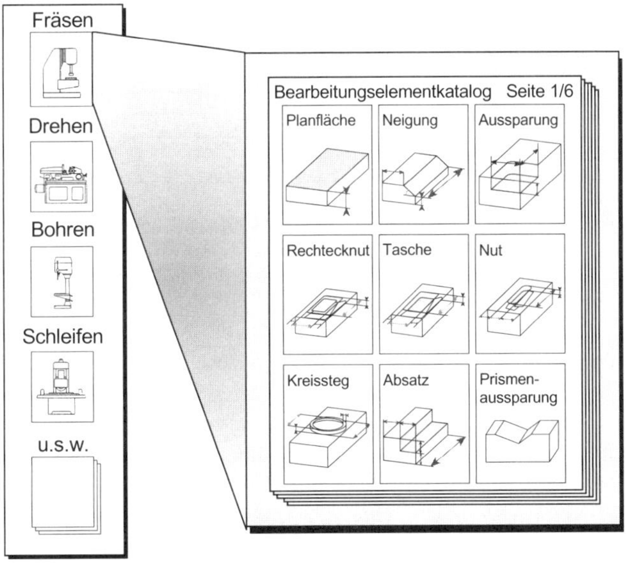

Bild 8-3: Analyse der Verrichtungen/Ableitung wesentlicher Bearbeitungselemente

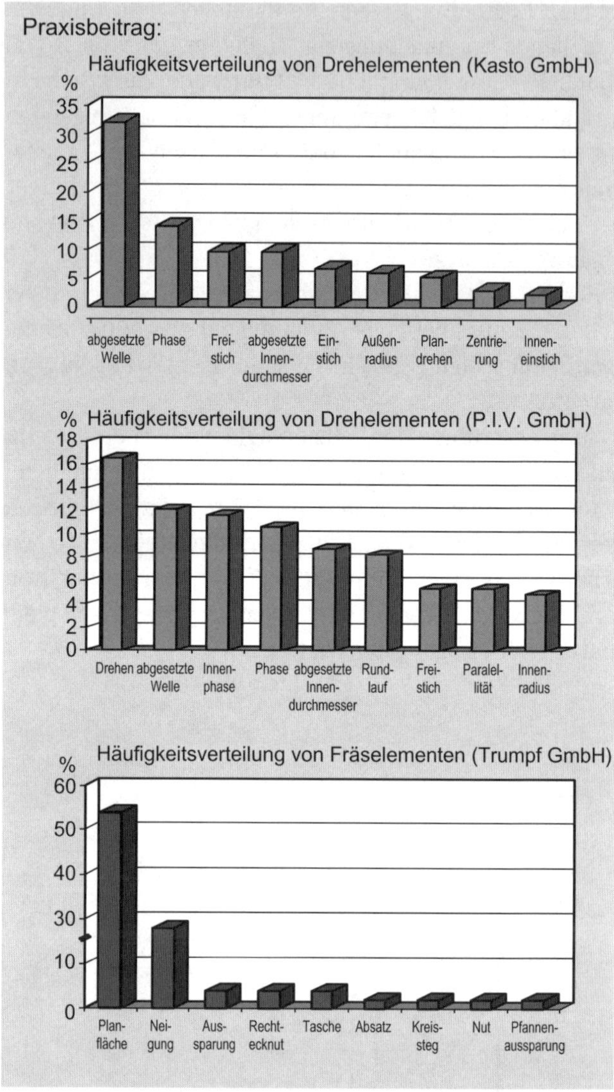

Bild 8-4: Häufigkeitsverteilungen von Fräs- und Drehelementen

Häufigkeitsanalysen zur Verifikation

Bild 8-4 zeigt exemplarisch im Projektverbund durchgeführte Analysen der Bearbeitungselemente in Form von Häufigkeitsverteilungen.

Prüfmerkmale ableiten

An den so ermittelten Bearbeitungselementen werden anschließend die sie beschreibenden Prüfmerkmale (z. B.

Außenmaß, Innenmaß, etc.) unternehmensspezifisch abgeleitet und definiert. Weitergehend werden Bearbeitungselemente (hier: Prüfelemente) und Prüfmittel eindeutig verknüpft. Die geforderten und erreichbaren Genauigkeiten in Form von Industrietoleranzen werden ebenfalls prüfmittelbezogen zugeordnet (Prüfgenauigkeit). Zu diesem Zweck wurde ein allgemeingültiges Dokument in Form eines merkmalsbezogenen Prüfmittelkatalogs erarbeitet. Im Hinblick auf den großen Anteil an Längenmeßtechnik bei Prüfungen innerhalb der Fertigung [8.6], insbesondere für die spätere Werkerselbstprüfung, spielen hierbei primär Prüfmittel für die manuelle Längenmessung eine entscheidende Rolle. Demnach ist es also möglich einer gefrästen Nut bestehend aus den Prüfmerkmalen Tiefe, Breite und Länge, die sinnvollen Prüfmittel Meßschieber, Meßuhr, Tiefenmesser und Tiefenmeßschraube in Abhängigkeit der geforderten Meßgenauigkeit zuzuweisen (Bild 8-5).

Prüfmittel zuordnen

Prüfhäufigkeit und Dokumentation

Eine weitere Zuordnung besteht zwischen Prüfmittel und Prüfhäufigkeit. Hierbei ist die Losgröße der Prüfung abhängig von der Losgröße der Werkstückfertigung, die ihrerseits durch die Prozeßfähigkeit der fertigenden Ma-

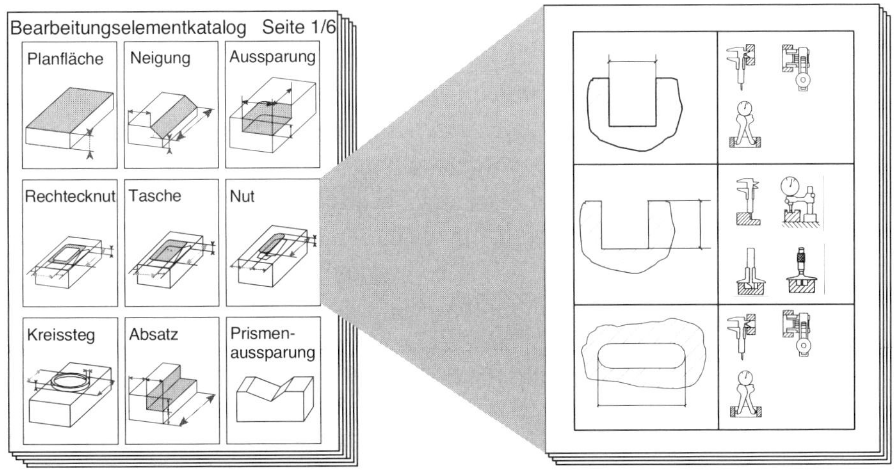

Bild 8-5: Zuordnung Bearbeitungselement, Prüfmerkmal und Meßmittel

schine begrenzt ist. Daraus ergibt sich, speziell für jede Fertigungsmaschine (denkbar sind aber auch weitere Einrichtungen), eine Vorschrift, wie häufig innerhalb der oben erarbeiteten Randbedingungen die Prüfungen zu erfolgen haben.

Weitere Ergänzungen, zu den ermittelten technischen Daten, sind organisatorische Aspekte, wie z. B. Ansprechpartner in Problemfällen, Dokumentationsart (zur Rückverfolgbarkeit von Fehlern) und Verwaltung. Somit sollten folgende grundsätzlichen Informationen für den Werker in einem Selbstprüfplan enthalten sein:

Grundsätzlicher Inhalt des Selbstprüfplans

- Auswahl von Prüfelementen
- Richtlinie bzgl. Auswahl Prüfmittel, -genauigkeit, -häufigkeit und Dokumentation
- Sonderanweisungen Sonderinformationen für kritische Arbeitssituationen (z. B. Schichtwechsel, Werkzeugbruch, etc.)
- Organisationsdaten zur Versionsverwaltung und Identifikation.

8.3.2 Gestaltung und Gliederung der Selbstprüfpläne

Der Selbstprüfplan ist ein Instrument mit dem der Werker die Teile, die er fertigt, selbst prüfen kann, ohne zusätzlich Prüfanweisungen in Form von Prüfplänen zu erhalten. Weiterhin ist der bearbeitungselementbasierte Selbstprüfplan ein Kommunikationshilfsmittel für alle am Leistungserstellungsprozeß beteiligten Abteilungen, wie Arbeitsvorbereitung, Konstruktion, Qualitätssicherung und Fertigung, da das Bearbeitungselement entlang der Prozeßkette als Integrationswerkzeug ideal geeignet ist (d.h.: „Alle sprechen über das gleiche Objekt aus einer jeweils differenzierten Sichtweise“).

Der Selbstprüfplan bezieht sich dabei auf einzelne Merkmale (Bearbeitungselemente), die an dem jeweiligen Arbeitsplatz bzw. Betriebsmittel zu fertigen sind. Im Gegensatz hierzu würde die rein artikelspezifische Prüfplanung und Prüfung jeweils einen Prüfplan für jeweils einen Artikel benötigen.

Anforderungen an den Selbstprüfplan

Hieraus ergeben sich spezifische Anforderungen an den Selbstprüfplan, d.h. im wesentlichen sollte dieser

- vollständig sein (80:20 Lösung!),
- eine eindeutige Zuordnung von Prüfelementen, Toleranzen, Prüfhäufigkeiten, Prüfmitteln, Dokumentationen und Sonderanweisungen enthalten und
- ergonomischen Anforderungen an eine benutzergerechte Darstellung genügen (Bild 8-6)

Layoutgestaltung

Zusätzlich ist es auch sinnvoll das Formular an das Layout bereits vorhandener Papiere anzupassen (falls möglich) und bei der Layoutgestaltung des Selbstprüfplans die betroffenen betrieblichen Mitarbeiter in Form von Qualitätszirkeln und Gruppenarbeitsstrukturen miteinzubeziehen.

Praxisbeitrag: Ergonomieforderungen an den Selbstprüfplan

- Format des Selbstprüfplan (DIN A3) im Querformat, Klappordner in DIN A4)
- Übersichtliche Strukturierung der Information
- Größe der Zeichen
- Groß-Klein-Schreibung
- Vollständigkeit der Information
- Farbkodierung
- Sinnverständnis der Symbole
- Ablauforientierte Gestaltung
- Einfacher, übersichtlicher Aufbau
- Darstellung der Bearbeitungselemente in 3-D-Format, wenn verfügbar
- Prüfmittel als Piktogrammdarstellung

Bild 8-6: Praxisrelevante Ergonomieforderungen an den Selbstprüfplan

PRAXISBEITRAG
Bestandteile des SPP

BARMAG AG:
Die inhaltlichen Bestandteile des Selbstprüfplans sind zusammengefaßt:

- Bearbeitungselemente (Prüfelemente),
- Prüfmittel,
- Prüfgenauigkeit,
- Prüfhäufigkeit,
- Dokumentation und weiterführende Informationen (allgemeingültige Anweisungen).

Gestaltungshinweise aus der Praxis

BARMAG AG, KASTO GmbH, LEICA GmbH, P.I.V. GmbH, TRUMPH GmbH:
Folgende in der praktischen Umsetzung erarbeitete Gestaltungsregeln sind beim Aufbau der Selbstprüfpläne gesondert zu beachten:

1. Die Bearbeitungselemente sollten nach ihrer Häufigkeit (1. Priorität) und ihrem Detaillierungsgrad (2. Priorität), in absteigender Reihenfolge, aufgeführt werden.
2. Es empfiehlt sich eine Darstellung der Prüfelemente in Wort und Bild (3D), um der Übersichtlichkeit gerecht zu werden.
3. Die Prüfgenauigkeit ist in „Toleranzklassen" eingeteilt, von denen so wenige wie möglich angestrebt werden sollten (2, max. 3; z.B.: $\leq 0{,}1$ und $> 0{,}1$). Toleranzen werden, laut Definition, mit den Zahlen 01, 0, 1 bis 18 in 20 Toleranzklassen unterteilt, wobei die Toleranzklasse 01 bei gleichem Nennmaß die kleinsten, die Toleranzklasse 18 die größten Toleranzen beinhaltet.
4. Bei der Prüfhäufigkeit existieren zwei verschiedene Arten. Zum einen die statische Einteilung und zum andern die dynamische. Bei der statischen Prüfhäufigkeit wird dem Werker genau mitgeteilt, in Abhängigkeit von Toleranz und Merkmal, wie oft er zu prüfen hat. (In der Regel Vorgaben der Qualitätssicherung) Bei dem dynamischen Prüfen muß der Werker, aufgrund seiner Erfahrung und einer vorhergehenden Schulung, die Prüfhäufigkeit dem Prozeßverlauf, unter Berücksichtigung folgender Einflußfaktoren, anpassen.

   - Bedeutung des Merkmals
   - Komplexität des Arbeitsvorgangs
   - Losgröße
   - Wiederholhäufigkeit des Merkmals

- Toleranzbereich
- Wechsel von Werkzeug oder Verrichtung
- Prozeßverlauf
- Fehlerhäufigkeiten
- Ablaufbedingte Unterbrechungen
- Fertigungsgenauigkeit der Maschine

Dynamisierung der Prüfhäufigkeit

Die dynamische Prüfhäufigkeit gestaltet sich hierbei folgendermaßen (Bsp. Kasto GmbH):
Den einzelnen Prüfhäufigkeiten werden, in Analogie zu den Farben einer Verkehrsampel, den Farben Rot, Gelb und Grün zugeordnet, wobei Rot einer 100%-Prüfung entspricht und über Gelb bis Grün die Prüfhäufigkeit abnimmt. Eine weitere Farbe, z.B. Blau, bedeutet Prüfung des ersten und letzten Teils und kann speziell für die Prüfmerkmale Oberfläche und Form- und Lagetoleranz verwendet werden.
Sollten Probleme bei der Fertigung bestimmter Formelemente auftreten, so kann einerseits die Prüfhäufigkeit entsprechend den Bedürfnissen heraufgesetzt werden, bis Korrektur- und Vorbeugemaßnahmen zur Beseitigung der Schwachstellen gefunden, umgesetzt und verwirklicht sind. Hierfür ist insbesondere die durch die hier verwendete Farbe Rot dargestellt Prüfhäufigkeit von 100% vorgesehen. Andererseits wird die derzeit festgelegte Prüfhäufigkeit bei ausreichender Prozeßsicherheit herabgesetzt.
Hierdurch ist gewährleistet, daß der Meister eines Fertigungsbereichs bei Bedarf die Prüfhäufigkeit einzelner Merkmale an einer bestimmten Maschine kurzfristig, bei auftretenden Fehlern, ohne großen Verwaltungsaufwand ändern kann, bis zum Wiedereintritt des Normalzustands.
Letztendlich muß jedes Unternehmen die Prüfhäufigkeiten der einzelnen Merkmale individuell bestimmen, da viele Entscheidungen diesbezüglich aufgrund von Erfahrungen vor Ort getroffen werden.

Anwendung der Prüfmittel

5. Bei den im Selbstprüfplan angegebenen Prüfmitteln gibt es zwei Möglichkeiten, die Prüfung am Arbeitsplatz und die Inanspruchnahme einer speziellen Qualitätssicherungsstelle.
Erfolgt die Prüfung am Arbeitsplatz, so sollte die Auswahl der Prüfmittel für den Mitarbeiter starr vorgegeben sein. Die Zuordnung der Prüfmittel zu den Prüfelementen wird hierbei durch die geometrische Ausprägung der Prüfmerkmale und Prüfmittel, sowie der Meßunsicherheit und Meßwertgrenze der Prüfmittel

beeinflußt (vgl. auch Abschnitt 8.2). Es empfiehlt sich auch hier, wie bei den Bearbeitungselementen, eine eindeutige Darstellung der Prüfmittel in Wort und Bild (3-D, wenn verfügbar).

Benötigt man für einen Ausnahmefall die externe Qualitätssicherungsstelle als internen Dienstleister, so kann dies wiederum verschiedene Gründe haben. Genügen z.B. die Prüfmittel am Arbeitsplatz nicht den Anforderungen an die Prüfgenauigkeit oder müssen z.B. auf Kundenwunsch bzw. aufgrund externer Bedingungen (z.B. Prüfung abnahmepflichtiger Teile) besondere Qualitätsprüfungen durchgeführt werden, so wird die Qualtätssicherungsstelle in Anspruch genommen. Eine weitere Möglichkeit ist der Fall, daß Werkstücke Bearbeitungselemente enthalten, welche nicht im Katalog erfaßt sind.

Dokumentation der Prüfergebnisse

6. Bei der Dokumentation der Prüfergebnisse gibt es ebenfalls mehrere Dokumentationsarten, die den jeweiligen Prüfvorgängen direkt zugeordnet sind. Dokumentationsarten sind:
   - manuell ausgefüllte Prüfprotokolle,
   - Qualtätsregelkarten,
   - Stempel,
   - angehängte Kontrollkarten,
   - Lackstifte zur Markierung bzw. Signierung und
   - elektronische Meßwerterfassungen mit automatischer „Auswertung“.

   Für diese Fälle muß die Forderung nach einer eindeutigen Zuordnung des Prüfergebnisses zum Ausführenden gewährleistet sein. Die Auswahl der Dokumentationsart ist jedoch von der Bedeutung des Merkmals, von der Fertigungstechnologie und von internen und externen Anforderungen, die an das Merkmal gestellt werden, abhängig.

Allgemeingültige Anweisungen im Fußteil

Sonstige inhaltlichen Bestandteile des Selbstprüfplans wie Sonderanweisungen zum Prüfen oder Informationen zum Arbeitsplatz sind allgemeingültige Anweisungen. Sie dienen der Komplexitätsreduktion und tragen zur Vollständigkeit und leichten Handhabung des Selbstprüfplans bei.

Selbstprüfplan als Konzept

In Bild 8-7 ist ein allgemeingültiger, in Bild 8-8 und 8-9 sind zwei bei industriellen Partnern realisierte Selbstprüfpläne für die Verrichtung Fräsen und Drehen dargestellt.

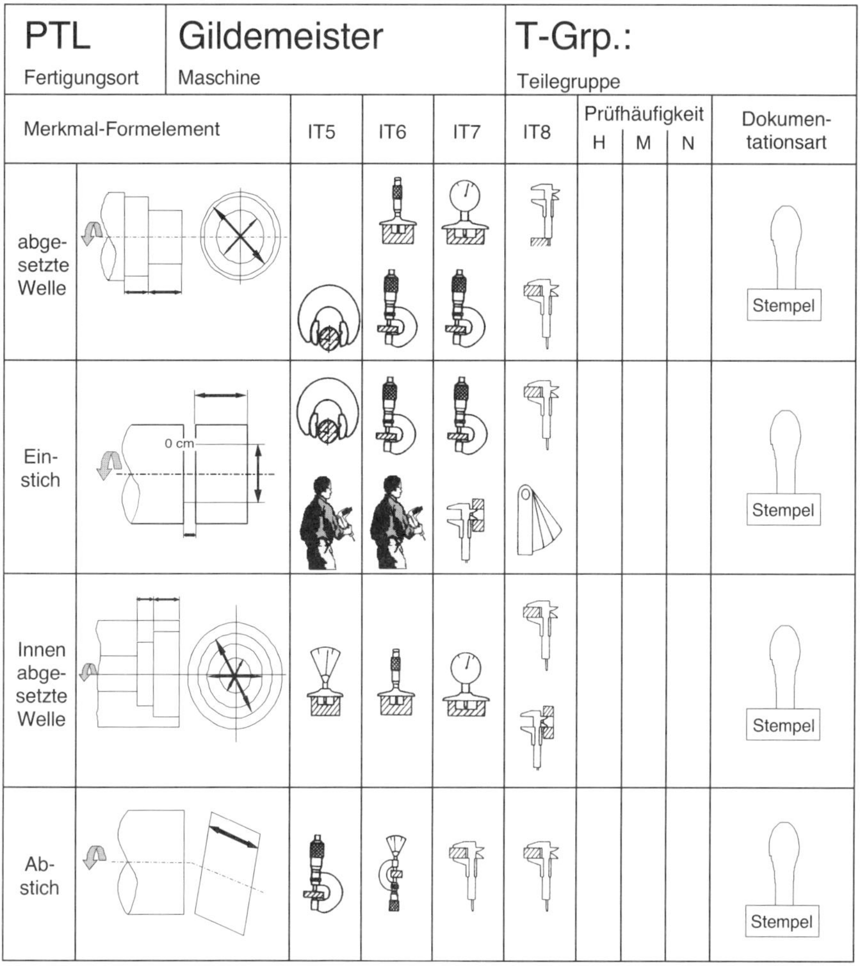

Bild 8-7: Allgemeingültiger Selbstprüfplan

Dieser unternehmensspezifische Selbstprüfplan gliedert sich in drei Bestandteile:

Untergliederung des Selbstprüfplans

- Den Kopf, der Informationen über die Maschine, Ersteller und Erstelldatum liefert,
- den Fuß [aus Darstellungsgründen in Bild 8-8 und 8-9 nicht enthalten], der Sonderregelungen zur Prüfhäufigkeit, allgemeingültige Anweisungen und sonstige ergänzende Aufgaben enthält, und

Maschinenplatz - Prüfplan 4260-01
NC- Universalfräsen
KST 4260 MG 263, 601, 602, 603, 604, 606, 607, 608, 623

barmag
Seite 1 von 1
Erst.: Wirz
Datum: 29.08.94

Toleranz größer oder gleich 0,1

Merkmal	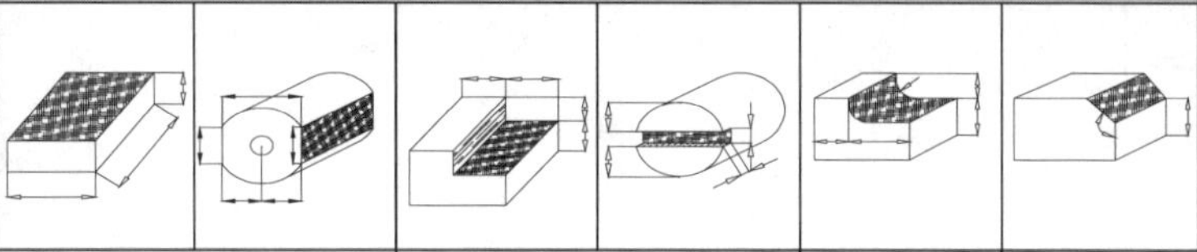					
Meßmittel	Meßschieber		Meßschieber Tiefenmeß-schieber		Meßschieber Tiefenmeß-schieber Radienlehre	Meßschieber Tiefenmeß-schieber Winkel-messer
Häufigkeit	Jedes 20-ste					
Erfassung	Gemessene Teile mit Filzstift signieren und nach Abarbeitung des Loses die Arbeitsfolge auf der Begleitkarte abstempeln					

Toleranz kleiner 0,1

Merkmal	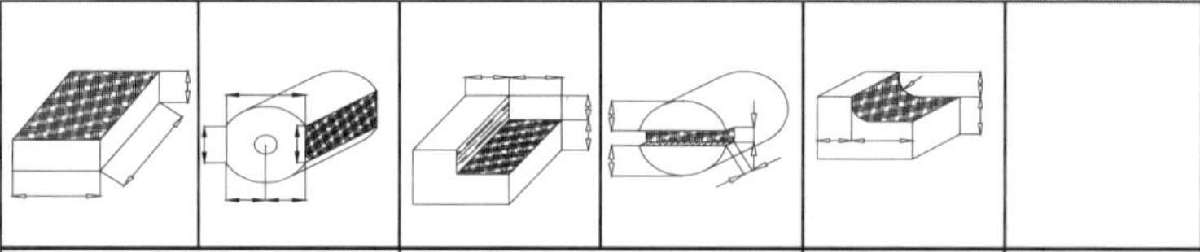					
Meßmittel	Bügelmeßschraube		Bügelmeß-schraube Tiefenmeß-schraube	Endmaß Tiefenmeß-schieber	Bügelmeß-schraube Tiefenmeß-schraube	
Häufigkeit	Jedes 20-ste					
Erfassung	Gemessene Teile mit Filzstift signieren und nach Abarbeitung des Loses die Arbeitsfolge auf der Begleitkarte abstempeln					

Bild 8-8: Beispiel für Selbstprüfplan (Barmag AG)

	Selbstprüfplan - Bohren/Gewinde schneiden						
vom: 24.01.1996	Änderungsstand: 24.01.1996			Ersteller: AV		Geprüft: QS	
Bohren/ Gewinde	***Prüfmerkmal***	***Wer prüft?***	***Prüfmittel***	***Prüfhäufigkeit/Prüfschärfe***		***Dokumentation***	***bei Fehler, Frage, Problem:***
Gewinde				**IT 7 u. kleiner**	**sonst**		
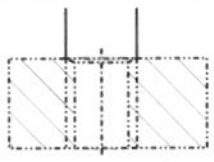	Gewinde, Lagetoleranz		Gewindelehrdorn, Meßschieber/ Meßmaschine	(s. DIN 7151)			
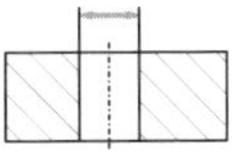	Durchmesser, Formtoleranz, Lagetoleranz, Oberflächenrauhigkeit	QS nur als Dienst-leistung	Innen-Mikrometer, Meßschieber, Meßmaschine, Rauheits-Meßgerät	an jedem Teil jedes Merkmal	an jedem 5. Teil Merkmale mit kleinster Toleranz	nur auf besondere Anweisung	Fachvorgesetzten benachrichtigen
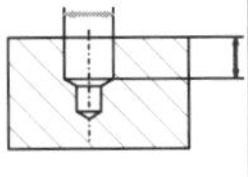	Gewinde, Lagetoleranz		Gewindelehrdorn/ Tiefenmaß, Meßschieber/ Meßmaschine				

Bild 8-9: Beispiel für Selbstprüfplan (Leica GmbH)

– den Hauptteil, der wiederum in zwei Bestandteile getrennt ist. Diese zwei Teile unterscheiden z. B. in Bild 8-8 die beiden relevanten Toleranzklassen ($\leq 0{,}1$ oder $> 0{,}1$). Innerhalb jeder dieser Toleranzklassen lassen sich die Bearbeitungselemente (graphisch in 3-D dargestellt) erkennen, darunter die zugeteilten Meßmittel, die Prüfhäufigkeit und die Erfassung (d.h. Dokumentation) der Prüfung.

8.3.3 Anwendung des Selbstprüfplans bei Werkerselbstprüfung

Anwendung des SPP

Die Anwendung des verrichtungsorientierten Selbstprüfplans entspricht im Grunde dem klassischen Prüfablauf der artikelbezogenen Prüfung, also der Prüfmerkmalsbestimmung, der Prüfschärfeableitung, etc..
Der grundlegende Unterschied besteht darin, daß der betriebliche Mitarbeiter Prüfaufgabe, Prüfausführung und Prüfdokumentation *eigenverantwortlich* durchführt, auf Basis der prozeßbezogenen Bearbeitungselemente. Als Handlungsablauf für den jeweiligen betrieblichen Mitar-

beiter, der mit einem so erstellten Prüfplan versehen ist, ergibt sich das in Bild 8-10 dargestellte strukturierte Anwendungsschema:

Nachdem der betriebliche Mitarbeiter aus der Zeichnung über das Werkstück die jeweiligen Prüfmerkmale mit den dazugehörigen Toleranzen ermittelt hat, bestimmt er unter Zuhilfenahme des Selbstprüfplans aus der Kombination von Merkmal, Genauigkeitsklasse und der im Selbstprüfplan definierten Prüfschärfe die durchzuführende Prüfung. Im nächsten Schritt liest er aus dem Selbstprüfplan die zu verwendenden Prüfmittel ab. Die vom Werker darauffolgende Prüfung wird von ihm mit einer Dokumentation seiner Prüfung abgeschlossen, die aus einer Stempelung des Werkstücks, Befestigen eines Anhängers o.ä. besteht.

Eigenverantwortung als Vorbedingung

Aus dem Ablaufplan ergibt sich, daß der betriebliche Mitarbeiter als „verrichtungsorientierter Selbstprüfer" am

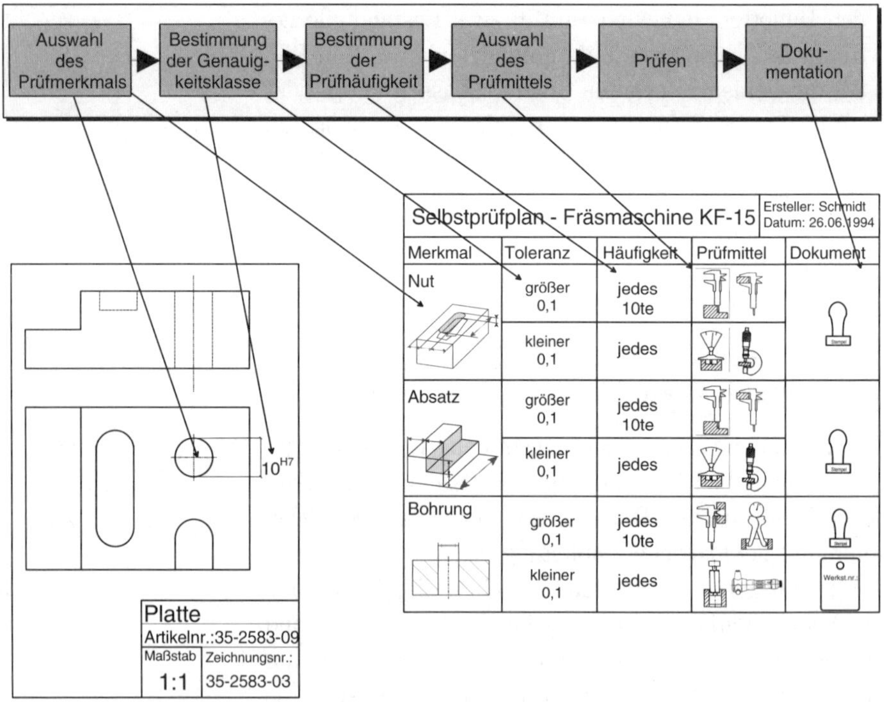

Bild 8-10: Verfahrensablauf verrichtungsorientierter Selbstprüfung

Arbeitsplatz mit den für ihn nötigen Prüfmitteln ausgestattet sein muß und über Dokumentationshilfen verfügt. Er erhält somit die Möglichkeit, aufgrund seiner *Erfahrung*, seiner *Qualifikation* sowie eines strukturierten, maschinenbezogenen Planungsinstruments, eigenverantwortlich Werkstücke zu prüfen und somit den kleinen Qualitätsregelkreis unmittelbar an der Bearbeitungsmaschine bzw. dem Arbeitsplatz in der Montage, zu schließen.

Selbstprüfplan in praxi

Bild 8-11 zeigt nochmals den Selbstprüfplan für die Werkerselbstprüfung im praktischen Einsatz.

Iteration zur unternehmensspezifischen Selbstprüfplan-Erstellung

Hierbei hat es sich gezeigt, daß die praxisnahe Gestaltung und Konzeption der Selbstprüfpläne in mehreren Iterationsschleifen zwischen Forschungsinstitut, Qualitätsfachleuten der Industriepartner und den beteiligten Mitarbeitern zu optimieren ist, da jedes Unternehmen über eigene Randbedingungen verfügt. Hier sind zu nennen:

Bild 8-11: Einsatz des Selbstprüfplans

- Qualifikationsniveau der Mitarbeiter
- Planungstiefe der Prüfung
- Produktspektrum (Stückzahl, Komplexität, Wiederholcharakter einzelner Bearbeitungselemente, etc.)
- Art und Ausprägung der Organisation innerhalb der Wertschöpfungsbereiche
- Entlohnungsformen
- Fertigungsverfahren/Maschinenpark

Die Einführung einer Null-Fehler-Produktion wird durch diesen Prozeß, in ihrer Reaktionszeit auf Ausschuß und Nacharbeit, extrem vereinfacht.

8.3.4 Einführung der Selbstprüfpläne und Schulung

Information und Motivation

Unternehmensleitung und Betriebsrat

Vorgehensweise Einführung

Die Einführung der verrichtungsorientierten Prüfplanung und Werkerselbstprüfung bedarf der Information, Motivation und Überzeugung vieler betrieblicher Instanzen. An erster Stelle steht hier die *Unternehmensleitung*. Ohne ihre aktive Unterstützung ist die Einführung und Umsetzung der verrichtungsorientierten Werkerselbstprüfung nicht realisierbar. Der *Betriebsrat* sollte bei der Einführung der Selbstprüfpläne ebenfalls berücksichtigt werden, denn es ist zu beachten, daß er bei der Einführung, sowie Umsetzung ein Mitspracherecht besitzt und es auch ausüben sollte. „Seine nicht nur schweigende Duldung, sondern sein aktives Eintreten für die Selbstprüfung ist die Voraussetzung für den Erfolg" [8.9,8.10]. Nicht zu vergessen sind natürlich die Hauptbetroffenen, die *Werker* und ihre Vorgesetzten. Die Einführungsstrategie läßt sich modellhaft in drei Subsysteme untergliedern. In Bild 8-12 ist die Vorgehensweise detailliert dargestellt. Hierin sollten sowohl typische Aufgaben des Projektmanagements, als auch die Besonderheiten der elementbasierten Werkerselbstprüfung, unter den Anforderungen der Unternehmensleitung und des Betriebsrates, beinhaltet sein.

Parallel zur Einführung dieser qualitätsförderlichen Maßnahme ist ein Schulungs- und Weiterbildungsprogramm zu initiieren, das basierend auf einer Pilotschu-

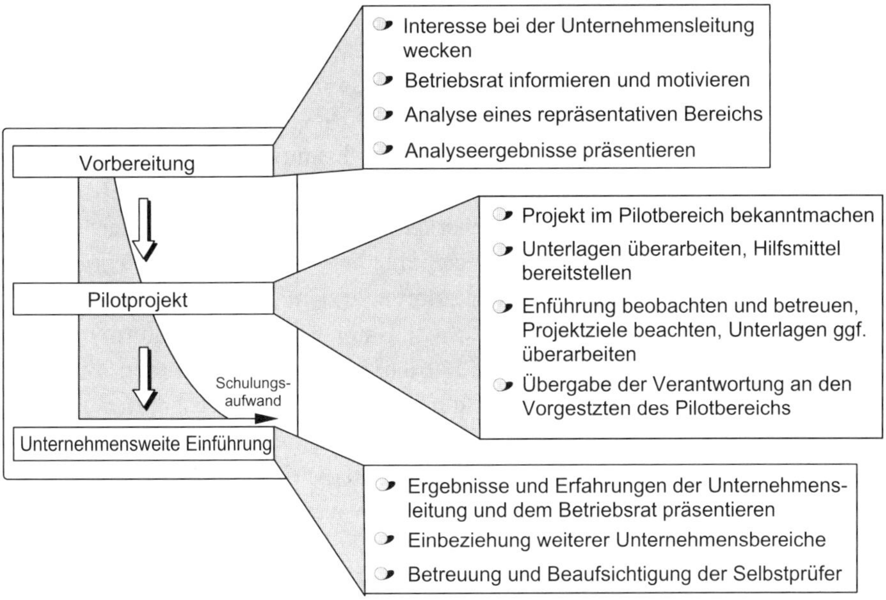

Bild 8-12: Vorgehensweise bei der Einführung der verrichtungsorientierten Werkerselbstprüfung

lung sukzessive Schulungsbeauftragte und betriebliche Mitarbeiter bis hin zu einer unternehmensweiten Umsetzung des Konzepts führt. Weiterer Bestandteil der Einführungsstrategie ist das Erstellen eines Anforderungs- und Qualifikationsprofils für Selbstprüfer. Hierbei sind u.a. folgende Punkte zu beachten:

- Fähigkeit zur Selbstkritik
- Verantwortungsbewußtsein
- Ehrlichkeit und Glaubwürdigkeit
- positive Einstellung zur Qualitätsarbeit
- Bereitschaft zur Erweiterung seines Aufgaben- und Verantwortungsbereichs
- Selbständiges Handeln (im notwendigen Umfang)
- Kennen des Produktionsprozesses, indem seine Arbeit eingebunden ist
- Korrektes und kooperatives Verhalten gegenüber Kollegen und Vorgesetzen
- Vollständige Beherrschung seiner Arbeit
- Besitz von meßtechnischem Wissens [8.9]

Einführung

Piloteinführung

Erster Schritt der praktischen Umsetzung ist das prototypische Einführen der Werkerselbstprüfung an einem ausgewählten Arbeitsplatz. Dies sollte anschließend sukzessive auf weitere Betriebsmittel und Anlagen erweitert werden. Trifft man bei der Einführung der verrichtungsorientierten Werkerselbstprüfung auf Probleme, wie z. B. mangelnde Akzeptanz bei Mitarbeitern und Vorgesetzen, müssen die Barrieren zu dem „Neuen Vorgehen“ schnell und nachhaltig mit Unterstützung der Unternehmensleitung und des Betriebsrates abgebaut werden. Ein weiteres Problem kann der Qualifizierungsbedarf der Werker darstellen. Dies wiederum ist ein Problem, welches durch Eigeninitiative zu Beginn der Einführung minimiert, wenn nicht sogar vollkommen ausgeschaltet werden kann.

Auftretende Probleme

Selbstprüfungs-Projektbeauftragter

Letztendlich sollte der Selbstprüfungs- Projektbeauftragte seinen Betrieb so gut kennen, daß schon im Vorfeld der Umsetzung die auftretenden Probleme erarbeitet und geeignete Gegenmaßnahmen frühzeitig eingeleitet werden können.

Weitere Hilfsmittel zur Einführung der Selbstprüfpläne sind ein erarbeiteter Ideenkatalog oder bereits vorbereitete Argumentationshilfen, um optimale Überzeugungsarbeit zu gewährleisten. Auch ein erprobtes, in die Praxis umgesetztes Vorgehen, dient als gute Referenz. Praktisches Hilfsmittel für die Einführung der verrichtungsorientierten Werkerselbstprüfung, das zur Unterstützung der Werker während der Anfangsphase beiträgt, ist „Coaching“ der Selbstprüfer durch ihre Vorgesetzten bzw. Selbstprüfungs-Ausbilder.

Schulung

Schulungsprogramm

Mit der Einführung der verrichtungsorientierten Selbstprüfung geht die Pflicht für die selbständige Durchführung von Prüfungen und somit die Verantwortung für das Erkennen von Mängeln und Fehlern wieder an den Ort des Entstehens zurück [8.11].

Der Begriff der Selbstprüfung bedeutet daher die Fachverantwortung und Entscheidungsfähigkeit des Mitarbeiters der operativen Ebene zu nutzen – ihn mit der gesamtheitlichen Aufgabenausführung zu betreuen. Die Selbstprüfung ist integraler Bestandteil des Qualitätsmanagementsystems und beinhaltet sowohl Qualitätsprüfungs- als auch Qualitätslenkungsfunktionen. Die Qualitätsprüfung umfaßt hierbei Funktionen der Fehlererfassung und Dokumentation, die Qualitätslenkung schließt vorbeugende, überwachende und korrigierende Funktionen ein, die zur Erreichung der Qualitätsziele notwendig sind [8.12].

Die hieraus veränderten Arbeitsinhalte, Arbeitstechniken, wie auch Veränderungen der organisatorischen Abläufe, führen zu beachtlichen Anforderungen an einem Arbeitsplatz, die nicht nur durch ein bloßes Anbringen des Selbstprüfplans erfüllt werden. Die Fähigkeiten des Werkers müssen durch eine entsprechende Schulung und Betreuung dem geforderten Niveau angepaßt werden.

Wichtig erscheint in diesem Zusammenhang, daß sich die Qualität eines Selbstprüfers darin zeigt, ob er die nötige Kritikfähigkeit besitzt, verursachte Fehler einzugestehen und diese dem zuständigen Vorgesetzten mitzuteilen. Diese Eigenschaft ist jedoch eine Grundbedingung für eine wirksame Fehlerverhütung, denn nur hierdurch kann die Fehlerursache durch eine Fehleranalyse ermittelt werden.

Schulungsgliederung

Das Schulungskonzept für den Selbstprüferlehrgang gliedert sich dabei wie in Bild 8-13 dargestellt.

Die Schulung findet sowohl in einem Schulungsraum sowie in der Werkstatt statt und unterteilt sich in vier Blöcke. Zwischen den einzelnen Blöcken sind Pausen von 5-10 Min. zu empfehlen. Diese kurze Unterbrechung sollte der Ausbilder dazu nutzen, näher auf die Gruppe einzugehen, um eventuelle Barrieren bzw. Berührungsängste abzubauen.

Gruppengröße 10-15 Mitarbeiter

Es empfiehlt sich eine maximale Gruppengröße von 10-15 Mitarbeitern, die möglichst den gleichen Wissensstand besitzen. Die gesamte Schulung kann innerhalb eines Vormittags bzw. Nachmittags durchgeführt werden.

Die kurze Einleitung der Schulung (5-10 Min.) sollte durch einen Fachvorgesetzten des Unternehmens, im Idealfall durch einen Vertreter der Geschäftsleitung, durchgeführt werden. Er weist auf die Probleme des Ist-Stands

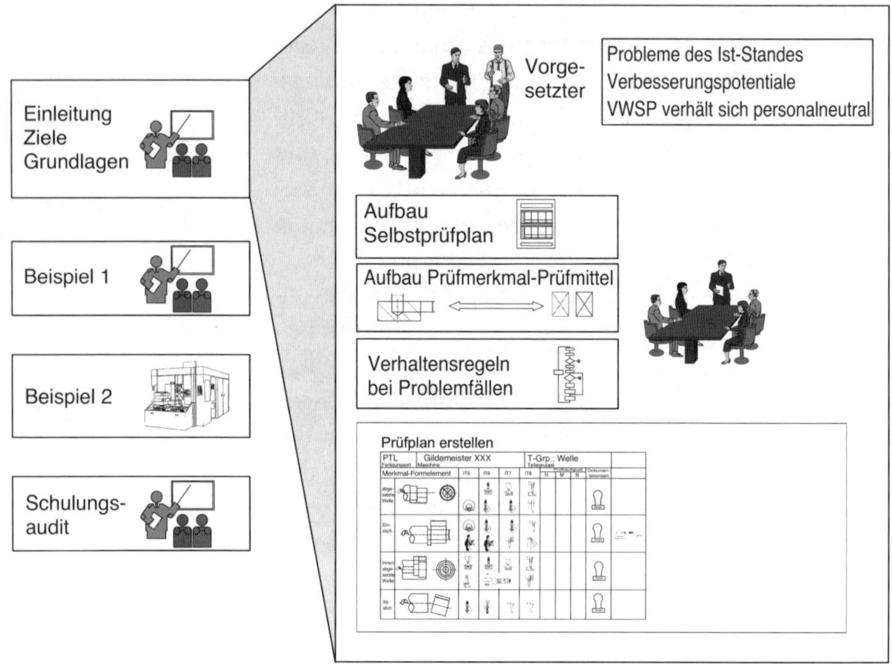

Bild 8-13: Gliederung der Schulung

in der Produktion, sowie auf die erreichbaren Verbesserungspotentiale hin. Wichtig ist, daß die Einführung des Konzepts sich personalneutral verhält und keinen Arbeitsplatzabbau nach sich zieht.

Anschließend stellt der Ausbilder die Ziele des Lehrgangs vor. Insbesondere werden sie mit der Unterteilung der Merkmale hinsichtlich der geforderten Toleranz, die damit verbundene Auswahl des Prüfmittels und der Dokumentation, sowie mit der praxisnahen Anwendung vertraut gemacht. Abschließend werden den Mitarbeitern noch die Verhaltensregeln in Problemfällen veranschaulicht.

Die Erklärung der Grundlagen dient dazu einen Wissensgleichstand unter den Auszubildenden zu schaffen.

Schulungsbeispiel

Das erste Schulungsbeispiel unterteilt sich in die in Bild 8-14 dargestellten Handlungsbausteine.

Das zweite Beispiel erfolgt nun in der Werkstatt mit den gleichen Unterlagen wie in Beispiel 1 (Selbstprüfplan,

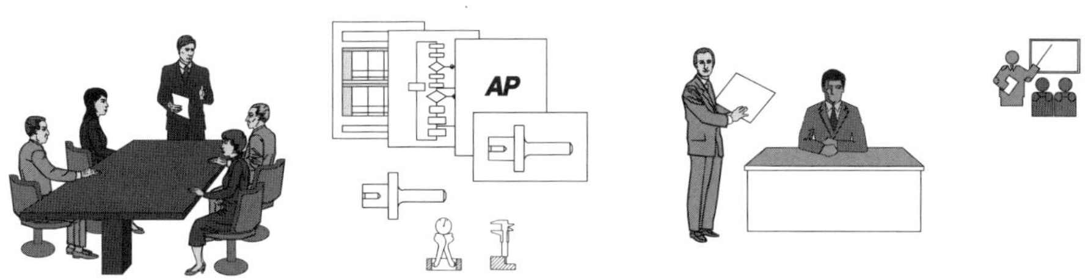

1. Vorführung des vollständigen Prüfungsablaufs

2. Merkmal erkennen - Informationen ableiten- Prüfung durchführen - Ergebnis dokumentieren
3. Einzeln in der Gruppe üben und vorführen lassen

4. Umgang mit fehlerhaften oder nicht prüfbarem Merkmal
5. Einzeln in der Gruppe üben und vorführen lassen

6. Nochmal Gesamtprüfungsablauf vorführen - einschließlich Punkt 4
7. Einzeln in der Gruppe üben und vorführen lassen

Bild 8-14: Erstes Schulungsbeispiel

Zeichnung, Ablaufdiagramm). Hierbei führt jeder Mitarbeiter einzeln eine Selbstprüfung durch.

8.3.5 Organisatorische Einbettung und Integration in ein Qualitätsmanagementsystem

Aufgaben des Konzepts in der Organisation

Die einzelnen Aufgaben des Konzeptes, die man grob in planende und ausführende Tätigkeiten unterteilen kann, werden den entsprechenden Bereichen der Produktion zugeordnet und in diesem Rahmen kurz erläutert (Bild 8-15). (vgl. auch [8.13]).

In den planenden Bereichen werden die Voraussetzungen für die Durchführung der Qualitätsprüfung nach dem verrichtungsorientierten Prinzip geschaffen, sowie das duale Prüfsystem (Werkerselbstprüfung, Externe Qualitätsprüfung) koordiniert.

Qualitätsplanung und Prozeßplanung

Dieser dispositive Bereich des Organisationsmodell besteht aus der „Qualitätsplanung und -steuerung" (kurz: QPS) und der „Prozeßplanung" (kurz: PP).

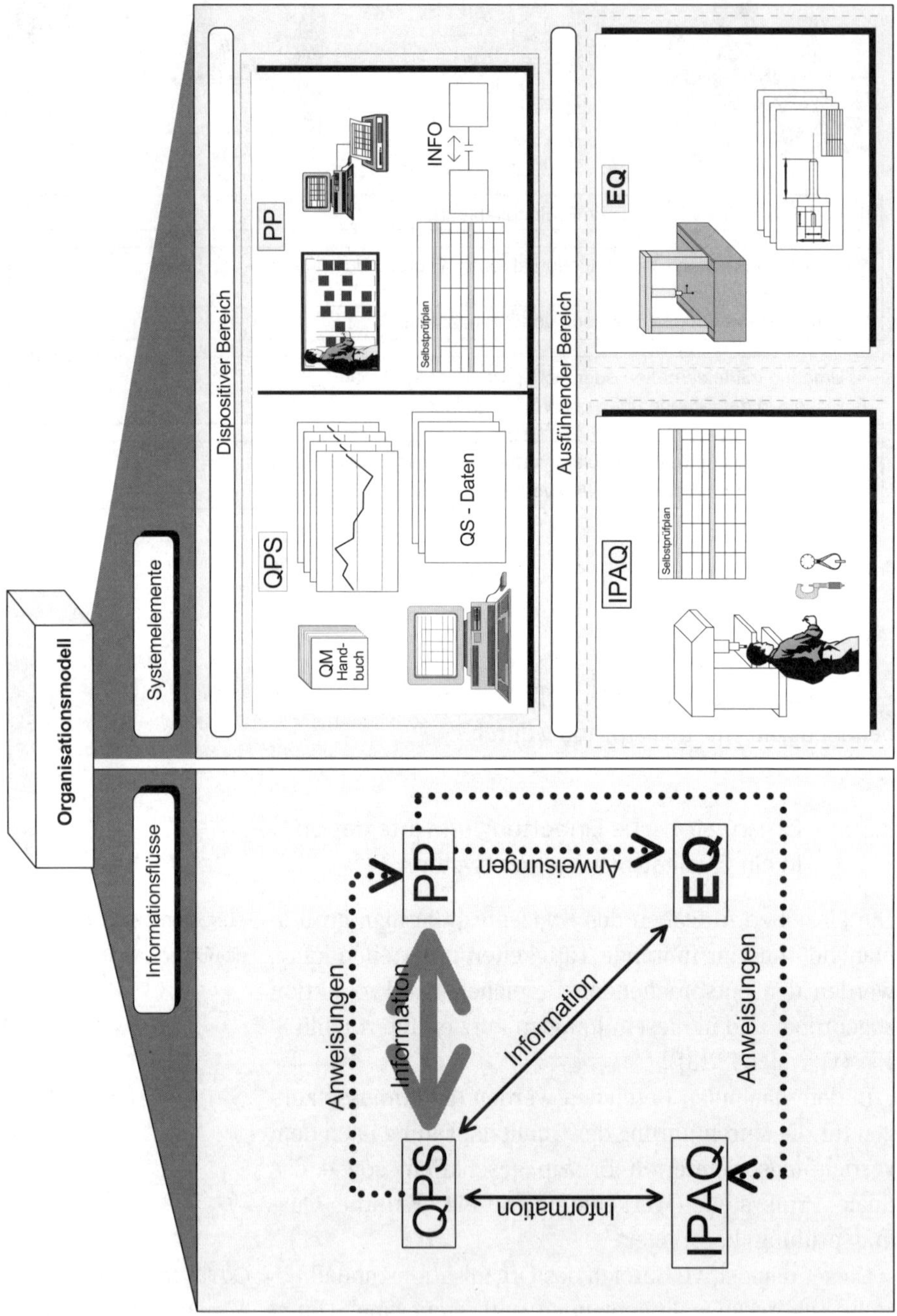

Bild 8-15: Systemelemente und Verknüpfungen im Organisationsmodell

Integrierte Produktionsausführung und Qualitätsprüfung sowie Externe Qualitätsprüfung

Der ausführende Bereich, der im Rahmen des dualen Prüfsystems die Qualitätsprüfungen ausführt, ist durch die „Integrierte Produktionsausführung und Qualitätsprüfung“ (kurz: „IPAQ“) – der verrichtungsorientierten Werkerselbstprüfung – und die „Externe Qualitätsprüfung“ (kurz: EQ) bestimmt.

Qualitätsmanagementsystem

Die Qualitätsplanung und -steuerung stellt in diesem Modell den obersten Verantwortungsbereich dar, sie ist für die inhaltliche und strategische Planung des Systems der verrichtungsorientierten Qualitätsprüfung sowie für dessen Einführung und Umsetzung in der Fertigung verantwortlich [8.13].

Die Prozeßplanung ist im fertigungsnahen Bereich angesiedelt. Sie hat die Funktion eines Leitstands, sowohl in Hinsicht auf die Ablaufplanung der Qualitätssicherung als auch auf die Ablaufplanung von Fertigungsabläufen. Im qualitätstechnischen Bereich ist die Prozeßplanung eng mit der Qualitätsplanung und -steuerung verbunden und kann als deren Ausführungsorgan in der Fertigung bezeichnet werden [8.13].

In der Konzeptions- und Einführungsphase hat die Prozeßplanung die Aufgabe geplante Maßnahmen der Qualitätsplanung und -steuerung praktisch in der Fertigung umzusetzen und den eigenen Bereich den neuen Anforderungen des Systems anzupassen. Die dispositiven Tätigkeiten bei der Umsetzung des Konzepts sind grob in

- „Erstellung und Bereistellung der Selbstprüfpläne“,
- „Organisation der Prüfmittelbereitstellung“ und
- „Überwachung und Auswertung der Ergebnisse des dualen Prüfsystems“ unterteilt.

Die „IPAQ“ stellt einen abgeschlossenen Ausführungs- und Verantwortungsbereich dar. Ihre grundlegende Aufgabe ist es, auf einen Werker bezogen, neben der Produktionsausführung, die Durchführung von Qualitätsprüfungen (Selbstprüfplan, artikelbezogener Prüfplan und Vergabe zur Fremdprüfung) durchzuführen.

Systemelemente im Organisationsmodell

Die externe Qualitätsprüfung ist in diesem Modell als Dienstleistungsbereich definiert, d.h. aus dem Organisationsbereich der „IPAQ“ heraus, werden Dienstleistungsaufträge an die externe Qualitätsprüfung initiiert. Ihre eigentliche Aufgabe ist die Durchführung von Qualitätsprüfungen.

Bezug zu DIN ISO 9000ff.
Durch die Einführung eines Qualitätsmanagementsystems wird eine wirksame Organisationsstruktur geschaffen, die Verantwortlichkeiten, Verfahren, Prozesse und erforderliche Mittel festlegt, die zur optimalen Erfüllung der Qualitätsforderungen an Produkte und Dienstleistungen notwendig sind. Daher sollte man so früh wie möglich versuchen, die verrichtungsorientierte Prüfplanung und Werkerselbstprüfung an die Forderungen der Normenreihe DIN ISO 9000ff. anzupassen [8.14]. Existiert bereits ein Qualitätsmanagementsystem, so dient die frühzeitige Anpassung dazu, so schnell wie möglich die durchgängige Systemstruktur wiederherzustellen und auf den aktuellsten Stand im Unternehmen zu bringen.

Die nachfolgend beschriebene Integration der verrichtungsorientierten Werkerselbstprüfung orientiert sich an der Norm DIN ISO 9001.

Anforderungen und Dokumentation des Qualitätsmanagmentsystems

Die Dokumentation eines Qualitätsmanagementsystems unterscheidet zwischen Unterlagen mit Weisungscharakter und solchen, die der Nachweisführung dienen. Weisungscharakter haben das Qualitätsmanagementhandbuch, Verfahrens-, Arbeits-, Prüfanweisungen, Normen und allgemeingültige Regeln. Der Nachweisführung über die Forderungen der einzelnen Qualitätsmanagementelemente dienen die Qualitätsaufzeichnungen.

Als Subprozeß im Unternehmen müssen von der verrichtungsorientierten Prüfplanung und Werkerselbstprüfung Qualitätsforderungen einer Vielzahl von Qualitätsmanagementelementen erfüllt werden.

So ist die *Lenkung der Dokumente*, Daten und Qualitätsaufzeichnungen zu gewährleisten. Weiterhin muß das System im Rahmen von Qualitätsaudits überwacht werden. Diese sollten planmäßig bzw. auch außerplanmäßig durch stichprobenartige Überprüfungen der gefertigten Teile am Maschinenarbeitsplatz durch die Qualitätskontrolle erfolgen. Einen Ansatz bietet hier die

Schaffung sogenannter „*Auditflächen*", welche als Auslagepunkt für gefertigte Werkstücke dienen und im Zuge der Auftragsfertigung sukzessive mit aktuellen Auftragsteilen belegt werden. Es ist notwendig Schwachstellen durch Korrektur- und Vorbeugemaßnahmen zu beseitigen.

Auditfläche als Prozeßbeurteilungsmöglichkeit

Eine weitere Grundvoraussetzung für eine wirkungsvolle Werkerselbstprüfung ist die *Überwachung der Prüfmittel.* Prüfergebnisse werden für die Optimierung der Fertigungsprozesse verwendet. Die *Lenkung fehlerhafter Teile* erfolgt über den Prüfstatus. In Bild 8-16 ist eine Übersicht der Qualitätsmanagementdokumente dargestellt die für die verrichtungsorientierte Werkerselbstprüfung relevant sind. Bild 8-17 stellt eine in der Praxis eingeführte Vorgehensweise für die Anwendung der verrichtungorientierten Werkerselbstprüfung dar.

Relevante Dokumente für verrichtungsorientierte Werkerselbstprüfung

Die konkrete Ausarbeitung dieser Qualitätsmanagementelemente ist in [8.14] zu finden.

QM - Element	QM - Handbuch	QM - Verfahrensanweisung	QMAA & QMPA
10	Prüfungen	Verrichtungsorientierte Werkerselbstprüfung	Werkerselbstprüfpläne
11	Prüfmittelüberwachung	Prüfmittelüberwachung Werkzeugausgabe	Prüfmittelüberwachung Meßschieber
12	Prüfstatus	—	—
13	Lenkung fehlerhafter Prodkte	—	—
14	Korrektur- und Vorbeugemaßnahmen	—	—
17	Interne Qualitätsaudits	Verfahrensaudit Werkerselbstprüfung	Audit-Fragenkatalog
18	Schulung	Schulungsablauf Werkerselbstprüfung	Schulungsunterlagen Werkerselbstprüfung

Bild 8-16: Qualitätsmanagementdokumente der Werkerselbstprüfung

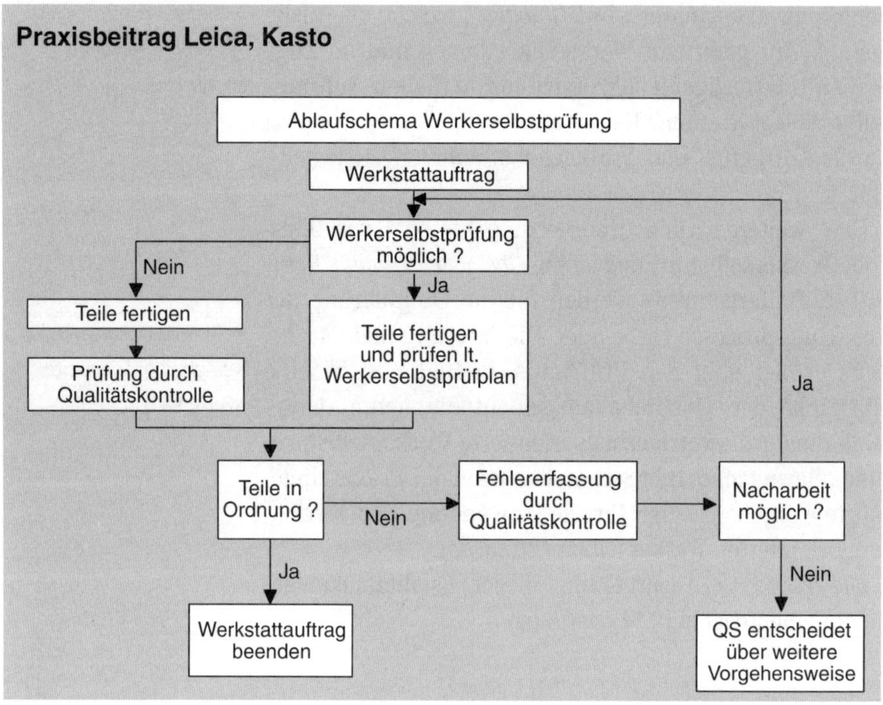

Bild 8-17: Ablaufdiagramm einer Verfahrensanweisung zur Werkerselbstprüfung

8.3.6 Gestaltungswerkzeuge für Selbstprüfung

Softwareunterstützung

Während der Einführungsphase der merkmalsorientierten Selbstprüfpläne in den einzelnen Abteilungen, ist eine erhöhter Aufwand für ihre Erstellung einzuplanen, der sich wiederum in der Gesamtwirtschaftlickeit der Einführungsphase widerspiegelt. Aus diesem Grund ist der Einsatz einer DV-Lösung an dieser Stelle unumgänglich. Bild 8-18 zeigt die Umsetzung solch einer softwareunterstützten Selbstprüfplanerstellung.

Das Modul „SPP-Kit" basiert auf dem Textverarbeitungssystem Word für Windows. Die Anforderungen, richten sich im wesentlichen an den Grundanforderungen aller MS-Windows Programme.

Die praktische Anwendung der Erstellungshilfe vollzieht sich dabei folgendermaßen:

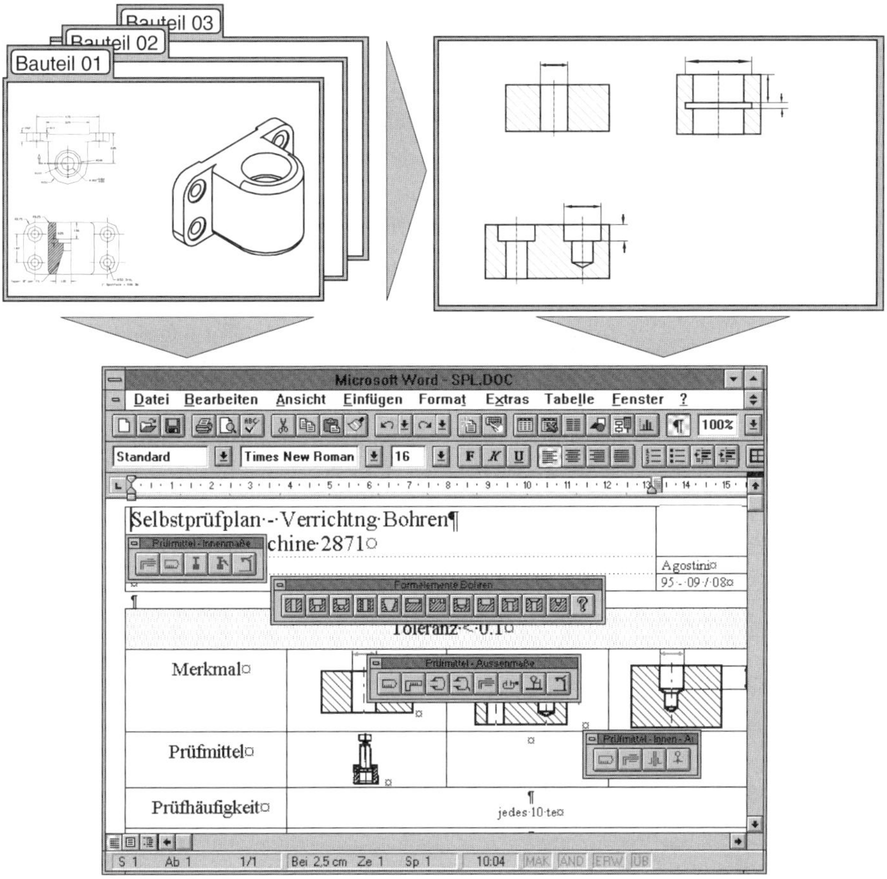

Bild 8-18: Hardcopy des SPP-Kit (Selbstprüfplan-Kit)

- Zunächst wird über eine Standardtabellenfunktion der gewünschte Selbstprüfplan erzeugt und als eigenständiges Dokument verwaltet. Im nächsten Schritt kann auf „vorgefertigte" Symbole für Bearbeitungslemente, Prüfmittel und Dokumentationsarten in einfacher Weise der spezifische Selbstprüfplan zusammengestellt werden. Hierbei kann der Ersteller über Standard Windows Befehle (copy, paste, etc.) verfügen. Auf Basis dieser Unterstützung lassen sich Selbstprüfpläne erheblich schneller erstellen, anpassen und verwalten. Weitergehende Informationen sind in [8.9] dargestellt.

8.4 Erfahrungen und Nutzen

Potential der Werkerselbstprüfung

Zusatznutzen durch Verrichtungsorientierung

Die im folgenden dargestellten Nutzenpotentiale basieren auf Einführungserfahrungen der beteiligten Projektpartner. Aus Gründen der besseren Übersichtlichkeit werden zunächst Potentiale durch Werkerselbstprüfung (Bild 8-19) und daran anschließend der erhebliche Zusatznutzen durch „Verrichtungsorientierung" dargestellt (Bild 8-20).

Bezieht man die allgemeinen Potentiale der Selbstprüfung auf Kernaussagen moderner „Total Quality" Ansätze, so fällt auf, daß Forderungen wie „Qualität als Aufgabe Aller", „Prozeßorientierung", „Schaffung von Qualitätsverantwortung", „Kundenorientierung" und „Prävention statt Aussortieren" dem dargestellten Gedankengut sehr entgegenkommen.

Bearbeitungselement als Kommunikationsmittel

Die zusätzliche Orientierung an der Verrichtung und somit konsequenterweise die Orientierung am Bearbei-

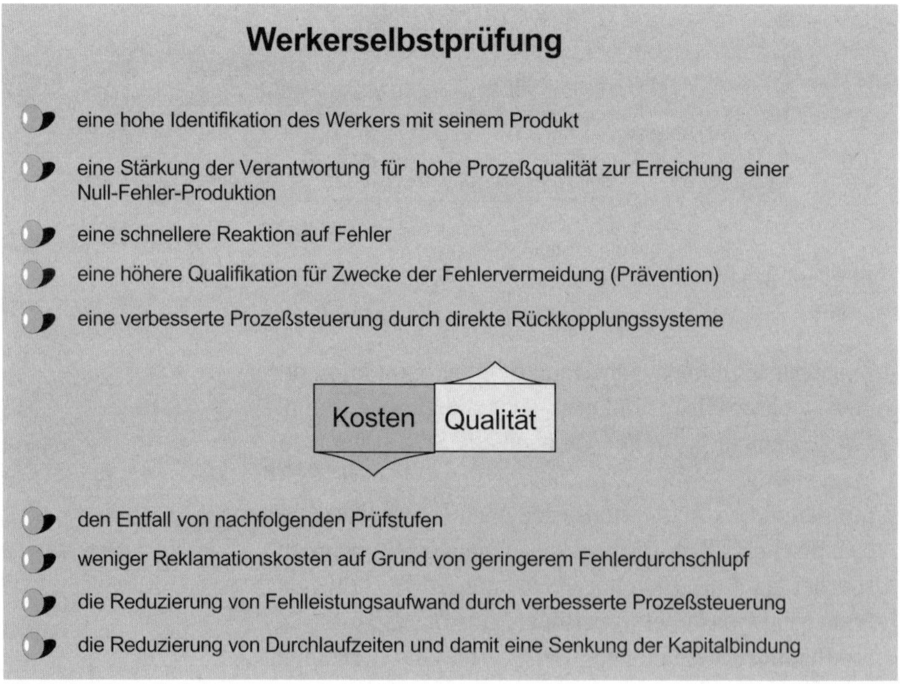

Bild 8-19: Potentiale der Werkerselbstprüfung

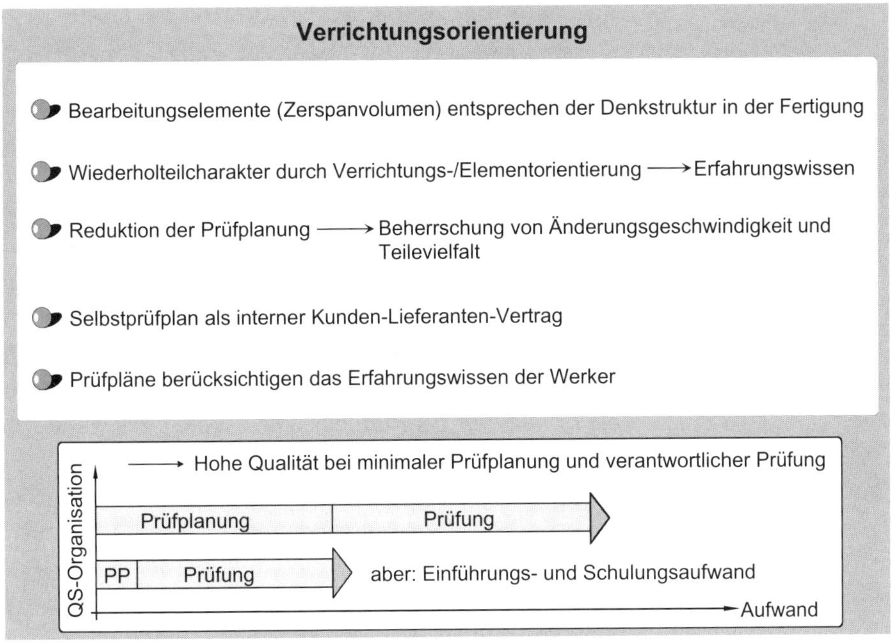

Bild 8-20: Vorteile verrichtungsorientierter Werkerselbstprüfung

tungselement, bewirkt es, entlang der Wertschöpfungskette ein wirksames Kommunikationsmittel aufzubauen. Weiterhin ist es durch die Fokussierung am Bearbeitungselement möglich, Wiederholteilcharakter auch in der Klein- und Einzelserienherstellung zu realisieren.

Wiederholteilcharakter bei kleinen Serien

Das größte Kostensenkungspotential liegt jedoch in der direkten Reduktion des Prüfplanerstellungsaufwandes, was zu einer effizienten Beherrschung von Änderungsgeschwindigkeit und Teilevielfalt führt

PRAXISBEITRAG

Eine in der Schlußphase in einem der beteiligten Unternehmen durchgeführte Vergleichsrechnung zwischen einer artikelspezifischen Prüfplanung in jedem Falle und der konsequenten verrichtungsorientierten Prüfplanung und Werkerselbstprüfung ergab:

Aufwandsreduktion durch Verrichtungsorientierung

Der Aufwand zur Erstellung artikelspezifischer Prüfpläne steht um den Faktor 10 über dem einer verrichtungsorientierten Prüfplanung.

Weiterhin dient der Selbstprüfplan als interner Kunden-Lieferanten-Vertrag, welcher Minimalanforderungen an einen aus planerischer Sicht beherrschten Prozeß definiert und der die Verantwortungskompetenz dem Mitarbeiter überläßt bei Problemen selbständig relevante Prozeßparameter, etc. anzupassen.

Statements der Partner

Folgende „Statements“ der Industriepartner wurden kurz vor Projektende aufgenommen (Bild 8-21):

- „... Durch die Einführung der VOWSP wurden die notwendigen Prüfplankosten reduziert. Die Kosten für Ausschuß und Nacharbeit wurden zusammen mit anderen Maßnahmen um ca. 20 % gesenkt. Eine genaue Trennung der Einflußgrößen der '20%-Senkung' ist nicht möglich.
  Reproduzierbarkeit der Prüfungen durch die Festschreibung des Mindestprüfumfanges.“ [Barmag AG]
- „... Wir setzten die VOWSP für die Technologien Drehen, Fräsen + Bohren, Endbearbeitung usw. ein. Hierdurch realisierten wir eine Durchlaufreduzierung und ein größeres Qualitätsbewußtsein der Mitarbeiter.“ [Kasto GmbH & Co. KG]
- „... Mit den Selbstprüfplänen wurden wir erfolgreich zertifiziert. Hierbei wurden 14 Selbstprüfpläne erfolgreich eingeführt. (Prüfpläne vom CNC-Fräsen bis hin zum Lackieren)
  Die Firma hatte früher keine Prüfpläne und ist sehr zufrieden mit den einfachen und übersichtlichen Selbstprüfplänen, die auch für ausländische Mitarbeiter verständlich sind.“
  [Leica Instruments GmbH]
- „... Die VOWSP ist bei einzelnen Arbeitsgängen sehr gut eingeführt (z.B. Schienenhärten, Erodieren...). Die Arbeitsaufgabe ist, je Fertigungsort, das entscheidende Kriterium, ob eine WSP erfolgreich umgesetzt werden kann.“ [Trumpf GmbH + Co.]

VOWSP : = Verrichtungsorientierte Werkerselbstprüfung
WSP : = Werkerselbstprüfung

Bild 8-21: Stellungnahmen der Projektpartner

Zusammengefaßt bietet diese Methodik „hohe Qualität bei minimaler Prüfplanung und verantwortlicher Prüfung".

8.5 Weitergehende Konzeption Integration des Konzepts in die Prozeßkette „Produkterstellung"

Kostenverantwortung in der Konstruktion

Aus VDI 2234 geht hervor, daß die Unternehmensbereiche Entwicklung und Konstruktion mit 70% die mit Abstand größte Kostenverantwortung tragen. Im Gegenzug tragen Planung und Steuerung mit 13% und Fertigung mit 10% bei der Kostenverantwortung einen eher geringen Anteil. Somit werden trotz Optimierung der Planungs- und Fertigungsprozesse, die Herstellkosten und Selbstkosten hauptsächlich in der Produktentwicklung bestimmt. Daraus ergibt sich die Notwendigkeit, nicht nur Qualitätswesen, sondern auch Fertigung und Montage in die organisatorische Gestaltung der Produktentwicklung miteinzubeziehen. Diese Notwendigkeit setzt ein bereichsübergreifendes Denk- und Arbeitsverhalten bei allen Beteiligten voraus, wobei der gesamte Produktlebenszyklus von Anfang bis Ende in Betracht gezogen werden muß (vgl. Abschnitt 3.3-3.4).

Im Mittelpunkt der Diskussion steht die qualitäts- und fertigungsgerechte und somit kostengünstige Produktentwicklung. Die strenge räumliche und organisatorische Trennung, der jeweils funktional ausgerichteten Abteilungen, stellt jedoch ein Hindernis zur ganzheitlichen Betrachtung dar. Oftmals fehlen auch aufgrund der räumlichen Distanz die informellen Kontakte.

Wie eine Analyse ergab, liegt die Ursache von 75% aller Fehler bereits in der Planungs- und Entwicklungsphase des Produktes [8.16].

Fertigungsgerechte Konstruktion gewinnt an Bedeutung

Die Qualität des Produktes wird somit maßgeblich durch die Qualität der Konstruktion (Konzeption, Entwurf und Ausarbeitung) beeinflußt, woraus sich umfangreiche, bereichsübergreifende Anforderungen an die Konstruktion ergeben. Die Forderung nach fertigungsgerechten Konstruktionen gewinnt aufgrund von immer größer werdenden Kostendruck an Bedeutung. Es sind die Fertigungsverfahren, der Aufwand in der Montage und die vorhandenen Fertigungseinrichtungen zu berücksichtigen, ebenso die Verwendung von Wiederholteilen. Zusätzlich sind die Qualitätssicherung und die Prüfverfahren ein wichtiger Bestandteil der fertigungs- und prüfgerechten Konstruktion. Eine Integration von Qualitätsmaßnahmen muß in den einzelnen Konstruktionsphasen stattfinden.

Integration von Qualitätsmaßnahmen in den Konstruktionsprozeß

Im Hinblick auf die Berücksichtigung des fertigungsbezogenen Erfahrungswissens aus der Werkstattebene wurde der verrichtungsorientierte Ansatz der Werkerselbstprüfung eingesetzt und für die Konstruktion weiterentwickelt.

Idee ist es, dem Konstrukteur, bereits begleitend zu ersten Überlegungen, Informationen über den späteren Herstellungsprozeß zur Verfügung zu stellen. Ergänzend zum Wissensaustausch über Produktteams soll dieser Ansatz den Rückfluß von Erfahrungswissen aus den produktionsnahen Bereichen unterstützen.

Konstruktionsvorgaben in Anlehnung an Selbstprüfpläne

Die für die Selbstprüfpläne verwendeten Bearbeitungselemente werden herangezogenen, um diese mit Konstruktions-, Fertigungs- und Prüfmerkmalen zu verknüpfen. Dadurch wird eine Durchgängigkeit der Informationen, bezogen auf das Bauteil und der Kombinationen verschiedener Bearbeitungselemente mit den für die jeweiligen Bereiche relevanten Merkmalen (Konstruktions- oder Fertigungsmerkmale), über die Prozeßkette hinweg erreicht. Im Bearbeitungselement treffen und unterscheiden sich gleichermaßen die Gedanken der Mitarbeiter des gesamten Geschäftsprozesses (Bild 8-22).

Hierfür werden den Konstrukteuren Informationen zur Verfügung gestellt, welche eine Berücksichtigung der Herstellungsprozesse und Fertigungsverfahren und somit eine Verrichtungsorientierung ermöglichen. Diese Bereitstellung der Informationen geschieht wiederum über die Betrachtung der Verrichtung. Die Vorgehensweise ist größtenteils analog zur Erstellung der verrichtungsorientierten Selbstprüfpläne.

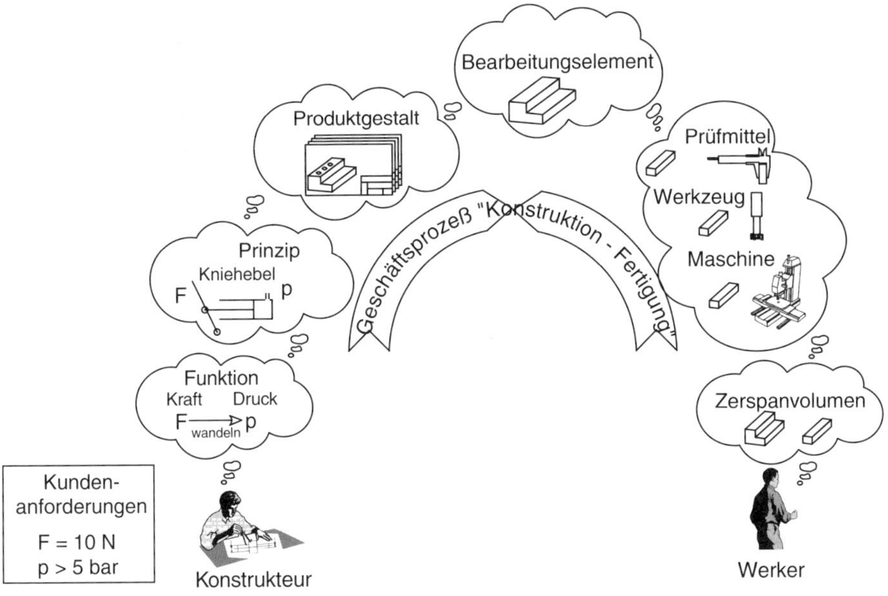

Bild 8-22: Das Bearbeitungselement als Kommunikationsplattform des Geschäftsprozesses

Auf Basis des Fertigteilspektrums und anhand der Konstruktionszeichnungen werden die Bearbeitungselemente abgeleitet. Zusätzlich werden über eine Werkzeugbetrachtung die aus der Sicht der Fertigung möglichen und somit produzierbaren Bearbeitungselemente erfaßt. Diese Bearbeitungselemente werden mit den für den Konstruktionsprozeß wichtigen Merkmalen (z. B. zulässigen Durchmesser, Tiefe oder Toleranzen) versehen. Diese Merkmale enthalten die Berücksichtigung der Herstellungsprozesse und das Erfahrungswissen aus der Fertigung.

Basis Fertigteilspektrum

Anhand der Verrichtung Fräsen soll der Vorgang ausführlich beschrieben werden. Die Bearbeitungselemente wurden bereits beim Erstellen der Selbstprüfpläne erfaßt und können vorausgesetzt werden. Nun werden zusätzlich die im Unternehmen eingesetzten Werkzeuge herangezogen. Als Beispiel wird ein Schaftfräser betrachtet, woraus sich unterschiedliche Bearbeitungselemente ableiten lassen.

Beispiel „Fräsen“

Grundsätzlich lassen sich mit einem Schaftfräser sehr viele Bearbeitungselemente fertigen. Beispielsweise läßt sich jede Planfläche mit einem einzigen Schaftfräser, der einen geringen Durchmessers aufweist, herstellen. Die Bearbeitungszeit steigt jedoch extrem mit den zunehmenden Abmessungen der Fläche. Bereits hier wird deutlich, daß sich aus Kostengründen der Einsatz eines einzigen Fräswerkzeuges zur Herstellung aller Planflächen wenig sinnvoll ist. Es bedarf der Abstimmung mit dem Fertigungspersonal. In Gesprächen mit dem Werkstattpersonal sind, unter Berücksichtigung der Maschinen, Informationen zum Herstellungsprozeß zu sammeln. „Kritische" Ausprägungen von Bearbeitungselementen, welche nur über einen erheblichen Aufwand oder aufgrund des fehlenden Werkzeugspektrums überhaupt nicht gefertigt werden können, werden ebenso katalogisiert. Zusätzlich werden prozeßbedingte Merkmale wie Oberflächenrauhigkeiten und Toleranzen ermittelt.

Das Ergebnis ist ein Formblatt, welches Informationen zu den Bearbeitungselementen und dem damit verbundenen Herstellungsprozeß enthält. Diese *Konstruktionsvorgaben stellen die Möglichkeiten und Einschränkungen der Fertigung dar*. Der Konstrukteur erhält somit eine Vorlage über die Bearbeitungselemente, die mit ihren Ausprägungen als unproblematisch für den nachfolgenden Herstellungsprozeß anzusehen sind [8.16].

Konstruktionsvorgaben als Information für die Konstruktion

Die Konstruktionsvorgaben sind ähnlich den Selbstprüfplänen aufgebaut. Der Kopfteil beinhaltet die organisatorischen Daten sowie die Verrichtung. In der ersten Spalte werden die für die jeweiligen Verrichtungen typischen Bearbeitungselemente aufgelistet. Die zweite Spalte repräsentiert die mit den Bearbeitungselementen verknüpften Konstruktionsmerkmale. In dieser Spalte findet die oben angesprochene Übersetzung von Fertigungsmerkmalen in Konstruktionsmerkmale statt. Hier tritt das Problem auf, die Merkmale so konkret wie möglich und so allgemeingültig wie nötig zu gestalten. Die Vorgaben müssen allgemeingültigen Charakter besitzen. Unter der Spalte „Sonstiges" können dem Konstrukteur weitere Informationen vermittelt werden.

Bild 8-23 zeigt einen Ausschnitt einer aus einem Selbstprüfplan hervorgegangenen unternehmensspezifischen Konstruktionsvorgabe für das Fräsen. Anhand dieser soll das Formblatt beispielhaft verdeutlicht werden.

Aufbau

8.6 Zusammenfassung und Ausblick

Die aufgezeigte Systematik der verrichtungsorientierten Prüfplanung und Werkerselbstprüfung bietet einen wirksamen und vorallem aufwandsarmen Ansatz zur Einführung qualitätsförderlicher Führungs- und Organisationsstrukturen im produktionsnahen Umfeld. Durch die Gestaltung der internen Kunden-Lieferanten-Beziehung, auf Basis eigenverantwortlicher Prüfung, kann der kleine Qualitätsregelkreis geschlossen werden.

Methodik zur Aufwandsreduktion

Praxisbeitrag: Leica GmbH, Nussloch

Konstruktionsvorgaben - Fräsen

vom: 16.03.96	Änderungsstand: 16.03.96	Ersteller: AV	Geprüft: Entwicklung
Formelement	**Konstruktionsmerkmale**		**Sonstiges**
Planfläche			
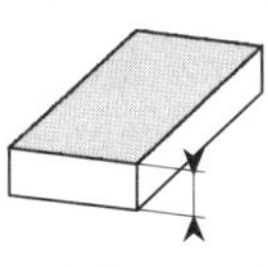	Maße(mm): 500 Ebenheit: min. 0,02 Parallelität: min. 0,02		
Absatz			
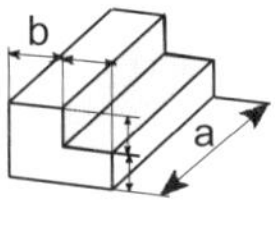	a min bzw. b min = 0,45 mm Toleranzen: +/- 0,01mm		
Aussparung	Tiefe t :	Radius R min :	
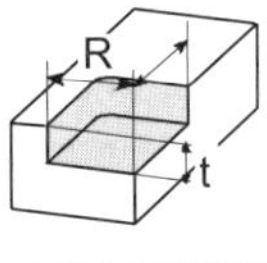	0,5 - 7 7 - 11 11 - 17 17 - 20 20 - 24 24 - 30 30 - 36 36 - 42	1,5 2,5 4,0 5,0 6,0 9,0 10,0 12,0	Generell gilt: Funktionell größtmöglichen Radius wählen!

Bild 8-23: Unternehmensspezifische Konstruktionsvorgabe auf der Grundlage von Fräsbearbeitungselementen

Bearbeitungselemente als Grundlage

Darüber hinaus zeigt die hier dargestellte Vorgehensweise der Orientierung der Prozesse an den herzustellenden Bearbeitungselemente die Möglichkeit auf, diesen Ansatz auf die Fertigungs- bzw. auch Montage-, Konstruktions- und Logistikprozesse zu übertragen. Entscheidend für den Erfolg einer solchen Systematik ist jedoch die konsequente Einbeziehung aller Beteiligten, eine klare Einführungsstrategie, der Aufbau eines betriebsinternen Schulungsprogramms und der wirtschaftliche Nachweis.

Erweiterung in Zukunft

Um die Potentiale der verrichtungsorientierten Prüfplanung und Werkerselbstprüfung auf Basis von Bearbeitungselementen voll auszuschöpfen, muß als logische Konsequenz eine Erweiterung der Methodik um die 20% nicht abgedeckten „Merkmale" erfolgen.

Insbesondere müssen demnach Form- und Lagetoleranzen wie beispielsweise Rundheit, Parallelität, Konzentrizität, etc. Gegenstand weiterer wissenschaftlicher Bemühungen sein. Ansatzpunkte bieten hier moderne, auf dem Scanning-Verfahren aufbauende, handbediente Koordinatenmeßgeräte, welche es dem Werker vor Ort an der Bearbeitungsmaschine ermöglichen auch komplexe bzw. eng tolerierte Maße und Form-/Lagetoleranzen eigenverantwortlich zu prüfen. Dadurch ist es in Zukunft möglich, Produktionsausführung und -kontrolle weitestgehend direkt an der Produktionseinrichtung zusammenzuführen.

In einem nächsten Schritt sind weitere Unternehmensbereiche wie am Beispiel der realisierten Konstruktionsvorgaben dargestellt, in das Konzept einzubeziehen, denn das Bearbeitungselement erweist sich zunehmend als geeignete Kommunikationsplattform des Geschäftsprozesses „Produkterstellung".

8.7 Literatur

[8.1] Spath, D.; Uhlig, A.; Burghardt, J.; Fleissner, F.: Verrichtungsorientierte Prüfplanung für eine wirtschaftliche Selbstprüfung. QZ 41 (1996) 1, Seite 60-63.

[8.2] Pfeifer, T.: Qualitätsmanagment. Carl Hanser (1994), Seite 182 ff.

[8.3] Uhlig. A.: Auch kleine Stückzahlen erfordern Qualitätsplanung. QZ 37 (1992) 10, Seite 594-596.

[8.4] Uhlig, A.: Selbstprüfung – davor muß Prüfplanung stehen. QZ 39 (1994)7, Seite 762-765.

[8.5] Brankamp, K.: Die Qualitätssicherung in der Verantwortung der Produktion. VDI-Bericht 998, Qualitätssicherung für Produktionsingenieure, Düsseldorf 1992.

[8.6] Dutschke, W.: Prüfplanung in der Fertigung. Krausskopf Verlag, Mainz 1975.

[8.7] Zeljko, I.: Verbesserungspotentialanalyse in mittelständischen Unternehmen sowie Grobkonzeption eines verrichtungsorientierten Qualitätssicherungkonzeptes, Studienarbeit wbk, 1994.

[8.8] Agostini, A.: Konzept zur Informationsbereitstellung notwendiger Daten zur Realisierung einer prüfplanungsunabhängigen Werkerselbstprüfung auf der Basis verrichtungsorientierter Formelemente. Studienarbeit wbk, 1994.

[8.9] Agostini, A.: Schulungskonzept, Diplomarbeit rpk, 1995.

[8.10] Seibel, H.: Selbstprüfung – Anmerkung zur Vorbereitung. DGQ 1981.

[8.11] Caspers, K.H.: Selbstprüfung im Rahmen der Qualitätssicherung einer Eisengießerei. Gießerei Heft 9 (1993).

[8.12] Kring, J.: Qualitätssicherung im Team – Organisation, Methoden, Rechnerunterstützung. Quality, 91. Stuttgart Messe- und Kongreßgesellschaft.

[8.13] Zeljko, I.: Integrierte Produktionsausführung und Qualitätsprüfung. Diplomarbeit rpk, 1995.

[8.14] Stahlmann, B.: Einführung, Umsetzung und Schulung der verrichtungsorientierten Werkerselbstprüfung in einem mittelständischen Maschinenbauunternehnmen. Diplomarbeit wbk, 1996.

[8.15] Gassert, U.: Eine umfassende ökonomische Qualitätsbetrachtung. Diplomarbeit wbk, 1996.

[8.16] Geidel, C.: Bearbeitungselementbasierte Konstruktionsvorgaben. Diplomarbeit wbk, 1995.

9 Zusammenfassung der Ergebnisse

M. König

Grundlage für anforderungsgerechte Produkterstellung

Die Ausführungen haben gezeigt, daß mit Hilfe der kooperationsförderlichen Gestaltung der Organisations- und Führungsstrukturen innerhalb des Unternehmens eine ganzheitliche Qualitätsverbesserung der Produkte erzielt werden kann. Dabei bilden die internen Kunden-Lieferanten-Beziehungen die Grundlage für eine anforderungsgerechte Produkterstellung.

Ganzheitlicher Optimierungsprozeß erforderlich

Für die Gestaltung der internen Kunden-Lieferanten-Beziehungen müssen eine Vielzahl unterschiedlicher Methoden aus dem ingenieur- und arbeitswissenschaftlichen Bereich integriert werden. Die Beziehungen zwischen internen Kunden und internen Lieferanten werden an den Schnittstellen zwischen den beiden durch die Form und die Art des Leistungsaustausches geprägt. Eine qualitätsförderliche Gestaltung macht aber einen Optimierungsprozeß erforderlich, der weit mehr als diese Schnittstellen einbezieht.

Grundsätzliche Entscheidungen treffen

Es sind zunächst grundsätzliche Dinge im Unternehmen zu definieren, wie z. B. das Ausmaß an Autonomie und Eigenverantwortung, welches dem einzelnen Mitarbeiter zugestanden wird und auch zugestanden werden kann, sowie die Ziele, die die Mitglieder eines Unternehmens mit ihrer Tätigkeit versuchen zu erreichen. Diese in den meisten Fällen sehr unterschiedlichen Ziele sind zunächst auf einen gemeinsamen Nenner und auf das Gesamtziel des Unternehmens auszurichten.

Prozesse optimieren und daran organisatorische Einheiten orientieren

Die Tätigkeiten, die Prozesse und die Abläufe sind an den Erfordernissen der Unternehmensziele sowie den Kundenbedürfnissen auszurichten. Auf der Basis dieser optimierten Arbeitsabläufe können dann die organisatorischen Einheiten gebildet werden, deren Grenzen schließlich die Schnittstellen zwischen internem Kunden und internem Lieferanten darstellen. An den Unternehmensgrenzen bilden sie die Schnittstelle zum Markt bzw. den externen Kunden und Lieferanten. Oberster Grundsatz bei der Zusammenfassung von Mitarbeitern und Betriebsmitteln zu organisatorischen Einheiten muß die Kooperationserfordernis sein, also die Notwendigkeit der inhaltlichen Abstimmung der Tätigkeiten, die in einer Einheit erfüllt werden sollen. In ihrer kooperationshemmenden Eigenschaft werden somit die Grenzen, die Schnittstellen, an die Stellen im Auftragsablauf verlagert, an denen sie die Zusammenarbeit am wenigsten beeinflussen.

Verbleibende Schnittstellen transparent machen

Die noch verbleibenden Schnittstellen müssen im nächsten Schritt so transparent wie möglich gestaltet werden. Der Ansatz dabei ist, die Schnittstellenvereinbarung durch die Mitarbeiter durchführen zu lassen, die die Leistungen austauschen müssen. Nur so kann die Orientierung an den gegebenen Anforderungen sichergestellt und deren Einhaltung, Pflege und Weiterentwicklung gewährleistet werden.

Orientierung an den Bedürfnissen der Mitarbeiter

Parallel zu diesen organisatorischen Gestaltungselementen, die in ihrer Tendenz in die Richtung der Dezentralisierung und Kompetenzverlagerung zur operativen Ebene weisen, muß eine verstärkte Orientierung an den Bedürfnissen der Mitarbeiter erfolgen. Das Unternehmen muß dabei insbesondere ihren sozialen – führungsbezogenen – und fachlichen – qualifizierungsbezogenen – Bedürfnissen entsprechen.

Es muß die Einsicht im Unternehmen einkehren, daß die Menschen, die Mitarbeiter, die eigentlichen Innovations- und Leistungspotentiale darstellen. Ein Aufruf, der vor allem an die Führungskräfte im Unternehmen gerichtet ist. Denn insbesondere von ihnen hängt es ab, ob die notwendigen Veränderungsprozesse zu einem erfolgreichen Abschluß geführt werden können. Nur wenn sie diesem Prozeß die notwendige Aufmerksamkeit, auf Neudeutsch, die Management Attention, entgegen bringen und diesen auch unterstützen und vorleben, werden die geführten ihnen auch folgen.

Es gibt kein Patentrezept

Als wesentliche Aussage muß aber vor allem beachtet werden, daß alle aufgeführten, praxisorientierten Ansätze keine Königswege oder Patentrezepte darstellen, sondern als die unter den gegebenen, unternehmensspezifischen Randbedingungen geeignetsten Lösungen zu verstehen sind. Dem Wunsch nach Umsetzung ähnlicher Konzepte im eigenen Unternehmen muß folglich immer eine Analyse der spezifischen Situation vorangehen.

Das gesagte auch tun

Vieles von dem, was in den vorangegangenen Kapiteln dargestellt wurde, ist nicht neu. Manches ist mehr, manches weniger bekannt. Aber das war auch nicht das erklärte Ziel des Teilprojekts QS-VP 2.3. Die wesentliche Neuerung liegt – neben der vorgestellten Kombination der Ansätze – in der Tatsache, diese Ideen auch umzusetzen. Vielfach findet man in der alltäglichen Arbeit den Irrglauben, daß mit dem Erkennen eines Problems, dieses bereits gelöst ist. Eine Maßnahme, mit der das Problem dauerhaft beseitigt werden kann, wird in den seltensten Fällen erarbeitet.

Die Projektpartner des Teilprojekts QS-VP 2.3 sind hier einen anderen Weg gegangen. Das soll nicht heißen, daß sie alle bereits ihr Ziel vollständig erreicht haben. Insbesondere organisatorische Veränderungen brauchen häufig eine lange Zeit für die Vorbereitung und die Einführung bis sich ihre positiven Auswirkungen bemerkbar machen. Diese Unternehmen sind jedoch ihrem Ziel einen Schritt näher gekommen. Befinden sich teilweise schon in einem Zyklus der kontinuierlichen Verbesserung, der auch in Bezug auf die hier betrachteten Fragestellungen nie abbrechen sollte. Erst das aktive, permanente Hinterfragen der Kundenbedürfnisse und die Analyse der diesbezüglichen, eigenen Leistungsfähigkeit sichert den Erfolg des Unternehmens dauerhaft.

In diesem Sinne sollen diese Ausführungen mit einem nachdenklich stimmenden Zitat beendet werden:

„Von der Zukunft hängt ab, wer nicht versteht, in der Gegenwart zu wirken."
(Seneca)

10 Anhang

10.1 Struktur und Partner des Teilprojekts QS-VP 2.3

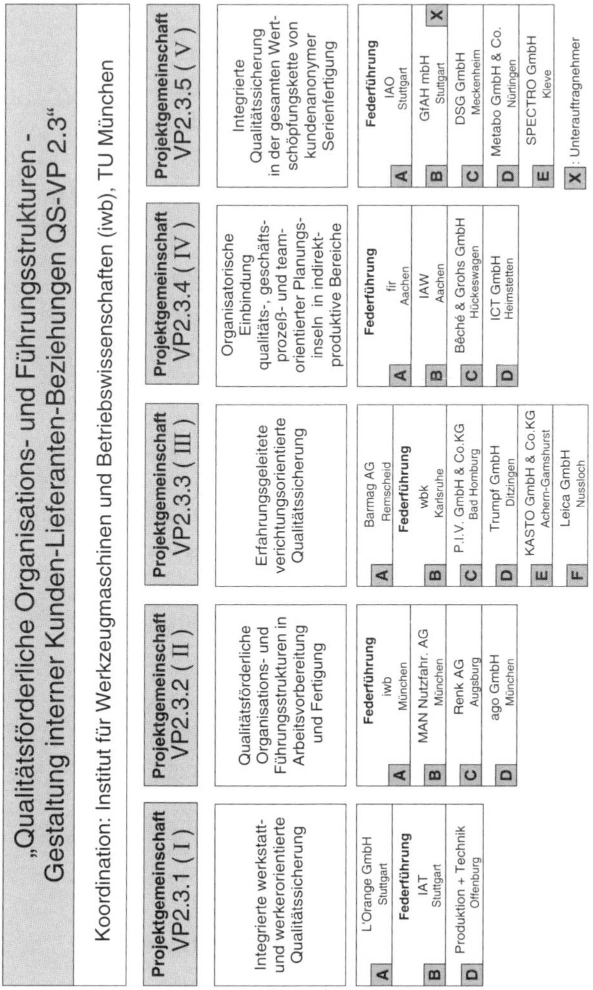

10.2 Autorenverzeichnis

Folgende Autoren des Teilprojekts QS-VP 2.3 waren an der Erstellung des Teil I des vorliegenden Buches beteiligt;

Aichner, Rudolf Dipl.-Psych. .	Gesellschaft für Arbeits- gestaltung und Organisations- entwicklung mbH Auf der Falkenbeiz 8 81476 München
Becker, Udo Dipl.-Ing.	Spectro Maschinen- und Gerätebau GmbH Kastellstr. 31-35 47546 Kalkar
Betzl, Konrad Dipl.-Ing.	Fraunhofer-Institut für Arbeitswirtschaft und Organisation - IAO Nobelstr. 12 70569 Stuttgart
Burghardt, Jan Eric Dr.-Ing.	Institut für Werkzeugmaschinen und Betriebstechnik - wbk Kaiserstr. 12 76128 Karlsruhe
Elsinghorst, D. Dr.-Ing. Dipl.-Wirt.-Ing.	Bêché & Grohs GmbH Peterstr. 75 42499 Hückeswagen
Erkes, Heinz Dipl.-Ing.	Kasto GmbH Industriestr. 14 77855 Achern-Gamshurst

Fazekas, Peter Dipl.-Ing.	ICT Integrated Circuit Testing GmbH Klaussnerring 1a 85551 Heimstetten
Fleissner, Frank Dipl.-Ing.	Institut für Werkzeugmaschinen und Betriebstechnik-wbk Kaiserstr. 12 76128 Karlsruhe
Fricker, Achim Dr.-Ing. Dipl.-Kfm.	Forschungsinstitut für Rationalisierung - FIR Pontdriesch 14/16 52062 Aachen
Hallasch, Lothar Dipl-Ing.	Trumpf GmbH Johann-Maus-Str. 2 71254 Ditzingen
Harzem, Rolf Dipl.-Ing.	DSG Schrumpfschlauch GmbH Heidestraße 1 53340 Meckenheim
Kiesling, Eveline Dipl.-Ing.	Spectro Analytical Instruments Boschstr. 10 47544 Kleve
König, Markus Dipl.-Ing.	Institut für Werkzeugmaschinen und Betriebswissenschaften – iwb, TU München Boltzmannstr. 15 85748 Garching
Krings, Kai Dipl.-Ing.	Institut für Arbeitswissenschaft - IAW Bergdriesch 27 52062 Aachen
Langhoff, Thomas Dipl.-Ing.	Gesellschaft für Arbeitsschutz- und Humanisierungsforschung Nobelstr. 15 70569 Stuttgart

Linsenmaier, Thomas
Dipl.-Ing.
Institut für Arbeitswissenschaft und Technologiemanagement - IAT
Nobelstraße 12
70569 Stuttgart

Lulay, Werner E.
Dipl.-Ing.
Institut für Werkzeugmaschinen und Betriebswissenschaften - iwb, TU München
Boltzmannstr. 15
85748 Garching

Mahnke, Brend
Dipl.-Ing.
Barmag AG
Leverkuser Str. 65
42897 Remscheid

Otzipka, Jochen
Dipl.-Ing.
Institut für Arbeitswissenschaft - IAW
Bergdriesch 27
52062 Aachen

Pawelke, Heinz
Dipl.-Ing.
Spectro Analytical Instruments
Boschstr. 10
47544 Kleve

Räuber, Christof
Dipl.-Ing.
Leica GmbH
Heidelbergerstr. 17-19
69226 Nussloch

Reinhart, Gunther
Prof. Dr.-Ing.
Institut für Werkzeugmaschinen und Betriebswissenschaften - iwb, TU München
Boltzmannstr. 15
85748 Garching

Ruckaberle, Rainer
Dipl.-Ing.
Fraunhofer-Institut für Arbeitswirtschaft und Organisation - IAO
Nobelstr. 12
70569 Stuttgart

Rüffer, Ursula Dr. rer. nat.	DSG Schrumpfschlauch GmbH Heidestraße 1 53340 Meckenheim
Sander, Ulrich Dr.-Ing.	Forschungsinstitut für Rationalisierung-fir Pontdriesch 14/16 52062 Aachen
Seyb, Carsten Dipl.-Ing.	P.I.V. Antriebe Werner Reimers GmbH Industriestraße 3 61352 Bad Homburg
Schmidt, Frank Dipl.-Ing.	Metabo GmbH Gerberstr. 33 72622 Nürtingen
Schmidt, Franz Dipl.-Ing.	Renk AG Göggingerstr. 73 86159 Augsburg
Schott, Heinz Dipl.-Ing.	Metabo GmbH Gerberstr. 33 72622 Nürtingen
Schweizer, Wolgang Dr.-Ing. Dipl.-Inform.	Fraunhofer-Institut für Arbeits- wirtschaft und Organisation - IAO Nobelstr. 12 70569 Stuttgart
Uhrmann-Novak, U. Dipl.-Ing.	Gesellschaft für Arbeitsschutz- und Humanisierungsforschung Nobelstr. 15 70569 Stuttgart
Wilhelm, Stephan Dipl.-Ing.	Institut für Arbeitswissenschaft und Technologiemanagement - IAT Nobelstraße 12 70569 Stuttgart

Teil II
– Gestaltung externer Kunden-Zulieferer-Beziehungen –

BMBF-Programm Qualitätssicherung

Verbundprojekt 2
Qualitätsförderliche Organisations- und Führungsstrukturen

Teilprojekt 2.4
Gestaltung von externen Kunden-Lieferanten-Beziehungen

Die diesem Bericht zugrundeliegenden Arbeiten wurden mit Mitteln des Bundesministeriums für Bildung, Wissenschaft, Forschung und Technologie (BMBF) im Rahmen des Programms Qualitätssicherung 1992 - 1996 gefördert.
Vorhaben-Nr. 02QV2400
Projektträger: Forschungszentrum Karlsruhe
Projektträger des BMBF für Fertigungstechnik und Qualitätssicherung
Förderkennzeichen der Einzelvorhaben: 02QV2401 bis 02QV2433

Inhaltsverzeichnis
Teil II

1 Anforderungen und Handlungsmöglichkeiten
(Th. Kampschulte) ... 317

1.1 Ausgangssituation zu Projektbeginn ... 317
1.2 Formen organisationsübergreifender Kooperationen ... 321
1.3 Literaturhinweise ... 330

2 Symbiotische Zusammenarbeit –
ein Gestaltungsmodell als Hilfe zur Selbsthilfe
(Projektgemeinschaft QS-VP 2.4.1: Anlagen-, Geräte- und Maschinenbau
Federführung: LAS, Bochum) ... 331

2.1 Gestaltung der Zusammenarbeit als virtueller Anbieter
(Th. Kampschulte, B. Hiddemann) ... 332
2.2 Erfahrungen in Pilotprojekten ... 349
2.3 Resümee zur Kooperationsgestaltung und Ausblick
(Th. Kampschulte, B. Hiddemann) ... 410
2.4 Literaturhinweise ... 418

3 Kleinstbetriebsmanagement in der Lieferkette
(Projektgemeinschaft QS-VP 2.4.2: Kleinstbetriebe/Handwerk
Federführung: FOWIG, Karlsruhe) ... 419

3.1 Zum Forschungsverbund
(G. Rühl, R. Weber, A. Bebon) ... 420
3.2 Zum zwischenbetrieblichen Qualitätsmanagement
(G. Rühl, R. Weber, A. Bebon) ... 421
3.3 Erweiterung von Geschäftsfeldern durch Qualitätsentwicklungen ... 454
3.4 Auswirkungen veränderter Kunden-Lieferanten-Beziehungen
(H. Bergfeld) ... 463
3.5 Umsetzung von Kundenanforderungen bei der Entwicklung und Produktion
von Sondermaschinen - SAMAG GmbH
(G. Stolze) ... 470

3.6 Verbesserung der externen Kunden-Lieferanten-Beziehungen durch Schnittstellenoptimierung
(M. Drescher) ... 479
3.7 Spezielle Probleme bei der Oberflächen-Veredelung – SMK GmbH
A. Knaak ... 486
3.8 KMU- und handwerkstypische Entwicklungstendenzen nach Struktureinbrüchen
(W. Risch, N. Drechsler, B. Mählisch) ... 493
3.9 Resümee des Verbundprojektes: Kritische Aspekte und neue Aufgaben
(G. Rühl, W. Risch) ... 501
3.10 Literaturhinweise ... 505

4 Qualitätssicherung durch Pozeßorientierung
(Projektgemeinschaft QS-VP 2.4.3: Kfz-Zulieferer
Federführung: IPH-Hannover) ... 509

4.1 Entwicklung neuer Kooperationsformen im Projektverbund
(J. Brüning, D. Goebel) ... 510
4.2 Praxisorientierte Umsetzung / Beispiele aus den Projektgruppen
(C. Bode, J. Brüning, D. Goebel, H.-W. Kolligs, N. Sowa, M. Zitzmann) ... 514
4.3 Übergreifende Arbeiten
(J. Brüning, K.R. Hennig, A. Karkmann, A. Seufzer, R. Thissen) ... 557
4.4 Zusammenfassung und Ausblick ... 563
4.5 Literaturhinweise ... 564

5 QualiTex Qualitätsförderung durch zukunftsweisende Kooperation einer textilen Fertigungskette
(L. Afflerbach, K. Henning, R. Knein-Linz, B. Wulfhorst
Projektgemeinschaft QS VP 2.4.4: Textilverarbeitung
Federführung: HDZ/IMA-Aachen) ... 567

5.1 Vorstellung der Projektgemeinschaft ... 568
5.2 Vorgehensweise ... 569
5.3 Praxisorientierte Umsetzung ... 584
5.4 Beispiele aus den Unternehmen ... 588
5.5 Bewertung der Forschungshypothesen ... 600
5.6 Zusammenfassung ... 607
5.7 Literaturhinweise ... 609

6 Qualitätsförderung als innerbetriebliche und unternehmensübergreifende Aufgabe in der Papierverarbeitenden Industrie
(M. Faller, Projektgemeinschaft QS-VP 2.4.5: Papierverarbeitende Industrie,
Federführung: August Faller KG, Waldkirch i. Brsg.) ... 611
6.1 Ziele der Projektgemeinschaft ... 612
6.2 Vorgehensweise ... 613
6.3 Praxisorientierte Umsetzung ... 625

6.4 Beispielhafte Darstellung der firmenübergreifenden Arbeit in Problemlösungsgruppen 629
6.5 Resümee und Ausblick 632

7 Resümee der Projektgemeinschaft zur „Gestaltung externer Kunden-Lieferanten-Beziehungen" (Federführer des QS-VP 2.4) 637

8 Anhang 641

8.1 Verbundprojekt zur „Gestaltung von externen Kunden-Lieferanten Beziehungen" 641
8.2 Literaturhinweise 644
8.3 Autorenverzeichnis 645
8.4 Abkürzungsverzeichnis 650

1 Anforderungen und Handlungsmöglichkeiten

Th. Kampschulte

Inhaltsverzeichnis

1.1 Ausgangssituation zu Projektbeginn . . . 317
1.2 Formen organisationsübergreifender Kooperationen . . . 321
1.2.1 Systembetrachtung und Thesen zur Kooperationsgestaltung . . . 322
1.2.2 Kooperationen Klein- und Mittelständischer Unternehmen (KMU) als virtueller Anbieter . . . 324
1.2.3 Gestaltungsansätze externer Kunden-Zulieferer-Beziehungen . . . 326
1.3 Literaturhinweise . . . 330

1.1 Ausgangsituation zu Projektbeginn

„Senkung der Kosten“ (Lopéz-Effekt), „Reduzierung der Zulieferanzahl“ (Systemzulieferer), „Öffnung der Märkte“ (Global Sourcing), etc., der Markt fordert von den Unternehmen hohe Reaktionsfähigkeit in schlanken Strukturen zur stetigen Leistungssteigerung in bezug auf Kosten, Qualität, Lieferzeiten, Flexibilität und Umweltverträglichkeit. Um gemeinsam Antworten auf derartige Anforderungen zu finden, haben sich Unternehmen und Hochschulinstitute zu einem Verbundprojekt (vgl. Anhang) zusammengeschlossen.

Was kann ein mittelständisches Unternehmen vor diesem Hintergrund tun, um für die dynamischen Anforderungen auf den Märkten der Zukunft gerüstet zu sein?

Zur Erhaltung der Lebensfähigkeit des Unternehmens ist es erforderlich:

– alle relevanten Informationen zur Verfügung zu haben und daraus
– innovative, teils unkonventionelle Lösungen zu entwickeln.

Im Unternehmen erfährt jeder Mitarbeiter täglich, daß das notwendige Wissen vielfach seine Aufnahmekapazität übersteigt. Ebenso ist die erforderliche Kreativität nicht unbedingt in ausreichendem Maße von Einzelnen leistbar. Deshalb ist die Kombination von Erfahrungen und Kompetenzen unterschiedlicher Partner innerhalb einer Organisation und auch zwischen Unternehmen notwendig.

Die Antwort auf die Frage liegt folglich in der Kooperation von Mitarbeitern und Unternehmen!

Speziell die unternehmensübergreifende Kooperation ist Ausweitung der Maßnahmen, die z.B. unter dem Schlagwort „teilautonome Arbeitsgruppen" zunehmend in die interne Organisation der Unternehmen Einzug halten.

Das Thema des hier dargestellten Forschungsvorhabens QS-VP 2.4 lautet: „Gestaltung von externen Kunden-Lieferanten-Beziehungen„. Ziel des Verbundprojektes war es, in Zusammenarbeit zwischen Industrie und Hochschulen exemplarisch Konzepte für die Gestaltung qualitätsförderlicher Beziehungen zwischen Unternehmen in einer Wertschöpfungskette zu entwickeln und zu erproben. Dies betrifft sowohl die Zusammenarbeit innerhalb einer Lieferkette: Vorlieferant, (Direkt-)Zulieferer und (End-)Abnehmer, als auch die Zusammenarbeit zwischen mehreren Zulieferern, die arbeitsteilig einen (End-)Abnehmer beliefern. Über die Verzahnung (evtl. unternehmenübergreifende Qualitätsmanagement- bzw. Personalentwicklungs-Aktivitäten) und Abstimmung von Entwicklungs-, Konstruktions-, Produktions- und Logistikabläufen sollten bisher ungenutzte Qualitätspotentiale erschlossen werden. Ausgangsbasis aller Maßnahmen war insbesondere das Erfahrungswissen der Mitarbeiter aller Unternehmensbereiche, das durch die Gestaltung von Arbeitsprozessen erhalten und weiter entwickelt wird.

Die Ausgangssituation der Unternehmen, die diese Aufgabe gemeinsam angehen wollten, stellte sich inhomogen dar. Die Bandbreite reichte von Projektpartnern, die seit einigen Jahren zertifiziert waren und den TQM-Gedanken bereits teilweise verinnerlicht hatten, bis zu Unternehmen, die noch nicht über ein Qualitätsmanagementsystem verfügten, welches den Anforderungen eines Regelwerkes (z.B. nach DIN EN ISO 9000 ff.) entspricht. Nachfolgend sind exemplarische Eingangsvoraussetzungen der Firmen aufgeführt:

- hohe Flexibilitätsanforderungen
- intensive Wareneingangsprüfungen, sowohl bei Lieferanten als auch bei Kunden und Vorlieferanten
- umfangreiche Endkontrollen/Abnahmeprozeduren
- in der Regel nur unzureichend formulierte Qualitätsforderungen und -erwartungen seitens der Kunden (hohe Qualitätsforderungen bei z.T. unscharfen Qualitätskriterien)
- eher traditionelle Unternehmensorganisationen und Qualitätsstrukturen
- mit der Einführung qualitätsgerechter Strukturen wird aufgrund des Entwicklungsrisikos und der zu erwartenden Kosten nur zögerlich begonnen
- die bisherige Qualifikation der Unternehmen bzw. Mitarbeiter (z.B. Meistertitel etc.) reicht in Zukunft nicht mehr aus
- in der Branche wird ein allgemein hohes Qualitätsniveau der Unternehmen vorausgesetzt
- visionäre Strategien oder strategische Planung sind ungewohnt
- durch die Marktposition der Kunden herrscht z.T. ein extremer Preisdruck
- wo entsprechende Richtlinien vorhanden sind, werden diese nicht konsequent angewandt und umgesetzt

- unterschiedliche, z.T. stark voneinander abweichende Qualitätsstandards und -nachweisstufen seitens der einzelnen Kunden (z.B. Automobilindustrie)
- die derzeitigen Formen der Qualitätssicherung können strukturelle, technische und personelle Qualitätsprobleme bei Lieferanten und Vorlieferanten nicht ausreichend berücksichtigen oder gar lösen

Die vor dem Hintergrund dieser Voraussetzungen entwickelten Lösungen sollen anhand der Erfahrungen aus dem multi-disziplinären Forschungsvorhaben mit Ingenieuren, Psychologen, Wirtschaftswissenschaftlern, Arbeitswissenschaftlern, etc. näher vorgestellt werden. Die Projektarbeit in den Unternehmen läßt sich in drei Phasen darstellen.

Analyse

Die Potentiale für eine optimale Kunden-Lieferanten-Beziehung waren in den meisten beteiligten Unternehmen mehr oder weniger ausgeprägt vorhanden. Mit geeigneten Methoden und Konzepten der erweiterten Qualitätssicherung wurden die Schwachstellen zunächst unternehmensspezifisch identifiziert, um geeignete Maßnahmen einleiten zu können.

Konzeption

Aus den Analyseergebnissen waren übertragbare Lösungen zu entwickeln. Dazu wurden die gewonnenen Ergebnisse diskutiert und gemeinsam dahingehend bewertet, welche Lösungsaspekte sich aus den einzelnen Schwerpunkten für die Unternehmen und deren Pilotprojekte ableiten lassen.

Realisierung / Erprobung

Zur effektiveren Koordinierung der Zusammenarbeit in der Lieferkette konnten branchenspezifisch neue, alternative Möglichkeiten der qualitätsförderlichen Kooperation nicht nur entwickelt, sondern in den Pilotprojekten der Unternehmen unter Begleitung der Hochschulinstitute in der Praxis erprobt werden. Besonderes Augenmerk lag auf den Auswirkungen und Voraussetzungen für verbesserte innerbetriebliche Abläufe und personalorganisatorischen Aspekten.

1.2 Formen organisationsübergreifender Kooperationen

Vertikale und Horizontale Kooperation

Unternehmen stehen generell zwei Strategien offen, mit anderen Unternehmen zusammenzuarbeiten. Partner auf unterschiedlichen Wertschöpfungsstufen können Zulieferer und Kunden sein, mit denen Kontakte im Tagesgeschäft bereits bestehen oder bestehen könnten (*vertikale Kooperation*). Eine zweite Möglichkeit besteht in der Zusammenarbeit mit Unternehmen bzw. Wettbewerbern auf einer vergleichbaren Wertschöpfungsstufe über regionale oder branchenbezogene Verbände (*horizontale Kooperation*).

Laterale Kooperation

Die horizontalen und die vertikalen Kooperationen schließen einander nicht aus und sollten vom Unternehmen auch parallel genutzt werden. Ebenso gibt es Mischformen, wenn z.B. ein Abnehmer und dessen Zulieferer in einem Regionalverband zusammenarbeiten.

In jedem Fall handelt es sich nicht nur um die Kooperation von Organisationen. Immer ist es die Zusammenar-

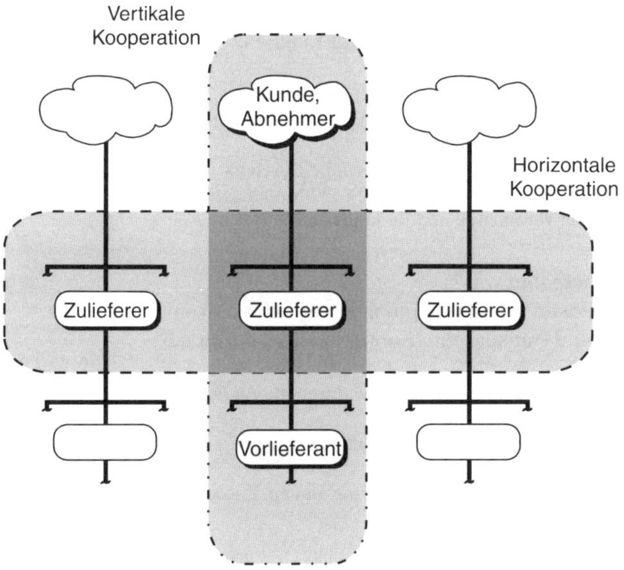

Bild 1-1: Kooperationsformen

beit einzelner Mitarbeiter, die in unterschiedlichen Hierarchien und Abteilungen bzw. Unternehmen beschäftigt sind (*laterale Kooperation*) [vgl. Wunderer, R. 1995].

1.2.1 Systembetrachtung und Thesen zur Kooperationsgestaltung

Zunächst müssen wir uns darüber klar werden, in welche Zusammenhänge wir zur Gestaltung von Kooperationen eingreifen. Lösungsansätze sind geprägt von Schlagworten, wie Vernetzung, Entgrenzung, Segmentierung, Selbstorganisation, Prozeßorientierung, interdisziplinäre Beteiligung, persönliche Identifikation, etc..

Grundlage dieser Ansätze ist, daß die Unternehmen als offene Systeme erlebt werden. Der Zusammenhang zwischen Eingangs- und Ausgangsgrößen erscheint nicht immer vorhersagbar. Bei weitgehender Technisierung oder in Wachstumsphasen (mechanistische, lineare, multikausale Systeme) helfen statistische Kennwerte, um zumindest vage Voraussagen treffen zu können. [vgl. Vester, F.

Struktur:	(**Wer** mit wem?) **Ziel:** Komplexität transparenter machen, Untergliederung, durch z.B.: – Autonome Einheiten (Gruppen) bzgl. einzelner Produkte/ Komponenten – Selbstähnlichkeit (Einzelner-Gruppe-Bereich) vereinfacht Vorschriften – Kundengeleitete Prozeß- bzw. Projektorganisation – Flexible Vernetzung und Redundanzen
Ablauf:	(Wer ,**wie** und was?) **Ziel:** Positive Rückkopplungen vermeiden, wenige, einfache und transparente Kontaktstellen, durch z.B.: – Selbstorganisation: Spielräume durch übergeordnete Regeln, feste Rahmenbedingungen – Autonomie zu betrieblichen Entscheidungen, z.B: Disposition, Selbstprüfung – Feedback des eigenen Verhaltens, um ein Lernen zu ermöglichen (Selbstreferenz)

Tabelle 1-1: Thesen zur Kooperationsgestaltung im Chaotischen System Unternehmen [vgl. Hausmann, U. 1995; Laszlo, E. 1992; Fuchs, H. 1995]

Verhalten:	(In welcher **Art und Weise**) **Ziel:** Förderung von Qualifikation, Motivation, Lebens- und Arbeits-Qualität – Fachkompetenz, Methoden und Selbstlernkompetenz, Sozial- und Mitwirkungskompetenz – Leistung, Erfolg, Zufriedenheit – Vertrauen, Bejahung, Sicherheit, Mitverantwortung

Tabelle 1-2: Ergänzende Anforderungen im sozio-technischen System Unternehmen [vgl. Heeg 1993]

1988] Sind diese technischen oder Wachstumsvoraussetzungen nicht mehr gegeben, häufen sich statistische „Ausreißer" und unerwartete Ergebnisse.

Chaotisches System

In Anlehnung an Erkenntnisse aus der Naturwissenschaft werden die Beobachtungen in den vielfach rückgekoppelten Wirtschaftsabläufen mit Hilfe der Chaos-Theorie verständlich. [vgl. Hausmann, U. 1995; Laszlo, E. 1992] Daraus leiten sich struktur- und ablaufbezogene Thesen ab, die sich auch in o.a. Konzepten finden (s. Tabelle 1-1).

Sozio-technisches System

In der Praxis nehmen die Erfahrungen aus der Vergangenheit bzw. die heutigen Gewohnheiten der Menschen entscheidenden Einfluß auf die Abläufe. Daher erscheint die Annahme, daß sich die Menschen in optimierten Strukturen und Prozessen automatisch effizienter verhalten werden, nicht unbedingt berechtigt. Ein Unternehmen ist nicht nur ein vielfach unvorhersehbar wirkendes (Chaotisches) System. Ebenso handelt es sich um das Zusammenwirken technischer Elemente und einzelner Menschen bzw. Gruppen (sozio-technisches System) [vgl. Heeg 1993]. Die Thesen bzgl. „Struktur" und „Ablauf" müssen um die Betrachtung „Verhalten" des Menschen ergänzt werden.

Arbeit in und mit Unternehmen muß folglich durch die umfassende Berücksichtigung der Ebenen *Struktur*, *Ablauf* und *Verhalten* geprägt sein, um erfolgreich sein zu können. Im Zuge dessen sind in jedem Einzelfall der Kooperationsgestaltung u.a. folgende Spannungsfelder zu berücksichtigen [Sydow, J. 1994]:

- Differenzierung versus Integration
- Kooperation versus Wettbewerb
- Autonomie versus Abhängigkeit
- Vertrauen versus Kontrolle

Von der gemeinsamen Bewältigung dieser immer wieder auftretenden Spannungen hängt die Aufrechterhaltung einer partnerschaftlichen Kooperation entscheidend ab.

1.2.2 Kooperationen Kleiner und Mittlerer Unternehmen (KMU)

Führen wir uns die o.a. Thesen insbesondere bzgl. Struktur und Ablauf vor Augen, so finden wir in der Kooperation mittelständischer Unternehmen gute Voraussetzungen vor. Vorteile einer Kooperation von KMU sind:

- Unternehmen als auf Produkte/Komponenten bezogene, autonome Einheiten
- Gruppenarbeit (Unternehmen als Gruppe) auf einer höheren Ebene (Selbstähnlichkeit)
- Klare Autonomie zu betrieblichen Entscheidungen
- Klare Kontaktstellen mit prüfbaren Baugruppen / Komponenten
- Leistungsmessung am Output (allerdings meist finanziell)
- Klare Fachkompetenzen der Einheiten

Dies sind Voraussetzungen, die in den Einheiten von Großunternehmen nach Zeiten der Zentralisierung wieder mühevoll geschaffen werden müssen (Stichwort: Segmentierung). In der Kooperationsgestaltung sollten wir darauf achten, diese Gegebenheiten aufrecht zu erhalten und zu nutzen. Flexible Vernetzungen können dazu eine Lösung sein. Ebenso scheinen vielfältige Beziehungen und die stärkere Berücksichtigung von Ablauf und Verhalten sinnvoll. Für die Gestaltungsansätze im Unternehmen bedeutet dies:

- Aktiver Aufbau und Pflege der Beziehung zu mehreren Kunden in Abhängigkeit von deren Bereitschaft, auf das

Kooperationsangebot einzugehen. Das Unternehmen sollte die Kommunikation einfordern.
- Umfassende Kooperationsgestaltung mit diversen Zulieferern durch Befähigen, Fördern…

Daher sollte in der Kooperation autonomer, Mittelständischer Unternehmen eine Beendigung der intensiven Kooperation zurück zur reinen Austauschbeziehung jederzeit möglich sein. Dann handelt es sich um einen *„virtuellen Anbieter“*, da keine formelle, juristisch oder durch finanzielle Beteiligung festgeschriebene Organisation errichtet wird und die Unternehmen dem Kunden gegenüber gemeinsam auftreten [vgl. Mertens, P. 1005]. Konzerne und größere Unternehmen mit ihren Niederlassungen und Werken sind dem gegenüber vergleichbar mit einem statischen, formellen Verbund in einer vertikalen Kooperation.

In direktem Kontakt mit dem Abnehmer steht ein *Zulieferer* bzw. *Anbieter*, der das Produkt bzw. die Dienstleistung für den *Kunden* bzw. *Abnehmer* bereitstellt. Neben ihm sind in verschiedenen Wertschöpfungsstufen die Unternehmen angeordnet, die einzelne Leistungen beisteuern. Beispielhaft können folgende Gruppen unterschieden werden (Bild 1-2).

1. *Teile-* bzw. *Vorlieferanten:* Lieferanten von wenig komplexen Bestellteilen bzw. von Werkstoffen oder Rohstoffen.
2. *Lohnbearbeiter:* Unterauftragnehmer zur Zwischenbearbeitung, dem das Eingangsprodukt beigestellt wird.
3. *System-* bzw. *Modullieferant:* Lieferanten komplexer Baugruppen oder Module. Das Know-how kann sich auf die Technologie, d.h. Fertigungs- bzw. Verfahrenstechnik beziehen oder auf eine fachliche Problemlösungs-Kompetenz.

Der Zulieferer bzw. Anbieter nimmt in dieser Konstellation für den Kunden bzw. Abnehmer wiederum die Rolle des System- bzw. Modullieferanten ein. (vgl. Bild1-2)

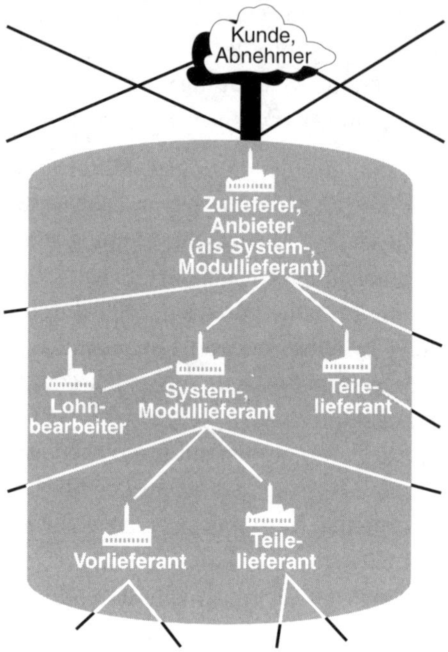

Bild 1-2: Virtueller Wertschöpfungs-Verbund

1.2.3 Gestaltungsansätze externer Kunden-Zulieferer-Beziehungen

Die in der Vergangenheit vielfach aus betriebswirtschaftlicher Sicht konzipierten Gestaltungsansätze, wie Strategische Allianzen, Joint Ventures, u.ä., betonen strategische Herangehensweisen. Die Kooperation ist demnach das Ergebnis einer bewußten Entscheidung und einer strategischen Planung, z.B. um Märkte zu erschließen. Die Praxis zeigt die Instabilität der reinen Strukturansätze, wenn z.B. einzelne Verknüpfungen/Verträge gekündigt werden, weil ein entscheidender Kunde Konkurs anmeldet. Es tritt ein „Dominostein-Effekt“ auf, der ganze Zulieferketten an den Rand der Existenz treibt. Insbesondere für KMU erscheint es im Hinblick auf die Umsetzbarkeit der Zusammenarbeit erfolgversprechender, bestehende Zulieferbeziehungen in aktuellen Aufgabenbereichen sukzessive zu verbessern. Dies erfolgt im Hinblick auf eine partnerschaftliche Kooperation unter Berücksichtigung sozialer Prozesse (Prozessuale Ansätze). [vgl. SYDOW, J. 1994, S. 2 - 13]

Im Rahmen von fünf *Projektgemeinschaften* des vorliegenden Verbundvorhabens wurden verschiedene Ansätze zur Kooperationsgestaltung konzipiert und exemplarisch erprobt. Die einzelnen Modelle und Pilotumsetzungen der Unternehmen sind in den folgenden Kapiteln dargestellt. Um dem Leser einen Einstieg bzw. einen Vergleich zu erleichtern, sind die Gestaltungsansätze tabellarisch gegenübergestellt (s. Tabelle 1-3). Eine detailliertere Beschreibung erfolgt in den Kapiteln der jeweiligen Projektgemeinschaften. Das Schlagwortverzeichnis im Anhang erleichtert die Suche nach bestimmten Schlüsselbegriffen.

Tabelle 1-3: Gestaltungsansätze externer Kunden-Zulieferer-Beziehungen →
s. nächste Seite

	VP 2.4.1	VP 2.4.2
1. Anwendungsfelder/ Zielgruppe	◗ Anwendbar für Kooperationen von KMU auf Initiative eines Unternehmens ◗ Fallbeispiele aus Qualitätsmanagement, Entwicklung, Beschaffung, Produktion und Logistik	◗ Kleinstbetriebe / Handwerk ◗ Güterproduktion ◗ Kooperative Beziehungsfelder
2. Zielsetzung	◗ Beziehungen zu einzelnen Partnern zu festigen ◗ Eigene Kooperationsfähigkeit zu steigern ◗ Zur Gestaltung intensiver, auf Dauer angelegter Kooperationen (aber: Ausstieg möglich)	◗ Verbessern der zwischenbetrieblichen Qualitätsbeziehungen mit allen Einflußgrößen ◗ Handlungsorientierung ◗ Aktionszentren ◗ Erfolgsfaktoren-Modelle
3. Modellentwicklung	◗ Gestaltung technischer und sozial. Prozesse ◗ KATalyse-Modell als Hilfsmittel zur Selbsthilfe / als „Werkzeugkasten" zur problemspezifischen Anwendung	◗ Erklärungsmodelle für Leitfirmen mit Aktionszentren, Organisationsstrukturen ◗ Quantitative Modelle für Arbeitszufriedenheit, Produktivität, Erfolgsfaktoren
4. Kundenbeziehung	◗ Beteiligung der Kunden zur Ermittlung von Anforderungen und Rahmenbedingungen (Befragungen, Workshops)	◗ Marktentwicklung (Produkte / Dienstleistungen) ◗ Kundenbefragungen, Modelle
5. Lieferantenbeziehung	◗ Gestaltungsarbeit mit Zulieferern als autonome Unternehmen. Maßnahmen werden gemeinsam konzipiert aber jeweils intern umgesetzt	◗ Lieferantenbeurteilung ◗ Erfolgsfaktoren-Modell ◗ Aufgabendelegation
6. Aufbau-, Ablauforganisation	◗ Unternehmen als virtueller Anbieter (keine formale Institution) ◗ Koordination des „Kooperations-Verbesserungs-Projektes" über INNOVATIONS-Teams im Sinne eines Lenkungsausschusses	◗ Neue Strukturen im Hinblick auf Qualitätssicherung und Beteiligung ◗ Neue Rollen ◗ Aktionszentren
7. Einbeziehung der Mitarbeiter	◗ Beteiligung der Mitarbeiter im INNOVATIONS-Team als Experten ◗ Befähigung / Begleitung zur Förderung der Kooperationsfähigkeit (Sozial- und Methodenkompetenz) ◗ Einbindung der Leitungsebene über Abstimmung an Meilensteinen	◗ Mitarbeiterbefragung ◗ Kleingruppen-Organisation ◗ Mitarbeiter-Zirkel ◗ Neue Rollen für Mitarbeiter und Führungskräfte
8. Bewertung/ Beurteilung	◗ Analyse der Stärken / Schwächen des Qualitätsmanagementsystems ◗ Gemeinsames Problembewußtsein der Beteiligten auf Basis quantitativer / qualitativer Analysen und subjektiver Einschätzungen der Betroffenen	◗ Kontrolle durch Mitarbeiter- und Kunden-Befragung ◗ s. Pkt. 4+5 Erfolgsfaktoren-Modelle ◗ Expertenbewertungen (Skalen)

VP 2.4.3	VP 2.4.4	VP 2.4.5
◗ Beschreibung aller Kernprozesse der Produktentstehung ◗ Zielgruppe: gesamte Wertschöpfungskette ◗ Schwerpunkt „Entwicklung" ◗ Produzierende Unternehmen	◗ Die Zielgruppe besteht primär aus produzierenden Unternehmen und den Mitarbeitern aller Hierarchieebenen ◗ Zielgruppe sind Mitarbeiter des Unternehmens im produzierenden Bereich sowie Führungskräfte der mittleren und unteren Ebene	◗ gesamte Wertschöpfungskette Zulieferer-Kunde ◗ Produkte und Dienstleistungen (Service) ◗ Kooperationen von KMU auf Initiative eines Unternehmens
◗ Effiziente, unternehmensübergreifende Prozesse ◗ Transparenz der Informations- und Objektflüsse sowie der Verantwortlichkeiten	◗ Innovationen sind nicht nur auf Produkt und Qualität gerichtet, sondern auch auf überbetriebliche Kommunikations- und Weiterbildungsstrukturen	◗ Förderung eines ganzheitlichen, unternehmensweiten Qualitätsbegriffes ◗ Förderung der TQM-Philosophie und deren Übertragung auf externe Kunden-Lieferanten-Beziehungen ◗ Steigerung der Kooperationsfähigkeit
◗ Prozeßbeschreibung in mehreren Detaillierungsebenen ◗ Direkte Ableitung von Verfahrensanweisungen	◗ Selbsttragende und selbsterneuernde Organisationsstrukuren; ◗ Partizipativ organisatorisch-integrativer Ansatz (POTI)	◗ Spielregeln der Gruppenarbeit
◗ Flexible, prozeßorientierte Ablauforganisation für hohe Reaktionsfähigkeit ◗ Definierte Schnittstellen	◗ Aufbau und Nutzung zwischenbetrieblicher Kooperationsbeziehungen und Organisationsstrukturen	◗ Förderung der Kundenorientierung ◗ Förderung der überbetrieblichen Zusammenarbeit, insbesondere in Entwicklungsprojekten
◗ Definierte Schnittstellen ◗ Transparenz der Informationsbedarfe des Lieferanten	◗ (siehe 4.)	◗ Förderung der überbetrieblichen Zusammenarbeit, insbesondere zur Verbesserung der Qualität und (Materialfluß- und Informations-) Logistik
◗ Detaillierte Beschreibung der Abläufe ◗ Aufbauorganisatorische Maßnahmen ableitbar Prozeßorientierte Strukturen	◗ Beteiligungsorientierte Informations-, Kommunikations- und Entscheidungsstrukturen	◗ Verbesserung der innerbetrieblichen Informationspolitik; Erhöhung der Akzeptanz ◗ Beseitigung von Kommunikationsbarrieren (horizontal und vertikal) ◗ Aufbau interner Kunden-Lieferanten-Beziehungen ◗ Aufbau einer Arbeitsgruppenorganisation
Reorganisation in Workshops unter Einbeziehung aller Mitarbeiter, die an den Prozessen beteiligt sind Identifikation der Mitarbeiter mit dem Modell erleichtert die Umsetzung.	◗ Beteiligungsqualifizierung für Mitarbeiter auf Produktionsebene, Gesprächskreise für Führungskräfte und Mitarbeiter	◗ Einbeziehung aller Hierarchieebenen; Förderung der aktiven Beteiligung aller Mitarbeiter ◗ Ausschöpfung von Kreativität und Know-how aller Mitarbeiter ◗ Systematische Schulung aller Mitarbeiter; Personalentwicklung; Förderung von Multiplikatoren ◗ Unterstützung und Schulung der mittleren Führungsebene bzgl. ihrer neuen Rolle
Bewertung der Prozeßqualität über die Anzahl der Rekursionen Zeitliche und monetäre Bewertung der Prozeßketten Effiziente Produktentstehung durch prozeßorientierte Strukturen	◗ Gestaltungsansatz läßt für die unternehmensspezifische Ausprägung von Kooperationsmöglichkeiten hinreichend Spielräume	◗ Erhöhung des Qualitätsniveaus inner- und zwischenbetrieblicher Prozesse ◗ Erhöhung der Produktivität und damit der Wirtschaftlichkeit der Unternehmen ◗ Reduzierung der Reklamationen ◗ Mitarbeiterbefragung

1.3 Literaturhinweise

[EFQM 1995] Team Recognition for Business Excellence: A Best Practice booklet, EFQM, Brüssel 1995

[FUCHS, H. 1995] Fuchs, Helmut: Vernetztes Denken – Qualifikation für erfolgreiche Zukunftsgestaltung; In: Maschinenmarkt 101, S. 50-54; Würzburg 1995

[HAUSSMANN, U. 1995] Haussmann, Ulrich: Chaos-Theorien – Neue Unternehmensstrukturen und Qualitätssicherung; In MM-Maschinenmarkt, S. 6-12; Würzburg 1995

[HEEG 1993] Heeg; Münch (Hrsg.): Der Betrieb als soziotechnisches System; In: Handbuch der PE und OE; S. 66-75; Klett-Verlag, Stuttgart; 1. Aufl. 1993

[LASZLO, E. 1992] Laszlo, Ervin: Evolutionäres Management, globare Handlungskonzepte; Fulda 1992

[SYDOW, J. 1994] Sydow, Jörg; Windeler, Arnold: Management interorganisationaler Beziehungen – Vertrauen, Kontrolle, Informationstechnik; Westdeutscher Verlag, Opladen 1994

[VESTER, F. 1988] Vester, Frederic: Leitmotiv vernetztes Denken – Für einen besseren Umgang mit der Welt; 3. Auflage; Heyne, München 1988

[WUNDERER, R. 1995] Wunderer, Rolf: Laterale Kooperation als Führungsaufgabe (Schnittstellenmanagement); In: Kieser, A./Reber, G./Wunderer, R.: Handwörterbuch der Führung, S. 1408-1424; 2. Auflage; Poeschel, Stuttgart 1995

2 Symbiotische Zusammenarbeit – ein Gestaltungsmodell als Hilfe zur Selbsthilfe

Projektgemeinschaft QS-VP 2.4.1:
Anlagen-, Geräte- und Maschinenbau,
Federführung: LAS, Bochum

Inhaltsverzeichnis

2.1 Gestaltung der Zusammenarbeit als virtueller Anbieter (*Th. Kampschulte, B. Hiddemann*) ... 332
2.1.1 Das Leitbild der Symbiotischen Beziehungen ... 332
2.1.2 Förderung unternehmensübergreifender Beziehungen / KATalyse-Modell ... 334
2.1.2.1 Konzeption, Planung ... 336
2.1.2.2 Analyse, Reviews ... 339
2.1.2.3 Realisierung in Teams ... 341
2.2 Erfahrungen in Pilotprojekten ... 349
2.2.1 Teamorientierte Qualitätsorganisation (*R. Bongers, H.-P. Düsterhöft und F. Nitsch*) ... 351
2.2.2 Methoden der strategischen Beschaffung (*H. Apel, F. Ullrich, B. Schubert*) ... 360
2.2.3 Erfolgsgrößen / Lieferanten-Beurteilungssystem (*J. Falk, R. Baumbach, H. Wacker*) ... 370
2.2.4 Integration in die Produktentwicklung (*V. Scholz, B. Hiddemann*) ... 377
2.2.5 Auftragsdurchlauf-Gestaltung im Wertschöpfungsverbund (*Th. Kampschulte, W.J. Bonk*) ... 386
2.2.6 Interunit-Prozeßgestaltung (*V. Lessenich-Henkys, R. Krüger*) ... 397
2.3 Resümee zur Kooperationsgestaltung und Ausblick (*Th. Kampschulte, B. Hiddemann*) ... 410
2.4 Literaturhinweise ... 418

2.1 Gestaltung der Zusammenarbeit als virtueller Anbieter

(Th. Kampschulte, B. Hiddemann)

Eine entscheidende Antwort auf die Anforderungen des Unternehmensumfeldes ist die Zusammenarbeit mit Zulieferern und Kunden (*vertikale Kooperation*). Dazu wird ein Unternehmen die Initiative ergreifen, um die potentiellen Kooperationspartner in die Erfüllung der unternehmerischen Aufgaben einzubeziehen. Die Kooperation autonomer Unternehmen ist in ihrer Dauer offen. Es wird keine gemeinsame Institution bzw. formale Organisation gebildet (im Sinne eines *virtuellen Anbieters*). Wie die Gestaltung einer solchen Zusammenarbeit erfolgen kann, wird im folgenden dargestellt.

2.1.1 Das Leitbild der Symbiotischen Beziehungen

Was kennzeichnet das erfolgreiche Zusammenwirken der Kooperationspartner? In einer ganzheitlichen Betrachtung der Parteien und ihrer Beziehungen bietet die Natur eine Analogie an. So lassen sich im Verhalten und in den

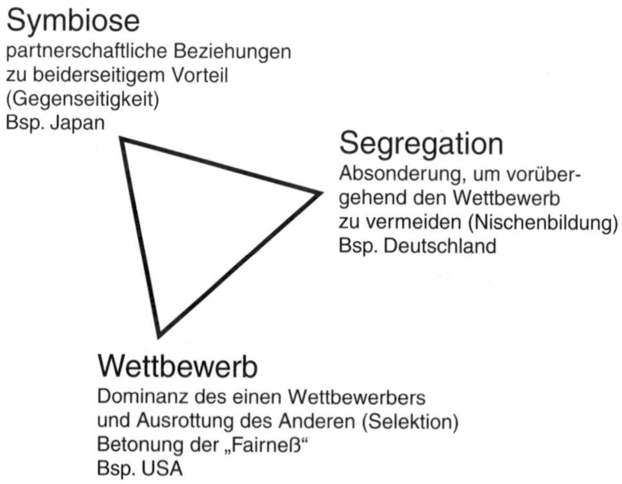

Bild 2-1: Analogien des Zusammenwirkens [vgl. MURAKAMI, T. 1992]

Beziehungen verschiedenster Organismen drei Kategorien ausmachen.

Die Vergleichbarkeit der Kategorien mit dem Wirtschaftsleben zeigt Murakami anhand dreier Wirtschaftsräume (Japan, Deutschland, USA). (vgl. Murakami, T. 1992 und Bronder, R. 1993)

In der *Segregation* sondern sich die Rivalen voneinander ab, um vorübergehend den Wettbewerb zu vermeiden und ziehen sich in unterschiedliche Reviere zurück. Es kommt zu einer (Markt-) Nischenbildung, die sich in einer starken Spezialisierung äußert. Zu jeder Nachfrage gibt es spezielle Anbieter, die ihr Angebot auf eine Zielgruppe zuschneiden. Als Marktbeispiel wird der deutsche Markt genannt. Strategien orientieren sich hier hauptsächlich auf das Feld „Produkt/Markt".

Im *Wettbewerb* dominiert eine Spezies, die versucht, Rivalen auszurotten (Selektion). Es kommt zum offenen Kampf, in dem mit „harten Bandagen" agiert wird. In den Märkten wird die „Fairneß" dieser Macht- und Überlebenskämpfe betont. Typische Beispiele dazu finden sich in den USA. Die strategische Ausrichtung zielt auf das „Wettbewerbsprofil".

Die *Symbiose* zeichnet sich durch eine partnerschaftliche Beziehung der Organismen aus. So entsteht ein Miteinander zu beiderseitigem Vorteil (Gegenseitigkeit). Leistungen wie Schutz oder Nahrung werden ausgetauscht, ohne sie gegeneinander aufzurechnen (Gewinner/Gewinner – Spiele). Japan wird als Wirtschaftsraum mit diesen Eigenschaften bezeichnet. Strategischer Bezugspunkt sind das „Fähigkeits-" und das „Technologie-Profil".

Als Bestandteil eines umfassenden Wertschöpfungsmanagements ist eine Symbiotische Kooperation zu empfehlen, da sie den Bedürfnissen der Unternehmen und Mitarbeiter in ihrem Miteinander Rechnung trägt und damit die Bezeichnung „Kooperation" verdient.

Das initiierende Unternehmen und insbesondere dessen Leitungsebene wird die Kooperationsform entsprechend der o.a. Analogie vorgeben und prägen. Alle Beteiligten müssen diese Vision in ihrem Verhalten berücksichtigen. Wie die dazu notwendigen Denk- und Verhaltens-

Strategie	• Leistungsorientierung / Effizienz / Effektivität • Ausrichtung an Markt (Gesellschaft, Konkurrenz, Kunden) und Mitarbeiter (intern / extern) • Ausbau der Stärken in geduldigen Schritten
Management	• Prävention • Erfahrungen einbeziehen & Wissen abgeben • Klare, umfassende Erfolgsgrößen (Gesamt-Qualität, Flexibilität, Produktivität und Umweltkonformität)
Mensch	• Wertschätzung (insbesondere der Individualität) • Qualifikation / Personalentwicklung • erweiterte Arbeitsinhalte (Leistung zeigen dürfen) • Mitgestaltungs- und Entfaltungsmöglichkeit • Erfolgserlebnisse
Miteinander intern/extern (Symbiotische Kooperation)	• Zielkonsens (Vereinbarung oder Überzeugung) • Interdisziplinäre Arbeit (funktionsübergreifende Teams) • Gemeinsames Situationsverständnis (nachvollziehbare Information) • Offene Kommunikation (Gegenverkehr, Feedback, Regelkreise) • Gegenseitige Verpflichtung, Verantwortlichkeit • Gewinner / Gewinner Spiele (Erfolgsteilung)

Tabelle 2-1: Umfassendes Wertschöpfungsmanagement [vgl. Schnauber, H. 1994 und Schnauber, H. 1995]

weisen in der Praxis entwickelt und gefördert werden können, soll im folgenden dargestellt werden.

2.1.2 Förderung unternehmensübergreifender Beziehungen/KATalyse-Modell

In einem Kooperationsprojekt geht es um gemeinsame Schritte von Mitarbeitern, Kunden und Zulieferern zu mehr Flexibilität, Kreativität und Innovation. Methodische Unterstützung leistet das *KATalyse-Modell*, welches durch *K*ompetenz (aller Beteiligten) und *A*blauf-*T*ransparenz (der Prozesse) den Gestaltungsprozeß beschleunigt und das Ziel der Symbiotischen Zusammenarbeit schneller erreichen läßt. Das Modell wurde konzipiert und anhand der Fallbeispiele der Projektpartner im Rahmen dieses Projektes erprobt.

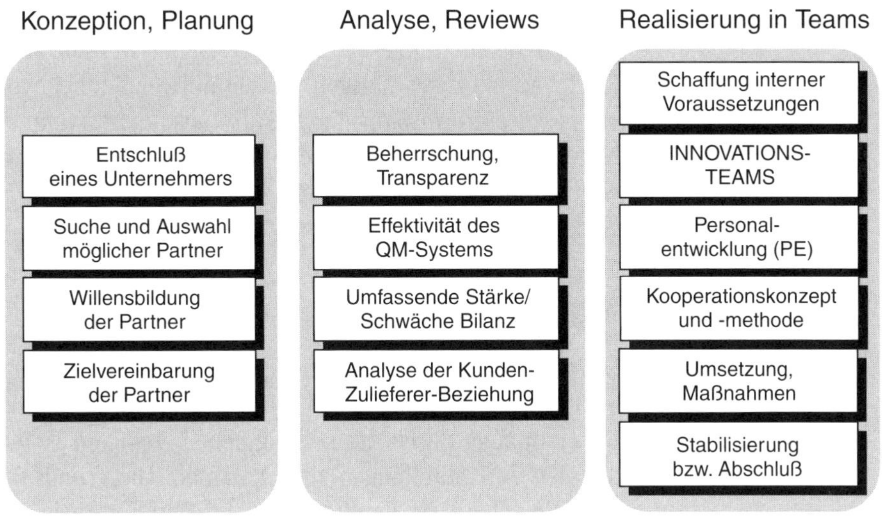

Bild 2-2: KATalyse-Modell (Kompetenz- und Ablauf-Transparenz)

Das *KATalyse-Modell* besteht aus drei Phasen:

1. Eine sehr entscheidende Phase ist die gemeinsame *Konzeption und Planung* des Gestaltungsprozesses durch die Beteiligten auf allen Ebenen. Hier wird ähnlich einer Produktentwicklung der Grundbaustein für die Qualität der weiteren Arbeit gelegt.
2. Mithilfe einer anfänglichen *Analyse* wird der Ist-Zustand des Unternehmens erfaßt und eine Entscheidung für die Verwirklichung von Gestaltungskonzepten unterstützt. Nach der Maßnahmenumsetzung findet in Form von Reviews eine Evaluation der Resultate (im Sinne einer Erfolgskontrolle) statt.
3. In der *Realisierung* werden durch *Teamarbeit* zwischen den Mitarbeitern der Unternehmen netzwerkartige Kommunikations- und Problemlösungsstrukturen erzeugt, die ein offenes und aufmerksames Miteinander und ein gemeinsames Problembewußtsein ermöglichen.

Bei den Einzelbausteinen/Modulen des *KATalyse-Modells* handelt es sich um einen Pool von Methoden, Instrumenten oder Maßnahmen zur Kooperationsgestaltung, die je nach betrieblichen Bedingungen und dem daraus entstehenden Bedarf eingesetzt werden. Dabei werden auch Rücksprünge zu vorherigen Phasen notwendig, z. B. von der „*Realisierungsphase*" zur „*Planungsphase*", wenn eine detailliertere „*Zielvereinbarung*" mit dem entsprechenden Personenkreis erst in den *INNOVATIONS-Teams* stattfindet.

2.1.2.1 Konzeption, Planung

Die mit diesem Projekt der Kooperationsverbesserung beauftragten Mitarbeiter sind darauf angewiesen, aktive Unterstützung durch die Leitung aller beteiligten Unternehmen und Abteilungen zu bekommen. Die grundsätzliche Entscheidung, der Zielkonsens auf breiter Basis und feste Rahmenbedingungen durch die Führungsebene bilden die Grundlage, damit die Mitarbeiter intern und extern partnerschaftlich miteinander arbeiten dürfen, können und – spätestens nach guten Erfahrungen – auch wollen.

Entschluß eines Unternehmens

Der aktuelle Impuls zur Verbesserung der Zusammenarbeit geht in der Regel von einem Unternehmen aus, dessen oberste Leitung sich dazu entschließt, die Kooperation mit Kunden bzw. Zulieferern auszubauen. Der Startschuß ist mit der Entscheidung aufgrund *strategischer Überlegungen* oder einer *speziellen Problemstellung* in der Zusammenarbeit gegeben. Gründe für eine strategische Entscheidung sind in der *Tabelle 2-2* aufgeführt.

Insbesondere in Klein- und Mittelständischen Unternehmen (KMU) ist ein großer Druck bei der Lösung aktueller, spezieller Qualitätsprobleme in der Zusammenarbeit hinsichtlich

- wirtschaftlicher Erfolglosigkeit (z. B. Umsatzeinbußen),
- Fehlleistungsaufwand, mangelnde Effizienz (z. B. zu hoher Aufwand),
- mangelnde Sicherheit/Zuverlässigkeit von Produkten und

- mangelnde Erfüllung der Anforderungen (z. B. Einhaltung der Spezifikationen eines Produktes/technische Qualität)

vorhanden. Dabei sind aussagekräftige Zahlen und Daten nicht ausreichend, einen Entschluß herbeizuführen, sondern es muß auch eine innere Überzeugung hinsichtlich des Kooperationsgedankens bei der Leitungsebene exisitieren, um erfolgreich arbeiten zu können.

Risikominderung Diversifizierung des Produkt-Portfolios; Verteilung und/oder Senkung der Fixkosten; Verringerung des Gesamtinvestitionsbedarfs; schnellerer Eintritt, rasche Amortisierung
Technische Unsicherheit 'Beträchtliche Unsicherheit bezüglich der geeignetsten Konfiguration der Technologie und der Märkte, in denen sie eingesetzt werden soll' (Hier handelt es sich womöglich um einen Sonderfall der Risikominderung, der allerdings sehr bedeutsam ist)
Betriebsgrößenersparnisse und/oder Rationalisierung Niedrigere Durchschnittskosten aufgrund größerer Mengen; niedrigere Kosten durch Nutzung der komparativen Vorteile beider Partner
Komplementäre Technologien und Patente Technologische Synergieeffekte; Austausch von Patenten und Territorien
Einbindung oder Ausschluß der Konkurrenz Defensive Joint Ventures zur Verringerung des Wettbewerbs; Offensive Joint Ventures zur Kostenerhöhung und/oder Beschneidung des Marktanteils Dritter
Überwindung staatlicher Investitions- oder Handelshemmnisse Erlaubnis, sich aufgrund der Zusammenarbeit mit dem lokalen Partner wie eine lokale Einheit zu verhalten; Erfüllung der Anforderungen bezüglich des lokalen Anteils
Anfänge der internationalen Expansion Nutzung des Know-how des lokalen Partners
Vertikale Quasi-Integration Zugang zu Materialien, Technologien, Arbeitskräften und Kapital; rechtliche Vorschriften; Zugang zu Vertriebskanälen; Vorteile aufgrund des Bekanntheitsgrades einer Marke; Aufbau von Verbindungen zu wichtigen Einkäufern; Ausnutzung bestehender fester Marketing-Einrichtungen
Technische Komplexität Detaillierteres Fachwissen in Technologien, die zuvor nicht in direkter Verbindung miteinander standen (z.B. bei der Mechatronik - einer Kombination aus Elektronik und Maschinenbau)

Tabelle 2-2: Strategische Beiträge von Kooperationen [vgl. Lamming, R. 1994, S. 121 ff.]

Suche & Auswahl möglicher Partner

Das initiierende Unternehmen wird Kontakt zu den Partnern (Kunde, Zulieferer) aufnehmen, die in ein Pilotprojekt einbezogen werden sollen. Vorher erfolgt eine Beurteilung der möglichen Kooperationspartner aufgrund ihrer Potentiale oder Kompetenzen entsprechend der ausgewählten Strategie (vgl. Tabelle 2-3) bzw. der aktuellen Problemstellung. Die Auswahl ist auch abhängig von den bisherigen Erfahrungen in der Kunden-Zulieferer-Beziehung und ersten Reaktionen bei Kooperationsgesprächen.

Zu beachten bleibt, daß das erwartete Engagement eines Zulieferers auch an die Kaufentscheidung beim Kunden gekoppelt ist.

Willensbildung der Partner

In diesem Baustein wird das Vorhaben der Kooperationsgestaltung konkret an den externen Partner herangetragen und zusammen angegangen. Das Engagement kann auf beiden Seiten durch eine Befragung oder besser einen Workshop, welche die Interessen und Prioritäten beider Partner erfassen, gefördert werden. Erst dann erscheint es den Beteiligten lohnend, eigene Ressourcen einzubringen. Eine schriftliche Einladung zu diesem Workshop an die Geschäftsleitung des Kooperationspartners reicht keinesfalls aus, um zur aktiven Mitwirkung zu motivieren. Unbedingte Voraussetzung der übergreifenden Arbeit ist der überzeugte Wille der Entscheidungsträger aller Unternehmen, in der Kunden-Lieferanten-Beziehung etwas zu bewegen und dazu auch interne Veränderungen in der Organisation vorzunehmen.

Vor allem anerkannte Grundsätze wie Kooperationsvereinbarungen in bezug auf Wahrung geistigen Eigentums und Gewinnteilung der Partner sind kooperationsförderlich, wenn sie auf einen partnerschaftlichen Konsens beruhen. Die Folge ist schließlich auch ein größerer Erfolg auf der monetären Seite durch die Vermeidung von Absicherungs-, Rechtfertigungs- und Korrekturaufwand.

Zielvereinbarung der Partner

Die Grobziele des Projektes, die auf der Basis jeweils interner Entscheidungen der obersten Leitungen der Unternehmen beruhen, werden z. B. in einem übergreifenden Workshop mit den externen Partnern als Zielkonsens vereinbart. Eine vorherige Problemsammlung (siehe Modul „*Willensbildung*") oder Analyse (siehe Phase „*Analyse*") gibt Hinweise auf Themenfelder, die zu optimieren sind.

Ein Teil der Zielvereinbarung sollte sich mit den Bedingungen beschäftigen, die zum Ausscheiden aus einer intensiven Kooperation führen. Dies können z. B. veränderte Kundenanforderungen oder auch finanzielle bzw. zeitliche Obergrenzen sein (vgl. auch Modul „*Stabilisierung bzw. Abschluß*"). Aus diesen gemeinsamen Grobzielen werden zu einem späteren Zeitpunkt Unterziele abgeleitet. Darüber hinaus sind das Festhalten von juristischen Restriktionen und die Vereinbarung von gemeinsamen „Spielregeln" Teil dieses Moduls.

2.1.2.2 Analyse, Reviews

Der Ist-Zustand wird zu Beginn des Gestaltungsprozesses und nach der Realisierung von Maßnahmen (im Sinne eines Reviews) analysiert.

Als erster Analyse-Schritt wird nach der Zertifizierung des initiierenden Unternehmens z. B. nach DIN EN ISO 9000 ff. gefragt. Eine positive Antwort erübrigt aller Wahrscheinlichkeit nach den ersten Analysebaustein zur „*Prozeßbeherrschung und -transparenz*", denn die internen Strukturen stehen einer Betrachtung in dokumentierter Weise offen. Ergänzend werden die Effektivität des QM-Systems bzw. die Existenz einer QM-Kultur in zunehmend schärferen Analysemodulen abgefragt.

Prozeßbeherrschung und-transparenz

Die Abläufe werden in bezug auf *Prozeßtransparenz* (Definition, Beschreibung, Vorgänger/Nachfolger – Beziehungen, Verantwortlichkeiten, Informationsfluß) und *Prozeßbeherrschung* (Anforderungen & Toleranzen, Fähigkeit & Qualifikation, Dokumentation) über Interviews erhoben und visualisiert. Erscheinen im Abgleich der Teilprozesse interne, grobe Kontaktstellenprobleme, so sind die Abläufe zunächst intern zu überarbeiten. Denn zur weiteren Arbeit ist es notwendig, zunächst im Unternehmen für Prozeßtransparenz und -beherrschung als Basis einer übergreifenden Kooperation zu sorgen (vgl. Modul „*Schaffung interner Voraussetzungen*").

Solche Prozeßbeschreibungen dürfen aber nicht dazu führen, daß der Mitarbeiter in seinen Entscheidungs- und Handlungsspielräumen reglementiert und eingeengt wird. Eine starke Formalisierung der Abläufe ausschließlich über Regelungen und Anweisungen wäre langfristig zum Scheitern verurteilt. Vielmehr müssen zur Entfaltung der Synergien auch die informellen Beziehungen (z. B. offene Kommunikationsstrukturen/Netzwerke) gefördert werden.

Effektivität des QM-Systems

Über Stichprobenanalysen hinsichtlich der Aspekte Review, internes Audit, Korrekturmaßnahmen und Personalentwicklung wird das QM-System auf seine Wirksamkeit überprüft. Bei Auftreten großer Mängel kann es zunächst erforderlich sein, intern das QM-System zu überarbeiten (vgl. Modul *„Schaffung interner Voraussetzungen“*).

Ein lebendes Qualitätsmanagement-System (z. B. nach DIN-ISO 9000 ff.) stellt einen zentralen Baustein für eine externe Zusammenarbeit dar. Das bedeutet, daß die Qualitätsphilosophie von den Mitarbeitern aufgenommen wurde und dementsprechend gelebt wird, so daß sie sich auch in Normen und Werten der Organisation niederschlägt bzw. Prozeduren und Strukturen im Unternehmen beeinflußt. Dies hat Auswirkungen auf den Umgang mit Kunden bzw. Zulieferern.

Umfassende Stärke/Schwäche-Bilanz (SSB)

Bei diesem Modul ist die Wirksamkeit des QM-Systems in den Grundstrukturen vorhanden. Das QM-System wird über eine *Stärke/Schwäche-Bilanz* in Form von ausführlichen Interviews mit Bereichsverantwortlichen oder unternehmensweit eingesetzten Fragebögen in bezug auf Arbeitsprozesse, Informations- und Kommunikationsstrukturen analysiert. Als Ergebnis sind die Schwachpunkte, wie z. B. Abstimmungsprobleme zwischen Abteilungen eines oder mehrerer Unternehmen, zu einer Überarbeitung und Optimierung auch mit externen Partnern benannt.

Analyse der Kunden-Zulieferer Beziehung

Dieser Baustein ist für Top-Unternehmen interessant, die über das Basis-QM-System hinaus in Richtung TQM gehen. In bezug auf eine partnerschaftliche Zusammenarbeit werden über Teilanalysen die Lieferantenbewertung, Reklamationen bzw. Reviewsysteme hinsichtlich ihrer Effektivität betrachtet. Darüber hinaus werden Bewertungskriterien aus Awards (MBA, EQA, ...) z. B. zur Kundenorientierung herangezogen.

Aus den Ergebnissen der Analyse lassen sich spezifische Potentiale bzw. Schwachstellen dieser Kunden-Zulieferer-Beziehung ableiten:

- „Kleinere“, intern bestehende Probleme werden einer kurzfristigen Lösung zugeführt.
- Übergreifende Schwachstellen sind zur gemeinsamen Überarbeitung identifiziert und stehen einer Entscheidung bzw. einer konkreteren *„Zielvereinbarung der Partner“* offen. Die Ergebnisse einer Analyse unterstützen die Meinungsbildung der einzelnen Personen.

2.1.2.3 Realisierung in Teams

Die praktische Durchführung einer Kooperationsgestaltung in KMU erfolgt in Pilotprojekten mit einzelnen Kunden bzw. Zulieferern. Das bedeutet nicht, mit jedem neuen Zulieferer bzw. Kunden die internen Strukturen neu zu überarbeiten. Es geht darum, in Kooperationsprojekten mit ausgewählten Partnern deren Anregungen aufzunehmen, die die eigene Kooperationsfähigkeit verbessern. Eine ausschließliche Bindung an einzelne Partner verringert die Flexibilität und Lernbereitschaft durch Wegfall der Anregungen aus einer Konkurrenzsituation.

Schaffung interner Voraussetzungen

Bevor eine Optimierung der Zusammenarbeit über die Unternehmensgrenzen hinaus angegangen wird, müssen zunächst die internen Voraussetzungen zur Kooperationsfähigkeit geschaffen werden. Hinweise zu konkreten Maßnahmen geben dazu die einzelnen Analyse-Module. Insbesondere ist die Kommunikations- und Teamfähigkeit der Mitarbeiter von Bedeutung (vgl. Modul: *„Personalentwicklung“*).

INNOVATIONS-Teams

Die Einführung der Pilotprojekte ist zunächst an die *INNOVATIONS-Teams* geknüpft, die das Identifizieren von Problembereichen, Abstimmen von Anforderungen, Entwickeln von kreativen Ideen oder Lösungsansätzen zum Ziel haben. Die Basisgruppe setzt sich aus Mitarbeitern des initiierenden Unternehmens zusammen. Die Leitungsebene wird durch regelmäßige Informationen oder Re-

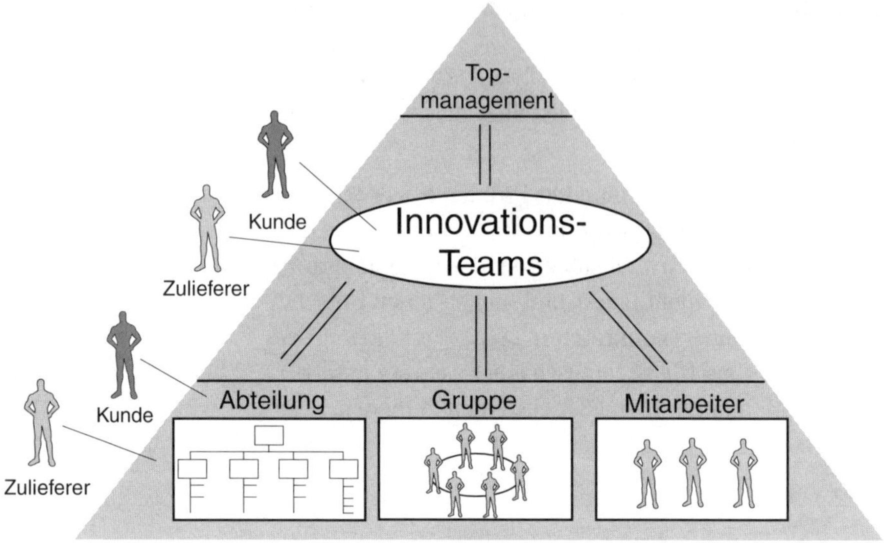

Bild 2-3: INNOVATIONS-Teams zur Gestaltung partnerschaftlicher Kooperation

views zur Zielverfolgung an der Arbeit beteiligt. Zulieferer oder Kunden nehmen an Teamsitzungen teil. Dies ist als Baustein der Organisationsentwicklung eine dem „Lenkungsausschuß" im klassischen Projektmanagement vergleichbare Institution. (vgl. HEEG, F. J. 1994; S. 198–209)

Das permanente *INNOVATIONS-Team* wird auch die weitere Zusammenarbeit mit den Partnern intern wie extern koordinieren. An systematischen Schwachstellen und Problemen bei der Umsetzung des Gestaltungskonzeptes wird gemeinsam mit den Betroffenen intern oder auch extern im Sinne eines temporären Projektteams ein Lösungsweg gesucht (vgl. EFQM 1995, S. 14). Die Umsetzung der Maßnahmen erfolgt jeweils intern eigenverantwortlich in den Unternehmen, um die Autonomie der KMU aufrecht zu erhalten. (vgl. Modul: „*Umsetzung, Maßnahmen*").

Die Anforderungen an die Mitglieder eines Teams generell und deren Zusammenarbeit sind durch nachstehende Merkmale gekennzeichnet.

Vorteile für die Organisation	Vorteile für jedes Teammitglied
– Eine Vielfalt an Wissen, Fähigkeiten und Erfahrungen ermöglichen auch den Umgang mit komplexen Problemen und eine hohe Qualität der Entscheidung. – Bei Kreativitätsaufgaben und Problemlösungen ist eine höhere Innovationskraft durch gegenseitige Inspiration gegeben – hohe Flexibilität bei neuen Situationen – hohe Motivation/hohes Engagement durch die Art der Zusammenarbeit	– Bei Problemlösungen und Entscheidungen trägt die gesamte Gruppe die Verantwortung (Verantwortungsdivisionalisierung). – Transparenz des Lösungsweges ist für jedes Gruppenmitglied vorhanden. – Akzeptanz der Problemlösung oder Entscheidung innerhalb der Gruppe ist da. – Problemlösungen oder Entscheidungen eines Teams hat größeren Einfluß auf die Gesamtorganisation als Lösungen Einzelner.

Tabelle 2-3: Vorteile von Teamarbeit [vgl. Francis, D. 1989, S. 18 f.]

Bei einem entwickelten Team

- fühlen sich die Mitglieder der Arbeit und den Zielen des Teams verantwortlich.
- vollbringen sie außerordentliche Leistungen auch unter erschwerten Bedingungen.
- reden sie offen über entstehende Probleme und bewältigen sie.
- werden die Fähigkeiten der Einzelnen geschickt zu einer Gesamtleistung verbunden. (Hinkel, N. 1991, S. 318)

Die Erfolgserwartungen in unternehmensübergreifenden *INNOVATIONS-Teams* sind ähnlich wie in internen Gruppen. So weisen entwickelte Teams klare Vorzüge auf. (vgl. Tabelle 2-3)

Die Frage, die sich die Verantwortlichen für die Gestaltung einer erfolgreichen Kooperation stellen müssen lautet:

Was steht in der Praxis diesen Erwartungen entgegen und was müssen wir nun tun, um eine derartige Team- und Kooperationskultur zu installieren und aufrecht zu erhalten?

Nach Francis (Francis, D. 1989, S. 11 ff.) durchläuft eine Gruppe und damit auch die Arbeit der Kooperationspartner im erweiterten *INNOVATIONS-Team* vier Entwicklungsphasen, bevor sie zu einer effektiven Zusammenarbeit kommen. (Tabelle 2-4)

Deutlich wird, daß gezielte Teamentwicklung stattfinden muß, bis in der Kooperation die Vorteile der Zusammenarbeit ausgeschöpft werden können. Akzeptieren wir dies als Notwendigkeit, so muß die Gruppe die (insbesondere zeitliche) Gelegenheit haben, die Phasen zu durchlaufen, bis sie ihre „Serienreife" erlangt hat.

Personalentwicklung (PE)

Neben den technischen und organisatorischen Voraussetzungen stellt der Mensch die zentrale Komponente bei der Gestaltung der externen Kunden-Lieferanten-Beziehung dar. Das bedeutet, daß letztendlich eine Verhal-

1. Testphase Diese Phase kennzeichnet die Kontaktaufnahme mit den übrigen Gruppenmitgliedern, das Finden der Position innerhalb der Gruppe und die Klärung der eigenen Beziehung zur Gruppe. Die Reaktion jedes Menschen auf das Zusammentreffen bzw. die Zusammenarbeit mit anderen Personen sind mit unterschiedlichen Gefühlen/Erwartungen verbunden, z.B. Neugier, Interesse, Ängstlichkeit, Gleichgültigkeit, Arroganz.
2. Nahkampfphase Danch geht es um den Aufbau von Beziehungen, die Macht und Einfluß beinhalten. Der Teamchef muß seine Stellung vor den anderen Gruppenmitgliedern rechtfertigen. Das Problem der Kontrollfunktion muß gelöst werden: Welche Person(en) übt/üben Kontrollfunktion aus und wie wird sie ausgeübt? Was passiert bei Verstoß gegen Gruppenregeln? Daraus kristallisiert sich die Form der Zusammenarbeit und der Umgang mit Problemen und Schwierigkeiten heraus.
3. Organisierungsphase Der Schwerpunkt liegt hier auf der Organisation der Zusammenarbeit, um größere Ökonomie bei Planung und Ausführung der Arbeit zu erreichen. Die Leistung und das Engagement jedes einzelnen Gruppenmitgliedes und der jeweilige Beitrag zum Gesamtergebnis wird hinterfragt. Aktives Zuhören, hohe Kreativität und hohe Problemlösefähigkeit sind Merkmale dieser Phase.
4. Verschmelzungsphase Enge Beziehungen innerhalb der Gruppe und Geschlossenheit als Team sind die Kennzeichen eines „entwickelten" Teams. Jedes Gruppenmitglied hat die Gewißheit, einen unverwechselbaren Beitrag zu liefern und besitzt innerhalb der Gruppe eine festgelegte Funktion. Nun geraten Beziehungen zu anderen Gruppen und zur Gesamtorganisation in den Blickpunkt des Interesses.

Tabelle 2-4: Phasen in der Zusammenarbeit von Mitarbeitern [Francis, D. 1989, S. 11 ff.]

tensänderung der Organisationsmitglieder (Mitarbeiter, Führungskräfte, Unternehmensleitung) innerhalb und außerhalb des Unternehmens bewirkt werden muß. Das initiierende Unternehmen trägt dafür sorge, daß gezielte Personalentwicklungsmaßahmen diesen Veränderungs-Prozeß fördern.

Personalentwicklung ist zu verstehen „als Inbegriff aller Maßnahmen, die der individuellen beruflichen Entwicklung der Mitarbeiter dienen und ihnen unter Beachtung ihrer persönlichen Interessen die zur optimalen Wahrnehmung ihrer jetzigen und künftigen Aufgaben erforderlichen Qualifikationen vermitteln." (vgl. Metzel, in Bronner, R. 1989, S.277)

Dieser umfassende Qualifikationsbegriff, der insbesondere bei Veränderungen hinsichtlich der beruflichen Aufgabenanforderungen im Gestaltungsprozeß greift, erfordert eine systematische Personalentwicklung. Sie steht im Gegensatz zu einer sporadischen, konzeptlosen Teilnahme an Weiterbildungsmaßnahmen der unterschiedlichsten Art. Ein PE-System umfaßt drei Komponenten, die sich für die Organisations- und Mitarbeiter-Ebene jeweils unterschiedlich darstellen. (Tabelle 2-5)

Bei der Gestaltung einer partnerschaftlichen Kunden-Zulieferer-Beziehung liegt das Gewicht hinsichtlich der Qualifikationsinhalte eher auf Förderung der Sozial- und Methodenkompetenz als auf der Vermittlung von Fachkompetenz (zur Erläuterung der Begrifflichkeiten siehe Tabelle 2-6). Denn der kooperative Umgang der beteiligten Personen miteinander und dementsprechende Befähigung der Personen stehen im Mittelpunkt.

Ergänzt wird die Teambildung und Qualifizierung um die Begleitung der Projektgruppe (Kernteam und erweiterte Teams) in der praktischen Durchführung ihrer Aufgabe (Supervision).

Deshalb werden abhängig von der Entwicklung der Projektarbeit gezielte und an die Problemlage angepaßte

	Institution	Person
Ziele	– Aufgabenerfüllung als primäres Ziel der Unternehmung – Erhaltung der Anpassungsfähigkeit der Organisationsmitglieder an das Unternehmen.	– Vermittlung der Qualifikation – Förderung der Lernfähigkeit jedes Einzelnen
Instrumente jegliche Maßnahmen und Methoden zur Führung der „Qualifikation" im weitesten Sinne	– Beseitigung akuter Probleme (Stattfinden von spezifischen und kurzfristigen Bildungsmaßnahmen), – Eher langfristige und zukunftsgerichtete Qualifikationserweiterung (projektive Bildung)	– Reduzierung der Schwächen – Verstärkung der Potentiale der einzelnen Person.
Erfolgsermittlung bedeutet Bewertung/Evaluation der Maßnahmen	– Leistung und potentielle Ressourcen der Organisation, (ermittelt durch eine Vielzahl von Kennzahlen, z.B. Umsatz, Bilanzen, Fehlzeiten, Fluktuationsrate, etc.).	– Individuelle Eignung und Kompetenz (Erhebung über z.B. Interview der betroffenen Person nach der Maßnahme).

Tabelle 2-5: Komponenten-Modell der Weiterbildung [vgl. Bronner, R. 1989, S. 28 ff.]

1. Fachkompetenz bezieht sich auf fachliche Qualifizierung, angepaßt an unternehmensspezifische Technologien.
2. Sozialkompetenz beinhaltet Fähigkeiten und Kenntnisse, die den an die Situation angepaßten Umgang und die konstruktive Zusammenarbeit mit Vorgesetzten, Mitarbeitern, Kollegen, Kunden und insbesondere Zulieferern verbessern. Sie bezieht sich auf Schulung der Themenbereiche Führung (Führungskonzepte, -verhalten), Kommunikation (Gesprächsführung; Diskussion, Präsentation, Moderation), Persönlichkeit (Selbst- und Fremdwahrnehmung, Selbstkritik, Stärken/Schwächen), Motivation (Motivarten, Motivationsmodelle), Konfliktmanagement (Konfliktarten, Konfliktentstehung), Teamarbeit (Verhalten von und in Gruppen, Teamentwicklung).
3. Methodenkompetenz kann definiert werden als die Fähigkeit, erworbene Qualifikationen (Fach- und Sozialkompetenz) in komplexen Arbeitsprozessen zielorientiert einzusetzen und anzuwenden.

Tabelle 2-6: Ziele von Qualifikationsmaßnahmen

Schulungen mit hohem Anteil an praktischen Übungen durchgeführt.

Kooperationskonzepte & Methoden

Die Beteiligten werden in einem Pilotprojekt zusammenarbeiten. Zur inhaltlichen Arbeit an dem exemplarisch ausgewählten Schwerpunkt können bereits bekannte *Konzepte und Methoden* (Auflistung siehe unten) Anregungen und Ideen liefern und damit ein wertvoller Input sein. Sie können die konzeptionelle Arbeit aber nicht ersetzen, da alle Ansätze auf das jeweilige Unternehmen zugeschnitten werden müssen. Das eigene Kooperationskonzept wird über das *INNOVATIONS-Team* mit allen Beteiligten entwickelt.

Konzepte bzw. Methoden sind z. B.: Gruppenarbeit, Simultaneous Engineering (SE), QM-Vereinbarungen, Kanban, Just in Time (JIT), Elektronischer Datenaustausch (EDI) etc.

Arbeitsmethoden und Techniken bieten Hilfsmittel zur Unterstützung der Abstimmungs- und Koordinationsaufgaben. Sie erleichtern den Projektleitern und Mitarbeitern im Team,

- Ideen anzuregen und festzuhalten,
- mit Systematik an Probleme heranzugehen,
- kritische Stellen sichtbar zu machen,
- Informationsprozesse zu erleichtern,
- und Lösungen strukturiert zu erarbeiten.

Beispiele für solche Methoden bzw. Techniken sind
hinsichtlich fachlicher Themen:
Projektmanagement, Wertanalyse, Quality Function Deployment (QFD), Systems Engineering, Target Costing, FMEA, Benchmarking (intern und extern), etc.

hinsichtlich sozialer Themen:
Diskussions- und Moderationsmethoden, Kreativitätstechniken, Problemlösemethoden, Konfliktlösungsstrategien, Entscheidungstechniken, etc.

Umsetzung, Maßnahmen

Der Erfolg der Kooperation wird darin ersichtlich, wie das gemeinsam als Ziel Formulierte in die Praxis der Unternehmen umgesetzt wird. Hier zeigt sich die Kooperationsfähigkeit der Unternehmen. Steht das jeweilige Top-Management der Unternehmen zu dem Gestaltungskonzept und den Veränderungsprozessen, die es mit sich bringt?

Die Umsetzung berücksichtigt z. B. über eine Konsensvereinbarung die Ziele aller Partner. D.h., daß für das einzelne Unternehmen nicht das Maximum eigener Interessen verfolgt wird, sondern das Optimum der Gemeinschaft zum Vorteil aller. Entscheidungen von Führungskräften (Machtpromotoren) zur Maximierung eigener Erfolge und Vorteile am *INNOVATIONS-Team* vorbei bewirken, daß die Kooperation zum Scheitern verurteilt ist bzw. sie nur auf dem Papier besteht.

Ähnliches gilt für die Widerstände, die sich evtl. intern in einzelnen Abteilungen des Unternehmens ergeben. Es stellt sich die Frage, ob die Information bzw. Beteiligung ausreichend war? Was hat ggf. dazu geführt, daß die Umsetzung als „Befehl von oben" verstanden wird?

Auch die Art und Weise der Einführung von Maßnahmen sollte vorab erwogen werden. Das Zurücknehmen individueller Interessen und Ziele je nach Erfordernissen ist der Preis, den jeder Verantwortliche bzw. Beteiligte zu zahlen bereit sein muß. Wie die nachfolgenden Erfahrungsberichte zeigen, lohnt sich die Investition, indem sich die aufgezeigten Synergien entwickeln.

Stabilisierung bzw. Abschluß

Die Gestaltung einer partnerschaftlichen Kooperation ist niemals abgeschlossen. Es werden immer wieder Probleme aufkommen, die auch neuartiger Natur sein können. Die Ziele und Prioritäten der beteiligten Partner ändern sich ständig. Dieser Dynamik ist in der Zusammenarbeit Rechnung zu tragen, damit die Realität die Zielvereinbarung nicht überholt und das aktuelle Interesse erhalten bleibt. Zur *Stabilisierung* des Umstrukturierungs- bzw. Gestaltungs-Prozesses mit den beteiligten Unternehmen, Abteilungen und Mitarbeitern sind begleitende Maßnahmen, Problemlösungsworkshops und Auffrischungskurse unerläßlich. Das bedeutet, ein Einschlafen der Realisierungsmaßnahmen zu verhindern, und sie durch ständiges Engagement und Anwendung geeigneter Methoden mit Leben zu füllen. Dies kann z. B. durch eine regelmäßige Bewertung der Maßnahmen und Konzepte, durch eine

Rückmeldung über Erfahrungen bzw. Schwierigkeiten oder durch eine Transferbegleitung der Mitarbeiter in der Umsetzung im Tagesgeschäft geschehen.

Aus veränderten Rahmenbedingungen heraus kann es für die Partner sinnvoll sein, die intensive Kooperation abzuschließen, wenn z. B. der Umsatzanteil den Abstimmungsaufwand nicht mehr rechtfertigt, oder die räumliche Entfernung als zu hoch eingeschätzt wird. Das Beenden einer intensiven, partnerschaftlichen Kooperation ist jederzeit möglich und jederzeit zu ermöglichen, sollte aber in dem Modul „*Zielvereinbarung*" durch gemeinsame Vereinbarungen definiert sein. Mit schwindendem Interesse (und damit Engagement) eines Partners an einer intensiven Kooperation ist sie faktisch beendet – ein formaler Abschluß sollte folgen. Zu einem solchen *Abschluß* sollte ein Partner den Mut aufbringen, die Beendigung der intensiven Zusammenarbeit zurück zur reinen Austauschbeziehung auszusprechen. Der jeweils andere Partner muß dieses Anliegen akzeptieren und respektieren.

2.2 Erfahrungen in Pilotprojekten

Erfahrungen in einem Pilotprojekt werden über direkte Kontakte von Mitarbeiter zu Mitarbeiter (Multiplikatoren) zur Steigerung der Kooperationsfähigkeit und Kompetenz (*KOOPTENZ*) des Unternehmens beitragen. Die nachfolgend aufgeführten Fallbeispiele stellen Erfahrungsberichte der im Verbundprojekt beteiligten Firmenpartner mit dem *KATalyse-Modell* zur Gestaltung partnerschaftlicher Kooperationen dar. Die jeweiligen Ausgangssituationen der Unternehmen zu Beginn des Projektes werden vorab kurz dargestellt.

DruMeta GmbH & Co. KG

In der Vergangenheit wurden zunächst ausschließlich Zinkdruckgußteile für die heimische Schloß- und Beschlagindustrie produziert. Mit steigendem Zugang zu diversen anderen Industriezweigen stiegen die Qualitätsforderungen und der Wunsch nach einbaufertigen Produkten. Schon früh wurde daher damit begonnen, unterstützt durch Konstruktion, Formen-, Werkzeug- und Vorrichtungsbau, die mechanische Bearbeitung der Druckgußteile vorzunehmen. Aufgrund ausgeprägter Bearbeitungstiefe und als Produzent kompletter Baugruppen wurde das Unternehmen bereits zu Projektbeginn umfassend in die Entwicklungsprojekte des Kunden einbezogen. Deren zunehmende Orientierung auf die DIN EN ISO 9000 ff. beeinflußte diese Zusammenarbeit.

HEID MAGDEBURG Werkzeugmaschinen GmbH

Der Hauptkundenkreis des Unternehmens in den Neuen Bundesländern sind Automobilunternehmen und deren Zulieferer. Kennzeichen sind: hohe Teile- und Zuliefereranzahl, Einzel-/Kleinserienfertigung, wechselnde Zulieferer je Auftrag, kurze Projektlaufzeiten und geringe Marktkraft gegenüber einigen Hauptlieferanten. Viele Lieferanten mußten gewechselt werden oder kamen aufgrund der gesunkenen Fertigungstiefe und eines neuen Sortiments hinzu. Hier stellte sich das Problem der Suche bzw. richtigen Auswahl zuverlässiger, qualitätsfähiger Lieferanten und deren Einbindung.

NTENSIV-Filter GmbH & Co. KG (IF)

Als mittelständischer Anbieter von Filtern bzw. Filteranlagen in Einzelfertigung mußte oftmals eine Lieferantenauswahl getroffen werden, die in erster Linie durch die terminliche Lieferfähigkeit bestimmt war. Aufgrund der Unterschiedlichkeit der kundenspezifischen Aufträge und der starken Fluktuation einer großen Anzahl von Lieferanten stand eine statistische Basis zur Lieferantenauswahl nicht zur Verfügung. Die je Auftrag stark unterschiedlichen Anforderungen an den Lieferanten lassen keine allgemeingültige Vergleichbarkeit einer derart großen Anzahl von Lieferanten zu.

Ewald WITTE GmbH & Co. KG

Die Produkte (Schlösser & Beschläge) werden zum größten Teil an die Automobilindustrie geliefert. Zumeist gibt es einen hohen Anteil an Fremdleistungen an dem hergestellten Produkt, was die Qualität des Endproduktes entscheidend beeinflußt. Vor diesem Hintergrund war die Zusammenarbeit mit Zulieferern über Vertrieb/Einkauf hinausgehend auf die Konzeptions- und Entwicklungsphase auszudehnen.

Artur Küpper GmbH & Co. KG (AKT)

Bei diesem Hersteller von Wälzlagern (Kugel-, Nadel-, und Rollenlager) hängt die Qualität des Produktes wesentlich von der Oberfläche der Wälzkörper und Laufflächen ab. Daraus ergibt sich ein hoher Abstimmungsbedarf zwischen der AKT und den Lohnbearbeitern (Härterei, Verzinkerei) bzgl. der zu behandelnden Bauteile und deren Handhabung im übergreifenden Auftragsdurchlauf.

Herzberger Armaturen GmbH

Als ostdeutscher Hersteller von Sanitärarmaturen gehört die Herzberger Armaturen GmbH seit 1991 zur Friedrich GROHE AG. Sie stellt zum einen als vollstufiger Fertigungsbetrieb Endprodukte her und zum anderen Teile und Baugruppen für den Bedarf anderer Werke der Gruppe. Insbesondere finden – aus wirtschaftlichen Gründen – Regeln und Verfahren wie Erstmuster- bzw. Wareneingangsprüfung oder Lieferantenbewertung zwischen den Werken nicht statt. Es zeigt sich jedoch, daß bei kleiner werdenden Losgrößen, bei steigendem Umsatz und zunehmender Variantenvielfalt vermehrt Störungen auftreten, die ein kleineres Werk wie Herzberg „härter" treffen.

Es folgt nun eine detaillierte Beschreibung des Gestaltungsprozesses von Kooperationen in den einzelnen Unternehmen. Der Bezug zu den Modulen des KATalyse-Modells ist darin durch die Anmerkungen am Text (Marginalien) hergestellt, um die Nachvollziehbarkeit der methodischen Vorgehensweise zu erleichtern und eine bessere Vergleichbarkeit der Unternehmen zu erzielen. Außerdem soll es Ihnen als Leser ermöglichen, Anregungen für die Ausgestaltung Ihrer Schritte zur Gestaltung einer partnerschaftlichen Kunden-Zulieferer-Beziehung zu sammeln.

2.2.1 Teamorientierte Qualitätsorganisation

(R. Bongers, H.-P. Düsterhöft und F. Nitsch)

Wir haben festgestellt, daß in zunehmendem Maße sich unsere Kunden bei ihren Audits nach den Normforderungen entsprechend DIN EN ISO 9000 ff. orientieren. Diese Tendenz zeigt sich auch bei Kunden, zu denen wir schon seit vielen Jahren eine sehr kooperative Beziehung unterhalten. Insgesamt hat sich die Zusammenarbeit mit den Partnern innerhalb der Wertschöpfungskette sehr unterschiedlich entwickelt.

Als durchaus positives Beispiel sei hier die Verbindung mit dem Unternehmen Schüco (Firma Schüco-International, Baubeschlag, größter Kunde der Firma DruMeta) erwähnt. Schon in der Vergangenheit hat sich zur Firma Schüco eine überaus effektive, partnerschaftsorientierte Kunden-Lieferanten-Beziehung entwickelt. Dieses hängt sicherlich mit davon ab, daß wir schon seit über 10 Jahren nicht nur Einzelteile, sondern komplette Baugruppen für Schüco fertigen. Aufgrund dieser langjährigen Zusammenarbeit werden wir rechtzeitig, d.h. bereits in der Konstruktionsphase, mit neuen Artikeln konfrontiert. Unter Berücksichtigung der preislichen Situation werden dann gemeinsame Rationalisierungsmaßnahmen entwickelt und realisiert. Teilweise wirken sich diese Maßnahmen direkt auf die geometrische Formgestaltung der einzelnen Artikel aus, oder wie die jüngste Entwicklung gezeigt hat, auf automatisierte Fertigungsprozesse. Das betrifft sowohl die mechanische Bearbeitung der Einzelteile als auch die Montage kompletter Baugruppen.

Entschluß eines Unternehmens

Durch die Mitgliedschaft und aktive Beteiligung auf vielen Ebenen im ZQM (Zentrum für Qualitätsmanagement der Niederbergischen Industrie e. V.) wurde die Firma DruMeta Anfang 1993 erstmalig mit dem „BMBF – Verbundprojekt QS-VP 2.4." konfrontiert. Der Gedanke, im Rahmen des Projektes aktiv an der Gestaltung qualitätsförderlicher Organisations- und Führungsstrukturen,

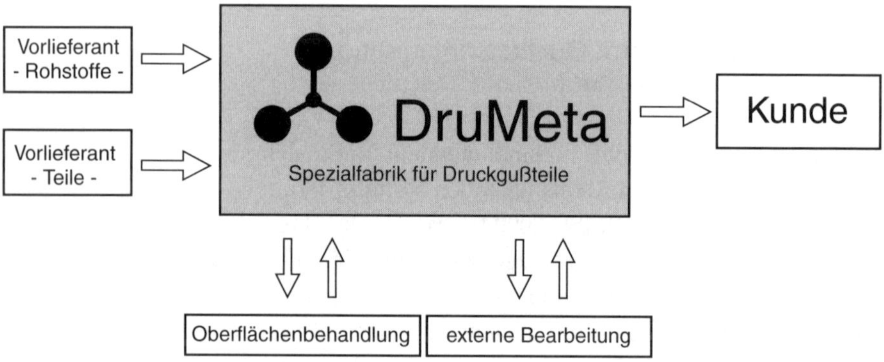

Bild 2-4: Position in der Lieferkette

speziell bei der Ausarbeitung von Verbesserungsvorschlägen und neuer Organisationsmodelle bei der Gestaltung von „externen Kunden-Lieferanten-Beziehungen" mitzuwirken, hat uns motiviert, einer Teilnahme zuzustimmen. Im Hinblick auf die konkreten Zielvorstellungen bzw. Fragestellungen ergaben sich für die Firma DruMeta drei wesentliche Ansatzpunkte bei der Bearbeitung des Themas.

1. Wie kann die Kooperation mit dem Kunden und Zulieferer im Bereich des Qualitätswesens verbessert werden ?
2. Wie kann eine stärkere Bindung verbunden mit größerer Verläßlichkeit innerhalb der gesamten Lieferkette erreicht werden?
3. Wie kann das Problem der Zertifizierung und der Auditierung vereinfacht oder auch vereinheitlicht werden?

Wie das positive Beispiel der kooperativen Zusammenarbeit mit der Firma Schüco gezeigt hat, kann und muß unser gemeinsames Ziel sein, mehr Sensibilität füreinander zu entwickeln. Nur partnerschaftliche Zusammenarbeit in allen Bereichen der Lieferkette, Abbau von hierarchischen Denk- und Handlungsabläufen und Aufbau von gegenseitigem Vertrauen kann langfristig zum Erfolg führen. Allgemeine und rechtlich für beide Seiten abgesicherte Formulierungen, sowie produktspezifische Vereinbarungen sind aus unserer Sicht wesentlich wirksamer und besser in der Praxis anzuwenden. Eine kooperative, vertrauensvolle und partnerschaftliche Zusammenarbeit in der kompletten Lieferkette gehört damit zu den entscheidenden Voraussetzungen.

Umfassende Stärke/Schwäche-Bilanz

Wesentlicher Bestandteil der Analysephase war die durch den Lehrstuhl für Arbeitssystemplanung und -gestaltung (LAS) in unserem Hause durchgeführte Bestandsaufnahme des Qualitätsmanagement-Systems auf der Basis der DIN EN ISO 9001 (Stärke-Schwäche-Bilanz).

An zwei Tagen wurden Geschäftsführer, Fachbereichsleiter und Mitarbeiter aus den unterschiedlichsten Produktions- und Verwaltungsbereichen befragt. Neben der allgemeinen Beurteilung in Form einer Auflistung von

Schwachstellen im Unternehmen und der organisatorischen Abläufe sowie den Stärken der Firma DruMeta wurden zu allen 20 Qualitätselementen der Norm DIN EN ISO 9001 detaillierte Angaben über den Inhalt der Norm, Ist-Zustand und Verbesserungsvorschläge gemacht. In einer Diskussion mit den Mitarbeitern des LAS im Rahmen der Präsentation wurden alle Ergebnisse nochmals detailliert erläutert.

Schaffung interner Voraussetzungen

Es wurde besonderer Wert darauf gelegt, allen Mitarbeitern einen umfassenden Informationsstand zu vermitteln, um die Bereitschaft für die anschließende Beseitigung der einzelnen Schwachstellen zu wecken. Nur unter dieser Voraussetzung sehen wir die Chance, daß das Qualitätsbewußtsein unternehmensumfassend in allen Produktionsbereichen ein höheres Niveau erreicht. Eine Umsetzung aller internen und externen Anforderungen ist aus unserer Sicht nur unter dieser Voraussetzung möglich, auch um eine effektive Zusammenarbeit mit Vorlieferanten und Kunden zu gewährleisten.

Aufgrund der Gliederung der „Stärke-Schwäche-Bilanz" nach DIN EN ISO 9001 haben wir zu allen 20 Qualitätselementen Arbeitskreise gebildet. Ziel jedes Arbeitskreises war es, entsprechend der Normvorgabe und der „Stärke-Schwäche-Bilanz" qualitätsverbessernde Maßnahmen zu erarbeiten und in Form von Beschreibungen, Verfahrensanweisungen, Arbeitsanweisungen und schematischen Organisationsabläufen zu dokumentieren.

Um zielgerichtet und mit größtmöglichem Erfolg die Bearbeitung der einzelnen Aufgaben durchführen zu können, wurde mit 10 Mitarbeitern ein Moderatorenteam gebildet, welches mittels einer Moderatorenschulung auf die Leitung der Arbeitskreise vorbereitet wurde.

Alle Arbeitskreise werden von den jeweiligen Moderatoren eigenverantwortlich einberufen und mit den entsprechenden Teilnehmern bearbeitet. Nach Abstimmung mit der Geschäftsleitung finden alle Arbeitskreissitzungen möglichst während der regulären Arbeitszeit statt. Alle Ergebnisse werden zentral bei den Koordinatoren, bestehend aus Geschäftsleitung und Qualitätswesen, zusammengefaßt.

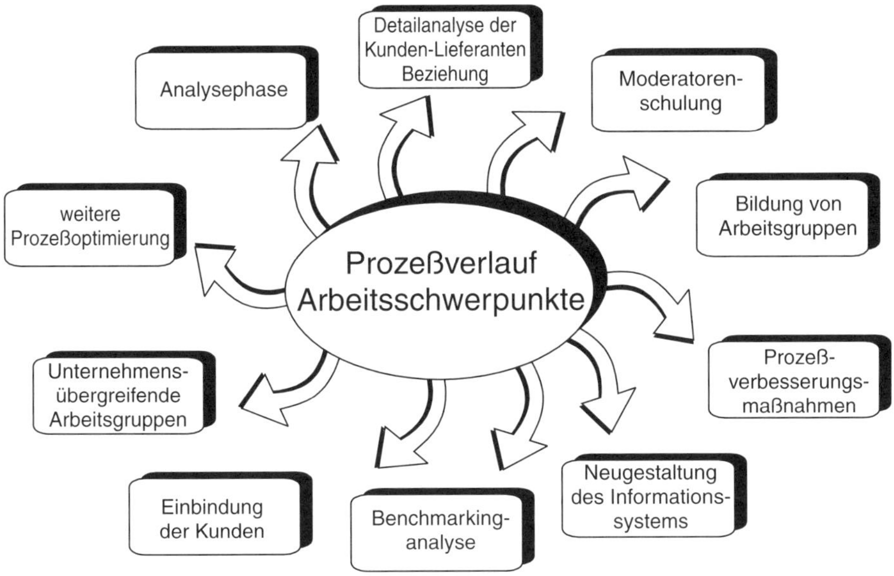

Bild 2-5: Arbeitsschwerpunkte

Analyse der Kunden-Zulieferer Beziehung

Im weiteren Projektverlauf zeigte sich deutlich, daß allein die Betrachtung der innerbetrieblichen Maßnahmen und Organisationsabläufe nicht zu einer Optimierung der externen Kunden-Lieferanten-Beziehungen führen kann. So haben wir in Zusammenarbeit mit dem LAS nach Möglichkeiten gesucht, mehr Informationen über unsere Verbesserungspotentiale zu erhalten.

Nachdem wir unsere eigenen Vorstellungen und die Analyseergebnisse des LAS in Form von Verbesserungsmaßnahmen umgesetzt haben, gilt es nun im nachfolgenden Schritt die Ausrichtung unserer Organisation an Vorstellungen und Wünschen unserer Kunden weiter voranzutreiben. Wie sehen die Vorstellungen und Erwartungen unserer Kunden jedoch im Detail aus? Es ist seit Jahren geübte Praxis in unserem Hause, Anregungen seitens unserer Kunden in Verbessserungsmaßnahmen einfließen zu lassen. In regelmäßigen Abständen werden unsere Kunden bei Besuchen unserer Handelsvertreter und Mitgliedern des Unternehmens nach ihren Bedürfnissen befragt. Eine systematische Analyse unserer Leistungen aus

Sicht der Kunden hat bisher jedoch noch nicht stattgefunden.

Zielgerichtete Erfassung der Kundenwünsche

Zur zielgerichteten Weiterführung unserer Maßnahmen haben wir uns entschlossen, eine Befragung unserer Kunden im Sinne eines Benchmarkings durchzuführen. Zum einen wird hierdurch eine verbesserte und schnellere Definition der Kundenanforderungen und -erwartungen ermöglicht, zum anderen erhöht sich durch partnerschaftliche Formen der Kooperationen die Bindung zwischen Kunden und Zulieferern. Die Wettbewerbsposition wird durch solche integrativen Beziehungen eindeutig verbessert.

In Zusammenarbeit mit dem LAS wurde ein Fragebogen entwickelt, welcher zugeschnitten auf die Bedürfnisse des Unternehmens DruMeta die wesentlichen Erfolgsfaktoren, Merkmale und Kriterien erfaßt. Dazu wurden zunächst die branchenspezifischen Schlüsselfragen ermittelt, auf Korrelationen geprüft und in einem Fragebogen verdichtet. Kernthema dieser Befragung war es zu analysieren, wo das Unternehmen im Vergleich zum besten Wettbewerber am Markt steht. Anschließend wurden in einer ABC-Analyse des Kundenstammes diejenigen Kunden ausgewählt, die 80 % des Umsatzes abdecken. Diese Kunden wurden direkt über den LAS angeschrieben.

Die rückgelaufenen Fragebögen wurden durch Mitarbeiter des LAS ausgewertet und die Ergebnisse in Form einer Präsentation im Unternehmen vorgestellt. Die Analyse ergab ein differenziertes Bild aus Sicht der Kunden über die Leistungsfähigkeit des Unternehmens DruMeta. Im Rahmen dieser Befragung wurde uns wieder einmal deutlich vor Augen geführt, wie wichtig die Leistungen sind, die nicht ausschließlich die reine Produktqualität betreffen. Der Stellenwert der in die Lieferung von Produkten integrierten Serviceleistungen und der auftragsunabhängigen Leistung hat in den letzten Jahren kontinuierlich zugenommen. So wünschen sich unsere Kunden auch weiterführende Informationen über das Unternehmen und die Produktpalette.

Allen Kunden wurde zugesichert, daß ihre Antworten absolut anonym behandelt werden. Wir hatten jedoch die

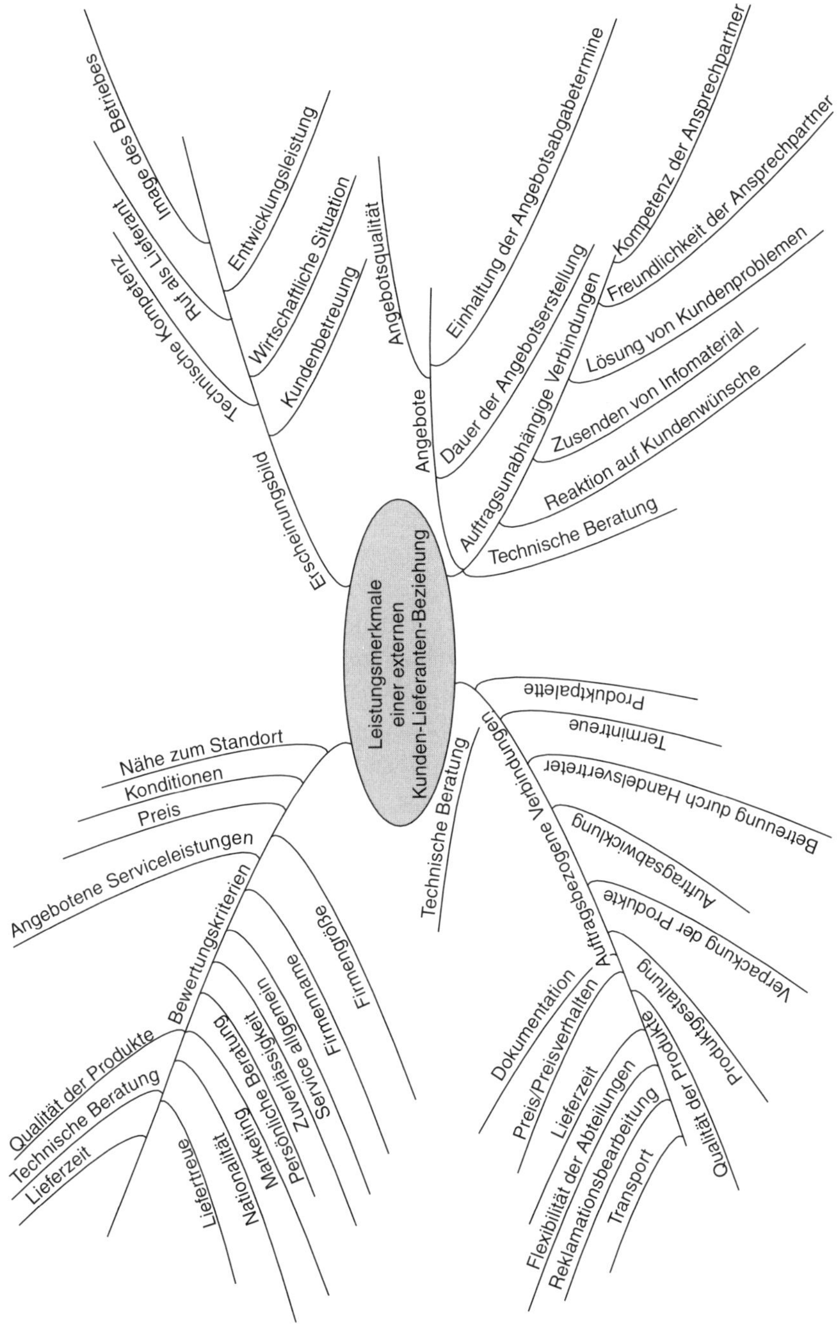

Bild 2-6: Merkmale einer externen Kunden-Lieferanten-Beziehung

Möglichkeit vorgesehen, daß Kunden, die Interesse haben, aktiv an dem Projekt zur Optimierung der Kunden-Lieferanten-Beziehungen mitzuarbeiten oder weitere Informationen zu diesem Projekt wünschen, dies auf dem Fragebogen angeben konnten. Von dieser Möglichkeit haben einige Kunden Gebrauch gemacht, so daß wir über diese Fragebogenaktion hinaus im direkten Dialog mit diesen Kunden weitere Verbesserungspotentiale erschließen können.

Kooperationskonzepte & Methoden

Die Erweiterung unserer internen Arbeitsgruppen in unternehmensübergreifende Teams gibt uns die Möglichkeit, die Verschwendung innerhalb der gesamten Wertschöpfungskette zu minimieren. Aufgrund unserer Erfahrungen, welche wir durch die internen Arbeitsgruppen gesammelt haben, war es uns in Verbindung mit den verbesserten internen Abläufen möglich, nun die Prozesse zwischen den Partnern der Wertschöpfungkette zu optimieren.

Aktivitäten, die nicht wertschöpfend sind oder nicht zu einer wertschöpfenden Leistungskomponente beitragen, werden gestrichen. Dadurch werden die nötigen Ressourcen für Verbesserungen in Bereichen frei, die enger mit dem verknüpft sind, was in den Augen des Endverbrauchers wichtig ist.

Kundenbedürfnisse zu erfüllen heißt also nicht, einfach mehr Ressourcen zur Beseitigung des Problems aufzuwenden – es heißt, vorhandene Ressourcen besser zu nutzen, indem Fehlerquellen ausgeschaltet werden und die Zahl nicht wertschöpfender Aktivitäten ständig reduziert werden.

Nach Abschluß aller Maßnahmen ist aus allen Ergebnissen ein komplett neu aufgebautes Qualitätsmanagement-System entstanden, welches sowohl den Anforderungen der Norm DIN EN ISO 9001 als auch allen internen und externen Anforderungen in optimaler Form gerecht wird. Die Mitarbeit im Verbundprojekt hat dazu beigetragen, die bisherige Qualitätsstrategie kritisch zu überdenken, neu zu strukturieren, um so eine Verbesserung der externen Kunden-Lieferanten-Beziehungen zu erreichen. Die Einbeziehung aller Mitarbeiter und Funktionen des Unternehmens in die Qualitätsverantwortung ist dabei ein ganz wesentlicher Schritt.

„Wir haben die Notwendigkeit erkannt, Mitarbeiter aus allen Bereichen unseres Unternehmens noch intensiver zu schulen und an den betrieblichen Abläufen zu beteiligen."

Personalentwicklung

Ein umfangreiches Schulungsprogramm wurde aufgestellt und viele Maßnahmen sind bereits abgeschlossen. Aufbauend auf diesem Schulungsprogramm werden wir weiterhin umfassende Personalentwicklung betreiben. In regelmäßigen Coachinggesprächen werden die Bedürfnisse der Mitarbeiter erfaßt. Durch konsequente Auswertung der Gespräche und Verfolgung der Wirksamkeit umgesetzter Korrekturmaßnahmen schaffen wir ein Umfeld, welches sowohl den Vorstellungen der Unternehmensleitung, als auch den Erwartungen unserer Mitarbeiter entspricht. Gleichzeitig sind wir in der Lage, den sich stetig wandelnden Wünschen und Bedürfnissen unserer Partner in der Wertschöpfungskette gerecht zu werden.

Weiterhin wurde das innerbetriebliche Informationssystem komplett umgestaltet. Dieses neue Informationssystem beinhaltet neben den aktuellen Tagesinformationen (z. B. Besuche, innerbetriebliche Meetings usw.), Bekanntmachungen der Personalabteilung bzw. der Geschäftsleitung und auch die Qualitätsentwicklung der einzelnen Produktionsbereiche. Anhand von ausgewerteten Qualitätsdaten (z. B. Ausschuß und Nacharbeit) erhält jeder Mitarbeiter genaueste Angaben über die Leistungsfähigkeit des Unternehmens.

Durch die Einbeziehung möglichst vieler Mitarbeiter in die Neugestaltung unserer Prozesse und Abläufe ist es uns gelungen, das Wissen und die Erfahrung aller Beteiligten zu nutzen. Die Bildung von zunächst internen und im weiteren Projektverlauf unternehmensübergreifenden

Arbeitsgruppen hat zu einer neuen Arbeitsweise und darüber hinaus zu einer neuen Unternehmenskultur geführt.

Das miteinander Arbeiten über Abteilungs- und Unternehmensgrenzen hinweg hat zur Beseitigung vieler Reibungspunkte geführt und somit die Wettbewerbsfähigkeit deutlich erhöht.

2.2.2 Methoden der strategischen Beschaffung
(H. Apel, F. Ullrich, B. Schubert)

Die HEID MAGDEBURG Werkzeugmaschinen GmbH (ehemals MWF – Werkzeugmaschinenfabrik Magdeburg GmbH) fungiert seit ihrer Privatisierung und der Integration des Produktspektrums anderer Hersteller als Drehverbundzentrum innerhalb der AUTANIA-Unternehmensgruppe. Zum Produktspektrum gehören u.a. Futterteildrehmaschinen, ein-/zweispindelige Schrägbettdrehmaschinen, flexible Drehzentren und Mittenantriebsmaschinen. Hauptkundenkreis sind die Automobilunternehmen und deren Zulieferanten.

Problemlage

Während in Industriezweigen mit Serien- oder Massenfertigung wie dem Automobilbau relativ günstige Voraussetzungen gegeben sind, mit Zulieferern eindeutige, langfristige und stabile Abnehmer-Lieferanten-Beziehungen einzugehen, stellt sich die Situation im Werkzeugmaschinen- bzw. Anlagenbau komplizierter dar. Kennzeichen sind: hohe Teile- und Zulieferanzahl (z. B. Werkzeugmaschinen mit teilweise über zweitausend Einzelteilen), Einzel-/Kleinserienfertigung, wechselnde Zulieferer je Kundenauftrag, kurze Projektlaufzeiten, begrenzte kapazitive Randbedingungen (Personal, Zeit, Kapital) sowie geringe Marktkraft gegenüber einigen Hauptlieferanten aufgrund ihrer meist mittelständischen Struktur. All diese Charakteristika erfordern die flexible Integrationsfähigkeit der Lieferanten zur Nutzung beiderseitiger Nutzenspotentiale.

Der wirtschaftliche Umschwung, die Rezession im Maschinenbau als auch die Konzentration der Kernkompetenz Drehmaschinen an den Standort Magdeburg wirkten sich auch auf das Beschaffungswesen aus. Viele Lieferanten mußten gewechselt werden oder kamen aufgrund der gesunkenen Fertigungstiefe und des neuen Sortimentes hinzu. Hier stellte sich das Problem der richtigen Auswahl zuverlässiger, in hoher Qualität produzierender Lieferanten und deren aktive Einbindung.

Entschluß eines Unternehmens

Die Vergabe einer Systemleistung auf Spezifikationsbasis beinhaltet unmittelbar den Wegfall von Detailaktivitäten in der Konstruktion, Qualitätswesen, Arbeitsvorbereitung, Vorrichtungsbau, Dokumentation, Fertigung und Subsystemmontage. Andererseits entstehen Zusatzkosten in den Bereichen wie Wareneingang, Beschaffung, Lagerhaltung usw.. Sie erfordert somit auch die notwendige interne und externe Schnittstellengestaltung.

Basis für die Erhöhung der Beziehungsqualität und -intensität der Abnehmer-Lieferanten-Beziehung ist die Verringerung der Quantität der Lieferanten und somit einer Differenzierung der Lieferantenstruktur beim Abnehmer.

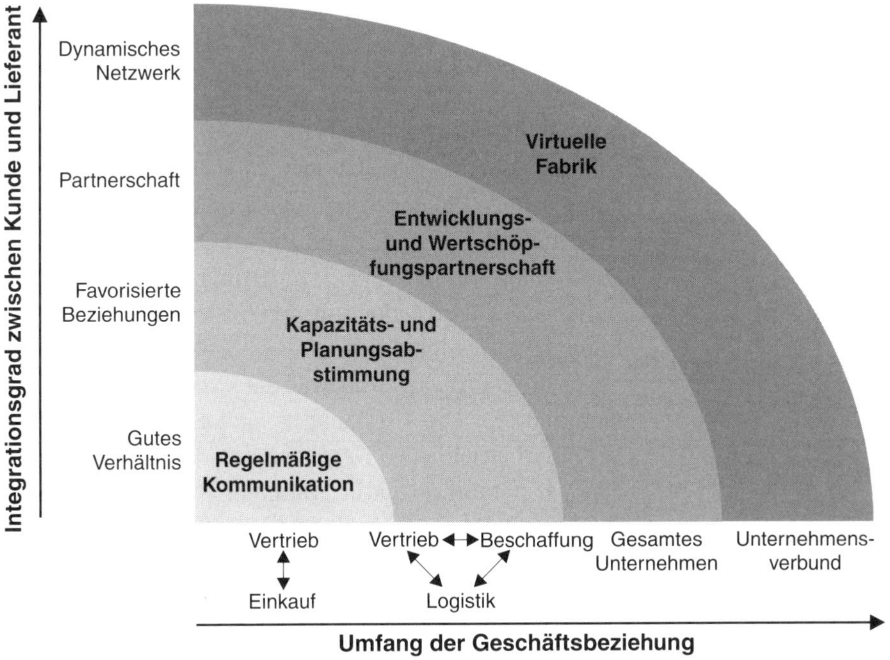

Bild 2-7: Entwicklungsmöglichkeiten innerhalb der Partnerschaft

Neben dieser rein technischen Detailbetrachtung externer Wertschöpfungspartnerschaften darf man nicht übersehen, daß man es hier mit einer strategischen Ausgestaltung des gesamtbetrieblichen Geschehens zu tun hat. Insbesondere sei auf die Vergabe von Systemleistungen, eine verstärkte Mitarbeiterpartizipation und einer notwendigen Veränderung der Unternehmenskultur in Richtung Total Quality Management verwiesen.

Kooperationskonzepte & Methoden

Die typischen Umfeldbedingungen des Anlagen- und Werkzeugmaschinenbaus verhindern die Schaffung eines Modellbeispiels für die Gestaltung einer dauerhaften Kooperation. Vielmehr erfordern diese Charakteristika ein dynamisches Netzwerk im Sinne eines „virtuellen Unternehmens" (Mertens, P. 1995). Für die HEID MAGDEBURG Werkzeugmaschinen GmbH als Assembler-Werk bedeutet dies das Schaffen von Fertigkeiten zur flexiblen Akquisition von fremden Kernleistungen, die Fähigkeit zu deren schnellen Einbindung und die Steuerung des engkooperierenden Lieferantenpools. (Diese Formen der Zusammenarbeit gelten als höher entwickelt, da der ständige Partnerwechsel ein großes Maß an Flexibilität in bezug auf Unternehmenskultur, -organisation und Informationstechnik verlangt.) Dieses soll speziell für die Know-how-intensiven Zulieferteile umgesetzt werden. Man geht zum einen davon aus, daß eine solche dauerhafte Beziehung Vorteile bei der Kommunikation besonders auf den Gebieten der Forschung und Entwicklung sowie Bestellabwicklung bringt. Der Hauptgrund für eine solche Annäherung wird jedoch in der Kostensenkung und im Know-how-Gewinn gesehen.

Analyse: Beherrschung, Transparenz; Effektivität des QM-Systems

Der erste Projektschritt war die zweistufige Unternehmensanalyse. Die Grobanalyse umfaßte die Aufnahme der innerbetrieblichen Gegebenheiten wie Produkt-, Kunden-, Lieferantenstruktur, Aufbau-, Ablauforganisation, Qualitätsfähigkeit, Technik- und Mitarbeiterpotential.

Die Situation war u.a. gekennzeichnet durch unscharfe Verantwortungsfestlegung (z. B. Koordinationsfragen zwischen Beschaffung und Konstruktion), unsystematische Lieferantenauswahl und -bewertung, kurzfristige Lieferverträge, große Lieferantenanzahl, unsystematische personenbezogene Zusammenarbeit mit einigen Lieferanten und einen unterschiedlichen Umsetzungszustand der QM-Elemente.

Suche und Auswahl möglicher Partner

Anhand der Ergebnisse der Grobanalyse, aber vornehmlich von den Produktanforderungen abgeleiteten Lieferantenclustern (u.a. Komplexität, Verbrauchsvorhersagegenauigkeit, Verbrauchswert, Wiederbeschaffungszeit), erfolgte die Festlegung der zukünftigen *Lieferantenstruktur mit System-, Modul- und Hauptlieferanten.* Als ersten Schritt auf diesem Wege wurden einige Lieferanten (hohes Potential, gleiche Marktkraft) der HEID Magdeburg Werkzeugmaschinen GmbH zur Mitarbeitsbereitschaft an dieser Maßnahme befragt. Es zeigte sich, daß die Bereitschaft und das Engagement für eine Kooperation stark von der Unternehmungsgröße abhängig waren. Letztlich wurden zwei typische Kunden-Lieferanten-Beziehungen zur Detailanalyse ausgesucht.

Analyse der Kunden-Zulieferer Beziehung

Zur Durchführung der Detailanalyse wurden Faktoren abgeleitet, die den Ausprägungsgrad einer Partnerschaft im wesentlichen beeinflussen. Der Erfüllungsgrad der einzelnen Faktoren verdeutlicht die Reife eines Unternehmens für eine Partnerschaft und eine modellhafte Vereinfachung der Lagebestimmung der Unternehmungen bezüglich einer partnerschaftlichen Bindung. Mit ihrer Hilfe lassen sich die Gründe zur Anbindung an den Partner und die Verträge, Maßnahmen sowie Aktivitäten bei der Anbindung individuell beschreiben. Diese im folgenden Wertungsfaktoren genannten Faktoren sind:

- Produkt
- Integrationsfähigkeit (innerbetriebliche Fähigkeit, die Anforderungen des Kunden umzusetzen und für die Abnehmer die Möglichkeit, Spezialwissen des Lieferanten umfassend zu nutzen)
- Kommunikationsfähigkeit (Möglichkeiten von Lieferanten/ Kunden miteinander in Kontakt zu treten und einen stetigen, sicheren Informationsfluß zu gewährleisten)

Bei den durchgeführten Untersuchungen konnte festgestellt werden, daß es entscheidenden, aber differenzierten Bedarf bei der Qualifizierung von Kunden-Lieferanten-Beziehungen unter dem Aspekt einer langfristigen Kooperation gab. Eine höhere Integrationsfähigkeit existiert bei Kooperationen, die schon länger existieren, die also schon Erfahrungen gesammelt und sich dadurch eine Offenheit und Flexibilität erarbeitet haben.

Bei der Kommunikationsfähigkeit gibt es große Unterschiede zwischen der Vertriebsseite und der Beschaffungsseite. Während das Verhalten des Vertriebes proaktiv ist, wird in der Beschaffung eher eine defensive Haltung gegenüber den Lieferanten erkennbar.

All dieses ergab die Notwendigkeit der Übertragung der Methoden und Verfahren des Qualitätsmanagements, Marketings und der Personalentwicklung auf die Beschaffung und auf die vor- und nachgelagerten Leistungsrealisierungsprozesse (Austausch und Weitergabe von Informationen und Wissen). Die festgestellten Probleme bestätigten den Bedarf einer allgemein nutzbaren Handlungsanleitung zur Errichtung und Gestaltung einer Kooperation.

Schaffung interner Voraussetzungen

Basierend auf den Analyseergebnissen wurden durch innerbetriebliche Teams die Teilprojekte Senkung der Lieferantenanzahl/ Produktstrukturierung und Neugestaltung des Beschaffungsprozesses von der Spezifikationsfestlegung bis hin zur Materialbereitstellung eingeleitet. Diese Maßnahmen sind unerläßliche Voraussetzungen zur Schaffung einer ausgeprägten Integrationsfähigkeit, Unternehmenskultur und Schnittstellengestaltung.

Suche und Auswahl möglicher Partner

Parallel wurden überbetriebliche Projekte zur Schaffung je eines Standardteil- bzw. Systemlieferanten initiiert. Hierzu wurden ein Standardteilelieferant als Vertreter der Gruppe von Lieferanten von singulären Teilen (❶) sowie ein Lieferant von Hydraulikbaugruppen als Vertreter der Lieferantengruppe mit hochwertigen und technisch anspruchsvollen Komponenten und Teilsystemen (❷) ausgewählt.

Willensbildung der Partner

Beim *Standardteil-Lieferanten* sollte durch Bündelung der Bedarfe von Norm-/Standardteilen der Abwicklungsaufwand im Abnehmerunternehmen durch Übertragung von Teilaufgaben (u.a. Handling der Informationsbeschaffung, Angebotseinholung bis zur Anlieferung der Teile in

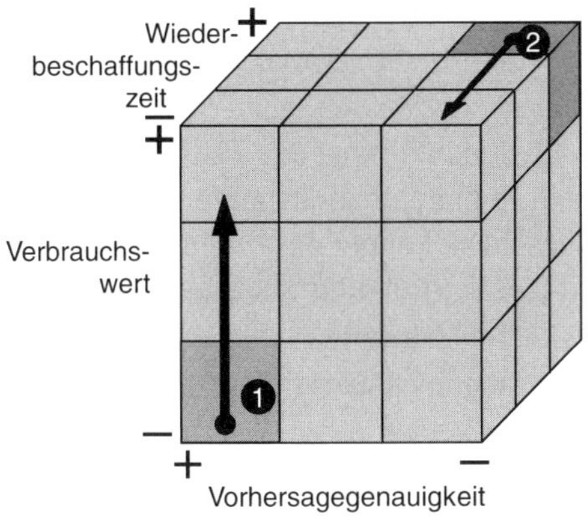

Bild 2-8: Zielplanung von Standardteil- und Systemlieferanten

den Produktionsbereich) gesenkt werden. Durch ein überbetriebliches Team wurde die Lösung der gemeinsam abgeleiteten Zielstellung angegangen und nachfolgende Lösungsalternativen entwickelt und bewertet.

Innerhalb der Workshops und durchgeführter Detailuntersuchungen wurde aufgrund des bisherigen Standes der Vereinheitlichung der Produktkonstruktion (Zukauf an-

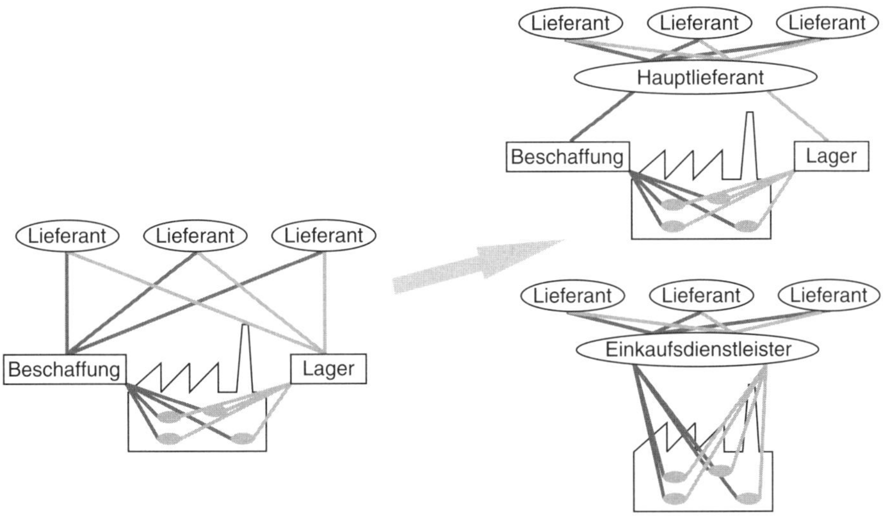

Bild 2-9: Erarbeitete Lösungsalternativen zur Bündelung der Standardteile

derer Unternehmen) und der noch zu geringen Jahresstückzahl die oberste rechte Variante mittels Punktbewertungsverfahren ausgewählt, die Voraussetzungen geschaffen und über einen längeren Zeitraum erprobt. Trotz einer aktiven Kommunikationsunterstützung in der Projekteinführungsphase konnte die Offenlegung von Informationen und das Vertrauen in des anderen Loyalität erst über einen längeren Zeitrahmen erreicht werden.

Das zweite unternehmensübergreifende Projekt „*Systemlieferant*“ war in seiner Ausgestaltung mit einigen vorher nicht absehbaren Folgen verbunden, welches auch Risiken und Voraussetzungen einer Kooperation offenbart. Zu dem ausgewählten, österreichischen Lieferanten bestanden schon längerfristige Austauschbeziehungen, die gute Ansatzpunkte für eine funktionierende Partnerschaft gewährleisten sollten. In Zusammenarbeit mit dem Fraunhofer IFF wurden in überbetrieblichen Workshops potentielle Strategiefelder und deren Zielsetzungen abgesteckt. Potentiale wurden u.a. in der Modularisierung des Produktes/ Vorzugsvarianten, der Bestell-/Rechnungsabwicklung und dem Austausch von dem Leistungserstellungsprozeß vor- bzw. nachgelagerten Informationen zur Verbesserung des Simultaneous Engineering- Prozesses gesehen. Die Umsetzung und deren Verantwortung erfolgte unter dem Aspekt der Gleichberechtigung.

Schaffung interner Voraussetzungen

Neben den für mittelständische Unternehmen typischen kapazitiven Problemen (Zeit, Personal) wurden auch infrastrukturelle Schwachstellen deutlich, die für eine effektive Kooperation neben der gemeinsamen Willensbekundung notwendig sind. Hier ist vor allem die unterstützende Informations- und Kommunikationstechnologie zu nennen. So erfordern die Produktentwicklungszyklen den reibungslosen Datenaustausch zwischen den Beteiligten, was durch die unterschiedliche Ausstattung (Hard-, Software) und durch die derzeitigen Investitions- und Betriebskosten nicht gegeben war. Folgen waren Mehrarbeit und Frustration. Aber auch die räumliche Entfernung (Reisekosten, Zeit) beschränkte die Zusammenarbeit bis auf Ausnahme der Workshops (jeweils bei beiden Partnern) auf das personenbezogene Engagement der einzelnen Mitarbeiter mit den altbekannten Kommunikationsmitteln (Telefon, Fax).

Zielvereinbarung der Partner

Nach ersten Erfolgen führten äußere Einflüsse zur zwangsläufigen, aber im beiderseitigen Einverständnis, Auflösung der Kooperationsbeziehung hin zur losen Austauschbeziehung. Der Grund lag in der Straffung des Vertriebsnetzes des Lizenzgebers (Kundenorientierung, Währungsunterschiede) des Systemlieferanten. Dieser nichttypische Sachverhalt verdeutlicht aber auch Risiken der Kooperationsbeziehung, welche insbesondere in dem gegenseitigen Investitionsaufwand und Know-how-Transfer zu sehen sind. Ein probates Mittel zur rechtlichen Regelung der neben dem eigentlichen Austauschverhältnis flankierenden, transaktionsvorbereitenden und -sichernden Maßnahmen (z. B. Know-how-Transfer, Harmonisierung der Qualitätssicherungsmaßnahmen) stellen Qualitätsmanagementvereinbarungen (QMV) dar. Folgende Grundfunktionen sollten mittels QMV abgedeckt werden:

- Präventionsfunktion (Schaffung der Voraussetzungen für sichere Herstellprozesse beim Zulieferer),
- Rationalisierungsfunktion (Kosten-Nutzen, optimale Verteilung und Abstimmung der QM-Maßnahmen in der Wertschöpfungskette),
- Perpetuierungsfunktion (vom Einzelgeschäft abstrahierter Sicherungsaspekt durch enge Anbindung des Lieferanten) und
- Haftungsverteilfunktion (Festlegung und Abgrenzung der Verantwortungsbereiche und Haftungsrisiken von Abnehmer und Lieferant).

Willensbildung der Partner

Zwischenzeitlich wurde mit dem räumlich günstigeren, aber Know-how-unerfahreneren „Ersatzlieferanten“ die Rahmenbedingungen für eine längerfristige Zusammenarbeit abgesteckt. Die ersten Informationsaustausche und Produktlieferungen deuteten bereits eine erfolgversprechende Zusammenarbeit an.

Der Wertungsfaktor Produkt konnte durch den Ersatzlieferanten, da er die Produkte vom gleichen Lizenzgeber übernahm, relativ schnell erfüllt werden. Dieser Lieferantenqualifizierungsprozeß wurde mit Hilfe von Verfahrensaudits und anderen unterstützenden Maßnahmen durch überbetriebliche Teams unterstützt.

Kooperationskonzepte & -methoden

Seitens des Endabnehmers konnten die positiven Erfahrungen aus der Zusammenarbeit mit dem ersten Partner, insbesondere im Entwicklungsbereich, mit in das neue Partnerschaftsverhältnis eingebracht werden.

Bezüglich der beiden weichen Wertungsfaktoren Integrations- und Kommunikationsfähigkeit wirkten beim neuen Lieferanten typische Charakteristika von „auf der grünen Wiese" errichteten Unternehmen. Diese sollten auch als Zielstellung für Personalentwicklungsmaßnahmen bei gestandenen Unternehmen gelten:

- ausgeprägte Eigenverantwortung und Aufgeschlossenheit der Mitarbeiter,
- hohe Kundenorientierung,
- hohes Know-how-Potential,
- organisatorische und zeitliche Flexibilität.

Langfristige Zielstellungen der Zusammenarbeit wurden mit der verstärkten Zusammenarbeit in den frühen Produktlebensphasen, speziell der Produktkonzeption und dem Abschluß einer Qualitätsmanagementvereinbarung festgelegt.

Stabilisierung bzw. Abschluß

Innerhalb der Projektlaufzeit wurde eine effektivere und effizientere Zusammenarbeit entwickelt, die vom Abnehmerunternehmen als äußerst positiv und beispielhaft für andere Kunden-Lieferanten-Beziehungen angesehen wird. Zu verzeichnen sind eine geringere Lieferantenanzahl, systematischere Auswahl neuer Partner, eine qualifizierte, abgestimmte Zusammenarbeit mit den Lieferanten und Reduzierung von Doppelarbeiten. Dies macht sich durch eine höhere Flexibilität, schnellere Lieferzeiten und geringere Kosten bei erhöhter Qualität bemerkbar. Aber auch eine positiv wirkende Prävention in der Zusammenarbeit schon in der frühen Phase der Produktkonzeption und der Neugestaltung der WA/WE- Prüfung sind zu verzeichnen. Neben diesen harten Faktoren konnte auch eine Verbesserung der weichen Faktoren verzeichnet werden. Anzeichen hierfür sind der verbesserte kommunikative Umgang mit den internen/ externen Lieferanten/ Kunden, Rückgang der Feuerwehraktionen durch Verinnerlichung des Präventionsgedankens und der „in einem Boot sitzen"- Einstellung. So ist es nicht verwunderlich, daß andere Unternehmen der Unternehmensgruppe dieser Strategie folgen sollen.

Ein weiteres Ergebnis der Konzeptions-/Umsetzungsphase war eine Handlungsrichtlinie zum Vorgehen bei der Suche und zum Aufbau einer Partnerschaft zwischen Abnehmer und Lieferant, welche leicht an die betriebsspezifischen Randbedingungen angepaßt werden kann. Die Orientierungshilfe besteht aus einem charakteristischen Ablaufplan, Strategiefeldern für die gemeinsame Zielvereinbarung, Listen und Formularen.

Ausblick

Diese Handlungsrichtlinie wurde im Rahmen des Projektes als auch bei anderen Industrieunternehmen getestet und laufend weiterentwickelt. Sie erwies sich unter unterschiedlichen Bedingungen als flexibel einsetzbar. Die im Rahmen des Verbundprojektes gewonnenen Ergebnisse sollen in der HEID Werkzeugmaschinen auf andere Lieferanten übertragen werden. Parallel hierzu soll auch ein Programm zur aktiven Kundenorientierung mit Messung der Kundenzufriedenheit und verbesserter Einbeziehung in den Entwicklungsprozeß gestartet werden.

- Kommunikation/Integration
- Produkt
- Qualität
- Produktentwicklung
- Kapazitätssteuerung
- Lagerhaltung/Logistik
- Marketing
- Finanzen
- Dokumentation, Verträge

Strategiefeld	Merkmale innerhalb der Strategiefelder	Ziele der Kooperation	Anforderungen an das eigene Unternehmen	Anforderungen an den Partner
Produkt	Technische Besonderheiten (Kompliziertheitsgrad, Bearbeitungsprozesse)			
	Serviceleistungen			
	Normen (einheitlich, Werksnormen)			
Qualität	Besondere Leistungen (Prüfprozesse, -verfahren, -protokolle)			
	Pflichtenheft			
	Verlagerungen von Kontrolltätigkeiten auf den Partner			
	Zertifizierung nach DIN ISO 9000			
Entwicklung	Know how Übertragung (von/zum Partner)			
	Forschung (autonom, abgestimmt, gemeinsam)			

Bild 2-10: Strategiefelder einer Kooperationsbeziehung

Die von den Verhältnissen im Maschinen- und Anlagenbau geprägten Kooperationen stellen ein zukunftsträchtiges Modell für andere Industriezweige dar. In Zukunft gilt es verstärkt neben der stärkeren Flexibilisierung der internen auch die externen Verhältnisse in die Betrachtung miteinzubeziehen um den Zukunftsbedingungen gewachsen sein. Hierzu sind vor allem die stärkere Mitarbeiterbeteiligung, aber auch deren Verknüpfung mit der Informations- und Kommunikationstechnik (u.a. virtuellen Marktplatz für Sach- und Dienstleistungen mit Marktbildungsfunktion und Interaktionsfunktion (Birkhofer, H. 1995), Nutzung von Audio und Video, Produktbibliotheken (Krause, F.-L. 1995) bei der Globalisierung der Märkte) zu berücksichtigen.

2.2.3 Erfolgsgrößen/Lieferanten-Beurteilungssystem

(J. Falk, R. Baumbach, H. Wacker)

Strategische Entscheidung

Die Teilnahme an einem Forschungsprojekt QS VP 2.4.1 bietet eine gute Möglichkeit, um nicht nur etwas Neues zu schaffen, sondern dieses Neue auch für zukünftige Aufgaben anwendbar zu machen. Dieser Aspekt des Qualitätsmanagements bedingt eigentlich eine neue Definition von Qualität: „Quality is existing in future". Welches Vorgehen ist nun geeignet, um die oben beschriebene Vision zur Realität werden zu lassen ?

Leitbild

Ein System soll eine Lieferbeziehung nicht nur auf ein vertrauensvolles, sondern auch reproduzierbares Fundament setzen. Eine derartige Beziehung ist somit geeignet, die Wertschöpfung innerhalb dieses Lieferkettenbereiches zu erhöhen, was sich für beide Partner spürbar bezahlt macht.

Wenn sich ein solches Instrument in der Erprobung – am Ende des Projektes – bewährt hat, ist es möglich, übertragbare Modelle zu bilden, die nicht nur der Region Niederberg über das ZQM, sondern möglicherweise auch dem Wirtschaftsstandort Deutschland zugute kommt. Die Beteiligung an dem Forschungsprojekt (QS-VP 2.4.1) bietet daher die Möglichkeit, anstehende Aufgaben mit Unterstützung sachkundiger Fachleute zu bewältigen und mögliche Lösungswege mit anderen „Leidensgenossen“ zu erörtern.

Analyse

Der erste und wichtigste Schritt, bei der Durchführung des Projektes, hieß „Ist-Analyse“ im Hause Intensiv-Filter GmbH (IF) (Stärke-Schwäche-Bilanz), bei der alle in Führungsfunktion stehenden Mitarbeiter befragt wurden.

Abläufe und Vernetzungen

Die Ausgangssituation war gekennzeichnet durch komplexe und teilweise sehr verschlungene interne Abläufe, die sich bis in externe Beziehungen zu Kunden und Lieferanten auswirkten. Wenn sich eine Firmenorganisation nicht mit dem Unternehmenswachstum gleichermaßen umfassend mitentwickelt oder nicht eindeutig beschriebene Aufgabenzuweisungen an die einzelnen Abteilungen stellt, so kann dies als Hauptgrund hierfür genannt werden. Dies hat auch die durchgeführte Bestandsanalyse (Stärke/Schwäche-Bilanz) gezeigt. Da die Kompetenzen intern nicht eindeutig gefaßt, detailliert beschrieben und konsequent eingehalten wurden, kam es vor, daß jede Abteilung sich auf eine andere verließ, mit dem Ergebnis, daß viele Abteilungen und somit auch der Einkauf, einer Feuerwehr vergleichbar, während der Beschaffungsphase oftmals noch retten mußten, was zu retten war.

Es existierte kein konkreter Handlungsleitfaden, der die Form einer notwendigen Lieferantenbeziehung regelte oder die Möglichkeit einer „modernen“ Lieferantenauswahl bot.

Anfallende qualitätsrelevante Aufzeichnungen und Dokumente, welche die Lieferbeziehung betreffen, wurden noch nicht systematisch erfaßt und umfassend ausgewertet, so daß eine Lieferantenbeurteilung aus der Historie kaum möglich ist.

Erstellung eines Lieferanten-Selbstbeurteilungsbogens

Der erste Schritt sollte daher durch die Erstellung eines Lieferanten-Selbstbeurteilungsbogens (= Audit-Fragebogen) angestrebt werden.

Dazu war es vorab notwendig, sich eine Übersicht über die Gesamtheit aller Lieferanten zu verschaffen. Aus diesem Grund wurde mit Hilfe der IF-Abteilung „EDV und

Organisation“ ein EDV-Programm „Lieferanten-Stammsatz“ erstellt, daß alle IF-Lieferanten mit

- deren Lieferanten-Nummer,
- einem Suchbegriff und
- der Anschrift mit Telefon-Nummer sowie
- weiteren, kaufm.-ergänzenden Angaben

enthielt.

Auswahl der einbezogenen Lieferanten

Der Selbstbeurteilungsbogen wurde von der Abteilung Qualitätssicherung unter Rücksprache mit den Abteilungen EDV und Einkauf erstellt. Nachfolgend legte die Leitung der Abt. Einkauf diejenigen Lieferanten fest, denen der „Audit-Fragebogen“ zwecks Selbstbeurteilung zugeschickt werden sollte.

Hierbei wurden solche Lieferanten berücksichtigt, die sich den „Lieferanten-Branchen“ mit dem größten Umsatzvolumen

- Behälterfertigung,
  - drucklos,
  - druckfest oder explosionsdruckstoßfest,
- Stahlbau
- Anlagenfertigung,
  - Filter (Rundfilter, Reihenfilter...)
  - Röhrenkühler, Naßwäscher...
  - Vorabscheider, Zyklone...
  - Ventilatoren, Kompressoren...
  - Schalldämpfer, Resonatoren...
- Rohrleitungsfertigung
- Komponentenfertigung,
  - Austragsorgane (Schnecken, Schleusen, Klappen Schieber...),
  - Motoren, Getriebe, Kupplungen...
  - Kompensatoren, Drallregler...
  - sonstiges
  - Filtermedien,
  - Filterstützelemente

zuordnen ließen. Zu diesen Branchen zählten ca. 300 Zulieferunternehmen.

Auswertematrix

Parallel dazu erarbeitete die Abteilung Qualitätssicherung (= QS) eine Auswertematrix für die nachfolgend durch die Lieferanten – ausgefüllt – zurückgeschickten Fragebögen.

Anhand des „Lieferanten-Stammsatzes" wurden danach unter Berücksichtigung der ausgewählten Lieferanten und der Fragebogen-Auswertekriterien (gem. „Matrix") durch die „EDV und Organisation" zwei Auflistungen erstellt, die

- die „angeschriebenen" (= Zusendung der Fragebögen) bzw.
- die „nicht-angeschriebenen" Lieferanten aufführten.

Die Liste der angeschriebenen Lieferanten umfaßte die Angabe

– Lieferant	(Name, Straße, Postfach, Telefon-Nr., PLZ/Ort und Lief.Nr.),
– QS-System	(grundsätzlich vorhanden?, Ja/Nein, nachweisbar?),
	(gem. ISO 9000 ff., Ja/Nein, Nachweisstufe = welche?),
	(sonst. Systeme, Ja/Nein, welche?),
	(Selbstauskunft hinsichtl. der allgem. Notwendigkeit, Ja/Nein),
– QS-Abteilung	(vorhanden?, Ja/Nein),
– QS-Handbuch	(vorhanden?, Ja/Nein),
– QS-Verfahrensanweisungen	(vorhanden?, Ja/Nein, welche?),
– QS-Arbeitsanweisungen	(vorhanden?, Ja/Nein, welche?)
– QS-Prüfanweisungen	(vorhanden?, Ja/Nein, welche?)
– sonstige Zulassungen	(vorhanden?, Ja/Nein, welche?)

– Zertifizierungs-termin	(geplant?, Ja/Nein, wann?)
– „ohne Rückantwort„	(bis zum...)
– „Mahnung“	(am...)
– QS-System-audit	(Besuchstermin geplant?, Ja/Nein, wann?)

Nach Rücksendung der – durch die Lieferanten ausgefüllten – Auditfragebögen erfolgte die Eintragung der darin enthaltenen Angaben in die dafür vorgesehene Auflistung.

Automatische „Mahnung“

Die Zusendung der „Audit-Fragebögen“ durch den Einkauf erfolgte als „Bestellung von ausgefüllten Fragebögen“, so daß nicht zurückgeschickte Fragebögen per EDV automatisch „angemahnt“ wurden.

Somit war zu diesem Zeitpunkt eine Auswahltabelle der grundsätzlich geeigneten Lieferanten hinsichtlich ihrer normativen Zulassungen unter Berücksichtigung qualitätssichernder Merkmale vorhanden.

Ergänzung der Bewertungsbögen

Im Rahmen nachfolgender Qualitätsprüfungen an gelieferten Teilen im IF-Wareneingang durch die Qualitätssicherung bzw. durch den Wareneingang des Betriebs – oder ggf. durch andere, für eine Qualitätsbewertung befähigte Mitarbeiter sonstiger Abteilungen – wurden die bis dahin gewonnenen Bewertungsmerkmale ergänzt. Dies erfolgte i.d.R. durch die Qualitätsdokumentation mittels Wareneingangsprüfprotokollen bzw. – bei n.i.O.-Prüfbefund – durch Fehlermeldungen.

Zusätzlich ergänzten diese Angaben Erkenntnisse im Rahmen sog. Abnahmeprüfungen von Anlagen, Bauteilen oder Komponenten durch Mitarbeiter der Qualitätssicherung. Deren Dokumentation erfolgte mittels Abnahmeprüfprotokolle. Kundenseitige Reklamationsberichte ergänzten die gesammelten Informationen.

Weitergabe an Lieferanten

Nach der organisatorischen und dokumentationstechnischen Optimierung der internen Wareneingangsprüfung durch Erstellung und Nutzung von Checklisten (Wareneingangs-Prüfanweisungen) erfolgte teilweise die Weitergabe dieser Prüfanweisungen an die Lieferanten zu deren Nutzung in der Warenausgangskontrolle bzw. bereits in deren Fertigung. Dadurch wurde erreicht, daß vorhandene Unterschiede in den Prüfverfahren ausgeräumt wurden.

Reduzierung des Prüfaufwandes

Kopien dieser Prüfanweisungen wurden dann nachfolgend als Prüfprotokolle den anzuliefernden Waren durch die Lieferanten beigefügt. Einerseits konnte auf diese Art der Prüf- und Dokumentationsaufwand in der internen Wareneingangskontrolle merklich reduziert werde. Zusätzlich ergab sich ein weiteres Kriterium hinsichtlich der Lieferantenauswahl dahingehend, daß dokumentationspflichtige Teile gezielter „vergeben“ werden konnten. Durch diese Maßnahmen ließ sich der Prüfaufwand um ca. 30 % senken.*)

Besuche von IF-QS-Mitarbeitern bei Lieferanten

Im weiteren Verlauf erfolgte kontinuierlich die Bewertung und Ergänzung aller bis dahin erhaltenen Informationen durch Besuche von IF-QS-Mitarbeitern bei den Lieferanten im Rahmen externer Qualitätsprüfungen, sog. „Abnahmen“ an Bestellungen bzw. in Auftrag gegebener Produkte und zusätzlicher „Stichproben“-Besuche zur Beurteilung der Einhaltung lieferantenseitig bis dahin gemachter Angaben, z. B. hinsichtlich

- Vertragsprüfung,
- Qualitätsplanung,
- Qualitätsprüfungen,
- Prüfdokumentation,
- Prüfkennzeichnung usw..

Dabei wurde nicht die Wirksamkeit des QM-Systems der Lieferanten beurteilt. Vielmehr wurde geprüft, ob die in deren Anweisungen festgelegten Maßnahmen geeignet

*)Die Produktgüte derjenigen Lieferanten mit Qualitätsdokumentation erwies sich verglichen mit der anderer Zulieferer als grundsätzlich besser. Der Prüfaufwand konnte weiter reduziert werden. Hierbei wurde nicht unterschieden, ob es sich um „Fremd“-Lieferanten oder um IF-Tochterunternehmen handelte.

sind, die notwendigen Forderungen zur Qualitätserzeugung zu beschreiben, und ob die sich daraus ergebenden Maßnahmen hinsichtlich ihrer Durchführung nachgewiesen werden konnten.

Bei Lieferanten ohne QM-System wurden insbesondere deren produktionstechnische Möglichkeiten hinsichtlich Fertigung, Handhabung und Lagerung kontrolliert.

Detaillierter wurde hingegen die Anwendung und Aufrechterhaltung von Maßnahmen bewertet, die von Lieferanten durch Zertifikate und Bescheinigungen in schweißtechnischer Hinsicht belegt wurden, z. B.:

- DIN 18800, Teil 7, Großer oder Kleiner Eignungsnachweis,
- DIN EN 729, Teil 2 ff.,
- AD-Merkblatt, HP 0,
- TRB 200,
- TRR 100 usw.

Die Gesamtheit aller daraus gewonnenen Erkenntnisse führte sowohl zu vorübergehenden als auch zu bleibenden Änderungen ebenso bei der Anzahl als auch bei der Auswahl von Lieferanten im allgemeinen, der Zuordnung und Vergabe von Aufträgen unter Berücksichtigung technischer Spezifikationen und auch Auftrags- und Liefermengen-Erhöhung bzw. -Minderung. Weiterhin ist die Qualität der gefertigten Produkte deutlich besser geworden, was sich auch in einer Reklamationskostenreduzierung von ca. 30 % zeigt.

Ein Nebeneffekt des Forschungsprojektes QS VP 2.4.1 ist die höhere Akzeptanz der zuvor eingeführten Werkerselbstkontrolle, da das Verständnis der Mitarbeiter für die Bedeutung der Qualität verstärkt wurde.

Die Listen der in die Bewertung aufgenommenen Lieferanten werden in Zukunft durch Audits und die laufenden Qualitätskontrollen der gelieferten Produkte ergänzt, um immer auf dem neusten Stand zu bleiben.

2.2.4 Integration in die Produktentwicklung

(V. Scholz, B. Hiddemann)

Die Firma Ewald WITTE GmbH & Co. KG in Velbert entwickelt und produziert Schlösser und Beschläge. Ihre Haupttätigkeitsfelder liegen in den Bereichen Zinkdruckguß, Kunststoff- und Metallverarbeitung, Oberflächenveredelung und Montage. Die Produkte werden zum größten Teil an die Automobilindustrie geliefert. Zumeist gibt es einen hohen Anteil an Fremdleistungen an dem hergestellten Produkt. Das bedeutet, daß die Qualität der zugekauften Teile und Dienstleistungen von großer Bedeutung für die Qualität des Endprodukts ist.

Entschluß eines Unternehmens

Um die hohen Anforderungen der Endabnehmer an die Produkte erfüllen zu können, reicht es für die Hersteller nicht mehr aus, nur die innerbetrieblichen Strukturen zu optimieren. Ein optimales Ergebnis läßt sich nur durch eine verbesserte Zusammenarbeit in der gesamten Lieferkette erzielen. Diese Kooperationsform ist durch eine frühzeitige Zusammenarbeit bereits während der Konzeptionierungs- und Entwicklungsphase, durch eine offene Kommunikation und einen detaillierten Informationsaustausch gekennzeichnet. Zum einen ist die Kooperation von den Mitarbeitern der Abteilungen Vertrieb/Einkauf auch auf andere Abteilungen ausgedehnt worden. Darüber hinaus fand eine Erweiterung hinsichtlich branchen- oder produktspezifischer Zusammenarbeit mehrerer Zulieferer und Vorlieferanten statt.

Ziel der Firma WITTE für die Beteiligung an diesem Verbundprojekt ist daher, neue Formen der Zusammenarbeit im Hinblick auf eine partnerschaftliche Kooperation mit den Zulieferanten zu schaffen. Diese Zielsetzung, die zu Beginn des Projekts formuliert wurde, konkretisierte sich im Laufe des Projekts und es wurden Schwerpunktbereiche ermittelt. Die Vorgehensweise und die Ergebnisse sind im folgenden beschrieben.

Umfassende Stärke/Schwäche-Bilanz

Die Ausgangsbasis stellte eine abgeschlossene Analyse des Ist-Zustandes des QM-Systems (Umfassende Stärke/Schwäche-Bilanz) dar. Nachfolgend wurden die Resultate im Kreis der leitenden Angestellten vom LAS vorgestellt und die Hauptansatzpunkte für Verbesserungen mit Hilfe der Moderationsmethode ermittelt.

Auf Basis der Analyseergebnisse wurde als Schwerpunkt die gemeinsame Produktentwicklung mit Zulieferern ausgewählt, da äußere Rahmenbedingungen wie die drastische Reduzierung der Entwicklungszeiten bei den Automobilherstellern sowie die Preispolitik eine Neustrukturierung gerade dieses Bereiches erforderlich machten. Aus der weiteren Detaillierung ergab sich schließlich folgende Zielformulierung:

„Aufbau einer Kooperation zwischen Entwicklung/Einkauf und weiteren Abteilungen der Fa. WITTE und den Lieferanten mit dem Ziel, die Qualität der eingekauften Produkte zu erhöhen bei gleichzeitig verkürzten Entwicklungszeiten. Dies soll z.B. in den Produktbereichen Kunststoffteile, Werkzeuge/Formen und Mikroschalter beispielhaft aufgebaut werden.“

Rückblick

Um das Verständnis der nachfolgenden Vorgehensweise zu erhöhen, wird nun die bisherige Verfahrensweise bei der Produktentwicklung aufgezeigt.

In der Vergangenheit lag die Verantwortung für einen Entwicklungsauftrag ausschließlich in den Händen des Entwicklungsleiters. Dieser gab den Auftrag an die Konstrukteure weiter, die ihn dann in Einzelarbeit bearbeitet. Anschließend gelangte der Auftrag in die Fertigungs-Planungsabteilung und erst bei der Überführung in eine Serienproduktion wurden die Tätigkeiten von einem Projektleiter koordiniert.

INNOVATIONS-Teams

Zunächst wurden sogenannte INNOVATIONS-Teams gebildet, die sich aus Mitarbeitern aller am Entwicklungsprozeß beteiligten Abteilungen der Firma WITTE zusammensetzten wie z. B. Entwicklung, Konstruktion und Qualitätsmanagement. In den „Bei-Witte-Teams“ wurden die Möglichkeiten bereichsübergreifender Vernetzungen innerhalb der Firma WITTE erörtert. Unternehmensübergreifende Abläufe hinsichtlich der Kunden wurden in den

„Zu-Witte-Teams“, hinsichtlich der Zulieferer in den „Von-Witte-Teams“ diskutiert. Damit hatten alle beteiligten Mitarbeiter die Gelegenheit, ihre Erfahrungen und Ideen in den Neustrukturierungsprozeß miteinfließen zu lassen.

Suche & Auswahl der Partner

Ein Teilbereich des Entwicklungsprozesses betraf die Zusammenarbeit mit den Zulieferern. Dieser Projektbereich wurde durch firmenexterne Unterstützung gestaltet, mit dem Ziel, Abläufe zur Einbindung der Zulieferanten zu definieren und diese Abläufe durch Maßnahmen mit Unterstützung des LAS umzusetzen. Zu diesem Zweck wurden zwei Workshops (ein- bzw. zweitägig) veranstaltet, in dem sich die Mitglieder des „Von-Witte-Teams“ und Vertreter ausgesuchter Zulieferfirmen aus den Bereichen Kunststoffverarbeitung, Mikroschalter und Federnherstellung gemeinsam den Abläufen der Produktentwicklung widmeten.

Willensbildung der Partner

Der erste Workshop diente dazu, erste intensivere Kontakte mit ausgesuchten Zulieferern zu knüpfen und die Abläufe bei der Fa. WITTE und den Zulieferanten kennenzulernen. Außerdem wurden generell mögliche Formen der Zusammenarbeit erläutert und Vor- und Nachteile der jeweiligen Varianten andiskutiert. Dabei zeigte sich ganz allgemein, daß bei den Zulieferern großes Interesse an einer verbesserten, kooperativen Zusammenarbeit vorhanden war. Allerdings ließen sich mit Hilfe der Moderationsmethode auch die kritischen Sichtweisen beider Parteien zu einer kooperativen Zusammenarbeit und auftretende Spannungsfelder abbilden.

Die Vorstellung der jeweiligen Entwicklungsabläufe in den verschiedenen Firmen zeigte die durch eine intensivere Zusammenarbeit in der frühen Entwicklungsphase möglichen Verbesserungspotentiale und die potentiellen Schnittstellen für eine solche Kooperation auf.

Zielvereinbarung der Partner

Im folgenden zweitägigen Workshop wurden dann die Schnittstellen zwischen WITTE und den Zulieferern im Entwicklungsprozeß konkret ermittelt und die möglichen Organisationsformen für die Überbrückung diskutiert. Als wesentliches Ergebnis dieses Workshops läßt sich festhalten, daß eine allgemeingültige Organisation der Eingliederung der Zulieferanten in den Entwick-

„Welche Reaktionen/Kommentare haben Sie zur dargestellten Form der kooperativen Zusammenarbeit?“	
Lieferant	**dessen Zulieferer**
– Darf verlängerter Werkbank Know how übermittelt werden ?	– Verstärkung der Kernkompetenzen durch Synergien
– Qualität ist festgeschrieben, es gibt nicht bessere oder schlechtere Qualität	– Vertrauen vs. Kontrolle
– Bekanntgabe von WITTE-Know-how ist bei Kunden Voraussetzung für gute Zusammenarbeit.	– Know-how Einbringung vs. anschließende Lieferantenauswahl
– Der Kunde kann hingehen, wohin er will.	– Selbstkritik
– Ehrlichkeit vs. Geschäftstaktik	– Know-how Verlust für wen?
	– Jeder Lieferant muß ein Wertschöpfungspartner werden
	– Positive Einstellung
	– Schwächen zugeben

Tabelle 2-7: Ergebnisse des „Von WITTE“-Workshop am 15. November 1994

Schaffung interner Voraussetzungen

lungsablauf der Firma WITTE nicht zu realisieren ist. Die Integration der Zulieferer muß jeweils für den aktuellen Fall der vorliegenden Produktentwicklung angepaßt werden. Voraussetzung ist, daß die Produkte und die Kompetenzen des Zulieferers den an der Produktentwicklung beteiligten Personen gut bekannt sind, damit eine sinnvolle und zügige Einbindung an den entsprechenden Schnittstellen geschehen kann. Es sind also Maßnahmen nötig, die ein besseres Kennenlernen bewirken. Darüber hinaus muß vor allem der Informationsfluß deutlich verbessert werden. Inwieweit hierfür auch elektronische Medien eingesetzt werden können, wird zu prüfen sein.

Die Aufgabe für die Firma WITTE bestand nun darin, die in den INNOVATIONS-Teams und Workshops erarbeiteten Resultate im eigenen Betrieb zu verwirklichen.

Als wesentliche Maßnahme wurde das Konzept der Teamarbeit im Bereich der Produktentwicklung realisiert.

Dazu war zunächst eine Umstrukturierung der Organisation von einer reinen Abteilungsorganisation in eine Matrixorganisation notwendig. (Bild 2-11)

Kooperationskonzepte & -methoden

Aus dem Organigramm wird ersichtlich, daß ein Team von Projektleitern gebildet wurde, welches die Koordination von Entwicklungsprojekten von Beginn der Konzeptphase bis zur Übernahme in die Serie übernimmt. Die Projektleiter tragen dafür Sorge, daß alle notwendigen Tätigkeiten durchgeführt und alle benötigten Stellen frühzeitig in das Projekt einbezogen werden.

Zu Beginn der Produktentwicklung bilden die Projektleiter ein sogenanntes „Kernteam“, das aus je einem Mitarbeiter der Entwicklung, der Methodenplanung und des Qualitätsmanangements besteht. In den verschiedenen Projektphasen (Konzeptions-, Entwicklungs- und Konstruktionsphase) werden zu diesem Team noch weitere Mitarbeiter hinzugezogen, wie z. B. Mitarbeiter der Fertigung, des Werkzeugbaus, der Beschaffung oder Vertreter aus Zulieferfirmen („erweitertes Team“). Die Projektleiter berücksichtigen dabei die Kapazitäten der einzelnen Mitarbeiter der entsprechenden internen Abteilungen und gehen abhängig vom Stand der Produktentwicklung auch auf die Zulieferfirmen zu.

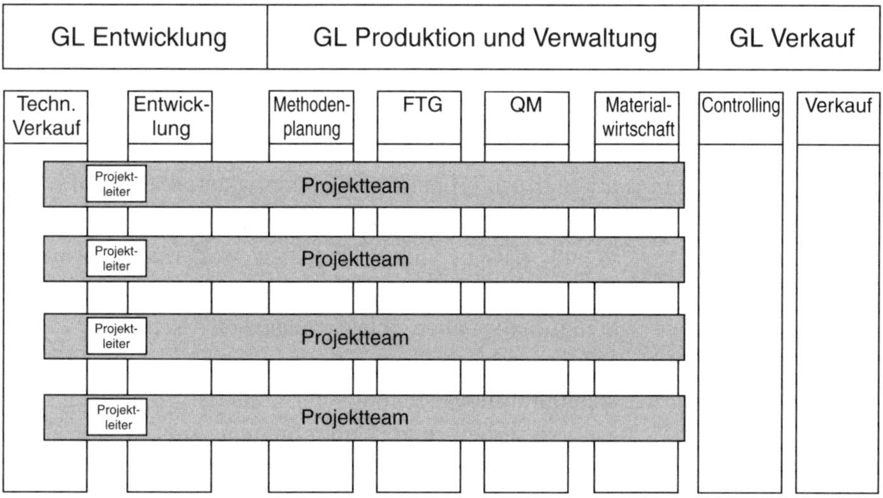

Bild 2-11: Das Organigramm der Fa. Witte

Der Gesamtablauf der Neuteilentwicklung wurde in Verfahrensanweisungen niedergeschrieben und damit offiziell in Kraft gesetzt. Dieses Konzept ist Bestandteil des QM-Systems, das im Jahr 1995 nach DIN EN ISO 9001 zertifiziert wurde.

Umsetzung, Maßnahmen

Obwohl das Unternehmen schon seit einiger Zeit verstärkt auf Teamarbeit setzt und auch schon Schulungen zu Kooperation, Moderations- und Problemlösungstechniken stattgefunden haben, wurden die Probleme der Umsetzung teilweise unterschätzt.

Zum einen gibt es Probleme auf der Mitarbeiterseite, die mit der Umstellung von Einzelarbeit auf Teamarbeit zu tun haben. Insbesondere die Mitarbeiter der Entwicklungsabteilung sind es gewohnt, ein Problem alleine zu lösen und haben sich deshalb häufig individuelle Arbeitsweisen und -techniken angeeignet. Teamarbeit erfordert aber, sich einer allgemeinen Systematik anzupassen, Informationen frühzeitig und gezielt zu verteilen bzw. aufzunehmen. Dies erfordert einen Umdenkprozeß, der viel Zeit in Anspruch nimmt. Des weiteren ist auch die Anwendung neuer Methoden wie z. B. QFD (Quality Function Deployment) in den Abläufen vorgesehen, was erst einmal die Kenntnis der Methode voraussetzt. Eine starke zeitliche Belastung der Mitarbeiter durch das Tagesgeschäft verlangsamt den Umsetzungsprozeß zusätzlich. Eine organisatorische Schwierigkeit stellt der Übergang von der bisherigen zur neuen Verfahrensweise dar, der sich nicht von jetzt auf gleich bewerkstelligen läßt: Die bereits laufenden Projekte in die neuen Abläufe zu überführen, führte bei den Mitarbeitern zu erheblichen Schwierigkeiten, da der Projektstand bei diesen Projekten schwer ersichtlich ist. Das bedeutet, daß in vielen Projekten weiterhin improvisiert werden muß, was die Gewöhnung der beteiligten Personen an die neuen Abläufe zusätzlich erschwert.

Zum anderen fehlte die Unterstützung auf der Geschäftsführungsebene insofern, als daß nur wenig Überzeugungsarbeit und Unterstützung hinsichtlich dieser Neustrukturierung geleistet wurde.

Um die genannten Schwierigkeiten in den Griff zu bekommen, haben die Fa. WITTE und der LAS Bochum das bisherige Maßnahmenkonzept überarbeitet, d.h. genauer gesagt erweitert. Das Programm ist so umfangreich geworden, daß eine Aufstockung der Projektmittel bewilligt wurde. Es umfaßt nachfolgende Themenschwerpunkte:

Personalentwicklung

Wie oben schon angedeutet wurden zu Beginn der Umsetzung in den Projektteams beteiligte Mitarbeiter vom LAS in Moderations- und Problemlösungstechniken geschult. Wesentlich mehr Schulungsaufwand ist aber nötig, um die Neustrukturierung realisieren und dauerhaft implementieren zu können. Dies ist eine wichtige Voraussetzung, um auch die Zulieferer sinnvoll in den Prozeß einbeziehen zu können. Die Schulungsinhalte wurden dieses Mal in ausgiebigen Gesprächen eng mit den Projektleitern und der Personalentwicklungsabteilung abgestimmt. Die Einladung zur Schulung nimmt neuerdings die Geschäftsführung vor, um die Wichtigkeit von Schulungen zu unterstreichen.

Schulungskonzept

Das Schulungskonzept umfaßt folgende Inhalte:
- Grundlagen zur Kommunikation, wie Gesprächsführung, Effizienz von Besprechungen, Zielvereinbarungen in Gesprächen für alle am Gestaltungsprozeß Beteiligten
- Förderung der Kooperations- und Teamfähigkeit insbesondere für Projektleiter und für Kernteams, wie Besonderheiten einer Gruppe, Kooperation und Information, gruppendynamische Phänomene
- Zeitmanagement, beinhaltet Arbeitsanalyse, Techniken und Regeln für Arbeitsplanung und -organisation
- Grundlagen des Projektmanagements für die Projektleiter, speziell: Bestandteile eines Projektmanagementsystems, Hilfsmittel bei der Projektplanung

Bei der Erarbeitung des Schulungsprogrammes und der organisatorischen Umsetzung waren zwei Bedingungen vorrangig:
- die Zeitknappheit, unter der die Beteiligten stehen, und
- die individuelle Relevanz der Themen für die Teilnehmer.

Die Schulung „Grundlagen der Kommunikation" hat bereits für die Projektleiter und die Mitglieder der Kernteams stattgefunden. Die Maßnahme enthielt zu einem beträchtlichen Teil WITTE-spezifische Inhalte, die von den Teilnehmern selbst erarbeitet wurden. Die Ergebnisse wurden an die Teilnehmer, aber auch intern an die am Gestaltungsprozeß Beteiligten (Betreuerin des Verbundprojektes, Personalentwicklung und Geschäftsleitung) weitergeleitet. Zum Beispiel wurden die Effizienz-Merkmale einer Teamsitzung im Hause WITTE erarbeitet (siehe Bild 2-12).

Was sind die Merkmale einer effizienten Teamsitzung bei der Firma WITTE ?

Persönliche Gesprächs-grundhaltung	Kommunika-tionskiller	Umgebung	Erfolgs- ❷ kontrolle der Kommunikation	Gesprächs-führung
Interesse an anderen Fachgebieten	Killerphrasen (vermeiden)	Piepser aus ❷	Erfolgskontrolle der überbrachten Nachricht	Thementreue
Offene Grundhaltung	Tiefschläge (vermeiden)	Äußere Störungen vermeiden	Aktives Zuhören ❷	Sachlichkeit
Kompromiß-bereitschaft	Durch Fragen lächerlich machen	Keine Tele-fonate führen	Rückfragen	Fachkenntnisse
Kreative Einstellung	Fragen abblocken	Stressfrei	Gutes Zuhören	Gleiche Ziele
Pünktlichkeit ❸			Gleicher Code für Sender/ Empfänger	Gleicher Code für Sender/ Empfänger
			Überprüfung, ob Aufgaben-stellung verstanden ist	Detail-Diskussionen verhindern
			Klare Definition der Aufgaben	
			Kontrolle des Erfüllungs-grades der Aufgaben	

Gewichtung nach Wichtigkeit der Probleme (Anzahl der Nennungen) ❶❷❸❹❺❻❼

Bild 2-12: Ergebnis einer Moderation der Schulung „Kommunikation"

Pilotprojekt

Die von den Innovations-Teams erarbeiteten Abläufe werden an einem nicht zeitkritischen Projekt gemeinsam eingeübt. Dazu treffen sich das Kernteam und der Projektleiter regelmäßig zu Teamsitzungen. Darüber hinaus betrachtet der Projektleiter mit firmenexterner Unterstützung den Projektablauf hinsichtlich der Effizienz und leitet Verbesserungsschritte ab, um es dann auch auf andere Projekte übertragen zu können. Dies gilt auch insbesondere für die Einbeziehung der Zulieferer.

Stabilisierung bzw. Abschluß

Um den Transfer der Schulungsinhalte bei den Projektleitern zu fördern, findet eine Begleitung der Projektgruppen in Form von regelmäßigen Sitzungen des LAS Bochum mit den Projektleitern statt. Dabei werden unterschiedliche Themen, je nach aktuellem Interessensschwerpunkt der Projektleiter und betrieblicher Notwendigkeit, angegangen.

Der Gestaltungsprozeß einer partnerschaftlichen Kooperation ist noch lange nicht abgeschlossen. Deshalb ist eine Evaluation der Maßnahmen der Realisierungsphase bisher wenig sinnvoll und noch nicht durchgeführt worden. Trotzdem lassen sich einige Punkte festhalten:

- Die Teamsitzungen der Projektteams bewirken einen intensiveren Informationsfluß bezüglich des Projektstandes des Produktentwicklungsprozesses und ein effektiveres Zusammenarbeiten.
- In den Teamsitzungen wird frühzeitig über Handlungsmöglichkeiten bei aufkommenden Engpässen oder Schwierigkeiten beraten.
- Ehemalige Schnittstellen der verschiedenen Abteilungen werden durch gemeinsame Zusammenarbeit und Schulungen zu Kontaktstellen. Die unterschiedlichen Sichtweisen und Prioritäten der Abteilungen werden zu einem Konsens, der die gemeinsamen Ziele (z. B. Einhaltung von Kunden-Terminen, Halten des Qualitätsstandards) erreichen läßt, zusammengeführt.
- Die Dokumentation der für den Produktentwicklungsprozeß relevanten Informationen ist durch das Erstellen von Teamsitzungs-Protokollen und Projektablaufplänen zu Beginn des Kundenauftrags verbessert worden.

– Die Führungsebene hat das Bewußtsein entwickelt, daß sie die Mitarbeiter im Veränderungsprozeß z. B. durch Schulungsangebote unterstützen muß.

Zur Weiterführung der Arbeiten initiiert die Fa. WITTE die Bildung eines „Virtuellen Unternehmens", um gemeinsam mit Lieferanten den Kunden eine Leistung scheinbar „aus einer Hand" anbieten zu können (vgl. Mertens, P. 1995). Überwiegend aus dem Kreis der zu den Workshops ausgewählten Zulieferern wird dazu auf Grundlage des hier entwickelten Vertrauens ein offenes Kooperationsnetzwerk entstehen, in dem die Beteiligten ihre wirtschaftliche Eigenständigkeit bewahren können.

Entschluß eines Unternehmens

Insgesamt läßt sich festhalten, daß sich die Transparenz des Produktentwicklungsprozesses für alle daran beteiligten Personen erhöht hat.

2.2.5 Auftragsdurchlauf-Gestaltung im Wertschöpfungsverbund

(Th. Kampschulte, W. J. Bonk)

Beherrschung & Transparenz

Wesentlichen Anstoß für die Beteiligung des Unternehmens Artur Küpper (AKT) am Verbundprojekt lag in der Hoffnung begründet, auch Firmen in Problemlösungen einbeziehen können, die dem Thema bisher wenig Bedeutung beimessen, aber deren Erfahrungspotential jedoch außerordentlich wichtig ist. Grund dafür kann z. B. die Schlüsselfunktion eines Lohnbearbeiters als Härterei sein. Es ging darum, aus den bisherigen Einzelkämpfern jetzt im Leistungsverbund dienende und sich damit identifizierende Partner zu machen, ohne daß sie ihre Identität aufgeben müssen. Gefördert werden mußte der Wille zu kommunizieren.

Schon eine vorgeschaltete, interne Ist-Analyse führt zur bewußten Beschäftigung mit dem Thema auf allen Ebenen des Unternehmens. Aus halbstandardisierten Einzelinterviews wurde deutlich, daß die Verzahnung der internen und externen Teilprozesse den Beteiligten vielfach transparent war. Individuelle Abläufe einzelner Aufgabenberei-

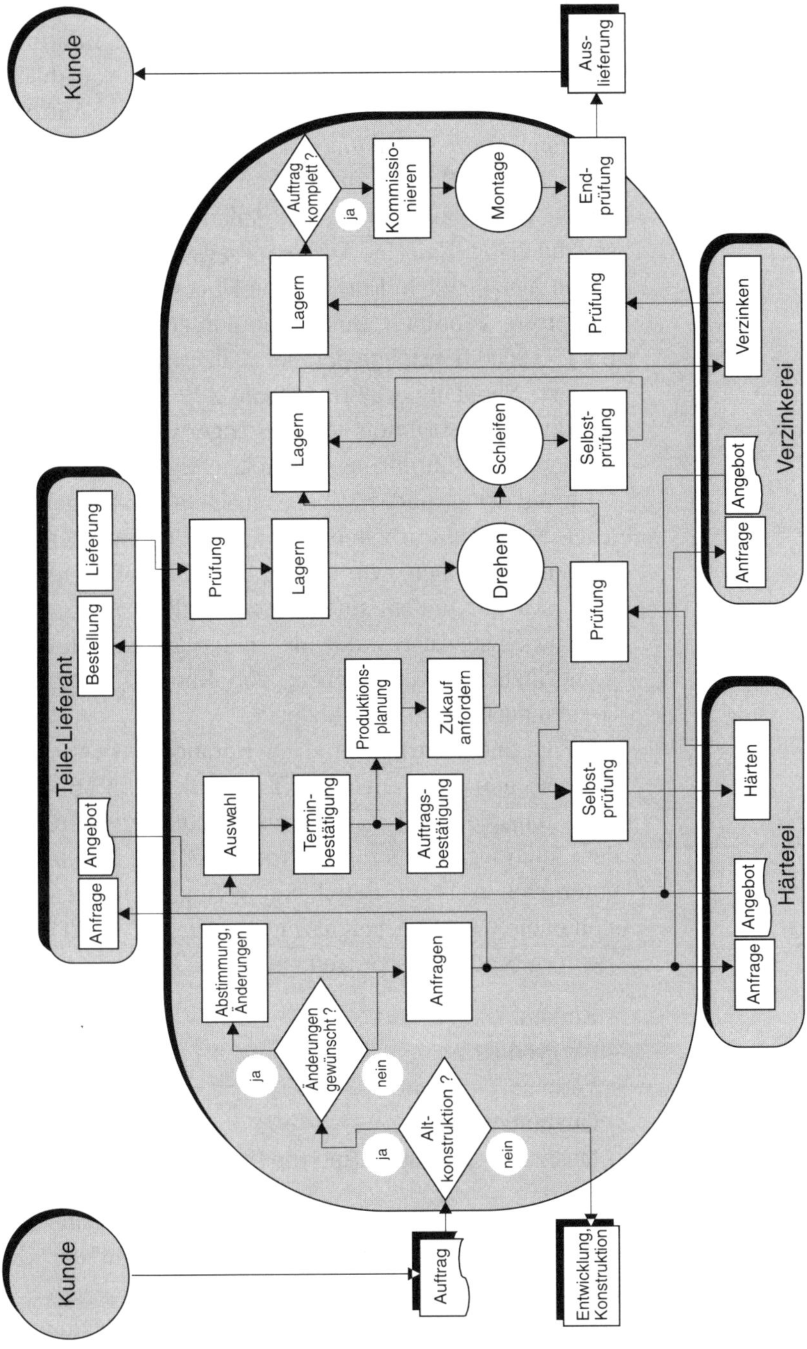

Bild 2-13: Ausschnitt aus der Prozeßanalyse am Bsp. Auftragsdurchlauf

che oder Abteilungen ließen sich wie ein Puzzle zu einem durchgängigen Prozeßbild zusammenfügen. Informelle Kontakte spiegelten sich in der Gesamtsicht der Abläufe wider. Ein stark vereinfachter Ausschnitt zum Auftragsdurchlauf-Prozeß ist in folgendem Bild wiedergegeben.

Die abschließende Präsentation erlaubte den Beteiligten die Einordnung der eigenen Abläufe in den Gesamtzusammenhang. Einzelne Verbesserungspotentiale wurden schon hier deutlich. Eine interne Überarbeitung und detailliertere, geordnete Dokumentation entsprechend DIN EN ISO 9000 ff. erfolgte parallel zu diesem Kooperationsprojekt. Ebenfalls erfaßte Abläufe z. B. der Produktentwicklung, Konstruktion oder des Lagerwesens bleiben in folgenden Ausführungen unberücksichtigt.

Um auf der sachlichen Ebene an einem praktischen Beispiel gemeinsam arbeiten und die Beziehungsebene erproben zu können, wurde o.a. Prozeß „Auftragsdurchlauf" aus der umfassenden Prozeßanalyse auf interner Leitungsebene ausgewählt, da er den Leitgedanken zur grundsätzlichen Verbesserung von Kunden-Lieferanten-Beziehungen beispielhaft abdeckt.

INNOVATIONS-Teams

Die im folgenden beschriebene Herangehensweise wurde zwischen Projektleiter-AKT und dem LAS-Bochum grob konzipiert und im weiteren Verlauf verfeinert. Aus dem Analyseergebnis zum Auftragsdurchlauf konnten die unternehmensintern Beteiligten gefunden werden. Sie sind in die weitere Arbeit als ein internes INNOVATIONS-Team einbezogen als Vertreter aus:

- Einkauf
- AV/Produktion
- Verkauf
- Qualitätswesen
- Qualitätsbeauftragter (interne Projektleitung)

Suche und Auswahl möglicher Partner

Wie in dem Analyseergebnis sichtbar, bildet sich eine typische Wertschöpfungskette im Auftragsdurchlauf der AKT aus: Lieferant ⇔ AKT ⇔ Lohnbearbeiter ⇔ AKT ⇔ Lohnbearbeiter ⇔ AKT ⇔ Kunde. In der Beziehung der Systeme AKT – Lohnbearbeiter und umgekehrt Lohnbearbeiter – AKT spiegelt sich die zu betrachtende Kunden-

Lieferanten-Beziehung in zwei Richtungen wider. Gemeinsam mit den Beteiligten des INNOVATIONS-Teams – speziell aus dem Bereich Einkauf – wurden Lohnbearbeiter benannt und kontaktiert. Wir vermuteten dort – zu recht, wie sich später bestätigte – ein großes Potential an Möglichkeiten, die Kommunikationswege zu systematisieren, zu glätten und auszubauen.

Willensbildung und Zielvereinbarung der Partner

Es war auf Basis bisheriger, nicht immer erfreulicher Erfahrungen im Umgang mit diversen Kunden bzw. Lohnbearbeitern ein Klima zu schaffen, in dem sich Partnerschaft entwickeln kann. Wir durften uns nicht darauf beschränken, nur die Prozesse z. B. der eigenen Warenübergabe, deren Bearbeitung und Rücklieferung durch den Lohnarbeiter – wenn auch gemeinsam – zu organisieren. Vielmehr wurde eine Kooperationsform erprobt, die auch der gemeinsamen Bewältigung von zukünftigen Ausnahmesituationen dienen soll. Wie die Voraussetzungen dazu geschaffen wurden, soll im folgenden erläutert werden. Die zu dem Zeitpunkt offene Frage lautete etwa: Wie reagiert der Lohnbearbeiter auf die plötzlich an ihn herangetragenen ungewohnten Kommunikationswünsche?

Es war klar, daß der gemeinsame Weg nur dann erfolgreich und effektiv beschritten werden kann, wenn wir uns an einen Tisch setzen. Die Lösung über Workshops mit Lohnbearbeitern stand damit fest. Doch wie konnte es uns gelingen, nicht nur Präsenz, sondern auch Interesse zu schaffen? Für Präsenz sorgte eine Einladung zu einem ganztägigen Workshop. Mit der Einladung auf Leitungsebene der Unternehmen war das Angebot verbunden, an einer im Projekt vorgesehenen, späteren Schulung teilnehmen zu können. Das grundsätzliche Interesse der Lohnbearbeiter sollte dann auf dem Workshop in ein Engagement in der Sache münden. Mit einer Härterei kam schließlich ein Pilotprojekt zustande, daß hier skizziert werden soll. Andere Lohnbearbeiter zeigten wenig Interesse.

Workshop zur Willensbildung und Zielvereinbarung

Ziel des ersten Workshops unter Moderation des LAS war die Einbeziehung der Partner in die Kunden-Zulieferer-Beziehung. Teilnehmer waren die Mitglieder des INNOVATIONS-Teams und zwei Vertreter der Härterei. Eingangs wurde das Projekt und die bisherigen Ergebnisse der Analyse vorgestellt. Anschließend wurden über Metaplan unter der Leitfrage:

„Welche Schwierigkeiten und Probleme haben Sie im Auftragsdurchlauf mit Auftraggebern/Zulieferern ?"

aus den verschiedenen Perspektiven die Schwachstellen gesammelt. (Tabelle 2-8)

Technische und organisatorische Abstimmung				
Technik		**Organisation**		
		Zeitplanung	**Verwaltungsaufwand**	**Information**
Korrosionsschutzmittel, Kühlschmiermittel (Z) wirken verfahrensbehindernd, lassen sich schwer entfernen	**Unterschiedliche Prüfverfahren (K)**	**Lieferplantreue (K)**	**Fehlende Prüfprotokolle (K)**	**Informationsfluß (K)**
Extremanforderungen (Z), z.B. große Einhärttiefe und hohe Oberflächenhärte bei vorgeschriebener hoher Anlaßtemperatur	**VZ - QS (K)**	**Durchlaufzeit (K)**	**zu hoher Dokumentationsaufwand, (K)** z.B. 120.000 Teile härten bzw. verzinken führt zu 24 Zeichnungsanforderungen	**Termininfo (K)**
Abstimmung der technischen Grenzbereiche (K) erfolgt leider oft erst nach einer Reklamation		**Abweichung der Liefermengen (K)**		**Terminabsprache (K)**
Stahlgüte (Z)				**Mengenabsprache (K)**
				frühere Info über den Zukauf von Veredelungsaufträgen (K)

Tabelle 2-8: Erste Sammlung der Schwachstellen (Z: Zulieferer; K: Kunde)

Aus dieser Sammlung wurde je ein Problempunkt des Kunden/AKT: „zu hoher Dokumentationsaufwand" und des Zulieferers/Härterei: „Korrosionsschutzmittel, Kühlschmiermittel" zur Bearbeitung ausgewählt. Jeweils wurde in Stichpunkten der IST-Ablauf beschrieben und anschließend in einer Diskussion ein beiden Seiten praktikabel erscheinender Konsens für einen SOLL-Ablauf festgehalten, der in konkreten, mit Verantwortlichkeiten beschriebenen Maßnahmen umgesetzt werden sollte. Zur Konsensfindung des SOLL-Ablaufes ist anzumerken, daß anfänglichen Wortbeiträgen auch von Skeptikern in Form eines: „Die Lösung ist doch einfach – da müssen wir doch nur ..." von dem jeweils anderen Partner stark widersprochen wurde. Erst die anschließende lebhafte Diskussion führte über die Visualisierung der Kernaspekte zu Lösungen, die für beide Seiten praktikabel waren und eine Vereinfachung brachten.

Fallbeispiel „Zu hoher Dokumentationsaufwand":
Kundenaufträge teilen sich verfahrensbedingt in Fertigungslose auf. In dem Fall, wo ein Fertigungslos einem Lohnbearbeiter (z.B. Härterei) zugeleitet werden mußte, war es erforderlich, jeweils eine neue Zeichnungskopie für das vorliegende Fertigungslos anzufertigen. Um die Größenordnungen einschätzen zu können, läßt sich festhalten, daß z.B. 120.000 Teile zu härten bzw. zu verzinken zu 24 Zeichnungsanforderungen führte.
Im Workshop wurden die Lohnbearbeiter dafür gewonnen, zum „Original" erklärte Zeichnungskopien für ihr Haus zu akzeptieren. Diese Zeichnungskopien sollten in den AKT – Änderungsdienst eingebunden werden.
Die Umsetzung der Maßnahmen im Hause AKT gestalteten sich recht aufwendig, da die Wünsche der Konstruktion, der AV, des Einkaufs und der EDV-Abteilung aufeinander abzustimmen waren. Die Ausarbeitung einer entsprechenden Verfahrensanweisung zur Erstellung von zum „Original" erklärten Zeichnungskopien spart heute nicht nur ca. 40 % des Kopieraufwandes ein, sondern erhöht auch die Sicherheit bzgl. bisher riskierter Produktion nach ungültigen Zeichnungskopien.

Abschließend wurde die Moderatorenschulung vorgestellt und terminiert. Am Rande des Workshops konnten Gespräche, teilweise zu aktuellen Aufträgen und Schwierigkeiten geführt werden, die eine unkomplizierte Beseitigung auch dieser Probleme förderten.

Personalentwicklung (PE)

Da die Projektbeteiligten es als sinnvoll erachteten, die Moderation derartiger Workshops zunehmend selbst durchzuführen und die Techniken zur Förderung effektiver Gruppensitzungen zu nutzen, wurde nach dem ersten Workshop eine zweitägige Moderatorenschulung vom LAS-Bochum durchgeführt. Es nahmen auch Mitarbeiter zweier Lohnbearbeiter (Härterei und Verzinkerei) teil. Behandelt wurden Moderation, Metaplan und Problemlösungstechniken einschließlich einiger Übungen in Kleingruppen.

Kooperationskonzept und-methode

Ein zweiter, halbtägiger Workshop – wiederum unter der Moderation des LAS – sollte zu weiteren Verbesserungsmaßnahmen führen. Eingangs wurde der Stand der Arbeiten zu den Maßnahmen des ersten Workshops vorgestellt. Die einzelnen Aufgaben waren vorab schon abgestimmt und mußten jeweils intern umgesetzt werden.

Der o.a. Themenpool zu Schwierigkeiten in der Kunden-Zulieferer-Beziehung wurde erneut zur Diskussion gestellt, um ihn ggf. zu ergänzen. In der überarbeiteten Zusammenstellung konnten in einer Punktbewertung die bisher nicht bearbeiteten Themen gewichtet werden. (Tabelle 2-9)

Aus der Gewichtung wurde in der Sitzung das Thema „Bearbeitungsrückstände“ als für beide Seiten bedeutend ausgewählt. Eine gemeinsame Ursachenanalyse zu dieser technischen Problemstellung mittels Ishikawa-Diagramm zeigte die möglichen Handlungsfelder auf. (Bild 2-14)

Ebenso, wie im ersten Workshop erfolgte die Umsetzung der Maßnahmen intern bei AKT bzw. der Härterei in enger Abstimmung untereinander. Die o.a. Darstellung erlaubte es, einen Teilbereich des Gesamtproblems zu identifizieren, auszuwählen und gemeinsam zu bearbeiten.

Personalentwicklung (PE)

In den bisherigen Workshops ist deutlich geworden, wie ungewohnt diese Art der strukturierten und visualisierten Diskussion ist: Immer wieder zerfällt das Ge-

Technische und organisatorische Abstimmung				
Technik		Organisation		
		Zeitplanung	Verwaltungsaufwand	Information
Korrosionsschutzmittel, Kühlschmiermittel wirken verfahrensbehindernd, lassen sich schwer entfernen	**Unterschiedliche Prüfverfahren**	**Lieferplantreue**	**Fehlende Prüfprotokolle**	**Informationsfluß**
Extremanforderungen, z.B. große Einhärttiefe und hohe Oberflächenhärte bei vorgeschriebener hoher Anlaßtemperatur	**VZ - QS**	**Durchlaufzeit**	**zu hoher Dokumentationsaufwand,** z.B. 120.000 Teile härten bzw. verzinken führt zu 24 Zeichnungsanforderungen	**Termininfo**
Abstimmung der technischen Grenzbereiche erfolgt leider oft erst nach einer Reklamation	**Verzinken gehärteter Teile**	**Abweichung der Liefermengen**		**Terminabsprache**
Stahlgüte	**Anforderungskatalog**			**Mengenabsprache**
Bearbeitungsrückstände				**frühere Info über den Zukauf von Veredelungsaufträgen**

Tabelle 2-9: Überarbeitete Sammlung der Schwachstellen mit Gewichtung

spräch aller Beteiligten in einzelne Zwiegespräche. Zeitmanagement und zwischenzeitlich zu erledigende Aufgaben (Verlassen des Raumes) behindern ein effektives Arbeiten. Auf einer eintägigen Schulung zur Teamfähigkeit

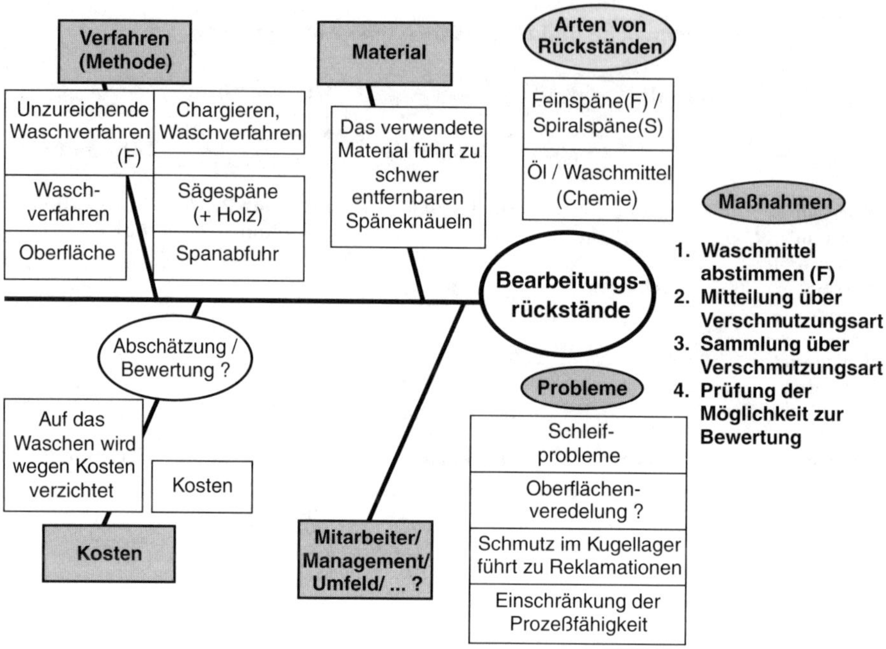

Bild 2-14: Ursachenanalyse zu Bearbeitungsrückständen

wurden Hinweise zur Planung einer Moderation gegeben und eigene Gesprächsregeln erarbeitet (siehe Bild 2-15). Außerdem wurden die Besonderheiten einer Gruppe thematisiert: Vorteile der Gruppenarbeit, Rollenverteilung in Gruppen und gruppendynamische Phänomene.

Im Anschluß wechselte ein bisher im INNOVATIONS-Team Beteiligter in die Rolle als neuer Projektleiter im Unternehmen. Sein bisher nicht mit dem Projekt befaßter Vorgesetzter mußte für das Projekt gewonnen werden. An diesem Punkt war eine Grundsatzentscheidung:

a) einer Stabilisierung des Lieferantenworkshops oder
b) des Abschlusses der Kooperationgestaltung zu treffen.

Nach ersten Gesprächen zur Abstimmung des weiteren Vorgehens im „neuen“ INNOVATIONS-Team fand – wie auf dem II. Workshop vereinbart – ein III. Workshop, halbtägig unter eigener Moderation des neuen Projektleiters statt.

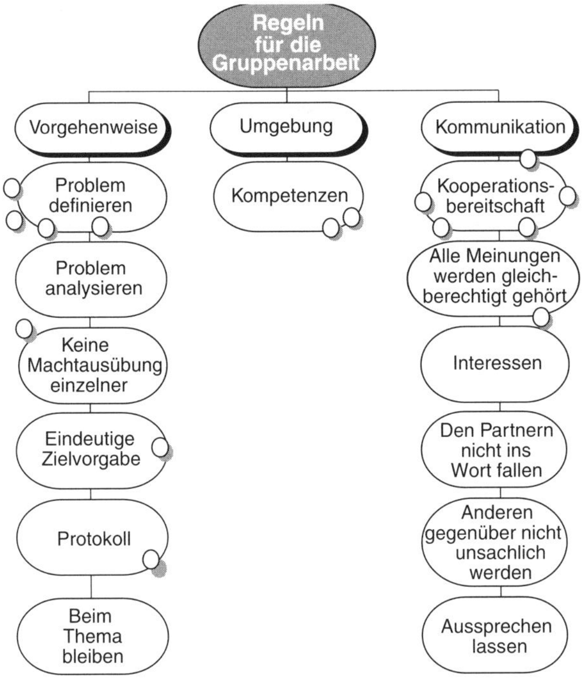

Bild 2-15: Gesprächsregeln und deren Bewertung

Kooperationskonzept und -methode

Neben einer Zwischenbilanz der bisher erarbeiteten Maßnahmen stand das neue, technische Problem „Härteverzug“ im Mittelpunkt der Diskussion. Im Rahmen des Workshops konnten über die Diskussion der jeweiligen Sichtweisen auf bewährte Weise pragmatische Maßnahmen zur Problemlösung erarbeitet werden. Der schon auf der ersten Sitzung als wichtig erachtete Problembereich „Terminabsprache“ wurde zur weiteren Bearbeitung aufgegriffen.

Fallbeispiel „Härteverzug, (speziell Ovalität)“
Verzug der Produkte nach dem Härten ließ sich an zwei Effekten, der Ovalität und der Einschnürung beobachten. Diese Probleme sind voneinander zu unterscheiden und unabhängig betrachtet worden. Beispielhaft ist der Diskussionspunkt „Ovalität“ im Folgenden erläutert:

Zum Problembereich der Ovalität wiesen ca. 25% der Außenringe für Wälzlager nach dem Härten Mängel auf, die nicht mehr behoben werden können (Ausschuß: Beim anschließenden Schleifen „springen" die Teile aus der Maschine).
Bzgl. des Vormaterials wurden die Ringe bisher „aus dem Vollen" gefertigt. Zukünftig sollen sie aus Rohr gedreht werden. Von der Härterei wurde betont, im Einkauf bei AKT darauf zu achten, daß das Material spannungsarm geglüht ist.
Die Ovalität scheint auf eine teilweise stehende Lagerung der Teile auch im Härteprozeß zurückzuführen zu sein.
Als Lösungsansätze wurden genannt:

- Stapeln der Teile
- Spannungsarm glühen der Teile
- Prüfung auf Verringerung der Einhärtetiefe

Verwunderung herrschte bei einzelnen Teilnehmern über die gemeinsame Feststellung, daß bei den Aufträgen an die Härterei eine entsprechende Kennzeichnung fehlte und folglich die Chargen als Schüttgut behandelt wurden. Die Kennzeichnung und das „Stapeln/Chargieren liegend, versetzt" wurde beschlossen. Die weiteren o.a. weitaus aufwendigeren Maßnahmen konnten zugunsten dieser kurzfristigen, einfachen Maßnahme zurückgestellt werden.

Die bisher bei AKT in der Praxis wenig geübten Moderationstechniken kamen in diesem Workshop – unabhängig vom positiven Ergebnis der Diskussion – nicht voll zum Tragen. Der gewohnten Vorgehensweise folgend geriet die inhaltliche Struktur des Problemlösung (z. B. über die Visualisierung möglicher Handlungsalternativen per Flipchart zur „Aktivierung" aller Sitzungsteilnehmer) in der Diskussion am „runden Tisch" teilweise in den Hintergrund. Ein im Anschluß an den Workshop gezogenes Resümee ergab, daß insbesondere zu dem neu andiskutierten Problembereich z. B. eine Sammlung mittels Metaplan eine effiziente Diskussion hätte fördern können.

Ein weiterer Workshop wurde vereinbart, aber noch nicht terminiert, da er von den Ergebnissen zwischenzeitlicher Versuche (z. B. Härten von Referenz-Teilen) abhängig ist.

In diesem Unternehmensbeispiel scheint bemerkenswert, daß für die Workshops vielfach die technischen Themen herausgegriffen werden, obwohl sowohl bei der Problemsammlung als auch bei der Ursachenanalyse die organisatorischen Aspekte überwiegen. Das Beispiel des „zu hohen Dokumentationsaufwandes" zeigt, daß die Lösbarkeit bzw. Komplexität kaum die Ursache der „Berührungsängste" sein kann. Parallel läßt sich feststellen, daß der Zweig der „Technik" in der Problemsammlung wächst – aktuell brennende Probleme sind hier zuzuordnen und bestimmen die Workshoparbeit.

Anmerkung zur Workshoparbeit

Nach Aussage von AKT soll über die Projektlaufzeit hinaus diese Form der partnerschaftlichen Kooperation zu beiderseitigen Vorteil genutzt werden. Weitere Lohnbearbeiter bzw. Zulieferer und auch Kunden sollen einbezogen werden. Dadurch erfolgt eine „Auftragsdurchlauf-Gestaltung im Wertschöpfungsverbund" nicht nur als einmalige Aktion, sondern vielmehr als ständige Einrichtung, um flexibel auf Veränderungen im Umfeld des Unternehmens reagieren zu können. Inwieweit ein solcher Lieferantenworkshop bei AKT institutionalisiert wird, hängt jetzt im wesentlichen davon ab, ob die verantwortlichen Personen ihn nach ersten Erfolgen weiterhin als Werkzeug zur Prozeßverbesserung für sich nutzen wollen.

Stabilisierung bzw. Abschluß

2.2.6 Interunit-Prozeßgestaltung,

(V. Lessenich-Henkys, R. Krüger)

Als ostdeutscher Hersteller von Sanitärarmaturen gehört die Herzberger Armaturen GmbH seit 1991 zur Friedrich GROHE AG. Sie stellt zum einen als vollstufiger Fertigungsbetrieb Endprodukte her, die an das Logistikzentrum der GROHE-Gruppe in Hemer geliefert werden und zum anderen Teile und Baugruppen für den Bedarf anderer Werke der Gruppe. Diese stehen wiederum durch die Lieferung von Rohlingen, angearbeiteten Teilen und kompletten Baugruppen in einem Zulieferverhältnis zur Herzberger Armaturen GmbH. Zum Erzielen einer optimalen Auslastung der Fertigungskapazitäten und aufgrund der Konzentration bestimmter Technologien ist jedes Werk der GROHE-Gruppe zugleich Kunde und Lieferant der anderen Werke.

Entschluß eines Unternehmens

Der Entschluß zur Durchführung des Projektes kam aus zweierlei Gründen zustande: Zum einen hat sich die Situation für die alten GROHE-Werke durch den Erwerb der Herzberger Armaturenfabrik und der Firma HDE, Iserlohn, geändert, da die neu hinzugekommenen Unternehmen eine völlig andere Struktur aufweisen, als die beiden alten GROHE-Werke Hemer und Lahr.

Zum anderen ist man sich der Tatsache bewußt geworden, daß sowohl vom Teilevolumen als auch wertmäßig betrachtet, der Prozeß der gegenseitigen Zulieferung ein erhebliches Rationalisierungspotential aufweist.

Problemlage

Ursprünglich bestand bei GROHE eine feste Zuordnung der Endprodukte auf zwei Werke. Unter dem Leitgedanken möglichst großer Wertschöpfung im eigenen Hause und der Bewahrung und Weiterentwicklung spezifischen Know-hows entstanden Fertigungsstrukturen großer Tiefe. Mit der Ausweitung des Produktangebotes für den Markt entwickelte sich eine zunehmende Spezialisierung der Werke, z. B. für unterschiedliche Kartuschen.

Das Spannungsfeld zwischen externen Kunden und Lieferanten orientiert sich primär an deren unterschiedlichen Interessenlage. Die hier zu untersuchenden – auch internen – Kunden-Lieferanten-Beziehungen sind außerdem geprägt durch:

- historisch gewachsene Strukturen und „Besitztümer“
- unterschiedliche (zum Teil suboptimale) bzw. fehlende Bewertungskriterien

Insbesondere finden – aus wirtschaftlichen Gründen – Regeln und Verfahren wie Erstmuster- bzw. Wareneingangsprüfungen oder etwa eine Lieferantenbewertung im Zulieferverhältnis zwischen den Werken nicht statt. Hinzu kommt innerhalb der GROHE-Gruppe, falls Technologien lokal konzentriert sind, auch eine Monopolstellung des entsprechenden Lieferwerkes.

Die Vereinbarung, daß grundsätzlich keine gegenseitige Wareneingangsprüfung bei Werkszulieferungen durchgeführt wird, ist auf das gegenseitige Vertrauen in die Qualitätsfähigkeit und auf einen gut funktionierenden Regelkreis zwischen Kunden und Lieferanten gegründet. Es zeigt sich jedoch, daß bei kleiner werdenden Losgrößen bei steigendem Umsatz und zunehmender Variantenvielfalt vermehrt Störungen auftreten, die ein kleines Werk wie Herzberg „härter" treffen, als die größeren. Insbesondere die Reaktionszeit, z. B. für Nachbearbeitung, wird zunehmend kleiner. Störungen erzeugen daher oft Unzufriedenheit bei allen Beteiligten und eine Kette von Schuldzuweisungen bzw. Entschuldigungen. Parallel hierzu ablaufende Maßnahmen zur Senkung des gebundenen Kapitals, insbesondere der Bestände, verschärfen diese Problematik.

Gerade bei einem kleineren Unternehmen, wie der Herzberger Armaturen GmbH (ca. 230 MA in 1991; ca. 320 MA in 1996), ist es von besonderer wirtschaftlicher Bedeutung, die importierten, d.h. extern verursachten Fehler und Fehlleistungsaufwendungen zu reduzieren, die das Betriebsergebnis, die Bearbeitungs- und Personalkapazität und auch die Terminsituation stark belasten. Beispielhaft hierfür sind nicht nur fehlerhafte Teile, die Ausschuß- und Nacharbeitskosten verursachen, sondern auch die Produktionsplanung, die Bereitstellung vollständiger und aktueller Auftragsunterlagen und ggf. Werkzeuge mit allen zugehörigen Informationen rechtzeitig vor Auftragsstart sowie Vereinbarungen zu Verfahren zur Korrektur von Abweichungen und zu deren Vermeidung.

Leitbild/Entwicklung optimaler KLB

Eine im Sinne von Kunde und Lieferant optimale Kunden-Lieferanten-Beziehung (KLB) entwickelt sich durch vier Schritte:

1. Der Kunde *sagt*, was er braucht.
2. Der Lieferant *versteht*, was der Kunde wirklich will (unter Umständen erst nach einem aufwendigen Klärungsprozeß).
3. Der Lieferant bestätigt, daß er liefern kann, was der Kunde will (*Angebot*).
4. Kunde und Lieferant treffen *Vereinbarungen* zum Liefergegenstand (Ausführung, Preise, Mengen, Termine,

Gewährleistung, Anforderungen an Qualitätsmerkmale).

Basis dieser Kunden-Lieferanten-Beziehung ist die Kommunikation und der Wille zur Kooperation. Der Idealzustand wäre ein kooperativer Regelkreis, in dem Kunden- und Lieferantensicht beide ausreichend berücksichtigt werden.

Projektziele

Ziel des vorliegenden Projektes ist es, diesen Prozeß der gegenseitigen Zulieferung auf Verbesserungspotentiale hin zu untersuchen und die Kompetenz der Partner so zu stärken, daß die Güte dieser Geschäftsprozesse kontinuierlich verbessert wird.

Weitere Projektziele sind:
- Steigerung des *Qualitätsbewußtseins* der Mitarbeiter
- Steigerung der *Effizienz* der Geschäftsprozesse
- höhere *Planungssicherheit und Fehlerfreiheit* durch Einbeziehung sämtlicher am Gesamtprozeß beteiligten Funktionen in einen Qualitätsregelkreis
- methodische Erschließung des *Erfahrungswissens* der Mitarbeiter

Willensbildung der Partner

Da das Problembewußtsein der an der Lieferkette beteiligten Werke, je nach ihrer Rolle als Kunde oder Lieferant, naturgemäß unterschiedlich ausgeprägt ist, liegt ein wesentlicher Ansatz auf dem Weg der Verbesserung darin, das gemeinsame Interesse herauszuarbeiten.

Zu Projektbeginn wurde die vorliegende Kunden-Lieferanten-Beziehung konkret definiert. Im folgenden wird hierfür der Begriff „*Interunit-Prozeß*" verwendet. (Bild 2-16)

Mit einer Informationsveranstaltung, zusammen mit dem LAS Bochum, wurde das konzipierte Projekt in der Breite den Vertretern der Werke und der Zentralbereiche vorgestellt, die vorliegende Herzberg-spezifische Interunit-Problematik erläutert und die Aufgabenpakete verteilt. Letztere wurden zuvor in einem kleinen Kreis erarbeitet. Eine Hauptschwierigkeit war es zu Anfang, eine

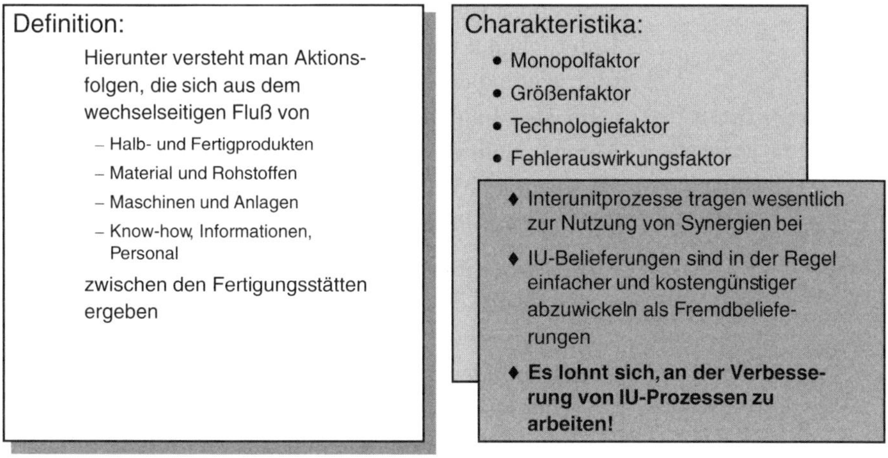

Bild 2-16: Der Interunit-Prozeß

gemeinsame Sichtweise auf die Problematik der Qualitätsverantwortung zu finden.

Umfassende Stärke/Schwäche-Bilanz

In einer Bestandsaufnahme (zusammen mit dem LAS, Ruhr-Universität Bochum und dem Zentralen Qualitätswesen der Friedrich Grohe AG) wurde der Istzustand in Form von moderierten Gesprächen aufgenommen. Dies geschah ebenso mit dem aus Sicht der Betroffenen anzustrebenden Sollzustand. Anschließend wurden mögliche Maßnahmen identifiziert, die Änderungen im gewünschten Sinn bewirken können.

Schaffung interner Voraussetzungen

Auch um auf Anforderungen anderer Werke eingehen zu können, befand sich das Herzberger QM-System zu Projektbeginn im Aufbau und sollte den Forderungen der DIN EN ISO 9001 angepaßt werden. Hieraus ergibt sich ein Lernprozeß mit erheblichem Abstimmungs- und Kommunikationsbedarf in den externen und internen Kunden-Lieferanten-Beziehungen, der nahezu alle Funktionen berührt. Natürlich befindet sich ein Unternehmen, das früher im planwirtschaftlichen Wirtschaftssystem der DDR produziert hat, sowieso in einem großen Lern- und Anpassungsprozeß an die Regeln und Strukturen der wettbewerbsorientierten westlichen Marktwirtschaft. Es wäre aber falsch, alle Probleme nur dieser spezifischen

Situationsausprägung zuzuschreiben. (Ende 1995 ist das Unternehmen nach DIN EN ISO 9001 zertifiziert worden und zwar mit einem überdurchschnittlichen Erfolg.)

Analyse der Kunden-Zulieferer-Beziehungen

Im Mittelpunkt einer Detailanalyse der QS-relevanten Kunden-Lieferanten-Beziehungen (Experten- und Analysegespräche) stand eine sorgfältige Bestandsaufnahme der Interunit-Prozesse hinsichtlich der:

- *Interunit-Geschäftsvorgänge* (Art und Umfang der Beziehungen, Fertigungsstrukturen, Informationsflüsse, Regelkreise etc.)
- existierenden *Regelungen* (Organisationsrichtlinien, Verfahrensanweisungen etc.) für den Interunit-Verkehr
- im Interunit-Verkehr entstehenden *Reibungsverluste*
- *subjektiven Anforderungen* bzw. Erwartungen an die Kunden-Lieferanten-Beziehungen aus der Sicht der Mitarbeiter „vor Ort" (Konzeption und Durchführung in enger Zusammenarbeit mit dem LAS Bochum).

Reibungsverluste

Insgesamt hatten Interunit-Lieferungen bei vielen der unmittelbar Beteiligten aufgrund der Defizite keinen guten Ruf. Deshalb wurde eine Sammlung von Störfaktoren von einem werksübergreifenden interdisziplinären Team zusammengestellt. Hieraus ließen sich folgende Problemkreise identifizieren, die zu Störungen und Reibungsverlusten führen können. (Tabelle 2-10)

Hieraus wurden im einzelnen abgeleitet:

- *Kenngrößen* zur Beschreibung der Interunit-Prozesse und deren Güte
- ein *Vergleich der Anforderungen und Leistungen* Eigenfertigung zu Fremdbelieferung
- ein *Interunit-Fehlerschlüssel* zur Identifizierung der Reibungsverluste in bezug auf logistische Fehler

Fehlerschlüssel

Um eine qualitative und quantitative Bewertung der Interunit-Zulieferungen durchführen zu können, wurde im Rahmen des Projektes ein Fehlerschlüssel konzipiert, der neben den einzelnen Fehlerarten auch einen Schlüssel für die erkennende Funktion enthält. Insgesamt ergaben sich in den Bereichen Wareneingang/Warenausgang, Fertigungssteuerung und Disposition, Zwischenlager und Montage 65 Interunit-Fehlerarten die in

Ablauforganisation QM-System	Mängel in der Auslieferungsqualität	Information und Kommunikation	Logistik	Mitarbeiter
unterschiedliche Qualitätsstandards	mangelhafter, allgemeiner Qualitätszustand	fehlende Information über Produktverlagerung	mangelhafte Liefertreue	mangelhafte Schulung
unterschiedliche Erfassung und Bewertung der Fehlerkosten	Auslieferqualität aus Vorstufen nicht gewährt	differenzierte Rückinformationen fehlen	Menge	fehlende Zusammenarbeit
unzureichende Reaktion bei Reklamationen	Vorhandensein versteckter Mängel	fehlende Information über Prozeß- und Verfahrensänderungen	Termin	zu wenig Teamarbeit
vernachlässigte Fehlerursachenforschung	mangelhafter Transportschutz	mangelhafter Info.-Fluß zw. zuständigen Abteilungen	schlechte Bedarfsauslösung	zu wenig vertrauensbildende Maßnahmen
Nichteinhalten von Verfahrens- und Org.-Abläufen	unvollständige Baugruppen	wenig definierte Kundenerwartungen	mangelhafte Auslastung der Kapazitäten	mangelhafte Kommunikation
	ungenügende Kennzeichnung	Ablauf Kunde-Lieferant mangelhaft bekannt	fehlende Rückinformation	
	Prüfstatus nicht festgelegt	mangelnde Info über Werkzeug- u. Betr.M-Verlagerung		

Tabelle 2-10: Problemsammlung

diesem Fehlerschlüssel zusammengefaßt und strukturiert wurden.

In einer Istzustandsaufnahme wurden anschließend für die erkannten Problembereiche in den einzelnen Werken, insbesondere auch des Werkes Herzberg, auf der Basis des Fehlerschlüssels die jeweiligen Daten ermittelt.

Beispielhafte Ergebnisse zum „Fehlerschlüssel"
bzgl. Ablauforganisation:
1. mangelhafte Kennzeichnung der Ware
2. Mengendifferenzen bezüglich der angeforderten Stückzahl
3. keine Mengenangabe
4. zugehörige Produktnummer fehlte

bzgl. Qualitätsanforderungen:
1. Teile prozeßbedingt zu stark verschmutzt
2. nicht tolerierbare Bearbeitungsreste (z.B. Grat)
3. nicht tolerierbare Deformationen (z.B. Schlagstellen, hauptsächlich durch Handhabung/Transport bedingt)

Subjektive Anforderungen der Beteiligten

Ergänzend zu dieser Faktensammlung wurde ermittelt, wie die unmittelbar Beteiligten in der Prozeßkette vom Wareneingang bis zur Endmontage die mit Hilfe des Fehlerschlüssels ermittelten Fehler als Störung ihrer Aufgabenabwicklung erfahren und welche Auswirkungen entstehen. Wichtig war, zu erkennen, wie man sich als Betroffener hilft bzw. welche Verbesserungsmöglichkeiten gesehen werden. Diese in der Regel nur an der eigenen Erfahrungswelt gespiegelten Aspekte wurden in Interviewgesprächen gemeinsam mit Mitarbeitern des LAS an ausgewählten Problemfällen mit den Mitarbeitern und Verantwortlichen der Werke vor Ort herausgearbeitet.

Beispielhafte Ergebnisse zu „subjektiven Anforderungen":
- Das spezifische Problem war im Lieferwerk längst bekannt und es waren schon Maßnahmen z.B. bei den folgenden Fertigungsstufen eingeleitet worden, diese Informationen wurden nicht an das Empfängerwerk übermittelt.
- Die heute wirkenden Regelkreise und die Kommunikationsstrukturen sind bei den Interunit-Kunden-Lieferanten-Beziehungen den gestiegenen Anforderungen nur bedingt gewachsen. Sie übermitteln nur einen Teil der eigentlich notwendigen Informationen und weisen zu lange Reaktionszeiten auf.

Ergebnis der Analyse

Zusammenfassend lassen sich folgende Schwachstellen im Interunit-Prozeß ausmachen:

Insgesamt zeigte sich bei den durchgeführten Untersuchungen, daß Verbesserungspotentiale hauptsächlich in den Bereichen „Verfahrensqualität“ und „soziale Qualität“ liegen.

Hauptstoßrichtung für die *Verfahrensqualität* sind:
- die logistischen Abläufe
- die Qualität der den Teilefluß begleitenden Informationen und
- Mittel zur Entschärfung der Konfliktbereiche zwischen Eigenbedarfsbefriedigung und Interunit-Lieferungen.

Hierzu werden zunächst Regeln des Qualitätsmanagements und der Qualitätssicherung für die Informationsflüsse bei gegenseitigen Belieferungen erarbeitet und in die Praxis umgesetzt. Diese sind für die Auslösung und Abwicklung der Geschäftsvorgänge aber auch bei Qualitäts-, Termin- und Mengenabweichungen, d.h. für eine zweckmäßige Abwicklung von Reklamationen, erforderlich.

Für die *soziale Qualität* ergeben sich Anknüpfpunkte in Form von alternativen Kooperationsformen wie:

- Ausbau der überbetrieblichen Kommunikationsmöglichkeiten
- Schaffung (werksübergreifender) vertrauensbildender Maßnahmen
- sofortige und gemeinsame Behandlung aktueller Probleme in Werksteams
- Nutzung und Ausbau bestehender persönlicher Kontakte zwischen den Unternehmen als „Normalfall“ für alle Formen der Zusammenarbeit

Zielvereinbarung der Partner

Das gesamte Themenfeld wurde in einem 2-tägigen Workshop vom werksübergreifenden Kernteam zusammen mit Vertretern anderer Fachbereiche methodisch aufgearbeitet. Das eingangs formulierte Ziel konnte gemeinsam konkretisiert werden, um konkrete Maßnahmen daraus abzuleiten.

„Ziel ist ein IU-Prozeß, der weitgehend ohne Vorschriften auskommt, der sich aber durch die Eigeninitiative und Verantwortung der Beteiligten kontinuierlich verbessert!"

Maßnahmen:

- Stärkung der Kompetenz der jeweiligen Partner
- „Wertschöpfungskette" wird zum „Wertschöpfungsverbund"
- Steigerung des Qualitätsbewußtseins der Mitarbeiter
- methodisches Erschließen des Erfahrungswissens der Mitarbeiter
- kontinuierlicher Verbesserungsprozeß („kVp")
- Weitere Verbesserungspotentiale methodisch erschließen
- Steigerung der Effizienz der Geschäftsprozesse
- höhere Planungssicherheit und Fehlerfreiheit durch Einbeziehung sämtlicher beteiligter Funktionen in einem Qualitätsregelkreis

Leitbild:

- Eine partnerschaftliche Beziehung muß den Bedürfnissen von Kunde und Lieferant gleichermaßen gerecht werden
  - Hierzu müssen bereits zu Beginn der Partnerschaft entsprechende Regeln getroffen werden
- gemeinsames Situationsverständnis
- frühzeitige werksübergreifende Zusammenarbeit innerhalb der Lieferkette
- offene Kommunikation, gemeinsames Lernen

nach: FRANCIS, 89

Bild 2-18: Ziele, auf denen die Workshoparbeit aufsetzte

Hieraus ergaben sich Strukturen und Aufgabenpakete für die einzelnen *INNOVATIONS-Teams*, wie sie im folgenden skizziert sind.

INNOVATIONS-Teams

Voraussetzung für die Erreichung der gesteckten Ziele ist eine werks- und fachbereichsübergreifende Projektorganisation. Für diese interdisziplinäre Projektorganisation haben sich folgende Gruppen gebildet:

- werksübergreifendes Steuerteam
- lokale Werksteams
- Workshops

Werksübergreifendes Steuerteam

Das werksübergreifende Steuerteam mit je einem Vertreter der örtlichen Werksteams, dem Projektleiter und Teilnehmern aus technischen Zentralbereichen nimmt die Funktion der zentralen Projektsteuerung im Sinne der GROHE-Gruppe war. Insofern kommt ihm auch die wichtige Aufgabe zu, insgesamt das Bewußtsein für die vorhandene Problematik zu schärfen, Ziele für die lokalen Werksteams zu setzen, entsprechende Aufgaben zu verteilen und Einzelergebnisse wieder auf die Erfüllung der Gesamtzielsetzung zu fokussieren. Das Steuerteam trifft

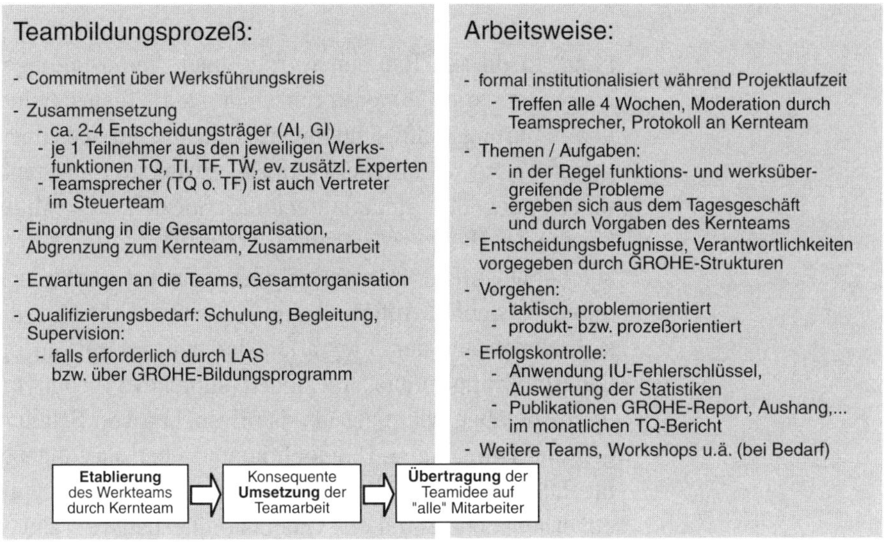

Bild 2-19: Werksteams – Teambildung und Arbeitsweise

sich ca. alle 6 Wochen und lädt gegebenenfalls Spezialisten aus Zentralbereichen oder Werksfunktionen zu den Teamsitzungen ein.

Lokale Werksteams

In den Werken soll durch lokale Werksteams ein kontinuierlicher Verbesserungsprozeß eingeleitet werden, der dazu führt, daß im Zulieferverhältnis der Werke und der Bereiche im Werk untereinander dieselben „strengen" Maßstäbe angelegt werden, wie für externe Zulieferer. Die Werksteams setzen sich im Kern aus einem Vertreter des Qualitätswesens und der Produktionslogistik zusammen, von denen einer das Werk im Steuerteam vertritt.

Die Werksteams sollen eine Bearbeitung der anstehenden Aufgaben so problemnah wie möglich ermöglichen.

Problembezogene Workshops

Zu diesem Zweck werden in Abstimmung mit dem Steuerteam im Einzelfall ergänzende Workshops gebildet, wo insbesondere alle vor Ort involvierten Mitarbeiter Probleme gemeinsam besprechen und Problemlösungen erarbeiten. Die Moderatoren dieser Workshops erhalten hierfür spezielle Schulungen. Die Workshopleiter berichten direkt an das werksübergreifende Steuerteam.

Personalentwicklung (PE)

Die Friedrich Grohe AG ist in der Lage, ihren Mitarbeitern ein Aus- und Weiterbildungsprogramm anzubieten, wie kaum ein anderes Unternehmen dieser Größenordnung. In diesem Rahmen werden auch Veranstaltungen angeboten wie Moderatorenschulungen, Teamschulungen, Führungskräfteschulungen, Umgang mit Gruppen, Verhalten in Konfliktsituationen, Problemlösungstechniken oder die Metaplantechnik. Speziell den Mitarbeitern der Herzberger Armaturen GmbH war der Nutzen solcher Qualifizierungsmaßnahmen zunächst nicht unmittelbar einsichtig. Aufgrund der Fülle von Aufgaben, die sich alleine aus der Integration der neuen Firma in die GROHE-Gruppe ergab, erschienen (subjektiv gesehen) andere Aufgaben wichtiger als das Besuchen von Schulungen und Lehrgängen. Dennoch konnte über o.a. Angebot im Rahmen des Projektes innerhalb der GROHE-Gruppe ein erheblicher Anteil des Qualifizierungsbedarfes aus eigenen Quellen befriedigt werden.

Stabilisierung bzw. Abschluß

Es galt nun das im Projekt Erreichte zu sichern und auf dieser Basis aufzubauen. Um auch den Arbeiter „vor Ort" zu erreichen wurde zur Information aller Mitarbeiter ein Fortsetzungsartikel in der GROHE-Betriebszeitung „GROHE REPORT" geschaltet. Zunächst wurde hier das Problem und seine Auswirkungen auf die Betroffenen und das Gesamtunternehmen anschaulich beschrieben. Anschließend wurde an einem typischen Beispiel erklärt, wie die auf Kunden- und Lieferantenseite unmittelbar Betroffenen das Problem gemeinsam lösen konnten. Dieser Sachverhalt wurde außerdem mit dem betrieblichen Vorschlagwesen gekoppelt, um einen zusätzlichen Anreiz darzustellen.

Kommunikation

Abschließend ist festzustellen, daß eine wesentliche Barriere bei der Lösung der anstehenden Probleme, wie so oft, unzulängliche Kommunikation war. Da das Problem aber mittlerweile auf vielfältige Weise kommuniziert wurde und auch ein „Leidensdruck" da war, der die Betroffenen zum Handeln motivierte, konnten nun insgesamt erhebliche Verbesserungen erzielt werden, die immer weniger durch zusätzliche Maßnahmen angestoßen werden mußten. Selbständiges Handeln der Betroffenen bedurfte immer weniger der Stützung von außen.

QM-Strukturen

Der weitere Lösungsweg ist Teil eines unternehmensübergreifenden QM-Ansatzes, der bei den beteiligten Werken ein System- und Prozeßdenken fördern soll, das über die betrieblichen Grenzen bzw. Fachbereichsgrenzen hinausgeht. Dieses „neue" Qualitätsverständnis verlagert langfristig die Funktionen und Aufgaben, die bisher vom Qualitätswesen wahrgenommen wurden, direkt in den Prozeß (zurück).

Da bei GROHE die Elemente des Qualitätsmanagements in den Strukturen und damit auch den Geschäftsprozessen verankert sind, greifen hier die bekannten Hilfsmittel, die im folgenden Bild dargestellt sind. (Bild 2-20)

Der kontinuierliche Verbesserungsprozeß (kVp) ist hier integraler Bestandteil des TQM-Systems. Er wird gestützt durch Audits („check"), die ihrerseits „das Rad am laufen halten" und wird abgesichert durch das QM-System bzw. eine entsprechende Dokumentation.

Interne Qualitätsgarantien

Ein zusätzliches Potential liegt in speziellen Interunit-Prozeßaudits, die im Anschluß an interne Leistungsgarantien durchgeführt werden (vgl. Hart, CH. 1995). Auch hier wachsen auf der Basis verschiedener interner Leistungsversprechen zwischen den Beteiligten die Beziehungen, die denen zu externen Kunden und Lieferanten entsprechen; die Bereitschaft zu mehr Verständnis und Kooperation steigt und prägt das gemeinsame Arbeitsklima. Derartige Leistungsgarantien bestehen im Kern aus einem spezifischen Versprechen über ein zu garantierendes Leistungsniveau, das für den internen Kunden entscheidend ist. Daran gekoppelt kann eine Art sich selbst auferlegter

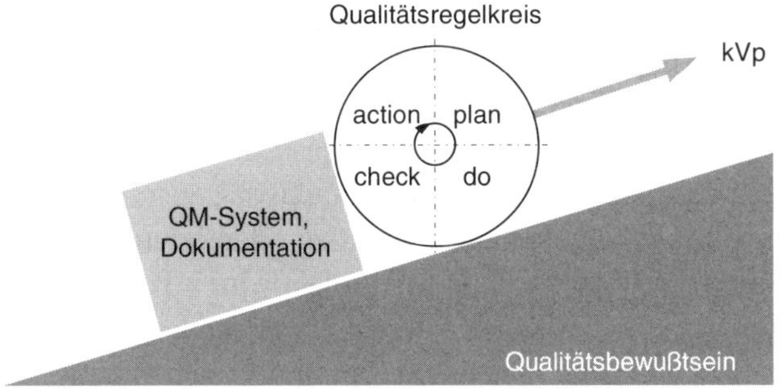

Bild 2-20: Der kontinuierliche Verbesserungsprozeß (kVp) als Teil des Total Quality Management (TQM) (vgl. Paal, U. 1995)

„Strafzahlung“ (auch symbolischer Art) sein. Interne Leistungsgarantien könnten den kontinuierlichen Verbesserungsprozeß in Zukunft zusätzlich stützen.

Interunit - wichtiges Lernprojekt für die GROHE-Gruppe

Innerhalb dieses Pilotprojektes stand die Herzberger Armaturen GmbH beispielhaft im Mittelpunkt der Bearbeitung der Kunden-Lieferanten-Beziehungen innerhalb einer Firmengruppe. Inzwischen hat sich erwiesen, daß die Durchführung des Projektes eine wichtige Übung und ein Lernprojekt für die wachsende GROHE-Gruppe ist.

Die Erfahrungen des Interunit-Projektes sind heute Grundlage und geben Hilfestellung, um die Zuliefer-Beziehungen mit den neuen vier produzierenden Firmen der DAL-Rost-Gruppe (seit 1995 zur GROHE-Gruppe gehörend) und den im Bau befindlichen ausländischen Werken in Thailand und Portugal optimal gestalten zu können.

Die Aufgaben, Abläufe und Verantwortlichkeiten für den Interunit-Prozeß werden in einer Organisationsrichtlinie (stehen im QM-System bei Grohe über den Verfahrensanweisungen und werden vom Vorstand in Kraft gesetzt) und in Verfahrensanweisungen festgelegt.

Das Kernteam und die Werksteams bleiben bestehen. Zusätzlich gebildete Arbeitsgruppen unterstützen sie dabei mit Lösungsvorschlägen zu konkreten Aufgabenstellungen.

2.3 Resümee zur Kooperationsgestaltung und Ausblick

(Th. Kampschulte, B. Hiddemann)

Arbeit im Verbundprojekt, Umfeld / Rahmenbedingungen

Vorhaben – wie das hier dargestellte – richten sich im Schwerpunkt an Mittelständische Unternehmen, deren Erfahrungen und Kompetenzen in der pragmatischen Bewältigung des turbulenten Tagesgeschäftes liegen. Ihr Erfolg wird an Umsätzen und Produktivität gemessen. Die Inhalte des Forschungsprojektes orientieren sich am Stand der Wissenschaft. Das Projekt wird z. B. an der Art der wissenschaftlichen Vorgehensweise oder dem Innovationscharakter gemessen. Es ergibt sich daraus ein Spannungsfeld, da die Konzepte und Maßnahmen zwei verschiedenen Anforderungen genügen müssen.

Diese o.a. Konstellation ist sinnvoll, da ein Hauptfeld der Managementforschung darin besteht, im Grundsatz bekannte Konzepte in die Praxis umzusetzen, speziell in mittelständischen Unternehmen konkret zu realisieren. Dies stellt in der Regel einen befruchtenden Vorgang dar: Die Beteiligten der KMU lernen Konzepte der Managementforschung kennen und bekommen in einem Forschungsvorhaben die Möglichkeit, die betrieblichen Abläufe aus einer abstrakteren Ebene zu hinterfragen. Dabei muß in teils ungewohnter Weise an theoretischen Modellen gearbeitet werden, wo der praktische Nutzen erst auf dem zweiten Blick ersichtlich ist. Die beteiligten Mitarbeiter als Umsetzungsträger im Projekt werden von den Hochschulinstituten unterstützt. Die Hochschulvertreter haben weniger Erfahrung im betrieblichen Tagesgeschäft und bekommen durch die Umsetzung von Maßnahmen und Konzepten Einblick in den Unternehmensalltag. Sie lernen, konzipierte und geplante Theorie an die unternehmens- und situationsspezifischen Gegebenheiten anzupassen und betriebliche Restriktionen in kauf zu nehmen. So findet in einem Verbundprojekt auf beiden Seiten ein Anpassungsprozeß statt.

Bemerkenswert ist die Ansicht mancher „Praktiker", daß praktische Erfahrungen aus anderen Unternehmen, sobald sie schriftlich niedergelegt oder als Modell aufbereitet sind, als reine Theorie bezeichnet werden, die viel zu kompliziert ist und in der Praxis nicht funktioniert. – Diese Einschätzung wird wohl auch dieses Buch betreffen.

Unser Eindruck ist, daß das Krisenmanagement in den Unternehmen vielfach zur Gewohnheit und zur Kompetenz geworden, so daß der Glaube an ein geplantes und aufeinander abgestimmtes Vorgehen selten vorhanden ist. Überspitzt gesagt: „Jeder versucht alles zu machen und erfindet das Rad neu." Eine strukturierte und systematische Arbeitsweise muß vielfach wieder geübt und als positiv erfahren werden, um die Bereitschaft zur Weiterentwicklung und Realisierung von unbekannten und erprobten Konzepte zu fördern.

Beobachtungen bei der Umsetzung des KATalyse-Modells

Bei der Anwendung des KATalyse-Modells haben wir eine Reihe von Erfahrungen gemacht, von denen nun wesentliche Punkte aufgeführt werden sollen:

In den KMU haben wir oftmals erfahren, daß sofortiger Handlungsbedarf bei Problemen gegeben scheint und auf möglichst schnelle Lösungen gedrungen wird. Dieses Vorgehen (im Sinne von Feuerwehraktionen) ist aber nur in der Lage, kurzfristig Probleme zu lösen (im Sinne von Brände löschen) und steht mit dem Aufbau des KATalyse-Modells nicht in Einklang (d.h. Brand-Verhütung). Vor diesem Hintergrund kommt der *Planungsphase* eine besondere Bedeutung zu.

Zum „Entschluß des Unternehmens"

Hinsichtlich des Moduls „*Entschluß eines Unternehmens*" der Planungsphase läßt sich festhalten, daß Partner, die Kooperation wollen, die Kommunikation einfordern müssen. Und auch wenn die Zusammenarbeit von den Partnern gewünscht wird, sind verschiedenste Schwierigkeiten auszuräumen. Beispiele dazu sind:

- Aufrechterhaltung der Kooperation mit einem wichtigen Partner
- Umgang mit den gegebenen Machtstrukturen intern und extern
- Kooperation über große räumliche Entfernungen

Zur „Willensbildung" und „Zielvereinbarung"

Im Modul „*Willensbildung*" sei besonderes Augenmerk auf die Mitwirkung der Führungskräfte bzw. obersten Leitung auch der Partnerunternehmen gelenkt. Die Notwendigkeit zeigt die Äußerung des Mitarbeiters einer Zulieferfirma in einer unternehmensübergreifenden Arbeitssitzung:

> „Was soll ich mich hier engagieren und aus dem Fenster lehnen, wenn hinterher von der Führung doch wieder umgeschwenkt wird."

Vertrauensbildung und feste Rahmenbedingungen hinsichtlich des Gestaltungsprozesses sind eben auch für den Mitarbeiter des Partnerunternehmens ausschlaggebende Faktoren für seine Einsatzbereitschaft.

Ein weiterer Punkt ist, daß entscheidungsbefugte Mitarbeiter an übergreifenden Arbeitstreffen teilnehmen sollten, wobei folgendes zu beachten ist:

- Entscheidungsbefugte Personen stoßen in ihrem Haus vielfach an ihre Grenzen, die Relevanz des Themas allen Vorgesetzten und Mitarbeitern zu verdeutlichen, um damit Engagament bei den nicht unmittelbar Beteiligten zu erzielen.
- Sie scheinen oft für aktuelle, interne Problemlösungen unentbehrlich. Das führt dazu, daß Vertreter zu externen Sitzungen geschickt werden, was oftmals nur eine unzureichende Ersatzlösung darstellt.

Das Kooperationsprojekt droht dann an mangelnder Umsetzbarkeit zu scheitern.

Das Modul „Willensbildung“ erfüllt eine äußerst wichtige Funktion:

> „Nur partnerschaftliche Zusammenarbeit in allen Bereichen der Lieferkette und [...] Aufbau von gegenseitigem Vertrauen kann langfristig zum Erfolg führen. Glaubt man seitens vieler Kunden mit einseitig formulierten, z.T. nicht rechtskonformen Qualitätssicherungs-Vereinbarungen partnerschaftlich zu handeln, kann man eindeutig feststellen, daß Konfrontation in den meisten Fällen das Ergebnis ist.“ (R. Bongers)

Wie sich in der Analysephase bestätigte, ist ein lebendes Qualitätsmanagement-System (z. B. nach DIN EN ISO 9000 ff.) ein zentraler Baustein für externe Zusammenarbeit. Die internen Strukturen stehen dadurch einer Betrachtung und Optimierung in festgeschriebener und dokumentierter Weise offen. Zur „Analyse“

Eine Entscheidung bezüglich des Gestaltungskonzeptes kann durch Analyseergebnisse lediglich gefestigt werden, aber kaum ausschließlich auf berechneten Kennzahlen fußen. Außerdem berücksichtigt ein formalistisches (statistisch-analytisches) Vorgehen die Interessen, Vorbehalte und Machtstrukturen der beteiligten Personen, auf die wir spätestens in der Umsetzung unweigerlich treffen, nicht ausreichend. Aufgrund der großen Autonomie in Virtuellen Kooperationsverbünden von KMU tritt dieser Effekt stärker auf als in der Zusammenarbeit von Abteilungen einer Organisation (interne Kunden-Lieferanten-Beziehung).

Zur „Realisierung"

Ein Aspekt, der für die gesamte Arbeit der *Realisierungsphase* relevant ist, stellt eine bedarfsgerechte Ausrichtung der Maßnahmen nach den betrieblichen und personellen Bedingungen dar. Standardlösungen sind oft wenig effektiv und auch bekannte Managementkonzepte finden in der Realisierung ihre unternehmensspezifische Ausgestaltung. Dies ist nur durch genaue Abstimmung und Bedarfserhebung im Vorfeld möglich.

Dem Veränderungsprozeß und damit verknüpfte Maßnahmen werden durch die mittelbar beteiligten Personen oft Widerstand entgegengebracht. Dies äußert sich sehr häufig in indirekter Weise, z. B. in Form von plötzlicher Abwesenheit auf Schulungen. Eine mögliche Erklärung für dieses renitente Verhalten könnte die Befürchtung sein, eigene Ziele und Interessen nicht mehr so wie bisher wahren zu können und eigene Arbeitsweisen offenlegen zu müssen.

Zum Modul *„Schaffung interner Voraussetzungen"* läßt sich hervorheben, daß eine allgemeingültige Integration aller Zulieferer eines Unternehmens in die internen Abläufe nicht möglich ist.

> „Die Anforderungen und Mitwirkungsmöglichkeiten der Partnerunternehmen sind je nach Branche und Kompetenz des Zulieferers und je nach Produkt sehr unterschiedlich." (V. Scholz)

Jedoch erleichtert und beschleunigt ein hoher Bekanntheitsgrad der Produkte und Kompetenzen der Zulieferer den Prozeß der Eingliederung.

Arbeit mit dem KATalyse-Modell

Die Module des KATalyse-Modells haben in den Pilotbeispielen der sechs Unternehmen eine jeweils unternehmensspezifische Abfolge. Trotzdem läßt sich die Vorgehensweise zusammenfassend beschreiben.

Die Projektarbeit startete mit dem Modul „*Entschluß eines Unternehmens*", welches bei allen Unternehmen mit der Entscheidung der Teilnahme am Verbundprojekt zusammenhängt. Als nächster Schritt ist in allen bis auf ein Unternehmen, welches direkt ein Kooperationskonzept bzw. -methode entwickelte, eine *Analyse* mithilfe verschiedener Erhebungsinstrumente durchgeführt worden. Das Interesse an einem Überblick über die momentane Ist-Situation war beim Hochschulinstitut und den KMU gleichermaßen groß. Nach einer mehr oder weniger ausgiebigen Analysephase wurden in den Pilotprojekten entweder *Kooperationskonzepte bzw. -methoden* erarbeitet oder *INNOVATIONS-Teams* gebildet, die diese Funktion übernahmen. Nachfolgend wurden in einigen KMU *Detailanalysen* nachgeschoben, um spezifische Bereiche genauer zu beleuchten wie z. B. die Kunden-Zulieferer-Beziehung. Im weiteren Verlauf lassen sich wenig Gemeinsamkeiten bei den Pilotprojekten feststellen, da jedes Unternehmen eigene Maßnahmen in der Realsierungsphase in die Wege geleitet hat. Und es wurden auch Rücksprünge in die davorliegenden Phasen notwendig. Das Modul „*Personalentwicklung*" leistete häufig der LAS Bochum ab, so daß z. B. Schulungen der Mitarbeiter in Moderation und Teamfähigkeit ein Bestandteil dieses Moduls waren. Zum Ende des Gestaltungsprozesses ist das Modul „*Stabilisierung*" der Maßnahmen in vielen Unternehmen aufgetreten. Dadurch, daß die Projektarbeit aber nocht nicht vollständig abgeschlossen ist, hat in keinem Unternehmen eine endgültige Evaluation der Maßnahme stattgefunden.

Zusammenfassend liegt die Funktion des *KATalyse-Modells* darin, Handlungshinweise für die Gestaltungsarbeit zu geben und Methoden und Techniken zur Verfügung zu stellen.

Organisations- und Verhaltensqualität, Kommunikation, Maßstäbe

Wie sich in den einzelnen Gestaltungsvorhaben zeigt, ist der Erfolg eines Kooperationsvorhabens entscheidend vom Verhalten des Einzelnen und den persönlichen Beziehungen zwischen den Partnern abhängig. Je nachdem ob der Mitarbeiter des Unternehmens in der Rolle des Kunden oder des Lieferanten auftritt, differieren die Schwierigkeiten mit den jeweiligen Partnern in der unternehmensübergreifenden Kooperation.

„Hier ist zu beachten, wie die auf beiden Seiten arbeitenden Systeme damit fertig werden, daß sie einmal Lieferant bzw. Kunde und oft zeitgleich genau die umgekehrte Funktion füreinander wahrnehmen." (Wolfgang J. Bonk)

Agiert ein Mitarbeiter in Kooperationen als Kunde nicht etwa genau in der Art, die er als Lieferant beklagt?

In der *Rolle des Kunden* werden Forderungen in bezug auf die Leistungen an den Lieferanten gestellt. Um die Erfüllung der Erwartungen zu sichern, wird einerseits ein Beurteilungs- und Kontrollsystem aufgebaut (Audittourismus). Andererseits gilt der Preis als dominierendes Kriterium zur Auftragsvergabe von seiten des Kunden. Der Widerspruch zwischen, erstens: Kontrolle der Qualitätsfähigkeit und zweitens: Auftragsvergabe nach Preis ist offensichtlich. Parallel dazu läßt sich beobachten, daß in der direkten Zusammenarbeit die Kommunikationsbereitschaft des Kunden, – insbesondere wenn terminliche oder finanzielle Engpässe eintreten – kaum noch gegeben ist. Der Lieferant sieht sich nicht in der Lage, eigene Probleme anzusprechen, weil er befürchtet, den Auftrag zu verlieren.

Wird der Mitarbeiter in der *Rolle des Lieferanten* tätig, so empfindet er sich oftmals als ohnmächtig. Aus bisherigen Erfahrungen besteht z. B. die Befürchtung, daß eigene Entwicklungen für den Kunden nicht in einen Fertigungsauftrag münden sondern mit der Konkurrenz bearbeitet werden. In der Zusammenarbeit gibt es kaum langfristige Perspektiven. Beklagt wird in erster Linie der Preisdruck. Als Reaktion auf diese Stellung „mit dem Rücken zur Wand" verschließt sich der Zulieferer einer offenen Kooperation/Kommunikation. Der Lieferant braucht Vertrauen (durch Wahrung seiner subjektiven Interessen begründet), um die notwendige Offenheit zu fördern.

Empfehlungen für Andere

Nehmen wir die angeführte Problematik der zwei Perspektiven – als Kunde bzw. als Lieferant – auf, so stehen wir vor zwei Aufgaben, die es zu meistern gilt:

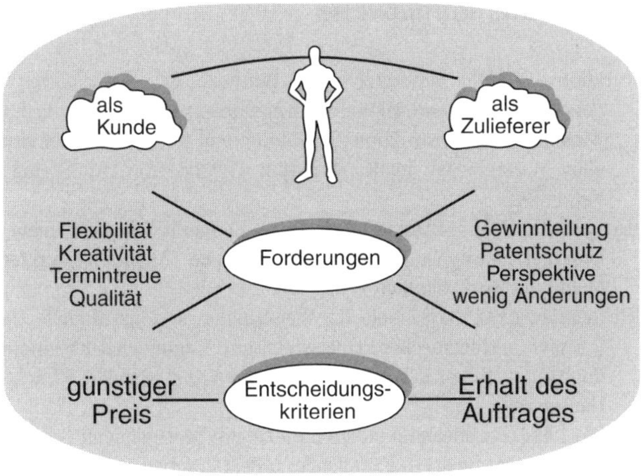

Bild 2-21: Rollen des Mitarbeiters in Kooperationen

1. Förderung der Bereitschaft der Partner (insbesondere des Kunden), sich auf eine intensive Kooperation/Kommunikation einzulassen und damit die Verwirklichung eigener Interessen angemessen zurückzustellen.
2. Schaffung und Förderung von Vertrauen (insbesondere des Zulieferers gegenüber dem Kunden), um eine offene Zusammenarbeit zu ermöglichen. Diesbezüglich ist eine Vorleistung des Zulieferers erforderlich.

Ausblick / offene Fragen

Konzepte zu Aufbau- (Struktur) und Ablauforganisation von Kooperationen aus betriebs- und ingenieurwissenschaftlicher Sicht gehören zum Stand der Technik. Wege, diese insbesondere in KMU umzusetzen, sind über die Erfahrungen mittels des KATalyse-Modells aufgezeigt. Das Verhalten der Beteiligten und ihre Beziehungen zueinander prägen die Zusammenarbeit und bedürfen der besonderen Beachtung. Exemplarisch seien in diesem Zusammenhang aufgeführt:

- Förderung der Kooperationswilligkeit und -offenheit der Führungskräfte und obersten Leitung
- Förderung der Kooperationsfähigkeit und -erfahrung der Mitarbeiter
- Bereitstellung menschengerechter Kommunikationsmedien (z. B. zur Kooperation über große Distanzen)

2.10 Literaturhinweise

[Birkhofer, H. 1995] Birkhofer, H. ,Büttner, K., Reinemuth, J., Schott, H.: Netzwerkbasiertes Informationsmanagement für die Entwicklung und Konstruktion- Interaktion und Kooperation auf virtuellen Marktplätzen. In: Konstruktion 47(1995) 255–262; Springer-Verlag 1995.

[Bronder, C. 1993] Bronder, Christoph: Kooperationsmanagement – Unternehmensdynamik durch Strategische Allianzen.Frankfurt/ Main, New York: Campus Verlag 1993.

[Bronner, R. 1989] Bronner, R.: Weiterbildungserfolg: Modelle und Beispiele systematischer Erfolgssteuerung. Handbuch der Weiterbildung für die Praxis in Wirtschaft und Verwaltung (Band 6). Müncher: Hanser 1989.

[EFQM 1995] European Foundation for Quality Management; Team Recognition for Business Excellence: A Best Practice booklet. Brüssel 1995.

[Francis, D. 1989] Francis, D.; Young, D.:

Mehr Erfolg im Team: Ein Trainingsprogramm mit 46 Übungen zur Verbesserung der Leistungsfähigkeit in Arbeitsgruppen. Essen-Werden: Windmühle GmbH 1989, 3. Aufl.

[Hart, CH. 1995] Hart, Ch.: Vom Nutzen interner Qualitätsgarantien. In: Harvard Business manager 3/95, S. 78–86 [HEEG, F.-J. 1994] Heeg, F. J.; Meyer-Dohm, F. J.; Heeg, P.: Methoden der Organisationsgestaltung und Personalentwicklung. München: Carl Hanser verlag 1994.

[Hinkel, N. 1991] Hinkel, N.: Teamentwicklung in einer Bildungsabteilung. In: Sattelberger, Thomas (Hrsg.), Innovative Personalentwicklung, 2. Auflage Gabler, Wiesbaden 1991.

[Krause, F.-L. 1995] Krause, F.-L.; Doblies, M.: Verteilte Systeme zur Unterstützung teamorientierter Produktentwicklungsprozesse. In: Konstruktion 47 (1995); S. 385–400; Springer- Verlag 1995 [Lamming, R. 1994] Lamming, R.: Die Zukunft der Zulieferindustrie. Strategien der Zusammenarbeit: Lean supply als Überlebenskonzept. Frankfurt am Main: Campus 1994.

[Mertens, P. 1995] Mertens, P.; Faisst, W.: Virtuelle Unternehmen- eine Organisation für die Zukunft? In: technologie&management 2/95; Gabler-Verlag 1995.

[Murakami, T. 1992] Murakami, T.: Kyosei and the next Generation of Japanese-style Management In: Japan Viewpoint, NRI Quarterly, 01-3, Winter 1992, Volume 1, Number 3, 27 S.

[Paal, U. 1995] Paal, U.: ISO 9000 Zertifizierung In: Kontrolle 3/95.

[Schnauber, H. 1994] Schnauber, H.: Zertifizierung – Chance für umfassendes Qualitäts- und Wertschöpfungs-Management. In: Qualität und Zuverlässigkeit (QZ) Nr. 39 (1994) 5, S. 509–514; Carl Hanser Verlag, München 1994.

[Schnauber, H. 1995] Schnauber, H.; Bürenheide, U.: A Script for best performance. In: European Quality – The official journal of the European Organisation for Quality (EOQ), Volume 2 Number 4, S. 38–40; 1995.

3 Kleinstbetriebsmanagement in der Lieferkette

PROJEKTGEMEINSCHAFT QS-VP 2.4.2:
KLEINSTBETRIEBE / HANDWERK
FEDERFÜHRUNG: FOWIG, KARLSRUHE

Inhaltsverzeichnis

3.1 Zum Forschungsverbund
(*G. Rühl, R. Weber, A. Bebon*) ... 420
3.2 Zum zwischenbetrieblichen Qualitätsmanagement
(*G. Rühl, R. Weber, A. Bebon*) ... 421
3.2.1 Ansätze und Methoden ... 423
3.2.2 Grundkonzepte des zwischenbetrieblichen Qualitätsmanagements ... 424
3.2.3 Vergleichende Bewertungen ... 427
3.2.4 Kundenbefragung ... 430
3.2.5 Lieferantenbeurteilung ... 439
3.2.6 Mitarbeiterbefragung ... 443
3.2.7 Veränderung betriebswirtschaftlicher Daten in der Projektlaufzeit ... 449
3.2.8 Bewertung von Erfolgsfaktoren der Betriebsführung ... 452
3.3 Erweiterung von Geschäftsfeldern durch Qualitätsentwicklungen
(*B. Beckenbach*) ... 454
3.3.1 Zur Unternehmenspolitik ... 454
3.3.2 Krisenmanagement und Konsolidierung ... 456
3.3.3 Entwicklung und Qualitätswesen in der Aufbau- und Ablauf-Organisation ... 458
3.3.4 Kunden-Lieferanten-Beziehungen ... 460
3.3.5 Veränderung betriebswirtschaftlicher Daten der Firma Beckenbach ... 462
3.4 Auswirkungen veränderter Kunden-Lieferanten-Beziehungen
(*H. Bergfeld*) ... 463
3.4.1 Zum Unternehmen ... 463
3.4.2 Entwicklung der Kunden-Lieferanten-Beziehungen ... 463
3.4.3 Entwicklung der Geschäftspolitik ... 464
3.4.4 Entwicklung der internen und externen Strukturen ... 465
3.4.5 Entwicklung des Unternehmens im Markt ... 465
3.4.6 Zukünftige Entwicklung ... 467
3.4.7 Beispiele zur Methodik: Metaplan, Profilstruktur der Projektergebnisse ... 470
3.5 Umsetzung von Kundenanforderungen bei der Entwicklung und Produktion von Sondermaschinen - SAMAG GmbH
(*G. Stolze*) ... 470

Inhaltsverzeichnis (Fortsetzung)

3.5.1 Wirkung des QM-Systems auf die innerbetriebliche Zusammenarbeit 471
3.5.2 Bildung und Tätigkeit von Hersteller-Kunden-Projektkreisen, d.h. „Aktionszentren" nach G. Rühl 473
3.5.3 Erneuerung von Organisationsstrukturen 475
3.5.4 Expertenurteil über die Entwicklung der Arbeitssysteme und der Beteiligung 479
3.6 Verbesserung der externen Kunden-Lieferanten-Beziehungen durch Schnittstellenoptimierung - SFR GmbH - (*M. Drescher*) 479
3.6.1 Ziele und Entwicklungsaufgaben 479
3.6.2 Bildung eines Aktionszentrums 480
3.6.3 Maßnahmen zur Neugestaltung der Lieferantenbeziehungen 481
3.6.4 Lösungsansätze in der Gestaltung der Kunden-Beziehungen 482
3.6.5 Beispiele zur Methodik 483
3.7 Spezielle Probleme bei der Oberflächen-Veredelung - SMK GmbH (*A. Knaak*) 486
3.7.1 Kundenbefragung 487
3.8 KMU- und handwerkstypische Entwicklungstendenzen nach Struktureinbrüchen (*W. Risch, N. Drechsler, B. Mählisch*) 493
3.8.1 Strukturbrüche und unternehmerisches Handeln 493
3.8.2 Lösungsansätze 496
3.8.3 Strategien zur weiteren Gestaltung von externen Kunden-Lieferanten-Beziehungen 500
3.9 Resümee des Verbundprojektes: Kritische Aspekte und neue Aufgaben (*G. Rühl, W. Risch*) 501
3.9.1 Arbeit im Verbundprojekt 501
3.9.2 Probleme bei der Umsetzung (extern / intern) 504
3.9.3 Praktische und wissenschaftliche Projekterfahrungen 504
3.9.4 Umfeld / Rahmenbedingungen 504
3.9.5 Empfehlungen für Andere / Warnungen 505
3.9.6 Ausblick, offene Fragen 505
3.10 Literaturhinweise 505

3.1 Zum Forschungsverbund

(G. Rühl, R. Weber, A. Bebon)

Die FOWIG GmbH – Gesellschaft für Forschung und wissenschaftliche Gutachten mbH – ist mit ihrem wissenschaftlichen Leiter, Prof. Dr.-Ing. G. Rühl gleichzeitig Federführer und Hauptantragssteller der Projektgemeinschaft VP 2.4.2 „Handwerk/Kleinstbetriebe". Neben dem Partnerinstitut *ATB GmbH* – Arbeit, Technik und Bildung – aus Chemnitz mit Herrn Dozent Dr.-Ing. habil W. Risch als Geschäftsführer – sind drei Partnerbetriebe aus Ostdeutschland und zwei Partnerbetriebe aus Westdeutschland an der Projektgemeinschaft beteiligt. Die zwischenbetrieblichen Qualitätsbeziehungen haben damit auch einen besonderen Ost-West-Charakter, der vergleichend erforscht werden soll. Eine wesentliche Rolle spielen dabei auch die beiden Forschungsinstitute aus Ost und West, die ihre Erfahrungen verbinden. Das korrespondierende Institut *ITB* – Institut für Technik der Betriebsführung im Handwerk –, das bis zum 31.03.1993 von Prof. Dr.-Ing. G. Rühl geleitet wurde, wird sich vor allem bei der Umsetzung beteiligen. Den Zusammenhang zeigt das Bild 3-1, das auch die speziellen Konzepte und *Unterstützungsfelder* deutlich macht.

Wiss. Partner: FOWIG, ATB, ITB

Die Partnerschaft mit Kleinstbetrieben/Handwerk hängt auch damit zusammen, daß diese von ihrer Natur besonders → schlank → flexibel → kostengünstig sind, und alle Einflüsse und Zusammenhänge sich besonders deutlich zeigen.

Vorteil von Kleinstbetrieben als Partner

3.2 Zum zwischenbetrieblichen Qualitätsmanagement

(G. Rühl, R. Weber, A. Bebon)

Der Projektbeitrag QS-VP 2.4.2 „Kleinstbetriebe/Handwerk" ist darauf gerichtet, den beteiligten Partnerfirmen Hilfen bei der besseren Bewältigung gegenwärtig anstehender Aufgaben, Schwierigkeiten und Turbulenzen zu bieten. Dies geschieht einerseits durch die Zusammenarbeit mit den Forschungsinstituten, die ihre auch wissenschaftlich gesicherten Erfahrungen und Systematiken einbringen und andererseits durch eigene, betriebliche Entwicklungen auf der Grundlage enger Kooperation und Beteiligung. Schließlich tritt dazu der allgemeine Erfahrungsaustausch zwischen allen Partnern innerhalb der eigenen Projektgruppe und auch mit anderen Projekt-

Projekt-Kooperation

gemeinschaften sowie mit dem Forschungszentrum Karlsruhe.

Gestaltung und Bewertung

Grundsätzlich ist diese Projektarbeit orientiert auf *Anwendung*, *Gestaltung* und vor allem *Handlungsorientierung*. Letzteres betrifft vor allem die primäre Rolle des Menschen bei der Realisierung neuer Ansätze. Im Sinne der Forschung geht es aber darum, durch *Ergebnisbewertung* und womöglich auch *Erfolgsfaktoren*-For-

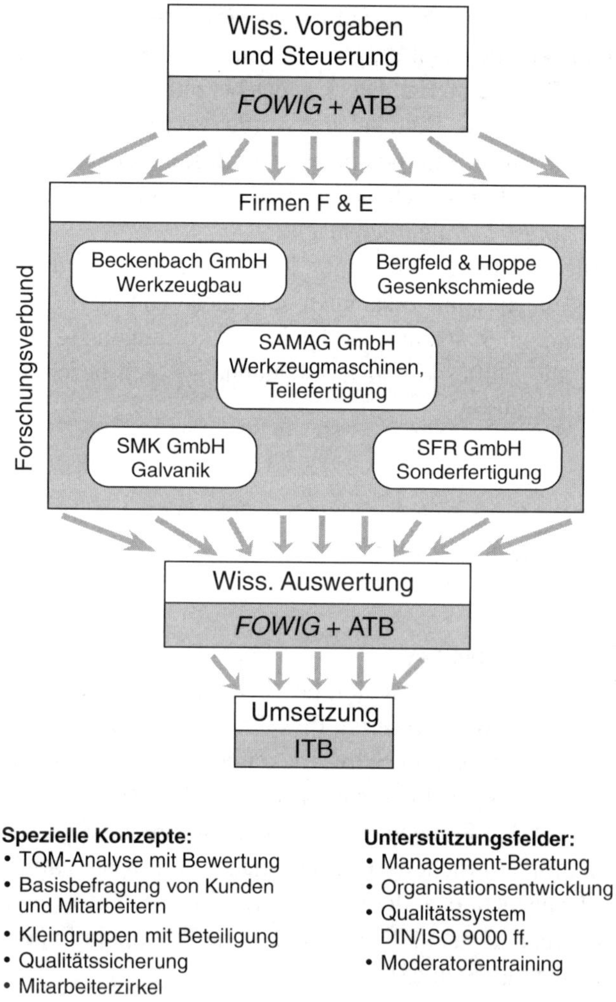

Bild 3-1: Forschungsverbund QS-VP 2.4.2

schung zu überprüfen und nachzuweisen, inwieweit die angestrebten Resultate auch erreicht wurden.

Insofern unterscheiden sich die *Realwissenschaften*, zu denen die Ingenieur-, Wirtschafts- und Sozialwissenschaften zählen, grundsätzlich nicht von den Naturwissenschaften. Grundsätzlich gehört in diesen Bereichen allerdings dazu, daß man geeignete Oberziele findet und definiert, die in der *Unternehmensforschung* erforderlich sind, um die entsprechenden *Messungen* und *Gewichtungen* vornehmen zu können. Der Vorteil dieser Vorgehensweisen ist der, daß man von begrifflichen *Erklärungsmodellen zu quantitativen Modellen* übergehen kann, die häufig zu *nicht trivialen* bzw. überraschenden Lösungen vordringen mit gleichzeitiger Angabe von deren *statistischer Sicherheit*. Wir halten dieses Vorgehen für geeignet, um die *Aufmerksamkeit bei potentiellen Interessenten* zu wecken und diese möglichst auch zum *Einschlagen ähnlicher Vorgehensweisen* anzuregen. Das verhilft dazu, *Fehler zu vermeiden*, wenn neue Wege beschritten oder gar *ungeprüfte Heilslehren* übernommen werden.

Erklärungs-Modelle

Quantitative Modelle

Das gilt natürlich auch für das *modifizierte Zusammenwirken gesicherter und bewährter Methoden organisatorischer Zusammenarbeit*, z. B. auf dem Gebiet der Vorausplanung und Steuerung sowie den *neuen Rollen*, die Mitarbeiter und Führungskräfte bei der Kleingruppen-Organisation und insgesamt der *verstärkten Beteiligung aller Mitarbeiter* einzunehmen, aber auch zu erlernen und einzuüben haben. Wie weit wir hierbei sind, und was das für die Verbesserung der Betriebsergebnisse gebracht hat, gilt es ebenfalls festzustellen.

Zusammenführen bewährter und neuer Methoden

3.2.1 Ansätze und Methoden

Das Vorgehen in diesem Projekt hat die folgenden Phasen:

Projektphasen

1. Analysephase
   Hierbei geht es um die Feststellung der speziellen Stärken und Schwächen der Firmenpartner, auch im Vergleich von Beginn und Ende des Projektes.

2. Gestaltungsphase
   Hierbei dominiert die spezielle und aktuelle Firmenproblematik, die in Krisenzeiten auch gelegentlich die Forschungsproblematik überlagern kann.
3. Bewertungsphase
   Diese erfordert auch selbstkritische Einschätzungen der Firmenpartner und eine systematische, wissenschaftliche Auswertung durch die Institute.

Arbeitsteilung bei Berichterstattung

Im vorliegenden Kurzbericht der Projektgemeinschaft QS-VP 2.4.2 „Kleinstbetriebe/Handwerk“ findet eine *Arbeitsteilung* statt, die auch aus dem Inhaltsverzeichnis hervorgeht. Die Analyse- und Gestaltungsphase wird vor allem bei den Beiträgen der Partnerfirmen beschrieben, dazu gehören auch die ausgewählten Beispiele, die insgesamt einen Überblick über die angewendeten Methoden ergeben. Die *vergleichende Bewertung der Ergebnisse, die in den Einzelfirmen erreicht wurden*, wird im vorliegenden Abschnitt gezeigt. *Allgemeine Entwicklungstendenzen in KMU und dem Handwerk unter Einbeziehung der Ostproblematik* zeigt das *ATB* im Abschnitt 3.8 und im Abschnitt 3.9 gehen *G. Rühl und W. Risch* auf *kritische Aspekte und neue Aufgaben* ein.

3.2.2 Grundkonzepte des zwischenbetrieblichen Qualitätsmanagements

Die Zielsetzung muß darin bestehen, die Qualitätsbeziehungen mit all ihren Einflußgrößen zu verbessern, seien diese nun auf die Produkte, die Dienstleistungen sowie alle damit zusammenhängenden Prozesse der Herstellung und der Vermarktung bezogen. Die speziellen Ausrichtungen dieses Projektes sind allerdings die *zwischenbetrieblichen Beziehungen.*

Die Voraussetzung für die Erreichung der angestrebten Gestaltungsziele sind *gültige Konzepte des zwischenbetrieblichen Qualitätsmanagement* (s. Bild 3-2), in die sich die gestalterischen Einzelmaßnahmen, aber auch die Beteiligung und die Rollen von Mitarbeitern und Führungskräften einordnen lassen.

Das Bild 3-2 zeigt zunächst eine übergreifende *Qualitätsdefinition* und dann das Konzept der primären und sekundären Leitfirmen mit ihren *Zulieferern.*

Qualitätsdefinition

Diese Leitfirmen sind mehr als nur Know-How-Träger oder Gesprächspartner, denn sie haben eine Führungsaufgabe in der Lieferkette, verbunden mit „Herrschaft“ und der Möglichkeit der Vergabe von Aufträgen nicht nur für *Produkte,* sondern auch für die *Sicherung von Arbeitsweisen.* Dies hängt in der Regel mit dem häufig größeren Know-How der Leitfirmen, aber auch mit deren

Leitfirmen

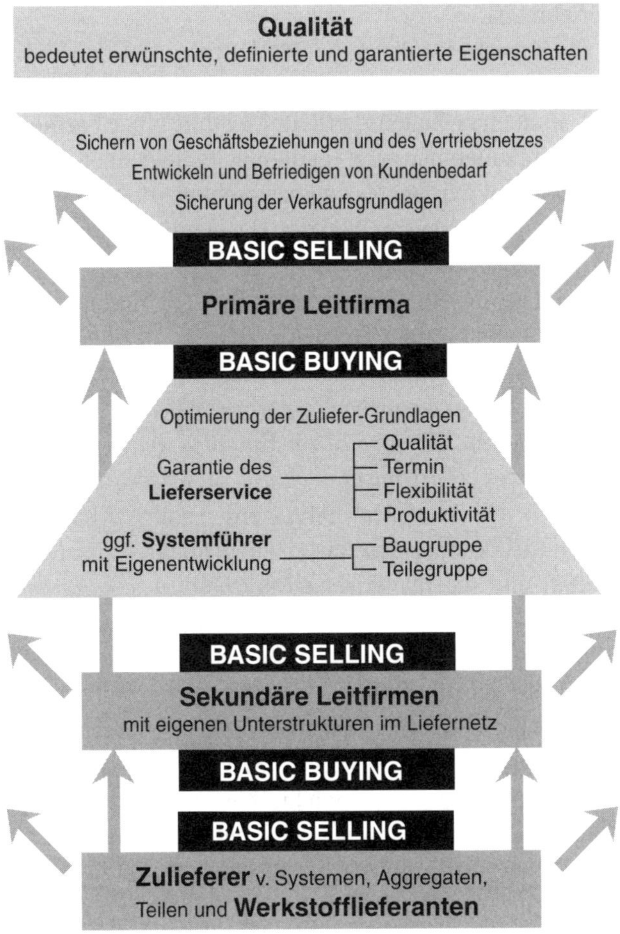

Bild 3-2: Zwischenbetriebliches Qualitätsmanagement

stärkerer *Marktmacht mit einer präsenten Vertriebsorganisation* und ihrer *stärkeren Zukunftssicherheit* zusammen. Damit ist ggf. auch eine *Unterstützungs-Verpflichtung* verbunden.

Basic Buying

Basic Selling

Die hierbei zu übernehmenden Aufgaben der Leitfirmen beziehen sich auf die *Lieferanten* und werden als *Basic Buying* bezeichnet. Die Aufgaben, die auf die Kunden gerichtet sind, werden sinngemäß als *Basic Selling* bezeichnet und betreffen die Sicherung der Geschäftsbeziehungen und des Absatzes. Diese Begriffe haben daher einen umfangreicheren Inhalt als etwa das klassische Beschaffen (sourcing), das im wesentlichen auf den Preis gerichtet ist.

Kooperationstypen

Die Kernpunkte dieser beiden Aufgaben werden im Bild 3-2 benannt. Das Bild zeigt weiter, daß diese Aufgaben i. d. R. in einer Zulieferkette in Richtung einer Partnerfirma wahrzunehmen sind, andererseits aber auch Verbindungen in den freien Markt angestrebt werden sollten, um die eigene Position zu festigen. Dabei auftretende *Kooperationstypen* zeigt Bild 3-3.

Aktionszentren AZ

Ein ganz besonders relevantes Konzept sind in diesem Zusammenhang die anzustrebenden *Aktionszentren (AZ)*. Es handelt sich dabei um die Gruppe der für die jeweilige *Zusammenarbeit verantwortlichen Fachleute und Experten*, die sowohl zur *Entstörung der qualitätsorientierten Auftragsabwicklung und gegebenenfalls auch für die Innovation* tätig werden sollen. Charakteristisch für Aktionszentren ist das regelmäßige Zusammentreffen und die planerische *Entscheidungs-Autonomie.* Eine höhere Instanz (Manager in Charge) ist nur bei Uneinigkeit und bei Investitionen oberhalb einer festzulegenden Höhe einzubeziehen. Über ihre Arbeit mit Aktionszentren berichten die *SAMAG (G. Stolze), Abschnitt 3.5* und *SFR (M. Drescher)* in *Abschnitt 3.6.*

Lernende Organisation

Im Grunde handelt es sich hierbei auch im zwischenbetrieblichen Bereich um eine *lernende Organisation.* Zur Erreichung des Erfolges bei diesen Konzepten ist eine *Weiterbildung* aller Beteiligten für ihre Rollen erforderlich, sowohl als Moderatoren als auch als Mitwirkende in derartigen *Beteiligungsgruppen.* Den Vorgesetzten er-

Kooperationstyp mit
horizontalen Verbunden (V) von Kleinfirmen

G.Rühl
940128

Eine neue, erfolgreiche Art des Zusammenwirkens großer und kleiner Firmen sind daher **Verbunde von Kleinfirmen** im Liefernetz, mit einer geeigneten Leitfirma, die auch je nach der Situation wechseln kann. Die folgende Skizze zeigt einige mögliche und typische Situationen:

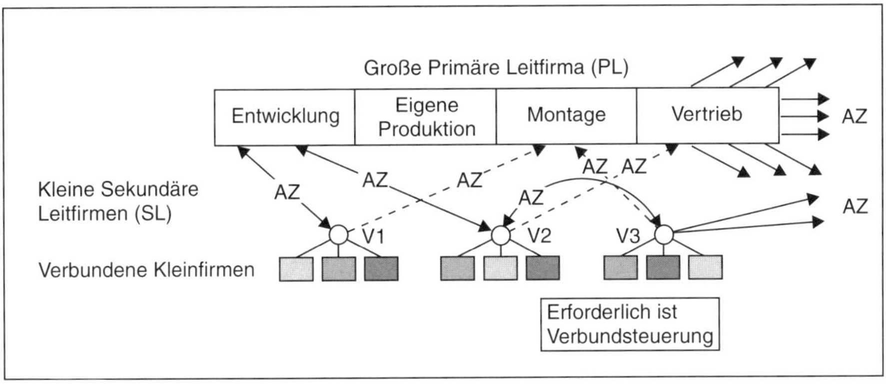

Fall: V1 Entwicklung PL + SL, Lieferung an Montage PL
Fall: V2 Entwicklung PL + SL, Lieferung an Vertrieb PL
Fall: V3 Entwicklung SLI + SL, Lieferung an Montage PL und direkt an den Markt

Aktionszentren können bei obigen Verbunden zum Zwecke der **Innovation** bei den ausgezeichneten Pfeilen zwischen Entwicklung, V1, V2, V3 und den Kunden und eher für die Optimierung von **Routineabläufen** bei den gestrichelten Pfeilen bestehen.

Bild 3-3: Kooperationstypen

wachsen hierbei neue Aufgaben als *Trainer*. Zur Erreichung eines neuen Führungsstils und der *Aktivierung des menschlichen Potentials* müssen die erforderliche Qualifikation und Gruppenintegration erreicht werden.

Neue Organisationsformen

Neue *Organisationsformen* zeigen sich auch in *Organigrammen* und *Ablaufstrukturen*. Beispiele dafür finden sich in den folgenden Beiträgen der Firmen *Beckenbach* (Abschnitt 3.3), *SAMAG* (Abschnitt 3.5) und *SFR* (Abschnitt 3.6).

3.2.3 Vergleichende Bewertungen

Bewertungsskalen

Bewertungen werden von uns – wenn immer möglich – auf *Bewertungs-Skalen* zwischen den Werten 0 und 100 durchgeführt. Erfahrungsgemäß werden diese Skalen von

MA aus jedem Bildungsniveau verstanden und mit guter Differenzierung ausgefüllt. Solche Skalen werden seit Jahrzehnten in den Bewertungsmatrizen der Betriebswirtschaftslehre und den Sozialwissenschaften verwendet.

„Messen bedeutet grundsätzlich vergleichen mit einem Maßstab„ (O. Kienzle). Die Maßzahlen sind entweder *zählbare Größen* oder *Bewertungen* und, wenn immer möglich, eine Kombination von beiden.

Bewertungsklassen

Die folgende Aufstellung (Bild 3-4) gibt eine Übersicht mit *fünf Bewertungsklassen*, die von einer Idealkurve (nach Gauß) abgeleitet sind, die den gesamten Bereich von 0-100 überdeckt und bestimmte Prozentanteile von Befragten enthält. Auf diese Art werden auch Testergebnisse in der Psychologie bewertet.

Erfüllungsgrad

Obwohl es sich bei der *Beurteilungsskala* natürlich nicht um eine Prozentskala handelt, ist es für die Beurteilung eine sinnvolle und gewohnte Vorstellung sich zu fragen: „*Zu wieviel Prozent wird die Bedingung erfüllt* ?"

Ein Beispiel von Skalen-Bewertungen zeigt Bild 3-5 zum *Stand der Qualitätssicherung* (mit vier Bewertungskategorien) zu Beginn und am Ende des Projektes für die fünf Partnerfirmen.

Bei allen vier Bewertungs-Kategorien wurden deutliche Verbesserungen – jedoch unterschiedlichen Ausmaßes – erreicht. Im übrigen beziehen sich von den 20 Kategorien der DIN EN ISO 9001 ff. genau die Hälfte der Punkte auf *externe Beziehungen.*

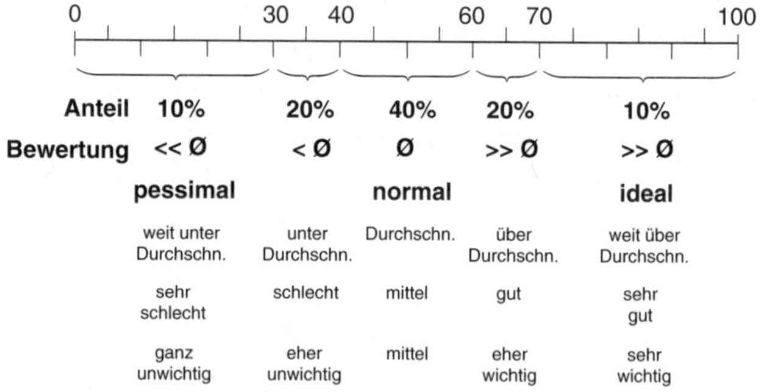

Bild 3-4: Übersicht der Bewertungsklassen mit einer Skalierung von 0 bis 100

Ein weiteres Beispiel, in dem *30 Erfolgsfaktoren-Kategorien* von jeder Firma bewertet wurden, wird in Abschnitt 3.4 Auswirkungen veränderter Kunden-Lieferanten-Beziehungen gezeigt und besprochen.

Erfolgsfaktoren-bewertung

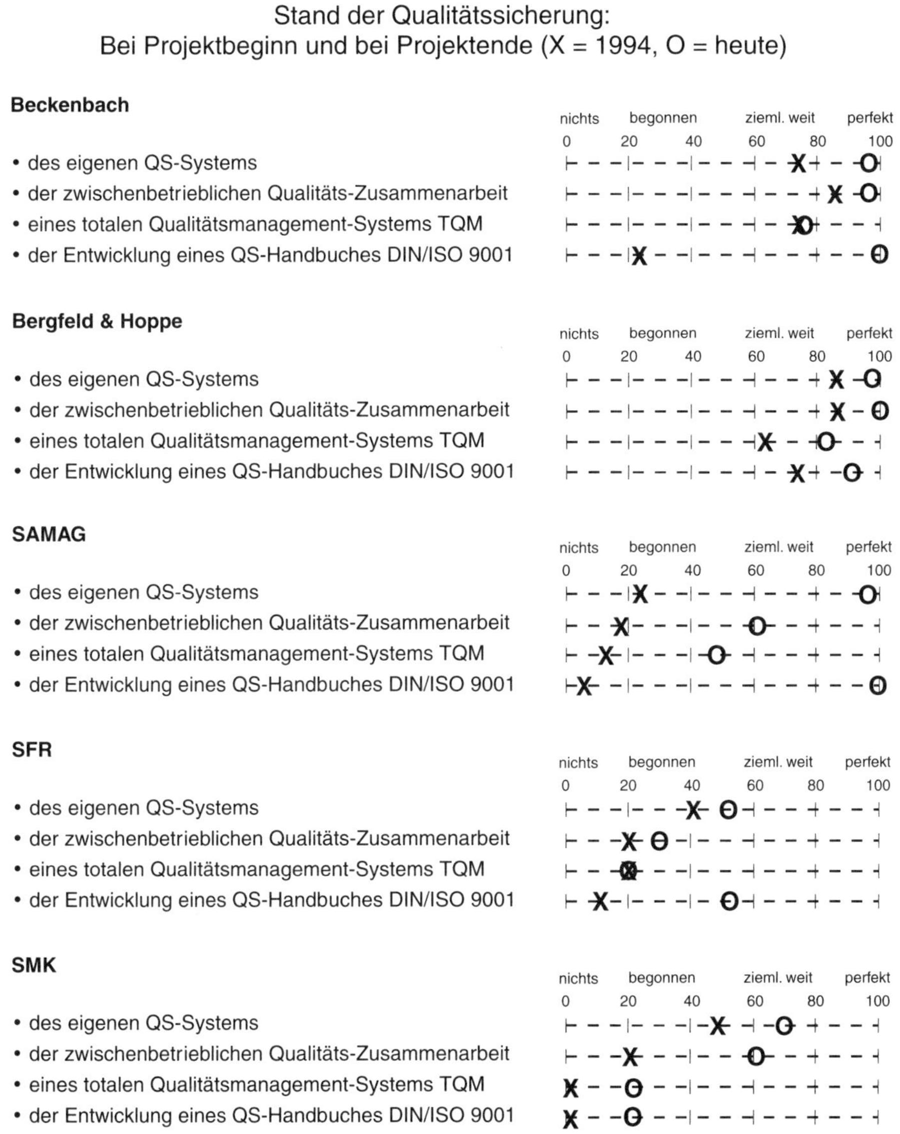

Bild 3-5: Entwicklung der Qualitätssicherung bei den Partnerfirmen während des QS-VP 2.4.2

3.2.4 Kundenbefragung

Kundenzufriedenheit

Im Rahmen des zwischenbetrieblichen Qualitätsmanagements und des Basic Sellings ist die *Kundenzufriedenheit* eine Schlüsselgrösse auf die das gesamte betriebliche Handeln primär auszurichten ist. Um den Erfolg solcher Bestrebungen zu überprüfen, hat es sich bewährt, eine *Kundenbefragung* durchzuführen. Primär ist eine solche Befragung natürlich auf den Einzelkunden und dessen spezielle Behandlung auszurichten. Ein Beispiel dafür, wie die Befragungsergebnisse tabellarisch und graphisch dargestellt werden und welche Schlußfolgerungen für die Einzelkunden daraus zu ziehen sind, ist im Beitrag der Firma *SMK* im Abschnitt 3.7 dargestellt.

Hier soll nun gezeigt werden, welche generellen Schlußfolgerungen sich aus derartigen Befragungen ableiten lassen. Dabei werden als statistisches Material 33 befragte A-Kunden der Firmen *Beckenbach*, *SFR* und *SMK* zugrundegelegt. Für diese Auswertung werden zehn Skalenfragen zugrundegelegt, die sich wegen ihrer guten Differenzierungsmöglichkeit besonders gut für statistische Auswertungen eignen. Die gestellten Fragen betreffen folgende Inhalte:(s. Tabelle 3-1)

Heraus fallen die gekennzeichneten Fragen F02, die die Zufriedenheit mit anderen Lieferanten betrifft, und die Frage F10, die keine Skalenfrage darstellt.

Faktoranalyse mit Oberfaktoren

Die statistische Methodik zur *Bestimmung empirischer Modelle* besteht darin, daß zunächst eine *Faktoranalyse* durchgeführt wird. Dabei werden die einzelnen Fragen oder Faktoren mit ihren jeweiligen Faktorladungen in eine wählbare Anzahl von *Oberfaktoren* eingebracht. Die dabei statistisch durchnumerierten Faktoren werden jeweils nach der Summe der zugehörigen Faktorladungen in eine fallende Reihe gebracht. Dies soll zunächst einmal zur Illustrierung einschließlich der Frage F02 in einer 2-Faktoren-Analyse gezeigt werden (s. die Faktor-Matrix der folgenden Tabelle 3-2).

jeweils höchste Faktorladung

Grundsätzlich betrachtet man bei mehreren Faktoren jeweils die Reihe des entsprechenden Faktors (Frage) und unterstreicht die Stelle mit der höchsten Faktorla-

	Wie zufrieden sind Sie mit...
F01	... unserem Unternehmen als Lieferant ?
F02	... mit der Gesamtheit Ihrer Lieferanten ?
F03	... mit der Qualität der Produkte, die wir Ihnen liefern ?
F04	... den Dienstleistungen / Service ?
F05	... der Information und Beratung durch uns ?
F06	... der Umsetzung / Verwertung Ihrer Anregungen / Vorschläge ?
F07	... Flexibilität unseres Unternehmens ?
F08	... Termintreue unseres Unternehmens ?
F09	... den Lieferzeiten unseres Unternehmens ?
F10	... Hatten Sie bereits Reklamationen bei Lieferungen unseres Unternehmens ? Ja ☐ Nein ☐
F11	... wenn ja, wie zufrieden waren Sie mit der Bearbeitung der Reklamationen ?

Tabelle 3-1: Skalenfragen der Kundenbefragung

dung. Diese ist jeweils dem entsprechenden Faktor zuzuordnen. Im vorliegenden Fall fällt nur die Frage 2 heraus, nämlich die Beurteilung *anderer Lieferanten*, und wird damit als nicht in die eigentliche Beurteilungsgruppe hineingehörig gekennzeichnet. Dies ist also ein Beweis dafür, daß für die eigentliche Faktoranalyse diese Frage auszulassen ist.

Allerdings ist es von prinzipiellem Interesse, die Bewertung der eigenen Firma mit der Bewertung anderer Lieferanten zu vergleichen. Dies zeigt das folgende Diagramm-Bild 3-6. Das Diagramm läßt erkennen, daß diejenigen Kunden, die „unsere Firma" *besonders hoch* einschätzen,

Faktor Matrix:		
	FAKTOR 1	FAKTOR 2
F01	.87260	-.02388
F02	.46657	.70744
F03	.66000	.41215
F04	.61540	-.10248
F05	.82811	-.16344
F06	.86772	.21880
F07	.78724	.15222
F08	.65334	-.32004
F09	.73734	-.44336
F11	.71740	.39968

Tabelle 3-2: 2-Faktoren-Analyse mit F02

andere Lieferanten *relativ tief* einordnen. Auch im Mittelfeld der Rangreihe der beurteilenden Kunden – etwa ab 13 – werden andere Lieferanten noch schlechter beurteilt, während ganz am Ende der Rangreihe – ab 27 – andere Lieferanten höher beurteilt werden.

Ausreißer

Ein Sonderfall in dieser Rangreihe der Kunden ist die Nummer 33, die durch ihre extremen Beurteilungen aus dem üblichen Verlauf herausfällt. Diese Firma wurde schon einmal als „Ausreißer" erkannt und zwar in Abschnitt 3.7 in der *Kundenbefragung* durch die Firma *SMK* (siehe Nr. 13 in Diagramm und in Tabelle). Bei den folgenden, statistischen Auswertungen zeigte es sich, daß die Beurteilungen dieses Kunden durch ihre Ungewöhnlichkeit die statistischen Ergebnisse und das Finden von Verlaufsgesetzen wesentlich stören. In diesen Fällen ist es erforderlich und üblich, einen solchen „Ausreißer" zu elimi-

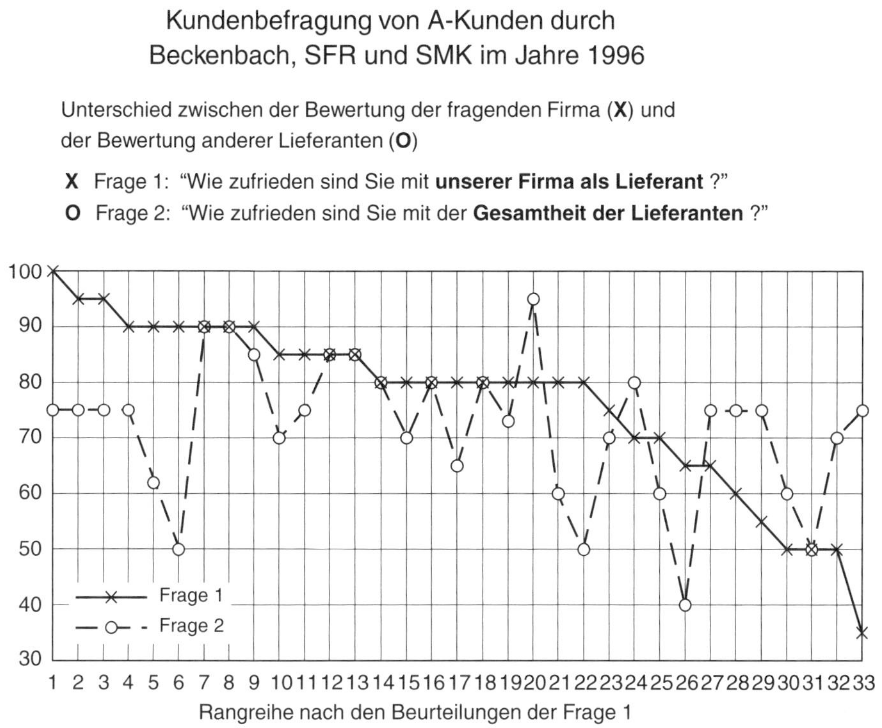

Bild 3-6: Bewertung der Projekt-Firmen und anderer Firmen als Lieferanten

nieren. Die folgenden statistischen Ergebnisse beziehen sich daher auf die Urteile von 32 A-Kunden.

Benennung der Oberfaktoren

Die folgenden Faktor-Analysen beziehen sich auf neun Skalenfragen bzw. Faktoren. Es wurden versuchsweise Analysen mit 2, 3, 4, 5 Faktoren durchgeführt, und es mußte aus wissenschaftlichen Aspekten entschieden werden, welches die plausibelste Lösung ist im Sinne der praktischen Anwendung und einer „guten Theorie“. In diesem Fall ist es die *3-Faktoren-Lösung*. Die *Benennung* dieser drei Faktoren wird nicht von der Statistik geliefert, sondern ist auch eine Aufgabe der entsprechenden wissenschaftlichen Disziplin.

Faktorladungen

In *Faktor 1* treten mit der höchsten Faktorladung auf: F04 „Dienstleistungen“, F05 „Information und Beratung“ sowie F06 „Umsetzung von Anregungen“. Die passende Überschrift für diese Kategorien und für den Faktor 1 ist

„Rotated Faktor Matrix“			
	FAKTOR 1	FAKTOR 2	FAKTOR 3
	Dienstleistungen	Organisation	Qualität
F01	.54430	.61169	.33847
F02	.23372	.13466	.88043
F04	.87926	.28008	.12369
F05	.89545	.16424	.29186
F06	.77269	.32218	.37787
F07	.48192	.58392	.24182
F08	.05086	.84336	.34571
F09	.44175	.79814	-.00385
F11	.25085	.27339	.82081

Tabelle 3-3: Faktoranalyse mit 3 Oberfaktoren

Dienstleistungen. Im *Faktor 2* treten folgende Kategorien mit höchster Ladung auf: F07 Flexibilität, F08 Termintreue, F09 Einhalten von Lieferzeiten. Dies alles betrifft die *Organisation.* Im *Faktor 3* schließlich treten auf: F03 Qualität der Produkte und F11 Bearbeitung von Reklamationen.

Empirisches Modell

Dies kann unter dem Oberbegriff *Qualität* zusammengefaßt werden. Die damit gefundenen drei Oberfaktoren mit ihren zugehörigen Unterfaktoren sind die Grundlagen für ein *empirisch begründetes Modell.* Es muß allerdings noch festgestellt werden, welches *Gewicht* die einzelnen Faktoren in diesem Modell im Sinne der Anwendung und des Managements besitzen. Dies wird mit Hilfe der *multiplen Regression* ermittelt.

Oberziel für Regression

Bei der multivariaten Regression muß ein *anstrebenswertes Oberziel* definiert werden, das gut zu messen ist und einen deutlichen Unterschied zwischen guten und schlechten Fällen bzw. Ergebnissen in seinem Verlauf verdeutlicht. Alle anderen Einflußgrößen werden fallweise dem Zielverlauf gegenübergestellt und ihr Einflußgewicht bestimmt. Einflußgrößen mit einer breiteren Streuung haben i. d. R. ein größeres Gewicht auf das Endergebnis als solche mit kleiner Streuung.

Dimension der Zielgröße

Alle Einflußgrößen nehmen bei der multivariaten Regression quasi die Dimension der Zielgröße an, die sie beeinflussen. So wirken beispielsweise psychologische Faktoren, wie die Arbeitszufriedenheit, auf die finanzielle Zielgröße Wertschöpfung pro Kopf ein.

Objektivierte Einflußgewichte

Es stellt sich die Frage, welches Oberziel man bei der *Bewertung von Kunden oder Lieferanten* wählen soll. Nach unseren statistischen Überprüfungen hat sich als günstigster Wert der ungewichtete Durchschnitt aller einschlägigen Fragen herausgestellt. Würde man die Fragen vorher willkürlich gewichten, so würde die multivariate Regression verfälscht. Das Ziel liegt aber gerade darin, *objektivierte, natürliche Einflußgewichte* zu ermitteln.

Auswahl der Zielgröße

Im Falle der Kundenbefragung wäre es auch denkbar, die *Frage F01* „Wie zufrieden sind Sie mit unserer Firma als Lieferant ?“ als Zielgröße zu wählen. Der Verlauf dieser Frage als Rangreihe ist im Bild 3-6 dargestellt. Man erkennt, daß diese Kurve ziemliche Unregelmäßigkeiten und Unstetigkeiten aufweist. In Bild 3-7 sind dagegen die Mittelwerte je Firma als Rangreihe dargestellt, die ein sehr viel stetigeres Verlaufsgesetz beschreiben und die Frage 01 ist zur Verdeutlichung noch einmal überlagert. Schließlich ergeben sich auch die besten Korrelationen bei der Wahl des statistischen Durchschnittswertes in den hier genannten Bewertungsfällen.

Beta-Gewichte

Es würde den Rahmen sprengen, hier ganz allgemein auf die Bedeutung der mutlivariaten Regressionsrechnung für die empirische Forschung einzugehen, und es soll hier nur erwähnt werden, daß die sogenannten Beta-Faktoren die Einflußgewichte auf die Zielgröße kennzeichnen. Man kann sich diese Beta-Variablen als Stei-

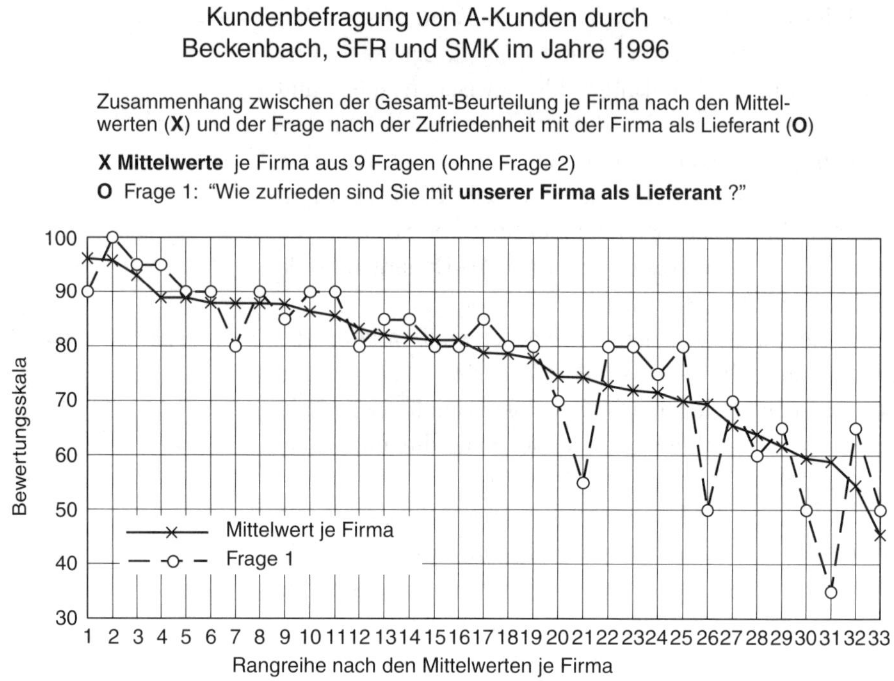

Bild 3-7: Gesamt-Bewertung der QS-VP 2.4.2-Firmen

gungskoeffizienten von Geraden in einem mehrdimensionalen Einheitssystem vorstellen. Je stärker die Steigung, desto größer das Einflußgewicht einer Variablen auf die Zielgröße. In der folgenden Tabelle 3-4 sind die Beta-Gewichte angegeben und auch die daraus berechneten relativen *Gewichte in %* für die *Kundenzufriedenheit* aus der multivariaten Regression.

Erfolgsfaktoren-Modell der Kundenzufriedenheit

Ersetzt man die in der vorher ermittelten Faktoranalyse aufgeführten Faktorladungen der jeweils relevanten Fragen durch die nun zusätzlich ermittelten Gewichte aus der multivariaten Regression, so erhält man ein *empirisches Modell der Einflußgrößen der Zufriedenheit* von A-Kunden, wie es in der folgenden Tabelle 3-5 dargestellt ist.

Gewichte beschreiben optimales Kunden-Management

Die angegebenen Gewichte der Einflußgrößen stellen eine *Verteilung* dar, die einem *optimalen Kundenmanagement* entspricht. Es wird an einem späteren Beispiel

Variable	Beta	relatives Gewicht (abgerundet)
F01	.252199	19,4 %
F09	.134127	10,3 %
F07	.136627	10,5 %
F05	.132339	10,2 %
F03	.150172	11,6 %
F08	.131922	10,1 %
F04	.118203	9,1 %
F01	.126954	9,8 %
F06	.117684	9,0 %
	Σ 1,300227	**100 %**

Tabelle 3-4: Gewichte für die Kundenzufriedenheit aus der multivariaten Regression

noch gezeigt werden, wie man dies bei Firmenbewertungen bei größeren Abweichungen vom Optimum und zur Aufdeckung von Schwachstellen verwenden kann, um generelle oder spezielle *Defizite* bei der Kundenbehandlung festzustellen.

Von größerer Bedeutung ist in diesem Zusammenhang jedoch nicht der negative, sondern der positive Aspekt, welche *Anstrengungen im personalen Bereich* und welche *Aufwendungen im organisatorischen und finanziellen Bereich* erforderlich sind, um ein optimales Kundenmanagement zu erhalten. Dabei sind zunächst die drei Oberfaktoren der Tabelle 3-5 des empirischen Modells zu betrachten, mit der Reihenfolge Organisation (40,7 %), Qualität (31,0 %) und Dienstleistungen (28,3 %). Von den neun dazugehörigen Unterfaktoren weisen acht relativ ähnliche Gewichte zwischen 9,0% und 11,6% auf. Nur ein

Fragen	Einflußfaktoren auf die Kundenzufriedenheit	relatives Gewicht
	Oberfaktor 1: Organisation	
F07	Flexibilität	10,5 %
F09	Lieferzeit	10,3 %
F08	Termintreue	10,1 %
F01	Image Unternehmen	9,8 %
	Σ	**40,7 %**
	Oberfaktor 2: Qualität	
F11	Reklamationsbearbeitung	19.4 %
F03	Qualität der Produkte	11.6 %
	Σ	**31,0 %**
	Oberfaktor 3: Dienstleistungen	
F05	Information/Beratung	10,2 %
F04	Service	9,1 %
F06	Umsetzung von Kundenvorschlägen	9.0 %
	Σ	**28,3 %**
	Σ Σ	**100,0 %**

Tabelle 3-5: Erfolgsfaktoren-Modell der Zufriedenheit von A-Kunden

einziger Faktor, nämlich *F11 Reklamationsbearbeitung* fällt mit *19,4 %* vollständig aus dem Rahmen.

Reklamations-Management

Im Abschnitt 3.7 der *SMK* werden Beispiele dafür gegeben, wie einzelne Kundenfirmen hierbei auffällig werden. Unabhängig davon sollte in jeder Firma ein *Reklamationsmanagement* organisiert werden, bei dem alle Reklamationen systematisch ausgewertet und aufgearbeitet werden, vor allem aber *kundenbezogene Problemlösungsgespräche* stattfinden und zwar von einer sowohl fachkundigen als auch entscheidungsbefugten Führungspersönlichkeit der kritisierten Firma. Es gibt keine wirksamere Maßnahme zur Erhaltung und Sicherung des Kundenstammes als diese.

Interpretation der Regressionsgewichte

Zur Erläuterung sei noch festgestellt, daß die durch die *Regressionsgewichte* gewonnene *Reihenfolge der Oberfaktoren* eine andere ist als die der Faktoranalyse, bei der die Reihenfolge der Faktoren aus der jeweiligen Summe der Faktorladungen aller Fragen bestimmt wird, die in jeden einzelnen Oberfaktor miteingehen. Dies bietet jedoch keine inhaltlichen Interpretationsmöglichkeiten.

3.2.5 Lieferantenbeurteilung

Basic Selling
Basic Buying

Nach der Darstellung der Kundenbefragung, die bei den zwischenbetrieblichen Beziehungen den Marktsektor bzw. das *Basic Selling* abdeckt, folgt nun das Feld der *Beschaffung* bzw. des *Basic Buying* mit der *Lieferantenbewertung.*

Wir stützen uns dabei auf eine sehr umfangreiche Erhebung der Firma *Beckenbach* (siehe Abschnitt 3.3, Tabelle 3-16) eines *Lieferantenauswahl-Gewichtungsverfahrens.* Von den 167 bewerteten Lieferfirmen sind in dieser Beispieltabelle je fünf Firmen aus den Einstufungsgruppen A, B und C wiedergegeben und auch angekreuzt, welche Waren geliefert werden. Es werden vier Beurteilungskategorien eingesetzt:

Beurteilungs-Kategorien

1. Qualität
2. Preisniveau
3. Termintreue/Lieferzeit
4. Beratung/Service

Diese vier Kategorien werden bei *Beckenbach* mit den Gewichten 0,4/0,2/0,3/0,1 gewichtet. Nach einer Beurteilung mit den Punkten 0-10 und der entsprechenden Gewichtung wird dann die gewichtete Bewertungssumme für jeden Lieferanten gebildet. Dies ist ein sinnvolles Vorgehen.

„Rotated Faktor Matrix“				
		FAKTOR 1	FAKTOR 2	FAKTOR 3
		Organisation	Dienst-leistungen	Qualität
F01	Qualität	.14623	.13108	.97879
F02	Preisniveau	.92768	.06169	.07489
F03	Termintreue/ Lieferzeit	.73430	.39246	.20851
F04	Beratung/ Service	.18856	.95711	.12757

Tabelle 3-6: 3-Faktorenanalyse zur Lieferantenauswahl

Oberziel: ungewichtete Mittelwerte

Für die statistische Erforschung der Gewichte mit Hilfe der multivariaten Regressionsrechnung würde es jedoch zu Verfälschungen führen, wenn man vorgegebene Gewichte einführt. In diesem Fall mußten wir daher mit ungewichteten Mittelwerten arbeiten und haben diese – wie das schon bei der Kundenbefragung erörtert wurde – als Oberziel für die Regression eingesetzt. Dabei ergeben sich andere Gewichte, was noch gezeigt werden wird.

Es folgt die Faktoranalyse, bei der sich für die vier genannten Beurteilungskategorien eine 3-Faktorenanalyse als plausibelste Lösung herausgestellt hat.

Faktoranalyse-Lieferantenauswahl

Die Tabelle 3-6 zeigt wieder durch ihre Unterstreichungen, in welchen Oberfaktor die einzelnen Einflußgrößen gehören. Etwas problematisch ist dabei der Preis. Bei der vorangegangenen Kundenbefragung wünschten übrigens alle beteiligten und beurteilten Projektpartnerfirmen, daß der Preis *nicht* in die Beurteilung durch ihre Kunden aufgenommen werden sollte, weil sie keine objektive Beantwortung erwarteten. Hier überrascht zunächst einmal, daß das *Preisniveau in keiner näheren Beziehung zur Qualität* steht.

Preis und Qualität

Betrachtet man die Einzelkorrelationen – was zur näheren Interpretation häufig sinnvoll ist – so beträgt diese zwischen *Preis und Qualität 0,2381*. Man kann annehmen, daß bei statistisch signifikanten Ergebnissen, etwa bei einem Korrelationskoeffizienten ab 0,4, ein gültiger Zusammenhang besteht. Bei dem hier aufgetretenen Wert ist jedoch *kein Zusammenhang bei der Beurteilung* anzunehmen. Dagegen hängen *Preis und Termin* mit dem Korrelationskoeffizienten *0,5360* zusammen. Insofern wird der Preis in diesem Beurteilungszusammenhang als Gegenstand der Produktivität und Organisation angesehen.

Preis und Termin

Wie schon bei der Kundenbefragung gezeigt, folgen nun die beiden Tabellen mit den Gewichten aus der Regressionsrechnung (Tabelle 3-7) und anschließend das empirische Modell (Tabelle 3-8), das sich aus der Kombination von Faktoranalyse und Regressionsrechnung ergibt.

Die geschätzte Gewichtung von *Beckenbach* mit:

Problematik der geschätzten Gewichtung

F01=40%, F02=20%, F03=30% und *F04=10%*

weicht besonders stark bei der Qualität ab, wenn man sie mit dem statistischen Zusammenhang vergleicht. Darauf wird im folgenden noch eingegangen.

Hätte man übrigens als Oberziel mit den vorab gewichteten Mittelwerten gearbeitet, so hätten sich folgende neue Gewichte ergeben:

F01 = 21,6%, F02 = 25,7%, F03 = 41,4% und F04 = 11,3%,

Variable		Beta	relatives Gewicht (abgerundet)
F01	**Qualität**	.168450	12,6 %
F02	**Preisniveau**	.397082	29,6 %
F03	**Termintreue/ Lieferzeit**	.424840	31,8 %
F04	**Beratung/ Service**	.348050	26,0 %
		∑ 1.338422	**100,0 %**

Tabelle 3-7: Gewichte der Lieferantenbewertung aus der multivariaten Regression gegen den ungewichteten Mittelwert n = 167

Fragen	Einflußfaktoren auf die Lieferantenbewertung	relatives Gewicht
	Oberfaktor 1: **Organisation**	
F03	Termintreue/Lieferzeit	31,8 %
F02	Preisniveau	29,6 %
	Σ	**61,4 %**
	Oberfaktor 2: Dienstleistungen	
F04	Beratung/Service	26,0 %
	Σ	**26,0 %**
	Oberfaktor 3: Qualität	
F01	Qualität	12,6 %
	Σ	12,6 %
	Σ Σ	**100,0 %**

Tabelle 3-8: Erfolgsfaktoren-Modell der Lieferanten-Bewertung

was eine starke und nicht begründbare Verzerrung bedeutet. Die Qualität bleibt demnach weit unter 40%.

Empirisches-Modell der Lieferanten-Bewertung

Das relativ niedrige Gewicht der Qualität hängt offenbar auch damit zusammen, daß unsere Projektpartner als *sekundäre Leitfirmen* die *Unterlieferanten* bewerten und hier die Qualität nicht so problematisch ist. Die Qualität ist ziemlich eindeutig durch die Definition bestimmt:

Qualitäts-Gewichts-Problematik

„Qualität sind erwünschte, definierte und garantierte Eigenschaften."

Lieferantentyp	Anzahl	in %
A- Lieferanten	56	33,5 %
B- Lieferanten	85	51,0 %
C- Lieferanten	26	15,5 %
$\sum$	**167**	**100,0 %**

Tabelle 3-9: Lieferantentypen der Firma Beckenbach

Auf diese *Qualitäts-Problematik* wird auch im letzten Abschnitt 3.9 bei der Behandlung von *Zukunftsaspekten* nochmals eingegangen.

Signifikanz und Repräsentanz

Abgesehen von der *statistischen Sicherheit*, die sowohl bei der vorangegangenen *Kundenbefragung* als auch bei der *Lieferantenbewertung* im Bereich der *Höchstsignifikanz* liegt, mit einem Fehler < 0,001% kommt es auch noch auf die *Repräsentanz* bzw. die Allgemeingültigkeit der eingegebenen Daten der Modelle an. Im Falle der Kundenbefragung sind die A-Kunden von drei Firmen befragt worden und weisen auf eine hohe Gesetzmäßigkeit hin.

Im Falle der *Lieferantenbewertung* wurden 167 Firmen nach folgender Differenzierung beurteilt (s. Tabelle 3-9):

Dies ist erfahrungsgemäß ein *realistisches* Mischungsverhältnis und gilt daher auch für das empirische *Modell der Lieferantenbewertung* in Tabelle 3-8.

3.2.6 Mitarbeiterbefragung

Mitarbeiterbefragung als Basisreaktion

Die Mitarbeiterbefragung ist die beste Möglichkeit, Maßnahmen, die Organisation, Personalentwicklung und Führung betreffen, durch eine repräsentative Reaktion der Basis der Mitarbeiter und Führungskräfte zu überprüfen. Solche Mitarbeiterbefragungen müssen anonym für den einzelnen Teilnehmer sein, aber orientiert auf typische Stellen in der Organisation und in den Gruppen, weil letztlich diese Gruppen miteinander verglichen werden. Auf diese Weise werden *auffällige Gruppen* erkannt, und den Ursachen dieser Besonderheiten kann dann nachgegangen werden. Die Bearbeitung dieser Befragungen (über 100 Fragen) erfolgt firmenspezifisch. In diesem Zusammenhang der Überprüfung des Projekterfolges und eines Vergleichs der einbezogenen Partnerfirmen soll jedoch nur auf zwei Schlüsselbereiche dieser Befragung eingegangen werden, nämlich:

- Arbeitszufriedenheit mit Motivation,
- Organisation aus der Sicht des Betroffenen.

Arbeitszufriedenheit als Motivation und Geborgenheit

Die *Arbeitszufriedenheit* wird in diesen Befragungen mit vier Fragen gemessen in Anlehnung an die Theorie der Arbeitszufriedenheit (Rühl, G. 1978a). Das folgende Bild 3-8 Vergleich der Arbeitszufriedenheit von 1994 und 1996 (fünf Partnerunternehmen) zeigt das *Verlaufsgesetz der Arbeitszufriedenheit* mit der Abszisse der Handlungsorientierten Grundgestimmtheit HG, welche die „*Geborgenheit im System*" wiedergibt und der Ordinate des Faktors der *Arbeitszufriedenheit (FAZ)*, die im wesentlichen durch die Motivation bestimmt ist. Das Hauptcharakteristikum der *Motivation* ist die „*Faszination durch die Aufgabe*".

Gewichtete Beurteilungsskala

Auf der linken Seite des Diagramms ist eine Beurteilsungsskala mit fünf Kategorien für befragte Individuen eingezeichnet, die mit 4.155 Personen geeicht ist. Im Durchschnittsbereich befinden sich 40 % der Befragten und in den nach oben und unten folgenden vom Durchschnitt, abweichenden Bereichen je 20 % und 10 % der Personen. Auf der rechten Seite findet man die gleichen Angaben für 232 Betriebe bei gleicher, relativer Klasseneinteilung. Da gemittelte Gruppenwerte weniger streuen als Einzelwerte, ist die Gruppenskala enger.

Die *Projektfirmen des QS-VP 2.4.2 sind nach der Gruppenskala* zu beurteilen. Die Handlungsorientierte Grundgestimmtheit bzw. Geborgenheit ist durch die *waa-*

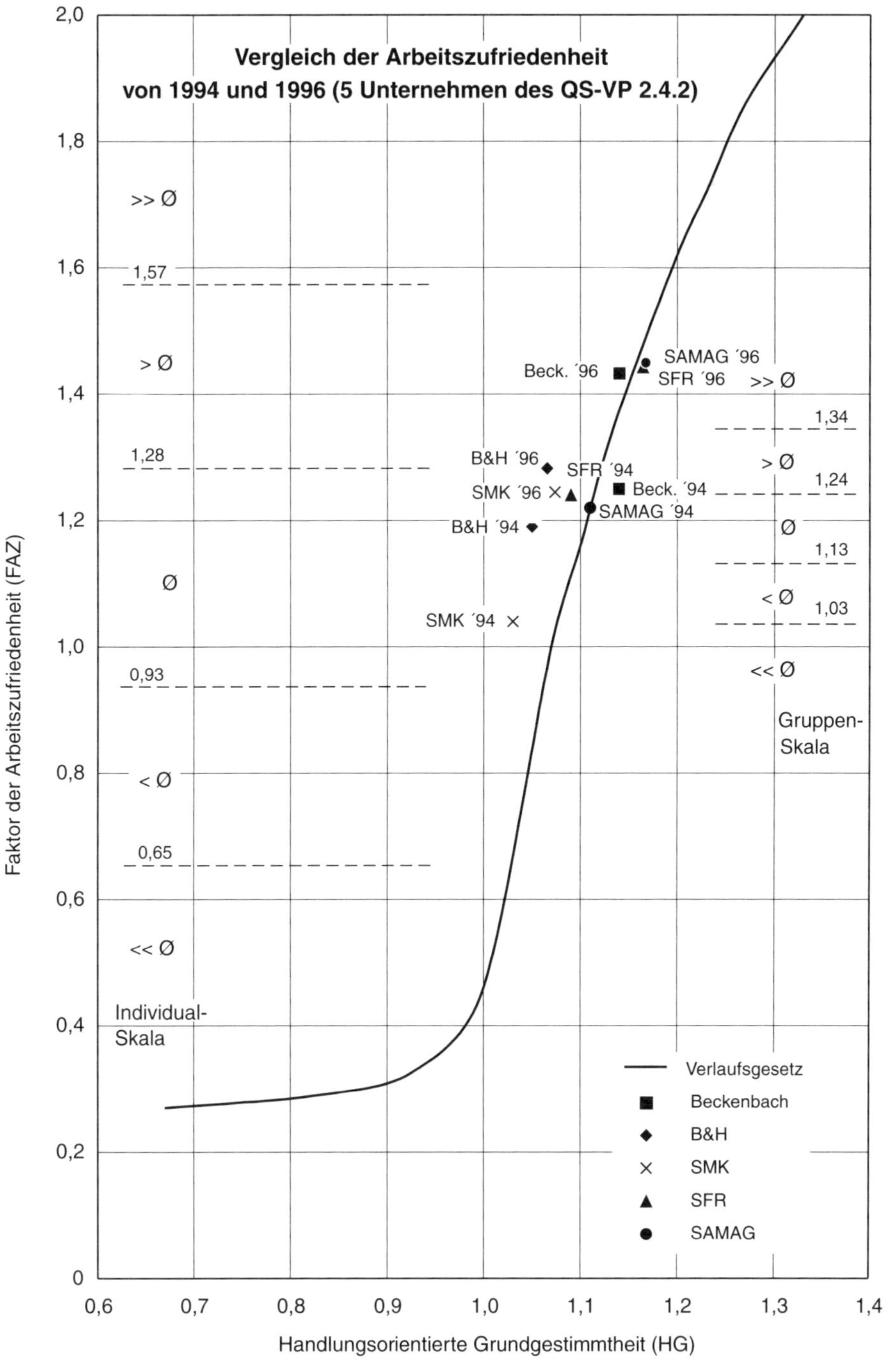

Bild 3-8: Mitarbeiterbefragung des QS-VP 2.4.2

gerechte Abweichung vom Verlaufsgesetz bestimmt. Der Durchschnitt liegt genau auf dem Kurvenverlauf, rechts davon ist die Zone der größeren Geborgenheit, links davon die Zone geringerer Geborgenheit.

Interpretation von Arbeitszufriedenheits-Ergebnissen

Der Faktor 1 im vorliegenden Diagramm entspricht auf der üblichen Skalendarstellung dem Wert 50, der Wert 1,2 in der Skala dem Wert 60. Das heißt, die realen Durchschnittswerte der Arbeitszufriedenheit – sowohl von Individuen als auch von Gruppen – liegen um den Skalenwert 60 herum. Das heißt die *Werte unserer Partnerfirmen* liegen im Jahr 1996 oberhalb des Wertes 60, also *im Gutbereich* der generellen Beurteilungen. Bezüglich der Grundgestimmtheit oder Geborgenheit im System ist bei ansteigender Arbeitszufriedenheit der waagerechte Abstand zum Verlaufsgesetz bei den meisten Firmen etwa gleich geblieben, d. h. daß immer noch erhebliche *Verunsicherungen* bestehen. Im Sinne der Betriebs- und Menschenführung bedeutet das, daß man nach Möglichkeit alles vermeiden soll, was Ängste und Verunsicherungen verstärkt. Dazu gehört natürlich vor allem Vertrauen *zur Führung* und nicht zuletzt auch *geschäftlicher Erfolg*. Bemerkenswert ist, daß jedenfalls im Jahr 1996 kein prinzipieller Unterschied bezüglich der Arbeitszufriedenheit in Ost- und Westfirmen festzustellen ist.

Die Tabelle 3-10 zeigt die Entwicklung der Arbeitszufriedenheit in Partnerfirmen und deren Gruppen (Vergleich 1994 und 1996).

Bedeutung der Rückschau im Vergleich mit Urerhebung

Im Fragebogen von 1996 hatten wir eine zweite Spalte angegeben mit einem Wert *„geschätzt 1994“*, um zu sehen, wie sich dieser Schätzwert von dem *Original-Wert 1994* unterscheidet, den wir seinerzeit erhoben hatten. Es interessierte, einmal festzustellen, ob man in der *Rückschau* die Unterschiede stärker oder schwächer sieht. Überraschenderweise ist bei allen Ost- und Westfirmen und bei allen Gruppen der geschätzte Wert geringer als der original erhobene. Im übrigen ist dieses Ergebnis auch eine Bestätigung für die *Qualität der Mitarbeiterbefragung* als Instrument. Es bestätigt die Erfahrung, daß bei Vertrauen in die Anonymität und auch in die Seriosität die *erlebten Erfahrungen mit großer Genauigkeit wie-*

	Befr. 1996		gesch. 1994		orig. 1994	
Beckenbach	**HG**	**FAZ**	**HG**	**FAZ**	**HG**	**FAZ**
G1: Verw./Kon./CAD	1,19	1,59	1,16	1,48	1,21	1,48
G2: CNC/Erodier.	1,04	1,20	1,10	1,29	1,10	1,24
G3: Montage 2+4/Lager	1,20	1,53	1,19	1,54	1,17	1,06
G4: Montage 1+3	1,13	1,41	1,18	1,33	1,10	1,06
ϕ Unternehmen	**1,14**	**1,43**	**1,15**	**1,41**	**1,14**	**1,25**
B&H	**HG**	**FAZ**	**HG**	**FAZ**	**HG**	**FAZ**
G1: Verw./Kon./GL	1,08	1,54	1,12	1,58	1,06	1,43
G2: Kontr./Q-Stelle.	1,16	1,35	0,97	1,06	1,07	1,32
G3: Werkzeugbau	1,03	1,31	1,06	1,30	1,01	1,14
G4: Schmiede	1,12	1,38	1,10	1,22	0,96	1,03
G5: Zusatzarbeiten	1,03	1,13	1,09	1,11	1,18	1,17
ϕ Unternehmen	**1,07**	**1,28**	**1,08**	**1,24**	**1,05**	**1,19**
SMK	**HG**	**FAZ**	**HG**	**FAZ**	**HG**	**FAZ**
G1: QS/Verw,/Ek/Vk	1,15	1,40	1,11	1,58	1,08	1,28
G2: Fertigung	1,04	1,17	0,98	1,03	1,02	0,98
ϕ Unternehmen	**1,07**	**1,24**	**1,01**	**1,11**	**1,03**	**1,04**
SFR	**HG**	**FAZ**	**HG**	**FAZ**	**HG**	**FAZ**
G1: Dienstleistung	1,24	1,58	1,13	1,41	1,17	1,30
G2: Formenbau	1,19	1,33	1,17	1,27	1,03	1,25
G3: Werkzeugbau	1,07	1,50	1,15	1,63	1,13	1,32
G4: Mech. Fertigung	1,14	1,40	1,27	1,78	1,03	1,15
ϕ Unternehmen	**1,16**	**1,44**	**1,11**	**1,38**	**1,09**	**1,24**
SAMAG	**HG**	**FAZ**	**HG**	**FAZ**	**HG**	**FAZ**
G1: Vorgesetzte	1,24	1,63	1,13	1,42	*)	*)
G2: Angestellte	1,14	1,34	1,12	1,27	*)	*)
G3: gewerbliche MA	1,17	1,47	1,12	1,28	*)	*)
ϕ Unternehmen	**1,17**	**1,47**	**1,12**	**1,30**	**1,11**	**1,22**

*) 1994 wurde eine anderer Gruppeneinteilung gewählt

Tabelle 3-10: Entwicklung der Arbeitszufriedenheit in den Partnerfirmnen des QS-VP 2.4.2

dergegeben werden, d. h. es handelt sich im Grunde um einen *Reaktionstest* und weniger um das Resultat von Meinungen oder verfälschenden Zwecküberlegungen.

Vergleich von Gruppen

Vergleicht man die Gruppenergebnisse, so kann man feststellen, daß die *Angestellten* i. d. R. mit den *Zufriedenheitswerten* höher liegen als die *Arbeiter*. Sie fühlen sich sowohl geborgener, und ihre Aufgaben sind auch i. d. R. von „höherer Faszination". Das gilt auch für die Vorgesetzten der *SAMAG*, nicht aber für deren Angestellte. Dies ist z. B. ein kritisches und unerwartetes Ergebnis, dem nachgegangen werden sollte. Daß die besonders hoch qualifizierte Gruppe G2 der CNC-Maschinenbediener und Erodierer bei *Beckenbach* niedriger liegt als die Monteure und sogar gegen den Originalwert von 1994, 1996 weiter abgefallen ist, stellt ein besonders auffälliges Ergebnis dar, das untersucht werden muß.

Das quantitative Modell der Arbeitszufriedenheit nach Günter Rühl ist seit Jahrzehnten bewährt und bringt auch in diesem Projekt relevante Ergebnisse.

Organisations-Beurteilung

Weiterhin wurde noch die Frage nach der *Beurteilung der Organisation aus dem eigenen Tätigkeitsfeld heraus* gestellt (siehe Tabelle 3-11: Mitarbeiterbefragung nach der „betrieblichen Organisation" bei der Firma *Beckenbach*). Die Tabelle zeigt beim *Durchschnittswert aller*

Frage 25: „Wie beurteilen Sie ganz allgemein die betriebliche Organisation und Planung aus Ihrem Tätigkeitsfeld heraus?"								
	min		**ϕ**		**max**		**Anzahl**	
Ges. Betr.	**5**	**(0)**	**62,65**	**(50,83)**	**100**	**(90)**	**66**	**(59)**
Gruppe 1	25	(20)	65,53	(61,67)	90	(90)	19	(15)
Gruppe 2	5	(0)	55,53	(43,18)	80	(89)	19	(17)
Gruppe 3	20	(20)	68,24	(50,00)	100	(70)	17	(11)
Gruppe 4	40	(25)	61,36	(49,38)	80	(85)	11	(16)

Tabelle 3-11: Frage nach der betrieblichen Organisation bei der Beckenbach GmbH im Jahre 1996 (1994)

Gruppen eine Verbesserung (in Klammer die Werte von 1994). Die Werte liegen über 60, d. h. im Gutbereich, mit Ausnahme der schon erwähnten, kritischen Gruppe 2, die sich aber immerhin von 43,18 auf 55,53 verbessert hat.

3.2.7 Veränderung betriebswirtschaftlicher Daten in der Projektlaufzeit

Es ist eigentlich selbstverständlich, aber entspricht auch der internationalen Entwicklung, z. B. des Malcolm Baldridge Awards, daß verstärkt nach den *Resultaten der Rationalisierungsbemühungen* gefragt wird und nicht nur danach, ob dieses oder jenes Verfahren eingesetzt wurde, oder z. B. alle für die Zertifizierung vorgeschriebenen Sicherungsmaßnahmen für die Qualität eingehalten sind. In der neuesten Ausgabe des Malcolm Baldridge Awards von 1996 kommt das Wort Qualität nur noch einmal vor – in den vorangegangenen Versionen 21 mal – . Dabei ist die ständige, neue Grundfrage: „Welche Resultate wurden durch eine bestimmte Maßnahme erreicht ?"

Relevante Kennzahlen

Betriebswirtschaftliche Daten sind zum Teil vertraulicher Natur. Man kann sie zwar anonym in Betriebsvergleichen veröffentlichen, aber kaum in Forschungsberichten mit weniger Partnern. Es gibt jedoch Kennzahlen, welche die beiden Hauptaufgaben des Managements, nämlich

- Marktentwicklung und
- Produktivitätsentwicklung

gut kennzeichnen und vor allem auch als betriebswirtschaftliche Oberziele gut und veröffentlichungsgeeignet sind. Dies zeigt die folgende Tabelle 3-12: *Veränderung betriebswirtschaftlicher Daten in der Projektlaufzeit* hier am Beispiel der besonders erfolgreichen Firma *Beckenbach.*

Diskussion der Personaldaten

Aus dieser Tabelle kann entnommen werden, daß zunächst die *Firmengröße*, aber auch die *Entwicklung der Geschäftstätigkeit* an der Belegschaft abgelesen werden kann.

Bei den Zahlen von 1993 bis 1996 erkennt man den *Konjunktureinbruch* des Jahres *1994* besonders an der Belegschaftszahl. Man erkennt aber auch, wie ein wieder zunehmender Erfolg – gerade bei KMU – auch zu einer Verstärkung des Personals führt, das 1996 gegenüber 1993 um 48,25 % zugenommen hat. In dem Rezessionsjahr 1994 wurden vor allem gewerbliche Mitarbeiter abgebaut, während die Zahl der *Angestellten* mit elf erhalten blieb. Der Anteil der Angestellten betrug im Jahr *1993 12,54 %* der Belegschaft, im Jahr *1996 18,9 %*. Das hängt bei der Firma *Beckenbach* auch mit der Verstärkung des Entwicklungsbereichs zusammen.

Umsatzwachstum in %

Das *Umsatzwachstum* in % gegen das Vorjahr macht die Rezession im Jahr 1994 besonders deutlich, aber auch den Erfolg im Wiederaufstieg. Ähnliches zeigt die Größe des Umsatzanteils im Export. Diese beiden Kennzahlen sind für die *Marktentwicklung* von besonderer Bedeutung.

Wertschöpfung pro Kopf

Die *Produktivität des Gesamtbetriebes* wird vor allem durch die *Wertschöpfung pro Kopf* der Vollbeschäftigten charakterisiert. Die Wertschöpfung als Umsatz abzüglich aller Materialbezüge und Fremdleistungen stellt die *Eigenleistung des Betriebes* dar und zwar in der Bewertung durch die Kunden, denn die erreichten Kaufpreise gehen ja in diese Kennzahl ein.

Die Graphik in Bild 3-9 (Entwicklung und Bewertung der Wertschöpfung pro Kopf mit der zugehörigen Tabelle 3-13) läßt den Verlauf für die einzelnen Partnerfirmen in

Meßwerte Beckenbach GmbH	1993	1994	1995	1996
Ges. Belegschaft als Vollbesch.	71,5	65	92	106
davon gewerblich	60,5	54	75	86
davon Angestellte	11	11	17	20
Umsatzwachstum %		-16 %	58 %	16 %
Umsatzanteil Export %	11 %	11 %	25 %	15 %
Wertschöpfung/Vollbesch. gesamt	**152,40**	**127,70**	**137,00**	**140,60**

Tabelle 3-12: Veränderung betriebswirtschaftlicher Daten der Firma Beckenbach in der Projektlaufzeit

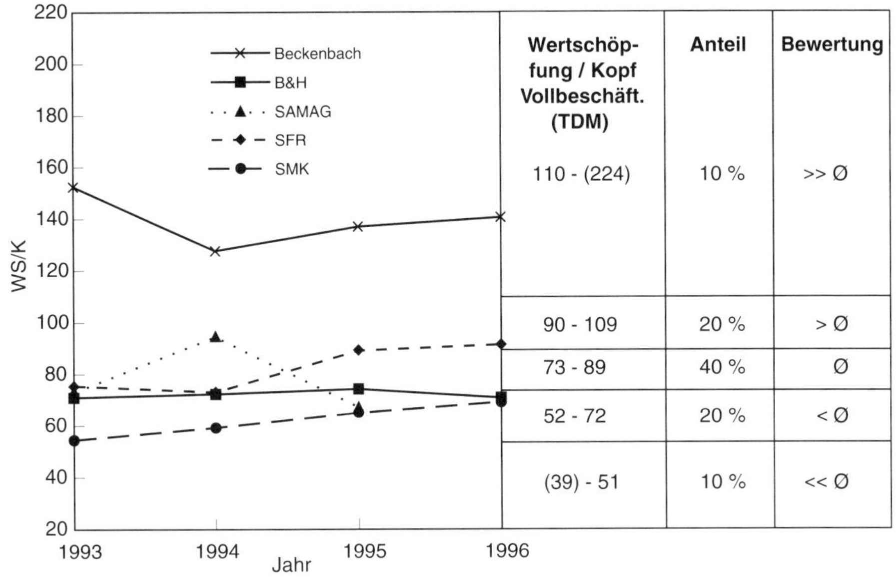

Bild 3-9: Entwicklung und Bewertung der Wertschöpfung pro Kopf

den Jahren 1993 bis 1996 erkennen. Angegeben sind neben dem Diagramm *fünf Bewertungsklassen* für die Wertschöpfung pro Kopf mit den jeweiligen Prozentanteilen der untersuchten KMU und den zugehörigen, finanziellen Werten. Die Beurteilungsklassen für *KMU und produzierendes Handwerk* sind mit Daten aus Betriebsvergleichen

WS/K	1993	1994	1995	1996
Beckenbach	152,40	127,70	137,00	140,60
B&H	70,95	72,42	74,21	70,86
SAMAG	73,23	94,55	67,26	–
SFR	75,30	73,05	89,29	91,30
SMK	54,52	59,28	65,06	69,18

Tabelle 3-13: Wertschöpfung/Kopf der Projektpartner

und vom statistischen Bundesamt entwickelt worden. Sie sind gültig für die Jahre 1994 bis 1996.

Strukturеinbrüche

Alle Firmen des QS-VP 2.4.2 haben sich inzwischen dem Durchschnittswert angenähert oder liegen gar im überdurchschnittlichen Bereich, wie die Firma *SFR*, und vor allem die Firma *Beckenbach*, die sich im Bereich der weit überdurchschnittlichen Ergebnisse befindet. *Einbrüche* sind zu erkennen bei Beckenbach im Jahr 1994 und bei *SAMAG* im Jahr 1995. Die Firma *SAMAG* hat aufgrund der Schwierigkeiten, in der sie sich zur Zeit befindet (Kurzarbeit) den Wert von 1996 nicht geschätzt, doch ist sie auf dem richtigen Weg, sich aus ihren Schwierigkeiten zu befreien. Erfreulich ist auch, daß die Ostfirma SMK sich von Jahr zu Jahr stetig verbessert hat. Jedenfalls ist zu erkennen, daß die Wertschöpfung pro Kopf sowohl für Ost- als auch für Westfirmen von etwa gleicher Bedeutung zur Charakterisierung des Erfolges eingesetzt werden kann.

3.2.8 Bewertung von Erfolgsfaktoren der Betriebsführung

Außer mit ökonomischen Daten, läßt sich die *Qualität der Betriebsführung* aber auch durch Expertenurteile mit Hilfe der bewährten Skalen zwischen 0 und 100 mit großer Treffsicherheit bestimmen. Dazu wird das *4E-Mo-*

Oberfaktoren des 4E-Modells der Betriebsführung		Einflußgewichte für Betriebe mit Belegschaften von 10 und mehr Personen (in %)	
1.	**Organisations**entwicklung	OE	20,1 %
2.	**Personal**entwicklung	PE	20,1 %
3.	**Führungs**entwicklung	FE	15,2 %
4.	**Markt**entwicklung	ME	44,6 %
		Σ	**100,0 %**

Tabelle 3-14: Oberfaktoren im 4E-Modell der Betriebsführung

Fa.: Beckenbach **KMU** (Belegschaft >= 10 Personen)

BEWERTUNG VON ERFOLGSFAKTOREN DER BETRIEBSFÜHRUNG

Firmen-meß-werte↓	**Organisationsentwicklung** Ausstattung des Grundsystems	OE	Modell-Gewichte *) Optimum		Firmen-gewichtung	
90	Ausrüstung im technolog. System	TS	7,10		6,39	
90	Entlastung am Arbeitsplatz und im Umfeld	E	2,50		2,25	
90	Innovation von Organisation und technischen Einrichtungen in den letzten 3 Jahren	IOE	10.50		9,45	
	TS + E + IOE = OE			20,10	18,09	
	Personalentwicklung Aktivierung des menschlichen Potentials	PE				
71,5	Arbeitsmotivation Arbeitszufriedenheit	AZ	9,75		6,97	
70	Gruppenintegration	GI	10,35		7,25	
	AZ + GI + = PE			20,10	14,22	
	Führungsentwicklung Menschenführung	FE				
70	Unterstützung bei schwierigen Aufgaben	U	3,50		2,45	
75	Qualifizierung u. Qualitäts-sicherung	QQ	5,70		4,28	
85	Störungsfreiheit der Ablauforganisation	SF	6,00		5,10	
	U + QQ + SF = FE			15,20	11,83	
	Marktentwicklung Innovationsmanagement	ME				
90	Innovation von Produkten und Märkten	IPM	40,50		36,45	
80	Planung und Steuerung des Auftragsdurchlaufs	PS	4,10		3,28	
	IPM + PS = ME			44,60	39,73	
	Betriebseffektivität	BE	∑ in	in %	100,00	83,86

Soziotechnologisches System		OE	20,10	18,09	
		PE	20,10	14,22	32,31
	Basisleistung	→		40,20	
Management		ME	44,60	39,73	
		FE	15,20	11,83	51,56
	Führungsleistung	→		59,80	

*) Der Firmenwert jeder Zeile ist mit dem Modellgewicht in Dezimal-Schreibweise, z.B. 7,1 ≅ 0.071 zu multiplizieren, um die Firmengewichtung zu errechnen. Abweichungen über 30 % sind kritisch.

Tabelle 3-15: Bewertung der Erfolgsfaktoren der Betriebsführung bei der Beckenbach GmbH *dell* der *Betriebsführung* von Rühl herangezogen (Rühl, G. 1988). Bei diesem Modell wurden zehn Einzelfaktoren und vier Oberfaktoren gegenüber der erreichten Wertschöpfung pro Kopf von 32 KMU mit Hilfe der multivariaten Regressionsrechnung gewichtet. Das Ergebnis zeigt die Tabelle 3-14 Oberfaktoren im 4E-Modell der Betriebsführung.

Oberfaktoren des 4E-Modells der Betriebsführung

Besonders hervorzuheben ist, daß die *Marktentwicklung*, zu der vor allem die *Innovation von Produkten und Dienstleistungen* gehört (Gewichtung von 44,6%), den weitaus *größten Einfluß für den Betriebserfolg* besitzt. Hierzu gehören „schöpferische Köpfe". Als beispielhaft in unserem Projekt gilt die Firma Beckenbach.

Empirisches 4E-Modell der Betriebsführung

In der Tabelle 3-15 Bewertung von Erfolgsfaktoren der *Betriebsführung* werden sowohl die Ober- als auch die Unterfaktoren dargestellt. Die Firmenmeßwerte sind in kursiven Zahlen eingesetzt und werden den optimalen Richtwerten gegenübergestellt. Am Schluß dieser Tabelle ist dann noch eine Aufstellung, bei der die *Basisleistung* mit der *Führungsleistung* verglichen wird. Das gezeigte Beispiel der Firma Beckenbach kann als sehr gut beurteilt werden.

Ein weiteres Beispiel, in dem auch *Schwachstellen* deutlich werden, wird im Beitrag der *Firma SFR* Abschnitt 3.6 gezeigt. Damit sind alle Modelle vorgestellt, die im diesem Projekt der Entwicklung zwischenbetrieblicher Qualitätsbeziehungen angewandt wurden.

3.3 Erweiterung von Geschäftsfeldern durch Qualitätsentwicklungen

(B. Beckenbach)

3.3.1 Zur Unternehmenspolitik

Kernbereich: Formen- und Werkzeugbau

Die Beckenbach GmbH zählt zu den bekanntesten Herstellern von Formen/Werkzeugen zur Kunststoff- und Gummiverarbeitung und Produkten für die Automobilindustrie. Enge Zusammenarbeit mit dem Kunden während der Auftragsvergabe bzw. Projektplanung und die Fähigkeit, auf kurzfristige Änderungswünsche in enger Zusammenarbeit mit dem Kunden flexibel zu reagieren gewährleisten, daß jedes ausgelieferte Produktionswerkzeug und das dazugehörige Produkt eine auf die individuellen Belange des Kunden zugeschnittene Lösung darstellt. Die Mitarbeiter verfügen über Know-how, das ermöglicht, vom ersten Moment der Beratung über die Realisierung bis hin zur Nachbetreuung, die jeweilige Lösung allein an den Interessen der Kunden auszurichten. Kundenorientierung

Ziel ist es, eine Palette anspruchsvoller Dienstleistungen anzubieten, um Kundenbedürfnisse schnell, kostengünstig und mit hoher Qualität zu befriedigen. Kreativ und kompetent werden individuelle Lösungen für die Kunden ausgearbeitet. Dienstleistungen

Um die Marktchancen zu verbessern und gegen Anbieter aus Billiglohnländern bestehen zu können, hat man folgendes Konzept im Bereich Vertrieb ausgearbeitet: Marktchancen

Grundkonzepte

- Ausbau der Geschäftsbeziehungen, z. B. Kunde in USA akquiriert dort weitere Kunden oder Kunststoffhersteller knüpft Verbindungen,
- Verstärkung der Akquisition und Innovation,
- Mehr Service und Dienstleistungen,
- Verbesserte Werkzeugtechnik im Hinblick auf vollautomatische Produktion,
- Höhere Prozeßsicherheit,
- Weniger Nacharbeit (austriebfreie Gummiartikel),
- Besseres Handling durch Einsatz von Robotersystemen,
- Kürzere Zykluszeiten,
- Komplettlösungen aus einer Hand, hinsichtlich Werkzeug, Handling und Maschine,
- Artikel- und Produktentwicklung über die reine Konstruktion der Werkzeuge hinaus,
- Serienreife Spritzgußwerkzeuge,
- Repräsentieren unserer Produkte auf internationalen Messen, wie z. B. die Kunststoffmesse in Düsseldorf oder die EUROMOLD in Frankfurt und MIDEST in Paris.

Komplettlösungen

Messen

Durch diese Maßnahmen war es möglich, neue Märkte in Europa (Frankreich, Türkei), in Amerika (USA, Canada) und Asien (Korea) zu erschließen. Export

3.3.2 Krisenmanagement und Konsolidierung

Konjunktureinbruch

Auch die Firma *Beckenbach* ist vom Konjunktureinbruch in Deutschland, der Mitte 1993 begann, nicht verschont geblieben. Die rigiden Maßnahmen gegenüber den Zulieferern – besonders in der Autoindustrie – konnten nach einem starken Einbruch erst Mitte 1995 aufgefangen werden. Eine Konsolidierung erfolgte dann in der zweiten Hälfte des Jahres 1995, die sich 1996 fortsetzt, und im Jahr 1997 wird ein Durchbruch nach oben erwartet. Die Krise bewirkte, daß im Jahr 1993 kein Weihnachtsgeld gezahlt werden konnte, und im Jahr 1995 drei Monate Kurzarbeit angesetzt werden mußten. Die Belegschaft wird regelmäßig, etwa drei mal im Jahr, von der Geschäftsleitung über die aktuelle Firmensituation informiert.

Konsolidierung

Die Vision, die beim Wiederanstieg verwirklicht wurde, zielte darauf, zu dem bestehenden Kundenkreis einen neuen hinzu zu gewinnen, um die Kapazität besser auszulasten, härter verhandeln zu können und bessere Preise zu erzielen. Dies ist so gut gelungen, daß im Jahr 1996 auch bei personell erheblich erweiterter Kapazität für DM 6 Mio. Aufträge abgelehnt werden konnten, die nicht den erforderlichen Preisvorstellungen entsprachen.

Besonders bemerkenswert ist, daß der Erfolg durch „*Schwimmen gegen Konjunkturstrom*" erreicht werden konnte. Eine Grundlage des neuen Konzeptes besteht darin, den *Kernbereich des Formen- und Werkzeugbaus* auf jeden Fall zu erhalten, aber weiter auszubauen und dieses Grundkonzept zu erweitern durch

Gegen den Strom

1. weitere Verbesserung der *Formenqualität* und dadurch auch der *Produktqualität* durch Berücksichtigung der *Reologie* (Fließverhalten) der Elastomere in der Form.
2. Die Gummimischungen durch *neu entwickelte Rezepturen* zu verbessern, unter Mitwirkung eines dafür eingesetzten, erfahrenen Chemikers. Ziel ist, *bessere Qualität* der Produkte zu erreichen.
3. Eine *spezielle Eigenproduktion* in kleineren Serien aufzubauen und Einsatz eigener Formenwerkzeuge.

4. Gewinnen eines weiteren Standbeins durch spezielle *Nischenprodukte*, die durch ihre Schwierigkeit eine relative Konkurrenzlosigkeit besitzen.

Der Vorteil der Maßnahmen unter den Punkten 3. und 4. liegt auch darin, daß dies mit einer Stärkung und einem Wachstum des *Kernbereichs des Werkzeugs- und Formenbaus* verbunden ist. Insgesamt wird dadurch dieser Bereich um 30 % im Umsatz gesteigert.

Kernbereich Werkzeugbau

Der Punkt 3 umfaßt eine begrenzte, spezielle Kleinserienfertigung für *komplizierte Türdichtungen an Cabriolets*. Dies wird 1996 eine Umsatzsteigerung von 5 % mit etwa 80.000 Teilen bringen. Die Teile sind hochkompliziert, und der Markt ist auch durch andere Großproduzenten hart umkämpft.

Tür-Dichtung

Im Punkt 4 ist dann ein *Nischenprodukt* angesprochen, und es handelt sich dabei um *Lampendichtungen für Autoscheinwerfer* (Head-Lights). Diese Lampendichtungen werden für zwei große Systemhersteller, *Bosch* und *Hella* gefertigt, mit denen enge Direktbeziehungen bestehen. Die Dichtungen sind aus Polyurethan und verbinden die Silikonscheiben mit der Motorhaube, sind also zwischen Glas und Blech angeordnet. Für die Entwicklung dieser Dichtungen sind erforderlich:

Lampen-Dichtung

1. ein Entwurf der *Geometrie* der Dichtung und der Formenwerkzeuge,
2. die Berücksichtigung des *CW-Wertes* (Luftwiderstand),
3. Einfluß auf das Luftgemisch im Motorraum, in dem eine kontrollierte Strömung für den *Wärmehaushalt* erforderlich ist,
4. das äußere *Design*.

Kooperative Entwurfsphase

Nach dieser Entwurfsphase findet die Artikel-Präsentation statt, und durch die damit dokumentierte Kompetenz und das entstandene Vertrauen, wird ein günstiger Einfluß auf die Preisverhandlungen ausgeübt. Diese Gummiteile sind beispielsweise bei der neuen E-Klasse von Mercedes-Benz eingesetzt.

3.3.3 Entwicklung und Qualitätswesen in der Aufbau- und Ablauf-Organisation

Aufbau-Organisation mit Entwicklungs-Abteilung

Die neuen Entwicklungen finden ihren Niederschlag auch in der Aufbau- und Ablauf-Organisation. (siehe Bild 3-10 zur Aufbau-Organisation.) Neben der typischen *Aufbau-Organisation* von KMU-Betrieben mit der Unternehmensleitung und den darunter angeordneten Leitungen für Technik, Vertrieb mit Kundendienst und kaufmännische Verwaltung ist zunächst die *Entwicklung Gummi und die Entwicklung Kunststoffe* mit der zugehörigen Konstruktion und den *DV-Systemen* nach geordenet, die einerseits der Konstruktion, andererseits aber auch der direkten Datenübertragung auf die CNC-Maschinen der Produktion dienen. Diese Systeme sind schon seit über zehn Jahren bei der Firma *Beckenbach* eingeführt.

Qualitätswesen als Abteilung

Während der Projektlaufzeit wurde die Abteilung *Qualitätswesen* mit der Untergruppe Qualitätssicherung neu geschaffen und durch einen Leiter Qualitätswesen repräsentiert. Die Firma *Beckenbach* befindet sich unmittelbar vor der Zertifizierung bzw. den Vor-Audits. Qualitätsprodukte wurden natürlich schon immer bei *Beckenbach* hergestellt, jetzt aber wird dies noch stärker systematisiert, wie das im Zuge der Zertifizierung erforderlich ist, und man befindet sich dabei zur Zeit in einem ausgedehnten *Eigentraining*, das jeden Mitarbeiter mit dem Qualitätssicherungs-System und seinen Qualitätsaufgaben vertraut machen soll.

Entwicklung für Nischenproduktion

Schließlich wurde ein neues *Entwicklungs- und Vertriebsbüro* eingerichtet, das für das schon beschriebene zweite Standbein der *Nischenproduktion der Scheinwerferdichtungen* eingeführt wurde. Für die Besetzung dieser Abteilung wurden zwei in der Branche und auch im Ausland bestens bekannte Experten eingestellt; ein Mitarbeiter mit dem Schwerpunkt *Ingenieuraufgaben* und ein anderer für den *Vertriebsbereich.* Für derartige neue Entwicklungsvorhaben ist es erforderlich, *schöpferische Persönlichkeiten und Köpfe* einzusetzen und falls man solche erfahrenen Experten nicht im eigenen Hause hat, sie von außen zu gewinnen.

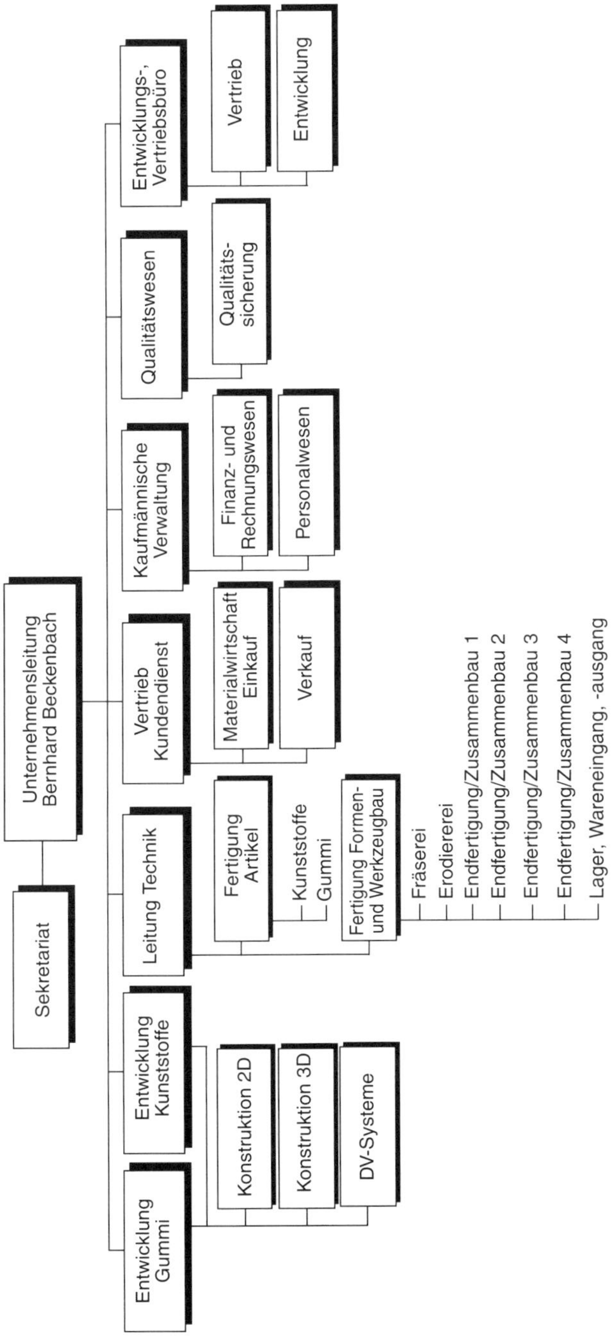

Bild 3-10: Aufbauorganisation der Beckenbach GmbH

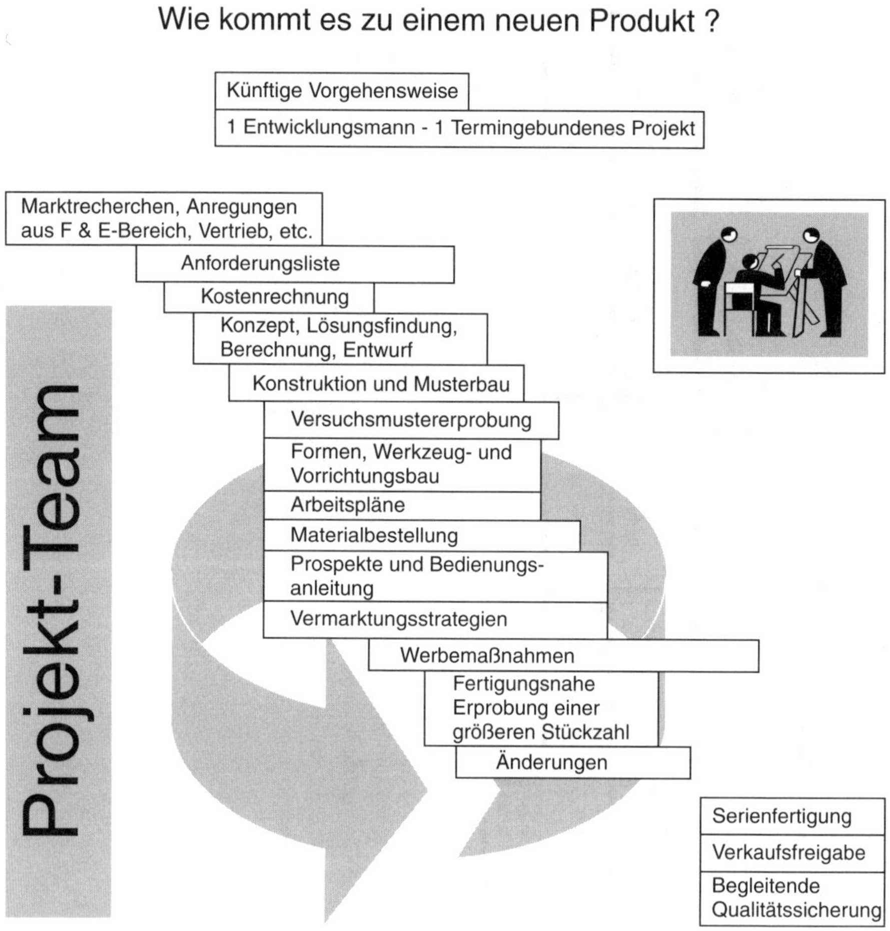

Bild 3-11: Projekt-Team-Arbeit bei der Beckenbach GmbH

Die erforderliche *Ablauforganisation* zur Entwicklung eines neuen Produktes soll durch das Bild 3-11 gezeigt werden. Das Bild spricht für sich und bedarf für den Fachmann keiner näheren Erläuterung.

3.3.4 Kunden- und Lieferanten-Beziehungen

Lieferantenauswahl

In einem Projekt, das sich mit der Organisation zwischenbetrieblicher Qualitätsbeziehungen zu Kunden und

Lieferantenauswahl – Gewichtungsverfahren **Beckenbach GmbH**

Lieferanten-Nummer	Qualität	Preisniveau	Termintreue/Lieferz.	Beratung, Service	Summe	Einstufung	DIN/ISO 9000-Zert.	Auswerfer + Stifte	Bearbeitungswz.	Blankstahl	Buntmetalle	Elektrobedarf	Erodierbedarf	Federn	Förder, Lag, Hand.hab.	Fremdarbeiten	Heißkanäle	Heizpatronen	Hilfs-, Betriebsstoffe	Hydr. Pneumatik	Isolierplatten	Kunstst., Elastomere	Logistik	Masch., Anl., Betr.einr.	Meß-, Prüfmittel	Normalien	Polier, Schleif, Feilwz.	Schrauben	Schweißen, Löten	Stahl	Werkzeuge allg.
Gew.faktor	0,4	0,2	0,3	0,4																											
Lief. Nr. 1	10	10	10	5	9,5	A													X												
Lief. Nr. 6	10	10	10	10	10,0	A	X		**X**				X						X						X		X				
Lief. Nr. 28	10	6	10	9	9,1	A		X						X				X		X						X		X		X	
Lief. Nr. 31	10	10	10	10	10,0	A			**X**															X	X						X
Lief. Nr. 37	10	10	10	8	9,8	A			**X**																						X
Lief. Nr. 76	10	7	5	5	7,4	B				X						X								X							
Lief. Nr. 77	9	8	9	10	8,9	B														X						X					
Lief. Nr. 109	9	7	9	8	8,5	B				X																					
Lief. Nr. 111	8	7	8	8	7,8	B					X																				
Lief. Nr. 140	10	6	8	7	8,3	B													X									X			
Lief. Nr. 146	6	4	2	3	4,1	C	X																							X	
Lief. Nr. 151	10	3	5	5	6,6	C			**X**																	X	X				
Lief. Nr. 156	8	6	4	6	6,2	C																				X				X	
Lief. Nr. 162	5	4	7	0	4,9	C										X															
Lief. Nr. 166	10	2	5	8	6,7	C	X													X											

Beurteilung: 10 = geeignet 5 = zum Teil geeignet 0 = nicht geeignet

Tabelle 3-16: Auszug aus der Lieferanten-Auswahlliste der Beckenbach GmbH

Lieferanten befaßt, sind entsprechende Basiserhebungen erforderlich. So wurden *Befragungen von A-Kunden* durchgeführt, die hier jedoch aus Platzgründen nicht näher erörtert werden können, weil das in dieser Veröffentlichung von einem anderen Projektpartner dargestellt wird. Dagegen wird hier ein Auszug aus der *Beckenbach-Lieferanten-Auswahlkartei* dargestellt, bei der A-, B- und C-Kunden bewertet und gewichtet werden. Auch diese Bewertung bedarf keiner näheren Erläuterung für den Fachmann (siehe Tabelle 3-16).

3.3.5 Veränderung betriebswirtschaftlicher Daten der Firma Beckenbach

Umsatzwachstum

Die Veränderung der betriebswirtschaftlichen Daten wird in Abschnitt 3.2.7 (Bild 3-9) während der Projektlaufzeit dargestellt. Richtige Maßnahmen im Management sollten sich auch durch gute Resultate bei den betriebswirtschaftlichen Ergebnissen nachweisen lassen. Besonders interessant sind dafür die Daten: *Umsatz-Wachstum in %* und vor allem *Jahres-Wertschöpfung als Eigenleistung* in der Bewertung durch die Kunden aufgrund der erzielbaren Preise.

Wertschöpfung pro Kopf

Die Wertschöpfung ist bekanntlich der Umsatz abzüglich des Materialeinsatzes und der Fremdleistungen. Weitere Daten betreffen die Entwicklung der *Belegschaft* und der *Wertschöpfung pro Kopf der Vollbeschäftigten.*

Personalstärke

Im Falle der Firma *Beckenbach* ist bei den Daten zunächst ein Abfall und dann ein Wiederanstieg zu erkennen, wobei sich auch die *Wertschöpfung pro Kopf* gesteigert hat. Dies ist aber auch eine Kennzahl, die zeigt, welche Personalstärke bei gewünschter Leistung einzusetzen ist. Wenn man sich wie bei Beckenbach im weit überdurchschnittlichen Leistungsbereich bewegt, führt das auch zu Neueinstellungen. Weiter ist interessant, wie sich

Angestellten-Anteil

die *Zahl der Angestellten* im Lauf der Entwicklung relativ vermehrt hat. Das hängt damit zusammen, daß neues Personal für Qualitätswesen und Entwicklung mit Vertrieb eingestellt wurde. Für ein Land der Hochtechnik, wie Deutschland, ist es von besonderer Bedeutung für die

Entwicklung von Erfolgsprodukten zu sorgen und damit für den Standort Deutschland, aber auch den Export zu sorgen. Auch diese positive Entwicklung ist aus den Daten abzulesen.

3.4 Auswirkungen veränderter Kunden-Lieferanten-Beziehungen

(H. Bergfeld)

3.4.1 Zum Unternehmen

Präzisionsschmiede

Bergfeld & Hoppe ist eine mittlere Gesenkschmiede mit derzeit etwa 85 Mitarbeitern. Geschmiedet werden Automobil-, Maschinenbau- und Bergbauteile, wobei auf allen typischen Umformmaschinen (Hämmer, Maxi- und Spindelpressen sowie horizontale Schmiedemaschinen) geschmiedet wird. Zu rund 40 % werden Präzisionsschmiedeteile hergestellt mit Toleranzfeldern von ± 0,04 mm für die Flächen oder Linienform und geschmiedeten Rautiefen von „Rz 25“ für die Halbwarmverformung und „Rz 10“ für die Kaltverformung.

Dieses breite und anspruchsvolle Fertigungsprogramm erfordert in hohem Maße ein motiviertes Zusammenwirken aller Mitarbeiter, vom Werkzeugbau bis zum Versand und von der Unternehmensleitung bis zur gewerblichen Hilfskraft.

3.4.2 Entwicklung der Kunden-Lieferanten-Beziehungen

Abbrechen von Beziehungen und neue Kooperationen

Die Entwicklung der Kunden-Lieferanten-Beziehungen wurden von unserem Hause wie ein Pendelschlag wahrgenommen. Bedingt durch einen stetig wachsenden Kostendruck wurden festgefügte Kunden-Lieferanten-Beziehungen aufgebrochen. Der weltweit austauschbare Lieferant (Global Sourcing) wurde entdeckt, bis sich schließlich über feste Mengenbeziehungen (Single Sourcing), partnerschaftliche Kooperationen auf der Basis gemeinsamer Zielvorgaben zu entwickeln beginnen. Hierzu

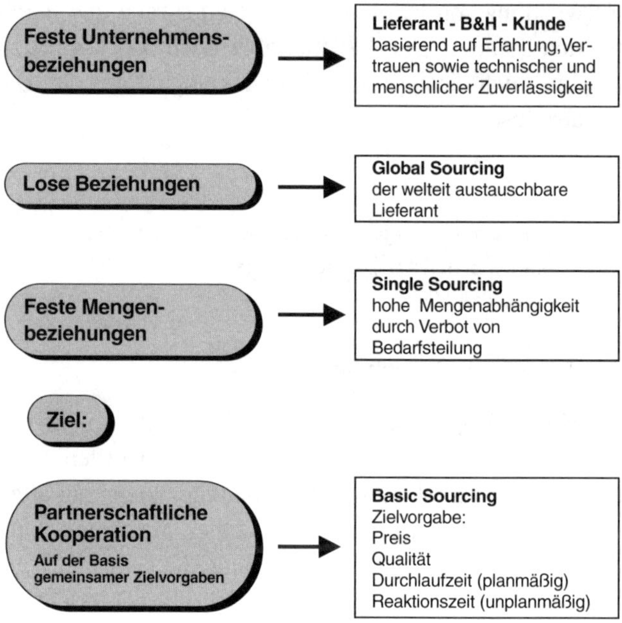

Bild 3-12: Kooperationsbeispiele

sei auch auf das Schlagwort Basic Buying (Prof. Dr.-Ing. G. Rühl) (siehe auch Bild 3-2 „Zwischenbetriebliches Qualitätsmanagement") oder auch auf das Tandemkonzept des Hauses Mercedes-Benz verwiesen. Bild 3-12: „Kooperationsbeispiele" möge hierzu einen Überblick geben.

3.4.3 Entwicklung der Geschäftspolitik

Hiermit verbunden war eine „zwangsweise" sich verändernde Geschäftspolitik. Zum einen änderte sich die Stellung der Unternehmung im Markt. Aus dem autonomen Einzelkämpfer wurde ein Mitglied einer zweck- oder projektorientierten Gruppe selbständiger Unternehmen. Zum anderen änderte sich das Idealbild des Führungsverhaltens innerhalb der Unternehmung vom Anordnen zum Trainieren und Lenken.

Hierbei muß die Entwicklung der „Kooperativen Unternehmung" „vom Kopf" ausgehend beginnen! Dies kann nur gelingen, wenn auch die Unternehmensleitung sich als einen Teil des Ganzen begreift. Hierbei muß die „Faszination der Aufgabe“ und nicht etwa die Angst vor Kritik der Motor der Entwicklung sein. Allerdings müssen Kunden und Markt stets die erste Priorität behalten.

3.4.4 Entwicklung der internen und externen Strukturen

Diese neue Geschäftspolitik bewirkt externe und interne Veränderungen:

- Innerhalb der Kunden-Lieferanten-Kette bilden sich vertikale und horizontale Kooperationen;
- Struktur-Änderung;
- Durch die „Verschlankung“ der Unternehmen sinken die Mitarbeiterzahlen und damit die Anzahl der Know-how-Träger;
- Als Ausgleich für das wegrationalisierte Führungspotential bilden sich informelle Gruppenstrukturen;
- Durch Berücksichtigung dieser informellen Strukturen werden in Zusammenarbeit mit allen Mitarbeitern teilautonome Gruppen in allen Ebenen der Unternehmung gebildet.

„Faszination durch die Aufgabe“

Durch das Arbeiten in Gruppen werden Informationen und Know-how breiter gestreut, wodurch eine neue gemeinsame Stärke entwickelt werden kann, die trotz verringerter Mitarbeiterzahl zu neuem, über das bisherige Maß hinausgehende Agieren im Markt führt. Hauptmotivation innerhalb der Gruppen muß hierbei die „Faszination der Aufgabe“ sein, die ihrerseits in eine von allen getragenen Unternehmensvision eingebettet sein sollte.

3.4.5 Entwicklung des Unternehmens im Markt

Kooperierende Gruppen

Diese Entwicklung ist gekennzeichnet durch den Übergang von der strikt geführten zur (teilautonomen) „gruppierten“ Unternehmung. Während die Unternehmung *früher* als abgeschotteter Einzelkämpfer nach dem Motto „Wir machen alles selbst" und „Wir verraten nichts", agierte, arbeitet man *heute* zwischenbetrieblich auf Projekt- und Zweckbasis in kooperierenden offenen Firmengruppierungen mit dem Ziel der synergischen Bündelung von Kräften.

Hierbei bildeten sich sowohl firmenspezifische Projektgruppen als auch übergeordnete, zweckorientierte Gruppen, hierzu einige Beispiele:

B&H-spezifische Projekte:
- Verbunde Qualitätssicherung: Stahllieferanten, B&H, Bearbeiter, Wärmebehandler, Oberflächenbearbeiter, Spediteure, Kunden.
- Führung von in der Lieferkette vertikal und horizontal verbundenen Lieferanten hinsichtlich Qualitätssicherung und Durchlaufterminierung.

Kooperative Entwicklungen

- Durchgehende Qualitätssicherung einer von B&H hergestellten „schwierigen" Baugruppe in der gesamten Lieferkette vom Stahlerzeuger bis zum Endverbraucher.
- Gemeinsame Entwicklung von Kriterien zur Bestanpassung von Ist- und Sollkontur einer „schwierigen" Genauschmiedegeometrie innerhalb des Meßwesens.

Übergeordnete zweckorientierte Projekte:

Kooperative Qualitätssicherung

- Erarbeitung gemeinsamer Qualitätsresourcen im Rahmen von VIA,
- gemeinsamer Meßmittelpool,

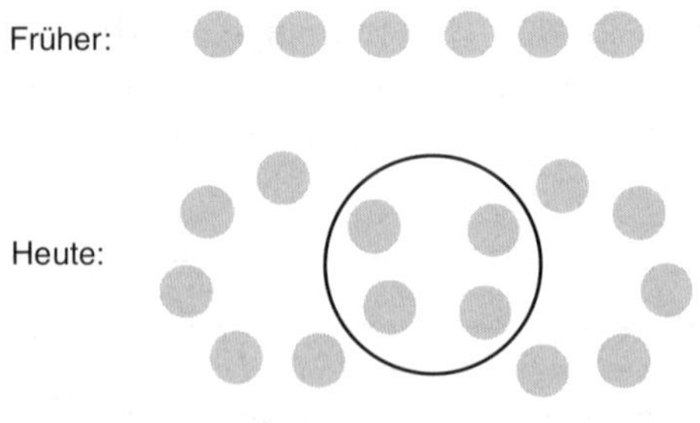

Bild 3-13: Entwicklung kooperierender Gruppen bei Bergfeld & Hoppe

- gemeinsame Entwicklung von prozeßsichernden QS-Elementen.

Projekte mit wissenschaftlicher Beratung:

Wissenschaftliche Beratung

- Gestaltung von externen Kunden-Lieferanten-Beziehungen,
- teilautonome Gruppenstruktur,
- gruppenfähige Fertigungssteuerung,
- Entwicklung eines Pflichtenheftes für eine Fertigungssteuerung von Schmieden,
- Entwicklung einer teilefamilienspezifischen Kostenrechnung, bzw. allgemeiner eine Produktgruppen-Kostenrechnung.

3.4.6 Zukünftige Entwicklung

Die zukünftige Entwicklung wird geprägt sein von der tatsächlichen Gestaltung teilautonomer Gruppen mit unternehmerischer Verantwortung. Hierbei muß ein kooperatives Klima angestrebt werden, in dem gruppenfähige Steuerungsmechanismen erarbeitet werden sollen.

Gruppenfähige Entwicklungen

Parallel zu diesem innerbetrieblichen Wandel soll die Unternehmung stärker in überbetriebliche Kooperationen sowohl in horizontaler als auch in vertikaler Richtung eingebunden werden. Hierbei ist insbesondere gedacht an die Bereiche: Produktentwicklung, Qualitätssicherung und wertanalytische Kostensenkung. Getragen wird diese Entwicklung zunehmend von internen Gruppenmitgliedern, die feste Partnerschaften zu externen Gruppen bilden sollen, dies sowohl im Rahmen regelmäßiger Treffen als auch themenspezifischer Hospitationen.

Interne und externe Partnerschaften

Zusammenfassend kann gesagt werden, daß die bei uns im Frühjahr 1994 angestoßene Entwicklung erste Früchte zu tragen beginnt. Dies bestärkt uns, an dem nunmehr eingeschlagenen Weg festzuhalten, durch die Einbeziehung möglichst vieler Mitarbeiter in das unternehmerische Geschehen der Unternehmung die Beweglichkeit und Leistungsstärke zu geben, die konstruktives Agieren in einem sich schnell verändernden Markt ermöglichen soll.

Schwierigkeiten (grau hinterlegt)
Abhilfe, Vorschläge (weiß)

METAPLAN – Chefseminar – Bergfeld-Hoppe

FOWIG
G. Rühl

PERSONAL	ORGANISATION	INFORMATION	FERTIGUNGS-EINRICHTUNGEN	MENSCHEN-FÜHRUNG	QUALITÄTS-SICHERUNG	INNOVATION
∑ Gew. 13	**∑ Gew. 19**	**∑ Gew. 11**	**∑ Gew. 16**	**∑ Gew. 14**	**∑ Gew. 13**	**∑ Gew. 5**
3 * Fachkräftemangel, insbes. Werkz.macher (1)	**5** * Termindruck / Terminplanung bei B&H (7)	**7** * Informationen/ Informationsfluß (11)	**3** * Transport / Transportmittel (8)	kooperative Führung (1)	Gewährleistung der QS (1)	mehr Zeit für Neuentwicklungen (1)
hoher Krankenstand	Terminplanung bei Mercedes -> keine Know-how-Träger	späte Information von oben nach unten	**2** * mangelnder Werkzeugfluß (6)	Mitarbeiterführung	Qualitätskosten	Verbesserungen (3)
Personalauswahl: weniger aber qualifizierte MA's (12)	**2** * Zielverfolgung -> Ordnungs- (2) system erforderlich	Kostenstruktur / Kostenbewußtsein	Computer	Personalführung	Sicherheit im Betrieb schaffen(Arbeitsschutz)	Kundenbetreuung -> Agieren (1)
Sprachschwierigkeiten, da 50% Ausländer	**3** * Überlastung, Arbeitsumfang (4) zu groß	früh. Information -> besserer Durchlauf	Wartung der Maschinen	Menschenführung	bisher: Qualität nicht hergestellt, sond. überprüft (5)	Akquisition, nicht nur reagieren
zu wenig Arbeitskräfte für QS	**4** * Arbeitsablaufplanung und -organisation (1)	früh. Inf. -> wöch. Arb.ablaufplanung -> Bereitstellung	**2** * Bereitstell. Maschin. (0,5 - 1 Wo) v. Inbetr.nahm. (2)	Motivation (13)	Verantwortlichkeiten (1)	Innovationen möglichst bald erweitern
Ausbildung zur Werkerselbstkontrolle	Fertigungsorganisation Chaos der Liefertermine		Arbeitsbedingung. verbessern, z. B.Schleifen i. Sitzen	Vertrauen	**2** * Kompetenzen, Befugnisse (6)	
Fliegende Kontrolle neu überdenken	Kapazität im Werkzeugbau vergrößern (5)		**2** * Transp.mittel :elek. Hubwagen, neuer Bodenbelag	**2** * Rückmeldung	Stillsetzungs-Kompetenz für Qualitätsstelle	
Spätschichtprobl.: Verhält. Fachkräfte vs. Hilfskräfte	Arbeitsstrukturierung		Materialien rechtzeitig bestellen			
Ergänz. Mengenleist.Syst. durch Basis-Eingruppierung	Verantwortliche festlegen		Bestandsorientierte Lagerung			

Tabelle 3-17: Beispiel einer METAPLAN-Tabelle von Bergfeld & Hoppe

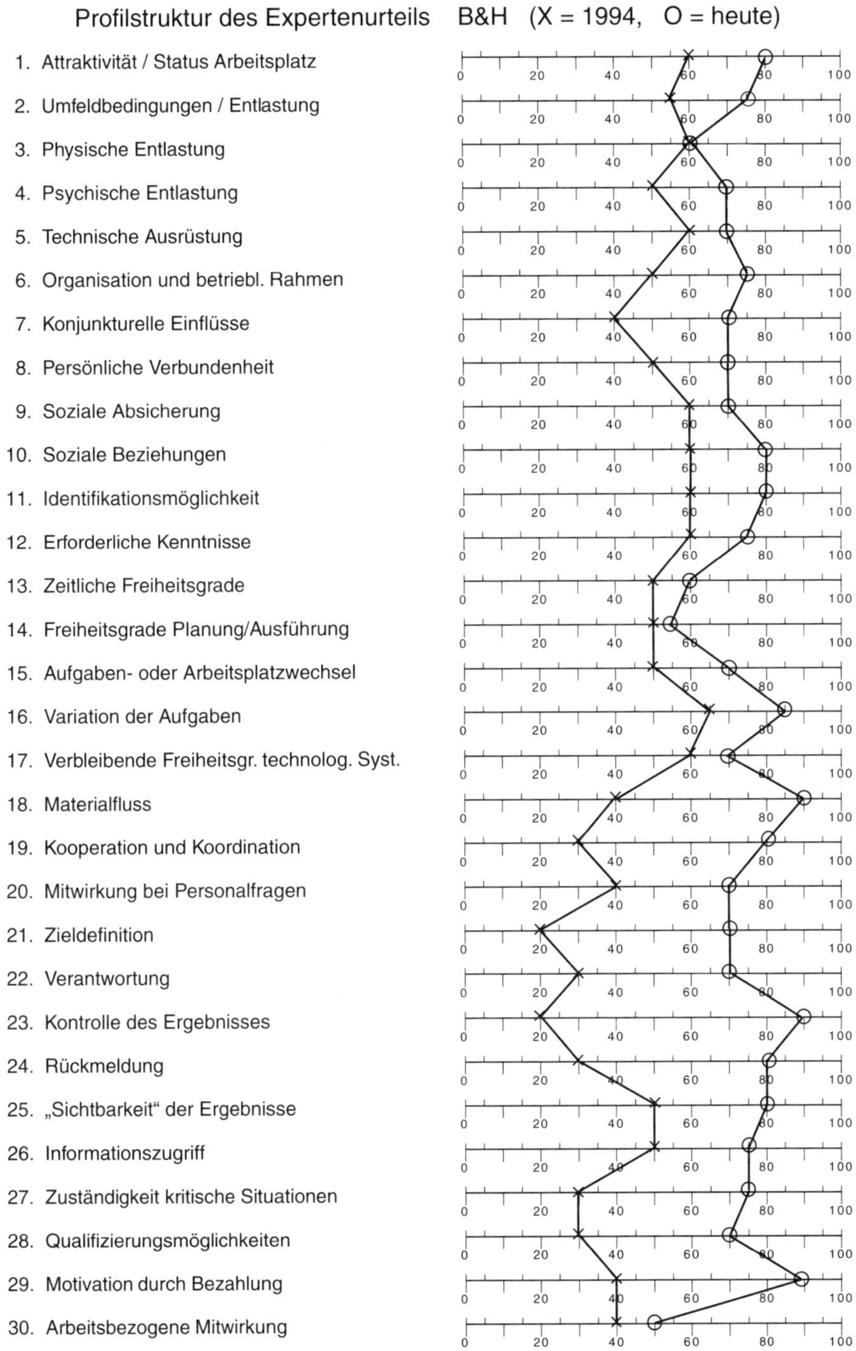

Bild 3-14: Profilstruktur des Expertenurteils bei Bergfeld & Hoppe

3.4.7 Beispiele zur Methodik: Metaplan, Profilstruktur der Projektergebnisse

Die Arbeit mit Gruppen und auch mit Mitarbeiterzirkeln – in der ersten Phase vor allem mit Führungs- und Schlüsselkräften – soll im Falle der *Aufhellung von Defiziten* und dem *Finden von Lösungen* ihren Niederschlag in einer *METAPLAN-TABELLE* finden. Ein Beispiel dieser kritischen Arbeit zeigt die Tabelle 3-17.

Die Expertenbeurteilung der Projektergebnisse in einer 30 Kriterien umfassenden Profilstruktur zeigt Bild 3-14 mit dem Stand zu Beginn des Projektes (1994) und heute (1996).

Die selbstkritischen Ergebnisse zeigen z. B. die Problematik, die sich aus den hohen Belastungen von Schmieden ergeben. Hier werden Möglichkeiten des *Belastungswechsels* und des *Rückentrainings* erwogen.

3.5 Umsetzung von Kundenanforderungen bei der Entwicklung und Produktion von Sondermaschinen – SAMAG GmbH –

(G. Stolze)

Die hier behandelte Problematik betrifft das „Entwickeln und Befriedigen von Kundenbedarf", also die Schaffung und Sicherung des Marktes.

Im Sondermaschinenbau – wie auch im normalen Werkzeugmaschinenbau – suchen die Kunden und die Hersteller ständig nach neuen, technisch verbesserten und produktiveren Lösungen zur Durchführung der erforderlichen Bearbeitungsverfahren.

In der Regel soll mit einer neuen Sondermaschine nicht einfach eine bereits vorhandene, alte Maschine ersetzt werden, sondern sie soll mehr Möglichkeiten bieten, wartungsfrei und reparaturfreundlich sein. Und schließlich muß sie den aktuellen Anforderungen der Richtlinien, Gesetze und Normen bezüglich Arbeitssicherheit und Umweltverträglichkeit genügen.

Der Hersteller kann meist nicht auf eine bekannte und erprobte Lösung zurückgreifen. Bevor er mit der Produktion einer Sondermaschine beginnt, muß sie von ihm gemäß den Anforderungen des Kunden entwickelt werden.

Hat der Kunde den Auftrag zur Entwicklung und Produktion einer Sondermaschine nach der in den Vertragsverhandlungen erarbeiteten Spezifikationen erteilt, muß der Vertrieb die Aufgabenstellung an die Entwicklung so übergeben, daß dem Entwickler klar und eindeutig ist, was der Kunde erwartet.

Hersteller-Kunden-Kooperation

Der Idealfall wäre dadurch zu erreichen, daß die Spezifikation und die daraus entstandene Aufgabenstellung an den Entwickler so abgefaßt sind, daß dem Hersteller alle Freiheit für die Entwicklung und Produktion der vom Kunden gewünschten Sondermaschine gegeben ist. Da dies stets die Ausnahme sein wird, muß der Hersteller in seinem Unternehmen Verfahren entwickeln und unterhalten, deren Ziel es ist, Kundenspezifikation und Aufgabenstellung für die Entwicklung und Produktion bereits in der Angebots- und Verhandlungsphase so genau zu ermitteln und die weitere Zusammenarbeit mit dem Kunden so zu gestalten, daß der Aufwand für die Abstimmung mit dem Kunden ab Entwicklungsbeginn möglichst klein gehalten werden kann.

Dies wird dadurch ermöglicht, daß der Beschaffung und Verarbeitung von Informationen zu den Kundenanforderungen und -bedingungen bereits mit der Erarbeitung des Angebotes besondere Aufmerksamkeit gewidmet werden.

Es hat sich gezeigt, daß es sinnvoll ist, mit dem Kunden die Abstimmung nach bestimmten Entwicklungsetappen im Vertrag zu vereinbaren und ihn damit über die Erfüllung seiner Anforderungen und die eventuell auftretenden Schwierigkeiten in Kenntnis zu setzen.

3.5.1 Wirkung des QM-Systems auf die innerbetriebliche Zusammenarbeit

Durch das Unternehmen wurde versucht, in den Verfahrensregelungen für die Vertragsprüfung und für die Entwicklung von Sondermaschinen diesen genannten Besonderheiten Rechnung zu tragen und die ständige und enge Zusammenarbeit mit dem Kunden durch den Vertrieb und die Entwicklung sicherzustellen.

Dazu wurde in den Verfahrensregelungen festgelegt:

1. Aufbau und Ordnungssystem der Angebots- und Auftragsunterlagen im Vertrieb, eingeschlossen ein aktuelles Verzeichnis der zugehörigen Unterlagen.
   Damit ist gleichzeitig auch eine Übersicht zum Arbeitsstand und zum Stand der technischen Abstimmung des Angebotes/Projektes gewährleistet.
2. Über alle Kontakte zwischen dem Vertrieb und dem Kunden und über die Ergebnisse werden Aufzeichnungen geführt und in den Unterlagen aufbewahrt.

Sicherung der Qualität d. h. der Eigenschaften des Produktes

3. Der Mindestinhalt der betrieblichen Aufgabenstellung (Betriebsauftrag) zur Entwicklung und Produktion einer Sondermaschine oder Anlage wurde mit einer Arbeitsanweisung festgelegt.
4. Für die Verbindung zum Kunden ist auch nach dem Auftragseingang der Vertrieb zuständig.
5. Der Kunde wird bereits zu einem frühen Zeitpunkt der Entwicklung in die Planung und Vorbereitung und später in die Durchführung der Werksabnahme der Maschine einbezogen.

Damit ist gewährleistet, daß einerseits die Kundenforderungen beim Nachweis der Leistungs- und Qualitätsmerkmale der Maschine vollständig erfüllt und andererseits Abweichungen von den geplanten Ergebnissen, die oft genug ihre Ursachen in den Kundenvorgaben oder Kundenbeistellungen haben, rasch einer Klärung zugeführt werden können.

Das QM-System trägt somit dazu bei, die Kommunikation innerhalb des Unternehmens zu verbessern und den Informationsfluß besser zu regeln und aufgabenbezogen zu kanalisieren. Die in den internen Audits und in der Durchführung der Arbeitsaufgaben gewonnenen Erkenntnisse bestätigen dies.

3.5.2 Bildung und Tätigkeit von Hersteller – Kunden – Projektkreisen, d. h. „Aktionszentren“ nach G. Rühl

Nach Vertragsabschluß wurde zwischen den Vertragspartnern die Bildung eines Aktionszentrums – AZ vereinbart, in dem durch die Fachvertreter der beiden Partner alle in der Auftragsdurchführung auftretenden Fragen beraten, geklärt und gelöst werden.

In das AZ werden gemäß dem jeweiligen Arbeitsstand beim Hersteller und den für die Weiterführung zu klärenden Problemen, die unterschiedlichen Fachleute der Vertragspartner in die Problemberatungen als permanente oder zeitweilige Mitglieder einbezogen.

Die Ziele dieses Hersteller-Kunden-Aktionszentrums sind:

Ziele des AKTIONSZENTRUMS

- Fachbezogene, sachgerechte und kurzfristige Klärung aller auftretenden Fragen und Probleme durch die Experten der Vertragspartner zur Erfüllung des Liefervertrages und der Kundenanforderungen.

Dies betrifft sowohl technische Fragen zu Bearbeitungsverfahren, Materialien und Werkzeugen, einzusetzende Zulieferungen, Verfahren zur Prüfung und zum Nachweis der vereinbarten Produktmerkmale, wie auch organisatorische Regelungen zur Wartung der Maschine oder Anlage durch den Kunden und zur Instandhaltung bzw. Reparatur sowie Fragen zur Interpretation und Einhaltung von Gesetzen, Richtlinien, Normen und Anforderungen des Kunden und des Herstellers.

- Gewährleistung einer regelmäßigen und stabilen Verbindung zwischen den verschiedenen Fachbereichen des Kunden und des Herstellers unter Federführung des Einkaufes des Kunden und unseres Vertriebes während der Entwicklung und Produktion.
- Gewährleistung eines einheitlichen und aktuellen Kenntnisstandes aller an der Durchführung Beteiligten in Übereinstimmung mit dem Vertrag.
- Für die Durchführung der Arbeit des Aktionszentrums sind folgende Regelungen vereinbart:

Arbeitsweise des AKTIONSZENTRUMS

- Die Beratungen werden regelmäßig durchgeführt.
- Die Leitung haben die Projektverantwortlichen des Einkaufes beim Kunden und des Vertriebes beim Hersteller. Sie bereiten die Beratungen gemeinsam vor, vereinbaren Termin, Ort und Beratungsthemen und legen die teilnehmenden Fachbereiche bzw. Mitarbeiter fest.
- Über die Erweiterung des Aktionszentrums um weitere Vertreter des Herstellers oder des Kunden wird in den Beratungen gemäß dem Entwicklungs- bzw. Arbeitsstand, der zu bearbeitenden Aufgaben und der zu erwartenden Aufwendungen befunden.
  Mit fortschreitendem Arbeitsstand vergrößert sich beim Hersteller das Entwicklungsteam, und die abzustimmenden Fragen werden detaillierter. Damit geht der Anstoß zur Erweiterung des Aktionszentrums in der Regel vom Hersteller aus. Der Kunde reagiert darauf mit der Einbindung seiner Fachleute.
  Es wird angestrebt, das AZ nicht zu groß zu gestalten. Zum einen werden nur die ständigen Experten in die Beratungen einbezogen, die zur Klärung der jeweils anstehenden Themen beitragen können. Zum anderen werden für die Klärung von Einzelfragen die entsprechenden Fachleute zeitweilig und nur für diese eine Aufgabe hinzugezogen.
  Dennoch gilt für alle ständigen und zeitweiligen Vertreter des Herstellers und des Kunden im Projektkreis der Gleichheitsgrundsatz.
- Das Material über die in der Projektberatung zu befindenden Themen wird durch den Antragsteller spätestens in der Beratung übergeben. Es wird angestrebt, daß der Partner die Unterlagen vor der Beratung zur Prüfung und Vorbereitung seiner Stellungnahme erhält.
- Es wird angestrebt, die anstehenden Fragen in der Beratung einer einvernehmlichen Lösung zuzuführen. Durch notwendige Rücksprachen und Prüfungen bei den Partnern wird dies nicht grundsätzlich möglich werden.
- Ist es nicht möglich, in der Projektberatung Lösungen zu vereinbaren, werden die entsprechenden Aufgaben abgestimmt und die Zuständigkeiten und Termine festgelegt.

Lösungen im AKTIONSZENTRUM

- Die vom Antragsteller vorgeschlagene Lösung gilt als vom Partner angenommen, wenn er seine Entscheidung oder Stellungnahme nicht bis zum vereinbarten Termin bekanntgegeben hat.
- Die in den Projektberatungen vereinbarten Aufgaben und abgestimmten Lösungen werden protokolliert. Jedes Mitglied des AZ kann – falls dies erforderlich oder zweckmäßig ist – bzw. muß seinen Standpunkt darlegen oder andere Vorschläge unterbreiten.
- Die Überwachung der Aufgabendurchführung erfolgt durch die Leiter des Projektkreises, und bei Bedarf bzw. Notwendigkeit veranlassen sie in ihrem Zuständigkeitsbereich die Ableitung weiterer Aufgaben oder Korrekturen, die ggf. mit dem Partner abgestimmt werden.
- Führen die durch einen Vertragspartner vorgeschlagenen Lösungen zu einer Änderung der Vertragsvereinbarungen, werden sie erst nach genauer Prüfung der Auswirkungen und der Entscheidung zur Vertragsänderung oder –ergänzung wirksam.

3.5.3 Erneuerung von Organisationsstrukturen

Produktivität

Diese Problematik betrifft die *innerbetriebliche Produktivität bzw. Eigenleistung* und hat großen Einfluß auch auf die zwischenbetrieblichen Beziehungen über Qualitätssicherung, Flexibilität und Termintreue.

Aufbau- und Ablauf-Organisation

Linien- und Stabs-Stellen

Außer der Einführung von zwischenbetrieblichen *Aktionszentren*, die die *zur Zusammenarbeit verpflichteten Fachleute in einer Kleingruppe zusammenführen*, soll weiter gezeigt werden, daß auch die klassische *Aufbauorganisation* erhalten und erneuert werden soll. Diese bilden den unerläßlichen Rahmen für *Vorausplanung* und immer wieder erforderliche *Führungseingriffe*. Auch das klassische Konzept von *Linien- und Stabsorganisation* (z. B. Sekretariat, Marketing, Umwelt, Qualitätswesen) bleibt dabei erhalten. *Aktionszentren* können allerdings mit Vorteil an *kritischen Schnittstellen*, auch bei der innerbetrieblichen Kooperation eingesetzt werden, z. B. zwischen Vertrieb, Konstruktion und Produktion. Ein Bei-

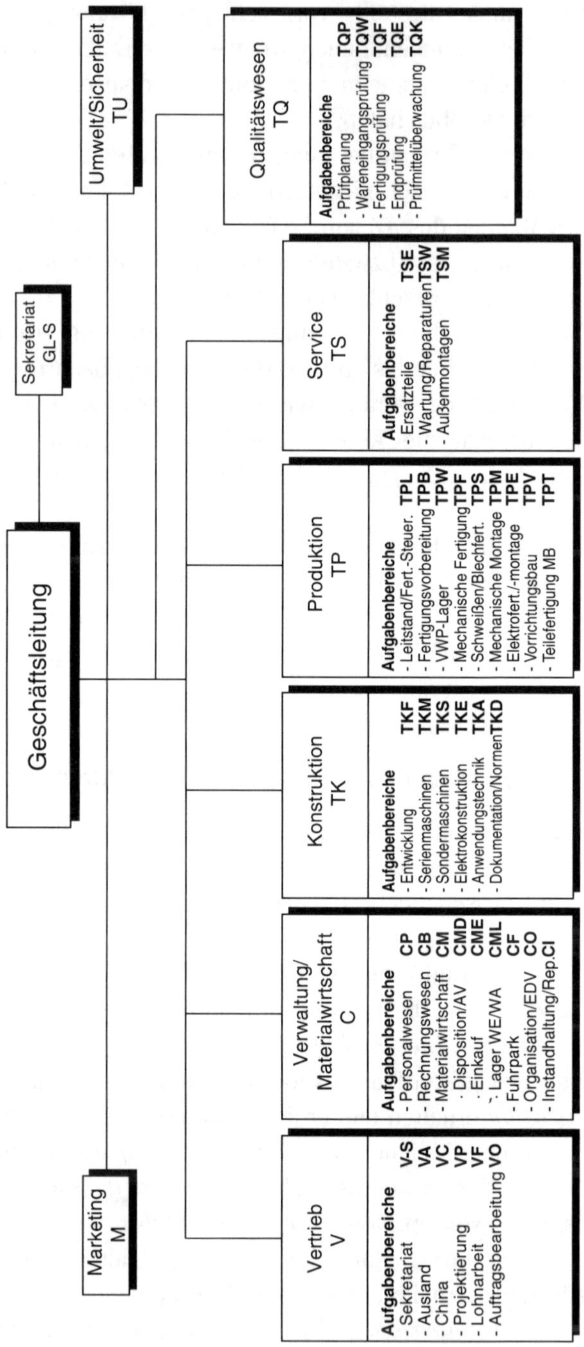

Bild 3-15: Organigramm zur Aufbauorganisation der SAMAG GmbH

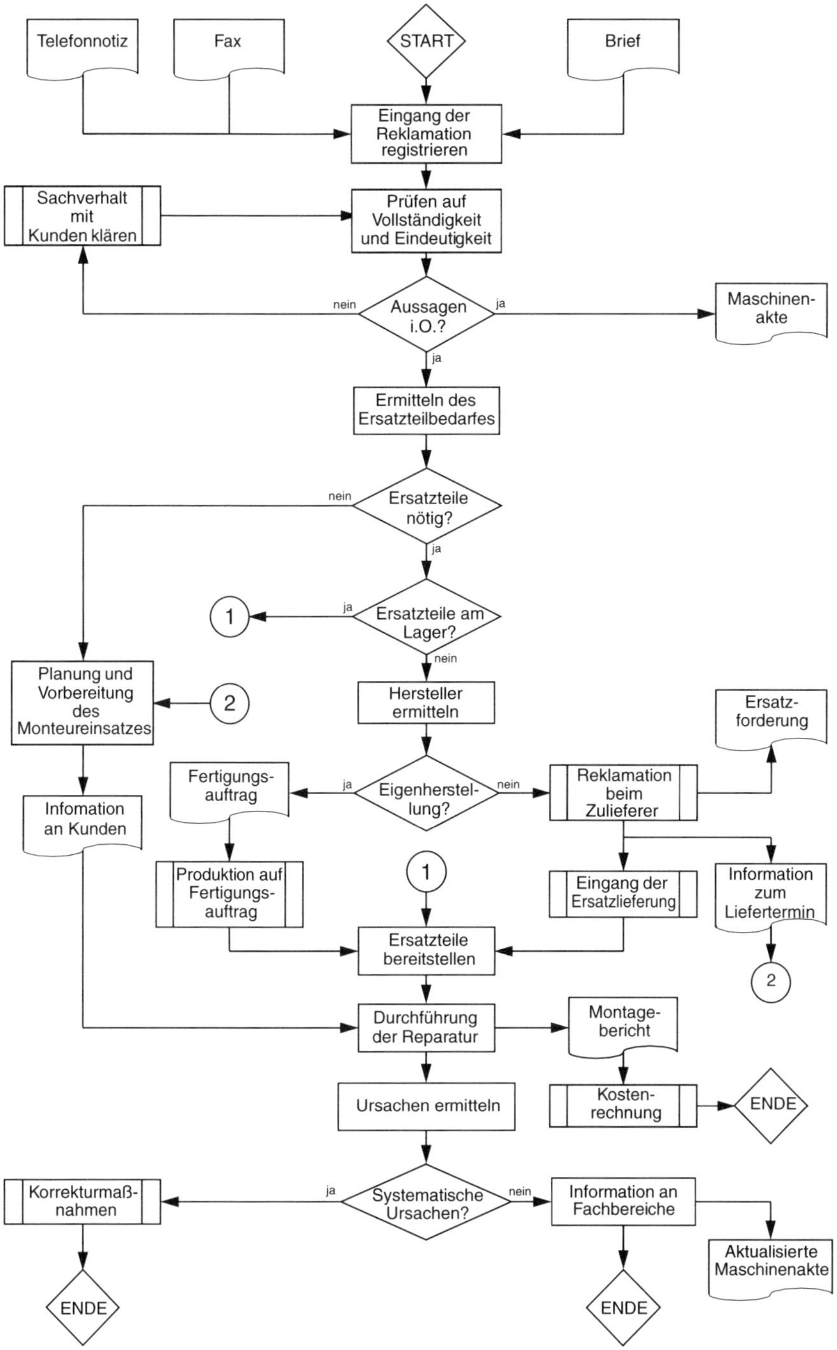

Bild 3-16: Reklamationen im Gewährleistungszeitraum

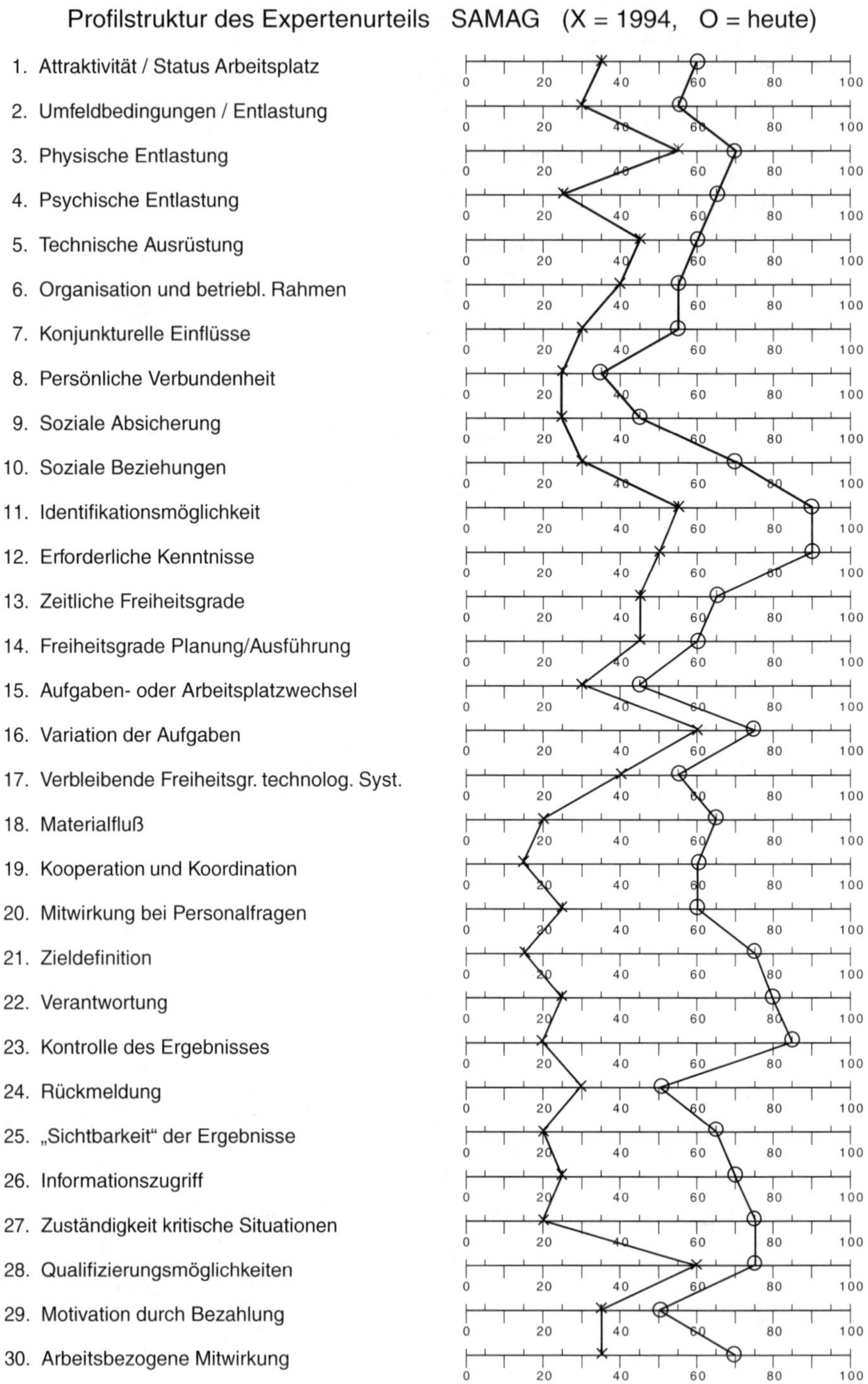

Bild 3-17: Profilstruktur des Expertenurteils der SAMAG

spiel für die *Aufbauorganisation* aus dem QM-Handbuch wird im Bild 3-15 dargestellt.

Als Beispiel für die *Ablauforganisation* wird die Behandlung von *Reklamationen* (Bild 3-16) gezeigt, die eine kritische Kooperation erfordern.

3.5.4 Expertenurteil über die Entwicklung der Arbeitssysteme und der Beteiligung

In dem durchgeführten Projekt spielt die Entwicklung von Arbeitssystemen und die Beteiligung von Mitarbeitern und Führungskräften eine entscheidende Rolle.

Die damit hergestellte und erlebte Kooperation hatte großen Einfluß auf die erreichten Ergebnisse und auch auf die Arbeitszufriedenheit und Motivation. Ein Vergleich des Bewertungsergebnisses durch Expertenurteil zeigt Bild 3-17: „Profilstruktur des Expertenureils" mit 30 Bewertungskategorien.

Jede Bewertungskategorie ist ausführlich mit ihren Einflußgrößen für den Experten beschrieben. Die Veränderung bei den 30 Stichworten sprechen jedoch für sich.

3.6 Verbesserung der externen Kunden-Lieferanten-Beziehungen durch Schnittstellenoptimierung – SFR GmbH –

(M. Drescher)

3.6.1 Ziele und Entwicklungsaufgaben

Nach einer umfangreichen Istzustands-Analyse im Unternehmen *SFR* haben wir parallel zur Konzeptbildung mit der Umsetzung bzw. der Realisierung begonnen.

Aus der Istzustands-Analyse hatten sich *Defizite im Bereich Organisation* ergeben. Dies waren insbesondere das Fehlen von Festlegungen von Verantwortlichkeiten und Aufgaben in Organigrammen und Stellenbeschreibungen sowie die Dokumentation der betrieblichen Abläufe in Ablaufplänen und Verfahrensanweisungen. Deshalb wurden diese Defizite exemplarisch im Qualitäts-Element Beschaffung aufgearbeitet. In diesem

Qualitäts-Management-Element, das die Schnittstelle zum Lieferanten darstellt, wird die Thematik des Forschungsprojektes, die Erarbeitung qualitätsförderlicher Führungs- und Organisationsstrukturen im Hinblick auf die externen Kunden-Lieferanten-Beziehungen direkt berührt. Bei der *SFR* wurde bei der Aufarbeitung dieses Arbeitsschwerpunktes auf diese Weise vorgegangen, daß die erarbeiteten Lösungen so dokumentiert wurden, daß diese Dokumentation gleichzeitig auch den Anforderungen der DIN EN ISO 9001 für das Qualitätselement Beschaffung genügen.

Schnittstelle

Gleichermaßen wurden auch Defizite an den Schnittstellen zum Kunden geregelt. Hier sind insbesondere verbindliche Regelungen für den Bereich Vertragsgestaltung zu nennen. Diese Maßnahmen in Bezug auf die externen Kunden und Lieferanten wurden so gestaltet, daß sie gleichzeitig auch als Richtlinien für die Zusammenarbeit zwischen den technischen Profit-Center der *SFR* dienen können

Kooperation von Profitcentern

Ziel ist eine effiziente Gestaltung der Kunden-Lieferanten-Beziehungen zwischen den technischen Profitcentern in der *SFR* und zwischen der *SFR* und der Schnittstelle Kunde bzw. Lieferant.

3.6.2 Bildung eines Aktionszentrums

Das Aktionszentrum ergänzt die profitcenterteilige Organisation durch Kooperation zwischen den zur ständigen Zusammenarbeit verpflichteten Sparten bei der Abwicklung der Programmroutinen. Mit dem Aktionszentrum wird, dem aus der profitcenterteiligen Organisation resultierenden Mangel an Koordination zwischen den einzelnen Profitcentern entgegengewirkt.

Dabei stand die Forderung im Vordergrund, gemeinsam mit den technischen Profitcenterleitern (PC Formenbau, PC Werkzeugbau, PC Mechanische Fertigung sowie PC Qualitätswesen), Möglichkeiten zu mehr Flexibilität und Effektivität bei der Erfüllung der Kundenbedarfe zu erreichen.

Es erfolgte die Installation eines profitcenterübergreifenden Aktionszentrums „Qualitätsmanagement“, welches das Ziel verfolgt, die abgestimmten QM-Verfahrens- und Arbeitsanweisungen und abgeleiteten Maßnahmen schnell in den Profitcentern umzusetzen. Diese Stelle hat eine Koordinations und Moderationsaufgabe bei der Erarbeitung und Einführung von qualitätsverbessernden Maßnahmen.

Aktionszentrum Qualitätsmanagement

3.6.3 Maßnahmen zur Neugestaltung der Lieferantenbeziehungen

Nach umfangreichen Untersuchungen des Ablaufs des Wareneinganges und des Bestellvorganges, sowie der Lieferantenbewertung und -auswahl in den technischen Profitcenterbereichen, wurden profitcenterspezifische sowie unternehmensübergreifende Regelungen erarbeitet und optimiert.

Optimierung von Bestellvorgang und Wareneingang

Als Ergebnis der Untersuchungen, wurde mit sofortiger Wirkung ein zentraler Wareneingang organisiert, sowie der Aufbau eines zentralen Lagers projektiert.

Die Ware der technischen Profitcenter wird nunmehr durch einen eingewiesenen und geschulten Personenkreis angenommen, der Eingang entsprechend dokumentiert und der zuständige Bereich informiert. Geschultes Personal und einheitliche Regelungen machen es jetzt möglich Bestellabweichungen, sofort zu erkennen und zu klären bzw. eine Klärung in die Wege zu leiten. Hierdurch vermindern sich Reklamationen bzw. kann im Fall von Reklamationen auf Hinweise in der Dokumentation zurückgegriffen werden. Dies bedeutet insgesamt für beide Seiten mehr Sicherheit im Kunden-Lieferanten-Verhältnis.

Die Bestellauslösung und die Lieferantenauswahl wurde in der Verantwortung der Profitcenter belassen, erfolgt aber nach einheitlicher QM-Arbeitsanweisung bzw. Formulartechnik.

Lieferantenauswahl und -bewertung

Die Lieferantenauswahl wird in der Lieferantenliste dokumentiert. Die Lieferantenbewertung erfolgt einmal jährlich. Die Grundlage für die Lieferantenbewertung sind die Lieferantenliste sowie aktuelle Veränderungen bei Routinelieferanten.

Der Beschaffer erhält ein Arbeitsmittel zur Gewinnung von qualifizierten Neulieferanten, Kriterien, die zur Streichung eines ungeeigneten Lieferanten aus der Lieferantenliste führt, sowie Bewertungskriterien für qualifizierte Altlieferanten.

Kooperation mit ICM

Darüberhinaus ist es möglich, durch die Mitarbeit im ICM (Interessenverband der Chemnitzer Maschinenbauunternehmen, mit dem Ziel, den Maschinenbau in der Region Chemnitz zu erhalten und zu erweitern), die Leistungen der Unterarbeitsgruppe „Einkauf" des Verbandes in Anspruch zu nehmen, d. h. firmenübergreifend im Einkauf von Material zusammenzuarbeiten. (Ausnutzung von Rabatten, Wegfall des Mindermengenzuschlages usw.)

3.6.4 Lösungsansätze in der Gestaltung der Kunden-Beziehungen

Hausmessen

Seit der Gründung der *SFR* GmbH finden jährlich Hausmessen statt, die intensiv zur effektiven Gestaltung unserer Kunden-Lieferanten-Beziehungen genutzt werden. Insbesondere werden dort Produkte der *Interessengemeinschaft e. V. Werkzeug-, Formenbau und Produktion* präsentiert. Zur individuellen Betreuung der Kunden stehen das Expertenwissen der Herstellerfirmen (der Werkzeugmaschinen und Bearbeitungszentren) und die Anwenderinformationen der *SFR* GmbH zur Verfügung.

Vertriebs-Organisation

Durch die Aktivitäten und Abstimmungen im Aktionszentrum „Qualitätsmanagement" war es möglich, eine profitcenterübergreifende Aufbau- und Ablauforganisation im Bereich des Vertriebs zu erarbeiten.

Als Ergebnisse dieser Arbeit sind folgende Punkte zu nennen:

- Aufbau einer einheitlichen Vertragsgestaltung unter Beachtung der Spezifika der technischen PC-Bereiche,
- Erarbeitung von allgemeinen Liefer- und Abnahmebedingungen,

- Gemeinsame Gestaltung von Qualitäts-Vereinbarungen mit den Kunden,
- Erarbeitung eines Kundenfragekataloges gemeinsam mit der wissenschaftlichen Begleiteinrichtung, um die Bedarfe der Kunden kennenzulernen und die Zufriedenheit der Kunden zu erhöhen.

Kunden-Fragenkatalog

3.6.5 Beispiele zur Methodik

Ablauf Bestellvorgang, Erfolgsfaktoren Bewertung:

Der *Ablauf des Bestellvorgangs* betrifft den Bereich Beschaffung von Produkten, also das zwischenbetriebliche Zusammenwirken mit den Lieferanten (Bild 3-18).

Muster einer Arbeitsanweisung

Die *Arbeitsanweisung* in Bild 3-18 ist eine *QM-Verfahrensanweisung* und regelt alle Tätigkeiten, welche die Beschaffung von Produkten, Materialien und Halbzeugen sowie die Sicherstellung der festgelegten Qualitätsforderungen von beschafften Produkten betreffen. Die jeweils verantwortlichen Personen (V) sind angegeben.

Die Qualifikation der Lieferanten der zu beschaffenden Produkte, Arbeits- und Hilfsmittel sowie Dienstleistungen soll durch Liefertermin, Preis, Sonderbedingungen nachgewiesen sein. Es werden nur qualifizierte Lieferanten in die Lieferantenliste aufgenommen.

Lieferantenauswahl und -bewertung

Die Routine-Lieferantenbewertung erfolgt einmal im Jahr durch das Auswerten von Mängelberichten.

Bei Einleitung von Sofortmaßnahmen entscheidet der PC-Leiter (Profitcenter), ob der Lieferant in der Lieferantenliste verbleibt.

Ein weiteres Musterbeispiel zeigt die „*Bewertung von Erfolgsfaktoren der Betriebsführung*“ (Tabelle 3-18). Diese ist prinzipiell schon in Abschnitt 3.2.8 beschrieben. Hier soll gezeigt werden, wie dieses Instrument zur Kennzeichnung von *Defiziten* eingesetzt werden kann, wenn eine Differenz > 30% auftritt. Das ist hier der Fall bei der *Ablauforganisation* und bei der *Innovation.*

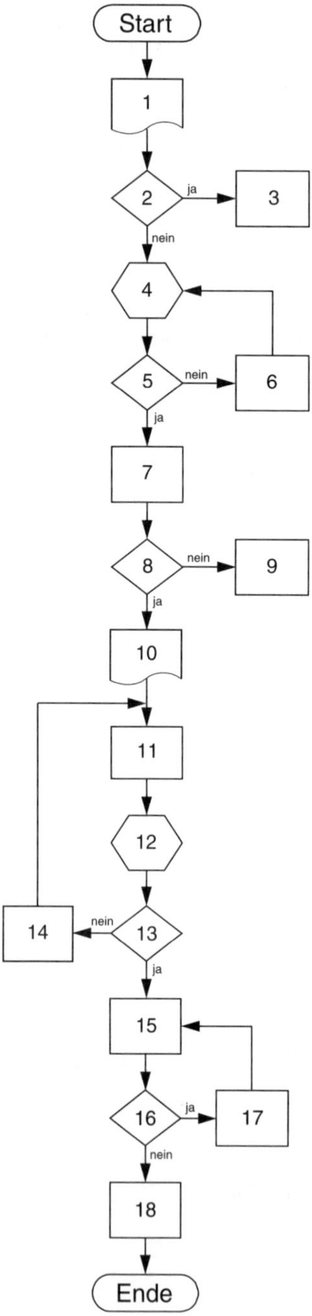

1 Bedarf nach Stückliste bzw. Auftrag
Erstellen der Bedarfsmeldung
V: L, Konstrukteur

2 Material im Lager vorhanden ?

3 Materialentnahme nach VA.15.01

4 Prüfen der Bedarfsmeldung auf Vollständigkeit und Richtigkeit
V: L, Konstrukteur

5 Bedarfsmeldung in Ordnung?

6 Korrektur der Bedarfsmeldung
V: L, Konstrukteur

7 Lieferant bestimmen
V: fachkompetenter Mitarbeiter

8 Lieferant in der Lieferantenliste FB.06.01 ?

9 Lieferantenauswahl nach AA.06.03

10 Bestellung auslösen und Bestellnummer vergeben, registrieren im Bestellungsbuch mit Auftragsnummer, Liefertermin, Preise und Rabatten
V: fachkompetenter Mitarbeiter

11 Eingang der Auftragsbestätigung/ Telefonnotiz dokumentieren
V: fachkompetenter Mitarbeiter

12 Prüfen der Auftragsbestätigung/Telefonnotiz
V: fachkompetenter Mitarbeiter

13 Stimmt Auftragsbestätigung/ Telefonnotiz mit Bestellunterlagen überein ?

14 Rücksprache mit Lieferanten
V: fachkompetenter Mitarbeiter

15 Terminverfolgung
V: fachkompetenter Mitarbeiter

16 Termin überschritten ?

17 Rücksprache mit dem Lieferanten
V: fachkompetenter Mitarbeiter

18 Wareneingang nach AA.06.02

Bild 3-18: Ablauf eines Bestellvorgangs bei der SFR GmbH

Fa.: SFR **KMU** (Belegschaft >= 10 Personen)

BEWERTUNG VON ERFOLGSFAKTOREN DER BETRIEBSFÜHRUNG

Firmen-meß-werte↓	**Organisationsentwicklung** Ausstattung des Grundsystems	OE	Modell-Gewichte *) Optimum		Firmen-gewichtung	
95	Ausrüstung im technolog. System	TS	7,10		6,75	
76	Entlastung am Arbeitsplatz und im Umfeld	E	2,50		1,90	
93	Innovation von Organisation und technischen Einrichtungen in den letzten 3 Jahren	IOE	10.50		9,77	
	TS + E + IOE = OE			20,10	18,41	
	Personalentwicklung Aktivierung des menschlichen Potentials	PE				
78	Arbeitsmotivation Arbeitszufriedenheit	AZ	9,75		7,61	
77	Gruppenintegration	GI	10,35		7,97	
	AZ + GI + = PE			20,10	15,57	
	Führungsentwicklung Menschenführung	FE				
77	Unterstützung bei schwierigen Aufgaben	U	3,50		2,70	
77	Qualifizierung u. Qualitätssicherung	QQ	5,70		4,39	
58	Störungsfreiheit der Ablaufsorganisation	SF	6,00		3,48	
	U + QQ + SF = FE			15,20	10,56	
	Marktentwicklung Innovationsmanagement	ME				
50	Innovation von Produkten und Märkten	IPM	40,50		20,25	
70	Planung und Steuerung des Auftragsdurchlaufs	PS	4,10		2,87	
	IPM + PS = ME			44,60	23,12	
	Betriebseffektivität	BE	∑ in	%	100,00	67,67

Soziotechnologisches System		OE	20,10	18,41	
		PE	20,10	15,57	
	Basisleistung	→		40,20	33,98
Management		ME	44,60	23,12	
		FE	15,20	10,56	
	Führungsleistung	→		59,80	33,68

*) Der Firmenwert jeder Zeile ist mit dem Modellgewicht in Dezimal-Schreibweise, z.B. 7,1 ≅ 0.071 zu multiplizieren, um die Firmengewichtung zu errechnen. Abweichungen über 30 % sind kritisch.

Tabelle 3-18: Bewertung der Erfolgsfaktoren der Betriebsführung bei der SFR GmbH

3.7 Spezielle Probleme bei der Oberflächen-Veredelung- SMK GmbH

(A. Knaak)

Kunststoff-Veredelung

Die *SMK* ist eine Galvanik, die neben anderen Tätigkeitsbereichen, in erster Linie auf dem Gebiet der Kunststoffveredelung (z. B. Galvanisieren von Kunststoffbeschlägen für Möbel) tätig ist.

Die allgemeine wirtschaftliche Situation, Marktentwicklung und die damit einhergehende Verschärfung des Wettbewerbes im Bereich der Galvanik führten dazu, daß sich die Anforderungen und die Erwartungen seitens der Kunden an das Unternehmen stark erhöht haben.

Termingerecht als Kundenwunsch

Die vordringliche Aufgabe war es daher, einen hohen Qualitätsstandard aufrecht zu erhalten bzw. zu erreichen, die Produktion flexibler zu gestalten und die Produkte termingerecht auszuliefern. Gerade die termingerechte Rücklieferung der bearbeiteten Ware hat sich in der Kundenbefragung als ausschlaggebender Faktor für die Kundenzufriedenheit herauskristallisiert.

Kundenberatung

Für die *SMK* besteht wie für alle Bearbeiter das Problem, daß der Lieferant gleichzeitig auch Kunde ist. Dies hat zur Folge, daß Wünsche (z. B. an Verpackung, Beschriftung, Begleitpapiere) nur schwierig durchzusetzen und Reklamationen bei der angelieferten Ware mit Vorsicht zu behandeln sind, um den Kunden nicht zu verärgern. Dennoch ist es gelungen, die Kunden durch entsprechende Information und unter Hinweis auf eigene Vorteile zu Verbesserungen zu ermutigen.

Analyse von Reklamationen

Um größere Mengen Ausschuß zu vermeiden, wurden mit einigen wichtigen Kunden Kriterien zur Auftragsabwicklung festgelegt. Es wurden dabei drei mögliche, häufiger auftretende Reklamationsanlässe bzw. Problemituationen berücksichtigt.

Vermeidung von Reklamationen

- Auftreten eines erhöhten Rohteilfehleranteils erst sichtbar nach dem Galvanisieren:
  - sofortiger Produktionsstop,
  - Versand von Musterteilen,
  - Rückantwort zwecks Freigabe bzw. Produktionsstop,
- bei größeren Aufträgen von sogenannten Problemteilen:

  - Versuche mit Rohteilen verschiedener Chargen fahren,
  - Ermittlung des Rohteilfehleranteils,
  - Rückantwort zwecks Freigabe oder Stop,
- bei Kunststoffteilen, die von der SMK selbst abgespritzt werden:
  - Abmusterung von Teilen (Erstmusterprüfbericht von neuen Teilen bzw. von Teilen, die längere Zeit nicht produziert wurden),
  - Funktions-, Meß- und Sichtkontrolle,
  - Bereitstellung von Prüflehren seitens des Kunden.

Da es immer wieder zu Problemen mit Kunden kam, für die das gesamte interne Auftragsmanagement, insbesondere im Bereich der Kunststoffveredlung verantwortlich war, wurden hier Neuerungen eingeführt.

Verbesserte Ablauf-Organisation

Durch die Schaffung von Fertigungsbegleitpapieren, strikte Trennung verschiedener Aufträge des gleichen Bauteils, separater Erfassung und Kontrolle aufgetretener Nacharbeit konnte eine Verbesserung erzielt werden. Dies war jedoch nur möglich durch eine bessere Zusammenarbeit mit den Kunden, die eine strikte Trennung von Aufträgen erst ermöglichte.

Abstimmung über Teillieferungen mit Kunden

Die bestehende Vorgangsweise des wöchentlichen Vergleiches der auftragsbezogenen Abschreibungen von Teillieferungen mit unseren Hauptkunden und -lieferanten hat sich bewährt. Somit gehört das Problem der Ausbuchung von Aufträgen aufgrund fehlender Teile durch die unterschiedliche Abschreibung von Teillieferungen (Nichtbeachtung von Ausschußteilen) der Vergangenheit an.

3.7.1 Kundenbefragung

Es wurden 16 A-Kunden der *SMK* um Beantwortung eines Kundenfragebogens gebeten. Die beantwortenden Stellen der Firmen wurden benannt, und es zeigten sich dabei gewisse grundsätzliche Unterschiede. Das wesentliche sind jedoch die *Bewertungen der 10 Hauptfragen auf einer Skala zwischen „0 und 100“*. Dazu kamen noch eine Reihe von Ergänzungsfragen, die sich auf die Kenntnis der

Produkte der Firma bezogen und schließlich *Kommentare.*

Die Ergebnisse sind in der Tabelle 3-19 und wegen der besseren Übersichtlichkeit in zwei Diagrammen dargestellt, von denen hier nur eines beispielhaft gezeigt wird Bild 3-19), das gut um den Durchschnitt streut. Die entsprechenden Firmen sind in der Tabelle angekreuzt.

Die Tabelle enthält die Kundennummern und die Bewertung aller Fragen auf Skalen zwischen „0 und 100". Grau unterlegt wurden alle Ergebnisse mit Wertzahlen von „50" oder niedriger, also die besonders negativen Werte, die zu Überlegungen und Aktionen Anlaß geben sollten.

Erfahrungsgemäß ist im *Hinblick auf zukünftige Geschäfte die Bemühung um vorhandene Kunden* beson-

Nr.	Kd.-Ausw.	F01 all.Z.	F02 Z.an.	F03 Qual.	F04 DL	F05 In+B	F06 Ums.	F07 Flex.	F08 Ter.	F09 Lie.z.	F11 Rekl.	ϕFa. (*)	Rang
1	X	85	75	57	99	100	98	75	75	100	50	82,11	6
2		55	75	95	79	76	82	55	85	85	57	74,33	9
3	X	90	50	50	90	90	90	90	90	90	90	85,56	5
4		80	50	70	80	80	80	80	80	80	0	70,00	10
5		85	85	71	79	76	82	85	85	85	85	81,44	7
6	X	90	90	80	83	80	85	95	95	90	80	86,39	4
7	X	100	75	95	96	95	97	93	93	93	100	95,78	2
8		60	75	75	75	75	75	60	40	40	75	63,89	11
9		50	50	50	50	50	50	50	50	50	10	45,56	16
10		85	85	80	80	80	80	75	75	75	80	78,89	8
11	X	65	40	35	55	45	65	50	75	75	25	54,44	15
12		90	90	90	85	80	90	85	90	90	90	87,78	3
13	X	35	75	85	70	70	70	70	25	35	70	58,89	14
14	X	50	70	50	65	60	70	70	70	60	40	59,44	13
15		65	75	70	60	60	60	60	70	60	50	61,67	12
16		90	85	85	100	100	100	100	100	90	100	96,11	1
ϕ		73,44	71,56	71,13	77,84	76,06	79,63	74,56	74,88	74,88	62,63	73,89	

(*) Mittelwert der Fragen 1-11 je Firma ohne Berücksichtigung von Frage 2

Tabelle 3-19: Kundenbefragung bei der SMK GmbH

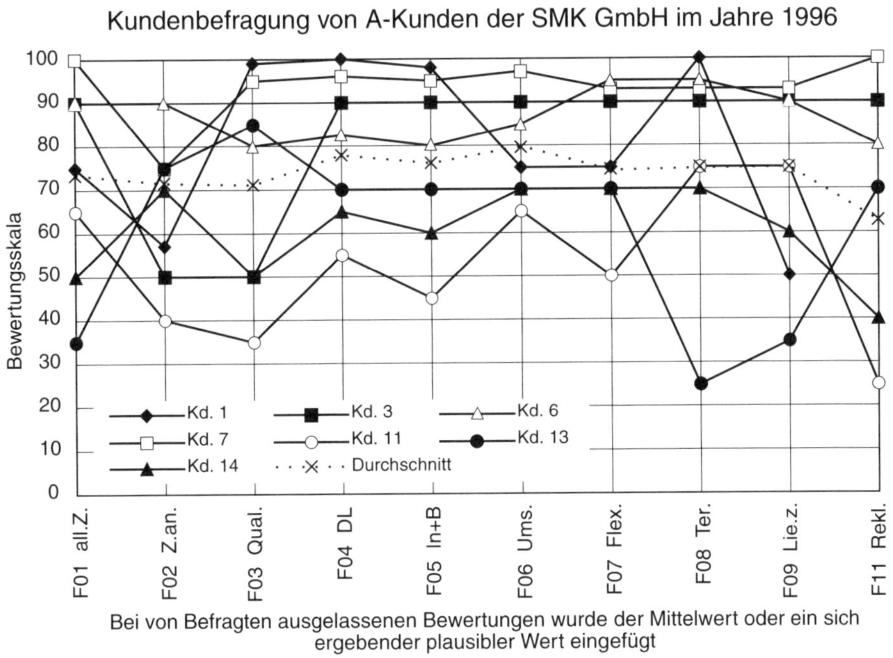

Bild 3-19: Kundenbefragung der SMK GmbH
(*) Mittelwert der Fragen 1-11 je Firma ohne Berücksichtigung von Frage 2

ders *erfolgsträchtig*. Der Sinn ist der Erhalt des Kundenstammes. Ein Hauptansatz ist dabei das Bemühen um reklamierende oder unzufriedene Kunden. Dies ist im Hinblick auf zukünftige Geschäfte besonders lohnend.

In den beiden letzten Spalten der Tabelle sind die Durchschnittswerte der Bewertung der einzelnen Fragen durch die Kunden angegeben und eine Rangreihe mit fallender Beurteilung mit dem Bestwert „96,11" und dem niedrigsten Wert „45,56". Der Mittelwert beträgt „73,98" liegt also im guten Bereich (Bild 3-19). Die Frage 2, welche die „Zufriedenheit mit anderen Lieferanten" betrifft, wurde bei der Mittelwertbildung ausgelassen.

Eine Besonderheit in der Tabelle tritt bei der Frage 11 bei den Ergebnissen der Kunden Nr. 7 und 16 auf, dort steht der Zahlenwert „100". Diese Frage 11 bezieht sich auf die Beurteilung der *Reklamationsbearbeitung*. Da bei den genannten beiden Firmen keine Reklamationen auftraten, wurde die Frage der Reklamationsbearbeitung nicht beantwortet. Da dies jedoch für die Beurteilung der Zusammenarbeit besonders positiv ist, wurde hier der Wert „100“ eingesetzt, um die Durchschnittsbewertung der Firma und ihren Rangplatz auf die richtige Stelle zu bringen.

Das Diagramm (Bild 3-19), beginnend mit der Kunden(KD)-Nummer 1, enthält sieben Firmen und stellt eine Art *Musterdiagramm* dar. Diese Firmen gruppieren sich um den gestrichelt eingezeichneten Mittelwert aller 16 Firmen und lassen charakteristische Unterschiede erkennen. Die Firmen werden in der Reihenfolge ihrer Nummern besprochen.

Kunde Nr. 1 (Durchschnittsbewertung aller Fragen „82,11“, 6. Rangplatz)
Die Durchschnittsbewertung liegt im „sehr guten“ Bereich und wurde von den Abteilungen Konstruktion u. Entwicklung und Produktion durchgeführt. Bei einer sehr guten allgemeinen Zufriedenheit und Spitzenwerten für die „informationelle Beratung“ und die Umsetzung von Vorschlägen durch den Lieferanten, fällt auf, daß die Qualität der Produkte (Frage 3) nur mit „57“, also durchschnittlich, bewertet wird. Besonders auffällig ist, daß die Reklamationsberatung nur mit „50“ bewertet wird (Frage 11). Diesen beiden Negativpunkten sollte nachgegangen werden. Bei den Kommentaren zu Fragen 3 bis 11 wird ausgeführt: „Die Bewertung trifft ausschließlich auf die Galvanisierung der Türbeschlagteile (Sichtteile in Metall) zu.“ Empfohlen wird unter Punkt 13 Verbesserungsvorschläge: „Alle vorbereiteten Arbeitsgänge, z. B. Schleifen und Polieren von Metallteilen sowie Lackieren von goldbeschichteten Teilen sollten von Ihrer Firma durchgeführt werden.“

Kunde Nr. 3 (Durchschnittsbeurteilung „85,56“, 5. Rangplatz)
Die Beurteilung wurde von der Geschäftsleitung vorgenommen und liegt im Durchschnitt noch im sehr guten Be-

reich. Bei sehr hoher Zufriedenheit „90“ mit der Firma *SMK*, ist man mit der Gesamtheit der Lieferanten nicht sehr zufrieden „50“. Überraschenderweise wird die Qualität der von *SMK* gelieferten Produkte auch nur mit „50“ beurteilt. Alle weiteren *Fragen 4 bis 11*, wurden mit dem Wert „90“ belegt. Reklamationen sind bei Glieder-Rohrschläuchen aufgetreten (Frage 10), aber danach vollständig behoben worden (Fr. 11). Im Kommentar werden besondere Wünsche bezüglich der Verpackung ausgesprochen.

Kunde Nr. 6 (Durchschnittsbewertung „86,39“, 4. Rangplatz)
Die Gesamtbewertung liegt im sehr guten Bereich und wurde von den Abteilungsleitern von Entwicklung, Produktion und der Qualitätsstelle vorgenommen. Alle Bewertungen sind, verglichen mit der Mittelwertslinie aller anderen Firmen, über dem Durchschnitt. Es liegt eine allgemeine Zufriedenheit aller Bereiche vor. Diese Firma würde in Zukunft weitere Produkte (Messingteile) bei der SMK galvanisieren lassen, falls dies möglich ist.

Kunde Nr. 7 (Bewertung „95,78“, 2. Rangplatz)
Die Bewertung wurde vom Einkauf vorgenommen. Die allgemeine Zufriedenheit wurde mit dem Wert „100“ angegeben, dem höchsten aufgetretenen Wert von 16 Firmen. Alle anderen Werte liegen sehr gut, das gilt auch für die Reklamationsbearbeitung. Bezüglich weiterer Produkte stellt die Firma fest: „Bei Durchsicht unserer Katalogunterlagen sollte man zu produzierende Teile festlegen.“ Dieser Anregung sollte nachgegangen werden. Die Firma 7 ist auch einigermaßen gut über das Leistungsspektrum von *SMK* informiert, was bei den meisten anderen Firmen nicht der Fall ist. (Frage 12).

Kunde Nr. 11 (Durchschnittsbewertung „54,44“, 15. Rangplatz)
Die Gesamtbewertung liegt mit „54,44“ im Durchschnitt und wurde von der Geschäftsleitung vorgenommen. Besonders schlecht wird die Produktqualität und die Bear-

beitung von Reklamationen beurteilt. Im Gutbereich liegen Termintreue und Lieferzeiten. Ein besonderer Kommentar wurde nicht gegeben. Produktqualität und Reklamationsbearbeitung sollte insbesondere nachgegangen werden.

Kunde Nr. 13 (Durchschnittsbewertung „58,89“, 14. Rangplatz)
Die Gesamtbewertung liegt im Bereich durchschnittlich und wurde von Geschäftsleitung und Einkauf vorgenommen. Besonders schlecht beurteilt wurde die allgemeine Zufriedenheit „35“, die Termintreue „25“ und die Lieferzeiten „35“. Diese mehrfach niedrigste Bewertung fällt völlig aus dem Rahmen. Die anderen Fragen wurden dagegen überdurchschnittlich mit sehr gut beurteilt. Den Defiziten sollte nachgegangen werden.

Diese Firma ist statistisch gesehen ein „Ausreißer“ und stört dadurch die sonst feststellbaren, übergeordneten „Gesetzmäßigkeiten“ und Zusammenhänge.

Kunde Nr. 14 (Gesamtbewertung „59,44“, 13. Rangplatz)
Die Gesamtbeurteilung ist etwas über Durchschnitt und wurde vom Bereichsleiter vorgenommen. Alle Beurteilungswerte liegen unter dem Durchschnitt der 16 Firmen insgesamt (siehe letzte Zeile der Tabelle 3-19). Die allgemeine Zufriedenheit wird mit „50“, die Zufriedenheit mit der Qualität der Produkte ebenfalls nur mit „50“ bewertet, und die Bearbeitung von Reklamationen nur mit „40“. Diesen Schwachstellen sollte nachgegangen werden. Bei den Kommentaren wird empfohlen, das *„Abspritzen von Kunststoffteilen“* aufzunehmen und das *„Vermeiden von Produktfehlern durch Verbesserung der Wareneingangskontrolle.“*

Diese Beispiele sollen zeigen, wie mit der Kundenbefragung weiter gearbeitet werden muß.

3.8 KMU- und handwerkstypische Entwicklungstendenzen nach Struktureinbrüchen

(W. Risch, N. Drechsler, B. Mählisch)

3.8.1 Strukturbrüche und unternehmerisches Handeln

Struktureinbrüche

Die in den letzten Jahren zu verzeichnenden wirtschaftlichen Struktureinbrüche, nicht nur in den neuen Bundesländern, haben die unternehmerische, sektorale und regionale Landschaft in Deutschland gewaltig verändert. Betroffen sind im wesentlichen alle betrieblichen Handlungsfelder, sowohl das Agieren in einem neuen wirtschaftlichen Umfeld, als auch die Erschließung neuer Märkte mit neuen Produkten, Prozessen und Dienstleistungen.

Handlungsfelder

Handlungsfelder, die markant durch die Gestaltung der Kunden-Lieferanten-Beziehungen geprägt werden, sind in Bild 3-20 zusammengestellt.

Deindustrialisierung, betriebliche Forschungsabstinenz in den industriellen Unternehmen und Arbeitslosigkeit

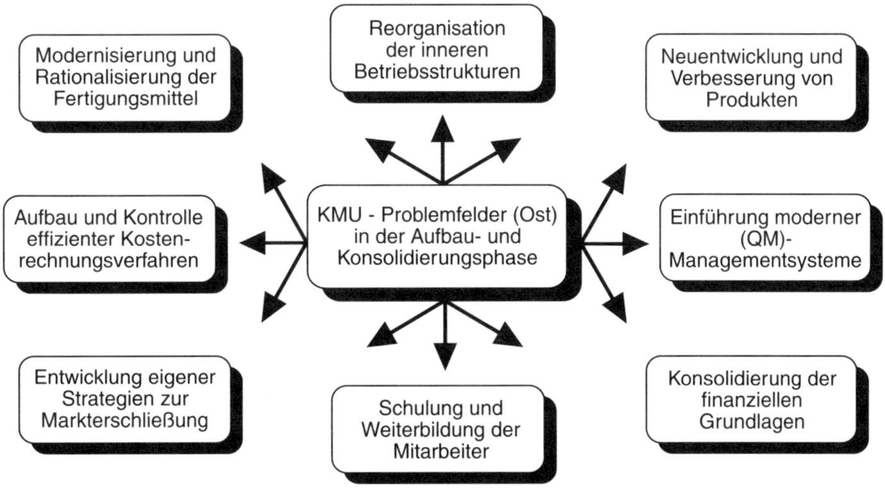

Bild 3-20: KMU-Problemfelder in der wirtschaftlichen Konsolidierungsphase

gehören besonders in Ost-Deutschland zu den Folgen. Intensität und Verlauf des Restrukturierungsprozesses sind auch zum heutigen Zeitpunkt noch im Wandel.

Restrukturierungserfahrungen

Analysen und Erfahrungen (ENDERLEIN, H. 1993; DRECHSLER, N. 1995) über den Verlauf der betrieblichen Restrukturierung in Ostdeutschland zeigen, daß der Umstellungsprozeß auf die Erfordernisse der Marktwirtschaft zumeist sich in zwei Phasen gliedert.

Grundsanierung

Die erste Phase der Grundsanierung ist spezifisch gekennzeichnet durch:

- Abbau der nicht zum Wertschöpfungsprozeß gehörenden Bereiche,
- Abruptes Ausscheiden der älteren Generation,
- Aufbau neuer betrieblicher Funktionsbereiche,
- Arbeitslosigkeit.

Die Gestaltung der Kunden-Lieferanten-Beziehungen erscheint hier als ein zweitrangiger Problemkreis.

Feinprofilierung

Die sich anschließende Phase der Feinprofilierung beinhaltet die eigenständige Profilsuche des Unternehmens und eine permanente Ausgestaltung des Firmenprofils im Rahmen einer ständigen Anpassung an sich dynamisch ändernde Wirkungsbedingungen in der Marktwirtschaft. Daraus leitet sich eine erforderliche Umstellung der Aufbau- und Ablauforganisation der Unternehmen und somit ihre gesamte Arbeitsorganisation ab, wobei diese externen und internen Prozesse unterschiedliche Inhalte mit differenzierten Gewichtungen umfassen (Bild 3-21).

Diese Phase der Feinprofilierung sollte zu einem Selbstläufer, zu einer permanenten Entwicklungsaufgabe in der Marktwirtschaft werden. Dieser Zustand tritt nicht automatisch ein, sondern bedarf vielmehr einer stetigen Initiierung im Unternehmen.

Spezifika

Im Hinblick auf die spezifische Umbruchssituation, besonders in den neuen Bundesländern, gewinnen die struktur- und beschäftigungspolitischen Funktionen des Mittelstandes eine besondere Bedeutung. Die kleinen, mittleren und Handwerksunternehmen sind in ihrer Flexibilität und Innovationskraft durch die nach wie vor häu-

Feinprofilierung

Eigenständige Profilsuche der Unternehmen	↳ Firmenphilosophie ↳ Firmenpolitik ↳ Managementstrategie
Flexible Wandlungsfähigkeit des Firmenprofils zur Anpassung an turbulente Wirkungsbedingungen	↳ Beherrschung der Marktkräfte ↳ Innovationsorganisation ↳ Pflege QM-System ↳ Berufl. Weiterbildung der Mitarbeiter
Entwicklung eines lang-fristigen Unternehmskonzeptes	↳ Marketing-Vertriebsstrategie ↳ Produktionskonzepte ↳ Mitarbeiterpotential
Realisierung komplexer Rationalisierungs- und Modernisierungsprozesse	↳ innovative und fähige Prozesse anstreben ↳ Verfahrensaudits
Kontinuierliche Umsetzung von Produkt und Verfahrensinnovationen	↳ Kundenorientierte Design-Reviews ↳ Qualitätsförderprogramme
Strateg.-konzeptionelles Arbeiten an Produkten Prozessen und Dienstleistungen	↳ System-, Verfahrens- und Produktaudits ↳ KVP ↳ Vertrags-, Beschaffungs und Vertriebsprozesse
Konkurrenz- u. Preisdruck durch Wettbewerber	↳ Sei unvergleichlich! ↳ Eigene Produkte - eigene Preise - eigenes Niveau
Pflege eines Kunden- und Zulieferstamms	↳ Erfüllung der Kundenforderungen ↳ Partnerschaftliche Kooperation

Bild 3-21: Handlungsfelder in der Feinprofilierung von KMU und Handwerk

fig wechselnden Vorgänge zwischen Grund- und Feinprofilierung (Ost-Deutschland) sowie durch die turbulenten Einflüsse und Anforderungen auf die Partnerbedürfnisse der Lieferkette beeinträchtigt.

Mittelstandsprobleme

Aus der Sicht der Analyse- und Konzeptionsphase im Projekt lassen sich eine Auswahl besonders prägnanter und ausgesprochen mittelstandstypischer Probleme und Ergebnisaussagen diskutieren, die u. a. stark auf die Gestaltung von externen Kunden-Lieferanten-Beziehungen wirken:

- Entwicklung eines langfristigen Unternehmenskonzeptes,
  - Zukunftsorientierte Marktsegmente,
  - Stabiler Zulieferer- und Kundenstamm,
  - Komplexe Rationalisierungs- und Modernisierungsprozesse,
  - Aufbau- und Ablauforganisation,
  - Humanressourcen,
- Gestaltung der Kooperation zwischen Unternehmen und Unternehmensbereichen,
- Forschungsaspekte,
- Kapitalausstattung,
- Rolle des Ingenieurs in KMU-Ostbetrieben,
- Kulturverschmelzung Ost-West.

3.8.2 Lösungsansätze

Instrumente

In der gezielten Auswahl der Analysekriterien und dem abgestimmten Einsatz der Analyseinstrumente wurde die wesentliche Basis für ein Erkennen der tatsächlich vorliegenden Handlungsfelder in KMU und Handwerksbetrieben gelegt.

Mit der Bereitschaft der beteiligten Unternehmen war es so möglich, auch punktuell vorhandene Schwach- bzw. Störstellen in den Prozeßabläufen der externen Kunden-Lieferanten-Beziehungen zu lokalisieren und zu definieren.

Speziell in den Bereichen Einkauf und Vertrieb als den determinierenden Nahtstellen zu Lieferanten bzw. Kunden wurden die laufenden Prozesse durch verschiedene

Instrumentarien in einer Form aufgelöst, die auch die Ausnahmen in den Problemfeldern aufzeigen.

Problemgruppen

In einer zusammenfassenden Ergebnisübersicht wird verdeutlicht, daß sich aus den Untersuchungen mit den beteiligten ostdeutschen Unternehmen die drei nachstehend aufgezeigten Problemgruppen herauskristallisierten (Bild 3-22).

In einer Betrachtung weiterer Unternehmen bestätigte sich, daß gerade in den kleinen Unternehmen und in Handwerksbetrieben diese Problemgruppen die praktischen Ansatzpunkte der Behandlung der internen und externen Kunden-Lieferanten-Beziehungen treffend charakterisieren.

Dominierend erscheint eine Gruppierung von Problemen, die sich um die Prozesse des Auftragsmanagements rankt.

	Externe Kunden-Lieferanten-Beziehung	Interne Kunden-Lieferanten-Beziehung
Problengruppe "Auftragsmanagement"	- Keine schriftlichen Verträge - Vertrags- und Auftragszustände auf telefonischer Basis - Unvollständige, unkonkrete Auftragsparameter - Keine Lieferantenauswahl(nur nach drastischen Differenzen Neuorientierung)	- Keine schriftlichen Regelungen über Abkäufe und Verantwortlichkeiten - Teilweise unzureichende Qualifizierung der Mitarbeiter und des Managements - Fehlende Abstimmung in Beschaffungsvorgängen - Fehlende Fertigungsbegleitpapiere
Problemgruppe "Handwerkstypische Vertragsumsetzung"	- Fehlerhafte Fertigungsvorgaben durch den Kunden - Bestellung von Kleinstmengen - Einmalige Bestellungen - Improvisation (Kauf im Einzelhandel und Baumärkten)	- Solomanagement des Unternehmers, ohne Kompetenzübertragung an die Mitarbeiter - Ungenügende Auftragsprüfung - Operative Technologiefestlegung - Ungenügende Motivation zur Qualifikation
Problemgruppe "Umgang mit Kunden und Lieferanten"	- Immer kürzer werdende, flexible Liefertermine - Inkonsequenz in der Lieferantenwahl (langjähriger, aber terminuntreuer Zulieferer) - Angst vor Rechtsstreit beim Lieferantenwechsel - Insolvente Kunden	- Durch Eilaufträge entstehen Verschiebungen in der Durchlaufplanung (Mehraufwand, Überstunden, Zeitdruck)

Bild 3-22: Klassifizierung von Problemfeldern

Interpretation

In den Beziehungen zum Kunden sind häufig keine bzw. ungenügend fixierte, schriftliche Festlegungen in den Verträgen bei unzureichenden Festschreibungen von Parametern in den Liefervereinbarungen vorherrschend.

Die Lieferantenbeziehungen sind mehr durch eine Preisauswahl als durch eine untersetzte Lieferantenauswahl gekennzeichnet, wobei ausdrücklich nur starke Differenzen in anderen Lieferkriterien zu einer Neuorientierung veranlassen.

Desweiteren ist eine Gruppierung von Problemen im Zusammenhang mit der handwerkstypischen Vertragsumsetzung zu sehen.

Kleinstmengen und einmalige Bestellungen behindern den kontinuierlichen Partneraufbau in der Zulieferkette. Improvisationen bei Zulieferungen legen den Grundstein für Reklamationen im Gewährleistungszeitraum. Mangelnde Mitarbeiterqualifizierung beim Kunden und Auftragnehmer führt oft zu fehlerhaften, beigestellten Fertigungsvorlagen und daraus resultierenden Korrekturen.

Nicht zuletzt rekrutiert sich eine Problemgruppe aus dem Umgang mit Kunden und Lieferanten, welcher in der Hauptsache aus den wechselnden Einflüssen der Partnerbedürfnisse erwächst.

Bonität der Partner, flexible Lieferfristen und Angst vor Rechtsstreit und Produkthaftungsfällen sind Argumente, die häufig einer Optimierung und Verbesserung der Abläufe in den externen Kunden-Lieferanten-Beziehungen entgegenstehen und teilweise eine Qualitätsförderung kontrapunktieren.

In der Komprimierung dieser Problemgruppen ließen sich grundsätzlich vier Felder herauskristallisieren, auf die es vordergründig einzuwirken galt und gilt (Bild 3-23).

Handlungsbedarfe

Erste Handlungsbedarfe wurden während der Untersuchungen in den Pilotunternehmen *im Management* sichtbar. Gerade in Kleinstunternehmen und Handwerksbetrieben mit multifunktionalen Stelleninhalten fördert ein Solomanagement Probleme in der Auftragsgestaltung, in den Beschaffungs- und Vertriebsprozessen. Zudem fehlen bereichsübergreifende Informations- und Kommunikationsregelungen.

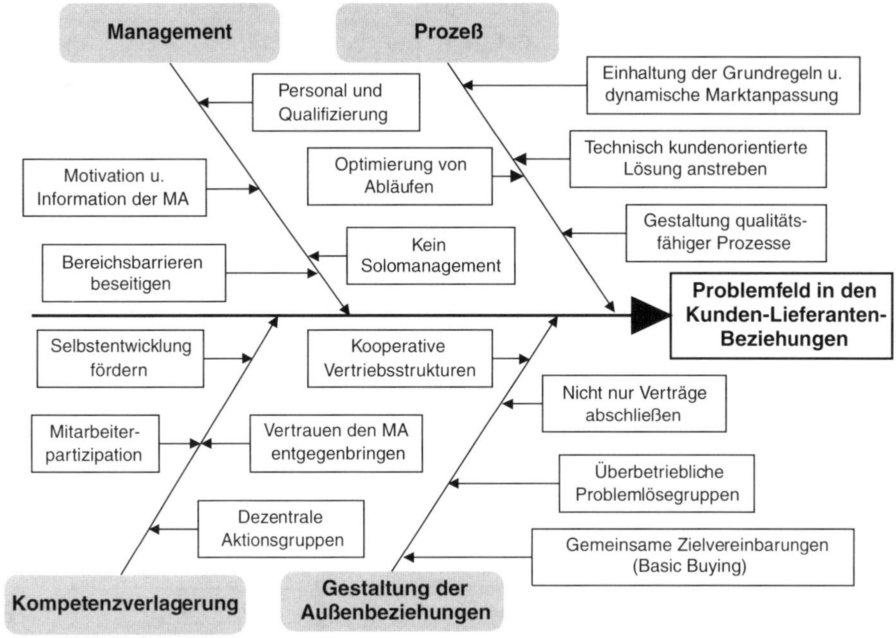

Bild 3-23: Einwirkungsfelder auf Kunden-Lieferanten-Beziehungen der KMU

Markant ausgeprägt ist auch der *zweite Handlungsbedarf in der Prozeßgestaltung* selbst. Fehlende eindeutige organisatorische Regelungen in den Abläufen, deren Umsetzung und Einhaltung, sowie fehlende optimierte Handlungswerkzeuge mahnen Verbesserungen an.

Der Verkauf der „hochgeschätzten eigenen Produktkreation" verdrängt vielfach das Streben und die Einsicht zur kundenorientierten Lösung. Die Gestaltung der Außenbeziehung in Form von kooperativen Vertriebsstrukturen und gemeinsamen Zielvereinbarungen wurde als dritter wesentlicher Bedarf festgehalten.

Nicht zuletzt wurden auch die Handlungsfelder bezüglich einer Kompetenzverlagerung sichtbar, die zu Mitarbeiterpartizipation und zur Arbeit in dezentralen Aktionsgruppen, wie z. B. die frühzeitige Einbindung potentieller Zulieferer in Produktentwicklungsprozesse, auffordern.

3.8.3 Strategien zur weiteren Gestaltung von externen Kunden-Lieferanten-Beziehungen

Abgeleitet aus den Problemfeldern der beteiligten Unternehmen wurden detailliert konkrete Maßnahmen, Richtlinien und Werkzeuge initiiert, womit ein höheres Niveau der kooperativen Zusammenarbeit in den partnerschaftlichen Kunden-Lieferanten-Beziehungen erzielt wird.

Maßnahmen

Die eingeleiteten Maßnahmen (Bild 3-24) zeichneten sich dabei als erkennbare Entwicklungstendenzen in der einen oder anderen Graduierung ihrer Umsetzung in den beteiligten Projektunternehmen deutlich ab.

Alternative Strategien

Im einzelnen wurden zur weiteren effektiven Koordinierung der Zusammenarbeit in der Lieferkette bran-

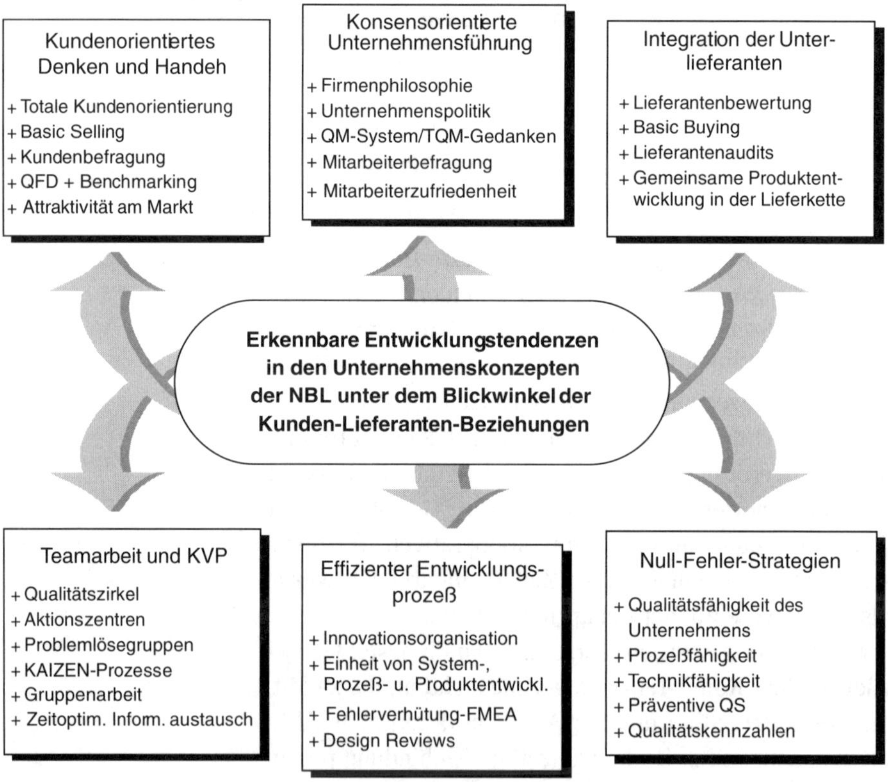

Bild 3-24: Entwicklungstendenzen in den Unternehmenskonzepten

chenspezifisch neue und alternative Möglichkeiten der qualitätsorientierten Kooperation entwickelt und unter Mitwirkung der beteiligten Firmen in der Praxis erprobt und auf den Weg gebracht

- Organisation durchgängiger Verfahrensweisen in den Abläufen des Bestellsystems, der Lieferantenbewertung und -auswahl sowie der Lagerverwaltung,
- Erstellung und Einführung prozeßbegleitender Dokumente und Formblätter,
- Gestaltung von Prinzipien der außerbetrieblichen Zusammenarbeit in den Beziehungen zu Lieferanten,
- Schaffung von Richtlinien für ein systematisches, einheitliches Vorgehen zur Auftragsbearbeitung/Vertragsgestaltung,
- Prinzipien und Werkzeuge zum gemeinsamen Gestalten von Qualitätsvereinbarungen mit Kunden,
- Organisationsrichtlinien für ein funktionierendes Auftragsmanagement.

3.9 Resümee des Verbundprojektes: Kritische Aspekte und neue Aufgaben

(G. Rühl, W. Risch)

3.9.1 Arbeit im Verbundprojekt

Metaplan aus FOWIG- und ATB- Workshop

Zunächst wird ein empirisches *Metaplan-Ergebnis* vorgestellt, das im Verlauf eines von FOWIG und ATB gestalteten Workshops (Februar, 1995) zum Thema *„Ansätze für offene Probleme“* in Teamarbeit mit jeweils drei Gruppen erarbeitet wurde. In jeder Gruppe wurden drei – insgesamt also neun – *unterschiedliche Problemfelder* definiert und *analysiert*. Die Ergebnisse zeigen relevante Schwachstellen und offene Probleme im Projekt. Die Häufigkeit der Nennung ist auf dem Metaplanbogen (siehe Tabelle 3-21) angegeben.

In jeder Gruppe bildete sich ein *Häufigkeitsschwerpunkt* heraus, für den offenbar die meisten Erfahrungen und Erkenntnisse vorlagen:

Gruppe	Schwerpunkt	Anz. Nennungen
1. Gruppe	Personalentwicklungen	19
2. Gruppe	Qualifizierung	15
3. Gruppe	Management	17

Tabelle 3-20: Häufigkeitsschwerpunkte der Metaplan-Sitzung

Im Schwerpunkt der Erfahrungen der Workshop-Teilnehmer lagen also die *innerbetrieblichen, personellen und organisatorischen Beziehungen.* Der Versuch, die Teilnehmer vorab auf drei Themenbereiche des zwischenbetrieblichen Qualitätsmanagements (Vertrieb, Beschaffung, Produktion) auszurichten, zeigte nicht den gewünschten Erfolg.

Das wurde von den Teilnehmern aus Betrieben und Universitäten – offenbar treffend – auch so kommentiert, daß nur wenige *Personen mit Managementerfahrungen* anwesend waren. Das zeigt sich beispielsweise auch daran, daß im wichtigsten Erfolgsbereich der Betriebsführung, nämlich der *Marktentwicklung* – vergleiche hierzu die *empirischen Modellergebnisse* der *Kundenbefragung* (Tabelle 3-5) und *Lieferantenbewertung*, (Tabelle 3-8) – nur ein einziges Votum abgegeben wurde. Offenbar liegt hier eine generelle, d. h. nicht auf den speziellen Anlaß bezogene *Schwachstelle im Projekt* vor, weil gerade in diesem *Projekt der „zwischenbetrieblichen Beziehungen" auch Aspekte des Managements und der Betriebsführung* eine *bedeutende Rolle* spielen und die Gefahr besteht, daß dies unterbelichtet bleiben könnte.

Der hier geschilderte Effekt tritt übrigens *eher bei den übergreifenden Veranstaltungen* auf als bei der *Projektarbeit in Firmen.* Als Vergleich hierzu dient das *Metaplanergebnis* in *Abschnitt 3.4* der Partnerfirma *Bergfeld & Hoppe.*

Auch bei der Arbeit mit den Firmen, z. B. bei der *Entwicklung der Qualitätssicherung* (DIN EN ISO 9001), bei

Gruppe 1: Kooperative Beziehungen			Gruppe 2: Menschenführung			Gruppe 3: Technologie / Management		
Markt-Entwicklung	**Organisations-entwicklung**	**Personal-entwicklung**	**Führungs-entwicklung**	**Qualitäts-sicherung**	**Qualifi-zierung**	**Arbeitszeit, Lohn**	**Betriebsklima**	**Management**
(*) Konjunktur-Entwicklung unvorhersehbares chaotisches Markt-verhalten (1) unsicheres Kaufverhalten Konkurrenzverhalten • neue Produkte • neue Technologien • Produktion in Asien, Ost-Europa (*) Krisenauswirkung • Arbeitslosigkeit • rigorose Preisforderungen (*) Einschalten d. MA für Innovationsideen	(*) Optimales Verhältnis von *Linien*organisation und *Team*organisation Auflösung des Bereichsdenkens: Fixierung auf „Schuldigen" (Innen- u. Außendienst) (5) Diskrepanz zwischen Linie und Prozeß Informationsverluste in einer hierarchisch. Organisation (5) (*) Wer ist verantwortlich für Termine und Prioritäten? saisonale Schwankungen → Lösungen nicht gegeneinander, sondern miteinander → Schaffung entsprechender Strukturen (5)	Ressorten-Denken überwinden (3) Förderung der Team-Kompetenz (4) Vernachlässigung von Personalentwickl.-Konzepten u. Organisations-Entwicklung in Krisenzeiten (1) Jeder MA sollte unternehmerisch denken (Unterstützung, Schaffung v. Strukturen) (5) Umdenkungsprozeß im Sinne der DIN/ISO Sensibilisierung der MA für Qualität Vernetztes Denken fördern (6) firmenübergreifender Austausch von MA (*) Betriebliche Meinungsbefragung über Akzeptanz neuer Konzepte u. geplanter „Unternehmens-Kultur"	bei veränderter Kompetenz-, Führungsverlagerung → Unklarheiten über Verhältnis von Verantwortung und Verantwortlichkeit (6) Beförder. i.d.R. aufgrund v. Fachkompetenz ⇔ Sozial- u. Führungskompetenz bleiben unberücksichtigt (3) mangelnde Planung des Führungskräftenachwuchses (3) Potential-Analysen durchführen (*) Welche Führungsspanne ? Wieviel Ebenen ? (*) Übergang von Anweisung zu Moderation bei RO und IO !!	„nur der Zettel an der Wand" wichtig → ohne Leben (3) unterschiedl. Anerkennung der Zertifikate → zusätzliche Audits durch Kunden / bei Kunden unterschiedliche Vorgehensweise der verschiedenen Zertifizierer (4) (*) *Öko-Zert.* • Öko-Analyse • Entsorgung – selbst – fremd • Meßprotokolle	keine Schulungskonzepte (4) keine Angebote für Qualifizierungen mangelnde Bereitschaft seitens der MA (3) fehlende Lernbereitschaft „Gießkannen"-Qualifizierung (1) Schulung nach Mode, nicht nach Bedarf (1) Fachwissen wichtig, Sozialkompetenz unwichtig Probleme, Schwierigkeiten liegen oft im Umgang miteinander Transfer zw. Schulung. u. Arbeitsalltag problematisch (6) (*) Inventar der Fertigkeiten (*) LIRA-Lernen in d. realen Situation (*) Partnerschaftliches Lernen	zu wenig Teilzeitarbeit (1) fest geschriebene Arbeitszeit (3) Erleichterung der Übergänge von Teilzeit zu Vollzeit lediglich Lohnkosten senken / Masch.laufzeit. erhöhen auf Kosten der sozial. Verantwortung (1) viele individ. Arbeitszeitregelungen (4) Notwendigkeit der Flexibilität wird nicht einsichtig gemacht d.h. Notwendigkeit von zusätzl. Einsatz ist nicht transparent (1) Motivation über Teams und Arbeitsinhalte / Verantwortung (2) (*) Gruppenentlohnungssysteme für MA (*) Leistungsentlohnungssystem für Führungskräfte	Mobbing, Bossing ungeklärte Kompetenzen führen zu Unstimmigkeiten unter den MA (1) Ermittlung der MA-Fähigkeiten bzw. der MA-Wunschtätigkeiten (3) Abteilungsunterschiede → selten „einheitliches" Betriebsklima (oft Fraktionen) (1) „Animositäten" zwischen Geschäftsleitung und Betriebsrat (2) partnerschaftl. Teamarbeit vs. Verteilung von Aufgaben (4) Wirkung der Veränderungen auf die „Unternehmenskultur" (Meinungsbefragung)	Unternehmerisches Denken bei jedem MA hervorrufen (5) Fachwissen der MA erst fordern, dann ignorieren (2) Management hält sich nicht an eigene Festlegungen / Entscheidungen bei Kleinunternehmen: „Solo-Management" schädlich (1) keine Selbstkritik des Managements (5) Überalterung des Managements (1) Konsensentscheidung vs. Verantwortung (1) gemeinsam prozeßorientierte Ablaufstrukturen entwickeln (2)
Summe 1	Summe 15	Summe 19	Summe 11	Summe 7	Summe 15	Summe 12	Summe 11	Summe 17
Ges.-Summe Punkte 35			Ges.-Summe Punkte 33			Ges.-Summe Punkte 40		
in % 3	in % 43	in % 54	in % 33	in % 21	in % 46	in % 30	in % 27	in % 43

Tabelle 3-21: Metaplan-Ergebnis aus einem Workshop
(*) Ergänzungen von FOWIG

der die *Hälfte der 20 Qualitätskategorien* auf *zwischenbetriebliche Probleme* gerichtet ist, tritt diese Problematik nicht auf.

3.9.2 Probleme bei der Umsetzung (extern/intern)

Probleme bei der Umsetzung

Die Problematik wird vor allem in der *Weiterführung der einschlägigen Aufgabenpotentiale* in den Firmen nach Ablauf des Projektes gesehen; hierbei geht es um:

- Aktionszentren an organisatorischen Schnittstellen,
- Qualitäts- bzw. Mitarbeiterzirkel,
- Verstärkte und geplante Innovationen,
- Befragungen von Kunden und Mitarbeitern,
- Lieferantenbewertung und Reklamations-Management,
- Kompetenzförderung,
- Periodische Optimierung als Dienstaufgabe.

3.9.3 Praktische und wissenschaftliche Projekterfahrungen

Über die praktischen Projekterfahrungen wird in den fünf Firmenbeiträgen speziell und beispielhaft berichtet.
Über die in diesem Projekt gewonnenen wissenschaftlichen und damit eher allgemein übertragbaren Erkenntnisse wird in den Beiträgen von *FOWIG (Abschnitt 3.3) mit Ergebnissen aus empirischen Modellen* und von *ATB* (Abschnitt 3.8) mit *Konzepten* und *Entwicklungstendenzen* berichtet.

3.9.4 Umfeld/Rahmenbedingungen

Konjunkturkrise

Die in den Jahren der *Konjunkturkrise* von Mitte 1993 bis Mitte 1995 wirkenden Einflüsse und auch die eingesetzten *Gegenmaßnahmen* sind in den Firmenberichten dargestellt (z. B. *Beckenbach*, in Abschnitt 3.3). Die spezielle Problematik von Struktureinbrüchen auch in Ost-Deutschland behandelt das *ATB* in Abschnitt 3.8.

Auf *aktuelle* wirtschaftspolitische Rahmenbedingungen wird in diesem Projekt nicht eingegangen und auch nicht auf zum Teil einseitige, modische Managementheilslehren.

3.9.5 Empfehlungen für Andere/Warnungen

Neue Zeiten und Probleme erfordern *innovative Lösungen*. Das heißt aber nicht, daß damit *bewährte Systeme* der *organisatorischen Rahmenplanung* oder der *Führungsverantwortung* vollständig überflüssig geworden seien. Empfohlen wird allerdings für *Mitarbeiter* und *Führungskräfte* neue, zum Teil auch zusätzliche *Rollen zu definieren und auszuüben* und die „*Beteiligung*" in allen Ebenen zu verstärken.

Innovation

Führung

Beteiligung

3.9.6 Ausblick, offene Fragen

Über die im letzten Punkt skizzierte Problematik scheint in vielen Firmen und auch Köpfen Unklarheit und Unsicherheit zu herrschen. Dies führt vielfach zu Verstimmungen, die sich auch in *Mitarbeiterbefragungen* niederschlagen. Dazu gehören auch Fragen der *unerläßlichen Entscheidungskompetenz* – auch zwischen teilautonomen Gruppen und Führungsebenen – und einer dementsprechenden *optimierten Organisation*. In diesen Feldern sind weitere Forschungen erforderlich unter Einbeziehung der Organisationstheorie und Psychologie.

3.10 Literaturhinweise

[BÄSE, V. 1995] Bäse V.:IG Metall ruft zur konzentrierten Aktion für die Ostindustrie auf – Der Aufschwung läßt auf sich warten. FAZ, 22.09.95

[DEUTSCHLE, U. 1995] Deutschle, U.:Prozeßorientierte Organisation der Auftragsabwicklung in mittelständischen Unternehmen. Berlin/Heidelberg: Springer 1995 , 188 S.

[DRECHSLER, N. 1995a]Drechsler, N.; Mählisch, B.: Mittelstandstypische Hürden und Turbulenzen in Ostdeutschland. Karlsruhe: Beitrag zur 2. Plenarveranstaltung VP-QS 2.4.2; 13.09.95

[DRECHSLER, N. 1995b]Drechsler; Risch; Mählisch; u. a.: Zertifizierung des Qualitätsmanagements Erfolgsinstrument in kleinen und mittleren Unternehmen. Analysebericht (unveröffentlicht) (1995).

[ENDERLEIN 1993] Enderlein; David; Risch; Ruckaberle: Autonome Fertigungsstrukturen unter den Bedingungen des Strukturwandels. Dortmund: Selbstverlag der GfAH mbH 1993.

[FORSCHUNGSZ. 1995] Forschungszentrum Karlsruhe: Wissenschaftliche Berichte. Karlsruhe: Tagungsband Karlsruher Arbeitsgespräche (1995), Qualitätsmanagement, 291 S.

[GEVA 1995] Geva-Institut: Flache Hierarchien machen unzufrieden In: VDI-Nachrichten, 6. (1995)

[MÄHLISCH 1994] Mählisch; Drechsler: M-Elemente und deren Relevanz für externe Kunden-Lieferanten-Beziehungen. Karlsruhe: Beitrag zum internen Workshop VP QS 2.4.2 „Handwerk", 01.12.94

[MELCHER, S. 1984] Melcher, S.: Schwachstellenkomplexe in der Betriebsführung mittelständischer Unternehmen der Elektrotechnik. Karlsruhe: Diss. und ITB-Forschungsbericht; Heizmann-Verlag 1984, 326 S.

[MEYER, T. 1987] Meyer, T.: Schwachstellen bei der Einführung der Arbeitsstrukturierung – Eine Untersuchung 54 internationaler Anwenderbetriebe.Karlsruhe: Diss. Universität 1978, 207 S.

[RISCH 1992] Risch; Merkel; Müller: Aufschwung Ost – Auch für den Maschinenbau? Dortmund: Selbstverlag der GfAH mbH 1992

[RISCH 1995] Risch; Drechsler; Mählisch: Praxisbeispiele für die Sicherung der Geschäftsbeziehungen in der Lieferkette durch Qualitätsmanagement aus Sicht der Unternehmen in den NBL. Karlsruhe: Beitrag zum Workshop QS-VP 2.4.2 „Wechselwirkungen in der Lieferkette", 09.02.95

[RISCH 1996] Risch; Drechsler; Mählisch: Erfahrungen und Erkenntnisse bei der Gestaltung von externen Kunden-Lieferanten-Beziehungen in KMU. Ostdeutschland Monographie (1996)

[RÜHL, G. 1974a] Rühl, G.: Menschengerechte Arbeitsplätze durch soziotechnologische Systemgestaltung In: Qualität des Lebens am Arbeitsplatz. Köln: DIV-Sachbuchreihe (1974), S. 43-98.

[RÜHL, G. 1974b] Rühl, G.: Soziotechnologische Systemforschung als unternehmerische Aufgabe In: Plädoyer für eine humane Arbeitswelt. Stuttgart: Verb. d. Metallindustrie 1974, S. 21-32.

[RÜHL, G. 1975] Rühl, G.: Methoden, Ergebnisse und offene Fragen der sozio-technologischen Systemforschung In: Zeitschrift für Arbeitswissenschaft HZ (1975), S. 79-97.

[RÜHL, G. 1977a] Rühl, G.: Verhaltenswissenschaftliche Aspekte bei der Konzeption technologischer Systeme In: Reber, G. (Hrsg.): Personal- und Sozialorientierung der Betriebswirtschaftslehre. Stuttgart: Band 4, Fertigungswirtschaft/Betriebsinformatik (1977), S. 56-85.

[RÜHL, G. 1977b] Rühl, G.: Von der Wertanalyse zur Gesamtuntersuchung einer Produktgruppe In: Festschrift 50 Jahre Wirtschaftsingenieurwesen .Berlin: Sondernummer VWI-Zeitschrift (1977), S. 84-94.

[RÜHL, G. 1978a] Rühl, G.: Untersuchungen zur Arbeitsstrukturierung In: Industrial Engineering Heft 3 (1973), S. 147-197 Englische Übersetzung dieses Artikels In: Journal of Industrial Engineering USA: Jan. u. Febr. (1974) Neudruck In: Veröffentl. des REFA zur Humanisierung der Arbeitswelt (1978), S. 215-262.

[RÜHL, G. 1978b] Rühl, G.: Zur Verbindung von Arbeitsbewertung und Leistungsbewertung, In: Bewertungssysteme für den öffentlichen Dienst In: Siedentopf, H. (Hrsg.): Zur Problematik einer leistung- und funktionsgerechten Bezahlung in der öffentlichen Verwaltung – Schriften zur öffentlichen Verwaltung und öffentlicher Wirtschaft. Baden-Baden: H. 25. (1978), S. 112-140.

[RÜHL, G. 1978c] Rühl, G.: Kooperationsfallstudie Dienstleistungskooperation Industrie-Handwerk. Karlsruhe: ITB 1978, 39 S.

[RÜHL, G. 1978d] Rühl, G.: Untersuchungen zur Struktur der Arbeitszufriedenheit In: Zeitschrift für Arbeitswissenschaft H.3, (1978), S. 140.

[RÜHL, G. 1980a] Rühl, G.: Arbeitszufriedenheit In: Handwörterbuch der Organisation, Hrsg: Grochla, E. Stuttgart: Poeschel 1980, Sp. 162-179.

[RÜHL, G. 1980b] Rühl, G.: Soziometrische Untersuchung über den Zusammenhang von Gruppenstruktur und Leistung In: Kongreßunterlagen des 5. Arbeits- und Entlohnungs-Kongresses der EFPS und EAPM. Amsterdam: vom 15. bis 17.9.(1980)

[RÜHL, G. 1984] Rühl, G.: Forschungsergebnisse zur handlungsorientierten Organisationsgestaltung (Trilogie). A) Dauerhafte Motivierung von Arbeitsgruppen mit erweiterter Handlungsmöglichkeit in arbeitsstrukturierten Systemen. B) Arbeitsstrukturierung der gesamten betrieblichen Organisation. C) Selbststeuerung arbeitsstrukturierter Bereiche mit Hilfe von Minicomputern. Bundesministerium für Forschung und Technologie. Forschungsberichte. Bonn: HB 01-227/HB 01-237/HB 01-247, Humanisierung des Arbeitslebens 1984, 845 S. [

RÜHL, G. 1985] Rühl, G.: Zum Konzept einer lernenden Organisation. In: Heinrich Lüder: Angewandte Betriebswirtschaftslehre und Unternehmensführung 1985, S. 107-125.

[RÜHL, G. 1986] Rühl, G.: Steigerung der innerbetrieblichen System-Synergie In: Der Betriebsberater. Wiesbaden: H. 4/5 (1986), 10 S. In: Der Konstrukteur Wiesbaden: H. 4/5 (1986), 10S.

[RÜHL, G. 1988] Rühl, G.: Problemlösungen für Kleinstbetriebe In: Sonderdruck aus „dds – der deutsche Schreiner und Tischler. dds Spezial (1988), S.65-117.

[RÜHL, G 1976] Rühl, G.: Arbeitsstrukturierung heute und morgen In: Leistung und Lohn. Bergisch Gladbach: Nr. 66/69. (1976) und Sonderdruck, (1976)

[RÜHL, G. 1974] Rühl, G. und Mitautoren: Schwachstellenforschung und Rationalisierungsmaßnahmen im Betrieb. Berlin: AWF., 2. Aufl. 1974, 124 S.

[RÜHL, G 1983] Rühl, G.; Heitz, F.: Betriebliches Vorschlagswesen (BVW) als Möglichkeit zur Einbeziehung der Mitarbeiter bei der Lösung betrieblicher Probleme. Schorndorf: (Hofmann) 1983.

[RÜHL, G. 1984] Rühl, G.; Eckhardt, H.D.; Gruber, W.: Der Handwerksbetrieb als Kooperationspartner – Ein Leitfaden für die Zusammenarbeit unter besonderer Berücksichtigung des Kundendienstes. Eschborn: RKW (Hrsg.) 1984, 67 S.

[SPÄTH, L. 1995] Späth, Lothar: „Im Osten rollt die Pleitewelle – Es fehlt an einer tragfähigen Industriebasis“ FAZ, 23.09.95, S. 15.

[WALLISCH, F. 1995] Wallisch, F.: Rettet die Qualität – Den Wildwachs stoppen. In: QZ 40, (1995) 9., S. 1006-1009.

[WILDEMANN, H. 1994] Wildemann, H.: Fertigungsstrategien – Reorganisationskonzepte für eine schlanke Produktion und Zulieferung 1. Aufl. 1993, 2. Aufl. 1994, 638 S.

[ZINK, J.K. 1994] Zink, J.K. (Hrsg.): Wettbewerbsfähigkeit durch innov. Strukturen und Konzepte 1994, 417 S.

[ZINK, J.K. 1995] Zink, J. K. (Hrsg.): Erfolgreiche Konzepte zur Gruppenarbeit – aus Erfahrung lernen 1995, 304 S.

4 Qualitätssicherung durch Prozeßorientierung

PROJEKTGEMEINSCHAFT QS-VP 2.4.3:
KFZ-ZULIEFERER
FEDERFÜHRUNG: IPH-HANNOVER

Inhaltsverzeichnis

4.1 Entwicklung neuer Kooperationsformen im Projektverbund
(J. Brüning, D. Goebel) 510
4.1.1 Ausgangssituation 510
4.1.2 Zielsetzung 511
4.1.3 Aufbau der Projektgemeinschaft 512
4.2 Praxisorientierte Umsetzung / Beispiele aus den Projektgruppen 514
4.2.1 Projektgruppe VW - Rockwell - Zitzmann - IPH
(C. Bode, J. Brüning, D. Goebel, H.-W. Kolligs, N. Sowa, M. Zitzmann) 514
4.2.1.1 Analyse (Datenerhebung / Modellierung der Abläufe) 516
4.2.1.2 Sollkonzeption / Umsetzung 516
4.2.1.3 Volkswagen AG 520
4.2.1.4 4-Phasen Modell der Rockwell Golde GmbH 523
4.2.1.5 5-Phasen Modell der Paul Zitzmann GmbH & Co. KG 527
4.2.1.6 Zusammenfassung und Ausblick 531
4.2.2 Projektgruppe SKL Motoren- und Systemtechnik GmbH - Magdeburger Eisengießerei GmbH - IFUM
(R. Bunzel, A. Karkmann) 532
4.2.3 Projektgruppe VW - Allibert - IFUM
(A. Karkmann, J. Poeppel) 538
4.2.4 Projektgruppe Linde - Fahrzeugbau Geisa - IFW, Hanomag - Fritzmeier - IFW
(M. Faber, K.R. Hennig, W. Hilger, R. Krieger, A. Seufzer) 543
4.2.4.1 Einführung eines erweiterten betrieblichen Vorschlags- und Verbesserungswesens 544
4.2.4.2 Restrukturierung der QM-Organisation im Zulieferunternehmen 547
4.2.4.3 Zertifizierung 550
4.2.4.4 Qualitätslenkung im Produktionsverbund 551
4.2.4.5 Änderungsdienst 554
4.3 Übergreifende Arbeiten
(J. Brüning, K.R. Hennig, A. Karkmann, A. Seufzer, R. Thissen) 557
4.3.1 Erarbeitung einer einheitlichen Terminologie in den unterschiedlichen Zulieferketten 557

Inhaltsverzeichnis (Fortsetzung)

4.3.2 Fragebogenaktion in der gesamten Projektgruppe 558
4.3.3 Analyse Qualifikation / Motivation am Beispiel einer Referenzgruppe 559
4.3.3.1 Zielsetzung der Untersuchung 559
4.3.3.2 Durchführung der Untersuchung 560
4.3.3.3 Fragebogenuntersuchung 560
4.3.3.4 Diskussion der Ergebnisse 560
4.3.3.5 Anmerkungen zur Relevanz systematischer Erhebungen mittels Fragebogen 562
4.4 Zusammenfassung und Ausblick 563
4.5 Literaturhinweise 564

4.1 Entwicklung neuer Kooperationsformen im Projektverbund

(J. Brüning, D. Goebel)

Im folgenden werden die im Rahmen des Verbundprojekts QS-VP 2.4.3 „Schwerpunkt Kfz-Zulieferer" durchgeführten Arbeiten und Maßnahmen zusammengefaßt. Die Vorgehensweise und die praxisorientierte Umsetzung werden anhand von Beispielen aus den Unternehmen beschrieben.

4.1.1 Ausgangssituation

Sequentieller Ablauf

Die heutige Produktentwicklung, auch für Zulieferteile im Automobilbau, ist – trotz zahlreicher Bemühungen wie KVP² oder die Einrichtung von Simultaneous Engineering Teams (SETs) – durch einen weitestgehend sequentiellen Ablauf gekennzeichnet [EVERSHEIM, W. 1995; BULLINGER, H.-J. 1991]. Der Abnehmer von Komponenten setzt sein Design bis ins Detail, d. h. bis zur Festlegung von Maßen und Materialien ohne Beteiligung der späteren Lieferanten um. Die Einbindung von Zulieferbetrieben erfolgt meist erst nach der Erstellung genauer Konstruktionszeichnungen. Qualitätsmerkmale des Produktes und Qualitätsziele, wie die maximale Anzahl fehlerhafter Teile pro Lieferung, werden somit vom Abnehmer vorgegeben.

Späte Einbindung von Lieferanten

Die mangelnde Einflußnahme auf die Produktentwicklung durch den eigentlichen Hersteller der Bauteile führt häufig zu einem langwierigen Prozeß der Fehleranalyse [OCHS, B. 1992]. Die Fehlerbeseitigung beginnt oftmals erst kurz vor oder gar nach Anlauf der Serienproduktion. Sie führt somit zu einem erheblichen Kostenaufwand bei Abnehmer und Lieferant. Konstruktionsmängel, z. B. fehlende Montageeignung, bedingen häufige Änderungen in der Konstruktion, bis hin zur völligen Neukonstruktion [WILDEMANN, H. 1993].

Die Ausgangssituation zeigt, daß die Unternehmen der Zulieferbranchen schon während der Planungsphase in die Produktentwicklung einbezogen werden müssen. Die konsequente, gleichberechtigte Nutzung des fertigungstechnischen Wissens sowohl des Abnehmers als auch des Lieferanten führt zur Sicherung und Steigerung der Qualität sowohl der Zulieferteile als auch des Endproduktes [BULLINGER, H.-J. 1992]. Dies erhält die Wettbewerbsfähigkeit von Abnehmern und Lieferanten. Der Abgleich von fertigungstechnischem Know-how und Qualitätssicherungsmaßnahmen erfordert neue Organisationsformen in der Zusammenarbeit zwischen Abnehmer und Lieferant, die bei beiden anerkannt und umgesetzt werden müssen [EVERSHEIM, W. 1993].

4.1.2 Zielsetzung

Erarbeitung qualitätsförderlicher Kooperationsformen

Ziel der Projektgemeinschaft QS-VP 2.4.3 „Schwerpunkt Kfz-Zulieferer" war daher die Erarbeitung und Umsetzung von qualitätsförderlichen Kooperationsmodellen für verschiedene Zuliefersituationen aus dem Bereich der Kfz-Zulieferindustrie. Dies bezieht sich sowohl auf Zulieferungen von Einzelteilen als auch auf Zulieferungen vormontierter Komponenten über Systemlieferanten. Für Systemlieferanten wird dabei sowohl die Zusammenarbeit mit dem Abnehmer der Komponenten als auch mit den Lieferanten von Einzelbauteilen betrachtet.

Ausgehend von diesen unterschiedlichen Zuliefersituationen sind neue Ablauf- und Organisationsmodelle sowohl für die Systemfertigung als auch für die Zulieferung von Einzelteilen zu entwickeln.

1. Systemfertigung

Systemlieferanten

Bei der Systemfertigung entwickeln und fertigen mehrere Lieferanten in direkter Kooperation und liefern die Produkte anschließend direkt an die Endmontage des Abnehmers. Dabei gibt der Abnehmer lediglich das Lastenheft für das Gesamtsystem sowie die erforderliche Schnittstelle zum Endprodukt vor. Alle anderen Aufgaben und Maßnahmen, die sich aus den externen und internen Anforderungen ergeben, liegen im Zuständigkeitsbereich des Systemlieferanten sowie dessen Lieferanten.

2. Einzelteilzulieferung

Frühzeitige Einbindung der Lieferanten

Für die Nutzung des technologischen und fertigungstechnischen Know-hows der Einzelteillieferanten ist sicherzustellen, daß diese bereits in der planenden Phase der Produktentwicklung eingebunden werden. Dies führt dazu, daß die kostengünstigste und qualitätsoptimale Fertigungsvariante für das Zulieferteil gefunden wird. Darüber hinaus können Qualitätsanforderungen so abgestimmt werden, daß kein unnötiger Aufwand in Fertigung, Montage und Prüfung entsteht.

Nutzung des fertigungstechnischen Know-hows der Lieferanten

Mit einem Abgleich von fertigungstechnischem Know-how und Qualitätssicherungsmaßnahmen sollen für die planenden Funktionen wie Produktplanung, Entwicklung und Konstruktion, Arbeits- und Qualitätsplanung neue qualitätsförderliche Ablaufstrukturen entwickelt werden, die durch den Abbau redundanter Tätigkeiten gleichzeitig zu Kosteneinsparungen führen.

4.1.3 Aufbau der Projektgemeinschaft

Beteiligte Industriepartner in der Projektgemeinschaft 2.4.3 Schwerpunkt „Kfz-Zulieferer" sind die Volkswagen AG (Assoziierter Partner), die Rockwell Golde GmbH, die Paul Zitzmann GmbH & Co KG, die Allibert Industrie

GmbH, die Komatsu Hanomag AG, die Georg Fritzmeier GmbH & Co. (Assoziierter Partner), die SKL Motoren- und Systemtechnik AG mit der Magdeburger Eisengießerei (Unterauftragnehmer) sowie die Fahrzeugbau Geisa GmbH und die Linde AG (Unterauftragnehmer) beteiligt. Als Forschungseinrichtungen sind das IPH – Institut für Integrierte Produktion Hannover gGmbH (IPH, Federführer), das Institut für Fertigungstechnik und Spanende Werkzeugmaschinen (IFW), das Institut für Umformtechnik und Umformmaschinen (IFUM) der Universität Hannover sowie der Lehrstuhl Arbeitssystemplanung und -gestaltung (LAS) der Ruhr-Universität Bochum im Projekt involviert (s. a. Bild 4-1).

Entsprechend der existierenden Zulieferketten teilte sich die Projektgemeinschaft in mehrere Projektgruppen auf, die jeweils von einem Institut betreut wurden. Der LAS nahm die Aufgaben der arbeitswissenschaftlichen Begleitforschung wahr und war projektgruppenübergreifend aktiv.

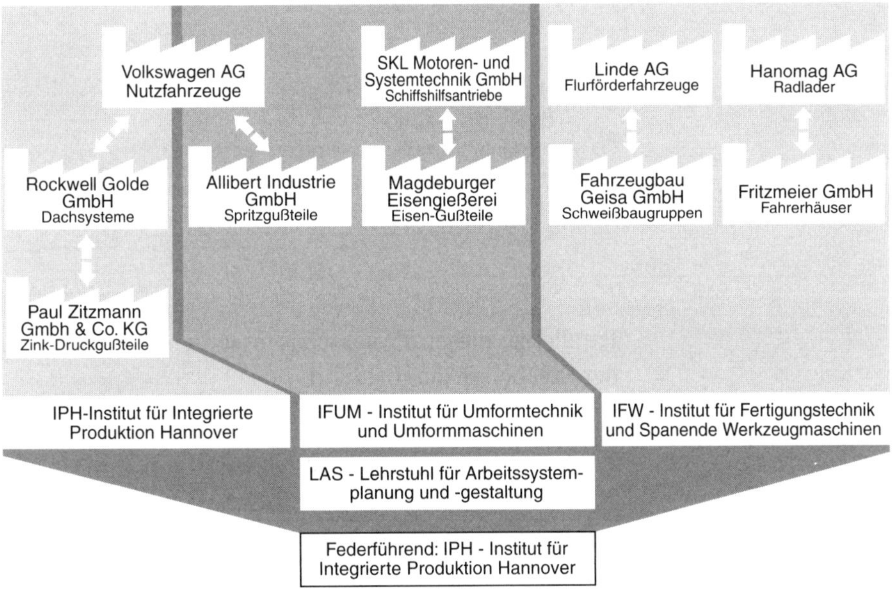

Bild 4-1: Aufbau der Projektgemeinschaft 2.4.3

4.2 Praxisorientierte Umsetzung/Beispiele aus den Projektgruppen

In den einzelnen Projektgruppen wurden unterschiedliche Schwerpunkte entsprechend der drei wesentlichen Phasen der Produktentstehung, Entwicklung, Prototyping und Produktion, festgelegt. Das Ziel der Projektgruppe Volkswagen-Rockwell Golde-Paul Zitzmann-IPH war die Gestaltung neuer Ablauf- und Aufbaustrukturen für unternehmensübergreifende Produktentwicklungsprozesse. Die Projektgruppe SKL Motoren und Systemtechnik-Magdeburger Eisengießerei-IFUM entwickelte Instrumente zur Optimierung von Abstimmungsprozessen zwischen Kunde und Lieferant in der Entwicklungs- und Prototypingphase. Im Mittelpunkt der Arbeit innerhalb der Projektgruppen Volkswagen-Allibert-IFUM sowie Linde-Fahrzeugbau Geisa-IFW und Hanomag-Fritzmeier-IFW standen die Einführung von neuen Organisationsformen für die Phase der Produktion. Das Projekt teilte sich in mehrere, sich zeitlich überlappende Teilschritte auf:

- die Analysephase,
- die Sollkonzeption,
- die Einführung des Sollkonzeptes sowie
- die Erprobung des Sollkonzeptes.

Parallel zu diesen Projektphasen wurde eine Evaluation der Ergebnisse durchgeführt.

4.2.1 Projektgruppe VW-Rockwell-Zitzmann-IPH

(C. Bode, J. Brüning, D. Goebel, H.-W. Kolligs, N. Sowa, M. Zitzmann)

Analyse des Produktentstehungsprozesses

Gegenstand der Analyse in der Projektgruppe war die Zusammenarbeit der drei Unternehmen in der Phase der

Entstehung eines neuen Produktes. Der Schwerpunkt lag auf der Analyse aller Prozesse von der Produktidee bis hin zum Serienanlauf mit entscheidender Unterstützung der jeweils an den Prozessen beteiligten Personen. Als Ergebnisse der Untersuchungen wurden alle planerischen Prozesse, welche die Zusammenarbeit der drei Unternehmen betreffen, graphisch dargestellt und Daten der Prozesse hinsichtlich Informationsfluß (Input, Output), Durchlaufzeiten, Anzahl der beteiligten Personen sowie Schleifen und Rekursionen in den Prozeßketten aufgenommen [AWISZUS, B. 1995).

Zulieferkette VW - Rockwell - Zitzmann

Dies geschah am Beispiel des Schiebedaches der Firma Rockwell Golde, welches in den bereits in Serie produzierten VW Transporter T4 integriert werden sollte. Als Systemlieferant akquiriert, entwickelt, produziert und vermarktet Rockwell Golde seine Produkte eigenverantwortlich. Zulieferanten von Rockwell Golde sind Hersteller von Teilen und Komponenten, welche die Produkte nach Vorgaben von Rockwell Golde, z. B. Zeichnungen oder Pflichtenheften, entwickeln und konstruieren. Einer dieser Zulieferer ist die Paul Zitzmann GmbH & Co. KG in Stockheim, die Zinkdruckgußteile für Rockwell Golde entwickelt und produziert.

Die Analysen des Entwicklungsprozesses bei den genannten Firmen der Zulieferkette ergaben unterschiedliche Phasenaufteilungen im Ablauf. Bei der Volkwagen AG wurde eine Einteilung in Konzepterstellung, Konzeptabsicherung und Realisierung vorgenommen. Die Einteilung bei Rockwell Golde ergab die Phasen Angebotserstellung, Konzepterstellung, Funktionsmusterbau und -test, Prototyping, Serienentwicklung und Qualifizierung vor Serienanlauf. Die Entwicklungsphase bei Zitzmann teilte sich auf in Prototyping, Vorserien- sowie Serienentwicklung.

Die Teilprozesse des Grobablaufs wurden im vorliegenden Fall um eine weitere Detaillierungsebene ergänzt. Es ergaben sich weitere Teilprozesse wie z. B. die Zeichnungserstellung, der Prototypenbau und -test, die Erstbemusterungen für Einzelteile und für das gesamte System sowie die Erteilung der Serienfreigabe.

Späte Einbindung von Einzelteillieferanten in den Entwicklungsprozeß

Charakteristisch für die aufgenommenen Abläufe waren die späte Einbindung des Einzelteillieferanten in den Entwicklungsprozeß, zahlreiche Änderungsschleifen bis in die Serienproduktion hinein sowie eine starke, zeitliche Überschneidung der Projektphasen.

4.2.1.1 Analyse (Datenerhebung/Modellierung der Abläufe)

Datenerhebung zur Analyse des Ist-Zustandes

Im Hinblick auf eine sinnvolle und effiziente Datenerhebung als Basis für eine Analyse des Ist-Zustandes des Produktentstehungsprozesses wurden mit allen beteiligten Unternehmen der Projektgruppe und Mitarbeitern der entsprechenden Abteilungen ausgiebige Interviews geführt.

Hier diente ein zuvor erstellter Fragebogen als Leitfaden, der in Verbindung mit den zur Verfügung gestellten Unterlagen der Unternehmen ein erstes Bild der Geschäftsprozesse vermittelte. Um hier konkrete Informationen zu bekommen und gleichzeitig die anfallende Datenmenge nicht zu groß werden zu lassen, wurden die Untersuchungen der Abläufe und Informationsflüsse in bzw. zwischen den Unternehmen beispielhaft für jeweils ein Produkt bzw. eine Produktgruppe betrachtet. Der Ablauf der Istanalyse ist in Bild 4-2 [AWISZUS, B. 1995] dargestellt. Als Ergebnis der Analyse lagen unternehmensspezifische Abläufe (Partikulärmodelle IST) mit Stärken-Schwächen-Profilen vor.

Aufbauend hierauf konnten Maßnahmen zur Verbesserung eingeleitet werden. Es schloß sich die Phase der Sollkonzeption (Partikulärmodelle SOLL) an, in der die Abläufe über eine ganzheitliche Betrachtungsweise neu definiert wurden.

4.2.1.2 Sollkonzeption/Umsetzung

Einbeziehung aller Funktionen

Die Sollkonzeption wurde in enger Zusammenarbeit von den Unternehmen und dem betreuendem Institut durchgeführt. Wichtig war hierbei, daß alle betroffenen Funktionen innerhalb des Unternehmens im Rahmen von

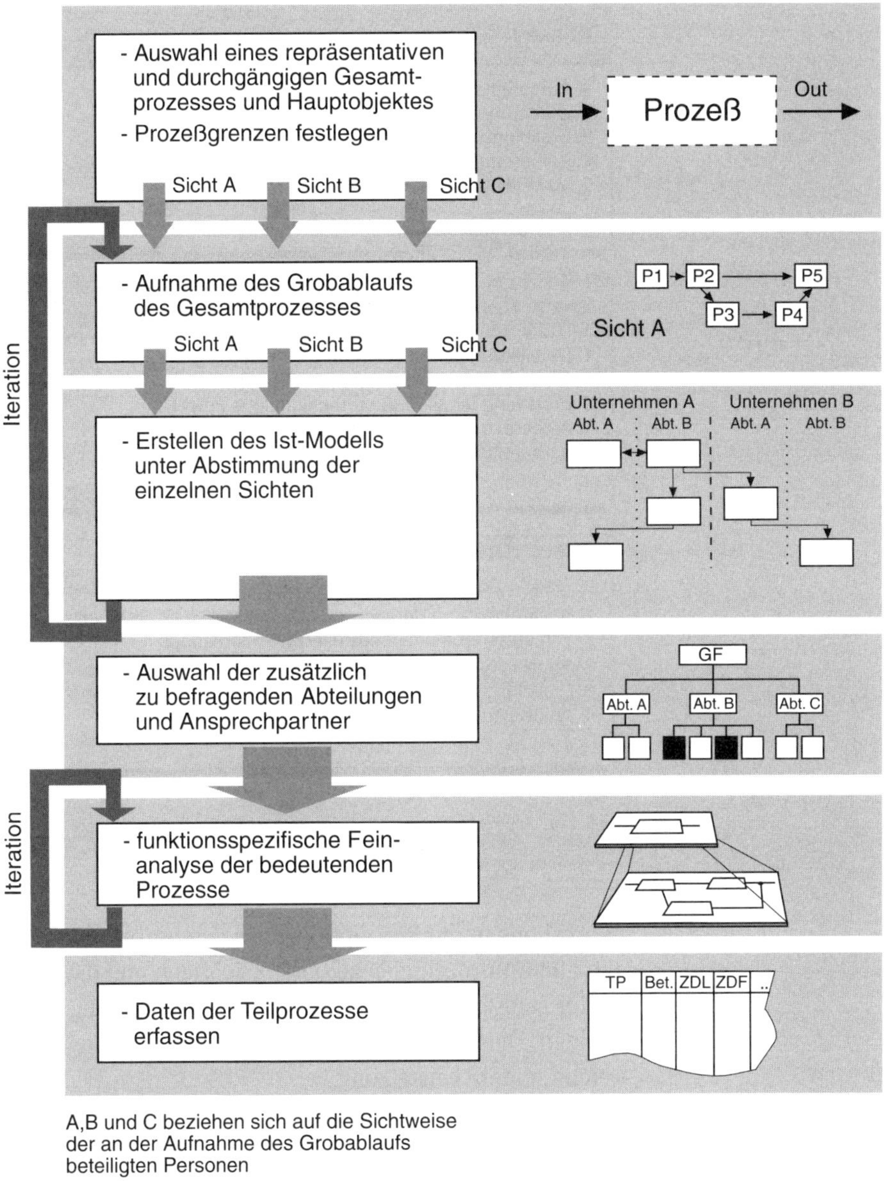

Bild 4-2: Vorgehensweise bei der Istanalyse

Bild 4-3: Vorgehensweise in der Phase der Sollkonzeption

Workshops in die Konzeptionsphase einbezogen wurden, um alle Anforderungen zu berücksichtigen und die Mitarbeiter selbst aktiv bei der Um- und Neugestaltung zu beteiligen. Dies ist die Grundvoraussetzung für eine erfolgreiche spätere Umsetzung.

Die Vorgehensweise bei der Sollkonzeption und deren Umsetzung ist in Bild 4-3 dargestellt.

Phase I: Grobkonzeption

Die Grobkonzeption startet mit einer Informationsveranstaltung im Unternehmen unter Beteiligung aller in den Prozeß involvierter Mitarbeiter. Hier werden zunächst noch einmal die Ergebnisse der Istanalyse zusammengefaßt vorgestellt. Die Zielsetzung bei der Sollkonzeption sowie die geplante Vorgehensweise werden ebenfalls erläutert.

Im Anschluß daran wird in einem Kernteam der zukünftige Grobablauf definiert. Hierzu sind zunächst die Randbedingungen an den Geschäftsprozeß zu definieren. Diese Randbedingungen schließen auch externe Anforderungen an den zu gestaltenden Prozeß mit ein, die bereits in der Analysephase identifiziert und definiert werden konnten.

Kernteam definiert Grobablauf

Es folgt eine Gliederung des Gesamtprozesses in Meilensteine bzw. wichtige Teilergebnisse. Anhand dieser Teilergebnisse läßt sich eine Gliederung des Prozesses in Phasen durchführen. Schließlich werden die in den Phasen ablaufenden Kernprozesse definiert. Hierzu gehört auch die Zuordnung von Mitarbeitern, die bei der späteren Detaillierung der Kernprozesse beteiligt sein sollen.

Meilensteine und Phaseneinteilung, Kernprozesse

Auf der Basis des Grobablaufs wird ein weiterer Vorgehensplan erstellt, der den Terminrahmen für die weiteren Workshops festlegt und auch die Zusammensetzung der jeweiligen Arbeitsgruppen beinhaltet.

Phase II: Detaillierung/Interne Umsetzung

Gliederung in Teilprozesse

Ausgehend von den Ergebnissen der Grobanalyse werden regelmäßige Workshops zur Detaillierung der Kernprozesse eingeführt. Hierin sind jeweils zunächst die Anforderungen an vorgelagerte Prozesse zu definieren, es erfolgt die Gliederung der Kernprozesse in Teilprozesse mit Beschreibung der In- und Outputs sowie der Festlegung anderer relevanter Prozeßparameter.

Zuordnung von Know-how Trägern zu den Teilprozessen

Eine wichtige Tätigkeit in diesem Rahmen ist auch die Zuordnung von Funktionen bzw. Know-how-Trägern zu den Teilprozessen. Hier sind bereits verantwortliche, beteiligte sowie zu informierende Funktionen festzulegen.

Anpassung der Aufbauorganisation

Im Anschluß an die Detaillierungsphase kann falls notwendig eine Anpassung der internen Aufbauorganisation an die neu- bzw. umgestaltete Prozeßkette erfolgen.

Maßnahmenkatalog zur Umsetzung

Die Phase II endet mit der Erstellung eines Maßnahmenkatalogs, in dem die einzelnen erforderlichen Schritte zur Umsetzung des Sollkonzepts festgelegt werden.

Phase III: Detaillierung externer Schnittstellen/ Umsetzung

Unternehmens-übergreifende Workshops

In der dritten Phase werden in unternehmensübergreifenden Workshops die externen Schnittstellen zwischen Abnehmern und Lieferanten definiert und gestaltet. Die Anforderungen sowohl von Seiten des Abnehmers als auch des Lieferanten an die jeweils andere Seite sind dabei konkret festzulegen. Entsprechend dieser Anforderungen läßt sich bestimmen, zu welchem Zeitpunkt welche Funktionen aus den betroffenen Unternehmen mit welchen Inhalten zu kooperieren haben, um letztlich einen reibungslosen Gesamtablauf zu gewährleisten. Ergebnis dieser Phase ist wiederum ein Maßnahmenkatalog zur Umsetzung der gemeinsam erarbeiteten Sollabläufe.

4.2.1.3 Volkswagen AG

I. Beschreibung des Produktentwicklungsprozesses

Zwei Abläufe: Produktneuentwicklung - Technische Änderung

Die konzernweite Produktentstehung des Hauses Volkswagen wird durch zwei verschiedene Abwicklungstypen realisiert. Dabei handelt es sich um die „Produktneuentwicklung" und die „Technische Änderung", wobei auch Produktneuentwicklungen bis zu einer bestimmten Größenordnung im Rahmen einer Technischen Änderung durchgeführt werden. In beiden Fällen werden die folgenden 3 Phasen durchlaufen:

Phase I	Konzeptentwicklung,
Phase II	Konzeptabsicherung,
Phase III	Serienentwicklung/-vorbereitung (Realisierung).

Im Rahmen des Projektes wurde der Ablauf der technischen Änderung ausgewählt. Zunächst wurde der gesamte Ist-Ablauf von der Produktidee bis zum Serieneinsatz am Beispiel des Schiebedachs von Rockwell Golde in

Geprächen mit den Prozeßbeteiligten aufgenommen und modelliert.

Konzepterstellung

Projektanstoß: Änderungsantrag

Zwischen Projektanstoß und der Entscheidung, ein Konzept in einer bestimmten Form weiterzuverfolgen, liegt die Erarbeitung technischer Details einer Neuerung. Der Projektanstoß erfolgt im Rahmen einer Technischen Änderung durch einen Änderungsantrag. Die Entscheidung über die Weiterverfolgung eines Änderungsantrags wird von einer internen Kommission getroffen und stellt gleichzeitig den Übergang in die zweite Phase der Produktentwicklung dar.

Konzeptabsicherung

Erstellung „bewertbarer Unterlagen"

Innerhalb dieser Phase muß das Konzept soweit ausgearbeitet werden, daß am Ende eine Entscheidung darüber getroffen werden kann, ob die Neuerung zum Serieneinsatz kommt. Dazu müssen bewertbare Unterlagen erstellt werden, anhand derer die einzelnen Fachabteilungen eine Abschätzung der Kosten, bzw. der Kostenreduzierung, die eine Neuerung mit sich bringt, vornehmen können. Als Abschluß dieser Phase, die je nach Umfang der Änderung zwischen einem Monat und 1 ½ Jahren liegen kann, steht die Genehmigung durch die Fachgruppe, einem Team aus Mitarbeitern aller am Entwicklungsprozeß beteiligten Abteilungen.

Abschluß bildet Genehmigung des Änderungsantrages

Diese Genehmigung des Änderungsantrags stellt bei positiver Entscheidung den Übergang zur Realisierungsphase dar. Nun stehen Gelder für konkrete, projektbezogene Anschaffungen bereit.

Serienentwicklung

Zulieferung von Mustern und Prototypen

Das in der Konzepterarbeitungs- und Konzeptabsicherungsphase entstandene Konzept soll bis zur Serienreife entwickelt werden. Dazu beginnt der Lieferant mit der Herstellung von immer seriennäheren Prototypen und Mustern, die zuletzt mit Hilfe der Serienwerkzeuge gefertigt werden. Das Werk in Stöcken, insbesondere die Planung, versucht die zur Bewertung aufgestellten vorläufigen Forderungen zu realisieren. Für die Termineinhaltung und das Projektmanagement ist jetzt der Technische Änderungsdienst zuständig. Die erste Teilphase nimmt den größten Zeitanteil von ca. 0,5-0,75 Jahren in Anspruch.

Produktionsvorserie

Nullserie

Die sich anschließende Produktionsvorserie dauert bis zu 4 Wochen, kann also wie ein Puffer genutzt werden und auch ganz wegfallen. Die Nullserie dauert 2 bis 6 Wochen, abhängig davon, wie viele Fahrzeuge gebaut werden. Durchschnittlich erstreckt sich der gesamte Änderungsprozeß bis zum Anlauf der Serie auf ca. 1 Jahr.

II. Bewertung der Prozeßqualität

Der beschriebene Ablauf wurde im Rahmen der Grobanalyse aufgenommen. Für die Feinanalyse wurde der Prozeß der Konzeptabsicherung ausgewählt. Hier wurden eine Reihe von Schwachstellen aufgedeckt, besonders im Hinblick auf die relativ lange Zeit zwischen Produktidee und der Genehmigung durch die Fachgruppe.

Feinanalyse der Konzeptabsicherungsphase

Die Feinanalyse der Konzeptabsicherungsphase wurde folglich mit den beteiligten Funktionen durchgeführt. Neben der Aufnahme der Teilprozesse und den verknüpfenden Informations- und Materialflüssen, wurde in den Gesprächen auf bestehende Schwierigkeiten bei der Ausführung bestimmter Tätigkeiten sowie Verbesserungsvorschläge seitens der Prozeßbeteiligten abgezielt.

Geschäftsprozeß- FMEA

Zur qualitativen Bewertung dieser Schwachstellen wurde die vom IPH entwickelte Methode der „Geschäftsprozeß-FMEA" (GP-FMEA) eingesetzt [TÖNSHOFF,-H. K. 1995). Hiermit lassen sich Prozesse auf ihre möglichen Fehler und deren Ursachen hin systematisch untersuchen. Ausgehend vom modellierten Feinablauf der zu untersuchenden Prozeßkette konnte direkt der zugehörige Fehlerbaum erstellt werden. Anschließend wurden die FMEA-Formblätter mit Hilfe eines Software-Tools generiert.

Workshops mit allen Beteiligten

Zur Durchführung der GP-FMEA wurde ein Workshop mit allen an der Feinanalyse beteiligten Mitarbeitern durchgeführt und potentielle Fehler, analog zur klassischen FMEA, mittels der Risikoprioritätszahl (RPZ) bewertet. Dadurch konnten die wesentlichen Schwachstellen herauskristallisiert und bereits im Rahmen des Workshops Maßnahmen zu deren Abstellung erarbeitet werden.

Bewertung der Prozeßqualität durch die Risikoprioritätszahl

Häufigste Fehlerursache waren fehlende oder unvollständige Arbeitsergebnisse aus vorgelagerten Prozessen, die zur Undurchführbarkeit eines Prozesses und dadurch zu Rekursionsschleifen führten. Die Einführung von Prüfprozessen, in denen die Mitarbeiter anhand von Checklisten ihre Arbeitsergebnisse vor dem Übergang in nachfolgende Prozesse selbst überprüfen können, bringt hier eine wesentliche Verbesserung der Prozeßqualität und somit eine Reduzierung von Rekursionsschleifen und eine Verkürzung der Durchlaufzeiten.

Weiterhin konnte durch den Aufbau des Fehlerbaumes die Relevanz eines Fehlers für spätere Prozesse transparent dargestellt und das Bewußtsein der Bedeutung der Arbeitsergebnisse eines jeden Mitarbeiters für den Gesamtprozeß erheblich gesteigert werden.

4.2.1.4 4-Phasen Modell der Rockwell Golde GmbH

Auf Basis der Analyseergebnisse wurden bei der Firma Rockwell Golde neue Ablauf- und Aufbaustrukturen geschaffen, die künftig eine effizientere Durchführung von Produktentwicklungsprozessen gestatten sollten. Die Produktentwicklung bei der Firma Rockwell-Golde erfolgt künftig durch ein SE-Team. Von der Konzeptfindung bis zum Produktionsanlauf werden 4 Phasen (Bild 4-4) durchlaufen:

Produktentwicklung in 4 Phasen

Phase I: Konzeptfindung,
Phase II: Konstruktion und Entwicklung,
Phase III: Produktionsvorbereitung,
Phase IV: Produktionsanlauf.

In jeder Phase werden eine Phaseneingangsbesprechung, regelmäßige Reviews und ein Review zur Freigabe des Projektes für die nächste Phase durch die beteiligten

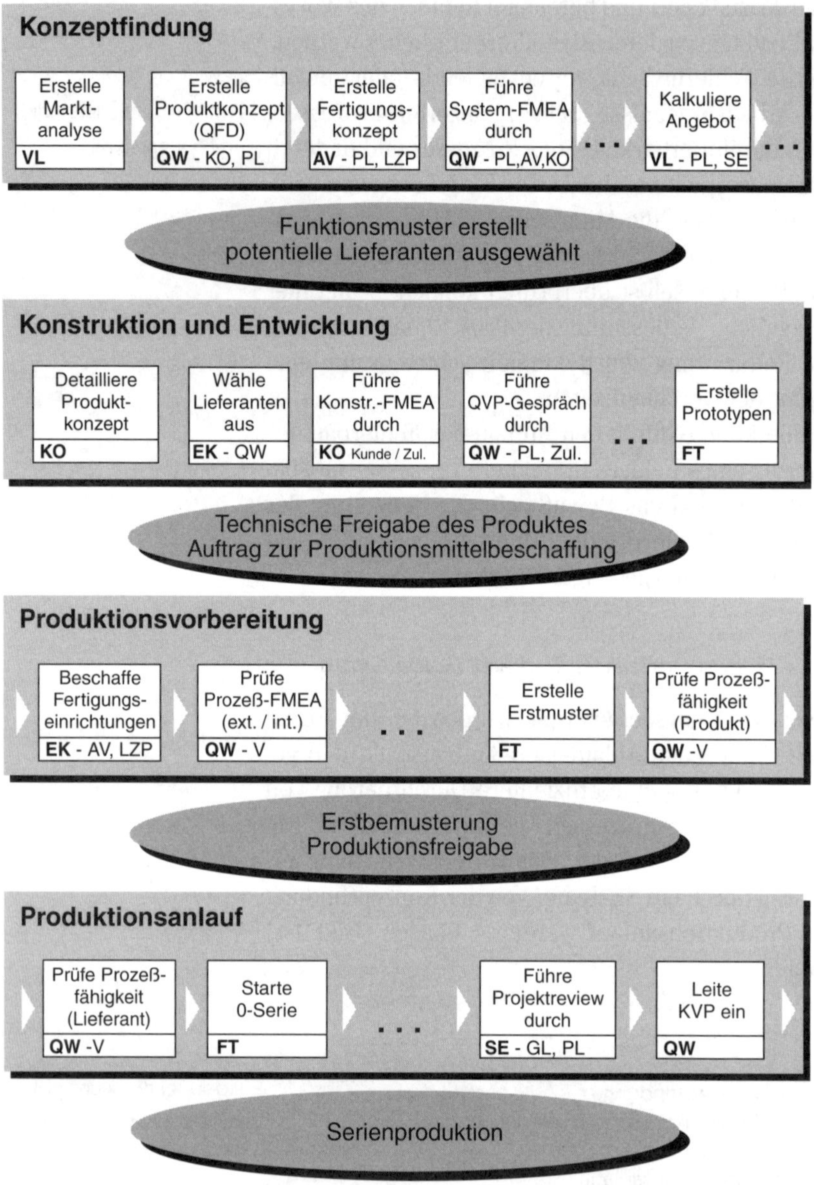

Bild 4-4: 4-Phasen Modell der Firma Rockwell Golde

Fachbereiche und die Geschäftsführung durchgeführt. Am Ende jeder Phase werden sowohl für das zu entwickelnde Produkt als auch für die Produktentwicklung die Kosten, die Wirtschaftlichkeit und das Risiko bewertet sowie die Termine aktualisiert.

Konzeptfindung

Auswahl eines Konzeptes

Die Phase I „Konzeptfindung" dient zur Auswahl eines Lösungsansatzes für die Produktentwicklung und zur Bestimmung von Kosten, Terminen, Risiko und Wirtschaftlichkeit. Die Umsetzung der Kundenanforderungen wird mit Hilfe des Quality Function Deployment (QFD) verifiziert. Das QFD beinhaltet dabei ein Benchmarking eigener und fremder Produkte. Die in dieser Phase erarbeiteten Lösungsmöglichkeiten werden in bezug auf die technische Realisierung in einer „Feasibility Study" untersucht. Die Konzepte werden mit einer FMEA bewertet. Bei der Auswahl des Lösungsansatzes werden zusätzlich strategische Unternehmsziele betrachtet. Am Ende dieser Phase wird ein Funktionsmuster erstellt und potentielle Lieferanten werden ausgewählt.

Konstruktion und Entwicklung

Auswahl von Lieferanten

Nach Abgabe des Kundenangebotes und Erhalt des Kundenauftrages beginnt die Phase II „Konstuktion und Entwicklung" für das Produkt. In dieser Phase werden das Produktkonzept ausgearbeitet und die Kosten ermittelt. Zusätzlich werden die Lieferanten ausgewählt und in den Entwicklungsprozeß eingebunden. Das entwickelte Design wird hierbei mit den Anforderungen aus dem QFD überprüft. Für das Produkt wird eine Konstruktions-FMEA durchgeführt, deren Ergebnisse für die Versuchsplanung, den Produktsicherungsplan und die Prüfplanung verwendet werden.

Effektiver Einsatz von QFD, Herstellbarkeitsanalysen und FMEA

Anschließend wird die Produktionsplanung, welche Arbeitsplanung und Prüfplanung umfaßt, unter Verwendung der erstellten Stücklisten durchgeführt. Die zu verwendende Fertigungstechnologie wird mit einer Prozeß-FMEA auf ihre Eignung überprüft. Für die Qualitätssicherung während der späteren Produktion werden zusätzlich die Bezugssysteme zur Auswertung der Meßwerte festgelegt. Zur Sicherstellung der Funktionsfähigkeit wird ein Prototyp erstellt und getestet.

Technische Freigabe des Produktes durch den Kunden

Die Phase II endet mit der technischen Freigabe des Produktes durch den Kunden und der Auftragsfreigabe zur Beschaffung der erforderlichen Produktionsmittel.

Produktionsvorbereitung

Während der Phase III „Produktionsvorbereitung“ erfolgen die Aktivitäten zur internen und externen Erzeugung der Produktionsmittel, Erstbemusterung und Produktionsfreigabe. Zur Erstbemusterung wird ein Produktauditplan erstellt. Die Eignung von Produkt und Fertigungsprozessen wird anhand einer Vorserienproduktion und eines vollständigen Versuchsprogramms mit Musterbauteilen überprüft. Die Serienlieferanten werden nach Überprüfung ihrer Prozeß-FMEAs und Erstmusterteile festgelegt. Die Vorserienproduktion dient zur weiteren Optimierung der Fertigungsprozesse und -anlagen. Am Schluß dieser Phase stehen die Erstbemusterung und die Produktionsfreigabe.

Produktionsanlauf

Festlegung der Serienlieferanten

In der Phase IV „Produktionsanlauf“ wird die Nullserie des Produktes hergestellt. Auf Basis der Ergebnisse der Nullserie werden die Fertigungsprozesse für die Serienproduktion verbessert. Bei den Serienlieferanten wird zusätzlich der Prozeßfähigkeitsnachweis überprüft. Nach der Endabnahme der Erstmuster sowie der Fertigungs- und Prüfeinrichtungen kann die Serienproduktion beginnen.

Product Improvement Plan zur Optimierung von Produkt und Fertigungsprozessen

Zur weitergehenden Optimierung von Produkt und Fertigungsprozessen wird der „Product Improvement Plan“ eingeleitet. Mit diesem Plan werden alle Änderungen und Änderungsgründe bezüglich der Termine, Kosten und Qualität dokumentiert. Der Plan umfaßt sowohl ein Verbesserungsprogramm für das Produkt und deren Einzelteile als auch die Ableitung zukünftig nutzbarer Effizienzpotentiale aus einem Projektverlaufsreview. Am Schluß wird eine Nachkalkulation zur Überprüfung der Wirtschaftlichkeit des Entwicklungsprojektes durchgeführt.

Das beschriebene Modell der Produktentwicklung wurde in Form von Prozeßbeschreibungen dokumentiert und in Abstimmung mit den Beteiligten verifiziert. Es war möglich dieses Modell in das bestehende Qualitätsmanagementsystem der Firma Rockwell Golde einzugliedern. Momentan befinden sich die neuen Strukturen in der Umsetzung.

4.2.1.5 5-Phasen Modell der Paul Zitzmann GmbH & Co. KG

Analog zur Vorgehensweise bei Volkswagen und Rockwell Golde wurde bei Zitzmann, basierend auf einer detaillierten Analyse der Entwicklungsprozesse, ein neuer Ablauf der Produktentwicklung bestehend aus 5 Phasen (Bild 4-5) konzipiert:

Phase I: Akquisition und Konzeptfindung,
Phase II: Entwicklung und Prototyping,
Phase III: Produktionsplanung (Vorserie),
Phase IV: Serienentwicklung,
Phase V: Erstmusterfreigabe und Produktionsanlauf.

Akquisition und Konzeptfindung

Akquisition imd Konzeptfindung

Die Phase I „Akquisition und Konzeptfindung“ beinhaltet in erster Linie vorbereitende Tätigkeiten zur Erstellung eines Richtangebots. Ausgehend von der Kundenanfrage mit den entsprechenden Anforderungen wird zunächst ein Projektplan erstellt.

In enger Zusammenarbeit mit dem Kunden werden konstruktive Lösungen erarbeitet und mit Hilfe von FMEAs bewertet. Nach Einarbeitung der empfohlenen Maßnahmen wird unter Einbeziehung aller betroffenen Abteilungen eine Herstellbarkeitsanalyse durchgeführt, deren Ergebnisse wiederum zu Änderungen der Konstruktion führen können. Auf Basis der nun vorliegenden Zeich-

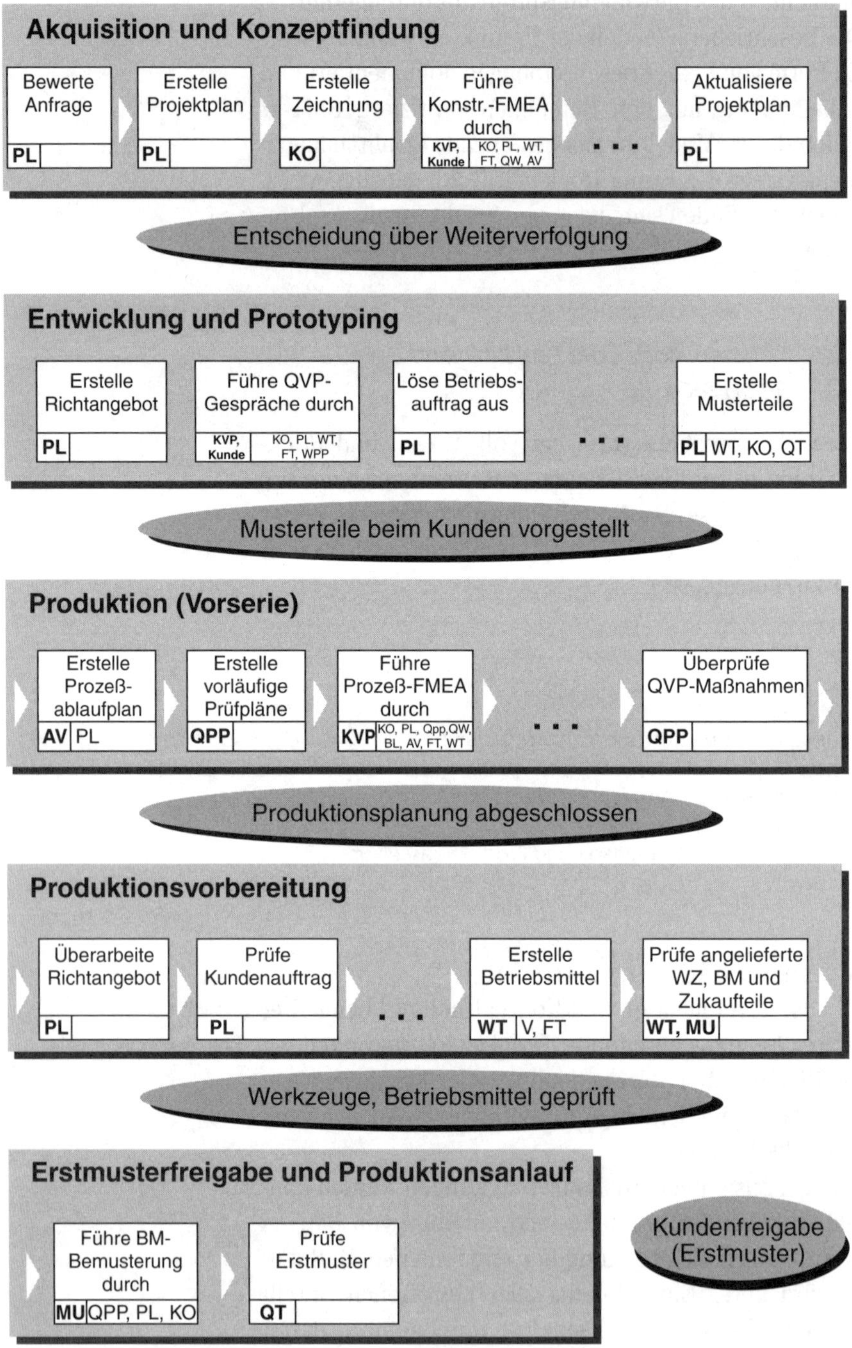

Bild 4-5: Das 5 Phasen Modell der Firma Zitzmann

nung ermitteln die zuständigen Fachabteilungen Werkzeug- und Betriebsmittelkosten, die anschließend in die Vorkalkulation einfließen.

Entwicklung und Prototyping

Mit der Erstellung eines Richtangebots unter Einbeziehung der Arbeitsergebnisse aus Phase I vollzieht sich der Übergang zu Phase II. Im Qualitätsvorausplanungs-Gespräch (QVP-Gespräch) mit dem Kunden werden zusätzliche Qualitätsvereinbarungen getroffen und vertraglich festgehalten. Nach der Erteilung des Kundenauftrags zur Erstellung von Modellteilen erfolgt die nach DIN-EN ISO 9000 ff. vorgeschriebene Vertragsprüfung. Anschließend kann intern der Auftrag zur Erstellung von Prototypen ausgelöst werden. Phase II endet mit der Vorstellung der Prototypen beim Kunden.

Erstellung eines Richtangebots

QVP-Gespräch

Produktionsplanung (Vorserie)

In Phase III „Produktionsplanung (Vorserie)“ erfolgt die Planung der Fertigungs- und Prüfprozesse. Zunächst werden unter Einbeziehung der Ergebnisse aus der Herstellbarkeitsanalyse ein vorläufiger Prozeßablaufplan und unter zusätzlicher Berücksichtigung der Ergebnisse der Konstruktions-FMEA vorläufige Prüfpläne erstellt. Mittels der sich anschließenden Prozeß-FMEA werden potentielle Schwachstellen analysiert und Maßnahmen zu deren Abstellung erarbeitet. Diese Maßnahmen dienen zur Überarbeitung der Prüfpläne und des bisherigen Prozeßablaufplans.

Planung der Fertigungs- und Prüfprozesse

Vor der Auslösung des Betriebsauftrags zur Erstellung von Hilfswerkzeugen ist wiederum der Auftrag des Kunden notwendig. Die Herstellung der Werkzeuge erfolgt entsprechend einer definierten Verfahrensanweisung. Anschließend wird eine Bemusterung der Werkzeuge unter Berücksichtigung der Anforderungen des Kunden durchgeführt. Phase III endet mit der Überprüfung der mit dem Kunden erarbeiteten QVP-Maßnahmen anhand des QVP-Protokolls.

Erstellung von Hilfswerkzeugen

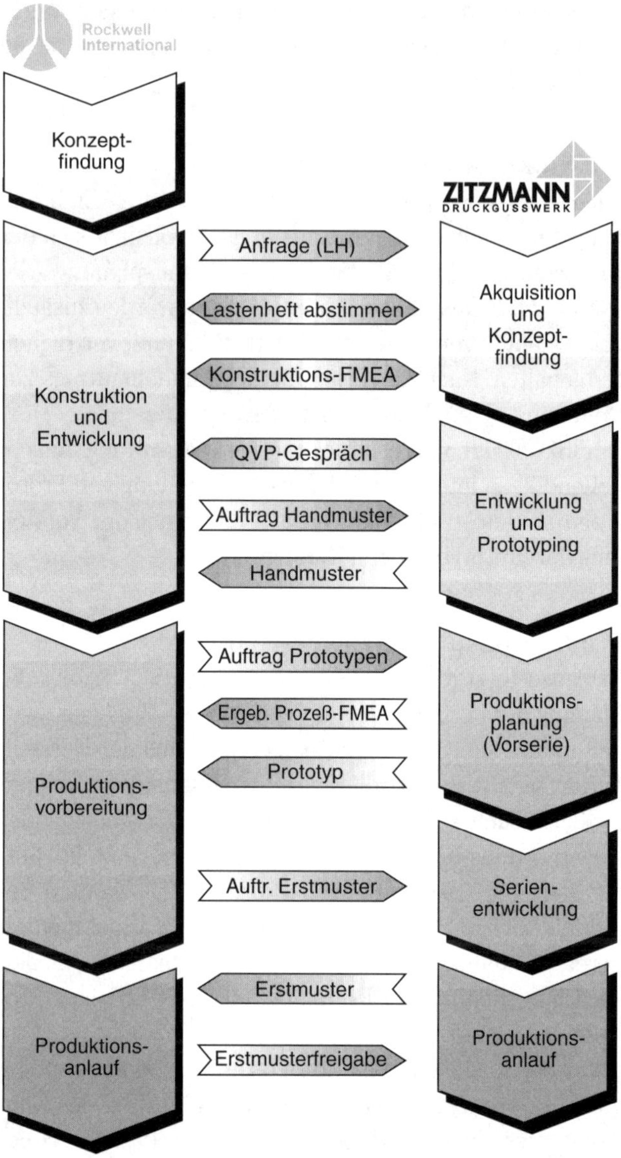

Bild 4-6: Kooperation zwischen Rockwell Golde und Zitzmann in der Produktentwicklung

Produktionsvorbereitung

Nach der Bemusterung der Hilfswerkzeuge wird in Phase IV „Produktionsvorbereitung“ das bestehende Richtangebot auf der Basis der vorliegenden Kalkulationsdaten überarbeitet und dem Kunden vorgestellt. Dieser löst mit der Erteilung des Auftrags die Herstellung der Betriebsmittel aus. Nach Fertigstellung der Betriebsmittel und der Prüfung extern erstellter Werkzeuge und Zukaufteile erfolgt der Übergang in die Phase V.

Auftrag zur Erstellung der Serienwerkzeuge

Erstmusterfreigabe und Produktionsanlauf

In der letzten Phase erfolgt die interne Prüfung der Maschinenfähigkeit der Werkzeuge. Die Bemusterung der Betriebsmittel erfolgt dabei unter Serienbedingungen. Die mit diesen Werkzeugen erstellten Erstmuster werden hinsichtlich ihrer Qualitätsanforderungen geprüft und deren Ergebnisse im Prüfprotokoll zur Freigabe durch den Kunden festgehalten.

Bemusterung der Betriebsmittel unter Serienbedingungen

4.2.1.6 Zusammenfassung und Ausblick

Die prozeßorientierte Strukturierung der Kunden-Lieferanten-Beziehung bringt in der Umsetzung zwei Probleme mit sich, deren Lösung Gegenstand der weiteren Projektaktivitäten sein wird. Einerseits ist es aus Sicht des Lieferanten schwierig, jedem Kunden spezifische Abläufe anzubieten. In der gegenwärtigen Situation wäre dies jedoch notwendig, da seitens der Kunden unterschiedliche Abläufe gefordert werden. Andererseits besteht gerade bei kleineren Unternehmen nicht die Möglichkeit, sehr viele kundenorientierte Teams im planerischen Bereich zu bilden, da die Kapazitäten in den einzelnen Funktionen stark begrenzt sind.

Begrenzte Anzahl kundenspezifischer Strukturen

Gerade in der Phase der Produktentwicklung ist es jedoch notwendig, heterogene Teams aus allen an der Entwicklung beteiligten Funktionen zusammenzusetzen.

Die Vorteile, die sich aus einer dem Kunden offenen prozeßorientierten Struktur der Produktentwicklung ergeben, lassen sich bereits während der Umsetzung erkennen. Als besonders vorteilhaft erwies sich die Tatsache,

Direkte Ansprechpartner in allen Phasen der Produktentwicklung daß dem Kunden direkte Ansprechpartner für alle Phasen der Produktentwicklung zur Verfügung stehen. Es wird dadurch ein bilateraler Informationsaustausch zwischen entsprechenden Funktionsträgern der Unternehmen ermöglicht. Die Kommunikation muß dabei nicht zwangsläufig über zentrale Stellen in den jeweiligen Unternehmen laufen, wobei jedoch die verantwortlichen Projektleiter auf beiden Seiten stets informiert werden. Ein weiterer Vorteil macht sich auf Lieferantenseite bei der Akquisition neuer Projekte bemerkbar. Bereits die erste Strukturierung einer gemeinsamen Projektarbeit kann sehr genau erfolgen, da der Zulieferer bereits eine Ablaufstruktur aus vorausgegangenen Entwicklungsprojekten einbringen kann.

Ablaufstruktur als Basis für die unternehmensübergreifende Projektplanung

Im weiteren Verlauf des Projektes werden mit einem Schwerpunkt auf der Kunden-Lieferanten-Beziehung zwischen Rockwell Golde und der Firma Zitzmann die überbetrieblichen Prozesse in unternehmensübergreifenden Teams weiter strukturiert. Hierbei steht die Synchronisation der Abläufe in den beiden Unternehmen im Mittelpunkt der Betrachtung.

Bild 4-6 zeigt einige der wichtigsten Informationsschnittstellen zwischen beiden Unternehmen in der Phase der Produktentwicklung. Die Synchronisation der Abläufe für die gesamte Lieferkette Automobilhersteller-Systemlieferant-Teile-/Entwicklungslieferant muß als langfristiges Ziel für die künftige Kooperation in der Branche verfolgt werden.

4.2.2 Projektgruppe SKL Motoren- und Systemtechnik GmbH-Magdeburger Eisengießerei GmbH-IFUM

(R. Bunzel, A. Karkmann)

Analyseobjekt Produktentwicklungsprozeß

Die Entwicklung neuer Kooperationsformen von Hersteller und Zulieferer im Bereich der Konstruktion wurde für die Unternehmen SKL Motoren- und Systemtechnik GmbH als Motorenhersteller und die Magdeburger Eisengießerei GmbH als Lieferant von Zylinderblöcken am Beispiel der Motor-Neukonstruktion durchgeführt.

Der Produktentwicklungsprozeß eines neuen Motortyps bei der SKL Motoren- und Systemtechnik GmbH gliedert sich in folgende 3 Phasen:

Phase I:	Entwicklung/Projektplanung
Arbeitsschritte:	1. Vorentwicklung 2. Hauptentwicklung
Phase II:	Produktionsvorbereitung
Arbeitsschritte:	(Versuchs- und Prototypenphase) 3. Musterbau 4. Motorenerprobung
Phase III:	Produktion 5. Produktionsanlauf

Vorentwicklung

Der Geschäftsprozeß der Neukonstruktion beginnt, sobald in der Abteilung Motorentechnik das von der Geschäftsleitung verabschiedete Lastenheft des neuen Produktes vorliegt. Dort sind als Ergebnis der Vorentwicklungsphase alle technischen Anforderungen an den jeweiligen Motorentyp festgelegt, ebenso wie der zeitliche und finanzielle Rahmen der Entwicklungstätigkeit. Auf Basis des Lastenheftes erstellt die Motorentechnik den sogenannten Hauptentwurf; eine erste Zeichnung, in der die Hauptabmessungen des zu konstruierenden Zylinderblocks enthalten sind.

Problemaufriß

Anhand des Produktentwicklungsprozesses wird die Schnittstellenproblematik zwischen Kunde und Lieferant deutlich.

kompakte Bauform

Der Motor soll laut Lastenheft eine sehr kompakte Bauform bekommen. Die Fertigung benötigt aber wegen der geplanten Bearbeitung des Zylinderblocks auf einem neuen flexiblen Fertigungszentrum gewisse Mindestfreiräume für die Zerspanwerkzeuge. Eine intensive Verständigung über die gegenläufigen Anforderungen der Abteilungen Motorentechnik und Fertigung während der Konstruktionstätigkeit ist notwendig.

Gieß-Know-how

Die kompakte Bauform des Motors und das geplante Eingießen eines Rohres in den Zylinderblock erfordern spezielles gießtechnisches Know-how der Konstrukteure.

Bearbeitungsaufmaße

In die von der Motorentechnik erstellte Fertigteilzeichnung des Zylinderblocks trägt der Modellbau des Zulieferers die von ihm in Absprache mit der Gießerei festgelegten Bearbeitungsaufmaße und Aushebeschrägen ein. Die Fertigung des Kunden wurde bislang in diesen Prozeß nicht mit einbezogen.

Toleranzklassen

Die Grundlage für den Bau von Erstmustern des neuen Motors (Arbeitsschritt 3 des Produktentwicklungsprozesses) bilden die von der Magdeburger Eisengießerei GmbH gegossenen Zylinderblöcke, die bei der SKL Motoren- und Systemtechnik zerspanend bearbeitet werden. Dabei werden z. Zt. unterschiedliche Toleranzklassen in Gießerei und Zerspanung verwendet. Große Bauteile von der Dimension des Zylinderblocks werden unter den Gegebenheiten der Kleinserienproduktion in der Regel mit Modelleinrichtungen aus Holz im Sandformguß erstellt, ein Verfahren mit großen zulässigen Toleranzen. Da sich die Gußtoleranzen nur schwer einengen lassen, ist es Aufgabe der Fertigung, unter den gegebenen Bedingungen ein Werkstück zu produzieren, das die hohen Genauigkeitsansprüche der Fertigteilzeichnung erfüllt.

Optimierungsansätze

In Zusammenarbeit mit den Mitarbeitern der SKL Motoren- und Systemtechnik GmbH und der Magdeburger Eisengießerei GmbH wurden für die aufgedeckten Schnittstellenprobleme zahlreiche Verbesserungsmaßnahmen eingeleitet:

frühe Zuliefererwahl

Unter Federführung der Abteilung Motorentechnik wählt die SKL Motoren- und Systemtechnik GmbH schon zu einem frühen Zeitpunkt, mit Beginn der Hauptentwicklung, die Magdeburger Eisengießerei GmbH als Zulieferer der Zylinderblöcke aus, um deren gießtechnisches Know-how während der Konstruktionstätigkeit zu nutzen. Konstrukteur und Gießtechniker erörtern bei wiederholten Treffen konstruktive und gießtechnische Probleme. Dieses Vorgehen erspart aufwendige spätere Änderungsarbeiten.

Aufmaß- und Toleranzbestimmung

Zur Aufmaß- und Toleranzbestimmung wurde ein neuer qualitätsverbessernder und kostensenkender Ablauf generiert. In die Fertigteildarstellung des Motors trägt der Modellbau die von ihm in Absprache mit der Gießerei festgelegten Bearbeitungsaufmaße und Aushebeschrägen ein. Die mechanische Fertigung der SKL Motoren- und Systemtechnik GmbH kontrolliert die gewählten Aufmaße bzw. schränkt diese ein. Die zu Beginn der Serienproduktion festgelegten Aufmaßgrößen sollen mit wachsender Erfahrung und zunehmender Prozeßsicherheit schrittweise reduziert werden, um den Zerspanaufwand zu reduzieren. Für den Toleranzbereich der Rohteilabmaße wird ebenso verfahren. Somit ist in Absprache zwischen Hersteller und Zulieferer eine Zeichnung entstanden, die den Zylinderblock mit seinen wesentlichen Abmaßen nach dem Gießen zeigt.

Rohteilzeichnung

Die so vervollständigte Rohteilzeichnung ermöglicht nun eine geometrische Befundung des Werkstücks schon in der Gießerei und bildet die Grundlage für einen Rohteilprüfplan.

Datenblatt zur Maßverfolgung

Die Maßentwicklung bzw. -abweichung einzelner Bauteilelemente über die gesamte Prozeßkette, vom Modell, über das Einformen und Gießen bis hin zur spanenden Bearbeitung wird in einem Datenblatt festgehalten. Die Ursachen von Qualitätsmängeln können so lokalisiert werden.

Oberflächen- und Putzzustand

Außerdem werden Aussagen über die erforderliche Qualität der verschiedenen Oberflächen des Zylinderblocks nach den Arbeitsschritten Gießen und Putzen getroffen, so daß bzgl. des Putzzustandes einzelner Zylinderblöcke keine Unstimmigkeiten mehr innerhalb der Kunden-Lieferanten-Beziehung auftreten.

Eine verbesserte Kommunikation von Hersteller und Zulieferer und die beschriebenen Optimierungsansätze für den hier beispielhaft ausgewählten Motor 8 VD 18/16 sollen den zukünftigen Entwicklungs- bzw. Änderungsaufwand reduzieren und zu einem schnelleren Serieneinsatz führen. Erkenntnisse aus der Analyse und Verbesserung des aktuellen Konstruktionsprozesses werden mittelfristig auf die gesamte Produktpalette der Geschäftsbeziehung

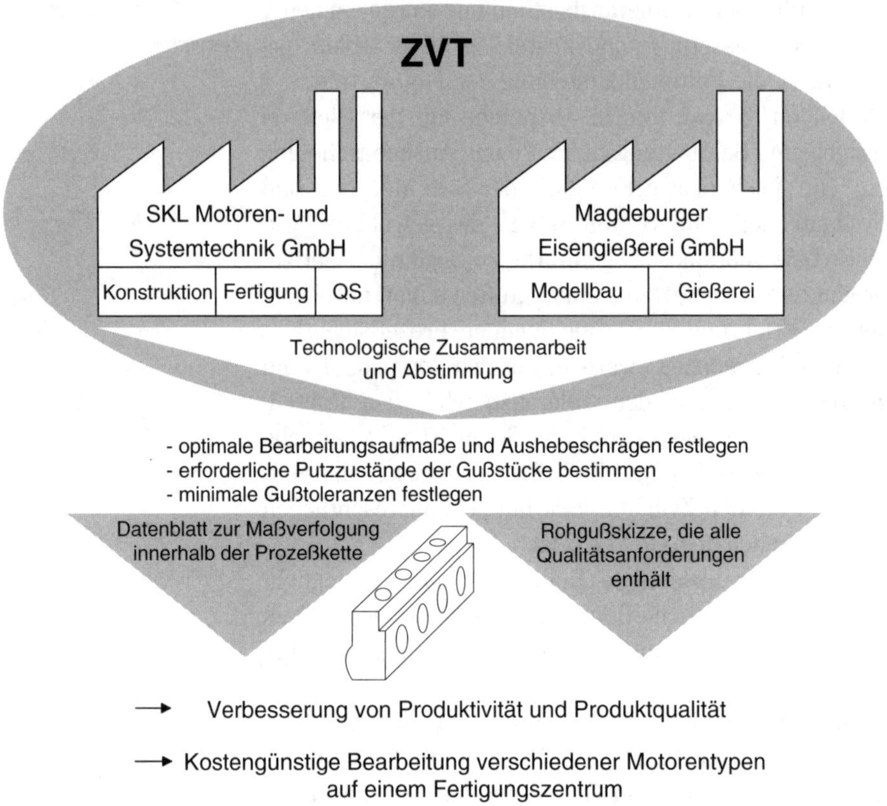

Bild 4-7: Ziele der Zuliefererkooperation

zwischen der SKL Motoren- und Systemtechnik GmbH und Magdeburger Eisengießerei GmbH übertragen.

Erfahrungen

Dabei haben die Erfahrungen in diesem Projekt gezeigt, daß die einfache Umsetzbarkeit aller Verbesserungs- und Lösungsvorschläge in die Praxis im Vordergrund stehen muß. Nur so kann die Diskrepanz zwischen Ideal- und Realabläufen möglichst klein gehalten werden. Daher wurde versucht, bei der Optimierung der Zusammenarbeit zwischen der SKL Motoren- und Systemtechnik und der Magdeburger Eisengießerei einfache Strukturen und Hilfsmittel zu schaffen, die gleichzeitig eine schnelle und pragmatische Realisierung vor allem im technischen Bereich erlauben. Denn gerade das sehr hektische sogenannte Tagesgeschäft setzt zu komplexe Abläufe außer Kraft.

Die im Rahmen des Produktentwicklungsprozesses für den Zylinderblock des Motors 8 VD 18/16 durchgeführten Treffen der Vertreter von Hersteller und Zulieferer wurden als sehr positiv für den gegenseitigen Meinungs- und Informationstausch bewertet. Solche Arbeitstreffen sollen als ständige Einrichtung beibehalten werden, um Probleme innerhalb der Kunden-Lieferanten-Beziehung frühzeitig zu erkennen und zu lösen.

Zwischenbetriebliches Verbesserungsteam" (ZVT)

Begleitend zu den schon erwähnten Optimierungsansätzen wurde das „Zwischenbetriebliche Verbesserungsteam" (ZVT) als ein fester Stamm von Mitarbeitern der SKL Motoren- und Systemtechnik GmbH und der Magdeburger Eisengießerei GmbH eingerichtet, die zu regelmäßigen Arbeitstreffen zusammenkommen.

Zielsetzung

Ziel des ZVT ist die Verbesserung der zwischen- aber auch innerbetrieblichen Abläufe unter den Aspekten der Kostensenkung, Produktivitäts- und Qualitätssteigerung bei Hersteller und Zulieferer sowie einer maximalen Kundenzufriedenheit.

Zusammensetzung

Den Kern des „Zwischenbetrieblichen Verbesserungsteams" (ZVT) bilden die QS-VP 2.4.3 Projektkoordinatoren der beiden Unternehmen. Vertreter anderer Funktionsbereiche werden als Experten je nach Bedarf zu Rate gezogen. Wichtig ist, daß die Treffen regelmäßig stattfinden und somit Gelegenheit zum zwischenbetrieblichen Gedankenaustausch bieten.

Lösungsprozeß

Auftretende Probleme werden in drei Arbeitsschritten erörtert:

- Ermittlung von Schwachpunkten der zwischenbetrieblichen Zusammenarbeit;
- Ursachen analysieren und mögliche Abhilfemaßnahmen vorschlagen;
- Auswahl geeigneter Abhilfemaßnahmen.

Nach der Auswahl geeigneter Abhilfemaßnahmen legt das Team personelle Zuständigkeiten für deren rasche Umsetzung fest. Dabei werden für alle vergebenen Aufgaben Ecktermine gesetzt, zu denen Ergebnisse zu präsentieren sind. Ein Mitglied des „Zwischenbetrieblichen Verbesserungsteams" ist für die Protokollführung und Verfolgung des Arbeitsfortschritts sowie die Termineinhaltung zuständig. Ein Protokollvordruck trägt hierbei zur Systematisierung bei.

FMEA

Ablauf- und Organisationsmodelle

Gleichzeitig bietet das ZVT ein Forum, um Fehler- Möglichkeits- und Einflußanalysen (FMEA) zur Steigerung der Bauteil- und Prozeßqualität durchzuführen. Ferner lassen sich neue Ablauf- und Organisationsmodelle zur grundlegenden Strukturverbesserung erarbeiten. Ein neues betriebliches Vorschlagswesen wird hier seinerseits Impulse – sozusagen „von der Basis“ – geben.

4.2.3 Projektgruppe VW-Allibert-IFUM

(A. Karkmann, J. Poeppel)

Analyse anhand eines Bauteils

Anhand der komplexen Baugruppe der geschäumten Schalttafel für den VW-Transporter T4 sind die Abläufe, Schnittstellen und Prozesse, speziell von der produktionsvorbereitenden Phase bis hin zur Serienfertigung, analysiert worden. Im Sinne einer qualitätsgerechten Produktion und einer optimalen überbetrieblichen Zusammenarbeit gilt es, das Fehlerrisiko für den gesamten Produktionsprozeß zu minimieren. Je komplexer die Systeme sind, d. h. die Produkte und Produktionsanlagen, desto zuverlässiger muß jede Einzelkomponente sein.

Situation heute

Bisher werden während der Produktion bei der Allibert Industrie GmbH Fehlersammelkarten mit vorgegebenen individuellen Fehlern geführt, d. h. entdeckte Fehler müssen zugeordnet werden. Neu auftretende Probleme werden somit nicht erfaßt. Ferner ist die Auswertung eingeleiteter Maßnahmen nur schwer möglich. Kritische Prozesse kristallisieren sich zwar heraus, wie beispielsweise das „Folie-Tiefziehen“ und das „Schäumen“, eine logische Prozeßdokumentation für eine schnelle Fehlerbehebung muß jedoch noch aufgebaut werden. Diese kommt besonders bei zukünftigen Projekten durch eine verkürzte Anlaufzeit während der produktionsvorbereitenden Phase zum Tragen.

Ablaufstruktur zurr systematischen Fehlerfindung

Die Entwicklung einer Ablaufstruktur zur systematischen Fehlerfindung (ASF) auf Basis der Structured-Analysis-Methode bietet hier ein Instrument, das mit einem angemessenen Detaillierungsgrad einen Überblick über die Produktionsanlagen und deren logische Verknüpfung gibt. Die Abbildung aller Einflußgrößen auf einen Prozeß sowie die sich daraus ergebenden Fehlerbäume sind Voraussetzung, um reaktionsschnell Fehler ebenenübergreifend zur Ursache zurückverfolgen zu können. Dieses System berücksichtigt auch später entdeckte Fehler. Gleichzeitig ist es ein Baustein für eine methodische Vorbereitung bzw. zum Aufbau einer Prozeß-FMEA.

Prozeß-FMEA

Üblicherweise sind FMEAs mit einem erheblichen Aufwand, langen Vorlaufzeiten und intensiven Fehleranalysen vorab verbunden. Schätzungen gehen dabei von einem um etwa 20 % erhöhten Zeitbedarf für die Produkt- bzw. Prozeßplanung aus [DALE, B. G. 1990). Den größten Zeitanteil beansprucht dabei das Ausfüllen der ersten Spalten des Formblattes, d. h. der Einzelmerkmale mit möglichen Schwachstellenhinweisen.

Kopplung von ASF und FMEA

Ähnlich wie das 5-Ebenen-System von Donat [DONAT, S. 1991) beruht das Konzept für die Allibert Industrie GmbH auf einer Kopplung von der Ablaufstruktur zur systematischen Fehlerfindung (ASF) mit der FMEA. Die FMEA baut dabei auf einer Fehlerbaumanalyse der ASF mit sämtlichen potentiellen Fehlern auf. Somit besteht die Möglichkeit, den Personalaufwand einer FMEA mittelfristig erheblich zu senken, da die Gestaltung des Ordnungsrahmens, des Betrachtungsumfanges sowie der Einzelmerkmale eines FMEA-Formblattes und den dazugehörenden möglichen Schwachstellenhinweisen bereits im Vorfeld durchgeführt werden. Die Funktionselemente der ASF bzw. der Fehlerbaumanalyse, d. h. der Prozeß, die fehlerhaften Ausgangsgrößen, die Fehler der Fehlersammelkarten sowie die Eingangsgrößen, Vorgaben und Einflüsse auf einen Prozeß, werden den entsprechenden Spalten des FMEA-Blattes zugeordnet. So verbleibt für das Projektteam nur noch das Ausfüllen des restlichen FMEA-Arbeitsblattes, das sich erfahrungsgemäß für die Fachleute als Routineangelegenheit darstellt [SCHULER, W. 1991).

Größtmögliche Effizienz und Systematik

Der wesentliche Vorteil der Kopplung dieser zwei Methoden liegt darin, mit größtmöglicher Effizienz und Systematik sämtliche potentiellen Fehler entdecken, verfolgen und bewerten zu können. Das vorwiegende Einsatzgebiet ist vor allem in der Fertigung bzw. Qualitätssicherung zur Optimierung der Prozesse zu sehen. Die Systeme sind in einem innerbetrieblichen Qualitätsregelkreis (vgl. Bild 4-8) integriert.

Werkerselbstkontrolle

Gleichzeitig, quasi als Voraussetzung für ein funktionierendes Qualitätssicherungssystem, ist die Einführung einer Werkerselbstkontrolle in der Produktion notwendig, um auftretende Fehler nicht über die Prozeßgrenzen zu lassen. Nach dem Poka-Yoke-Prinzip soll über eine 100 % Kontrolle eine sofortige Rückmeldung bzw. Reaktion erfolgen. Gleichzeitig wird angestrebt, einfache Lösungen bzw. Abstellmaßnahmen für die Fehlerbehebung bzw. -vermeidung zu finden. Kritische Prozeßparameter müssen elektronisch überwacht werden, wie z. B. die Temperatur beim „Folie-Tiefziehen". Nach dem Andon-Prinzip zeigt eine Lampe eine Störung an, sobald ein normwidriger Zustand erreicht ist, d. h. die Warn- und Eingriffsgrenzen innerhalb sogenannter Prozeßfenster überschritten werden.

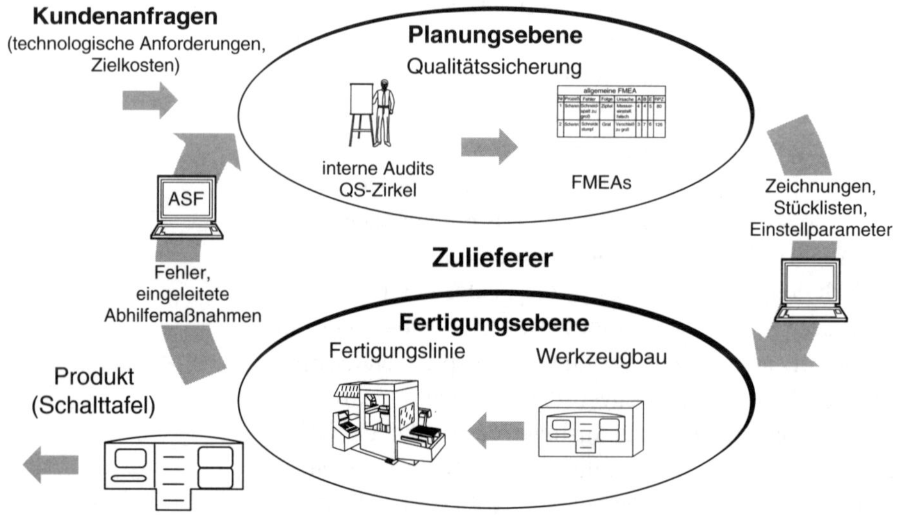

Bild 4-8: Innerbetrieblicher Qualitätsregelkreis

Personalentwicklung

Hierzu ist es weiterhin notwendig, eine entsprechende Personalentwicklung zu betreiben, bei der die Werker ihr eigenes Wissen vermehren und ihre Handlungsspielräume erweitern können. Die Kreativität jedes Mitarbeiters wird gefördert, wenn er z. B. an der Erstellung von „Prozeßfenstern" beteiligt wird. Schließlich ist es dann auch möglich und sinnvoll, ihn in FMEA-Sitzungen einzubinden.

Verknüpfung der QS-Elemente

Die zuvor beschriebenen QS-Elemente für die produktionsvorbereitende Phase bis hin zur Serienfertigung sind in Bild 4-9 logisch abfolgend miteinander verknüpft.

Für die kritischen Prozesse wird je nach Schwierigkeit, Neuentwicklung bzw. Wichtigkeit der Funktion eine Ablaufanalyse zur systematischen Fehlerfindung durchgeführt, deren Ergebnisse als Vorbereitung in die FMEA-Blätter übertragen werden. Prozeß-FMEAs, die zum Teil

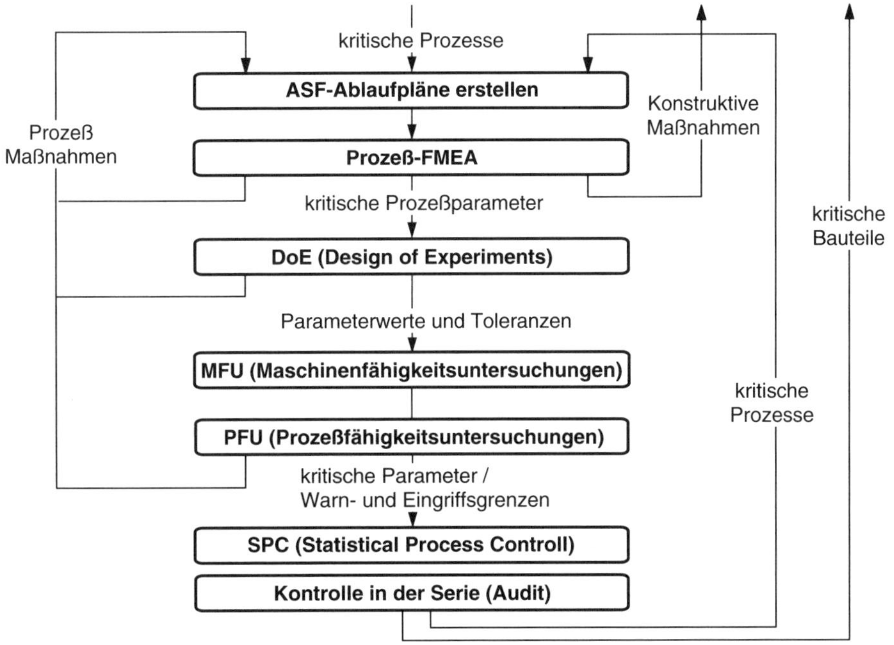

Bild 4-9: Qualitätssicherungselemente für die prozeßvorbereitende Phase bis zur Serienfertigung

auch überbetrieblich gemeinsam mit dem Kunden stattfinden, ermöglichen eine Risikobewertung der Fehlerursachen und Ermittlung von Verbesserungs- und Abstellmaßnahmen. Innerhalb von Versuchsreihen (Design of Experiments) werden die kritischen Prozeßparameter zur Optimierung bzw. Festlegung der Verfahrensgrenzen variiert. Anschließende Maschinenfähigkeitsuntersuchungen dienen der Ermittlung der kurzfristigen Prozeßfähigkeit, d. h. der Einhaltung vorgegebener Toleranzen.

Langfristig ist die Prozeßstabilität sowie deren statistische Kontrolle sicherzustellen bzw. regelnd über Warn- und Eingriffsgrenzen in den Prozeß einzugreifen. Eine laufende Kontrolle in der Serie mittels Werkerselbstprüfung sowie interne und externe Audits schließen den Qualitätsregelkreis.

Erfahrungen

Gerade bei komplexen Produktionsprozessen ist die optimale Integration neuer Qualitätssicherungselemente in die Gesamtstruktur von großer Bedeutung. Es gilt ideale Abläufe und bewährte Strukturen miteinander zu verbinden. Es hat sich gezeigt, daß ideale Abläufe in großem Umfang nur schwer umsetzbar sind. Jedes Soll-Konzept wird vom Tagesgeschäft beeinträchtigt. Hinzu kommen Kapazitätsengpässe, so daß immer einfache Strukturen und Lösungen mit möglichst geringem Aufwand geschaffen wurden.

Externer Qualitätsregelkreis

Mit der Verantwortung des Zulieferers bis an die Fertigungslinie des Kunden, z. B. die Montage der Schalttafel, geht auch das Qualitätssicherungssystem über die Betriebsgrenzen hinaus. Für eine funktionierende Kunden-Lieferanten-Beziehung muß somit auch ein externer Qualitätsregelkreis aufgebaut werden (Bild 4-10) [DOEGE, E. 1995). Neben gemeinsamen QS-Zirkeln und Audits sind im Sinne ständig steigender Produktanforderungen hinsichtlich Qualität und Preis auch überbetriebliche FMEA-Sitzungen bzw. Simultaneous Engineering Teams (SETs) zu bilden.

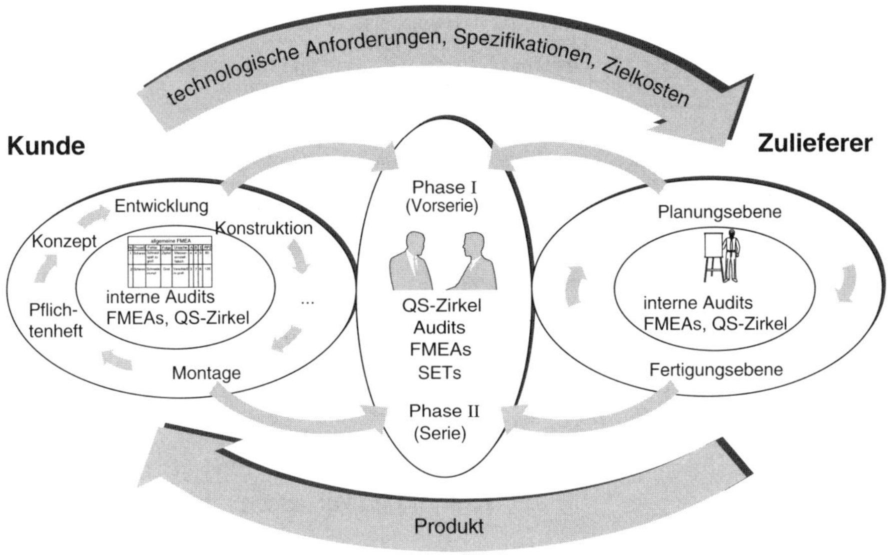

Bild 4-10: Externer Qualitätskreis

4.2.4 Projektgruppe Linde-Fahrzeugbau Geisa-IFW, Hanomag-Fritzmeier-IFW

(M. Faber, K.R. Hennig, W. Hilger, R. Krieger, A. Seufzer)

Die qualitätsförderliche Gestaltung einer Kooperation aus Zulieferer und Abnehmer in einem Produktionsverbund setzt Unternehmen voraus, die systematisch auf die Gewährleistung der angestrebten Qualität ausgerichtet sind [TÖNSHOFF, H. K. 1994a) Hierzu gehören zunächst eine Reihe innerbetrieblicher Voraussetzungen, aus denen mittelbar auch Verbesserungen im übergeordneten Produktionsverbund resultieren. Erst wenn diese grundlegenden Bedingungen erfüllt sind, wenn qualitätsrelevante Abläufe optimiert wurden und beherrscht werden, können die zwischen den Partnerunternehmen anzuwendenden Maßnahmen dauerhafte Erfolge zur Qualitätsverbesserung bringen. Im Rahmen der Projektgruppe wurde hierzu eine Reihe von ineinandergreifenden Maßnahmen entwickelt und umgesetzt (Bild 4-11). Im folgenden sollen ausgewählte Bereiche näher erläutert werden.

Direkte Maßnahmen im Produktionsverbund	Regelkreis Lieferanten-bewertung, -förderung	Regelkreis Reklamations-wesen	Projekt-management im Produktions-verbund	Leitfaden zur Entwicklung zum Wertschöp-fungspartner

Innerbetriebliche Maßnahmen bei Zulieferer / Abnehmer mit direkter Auswirkung auf den Produktionsverbund	Erweiter-tes BVW	Werker-selbst-prüfung	Auswahl und Eisatz eines CAQ-Systems	Zertifizierung nach DIN EN ISO 9002	Änderungs-wesen

BVW: Betriebliches Vorschlags- und Verbesserungswesen

Bild 4-11: Maßnahmen zur qualitätsförderlichen Verbesserung der Kooperation im Zulieferbund

4.2.4.1 *Einführung eines erweiterten betrieblichen Vorschlags- und Verbesserungswesens*

Die verschiedenen unternehmerischen Zielrichtungen für ein erweitertes betriebliches Vorschlags- und Verbesserungswesen (BVW) lassen sich wie folgt aufgliedern [BRINKMANN, E. P. 1987):

Ziele des erweiterten BVW

- Rationalisierung als Produktivitätssteigerung oder Wirtschaftlichkeitsverbesserung,
- Steigerung der Innovationsfähigkeit zwecks Schritthalten mit dem technischen Fortschritt oder Verbesserung der Wettbewerbssituation,
- Verbesserung der sozialen Beziehungen,
- Stärkere Berücksichtigung der Arbeitnehmerinteressen an ihrem Arbeitsplatz,
- Möglichkeiten der kooperativen Führung für den Vorgesetzten,
- Möglichkeiten der Persönlichkeitsentfaltung für den Mitarbeiter.

Ein modernes Verständnis des BVW zeigt sich in der Behandlung des BVW als Führungs- und Personalentwicklungsinstrument, denn es soll bei jedem Mitarbeiter die innere Bereitschaft zur Mitarbeit und Mitverantwortung im Betrieb erhöhen. Dabei soll auch eine verbesserte Zusammenarbeit zwischen den einzelnen Mitarbeitern, Abteilungen und betrieblichen Funktionsbereichen gefördert werden (Motivation).

Ständige Verbesserung als Unternehmenspolitik

Die Idee der ständigen Verbesserung muß in die Unternehmenskultur der Unternehmen eingebunden werden. Dies erfordert von allen Mitarbeitern eine Umstellung im Denken und Handeln. Eine Entwicklung der Unternehmenskultur auf dieses Ziel hin muß von der Unternehmensleitung „Top down" veranlaßt, schrittweise eingeführt und unter Beteiligung aller Mitarbeiter in allen Hierarchieebenen umgesetzt werden.

Die Schwerpunkte dieser Arbeit lassen sich folgendermaßen umreißen. Der kontinuierliche Verbesserungsprozeß (KVP)

- schließt alle Mitarbeiter in die betriebliche Gestaltungsarbeit und in die Verantwortung ein,
- ist durch kleine Schritte erfolgreich und kann mit geringem finanziellen Aufwand realisiert werden,
- soll die Arbeitsabläufe, Arbeitsmethoden, Arbeitsprozesse, die Arbeitsplätze und die Arbeitsumgebung sowie die Qualität der Produkte/Dienstleistungen ständig verbessern und Verschwendung aller Art minimieren und
- findet in Produktion und Verwaltung statt [IMAI, M. 1992, SIMON, H. 1994).

Das erweiterte BVW besteht aus drei Bereichen

Das im Zuge des Projektes entwickelte und beim Industriepartner installierte Gesamtsystem (Bild 4-12) weist drei Bereiche auf. Der erste Bereich ist das BVW, welches das Grundgerüst des Vorschlags- und Verbesserungswesens darstellt. Der KVP als zweiter Bereich soll kleine Verbesserungsvorschläge (VV) bearbeiten und stellt mit seiner Flexibilität und der direkten Einbeziehung der Mitarbeiter den innovativen Gegenpart zum BVW dar.

Die Problemlösungsgruppen hingegen behandeln gegebene oder selbst ausgewählte Probleme. Sie erarbeiten Lösungsvorschläge, die als Verbesserungsvorschlag vom BVW honoriert werden können [PFEIFER, T. 1993].

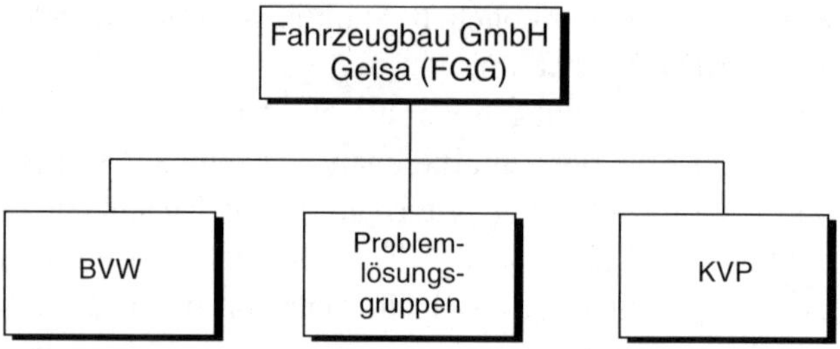

Bild 4-12: Bausteine des Vorschlags- und Verbesserungswesens bei der Fahrzeug GmbH Geisa

Mit diesen Teilsystemen wird das breite Spektrum an Problemstellungen und Lösungsansätzen komplett abgedeckt.

Bildhaft können Verbesserungsvorschläge als Kugeln dargestellt werden, die unterschiedliche Größen aufweisen (Bild 4-13). Die Durchmesser charakterisieren die

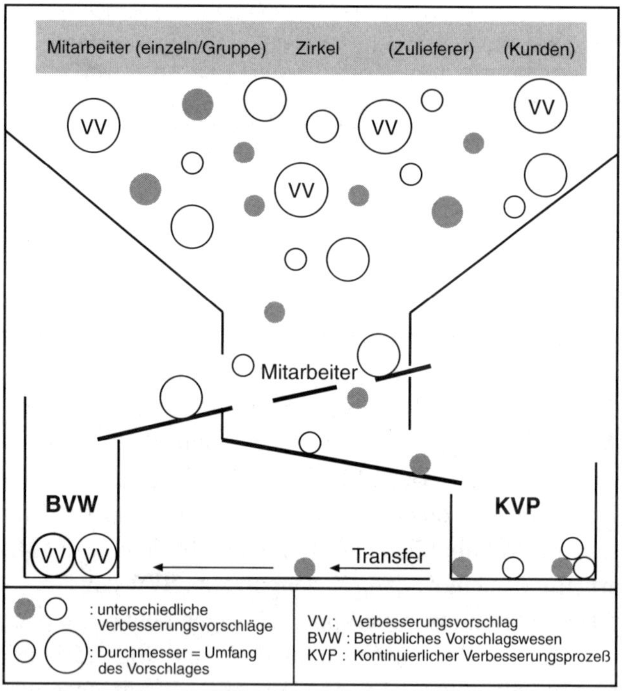

Bild 4-13: Entscheidung für BVW oder KVP

Einsparungen bzw. Verbesserungsumfänge. Jeder Verbesserungsvorschlag bedarf einer differenzierten Behandlung, die durch die verschiedenen Systeme erfüllt werden muß. Ab einem bestimmten Umfang werden Vorschläge sofort vom BVW behandelt. Alle kleineren wandern zunächst in den KVP. Diese können dann aber immer noch vom BVW erfaßt werden, wenn z. B. festgestellt wird, daß der Umfang größer ist als zuvor geschätzt.

Differenzierte Behandlung von Verbesserungsvorschlägen

Problemstellungen, die in Problemlösungsgruppen erarbeitet werden und aus denen VVs resultieren, können durch das BVW als Gruppenvorschlag behandelt werden. Dies sichert die Motivation der Gruppenmitglieder und kann später weitere Mitarbeiter dazu bringen, sich in Problemlösungsgruppen zu engagieren.

Zur reibungslosen Abwicklung eingereichter Vorschläge wurden Standardabläufe, Formblätter und ein an das Unternehmen angepaßtes Gratifikationssystem entwickelt. Die organisatorische und personelle Einbindung in den Betrieb wurde durch geeignete Maßnahmen sichergestellt.

Betriebliche Einführung in zwei Stufen

Die Einführung der drei Teile des erweiterten Vorschlags- und Verbesserungswesens erfolgte in zwei Abschnitten. Zunächst wurde das BVW eingeführt, was durch eine vorbereitende Informationsveranstaltung für die Mitarbeiter angekündigt und detailliert erläutert wurde.

Nach einer Anlaufphase von drei bis vier Monaten, in denen jeder Mitarbeiter das BVW kennengelernt hatte, wurde der KVP implementiert. Projektbegleitend wurden die späteren Moderatoren der Problemlösungsgruppen im Rahmen eines Moderationstrainings gezielt auf ihre Rolle vorbereitet. Die betrieblichen Erfahrungen mit dem erweiterten BVW sind durchweg positiv ausgefallen. Die beschriebenen Ziele konnten dabei voll erreicht werden.

4.2.4.2 Restrukturierung der QM-Organisation im Zulieferunternehmen

Ein unternehmensspezifisch angepaßtes Qualitätsmanagementsystem bildet die Grundlage für eine effektive Zusammenarbeit im Zulieferverbund. Durch Mittel zur Qualitätsplanung, -lenkung und -prüfung auf beiden Seiten der Zulieferbeziehung kann die Produktqualität dauerhaft verbessert werden. Als weiterer Bestandteil der Ist-Analyse wurde das bestehende QM-System des beteiligten Zulieferers untersucht und mittels der in der Projektgruppe entwickelten Methode (s. Kap. 4.2.1.1 und Kap. 4.2.1.2) modelliert [TÖNSHOFF, H. K. 1995; AWISZUS, B. 1995].

Im Rahmen eines Soll-Ist-Abgleiches konnten verschiedene Maßnahmen abgeleitet werden, von denen als die wesentlichsten die Einführung eines CAQ-Systems und einer Werkerselbstprüfung zu nennen sind. Neben einem rationalisierten Qualitätsmanagement ergeben sich Vorteile durch eine kennzahlgestützte Aus- und Bewertung des aktuellen Qualitätsstandes in der Produktion, was wiederum die Qualitätslenkung und -planung im Produktionsverbund deutlich unterstützt.

Die Einführung einer Selbstprüfung bewirkt des weiteren neben einer Vereinfachung der Organisation eine Motivation der Mitarbeiter durch eigenverantwortliches Handeln.

I. Einführung einer Werkerselbstprüfung

In einem Partnerunternehmen der Projektgruppe zeigte eine durchgeführte Feinanalyse des Qualitätsmanagementsystems eine klassische, an die Werkstättenfertigung angelehnte Qualitätsorganisation auf: Im Rahmen einer Erstteilprüfung wurden alle Teile den Qualitätsprüfern vorgelegt, die eine Kontrolle aller Qualitätsmerkmale vornahmen. Dies führte bedingt durch eine begrenzte Prüfkapazität der beauftragten QS-Mitarbeiter zu verlängerten Durchlaufzeiten der Aufträge.

Um die Qualitätsprüfung zu entlasten und Freiräume für die Tätigkeiten zur Qualitätsplanung und -lenkung zu schaffen, wurde im Betrieb sukzessive eine Werkerselbstprüfung eingeführt. Bei der Werkerselbstprüfung werden alle Produkte vom ausführenden Werker nach vorliegenden Prüfplänen eigenverantwortlich geprüft. Ausnahmen sind Teile, die bestimmte Meßvorrichtungen oder -orte benötigen. Ein nicht zu unterschätzender Faktor ist in der Einbeziehung des Fachwissens der Werker zu sehen. Da in dem beteiligten Unternehmen zudem nur gut ausgebildete Facharbeiter beschäftigt sind, war die Einführung reibungslos.

Neben den rein organisatorischen Verbesserungen konnte dabei insbesondere eine verbesserte Motivation der Facharbeiter durch die erhöhte Eigenverantwortung und Identifikation mit der geleisteten Arbeit beobachtet werden.

Hier wirkte sich die verstärkte Einbindung der Mitarbeiter in den Wertschöpfungsprozeß auch im Zusammenhang mit den Elementen des Betrieblichen Vorschlags- und Verbesserungswesens vorteilhaft aus. Obgleich zunächst eine unternehmensspezifische Lösung entwickelt wurde, kann das gesamte Konzept auch in anderen Unternehmen und Branchen eingesetzt werden.

II. Einführung eines CAQ-Systems

Im Anschluß an die Einführung einer Werkerselbstprüfung und zur Unterstützung der Restrukturierung des QM-Systems beim Zulieferunternehmen sollte ein rechnerunterstütztes Qualitätssicherungssystem eingeführt werden. Obgleich die primäre Zielsetzung dieser Systeme in der innerbetrieblichen Qualitätsplanung, -lenkung und -prüfung liegt, so sind sekundär Auswirkungen auf das Lieferverhältnis zu erwarten. Nur durch eine effiziente Prüfplanung, Prüfmittelverwaltung, Erfassung, Dokumentation und Auswertung von Qualitätsdaten kann das Qualitätsgeschehen im Unternehmen und im Produktionsverbund nachvollzogen und systematisch verbessert werden.

Zur Auswahl des Systems hat sich das folgende Vorgehen bewährt [TÖNSHOFF, H. K. 1994b]: Zunächst wurde per umfassender Fragenbogenaktion eine Übersicht über das aktuelle am Markt verfügbare Angebot an CAQ-Systemen erstellt. Die hierzu erforderlichen Anschriften der Systemanbieter konnten aus Marktübersichten, Werbeanzeigen und Messebesuchen zusammengestellt werden. Parallel wurden im Rahmen einer Nutzwertanalyse die unternehmensspezifisch relevanten Haupt- und Unterkriterien an das CAQ-System ermittelt. Diese Kriterien wurden in einer Zielhierarchie geordnet. Dabei konnten

Doppelnennungen ausgeschlossen werden, die eine Gewichtung später verzerrt hätten. Die objektive Gewichtung der erstellten Zielkriterien wurde mittels Präferenzmatrizen vorgenommen. Anschließend konnten im Rahmen einer Feinauswahl die vier bestgeeigneten Systeme vergleichend bewertet werden. Bei den abschließenden Präsentationen der Systeme durch die Anbieter wurden die vorgenommenen Bewertungen nochmals evaluiert, um die endgültige Entscheidung für einen Anbieter und die erforderliche Konfiguration abzusichern. Zur betrieblichen Einführung des CAQ-Systems wurde eine detaillierte, abgestufte Planung für die gesamte Integration des CAQ-Systems im Betrieb erstellt, die neben den notwendigen Schulungsmaßnahmen der Mitarbeiter, die Verwaltung der Prüf- und Meßmittel, die Strukturierung der Prüfplanung, die Auswahl von Kostenstellen sowie die Aufstellung der Terminals an geeigneten Plätzen umfaßt. Das angewandte Vorgehen ist ohne Einschränkungen auf andere Unternehmen übertragbar.

4.2.4.3 Zertifizierung

Gerade Zulieferunternehmen sind heute einem extremen Wettbewerb ausgesetzt. So fordern die Abnehmer neben einem wettbewerbsfähigen Preis zunehmend Nachweise, das Produkt in der geforderten Qualität und Zeit herstellen zu können. Hier können Lieferanten durch ein nach DIN EN ISO 9000 ff. geprüftes Qualitätsmanagementsystem nach außen nachweisen, die betrieblichen Voraussetzungen zur Erfüllung dieser Forderungen geschaffen zu haben. Mit einer Zertifizierung des Unternehmens und einem aktiv betriebenen QM-System kann auch die Kooperation in der Lieferbeziehung deutlich verbessert werden.

Im Rahmen des Verbundprojektes wurden bei der Fahrzeugbau GmbH Geisa die Voraussetzungen für die erfolgreiche Zertifizierung geschaffen: In Arbeits- und Verfahrensanweisungen und dem zugehörigen QM-Handbuch wurde das System dargelegt. Die innerbetriebliche Durchsetzung und Reorganisation der Ablauf- und Aufbauorganisation wurde durch den Qualitätsbeauftragten in Zusammenarbeit mit allen Abteilungen vorgenommen.

4.2.4.4 Qualitätslenkung im Produktionsverbund

Die Qualität von Produkten wird aufgrund der verringerten Fertigungstiefe zunehmend durch die Qualität der Zukaufteile bestimmt. Zur Gewährleistung einer durchgängigen hohen Qualität der Zukaufteile setzen die Abnehmer verstärkt Methoden zur Lieferantenbewertung und -förderung ein. Qualitätsmängel werden jedoch nie gänzlich auszuschließen sein. Um ein Beheben der Fehler sicherzustellen, sind strukturierte unternehmensinterne und -übergreifende Abläufe und Regelkreise im Reklamationswesen erforderlich.

Im Rahmen dieses Projektes wurden zwei verschiedene unternehmensübergreifende Regelkreise zur Qualitätslenkung für die Rückkführung von Qualitätsdaten zwischen der Hanomag AG und ihren Zulieferern entwickelt.

I. Regelkreis zur Optimierung des Reklamationswesens
Der erste Regelkreis wurde direkt in der Reklamationsphase aufgebaut und soll die umgehende Einführung von Maßnahmen zur Behebung von Qualitätsmängeln unterstützen.

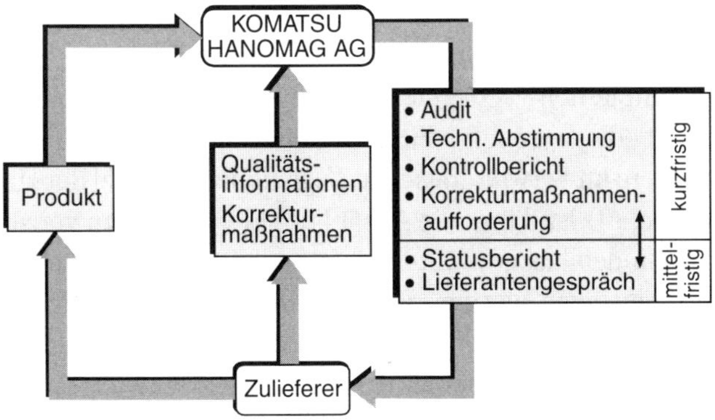

Bild 4-14: Regelkreis zur Qualitätslenkung durch Rückkoppelung

Unternehmensübergreifender Regelkreis

Wird ein Teil bei der Wareneingangsprüfung als „nicht in Ordnung" befunden, wird ein Kontrollbericht erzeugt, in dem Lieferant, Sachnummer und die festgestellten Mängel dokumentiert werden.

Dieser Kontrollbericht wird als Vorabinformation gekennzeichnet und dem jeweiligen Lieferanten innerhalb von 24 Stunden zur Kenntnisnahme zugefaxt. Es ist insbesondere zu beachten, daß die jeweiligen Ansprechpartner bei den Lieferanten dem Kunden bekannt sind und die festgelegten Informationswege eingehalten werden. Mit der Erstellung eines Kontrollberichts wird vom CAQ-System eine Wareneingangssperre für das Teil verhängt, wodurch eine automatische Prüfung im Wareneingang gewährleistet ist. Bei auftretenden Wiederholfehlern bekommt der Lieferant eine Korrekturmaßnahmen-Aufforderung, in der er Gründe für die Qualitätsmängel, Maßnahmen zur Abstellung sowie den Zeitpunkt der Mängelbeseitigung nennen muß. Diese Stellungnahme des Lieferanten ist vom Qualitätssmanagement des Abnehmers hinsichtlich der eingeführten Maßnahmen zu überprüfen. Bei nicht überzeugenden Abstellmaßnahmen sind Sondermaßnahmen beispielsweise in Form von Lieferantengesprächen einzuleiten.

Voraussetzung für eine schnelle Reaktion auf eine Reklamation beim Zulieferer ist, daß ebenfalls entsprechende unternehmensinterne Abläufe festgelegt werden.

II. Regelkreis zur langfristigen Optimierung der Kunden-Lieferanten-Beziehung

In den letzten Jahren ist die Anzahl der Zulieferer bei der Hanomag AG aufgrund der verringerten Fertigungstiefe kontinuierlich gestiegen. Eine große Anzahl von Zulieferern bedingt jedoch häufig erhöhte Gemeinkosten insbesondere im Verwaltungs- und Logistikbereich. Ziel der Hanomag AG ist daher die Anzahl der Lieferanten zu verringern, indem ausgewählten Lieferanten zusätzliche Aufträge übertragen werden. Für die Optimierung der Zusammenarbeit mit den verbleibenden Lieferanten wurden besondere Lieferantenqualifikationsmodelle entwickelt.

Bewertung der Lieferanten

Grundlage für eine gezielte Förderung spezieller Lieferanten ist eine objektive Beurteilung ihrer Lieferleistung.

Die Hanomag AG führt mittels eines CAQ-Systems eine regelmäßige Lieferantenbewertung durch. Weiterhin erstellt die Hanomag AG eine Übersicht, in der sämtliche Kosten summiert werden, die infolge einer Reklamation aufgetreten sind, wie z. B. für Nacharbeit, Rückweisungen und Transport. Für die Lieferantenbewertung werden die Reklamationskosten dem Gesamtwarenwert gegenübergestellt.

Regelmäßige Statusinformation

Mit Hilfe von regelmäßigen Statusinformationen werden die Lieferanten über die Qualität ihrer Produkte und ihrer Liefertreue informiert. Die Statusinformation beinhaltet neben der Einstufung des Lieferanten auch eine Übersicht über die Artikel mit den häufigsten Qualitätsmängeln sowie den Grund der Beanstandung. Die Bereitstellung der Informationen soll in Abhängigkeit zum aktuellen Lieferstatus und dem Intervall der Lieferungen variieren.

Qualitätsgespräche mit Lieferanten

Eine weitere Maßnahme zur gezielten Förderung der Lieferanten ist die Durchführung von Qualitätsgesprächen. Die Hanomag AG beabsichtigt, im Abstand von sechs Monaten Lieferantengespräche mit zehn ausgewählten Lieferanten zu führen.

Auswahl von förderungswürdigen Lieferanten

Infolge des hohen zeitlichen sowie organisatorischen Aufwandes für Vorbereitung sowie Durchführung der Gespräche ist es jedoch nicht möglich, mit allen Lieferanten diese Art von Gesprächen zu führen. Für die Auswahl der förderungswürdigen Lieferanten bildet die Bewertung die erste Grundlage. Zum einen werden für die Gespräche Lieferanten ausgesucht, die individuelle Zeichnungsteile fertigen und mit denen ein großer Umsatz erzielt wird. Zum anderen werden Zulieferer ausgewählt, die Zeichnungsteile produzieren und deren Teile als S-Teile oder A-Teile gekennzeichnet sind. S-Teile sind Teile, die infolge einer mangelhaften Qualität die Funktionssicherheit der Maschine beeinflussen. A-Teile sind Teile, die infolge einer mangelhafte Qualität die Brauchbarkeit und den Betrieb der hergestellten Maschine wesentlich herabsetzen können.

Im Rahmen des Qualitätsgesprächs werden mit dem Zulieferer folgende Themen diskutiert:

- Diskussion der Mängelschwerpunkte,
- Darstellung der Ursachen durch den Zulieferer,
- Vorstellung der ergriffenen Maßnahmen,
- Angabe des Einlaufzeitpunktes,
- Bewertung der Wirksamkeit/Eignung der Maßnahmen.

Themen der Qualitätsgespräche

Zudem werden gemeinsam Maßnahmen zur Verbesserung der Qualität, der Termintreue und der allgemeinen Zusammenarbeit erarbeitet. Speziell dieser kooperative Problemlösungsprozeß wird von den beteiligten Unternehmen als sehr positiv empfunden.

Kontrolle der festgelegten Maßnahmen

Nach Einführung der im Gespräch beschlossenen Maßnahmen findet gegebenenfalls ein Audit beim Lieferanten statt. Bei diesem Audit werden die Maßnahmen vom Kunden vor Ort kontrolliert.

Übertragbarkeit der Maßnahme auf andere Unternehmen

Die Maßnahmen zur Qualitätslenkung im Produktionsverbund können auf andere Unternehmen ohne weiteres übertragen werden. Die detaillerte Vorgehensweise bezüglich der Bewertung der Zulieferer, dem Umfang der Gespräche und der Kontrolle der Maßnahmen ist jedoch auf die Randbedingungen der einzelnen Unternehmen anzupassen.

4.2.4.5 Änderungsdienst

Aufgabe des Änderungsdienstes ist die Änderung von Produkten sowie der entsprechenden Dokumentation unter Berücksichtigung aller ablauforganisatorischen Maßnahmen und der dazugehörigen Organisationsmittel. Eine formalisierte Vorgehensweise ist für die Änderungsbearbeitung unerläßlich, da sämtliche Unternehmensbereiche von der Konstruktion und Entwicklung über die Disposition bis hin zur Produktion an der Bearbeitung einer Änderung beteiligt bzw. von den Auswirkungen einer Änderung betroffen sind [PFLICHT, W. 1989; WARSCHAT, J. 1993].

I. Erstellung einer Informationsflußmatrix

Eine Informationsflußmatrix wurde erstellt, um alle Schwachstellen im Bereich des Informationsaustausches zu ermitteln. Im Rahmen der Informationsflußmatrix wurden gemäß der zeitlichen Abfolge alle Informationsflüsse aufgenommen, die für die Bearbeitung einer Änderung zwischen den Abteilungen bzw. den Zulieferern erforderlich sind. Des weiteren wurden für jeden Informationsaustausch die Initiatoren sowie die potentiellen Empfänger der Informationen eingetragen. Instabile Informationsflüsse wurden gesondert gekennzeichnet.

Systematische Visualisierung der Schnittstellenprobleme

Ausgehend von der systematischen Übersicht der Informationsflüsse wurde in einem zweiten Schritt untersucht, inwieweit Verfahrensanweisungen vorliegen und mit welchen Dokumenten die Bereitstellung der Informationen unterstützt wird. Die derzeit verwendeten Dokumente wurden anschließend hinsichtlich verschiedener Kriterien, wie z. B. Übersichtlichkeit, Erstellungsaufwand, Nutzen, Inhalt etc. bewertet [DIN 6772]. Mit Hilfe dieser Bewertung konnte eine erste Abschätzung über die Ursachen der instabilen Informationsflüsse getroffen werden. Die eingesetzten Analysemethoden haben sich hier als wirkungsvolles Instrument zur Ermittlung von Schwachstellen bewiesen. Da diese Methoden nicht unternehmensspezifisch entwickelt wurden, ist die Übertragbarkeit auf andere Problemfelder, Unternehmen und Branchen sichergestellt.

Bewertung der eingesetzten Dokumente

II. Entwicklung eines Informationssystems für den Änderungsdienst

Des weiteren wurde im Rahmen des Projektes ein Konzept für ein EDV-unterstütztes Instrument für den Änderungsdienst entwickelt (Bild 4-15).

Eine Aufgabe des Informationssystems ist die Verwaltung sowie die abteilungsübergreifende Bereitstellung von Informationen, die in den einzelnen Abteilungen für die Bearbeitung der Änderungen relevant sind. Zukünftig soll bei der Bearbeitung einer Änderung jede Abteilung die zuvor definierten Informationen in der Datenbank dokumentieren. Auf diese Weise wird sichergestellt, daß

Abteilungsübergreifende Bereitstellung von Informationen

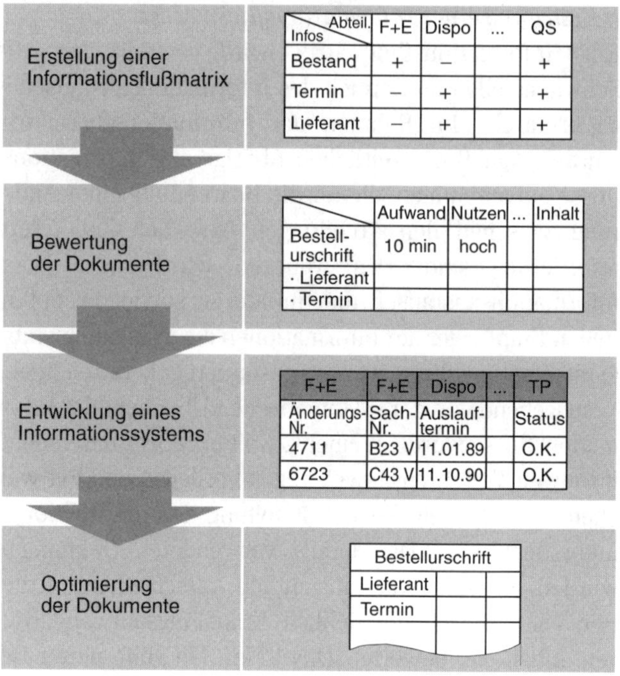

Bild 4-15: Vorgehen zur Optimierung der Durchlaufzeiten im Änderungswesen

z. B bei der zeitlich nachgelagerten Änderung in einer anderen Abteilung, der Mitarbeiter automatisch über die für ihn relevanten Informationen verfügt.

Funktionen zur Unterstützung der Bearbeitung von Änderungen

Neben der reinen Verwaltung und Bereitstellung der Informationen bietet die Datenbank auch unterstützende Funktionen an. Beispielsweise wird bei der Festlegung von speziellen Terminen vom EDV-System automatisch die Korrelation mit anderen Terminen überprüft. Durch Schnittstellen zu den betriebsspezifischen Systemen (PPS, CAQ etc.) können zudem Informationen automatisch in die Datenbank eingelesen werden können, die in der Vergangenheit aus verschiedenen Dokumenten oder aus anderen Systemen mühevoll manuell ermittelt werden mußten.

Controlling der Änderungen

Die zweite Zielsetzung der Datenbank ist eine erhöhte Transparenz im Änderungswesen. Mit Hilfe des EDV-Systems soll in der Änderungskoordination ein Controlling ermöglicht werden. Anhand einer Übersicht der noch zu bearbeitenden Änderungen sowie dem Bearbeitungsstatus der jeweiligen Abteilungen kann eine gezielte Steuerung der einzelnen Änderungen vorgenommen werden. Für die Zuliefer- bzw. Abnehmersituation hat dieses Controllinginstrument den positiven Aspekt, daß dem Zulieferer zu einem frühen Zeitpunkt die für ihn relevanten Informationen bereitgestellt werden können.

Nutzenpotentiale des Informationssystems

Als Haupteffekt des Informationssystems ergibt sich die Reduzierung der Änderungsdurchlaufzeit. Durch eine zeitgleiche, abteilungsübergreifende Bereitstellung relevanter Daten sowie einen transparenten, geregelten Zugriff können zeitkritische Beschaffungsvorgänge, Werkzeug- und Betriebsmittelumbauten rechtzeitig eingeleitet sowie automatische Bestellabrufe gestoppt werden. Der Informations- und Datenaustausch zwischen den einzelnen aufeinanderfolgenden und parallel ablaufenden Tätigkeiten des Änderungsprozesses vereinfacht sich erheblich, wodurch sich Kommunikationszeiten und damit Arbeitsunterbrechungen drastisch verkürzen können.

Optimierung der Dokumente

Trotz der Entwicklung eines abteilungsübergreifenden Informationssystems zur Bereitstellung aller relevanter Daten kann nicht auf alle Dokumente verzichtet werden. Infolgedessen ist eine Optimierung der Dokumente weiterhin unerläßlich [SCHMALZ, B. 93].

4.3 Übergreifende Arbeiten

(J. Brüning, K.R. Hennig, A. Karkmann, A. Seufzer, R. Thissen)

4.3.1 Erarbeitung einer einheitlichen Terminologie in den unterschiedlichen Zulieferketten

Begrifflichkeiten in der Zulieferkette

Es wurde ein Katalog grundlegender Begrifflichkeiten für Kunden-Lieferanten-Beziehungen in der Kfz-Branche entwickelt, um mögliche Kommunikationsprobleme an der Schnittstelle zwischen Abnehmern und Lieferanten vermeiden zu können. Transparente zwischenbetriebliche Informationsflüsse tragen in den Unternehmen wesentlich zur Optimierung von Entwicklungs- und Produktionsprozessen auf die geforderte Produktqualität bei.

Als Grundlage wurde hierzu eine Übersicht über existierende Organisationen zur Normung von Qualitätstermini und deren Zusammenwirken untereinander gegeben. Die von diesen Organisationen erarbeiteten Normungen bildeten die Grundlage, um relevante Begrifflichkeiten in einer Definitionsliste zusammenzustellen. Der Katalog konnte durch Qualitätsbegriffe aus den Unternehmen der Projektgruppe erweitert werden.

Weiterhin wurden die unternehmensspezifischen Termini in Beziehung zu den Normungsbegriffen gesetzt, um so die Vielschichtigkeit der Begrifflichkeiten transparenter und mögliche Begriffsabweichungen gegeneinander darzustellen.

Begrifflichkeiten werden stark unternehmensbezogen interpretiert

Aus der Arbeit wurde deutlich, daß einerseits die Qualitätsbegriffe der Normen vielschichtig interpretiert werden und andererseits der Sprachgebrauch in den Unternehmen stark an den betriebsinternen Erfordernissen ausgerichtet ist.

Die Koordination bei der Erstellung des Terminologiekataloges in Zusammenarbeit mit den Industriepartnern lag in Händen des IFW.

4.3.2 Fragebogenaktion in der gesamten Projektgruppe

Übergreifende Befragung der Unternehmen

Als Abschluß der Analysephase wurde eine übergreifende Befragung der Unternehmen in der Projektgruppe durchgeführt. Ziel dieser Maßnahme war neben der Validierung der bereits erhobenen Untersuchungsergebnisse die Betrachtung der Schnittstellen zwischen Abnehmern und Lieferanten. Von besonderem Interesse war hier die Analyse der vorliegenden Zulieferbeziehungen aus beiden Blickrichtungen.

Befragung zu internen und übergreifenden Aspekten

Dabei wurden in Ergänzung zu den bereits erstellten Stärken-Schwächen-Profilen detailliert auswertbare Ergebnisse über mehrere Hierarchiestufen im Unternehmen erhoben. Hier wurde nicht nur auf unternehmensexterne Verbesserungspotentiale in der Zulieferbeziehung abgezielt. Da gerade Motivation und Qualifikation der Mitarbeiter einen zentralen Einfluß auf die resultierende Produkt- und Servicequalität haben, wurden auch unternehmensinterne qualitätsbezogene Gesichtspunkte betrachtet.

Der Fragenkatalog wurde in enger Kooperation mit den beteiligten Unternehmen der Projektgruppe ausgearbeitet. Mit dem LAS konnten die erstellten Fragebögen im Hinblick auf arbeitspsychologische Aspekte abgestimmt werden.

Anonyme Befragung und Auswertung

Die Unternehmensbefragung wurde zentral vom IFW koordiniert und ausgewertet. Dabei wurde insbesondere darauf geachtet, daß die Befragung anonym durchgeführt wurde. Dies schloß sowohl die Anonymität der befragten Mitarbeiter gegenüber dem Unternehmen als auch die Vertraulichkeit der firmenspezifischen Daten ein.

4.3.3 Analyse Qualifikation/Motivation am Beispiel einer Referenzgruppe

4.3.3.1 Zielsetzung der Untersuchung

Im Rahmen der arbeitswissenschaftlichen Begleitforschung durch den LAS Bochum im Teilprojekt 2.4.3 ergab sich eine Schwerpunktzusammenarbeit mit der Firma Zitzmann.

Erfassung eines Stimmungsbildes der Firma Zitzmann

Die vorliegende Untersuchung wurde zum Jahreswechsel 1994/1995 durchgeführt. Der Grundtenor des Fragebogens zielte auf das Erfassen eines Stimmungsbildes in der Belegschaft der Firma Zitzmann. Um dies zu realisieren, wurde ein Fragebogen entwickelt, der die folgenden vier Dimensionen umfaßte: „Aspekte des Arbeitsalltags", „Unternehmensprojekt-Ziele 94", „Informationsfluß im Unternehmen" und „Verhalten von Vorgesetzen".

Erhebung qualitativer Daten

Die Beantwortung der Fragen erfolgte auf einer 4 stufigen Skala mit den Werten: „ja", „eher ja", „eher nein" und „nein". Darüber hinaus wurden in jeder Dimension qualitative Daten erhoben, die vom LAS kategorisiert und bei der Diskussion der Ergebnisse hinzugezogen wurden.

4.3.3.2 Durchführung der Untersuchung

Die Verteilung der Fragebögen im Unternehmen an die Mitarbeiter, sowie die Organisation der Rückgabe, wurde durch die Firma Zitzmann eigenständig durchgeführt.

4.3.3.3 Fragebogenuntersuchung

Probleme bei der Durchführung

Es gab einen Rücklauf von insgesamt 158 Fragebögen. Darüber hinaus zeigten sich bei den Angaben zur Betriebszugehörigkeit, Arbeitsplatzzuordnung und zum Kernteam (gemeint ist eine Gruppe von Mitarbeitern, die sich in der Hauptsache mit dem „Unternehmensprojekt-Ziele 94“ beschäftigt hat) sehr hohe Missing-Werte (Fehlwerte). Diese resultieren aus der Tatsache, daß leider nicht der Fragebogen als Ganzes an die Mitarbeiter ausgegeben, sondern der biographische Teil mit den Angaben zur Person getrennt vom eigentlichen Fragebogen ausgehändigt wurde. Das hat zur Folge, daß die Zuordnung der Mitarbeiter zu Arbeitsplätzen usw. nur schwer möglich ist.

Erarbeitung eines Stimmungsbildes

Da die Analyse der Stimmungsbilder innerhalb des Unternehmens spezifisch den Arbeitsplätzen der Mitarbeiter zugeordnet werden sollte, kam der LAS nach eingehender Untersuchung der Daten zu dem Ergebnis, daß nur Tendenzen, jedoch keine zuverlässigen Aussagen erzielt werden können. Somit wurde, auf das vorhandene Material gestützt, ein Stimmungsbild über alle Arbeitsplätze hinweg erarbeitet

4.3.3.4 Diskussion der Ergebnisse

Zusammenfassend läßt sich hinsichtlich der Fragebogeninhalte konstatieren:

Generelle Tendenz zu „ja“ und „eher ja“ Antworten

1. Aspekte des Arbeitsalltags
(z. B. gute Zusammenarbeit zwischen Abteilungen bzw. mit Vorgesetzten, angenehmes Arbeitsklima, eindeutige Formulierung der Anforderungen der Tätigkeiten)
Bei der Auswertung der Fragen dieser Dimension, zeigte

sich eine generelle Tendenz zu „ja" und „eher ja" Antworten. Die „Missing"-Werte lagen durchschnittlich bei 2% und die ungültigen Werte bei durchschnittlich 1,8%.

2. Unternehmensprojekt-Ziele 94
(z. B. Kenntnis und aktive Beteiligung an dem Projekt „Ziele 94")

Hoher Prozentsatz an „nein" und „eher nein" Antworten

Hier zeigte sich, daß die Antworten der Fragen von hohen Prozentsätzen an „nein", „eher nein" und „Missing"-Werten gekennzeichnet waren (ca. 70%).

3. Informationsfluß im Unternehmen
(z. B. gute Information vom Vorgesetzten, Schulung hinsichtlich Arbeitsanweisung, Zufriedenheit mit Informationspolitik)

Beantwortung der Fragen mit „eher nein" und „nein"

Interessant waren in diesem Zusammenhang die Ergebnisse der Fragen innerhalb dieser Dimension, die bei der Beantwortung mit „eher nein" und „nein" um die 33% lagen.

Defizitäre Kommunikationsstruktur

Unter Berücksichtigung der qualitativen Daten aus Bild 4-16 kam der LAS zu dem Ergebnis, daß ein besonderer Akzent auf die interne (d. h. Informationsfluß im Unternehmen) und externe Kommunikation (z. B. Betriebszeitung) gelegt werden muß. Es ist manifest, daß hier ein Defizit in Art und Umfang kommunizierter Inhalte vorhanden ist. Bedauerlicherweise sind aufgrund der Tatsache, daß diesen Befunden keine Lokalität zugeordnet werden kann, die Empfehlungen eher allgemeiner Natur. Spezielle Vor-

Quantität	Qualität	Form
Zeitliche Optimierung	Bessere Unterrichtung über: Produktion, Einrichtungen, Techniken, Abläufe, Werkstoffe	Dokumentation
Mengenmäßige Optimierung	Zeitmanagement	Aushänge
Unternehmenswerte	Betriebliche Veränderungen	Rundschreiben
Zielgruppenspezifität	Arbeitsinhalte und Unternehmensziele und Projekte	Monatsbesprechungen
Abteilungsbezogene Besprechungen (Ebene: intra und inter)	Informationstransparenz	Vertrauensperson als Vermittler
	Optimierung der Informationen	Formaler Ablauf (Organigramme)

Bild 4-16: Informationsfluß im Unternehmen. – Was wollen Sie verbessern und wie?

schläge zur Kompensation von Informationsdefiziten können nicht gemacht werden.

4.3.3.5 Anmerkungen zur Relevanz systematisierter Erhebungen mittels Fragebogen

Fehleinschätzung

Wie die Arbeit bei der Durchführung von Fragebogenuntersuchungen zeigte, gibt es in den meisten Unternehmen sehr differenzierte und dezidierte Meinungen zum Thema „Fragebogenerhebung". Nicht selten fußen sie auf großen Irrtümern, die zu Fehleinschätzungen hinsichtlich der Ergebnisgenerierung führen, und damit mit einer Verschwendung von Ressourcen einhergehen. So besteht ein hartnäckiger und fast unauslöschlicher Irrtum etwa in der Annahme, daß Fragebogenerhebungen ohne die Beachtung formaler Kriterien durchgeführt werden können. Gleichwohl kommt es vor, daß eine gut durchdachte Fragebogenerhebung daran scheitert, daß nicht die geeigneten Rahmenbedingungen geschaffen wurden, um einen möglichst guten Rücklauf zu gewährleisten.

Es existiert eine große Bandbreite an potentiellen Fehlerquellen, angefangen bei der Konzeption und (noch) nicht endend bei den Rahmenbedingungen einer Fragebogenuntersuchung.

Bestandsaufnahme des Vorgehens

Eine kurze, nicht den Anspruch auf Vollständigkeit erhebende Bestandsaufnahme eines standardisierten Vorgehens bei der Konzeption und Konstruktion einer Fragebogenerhebung stellt folgender Ablauf dar:

Empfehlenswertes Vorgehen

- Themen definieren
- Rahmenbedingungen zur Fragebogenkonstruktion beachten!
- Festlegung eines Zeitraums/Projektplan
- Vorabinformation der Mitarbeiter
  - Anonymität sichern und über Ziele aufklären
- Vorgehensweise der Befragung festlegen
  - Modalitäten für den Rücklauf festlegen
- Urnen, Abgabe beim Vorgesetzten, Betreuer
- Statistische Auswertung (SPSS, EXCEL)
  - EDV erforderlich

- Interpretation der Ergebnisse; Ableitung von Maßnahmen
- Rückmeldung an Mitarbeiter
  - Betriebsvereinbarung, Rundschreiben, Aushang
- Danksagung; allg. Ergebnisse; gezielte Maßnahmen; ggf. Zeitraster zur Durchführung

Ergebnissicherung durch konzeptionelle Planung und Durchführung

Jeder einzelne Punkt verdient volle Beachtung bei der Konzeption und Konstruktion von Fragebogenerhebungen. Hierbei verdienen die Gütekriterien Validität, Reliabilität, Objektivität besondere Beachtung [BORTZ, J. 84).

Unter Berücksichtigung der obigen Faktoren gewinnt eine durchgeführte Untersuchung in ihren Ergebnissen an Präzision und erhöht die Entwicklung gezielter Maßnahmen. Die Resultate sprechen für sich: keine Verschwendung von Ressourcen, Entwicklung effizienter Maßnahmen auf Basis gewonnener eindeutiger Ergebnisse und damit einhergehend Kosteneinsparungen.

4.4 Zusammenfassung und Ausblick

Im Rahmen der Analyse in der ersten Phase des Projektes konnten sehr unterschiedliche Ausprägungen der Zulieferbeziehungen der in der Projektgemeinschaft vertretenen Unternehmen identifiziert werden. Dies läßt sich auf die heterogene Zusammensetzung der Arbeitsgruppe zurückführen. Die Kooperation der Unternehmen bei der Produktentstehung ließ sich grundlegend in die drei Phasen Entwicklung, Prototyping und Produktion einteilen. In den einzelnen Projektgruppen wurden entsprechend der Dominanz bestimmter Problemstellungen Schwerpunkte auf unterschiedliche Phasen gelegt.

In den Zulieferketten VW-Rockwell-Zitzmann, VW-Allibert sowie SKL-Magdeburger Eisengießerei wurde die Bedeutung der Produktentwicklung für den Gesamtprozeß der Produktentstehung deutlich. In diesem Bereich werden ca. 70 % der Produktkosten festgelegt. Dies bedeutet, daß mangelnde Kooperation der Unternehmen in dieser Phase zu einem erhöhten Änderungsaufwand noch in der

Serienphase und damit zu erheblicher Erhöhung der Kosten und Durchlaufzeiten führen. Dementsprechend wurden in Zusammenarbeit mit diesen Unternehmen Strukturen für die Ablauf- und Aufbauorganisation in der Entwicklungsphase konzipiert. Diese Sollkonzepte konnten teilweise in bestehende Qualitätsmanagementsysteme der Unternehmen eingegliedert und in der notwendigen Form dokumentiert werden.

Die Kooperationen der Unternehmen Linde-Fahrzeugbau GmbH Geisa und Hanomag AG-Fritzmeyer wiesen überwiegend Probleme in den direkten Produktionsbereichen auf. Basierend auf einer Identifikation der Schwachstellen wurden hier Instrumente für die Zusammenarbeit der Unternehmen in der Phase der Produktion entwickelt. Hierzu zählten beispielsweise Systeme zur unternehmensübergreifenden Qualitätsregelung basierend auf der Lenkung von Qualitätsinformationen und Verfahren zur Lieferantenauswahl und -bewertung.

Die neuen Strukturen befinden sich zur Zeit in der bertieblichen Umsetzung und Erprobung. Gemeinsam mit den Unternehmen werden in der weiteren Projektlaufzeit die Maßnahmen bewertet und weitere Verbesserungen eingeleitet. Die wissenschaftliche Unterstützung im Rahmen des Projektes soll die Unternehmen in die Lage versetzen, auch nach Abschluß des Projektes selbständig die Kooperationsformen weiterzuentwickeln.

4.5 Literaturhinweise

[AWISZUS, B. 1995] Awiszus, B.; Brüning, J.; Goebel, D.; Hanewinckel, F.: Analyse und Optimierung unternehmensübergreifender Geschäftsprozesse. VDI-Z, Band 137 (1995) Heft 5, S. 40-43.

[BRINKMANN, E. P. 1987] Brinkmann, E. P.; Heidack, C.: Unternehmenssicherung durch Ideenmanagement. Band 1, Mehr Innovation durch Verbesserungsvorschläge. Freiburg i. Br.: R. Haufe Verlag 1987.

[BULLINGER, H.-J. 1991] Bullinger, H.-J.: Reduzierung der Produktentwicklungszeiten als ganzheitliche Aufgabe. Zeitschrift für Logistik, Band 12 (1991) Heft 1, S. 7-13.

[BULLINGER, H.-J. 1992]Bullinger, H.-J.; Frech, J. ; Wasserloos, G.: Forschungs- und Entwicklungsmanagement in der deutschen Industrie. In: Simultane Produktentwicklung, Hochschulgruppe Arbeits- und

Betriebsorganisation HAB e.V., Forschungsbericht 4. München: gfmt Verlag 1992, Seite 13-63.

[DALE, B. G. 1990] Dale, B. G.; Shaw,P.: Failure Mode and Effects Analysis. In: U. K. Motor Industry: A State-of-the-Art Study. Quality and Reliability Engineering International, Vol. 6 (1990), S. 179-188.

[DIN 6772] DIN 6772: Änderungen von Dokumenten und Gegenständen; Allgemeine Anforderungen. Berlin: Beuth Verlag.

[DOEGE, E. 1995] Doege, E.; Brüggemann, K., Karkmann, A.: Optimierung von Fertigungsabläufen beim Schmieden. ZWF, Band 90 (1995) Heft 11, S. 562-564.

[DONAT, ST. 1991] Donat, St.; Münich, M. A.: FMEA praxisgerecht planen und durchführen. In: QZ-Qualität und Zuverlässigkeit, Band 36 (1991) Heft 3, S. 150-152.

[EVERSHEIM, W. 1993] Eversheim, W.; Laufenberg, L.; Marczinski, G.: Integrierte Produktentwicklung mit einem zeitparallelen Ansatz. In: CIM Management, Band 9 (1993) Heft 2, S. 4-9.

[EVERSHEIM, W. 1995] Eversheim, W.: Prozeßorientierte Unternehmensorganisation. Konzepte und Methoden zur Gestaltung „schlanker" Organisationen. Berlin: Springer-Verlag 1995.

[IMAI, M. 1992] Imai, M.:KAIZEN: Der Schlüssel zum Erfolg der Japaner im Wettbewerb. München: Wirtschaftsverlag Langen Müller/Herbig 1992.

[OCHS, B. 1992] Ochs, B.: Methoden zur Verkürzung der Produktentstehungszeit. München, Wien: Carl Hanser Verlag 1992.

[PFLICHT, W. 1989] Pflicht, W.: Technisches Änderungswesen im Produktionsunternehmen. Berlin: VDE Verlag 1989.

[PFEIFER, T. 1993] Pfeifer, T.: Qualitätsmanagement. München, Wien: Carl Hanser Verlag 1994.

[SCHMALZ, B. 1993] Schmalz, B.:Dokumentorientierter Änderungsdienst. ZWF, Band 88 (1993) Heft 5, S. 209-213.

[SCHULER, W. 1991] Schuler, W.: FMEA: Das „Geheimnis" der ersten beiden Spalten. In: QZ – Qualität und Zuverlässigkeit, Band 36 (1991) Heft 8, S. 474-479.

[TÖNSHOFF, H. K. 1994a] Tönshoff, H. K.; Büttner, J.: Das Zusammenspiel von Produktentwicklung und Qualitätssicherung bei Zulieferungen in der Kfz-Branche. In: VDI-Bericht 1106: Wege zum erfolgreichen Qualitätsmanagement in der Produktentwicklung. Berlin: VDI Verlag 1994, S. 273 ff.

[TÖNSHOFF, H. K. 1994b] Tönshoff, H. K.; Büttner, J.; Hennig, K. R.: CAQ-Systeme praxisgerecht auswählen.In: QZ – Qualität und Zuverlässigkeit, Band 39 (1994) Heft 1, S. 53-56.

[TÖNSHOFF, H. K. 1995]Tönshoff, H. K.; Brüning, J.; Goebel, D.: Qualitative Analyse von Geschäftsprozessen. ZWF, Band 90 (1995) Heft 7-8, S. 381-383.

[WARSCHAT, J. 1993]Warschat, J.: Optimieren von Abläufen in den indirekten Bereichen. ZWF, Band 88 (1993) Heft 7-8, S. 334-336.

[WILDEMANN, H. 93] Wildemann, H.: Optimierung von Entwicklungszeiten: Just-In-Time. In: Forschung & Entwicklung und Konstruktion. München: Forschungsbericht Technische Universität München 1993.

5 QualiTex Qualitätsförderung durch zukunftsweisende Kooperation einer textilen Fertigungskette

L. Afflerbach, K. Henning, R. Knein-Linz, B. Wulfhorst
Projektgemeinschaft QS VP 2.4.4: Textilverarbeitung
Federführung: HDZ / IMA - Aachen

Inhaltsverzeichnis

5.1 Vorstellung der Projektgemeinschaft . . . 568
5.2 Vorgehensweise . . . 569
5.2.1 Ausgangsbedingungen . . . 570
5.2.1.1 Wettbewerbssituation . . . 570
5.2.1.2 Arbeit - Personal - Qualifikation . . . 571
5.2.1.3 Qualität . . . 572
5.2.1.4 Kunden-Lieferanten-Beziehungen . . . 573
5.2.1.5 Ausgangshypothesen . . . 574
5.2.1.6 Forschungsziele . . . 575
5.2.2 Vorgehensweise und Methoden . . . 578
5.2.2.1 Analyse . . . 578
5.2.2.2 Information . . . 579
5.2.2.3 Qualifikation . . . 580
5.2.2.4 Innerbetriebliche Kooperation . . . 582
5.2.2.5 Überbetriebliche Kooperation . . . 582
5.2.2.6 Koordination . . . 582
5.2.2.7 Projektevaluation . . . 583
5.3 Praxisorientierte Umsetzung . . . 584
5.3.1 Konzentration auf den Produktionsprozeß . . . 584
5.3.2 Analyse . . . 585
5.3.3 Konzeption . . . 586
5.3.4 Realisierung / Erprobung . . . 587
5.3.5 Evaluation . . . 588
5.4 Beispiele aus den Unternehmen . . . 588
5.4.1 Bremer Woll-Kämmerei AG . . . 588
5.4.2 Stöhr GmbH, Mönchengladbach . . . 594
5.4.2.1 Qualitätsphilosophie und Anlaß, am Projekt teilzunehmen . . . 594
5.4.2.2 Projektverlauf . . . 594
5.4.2.3 Inner- und überbetriebliche Kommunikationsformen . . . 597
5.4.3 Tuchfabrik Jos. Königsberger GmbH, Aachen . . . 598
5.4.3.1 Qualitätsphilosophie und Anlaß, am Projekt teilzunehmen . . . 598

Inhaltsverzeichnis (Fortsetzung)

5.4.3.2 Projektverlauf ... 598
5.5 Bewertung der Forschungshypothesen ... 600
5.6 Zusammenfassung ... 607
5.7 Literaturhinweise ... 609

5.1 Vorstellung der Projektgemeinschaft

Unter den Branchen des produzierenden Gewerbes zeichnet sich die Textilindustrie durch eine klein- und mittelständische Struktur aus. Sie weist eine breite Palette von Produkten und Verfahren auf und beliefert die unterschiedlichsten Abnehmer, wie z. B. Bekleidungsunternehmen, industrielle Anwender von Textilien und Geweben sowie private Endverbraucher.

Die Produktionskette in der Textilindustrie ist vielgliedrig und stark arbeitsteilig organisiert sowie durch Mehrstellenarbeit gekennzeichnet. Es finden sich sowohl diskontinuierliche Produktionsverfahren nach dem Verrichtungsprinzip (Weberei, Strickerei) als auch kontinuierliche Verfahren nac h dem Fließprinzip (Spinnereivorbereitung, Textilveredelung).

Die Qualität des Produktes und des Produktionsprozesses in unterschiedlichen Fertigungsstufen ist stark voneinander abhängig. Dies gilt sowohl innerhalb eines bestimmten Textilunternehmens als auch in zunehmendem Maß für die Abstimmung von Qualitätsmerkmalen zwischen unterschiedlichen Textilunternehmen.

Der damit zusammenhängenden Verbesserung der Kunden-Lieferanten-Beziehungen einer textilen Fertigungskette widmet sich die Projektgemeinschaft „QualiTex“ im Rahmen des Verbundes QS-VP 2.4. Die Projektgemeinschaft setzt sich aus drei Textilunternehmen zusammen, die zueinander in einer Kunden-Lieferanten-Beziehung stehen (Bild 5-1). Dabei handelt es sich um die Firmen

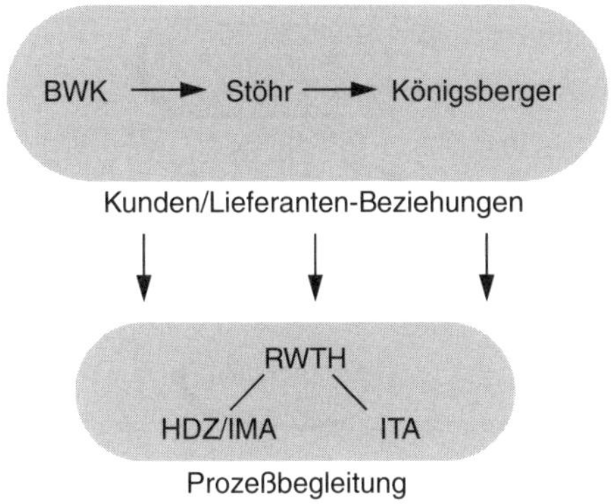

Bild 5-1: Darstellung der Projektgemeinschaft

- Bremer Wollkämmerei (BWK) AG, Bremen,
- Kammgarnspinnerei Stöhr, Mönchengladbach und
- Tuchfabrik Jos. Königsberger GmbH, Aachen.

Die wissenschaftliche Begleitung im Rahmen der Projektgemeinschaft übernehmen zwei Institute der RWTH Aachen:

- Hochschuldidaktisches Zentrum und Lehrstuhl Informatik im Maschinenbau (HDZ/IMA, Prof. Dr.-Ing. Klaus Henning),
- Institut für Textiltechnik (ITA, Prof. Dr.-Ing. Burkhard Wulfhorst).

5.2 Vorgehensweise

Die Projektinitiatoren der Betriebe und Institute haben sich im Vorfeld auf das Projektziel der Verbesserung der inner- und zwischenbetrieblichen Kommunikation und Kooperation verständigt. Dabei stehen Beteiligungsorientierung und Vertrauensbildung im Vordergrund. Der Projektverlauf wird somit von den Aufgaben und Entscheidungen der Beteiligten aller Hierarchieebenen bestimmt. Die Intensität der inner- und zwischenbetrieblichen Kooperations- und Kommunikationsbeziehungen hängt im

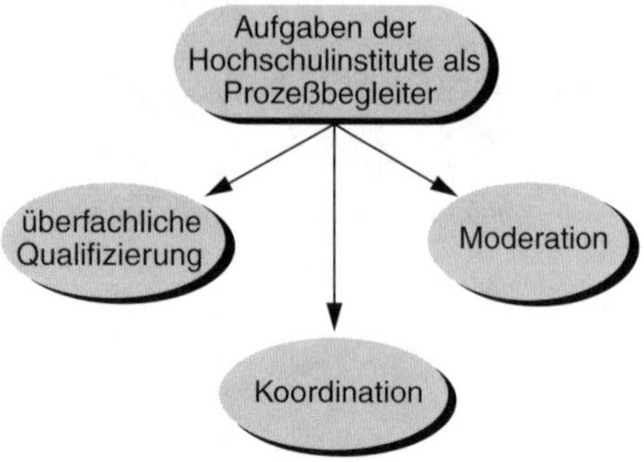

Bild 5-2: Aufgaben der Hochschulinstitute

wesentlichen vom Grad des gegenseitigen Vertrauens ab, das gerade durch die gemeinsame Arbeit gefördert wird.

Alle Hierarchieebenen werden angesprochen, um die inner- und überbetriebliche Zusammenarbeit zu verbessern

Dieser Entwicklungsansatz bedingt, daß die Vertreter der Hochschulinstitute nicht die Funktion der konzeptionellen Vordenker und Lenker haben. Vielmehr verstehen sie sich als Förderer des Prozesses, deren Hauptaufgaben in der überfachlichen Qualifizierung, der Koordination und der Moderation liegen. Die Projektstrategie besteht darin, diese Aufgaben während des Projektverlaufs den Mitarbeiterinnen und Mitarbeitern der Unternehmen zu übertragen, damit der initiierte Prozeß auch nach Projektende weitergeführt werden kann (Bild 5-2).

Die Qualifizierung und Beteiligung erfordert eine situative Anpassung des Projektes und läßt keine detaillierte Planung zu

Die Beteiligungsorientierung läßt folglich eine im voraus berechenbare, detaillierte Projektplanung nicht zu. Die nachfolgend vorgestellte Vorgehensweise und die Methoden beziehen sich daher auf die grundlegende Herangehensweise. Zum besseren Verständnis des Ansatzes und des Projektverlaufs werden die Ausgangsbedingungen kurz skizziert.

5.2.1 Ausgangsbedingungen

5.2.1.1 Wettbewerbssituation

Die Textilindustrie ist eine klein- und mittelständische Branche. Sie umfaßt mehrere Prozeßstufen von der Aufbereitung des Faserstoffes bis zur Herstellung und Veredelung des textilen Flächengebildes. Die Textilindustrie beliefert die Bekleidungsindustrie, in der auch große Unternehmen vertreten sind. Die stärkste Position innerhalb der „textilen Pipeline" hat der Textilhandel. Dessen Anforderungsdruck wirkt massiv in die textile Kette hinein. Die meisten textilen Produktbereiche weisen nur einen geringen Entwicklungs- und Innovationsspielraum auf. Maßgebliche Wettbewerbsfaktoren sind Preis und Qualität.

Die maßgeblichen Wettbewerbsfaktoren sind Preis und Qualität

Der Textilmarkt ist von Überkapazitäten und starkem internationalen Warenaustausch geprägt. Gemeinsam mit den hohen Produktivitätssteigerungen moderner Maschinengenerationen führt dies zu einer permanenten Branchenrezession, die in Deutschland seit 1970 zu einem Rückgang der Beschäftigten um 65% auf derzeit 170.000 geführt hat.

Der Textilmarkt ist geprägt durch einen rezessionsbedingt starken Rückgang an Beschäftigungszahlen

Vor diesem Hintergrund schwanken die Kunden-Lieferanten-Beziehungen in ihrem Selbstverständnis zwischen „solidarischer Schicksalsgemeinschaft" und „jeder gegen jeden".

5.2.1.2 *Arbeit – Personal – Qualifikation*

Die Arbeitssituation ist gekennzeichnet von Lärm, räumlich großen Arbeitsplätzen und monotonen, zumeist überwachenden maschinengebundenen Tätigkeiten. Die Produktion ist arbeitsteilig nach Prozeßschritten gegliedert. Die Produktionsabfolge ist extrem vielgliedrig. Für die Kammgarnspinnerei umfaßt sie z. B. die in Bild 5-3 dargestellten Einzelschritte/Abteilungen.

Geringer Kenntnisstand und niedriges Lohnniveau charakterisieren viele textile Arbeitsplätze

Die Textilindustrie zahlt im Vergleich zu anderen Industriebranchen geringe Löhne. Der Anteil ausländischer Mitarbeiterinnen und Mitarbeiter an der Belegschaft ist hoch. Im Produktionsbereich erreicht er bis zu 20%. Die Beschäftigten in der Produktion sind i. d. R. angelernte Kräfte. Der Kenntnisstand über Produkte und Prozesse ist vielfach gering. Dies gilt sowohl für die innerbetrieblichen Prozesse und Zwischenprodukte, als auch für die überbetrieblichen Zusammenhänge.

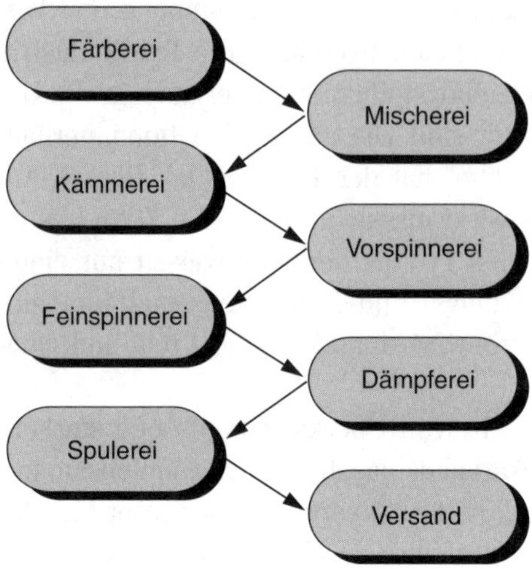

Bild 5-3: Produktionsabfolge in der Kammgarnspinnerei

5.2.1.3 Qualität

Selbst objektive Qualitätskriterien geben nur bedingt Sicherheit

Die Verständigung, die Sicherung und Entwicklung hinsichtlich Qualität im textilen Bereich ist mit anderen Industriezweigen schwer vergleichbar. Die Inhomogenität der zumeist natürlichen Rohstoffe und das breite Produktgestaltungsspektrum erschweren die Herstellung konstanter Qualitäten. Selbst objektive Qualitätskriterien geben nur bedingt Sicherheit, da sie auf Stichprobenbasis erhoben werden, die häufig nur Promillesätze eines Loses erfassen.

Größte Probleme bereiten die subjektiv beeinflußten Qualitätskriterien. Diese entstehen zum einen durch vermeintlich objektive Prüfungen mit stark subjektivem Einfluß (z. B. visueller Vergleich mit Qualitätsstandards), zum anderen auch durch gänzlich subjektive Bewertungen (Farbausfall, Griff, Glanz).

Häufiger Grund für Qualitätsbeanstandungen ist das schlechte Laufverhalten in der Weiterverarbeitung. Wegen Unkenntnis der Ursache-Wirkungsbeziehungen ist ein sachgerechtes Reagieren jedoch oft nicht möglich. Die Hektik, die durch immer kürzere Terminvorgaben und sinkende Losgrößen verursacht wird, stellt ein hohes Qualitätsrisiko dar. Unter diesen Bedingungen ist eine angemessene Sorgfalt in der Produktion nur schwer zu erbringen.

5.2.1.4 Kunden-Lieferanten-Beziehungen

Der Druck des Marktes spiegelt sich in den Beziehungen zwischen Kunden und Lieferanten und erschwert kooperative Strukturen

Der harte Verdrängungswettbewerb in der Branche hat zu rauhen Umgangsformen zwischen Kunden und Lieferanten geführt. Insbesondere die unscharfen Qualitätskriterien werden herangezogen, um Preisabschläge oder Lieferungsrücknahme zu erwirken. Bei derartiger Konfrontation besitzt naturgemäß der Kunde einen strategischen Vorteil. Auf diese Weise pflanzt sich der Druck, der von Handel und Konfektion ausgeht, innerhalb der textilen Produktionskette fort. In diesem Klima sind vertrauensvolle Kooperationen selten.

Im Rahmen der QualiTex-Projektgemeinschaft haben sich die Textilbetriebe, die in einer Kunden-Lieferanten-Beziehung stehen, die Verbesserung ihrer inner- und überbetrieblichen Kommunikations- und Kooperationsbeziehungen zur Aufgabe gemacht. Es handelt sich um die bereits genannten Firmen:

- Bremer Wollkämmerei AG, Bremen,
- Kammgarnspinnerei Stöhr GmbH, Mönchengladbach und
- Tuchfabrik Jos. Königsberger GmbH, Aachen.

Die Bremer Wollkämmerei produziert mit etwa 800 Mitarbeitern hauptsächlich Wollkammzüge, die vornehmlich aus der Wolle australischer Merino-Schafe hergestellt werden und die als Vorprodukte für Kammgarnspinnereien verkauft werden.

Viele Qualitätsunregelmäßigkeiten finden ihre Ursache bereits im Erzeugerland (Klimaschwankungen, Dürre) und müssen schon in den ersten Produktionsstufen in der Wollkämmerei bemerkt und korrigiert werden.

Die Kammgarnspinnerei Stöhr stellt mit etwa 300 Mitarbeitern Garn und Zwirne her. Neben reinem Wollgarn (rohweiß oder kammzuggefärbt) gehören unterschiedliche Spezial- und Effektgarne aus Fasermischungen zur Produktpalette. Die Kammgarnspinnerei steht in der Mitte der Produktionskette und ist von beiden Seiten mit Qualitätsproblemen befaßt.

Die Tuchfabrik Königsberger produziert mit etwa 250 Beschäftigten Tuche aus Wolle und Wollgemischen für die Herrenkonfektion und Damenoberbekleidung. Durch die immer breiter werdende Produktpalette werden die Nutzung und der Erwerb von Erfahrungsergebnissen erschwert.

5.2.1.5 Ausgangshypothesen

Die Vorgehensweise im Rahmen des Projektes, die in den folgenden Kapiteln ausführlich erläutert wird, basiert dabei auf folgenden Annahmen:

These 1: Der wirtschaftliche Druck fördert die Handlungsbereitschaft
Der wirtschaftliche Druck, der auf die Unternehmen einwirkt, motiviert sie, sich in veränderter Form mit Kooperationen und Qualitätssicherung zu beschäftigen. Die schwierigen Randbedingungen, die von allen drei Unternehmen als belastend empfunden werden, führen zwar teilweise zu unterschiedlichen Reaktionen bzgl. der Produktionsverlagerung ins Ausland und der Entlassung von Beschäftigten, doch es erscheint für alle Beteiligten gleichermaßen plausibel, die traditionell bestehenden Beziehungen zu den Kunden und Vorlieferanten auszubauen und zu festigen.

These 2: Auf den traditionellen Wegen in den Unternehmen gehen wichtige Informationen verloren

Die Qualitätssicherung und die Optimierung bereits bestehender Kontakte hat in allen drei Unternehmen hohe Priorität

Die bisherigen Kommunikationsbeziehungen in und zwischen den Unternehmen sind klassischerweise in den höheren Führungspositionen angesiedelt. Um die Bedürfnisse und Erfahrungen der Mitarbeiter angemessen integrieren zu können, ist es notwendig, neue Kommunikationsformen für sie und mit ihnen gemeinsam zu finden.

These 3: Die Sicherung der Qualität hat marktstrategische Bedeutung
Die Sicherung von Qualität hat in allen drei Unternehmen zur Sicherung des Bestehens hohe Priorität. In bezug auf die Wahrung des Standortes und die Behauptung der Position „am Markt" wird der Optimierung von Qualitäten strategische Bedeutung beigemessen.

These 4: Die Beeinflussung der Qualität durch die Beteiligung der Mitarbeiter des Produktionsbereiches ist notwendig und sinnvoll
Die Erweiterung des herkömmlichen Qualitätsbegriffs, die darin besteht, neben dem Endprodukt auch die einzelnen Entstehungs- und Verarbeitungsstufen zu beobachten, macht es erforderlich, die Produktionsmitarbeiter frühzeitig und aktiv in den Prozeß der Verbesserungen zu integrieren.

These 5: Produktionsmitarbeiter sind daran interessiert, sich an der Umgestaltung von Arbeits- und Produktionsabläufen zu beteiligen
Die ungünstigen Arbeitsbedingungen in der Textilindustrie machen das Engagement für Veränderungen nicht leicht. Dennoch haben Mitarbeiter das Bedürfnis, ihr Wissen einzubringen. Daher ist es hilfreich, Strukturen zu schaffen, um die Handlungsspielräume des einzelnen zu erweitern und durch die Teilnahme an fachlichen und überfachlichen Schulungen ein methodisches Rüstzeug zur Beteiligung zu vermitteln.

These 6: Der Qualitätsbegriff in der Textilindustrie ist unscharf und bedarf der ständigen Aktualisierung
Um dauerhaft zu gewährleisten, daß die Unschärfe der Qualitätskriterien nicht ständig bemüht wird, um Preisvorteile zu erzielen, sollen Kommunikations- und Kooperationsformen entwickelt werden, die vom kommerziellen Druck weitgehend losgelöst sind.

Neue Kommunikationsformen sollten vom kommerziellen Druck weitgehend losgelöst sein

5.2.1.6 Forschungsziele

Aus den Hypothesen, wie sich die Bereitschaft der Unternehmen zu neuen Kooperationsformen darstellt, lassen sich folgende Zielsetzungen ableiten:

I. Förderung innerbetrieblicher Kommunikation und Kooperation.

Die Entwicklung abteilungs- und hierarchieübergreifender Kommunikationsformen fördert die innerbetriebliche Kommunikation

Die einzelnen Abteilungen in den Unternehmen stellen häufig mehr oder minder abgeschlossene soziale Einheiten innerhalb des Gesamtunternehmens dar. Das Sozialgefüge wird durch räumliche Trennung, durch langfristige Zugehörigkeit von Mitarbeiterinnen und Mitarbeitern zu einer Abteilung und nicht selten durch einen Rechtfertigungsdruck, der bei Schwierigkeiten auf die einzelnen Abteilungen wirkt, geprägt. Oft kommt es zu gegenseitigen Schuldzuweisungen zwischen Abteilungen. Durch gemeinsames, abteilungsübergreifendes Zusammenarbeiten sollen die Kommunikationshemmnisse abgebaut werden.

Kommunikationsbarrieren existieren auch zwischen den Hierarchieebenen. Auf den unteren Ebenen kommen häufig sprachliche und kulturelle Probleme hinzu. Das Projekt zielt darauf ab, insbesondere die Mitarbeiter auf der Produktionsebene an den Lösungen inner- und zwischenbetrieblicher Fragestellungen zu beteiligen. Durch die Kommunikation und Kooperation über Abteilungsgrenzen und Hierarchieebenen hinweg soll der Austausch von Wissen zwischen den Mitarbeiterinnen und Mitarbeitern gefördert werden. Dadurch soll das Qualifikationsniveau insbesondere der angelernten Beschäftigten erhöht werden.

Die Umsetzung des ersten Projektziels ist als Voraussetzung zu

II. Förderung und Aufbau überbetrieblicher Kommunikation und Kooperation

zu betrachten.

Die traditionellen Schnittstellen sind Einkauf und Verkauf

Die Kommunikation zwischen Kunden und Lieferanten ist aus o.g. Gründen häufig belastet. Die traditionellen Kommunikationsschnittstellen sind die Einkaufs- und Verkaufsabteilungen der jeweiligen Unternehmen (s. Bild 5-4).

Da in diesen Abteilungen der kommerzielle Aspekt im Vordergrund steht, werden Kommunikation und Kooperation in Fragestellungen von Qualitätsentwicklung und unternehmensübergreifenden Innovationen häufig blokkiert. Der Informationsaustausch zwischen den Qualitäts-

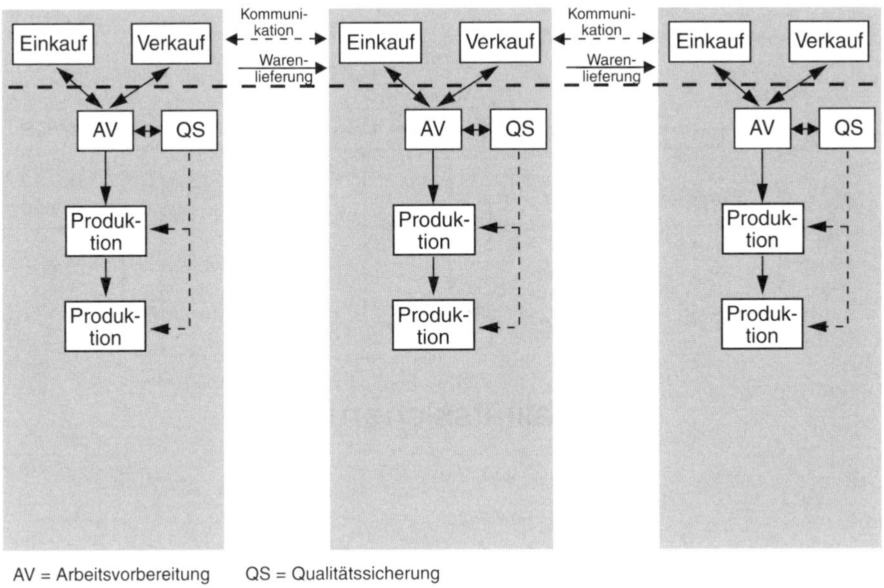

Bild 5-4: Angestrebte Kommunikations- und KooperationsstrukturÜblicher Informationsverlauf

sicherungsabteilungen beschränkt sich oftmals auf Reklamationsfälle und ist durch die Konfliktsituation belastet.

Das Projekt zielt daher in der ersten Phase darauf ab, durch Beteiligung weiterer Abteilungen und Beschäftigten aller hierarchischen Ebenen die Schnittstellen zu erweitern (Bild 5-6).

Der kommerzielle Aspekt belastet die Kommunikation

Durch Kommunikation und Kooperation insbesondere der Produktionsabteilungen sollen Qualitätsfragen unmittelbarer, d. h. auf direktem Wege zwischen den Beteiligten diskutiert werden können. Somit könnten einige Fragestellungen vom kommerziellen Konflikt abgelöst behandelt werden. Die angestrebte Form der Zusammenarbeit läßt ein Vertrauensverhältnis entstehen, innerhalb dessen Qualitäts- und Produktionsentwicklungen vorangetrieben werden können. Eine besondere Problematik im Hinblick auf die Zielsetzung besteht in den unterschiedlichen „Betriebskulturen". Ein wesentliches Ziel des Projektes besteht darin, Formen der Kooperation zu entwickeln, die einerseits diesen Kulturen (Hierarchie-

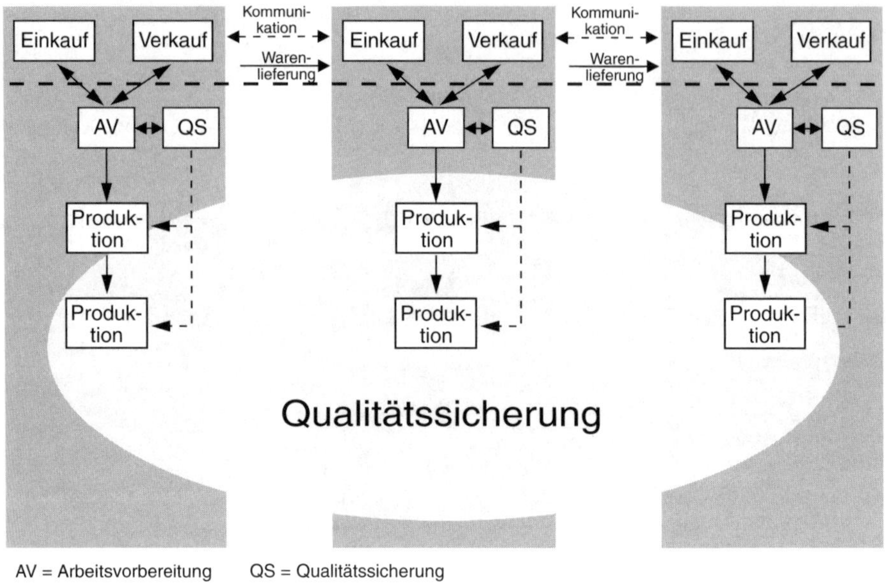

Bild 5-5: Angestrebte Kommunikations- und Kooperationsstruktur

strukturen, Führungsstil, Verantwortungsverteilung, etc.) Rechnung trägt, andererseits aber eine weitgehende Kompatibilität der Schnittstellen gewährleistet (Bild 5-6).

5.2.2 Vorgehensweise und Methoden

Es ist bereits erwähnt worden, daß der Projektentwicklungsprozeß durch den Beteiligungsansatz nicht in allen Details vorherbestimmbar ist. Konkrete Planungen beschränken sich daher auf die frühe Entwicklungsphase. Darüber hinaus können nur die groben Aufgabeninhalte, nicht aber die detaillierte Ausgestaltung und zeitliche Abfolge festgelegt werden (Tabelle 5-1).

5.2.2.1 Analyse

Die Analyse der beteiligten Unternehmen zielt auf die Aspekte

- Ablauf- und Aufbauorganisation,
- qualitätsrelevante Daten und Informationsflüsse,

1.	**Analyse**
2.	**Information**
3.	**Qualifikation**
4.	**Innerbetriebliche Kooperation**
4.	**Überbetriebliche Kooperation**
6.	**Koordination**
7.	**Projektevaluation**

Tabelle 5-1: Vorgehensweise im Projekt

- Qualifikationspotentiale und
- Handlungs-/Gestaltungsspielräume.

Die Analyse gliedert sich in die Phasen:
1. Grobanalyse
2. Feinanalyse

Die Grobanalyse wird durch die beteiligten Institute in Form halbstandardisierter Einzelbefragungen durchgeführt. Sie dient in erster Linie dazu, den wissenschaftlichen Mitarbeitern einen Einblick in die Prozesse innerhalb und zwischen den Unternehmen zu verschaffen. Die Grobanalyse wird entlang der Auftragsabwicklungsfolge durchgeführt.

Der Fragenkatalog wird so angelegt, daß die Abteilungs- und Unternehmensschnittstellen bidirektional betrachtet werden, um eventuelle Informations- und Interpretationsfehler aufzudecken.

Bereits in der Analyse werden kooperative Arbeitsstrukturen erprobt

Auf der Basis der Befragungsergebnisse werden in Arbeitskreisen die Feinanalysen durchgeführt. Die Diskussion in den Arbeitskreisen ist als erster Schritt in Richtung Erfahrungsaustausch und Kooperation zu verstehen.

5.2.2.2 Information

Die Informationsaufgaben innerhalb des Projektes weisen folgende zwei Schwerpunkte auf:

- Auftaktinformation und
- kontinuierliche Information zum Projektverlauf.

Alle Abteilungen und Hierarchieebenen werden von Anfang an in die Projektgestaltung integriert

Die Auftaktinformation dient der breiten Vermittlung der Ziele und Vorgehensweise des Projektes. Zu diesem Zweck werden Informationsveranstaltungen unter Beteiligung von Mitarbeiterinnen und Mitarbeitern aller Abteilungen und Hierarchieebenen durchgeführt. Zudem werden Informationsunterlagen erstellt, die an alle Beschäftigten ausgegeben werden.

5.2.2.3 Qualifikation

Die Qualifizierungsaufgaben innerhalb des Projektes teilen sich in die folgenden Schwerpunkte:

- Beteiligungsqualifizierung und
- fachliche Qualifizierung.

Eine dreitägige Basisqualifizierung erleichtert das zukünftige Arbeiten in kleinen Gruppen

Das Projekt zielt auf die inner- und überbetriebliche Zusammenarbeit von Mitarbeiterinnen und Mitarbeitern auf allen Ebenen. Damit diese Zusammenarbeit effizient erfolgt, sollen im Rahmen der Beteiligungsqualifizierung geeignete Vorgehensweisen der Arbeit in Gruppen vermittelt und geübt werden. Innerhalb eines dreitägigen Grundseminars werden folgende Inhalte bearbeitet (Bild 5-5).

- Beteiligung, Formen und Methoden der immateriellen Mitarbeiterbeteiligung bei betrieblichen Problemlöse- und Reorganisationsprozessen,
- systematisches und methodisches Denken und Handeln, Methoden und Strategien zur Lösung analytischer Probleme,
- kreatives und innovatives Denken und Handeln, Teamschulung, Arbeitsverhalten in Gruppen und
- produktives und vorausschauendes Denken und Handeln, gemeinsame Erarbeitung von Lösungen zu komplexen dialektischen und synthetischen Problemen.

An die Grundschulungen schließt sich eine dreitägige Moderatorenausbildung an, an der einige der Beteiligten teilnehmen. Hauptziel ist die Vermittlung von Methoden und

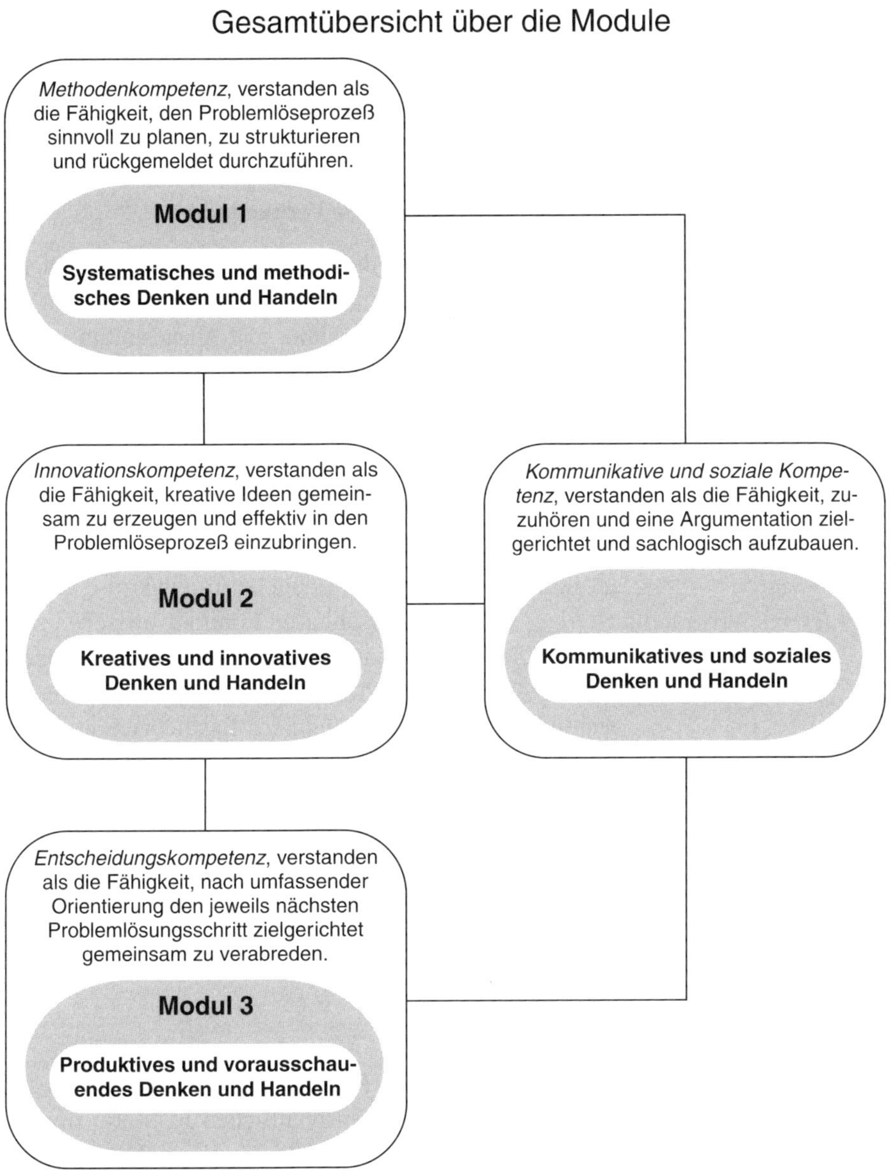

Bild 5-6: Auszug aus den Seminarunterlagen zur Beteiligungsqualifizierung des HDZ [SELL, R.

Innerbetrieblich werden Moderatoren aus der Belegschaft die Arbeitsgruppen anleiten

Hilfsmitteln der Moderation von Gruppenprozessen. Die so ausgebildeten Moderatoren sollen im Projektverlauf die Leitung der inner- und überbetrieblichen Arbeitsgruppen übernehmen.

5.2.2.4 Innerbetriebliche Kooperation

Dauerhaft zu etablierende betriebliche Gremien übernehmen auch über das Projektende hinaus koordinierende Funktionen

Ein weiteres Ziel ist die Gestaltung eines verbindlichen organisatorischen Rahmens der innerbetrieblichen Kooperationen. Die Entwicklung und Ausgestaltung dieser Strukturen soll ebenfalls Gegenstand der Gruppenaktivitäten sein.

5.2.2.5 Überbetriebliche Kooperation

Bei der Bildung überbetrieblicher Arbeitskreise bewährt sich die Integration von Führungskräften

Nach Festigung der innerbetrieblichen Kooperationsstrukturen sollen überbetriebliche Arbeitskreise gebildet werden. Wegen des absehbaren Konflikts zwischen sachlichen und kommerziellen Interessen ist bei diesem Schritt die Führungskräfteebene besonders zu berücksichtigen. Es muß ein geeignetes Balanceverhältnis zwischen den persönlichen Verantwortungsbereichen leitender Mitarbeiter und den Wünschen und Zielen der an der Kooperation Beteiligten hergestellt werden. Nach einer zeitlich unbestimmten Phase des „Einspielens" sollen auch für die überbetriebliche Zusammenarbeit verbindliche Organisationsstrukturen geschaffen werden.

5.2.2.6 Koordination

Die Koordination des Projektes liegt zum einen im Aufgabenbereich der wissenschaftlichen Institute. Dies bezieht sich insbesondere auf die überbetriebliche Zusammenarbeit sowie auf den Gesamtprojektrahmen (QS-VP2). Zum anderen werden in den Betrieben Projektlenkungsausschüsse gebildet, deren Aufgabenschwerpunkte in den ersten Projektphasen in der Koordination der innerbetrieblichen Aktivitäten liegt. Im Laufe des Projektfortschritts sollen aber auch die überbetrieblichen Koordinationsfunktionen an diese Gremien übergehen, um die Entwicklung des Kooperationsprozesses über den Projektrahmen hinaus zu gewährleisten.

5.2.2.7 Projektevaluation

Kontinuierliche Systemanalysen unterstützen bei der Interpretation und weiteren Gestaltung von Projektgestatungsmaßnahmen

Die Evaluation des Entwicklungsprozesses erfolgt sowohl aus der Sicht der Beteiligten in den Unternehmen als auch von Seiten der wissenschaftlichen Begleitung. Im Rahmen der wissenschaftlichen Begleitforschung führen die Hochschulinstitute nach geeigneten Projektabschnitten „Offene Soziotechnische, Ökonomische Systemanalysen" durch (Bild 5-7) (HENNING, K. 1993). Die einzelnen Unternehmen werden auf das Modell abgebildet. Die Analyse wird anhand von Fallstudien bzw. Ereignissen vorgenommen und erfolgt in moderierter Gruppenarbeit. Durch die Analysetechnik werden nicht nur physische Veränderungen (Änderungen der Organisationsstruktur, neue Aufgabenverteilung, Reorganisation des Belohnungssystems etc.) aufgedeckt. Ebenso können Veränderungen des Verhaltens, der Zielrichtung, der Strategien usw. zutage treten.

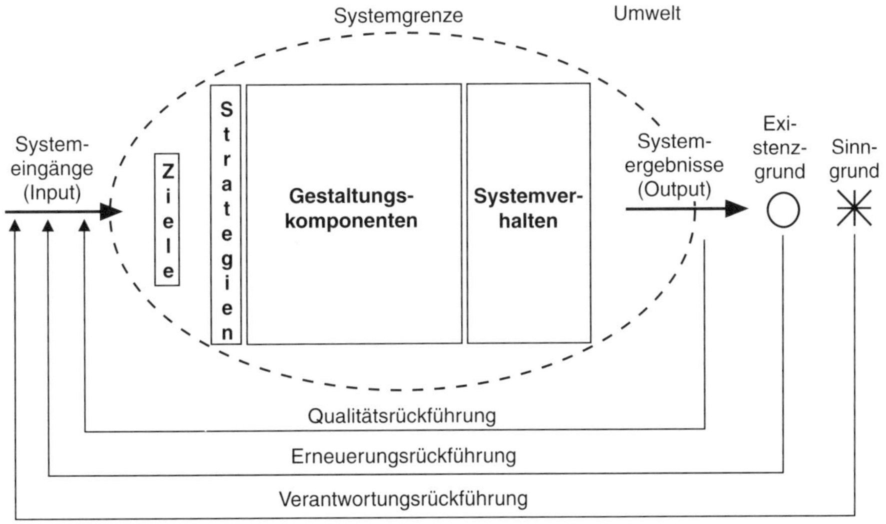

Bild 5-7: OSTO-Modell eines offenen, soziotechnischen, ökonomischen Systems

5.3 Praxisorientierte Umsetzung

5.3.1 Konzentration auf den Produktionsprozeß

Als zentraler Bestandteil von Qualitätssicherungssystemen steht der Produktionsprozeß im Mittelpunkt der Betrachtung, da hier die Produktqualität entsteht und bereits vorhandene Fehler in ihren Auswirkungen auf die Zwischenprodukte ermittelt werden können. Die inner- und überbetrieblichen Wege zur Übermittlung qualitätsrelevanter Daten sollen daher dauerhaft verkürzt und optimiert werden. Der Ansatz, der der Projektgestaltung zugrundeliegt, basiert dabei auf der Überzeugung, daß sowohl die Bereiche Technik und Organisation als auch die agierenden Mitarbeiterinnen und Mitarbeiter in ihrem Zusammenwirken wichtige Größen im Produktionssystem sind und dabei in bezug auf die Gestaltung von Qualitätssicherungsmaßnahmen besondere Berücksichtigung erfahren sollten (Bild 5-8).

Qualitätssicherungsmaßnahmen üben unmittelbaren Einfluß auf die Gestaltungsfelder Mensch, Organisation und Technik aus

In bezug auf die tatsächliche Umsetzung des Projektes in den drei Betrieben hat sich die Projektgemeinschaft in ihrer Durchführung an der folgenden Struktur orientiert, die eine eher allgemeine Herangehensweise darstellt.

- Analyse (vorbereitende Maßnahmen, Analyse der Aufbau- und Ablaufstruktur);

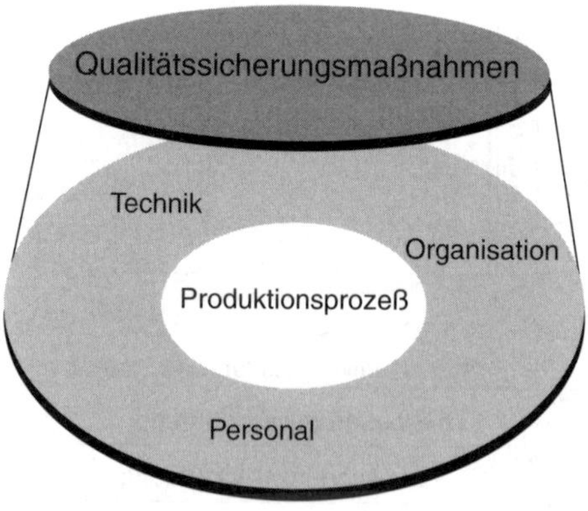

Bild 5-8: Ansatz der Projektgestaltung

- Konzeption (fachliche und überfachliche Qualifizierungen, Bildung von Beteiligungsgruppen, Entwicklung von Gestaltungsalternativen);
- Realisierung/Erprobung (Realisierung der Maßnahmen, Erprobung der neuen Organisationsstrukturen);
- Evaluation (projektbegleitende Auswertung der Gestaltungsprozesse).

Unbenommen davon ist jedoch eine in allen Arbeitsphasen iterative Vorgehensweise gängige Praxis, die es ermöglicht, situationsangepaßt und flexibel zu reagieren und beispielsweise in Phasen der Umsetzung auf Analysemethoden zurückzugreifen, sobald dies als sinnvoll erscheint.

5.3.2 Analyse

Die Ergebnisse der ersten Analysephasen begründeten die Zusammensetzung und Themen der späteren Arbeitsgruppen

Den Auftakt des Projektes bildete die Sitzung im November 1993, an der neben Vertreterinnen und Vertretern der beteiligten Unternehmen BWK, Stöhr und Königsberger die beiden wissenschaftlichen Institute – ITA und HDZ der RWTH Aachen – teilnahmen. Hier wurde neben der Auswahl eines geeigneten Projektnamens die organisatorische Feinplanung der ersten Arbeitsphase verabredet. Es fanden in den nächsten Wochen Informationsveranstaltungen in allen drei Betrieben statt, bei denen Beschäftigte über das Projekt informiert und mit eigens für diesen Zweck erstellten Informationen für die Kollegen aus den Abteilungen ausgestattet wurden.

Es schloß sich Anfang 1994 die Grobanalyse der Unternehmensstrukturen durch Befragungen und Auswertungen der vorhandenen Unterlagen zur Ablauforganisation und zum Materialfluß an. Die Auswahl geeigneter Arbeitsbereiche für die Durchführung des Projektes wurde in die Analyse ebenfalls vorbereitet. Dabei sollten in der Kammgarnspinnerei – in der Mitte der Prozeßkette – die Bereiche derart gewählt werden, daß der Produktionsverlauf mindestens einer Produktart vollständig erhalten war, während in den beiden anderen Betrieben die Bereiche ermittelt wurden, die eine Schnittstelle zur

Spinnerei bilden und qualitätsrelevante Aspekte aufweisen.

Die Ergebnisse der Grobanalyse wurden mit den Projektverantwortlichen in den Betrieben diskutiert und aufgearbeitet, um die sich anschließende detaillierte Feinanalyse inhaltlich vorzustrukturieren und sich auf die Bereiche zu konzentrieren, die wichtige Aussagen über die Verbesserung des Produktionsprozesses machen können. Bei der Analyse der qualitätsrelevanten Daten und Informationsflüsse wurde ermittelt, welche Merkmale für die Produkt- und Prozeßqualität von Belang sind und welchen Einfluß sie tatsächlich haben.

Auch die Informationsmenge der Daten innerhalb der Unternehmen und zwischen ihnen wurden aufgenommen, wobei die Daten immer im Spannungsfeld der Gestaltungsbereiche Technik, Organisation und Personal wahrgenommen und interpretiert wurden.

Die Erhebungsform der Informationen orientierte sich organisatorisch bereits an den später gegründeten Beteiligungsgruppen, da die Ergebnisse in größeren Gruppen sowohl abteilungsweise als auch abteilungsübergreifend erhoben und ausgewertet wurden.

5.3.3 Konzeption

Die Seminare zur Beteiligungsqualifizierung mündeten in konkrete Verabredungen zur gemeinsamen Arbeit in Gruppen

Der beteiligungsorientierte Ansatz erforderte eine umfassende Grundqualifizierung der Beschäftigten der ausgewählten Bereiche zur Beteiligung, deren Inhalte im Abschnitt 2.2.3 ausführlich erläutert wurden.

Das Seminar wurde zweimal bei der Fa. Stöhr in Mönchengladbach durchgeführt, wobei das zweite betriebsübergreifend mit Kollegen der Fa. Königsberger besetzt war. Kolleginnen und Kollegen von Königsberger wurden ebenfalls geschult. Eine Ausnahme stellte in diesem Fall die Firma BWK dar: Auf eine Schulung zur Beteiligungsqualifizierung wurde dort verzichtet, weil durch die früheren betrieblichen Aktivitäten einer anderen Beratungsfirma bereits ähnliche Inhalte in die Firma getragen wurden. Statt dessen fand dort im Juli eine Moderatorenausbildung statt, anläßlich derer wesentliche Inhalte der Beteiligungsqualifizierung aufgefrischt wurden.

Alle Seminare leiteten unmittelbar einen Beteiligungsprozeß ein, da am letzten Seminartag ein Handlungsplan zu gemeinsam ausgewählten Aufgaben erstellt wurde, der im Anschluß in Gruppen bearbeitet wurde.

Verschiedene innovative und pragmatische Maßnahmen fördern die Transparenz betriebsinterner Abläufe in der ersten Projektphase

Nach der Analyse und den Qualifizierungsmaßnahmen wurden bei den Firmen Stöhr und Königsberger Beteiligungsgruppen gebildet, die sowohl abteilungsübergreifend als auch nach der zweiten Schulung abteilungsspezifisch besetzt waren und mit der Moderation von ITA und HDZ innerbetriebliche Qualitätsprobleme behandelten. Die Rolle der BWK gestaltet sich auch in der Organisation und Besetzung der Gruppen ein wenig anders: Es gibt dort eine Betriebsgruppe, die von einem Mitglied der Belegschaft moderiert wird und unterschiedliche Qualitätsfragen behandelt und ggf. Experten hinzuzieht, ohne die eigentliche Zahl der Gruppen zu erhöhen.

5.3.4 Realisierung/Erprobung

Das erste Jahr des Projektes behandelte in erster Linie inhaltlich und organisatorisch die Problematik der Verbesserung innerbetrieblicher Abläufe zur Sicherung und Steigerung der Produktqualität. „Tage der offenen Abteilung“ seien an dieser Stelle als gut funktionierendes Beispiel genannt, denn es wurde in den Seminaren häufig deutlich, daß Mitarbeiterinnen und Mitarbeiter viele Jahre im Betrieb arbeiten, ohne jedoch alle Abteilungen zu kennen und die Abläufe im einzelnen zu durchschauen.

Zwischenbetriebliche Aktivitäten wurden in Ansätzen verabredet und durchgeführt, die z. B. in gegenseitigen Firmenbesuchen bestanden, wenn auch die Anzahl derer, die diese Erfahrung machen konnten, noch nicht befriedigend groß ist.

Die angemessene Berücksichtigung betrieblicher Eigenheiten kann durch speziell angepaßte Gruppenkonzepte realisiert werden

Fachliche und organisatorische Absprachen wurden zwischenbetrieblicherseits auf dem Führungskräfteseminar im Herbst 1994 vereinbart, das neben der konkreten Planung des Zieles „überbetriebliche Kooperation“ den Zweck verfolgte, auch die Geschäftsleitungsebene mit den Inhalten von Beteiligungsqualifizierung vertraut zu machen, die das Arbeiten der Mitarbeiterinnen und Mitarbeiter in Gruppen methodisch begründen.

5.3.5 Evaluation

Die Bewertung des Projektes erfolgt kontinuierlich und prozeßbegleitend zwischen allen Akteuren

Die Auswertung der erzielten Ergebnisse verläuft projektbegleitend und ist auf drei Ebenen angesiedelt:

Auf der Ebene der Beteiligungsgruppe:
Hier werden in einem ständigen Austauschprozeß Problemlöseschritte entwickelt, durchgeführt und bewertet, wobei sich die Analyse zum einen auf die konkrete Aufgabe und deren Ergebnisse bezieht, zum anderen den Verlauf des Problemlöseprozesses kritisch reflektiert.

Auf der Ebene des Betriebes
Auch hier werden kontinuierlich die Arbeitsschritte daraufhin überprüft, inwieweit sie den tatsächlichen Qualitätssicherungsprozeß vorantreiben und ob sie dem Fortgang des Projektes angemessen erscheinen. Kritische Aufarbeitung im Sinne eines iterativen Vorgehens bedeutete z. B. im Falle der Fa. Stöhr, eine weitere Schulung zur Beteiligungsqualifizierung zu initiieren, um dem Bedürfnis der Mitarbeiterinnen und Mitarbeiter nach Beteiligung zu entsprechen.

Auf der Ebene der wissenschaftlichen Begleitung:

Alte Strukturen verdecken unerkannte Möglichkeiten...

In regelmäßigen Projektbesprechungen wird eine kontinuierliche Projektfortschrittsbewertung angestellt, die in die konkrete Gestaltung von Arbeitsschritten einmündet.

5.4 Beispiele aus den Unternehmen

5.4.1 Bremer Woll-Kämmerei AG

Die bisherigen Aktivitäten der Bremer Woll-Kämmerei AG im Rahmen des QualiTex-Projektes konzentrierten sich in erster Linie auf zwei wichtige Themen:

Interne Maßnahmen:
Maßnahmen im Zusammenhang mit der Weiterentwicklung des bereits vor dem QualiTex-Projekt umgesetzten Betriebsgruppenkonzeptes.

Zwischenbetriebliche Maßnahmen:
Maßnahmen zur Etablierung eines gegenseitigen Austausches – zwischen Rohstofflieferant und Weiterverarbeiter – von Qualitätsdaten („Gütezertifikat") und technologischen Informationen (Verarbeitungseigenschaften, Fadenbrüche, Nutzeffekte); gegenseitige Besuche.

...und Innovationen eröffnen verborgene Fähigkeiten

Bereits vor Beginn des QualiTex-Projektes mußte festgestellt werden, daß einige Fehlentscheidungen vermeidbar gewesen wären, hätte man den Mitarbeiter als Spezialist in seinem Tätigkeitsfeld in die Problemlösung miteinbezogen worden wäre. Hier zeigte sich ein deutliches Defizit an der Bereitschaft und Fähigkeit, kooperativ miteinander umzugehen. Die Folgen waren

- geringe Akzeptanz der Entscheidung,
- Vertrauensverlust zu der Problemlösungsinstanz sowie
- Resignation und Demotivation von Mitarbeitern.

Letztendlich erschwerte die daraus resultierende Verhärtung der Fronten eine weitere Kooperation.

Eine Möglichkeit, diesen Kreislauf zu durchbrechen, wurde durch die Bildung von „Betriebs-"Gruppen geschaffen. Die neu eingeführte Institution „Betriebsgruppe" verfolgt das Ziel, Verbesserungen an Produkten und Prozessen zu erreichen. Um diese Ziele zu erreichen, sollten die Betriebsgruppen die Kooperation zwischen drei Gruppen fördern (Bild 5-9). Sie werden nach folgenden Kriterien aufgebaut:

Zur Bildung von Betriebsgruppen ist hierarchieübergreifende Kooperation notwendiig

- *Entscheidungsebene* (Betriebsleiter/Vorstand); nicht in der Betriebsgruppe persönlich vertreten,
- *Fachleute der Stabsabteilungen* (Ingenieure), die als Moderatoren der Betriebsgruppen, Mittler zwischen den Themenexperten und der Entscheidungsebene und als Projektleiter auftreten,
- *Experten* des speziellen Themenbereiches (Bediener, Meister, Techniker).

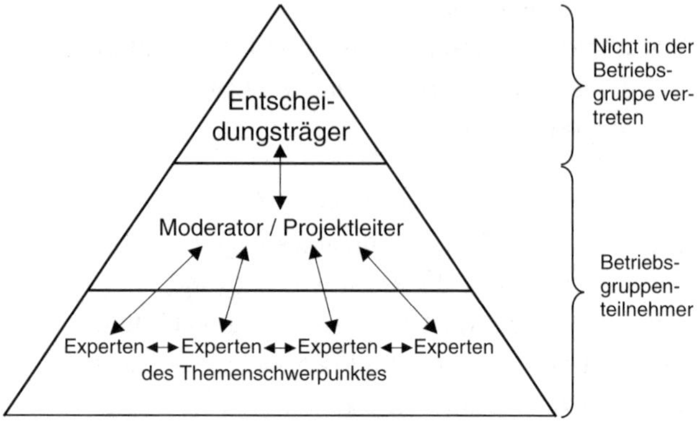

Bild 5-9: Kooperationsbeziehungen der beteiligten Gruppen

Die wichtigste Voraussetzung zur Umsetzung kooperativer Strukturen ist die Klärung und Einhaltung der Spielregeln

Die Erfahrung hat gezeigt, daß gewisse Rahmenbedingungen eingehalten werden müssen, wenn die Kooperation zum Erfolg führen soll. Die Rahmenbedingungen spiegeln im wesentlichen zwei Interessengruppen wider:

- Die Nutzung einer zielorientierten, effektiv arbeitenden Betriebsgruppe, deren Ziel es ist, eine Verbesserung umzusetzen.
- Die Betriebsgruppe möchte ein persönliches Problem kreativ und weitgehend eigenverantwortlich lösen.

Diese Interessen können sich ergänzen, so daß sich durch die Arbeit der Betriebsgruppe ein Wandel bei dem Mitarbeiter vollzieht:

vom „Befehlsempfänger" zum „Problemlöser".

In Tabelle 5-2 sind die wichtigsten Rahmenbedingungen genannt, die sich aufgrund der Einführung von Betriebsgruppen und deren Weiterentwicklung im Zusammenhang mit dem QualiTex-Projekt entwickelt haben:

Zeitgleich mit der Weiterentwicklung des Betriebsgruppen-Konzeptes erfolgte in Gemeinschaftsarbeit mit der Firma Stöhr die Erarbeitung eines gemeinsamen Gü-

Rahmenbedingung	Ziel	Bemerkung	Praxisbeispiel
Themenvorgabe durch den Entscheidungsträger	• zielorientiertes Handeln	• darf die Kreativität nicht einschränken • darf weder über-/ unterfordern	„Arbeitserleichterung für das Bedienungs -personal einer Prozeßstufe“
Selbstbestimmte Zusammensetzung der Betriebsgruppe	• Ausschöpfung der Kreativität	• Übergeordnete Instanzen werden bei Bedarf eingeladen • „Spezialisten“ können hinzugeladen werden	Mitarbeiter, z. B. aus der Instandhaltung, Logistik, Qualitätssicherung, usw. werden zu einzelnen Betriebsgruppensitzungen eingeladen
Fördern der Betriebsgruppenkooperation durch den Moderator	• Identifikation von Stärken und Problemen • Zielvereinbarung	• fachliches Wissen in der Moderatorentechnik • fachliches Wissen bezüglich des Themenschwerpunktes	• Auflisten aller auszuführenden Tätigkeiten • Kriterien festlegen • Gewichten durch die „Mehr-Punkt-Methode“
Erarbeiten mehrerer Vorschläge	• IST-SOLL-Analyse • Erkennen von Vor- und Nachteilen der einzelnen Vorschläge	• Vorschlagsbewertung • Erarbeitung einer Rangfolge	Transporterleichterung eines Wagens: • neue Rollenanordnung • Automatisation
Aufgabenverteilung durch die Betriebsgruppe	• Effektives Arbeiten • Inanspruchnahme von Expertenwissen	• Wichtig ist die vorherige Erarbeitung eines Anforderungsprofils	Vergabe von Vorkalkulationen
Moderator als Mittler zwischen Betriebsgruppe und Entscheidungsträger	• Informations -austausch • Zielkorrektur	• Die Betriebsgruppe arbeitete zuvor die Information auf	Präsentation der einzelnen Vorschläge gegenüber dem Entscheidungsträger
Auswahl des geeignetsten Vorschlages durch den Entscheidungsträger	• Kriterium für die Umsetzungsentscheidung ist der zu erwartende Vorteil	• Berücksichtigt werden aktuelle Betriebsumstände	Genehmigung eines Prototyps für die Transporterleichterung
Testphase / Rückkopplung	• Meinungsbefragung aller Betroffenen	• Es sollte allen Betroffenen die Möglichkeit gegeben werden, sich zu äußern	Bedienung des Prototyps durch alle Mitarbeiter
Überarbeitung und Umsetzung	• Bewertung – Prozeßbewertung – Ergebnisbewertung	• In dieser Phase setzen sich die BG-Teilnehmer mit der Meinung ihrer Kollegen kritisch auseinander.	Auswertung in einer Betriebsgruppensitzung

Tabelle 5-2: Übersicht über die Rahmenbedingungen für die BWK-Betriebsgruppen

tezertifikats. Ziel soll es sein, in absehbarer Zeit den Aufwand für die Durchführung einer Eingangskontrolle bei der Firma Stöhr zu reduzieren oder gar gänzlich einzusparen.

Grundlage jeglicher Zusammenarbeit ist gegenseitiges Vertrauen

Um dieses Ziel zu erreichen, bedarf es natürlich zunächst einmal eines ausreichenden Maßes an Vertrauen. Dabei überwog in der Vergangenheit innerhalb der Textilindustrie eher das Mißtrauen als das Vertrauen. Schließlich ist Wolle ein Naturprodukt, und einige Prüfmerkmale sind bis heute nur über subjektive Sichtprüfungen zu erfassen; natürliche Streuungen erschweren eine zuverlässige Qualitätsbewertung.

Zunächst ging es darum, zu entscheiden, welche Qualitätsdaten von der Firma Stöhr benötigt werden. Hierzu überreichen sie eine Aufstellung aller von ihr gewünschten Qualitätsmerkmale. Aufgrund dieser Aufstellung mußte man feststellen, daß z. T. unterschiedliche Klassifizierungen bestimmter Merkmale vorgenommen werden. Dieses spiegelt sehr gut das doch noch sehr geringe Maß an Standardisierung von Qualitätsprüfungen in der Wollverarbeitung wider. Sei es aufgrund unterschiedlich relevanter Prüfmerkmale, unterschiedlicher Klassifizierungen der Prüfmerkmale oder unterschiedlicher Prüfmittel.

Vertrauensbildend wirkt der offene Austausch und gemeinsam entwickelte Vereinbarungen

Beispielsweise unterscheidet die Firma Stöhr dunkle und schwarze Haare. Bei der BWK werden nur dunkle Haare gezählt. Auch bei der Aufteilung in Flocken, Noppen und Grieß waren Unterschiede in der Prüfroutine zu erkennen. Es gab darüberhinaus noch einige Merkmale, die routinemäßig nicht gemessen wurden. Dennoch einigte man sich auf den Umfang der in Zukunft jeder Lieferung beigefügten Gütezertifikate. Das Problem abweichender Prüfroutinen sollte so gelöst werden, daß für eine gewisse Zeit des gegenseitigen Qualitätsdatenaustausches eine Regelmäßigkeit zu erkennen sei, so daß eine Art „Übersetzung“ in Form eines Korrekturfaktors vorgenommen werden kann.

Aber nicht nur Qualitätsdaten, wie schon realisiert, sondern auch technologische Daten wie Nutzeffekte, Laufeigenschaften oder Anzahl an Fadenbrüchen sollen in Zukunft ausgetauscht werden. Weiterhin sollen nicht nur negative Rückmeldungen von den Kunden an den Lieferanten erfolgen, sondern es sollte auch mitgeteilt werden, wenn eine gelieferte Partie besonders gut gelaufen ist. Aus diesen Daten sollen schließlich Rückschlüsse auf die Qualität einzusetzender Rohwollen bzw. auf die Art der Verarbeitung möglich sein – von Seiten der BWK. Für die Firma Stöhr ist das Melden von technologischen Daten bzgl. des Verarbeitungsprozesses der BWK insofern wichtig, als daß sie z. B. ihre Maschinen von Anfang an optimaler einstellen oder entsprechend reagieren kann. Natürlich können diese Daten nur von Nutzen sein, wenn die Firma Stöhr ausschließlich von der BWK produzierte Kammzüge in deren Produktion bzw. in eine Partie einfließen läßt, was aber eher selten der Fall ist, da die Partien der Firma Stöhr in der Regel aus Kammzügen unterschiedlicher Lieferanten zusammengestellt werden.

Vollständiger und kontinuierlicher Informationsaustausch fördert gegenseitiges Verständnis und bietet Möglichkeiten zur Qualitätsverbesserung

Im Mai 1995 fand unter Beteiligung der wissenschaftlichen Begleitforschung eine Reflexion des Projektstandes statt. Dabei wurde deutlich, daß sich die BWK in vielfältigen Projektaktivitäten parallel zum QualiTex-Projekt engagierte (Zertifizierung nach DIN ISO 9000 ff., Berateraktivitäten, Rationalisierungsmaßnahmen).

Dies brachte zeitweilig eine zusätzliche Belastung für die Mitarbeiter mit sich sowie ein großes Maß an Turbulenz. Daher wurde beschlossen, sich verstärkt um die überbetrieblichen Kooperationen zu bemühen und das innerbetriebliche Gruppenkonzept eher im Hintergrund und ohne Projektdeklaration zu betreiben. Der Kreis der Mitarbeiter, der mit diesen Fragen betraut wurde, setzte sich aus Vertretern der folgenden Abteilungen zusammen:

- Logistik,
- Produktmanagement,
- Disposition,
- Produktion,
- technische Entwicklung,
- Vertrieb.

5.4.2 Stöhr GmbH, Mönchengladbach

5.4.2.1 Qualitätsphilosophie und Anlaß, am Projekt teilzunehmen

Die Produktpalette wird stetig differenzierter und macht Schulungsaktivitäten in Qualitätssicherung notwendig

Seit Bestehen der Kammgarnspinnerei Stöhr wird nach der Qualitätsphilosophie „Qualität ist, wenn der Kunde zurückkommt und nicht die Ware" produziert. Von jeher wurden sämtliche Mitarbeiter in den Produktionsabteilungen durch interne Schulungen auf die Herstellung hochwertiger Produkte vorbereitet und ausgebildet. Der stetige Ausbau der immer anspruchsvoller werdenden Produktpalette macht es erforderlich, die Mitarbeiter für den Qualitätsgedanken permanent zu sensibilisieren.

5.4.2.2 Projektverlauf

Ende 1993:

In den Anfängen sind zunächst die vielfältigen Informationen zu erfassen

In der Auftaktsitzung in der RWTH Aachen mit allen Projektbeteiligten ging es um die Klärung organisatorischer Fragen:

- Zusammenarbeit im Verbund,
- Formen der Außendarstellung und Präsentation,
- Dokumentation,
- Erstellung eines Ablaufplanes.

Wenig später fand im Hause Stöhr eine Informationsveranstaltung über das Projekt für Mitarbeiter aus verschiedenen Abteilungen statt. Einige Teilnehmer betrachteten diese neuen Aktivitäten mit sehr viel Skepsis, da sie dahinter Rationalisierungsmaßnahmen vermuteten. Dies konnte durch intensive Aufklärungsarbeit entkräftet werden.

Mit einem hieraus entwickelten Faltblatt wurden sämtliche Mitarbeiter informiert. Da dieses Blatt nur auf Deutsch abgefaßt war, war das Verständnis der ausländischen Mitarbeiter (neun Nationen) gering.

Die Verwirklichung neuer Arbeitsstrukturen erfordert umfassende Kommunikation

Wissenschaftliche Mitarbeiter der Institute führten bei der Firma Stöhr eine Grobanalyse durch, um einen Einblick in die Arbeitsprozesse zu erhalten. Dargelegt wurden die Unternehmensstrukturen, die Ablauforganisation sowie der Materialfluß und dieAuftragsabwicklung.

1994:

Die Feinanalyse beinhaltet eine erste Darstellung des Fertigungsablaufes vom Rohstoff als Eingangsprodukt bis zum verkaufsfertigen Garn. Gespräche mit Mitarbeitern aus Betriebsleitung, Qualitätssicherung und den verschiedenen Abteilungen auf Produktionsebene ermöglichten eine genaue Darstellung des Fertigungsprozesses.

Mitarbeiter unterschiedlicher Nationalitäten, aus verschiedenen Produktionsabteilungen der vier Produktionsschichten, vom Maschinenpersonal bis zum Abteilungsleiter, wurden in einem dreitägigen Beteiligungsqualifikationsseminar zur Vorgehensweise während der Gruppenarbeit geschult. Als Abschluß wurde von den Beteiligten ein Handlungsplan erstellt, der Themen wie Einrichtung von Schaukästen, „Projekt-Info", Publikation des Projektes durch Zeitungsberichte, innerbetriebliche Wartungsgruppen etc. enthielt.

Die Integration aller Hierarchieebenen ist unabdingbare Voraussetzung für überbetriebliche Kooperation

In den folgenden Wochen wurde der Handlungsplan umgesetzt.

Auf der ersten Plenarsitzung des Teilprojektes QS-VP 2.4 in Karlsruhe wurden sowohl von den beteiligten Firmen als auch den Instituten der Projektverlauf mit den ersten vorliegenden Ergebnissen vorgetragen.

Der Grundstein für eigenverantwortliches Problemlösen wird gelegt

Das im QualiTex-Projekt vorgesehene Führungskräfteseminar beinhaltete die Einführung in die Beteiligungsqualifizierung. Führungskräfte der drei Verbundfirmen wurden durch die Institute mit den Grundsätzen der Beteiligungsqualifizierung vertraut gemacht. Als Abschluß wurde ein Handlungsplan mit überbetrieblichem Charakter erstellt, der z. B. Arbeitskreistreffen der Projektlenkungsausschüsse und überbetriebliche Projektgruppen beinhaltete.

An einem zweiten Beteiligungsqualifizierungsseminar im Hause Stöhr mit weiteren Mitarbeitern nahmen auch Mitarbeiter der Firma Königsberger und am dritten Tag

Mitarbeiter der Bremer Wollkämmerei teil. Das Seminar endete mit einer Betriebsführung.

In den nachfolgenden sechs Wochen wurden alle Produktionsmitarbeiter durch den gesamten Betrieb geführt, um die Problematik der innerbetrieblichen Lieferanten-Kunden-Beziehung kennenzulernen.

Desweiteren fand ein Nachlesetreffen des BQ-Seminars mit den Teilnehmern der Firma Stöhr statt, wo abermals ein Handlungsplan erstellt wurde.

Mitarbeiter der Geschäftsführung und der Qualitätssicherung besuchten die Bremer Wollkämmerei zwecks Diskussion einiger QualiTex-Themen, verbunden mit einer ausführlichen Betriebsbesichtigung.

Um den Produktionsmitarbeitern die Problematik der textilen Flächenerzeugung aufzuzeigen, wurde an diesem Tag mit acht Mitarbeitern bei der Firma Königsberger eine Betriebsführung durchgeführt. Die Teilnehmer wurden darauf aufmerksam gemacht, welche Auswirkungen und Kosten Fehler, die in der Spinnerei entstehen, für die Tuchfabrik Königsberger haben können.

1995:

Austausch fördert das Verständnis größerer Zusammenhänge

Abteilungsspezifische und abteilungsübergreifende Beteiligungsgruppen bearbeiten selbstgewählte Themenstellungen.

Um einen stabilen Organisationsrahmen für die Beteiligung aller Mitarbeiter zu schaffen, entwirft die Firma Stöhr gemeinsam mit der wissenschaftlichen Begleitung ein unternehmensweites Leitbild zum Thema Beteiligung.

Die Entscheidungsfindung in den Beteiligungsgruppen wurde dadurch erschwert, daß die Beteiligten ihren Handlungsspielraum nicht abschätzen konnten. Dadurch wurde die strukturelle und organisatorische Notwendigkeit deutlich, die Ebene der Meister, Abteilungsleiter und Geschäftsführung in den Beteiligungsprozeß zu integrieren.

Es wurde ein erweitertes Beteiligungsgruppenkonzept entwickelt und auf einer konstituierenden Sitzung verabschiedet. Folgendes Arbeitsfeld wurde formuliert:

- Reorganisation der PW-Gruppen

In der zweiten Sitzung der Koordinationsgruppe wurde verabredet, eine auffrischende Schulung für die Mitarbeiter in der zentralen Methode zur Prüfung der Produktgleichmäßigkeit durchzuführen.

Der Kreis der zu schulenden Mitarbeiter wurde festgelegt sowie die Inhalte der Schulung näher definiert.

Das Thema der dritten Sitzung war die Ursachenanalyse der Dick- und Doppelfäden, die häufig zu Reklamationen führten. In Beteiligungsgruppen der Produktion wurden entsprechende Gegenmaßnahmen entwickelt und umgesetzt. Weiterhin fand ein Treffen mit Vertretern der BWK statt, bei dem folgende Themen besprochen wurden:

- Standardqualitäten der Fa. Stöhr im Lager der BWK,
- Qualifizierungsdefizite,
- belegloser Datenaustausch.

Es wurde vereinbart, eine relevante Anzahl von Parteien bis zu einem Folgetreffen im Januar auszuwerten, um hinreichende Ansätze zur Formulierung eines gemeinsamen Qualitätsstandards zu haben.

Eine Befragung der Mitarbeiter aus der Spinnerei zu Qualitätsproblemen orientierte sich an den Themen der „Arbeitsplatzgestaltung“ und „Schichtübergabe“.

Das zentrale Thema der Koordinationsgruppe waren die Möglichkeiten, die Schichtübergabe zu optimieren. Es wurde vereinbart, daß der Betriebsrat und die Betriebsleitung auf die Mitarbeiter zugehen, um mit ihnen gemeinsam das Thema zu erörtern.

Die Wahl von Vertrauensleuten für jede Abteilung wurde als Lösungsvorschlag formuliert, um die Problematik der Schichtübergabe gemeinsam mit den Mitarbeitern zu bearbeiten.

5.4.2.3 Inner- und überbetriebliche Kommunikationsformen

Der starre Aufbau von Informationsweitergabe, von der Geschäftsführung über die Betriebsleitung hin zum Abteilungsleiter und Meister, ohne Beteiligung der Produk-

Die Entwicklung kooperativer Arbeitsstrukturen benötigt die Überwindung von Kommunikationshemmnissen

tionsmitarbeiter, sollte durchbrochen werden. Aus den gemeinsam erstellten Handlungsplänen wurden Beteiligungsgruppen gebildet, die abteilungsintern und abteilungsübergreifend anstehende Probleme diskutieren und lösen. Diese einzelnen Gruppen setzen sich aus Maschinenkräften, Vorarbeitern und Meistern, aber auch aus verschiedenen Hierarchien zusammen. Die überbetrieblichen Kommunikationsformen existieren bisher nur auf Geschäftsführungs- und Einkaufs-/Verkaufsebene. Hier wurden Gespräche z. B. in Hinsicht auf Produktentwicklung intensiviert.

5.4.3 Tuchfabrik Jos. Königsberger GmbH, Aachen

5.4.3.1 Qualitätsphilosophie und Anlaß, am Projekt teilzunehmen

Die Anforderungen, die Kunden und Lieferanten an den Betrieb stellen, widersprechen häufig einander

Die Qualität der Produkte und der Verarbeitungsprozesse werden entscheidend von der Beschaffenheit der Fasern und Garne beeinflußt. Dabei sind häufig völlig andere Qualitätsmerkmale für die Produktqualität verantwortlich als für die Prozeßqualität. Teilweise widersprechen sich daher auch die Anforderungen. Während die Kunden der Tuchfabrik (Konfektionäre) sich ausschließlich für die Produktqualität interessieren, sind für die Kooperation mit dem Garnlieferanten beide Arten von Qualität relevant und erfordern eine engere Kooperation (Bild 5-10).

Dies war für die Tuchfabrik Königsberger Anlaß genug, im Rahmen des Projektes als letztes Glied in der Kette die Reorganisation zentraler Produktionsbereiche einzuleiten. Der Prozeß, der beteiligungsorientiert durchgeführt werden soll, setzt auf die Etablierung innerbetrieblicher Gruppenstrukturen im Produktionsbereich sowie die Verabredung auf der Führungskräfteebene.

5.4.3.2 Projektverlauf

So wurde im April 1994 eine Schulung zur Beteiligungsqualifizierung durchgeführt sowie im November des gleichen Jahres eine zweite, an der Mitarbeiter von Stöhr be-

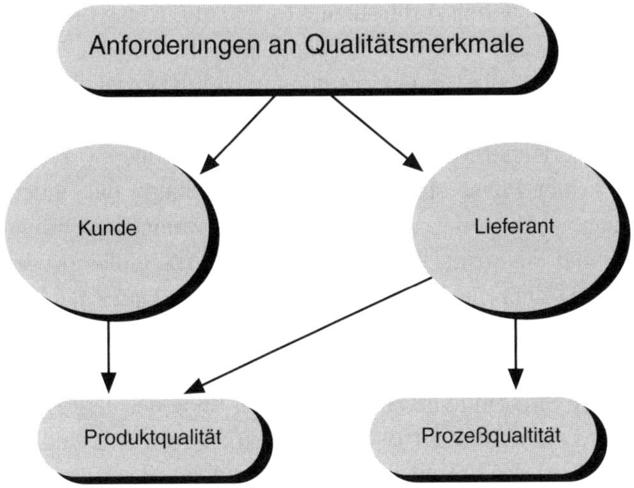

Bild 5-10: Unterschiedliche Qualitätsanforderungen

teiligt waren. Eine ebenfalls überbetrieblich zusammengestellte Schulung in Moderationstechniken fand im Winter statt, die, wie auch die Schulungen vorher, mit der Verabredung konkreter Vorhaben endete.

Die Arbeitsgruppen beschäftigen sich zum einen mit den Möglichkeiten weiterer Informationen mit dem Ziel, andere Mitarbeiterinnen und Mitarbeiter für den Projektgedanken zu interessieren. Zum anderen standen aber auch bereits seit langem existierende textiltechnische Fragen auf der Tagesordnung. Im einzelnen befaßten sich die Arbeitsgruppen mit den folgenden Themen:

1. Informationsschriften und Broschüren zu den einzelnen Produktionsstufen,
2. Gestaltung von Schaukästen, die an zentralen Orten im Betrieb aufgehängt werden sollen,
3. Übersetzung von Informationsschriften,
4. Erstellung eines Zeitungsartikels,
5. Schlingen im Garn,
6. Karoverzüge,
7. Flecken.

Bereits in der frühen Phase der innerbetrieblichen Projektkonsolidierung zeichnete sich ab, daß die Randbedin-

Ungünstige Randbedingungen wirken sich bereits auf die Projektkonsolidierung hemmend aus

gungen – definiert durch eine turbulente, wenig planbare Auftragslage und eine angespannte Situation im Unternehmen – alles andere als günstig und daher wenig dazu angetan waren, die Konsequenzen möglicher arbeitsorganisatorischer Neuerungen in Gänze mitzutragen.

In der Phase stellte sich die Entwicklung dar, indem sich der Kreis der „Aktiven" auf einige wenige beschränkte und die stringente Verfolgung von Problemlösewegen häufig dem aktuellen Tagesgeschäft zum Opfer fiel und bei der Ermittlung des Ist-Zustandes und der Definition des Problems endete.

Die Situation verschärfte sich am Ende des Jahres, als etwa ein Drittel der Belegschaft entlassen wurde und ein Wechsel der Betriebsleitung stattfand. Etwa zur gleichen Zeit fand das Führungskräfteseminar statt, das auf „höchster Ebene" in die Phase der überbetrieblichen Kooperation überleiten sollte.

Die Zusammenarbeit, die dort beschlossen wurde und sich insbesondere an den Möglichkeiten zukunftsweisender Produktinnovationen und innovativer Wege der Qualitätsverbesserungen orientiert, dient natürlich letztlich auch dem Ziel, unabhängig von den teilweise besorgniserregenden innerbetrieblichen Zuständen zum Erhalt der einzelnen Standorte beizutragen.

Im zweiten Projektjahr wurden punktuelle innerbetriebliche Arbeitskreise von seiten des Betriebes initiiert und durch die Institute begleitet. Die Betriebsbesichtigungen für Mitarbeiter der Firma Stöhr wurden weiter fortgesetzt sowie der gelegentliche Austausch von Qualitätsnachweisen.

Da die Betriebsleitung aus den genannten Gründen keine Möglichkeit sah, stetige Rahmenbedingungen für die Gestaltung neuartiger Kooperationsbeziehungen zu schaffen, beendete die Firma am Ende des Jahres ihre Mitarbeit im Projektverbund.

5.5 Bewertung der Forschungshypothesen

In den 60er Jahren begann der Abstieg der deutschen Textilindustrie. Zunehmende Internationalisierung des

Marktes und Leistungssteigerungen moderner Maschinengenerationen führten zu Betriebsschließungen und Entlassungen sowie – insbesondere innerhalb der letzten Dekade – zu Standortverlagerungen. Die Verschärfung der Krisensituation wird daran deutlich, daß der Branchenumsatz, der sich bis Mitte der 80er Jahre konstant verhielt, seit nun mehr 10 Jahren stetig sinkt. Viele Unternehmen haben in dieser Zeit mit Verlagerungen der Produktionsstätten reagiert, wodurch sie zwar ihre Unternehmensergebnisse verbessert, die Situation für die hiesigen Produktionsstätten insgesamt aber verschlechtert haben.

Standortverlagerungen und Betriebsschließungen sind Folgen der zunehmenden Internationalisierung des Marktes

Das derzeitige Ausmaß der Bedrohung wird von den Beteiligten unterschiedlich wahrgenommen: Die jüngeren Mitarbeiter der mittleren Ebene (Betriebsleitung, Disposition, Verkauf) erleben die Krise als unmittelbar existenzbedrohend und fordern entsprechend tiefgreifende Umorientierungen, während die Älteren und meist „ranghöheren“ Verantwortungsträger an den Schrumpfungsprozeß gewöhnt sind und den Niedergang der Branche als natürlichen und unaufhaltsamen Prozeß verstehen. Der Druck, der auf die Unternehmen wirkt, ist insbesondere durch den Preis bestimmt. Der Qualitätsbegriff tritt in den Hintergrund und hat keine strategische Bedeutung mehr.

Die zersplitterte Struktur der Branche reduziert den Dialog über Qualität auf das unmittelbare Kunden-Lieferanten-Verhältnis und damit schwerpunktmäßig auf technische Aspekte. Die Beschränkung auf wenige objektivierbare Qualitätskriterien engt einerseits den Spielraum für die Produktgestaltung ein, andererseits fördert er die Beherrschbarkeit von Organisations- und Produktionsabläufen. Die Produktion optimaler Qualitäten – unabhängig von der späteren Verwendung – wird damit zunehmend zur selbstverständlichen Erwartung.

Die Beherrschbarkeit des Produktionsprozesses fördert eine feingliedrige Arbeits- und Verantwortungsteilung, die von der vorhandenen Produktionstechnik gestützt wird. Das durch diesen Wirkungszusammenhang verengte Produktspektrum setzt die Denk- und Kalkula-

Der Dialog zwischen Kunden und Lieferanten wird von technischen Aspekten dominiert tionshürden hinsichtlich Preis, Menge und Qualität, an denen Innovationen meist scheitern.

Um die Gestaltungsspielräume für alle Beteiligten zu erweitern, ist es notwendig, daß Spektrum des Machbaren zu erweitern, indem eine Diskussion über alle Produktionsstufen bis hin zum Handel geführt wird. Hierbei werden die von allen Parteien eingebrachten Ideen an der Akzeptanz des Endverbrauchers gemessen. Der Dialog kann eine Erweiterung des Produktspektrums nach sich ziehen und somit den Wettbewerbsdruck mindern. Die dadurch zunehmende Komplexität wird mutmaßliche Auswirkungen bis in den Produktionsprozeß hinein haben, bei denen letztlich auch die textile Facharbeit einen anderen Stellenwert bekommen kann.

Die Diskussion um die Handelspartner zu erweitern kann die Gestaltungsspielräume aller Beteiligten vergrößern

Die zu Beginn des Projektes formulierten Thesen über die Bedeutung von Qualität, Beteiligung und das kulturelle Umfeld in den Unternehmen waren u. a. Gegenstand von abschließenden Projektgesprächen. Neben der Beurteilung des Projektes im Verlaufe der drei Jahre war die Frage nach den Ursachen für das unterschiedliche Maß von Beteiligung der Mitarbeiter ebenso Gegenstand der Gespräche wie die sich abzeichnenden Veränderungen im Kommunikations- und Kooperationsverhalten in und zwischen den Unternehmen. Abschließend werden die Erkenntnisse und Erfahrungen des Projektes den Eingangsthesen vergleichend gegenübergestellt.

These 1: Der wirtschaftliche Druck fördert die Handlungsbereitschaft.

Die beteiligten Unternehmen standen und stehen unter großem wirtschaftlichen Druck. In allen Firmen wurden Mitarbeiter entlassen und z. T. Produktionen ins Ausland verlagert. Dennoch haben sich die Unternehmen in unterschiedlicher Weise verhalten:

- Unternehmen A reagiert mit einem kurzfristigen Notprogramm, in dem Liquiditäts- und Kostenaspekte konzentriert sind.
- Unternehmen B hat als Holdingtochter eine beschränkte Handlungs- und Verantwortungsautonomie.

Man stellt sich auf einen permanenten Schrumpfungsprozeß ein und konzentriert sich auf Verbesserungsmaßnahmen, die auf bestehende Funktionen und Prozesse gerichtet sind.
- Unternehmen C hat einen deutlichen Schnitt gemacht. Nach umfangreichen Entlassungen und personellen Veränderungen in der Unternehmensführung werden z. Zt. Strategien und Konzepte diskutiert, die Planungssicherheit und ein langfristiges Agieren ermöglichen sollen.

These 2: Auf den traditionellen Wegen in den Unternehmengehen wichtige Informationen verloren.
Die innerbetrieblichen Kommunikationsbeziehungen stehen in Zusammenhang mit der Unternehmensgröße, der Unternehmenskultur und der Funktionsteilung.

- Unternehmen A wird stark geprägt von dem klassischen Konflikt zwischen Verkauf und Technik. Die Beteiligung von Mitarbeitern unterer Ebenen wurde in themenbezogenen Gesprächskreisen erprobt, hat sich jedoch noch nicht etabliert.
- Der o. g. Konflikt zwischen Verkauf und Technik wird auch in Unternehmen B deutlich. Durch die räumliche Enge, die nicht strikt geteilten Verantwortungen und den hohen Grad informeller Kommunikation („Zuruf-Oligarchie“) wird dieser Konflikt zur Alltagsgewohnheit. Im Rahmen des Projektes wurde ein Gesprächskreis installiert, der eine turnusmäßige Diskussion zwischen der Produktion und der Geschäftsleitung ermöglicht.
- Durch einschneidende Umstrukturierungsmaßnahmen wurden die Kommunikationsbeziehungen im Unternehmen C zwischen Unternehmensleitung und Produktionsmitarbeitern aufgelöst. Dort herrscht zur Zeit „Funkstille“. Innerhalb der Führungsebene wird die Kommunikation von familiären und engen persönlichen Beziehungen geprägt.

Die zwischenbetrieblichen Kommunikationsbeziehungen finden auf der traditionellen Ebene statt (Einkauf/Verkauf, Technik, Geschäftsleitung). Dabei beschränkte sich der Dialog weitgehend auf alltägliche Geschäftsvorgänge. Durch das Projekt werden jetzt weitreichende Fragestellungen diskutiert, die eine gezielte Verbesserung und Abstimmung der Abläufe in und zwischen der Unternehmen ermöglichen.

These 3: Die Sicherung der Qualität hat marktstrategische Bedeutung.
Vorrangiges Wettbewerbsinstrument ist der Preis. Vielfach versuchen die Unternehmen, durch den Einsatz „günstiger" Rohstoffe den Preisdruck zu mindern, und gehen damit ein erhöhtes Qualitätsrisiko ein. Konkurrenzprodukte aus Niedriglohnländern sind häufig qualitativ gleichrangig. Lieferbereitschaft und Marktnähe sind die wesentlichen Vorteile gegenüber ausländischen Anbietern. Die Kostennachteile werden vom Markt jedoch nicht aufgefangen.

- Im Unternehmen A sind die Qualitätsparameter klar definiert und transparent. Die Qualität ist unmittelbar preisbestimmend. Die Möglichkeiten der Qualitätsverbesserung sind durch den Rohstoffeinkauf und die einzelnen Verarbeitungsschritte gegeben und gehören zum Tagesgeschäft. Somit besteht die Strategie in einer noch größeren Kundennähe, d.h. darin, anwendungsgerechte Produkte anzubieten.
- In stärkerem Maße bestimmt der Preis im Unternehmen B die Position am Markt. Qualitätsgrößen werden hier nicht in der offenen Form diskutiert. Flexibiltät und Innovation bilden hier die Strategie, sich dem Preisdruck zu entziehen. Damit ist die Qualität einem größerem Risiko ausgesetzt, denn letztlich entscheidet die Anwendung darüber, ob die Qualität ausreichend ist. Gerade diese ist jedoch bei der Bestellung häufig nicht bekannt.
- Im Unternehmen C sind Preise und Termine die vorrangigen Wettbewerbskriterien, da hier die größte Nähe zum Endverbraucher besteht. Die Qualitäten orientieren sich an seinen Bedürfnissen; optimales Laufverhalten wird vorausgesetzt.

These 4: Die Beeinflussung der Qualität durch die Beteiligung der Mitarbeiter des Produktionsbereiches ist notwendig und sinnvoll.
Qualitätsdefizite und Sorgfaltsmängel der Mitarbeiter sind selten Ursachen für Qualitätseinbußen. Hohe Arbeitsdichte und unstetige Produktionsbedingungen führen häufig zu „vermeidbaren" Fehlern.

- Die Möglichkeiten, daß die Mitarbeiter im unmittelbaren Produktionsprozeß die Qualität beeinflussen, sind in der Firma A gering. Variationen der Qualitätsparameter, z. B. Maschineneinstellungen, gehören nicht zu deren Aufgaben.
- Im Unternehmen B bedingen unstete Produktionsabläufe Sorgfaltsmängel. Motivationsdefizite und nachlassendes Interesse an der Arbeit werden durch fehlende Abstimmung zwischen den Abteilungen verstärkt.
- Im Unternehmen C entstehen Qualitätsmängel durch eine hohe Arbeitsdichte. Die letzte Kontrollinstanz ist die Warenschau. Nachbesserungen sind möglich, so daß Produktionsfehler intern gelöst und nicht an den Kunden weitergegeben werden.

These 5: Produktionsmitarbeiter sind daran interessiert, sich an der Umgestaltung von Arbeits- und Produktionsabläufen zu beteiligen.
Das Interesse der Mitarbeiter, an der betrieblichen Gestaltung mitzuwirken, konzentriert sich häufig auf das unmittelbare Arbeitsumfeld. Der Mitgestaltungsprozeß wird häufig durch Unsicherheiten in bezug auf den Gestaltungsspielraum blockiert. Erschwert wird die Beteiligung vielfach dadurch, daß die Mitarbeiter in den Verdacht geraten, ausschließlich auf ihren eigenen Vorteil bedacht zu sein.

- Die Mitarbeiter im Unternehmen A sind an den Abläufen des Arbeitsprozesses interessiert – die direkte Gestaltung der Arbeitsbedingungen ist aber bislang auf die unmittelbare Arbeitsumgebung beschränkt.
- In den Unternehmen B und C besteht ein deutliches Interesse von seiten der Mitarbeiter an Fragestellungen

der inner- und überbetrieblichen Zusammenarbeit. Die angesprochenen Fragestellungen bzgl. der Qualität gingen häufig über das unmittelbare Arbeitsumfeld hinaus und machen auch zukünftig Absprachen auf den höheren Ebenen erforderlich.

These 6: Der Qualitätsbegriff ist unscharf und bedarf der ständigen Aktualisierung.
Die Qualität textiler Produkte setzt sich aus vielen einzelnen Qualitätsaspekten zusammen. Die Produzenten streben eine „optimale" Qualität an. Daß die einzelnen Aspekte je nach Einsatz und Verwendung unterschiedliches Gewicht haben, wird selten offen diskutiert. Damit erlegen sich die einzelnen Unternehmen Informationsblockaden auf, deren Überwindung für alle Beteiligten nutzbringend wäre.

- Im Unternehmen A sind die Qualitätsparameter eindeutig definiert. Durch die Kunden-Lieferanten-Kontakte sind zielgerichtete Definitionen möglich.
- Das Unternehmen B produziert optimale Qualitäten, da die spätere Verwendung häufig unklar ist. Das Laufverhalten des Garnes wird gelegentlich kritisiert, was nicht auf einzelne Parameter zurückzuführen ist. Diese kritische Rückmeldung von Kunden wird durch Preisabschläge und Fachberatung aufgefangen.
- Im Unternehmen C sind die Qualitätskriterien tatsächlich stark subjektiv und unscharf. Reklamationen erfolgen hier insbesondere beim unsachgemäßen Einsatz der Produkte.

Die Erkenntnisse, die im Laufe des dreijährigen Forschungsprojektes gewonnen wurden, sind in den vorangegangenen Abschnitten den früheren Annahmen und Überzeugungen gegenübergestellt und diskutiert wurden.

Welche konkreten Erfahrungen dabei für künftige Vorhaben im Bereich der Entwicklung von inner- und überbetrieblichen Kunden- und Lieferantenbeziehungen nutzbar gemacht werden können, werden im folgenden aufgeführt und beschließen das Kapitel „Bewertung der Forschungsthesen".

- Es hat sich als sinnvoll und notwendig erwiesen, in die Vermittlung von Information zu investieren, um eine stärkere Anbindung zwischen Einkauf, Verkauf und Produktion und ihren teilweise widerstreitenden Interessen zu erreichen.
- Die Bildung von strategischen Allianzen auf der Ebene von Produktionseinheiten kann insbesondere in kleinen und mittleren Unternehmen ein Klima erzeugen, daß für Innovation förderlich ist.
- Damit die Verbesserungen im Kunden-Lieferanten-Verhältnis auch zum betriebswirtschaftlichen Erfolg der Unternehmen beitragen, sollten Ziele die aktives Handeln auch im „Alltagsgeschäft" ermöglichen, formuliert sowie Kriterien entwickelt werden, anhand derer das eigene Handeln überprüft werden kann.
- Um die Mitarbeiter in die Lage zu versetzen, ohne größeren planerischen Aufwand selbsttätig für die Ziele Preis, Qualität und Termintreue zu produzieren, ist es hilfreich, weitere Qualifikationen zu vermitteln und Handlungsspielräume zu vergrößern. Investitionen in textile Facharbeit schaffen eine weitere Basis, um z. B. über die Erweiterung des Produktspektrums kompetent nachzudenken.
- Um den Anforderungen von konzeptioneller, zukunftsorientierter Planung einerseits und den berechtigten Bedürfnissen nach einem zu bewältigenden Alltagsgeschäft andererseits gerecht zu werden, kann die strategische Diversifikation eine Unterstützung sein, um für die Entwicklung von „Spezialitäten" Maschinen zur Verfügung zu stellen und gleichzeitig durch andere Aufträge die nennenswerte mengenmäßige Auslastung zu sichern.

5.6 Zusammenfassung

Der vorliegende Bericht dokumentiert ein dreijähriges Forschungsprojekt, das sich mit der Entwicklung inner- und überbetrieblicher Kunden- und Lieferanten-Beziehungen in drei Unternehmen der Textilindustrie beschäftigt. Mit Unterstützung der beteiligten Institute der Rheinisch-Westfälischen Technischen Hochschule Aachen (Hochschuldidaktisches Zentrum und Institut für Textiltechnik) wurden auf der Basis eines beteiligungsorientierten Projektansatzes die Organisations- und Führungsstrukturen in den Betrieben hinsichtlich ihrer Möglichkeiten untersucht, die Qualität von Produkten und Prozessen zu optimieren. Ein wichtiges Anliegen im Projekt war die Schaffung von Rahmenbedingungen, die es den Mitarbeitern auf der Produktionsebene ermöglichten, ihr Erfahrungswissen mit Kollegen auszutauschen und in themenorientierten Arbeitsgruppen zu vertiefen und weiterzugeben. Durch Qualifizierungsmaßnahmen im Bereich der fachlichen und überfachlichen Schlüsselkompetenzen wurden die Mitarbeiter und auch die Geschäftsführung in die Lage versetzt, betriebsspezifische Organisationsformen von Teamarbeit auszuprobieren, um auf allen betrieblichen Ebenen an Fragen der Qualitätsverbesserung gemeinsam zu arbeiten.

Nachdem in der ersten Projektphase insbesondere die Gestaltung der jeweils betriebsinternen Kunden-Lieferanten-Verhältnisse sowie die Entwicklung von betriebsspezifischen Gruppenkonzepten im Vordergrund standen, ging es in der zweiten Projekthälfte darum, den Erfahrungsaustausch auf betriebsübergreifender Ebene anzuleiten und eine gezielte Verbesserung der Abläufe zwischen den Unternehmen zu ermöglichen.

Ein zentrales Ergebnis des Projektes ist die Erkenntnis, daß die Diskussion um Gestaltungsspielräume in der Kunden-Lieferanten-Beziehung bis hin zum Handel fortgesetzt werden muß, um der weitgehenden Reduzierung der Kommunikation auf technische Aspekte entgegenzuwirken. Die strategische Bedeutung des Qualitätsbegriffes ist außer Kraft gesetzt, wenn die Produktion optimaler Qualitäten als selbstverständlich vorausgesetzt wird. Wenn in der Kommunikation vom Garnhersteller bis zum Konfektionär über die mögliche Verwendung des Materials gesprochen wird, eröffnen sich für alle Beteiligte Spielräume für den Einsatz und die Verarbeitung des Rohstoffes sowie für die gemeinsame Entwicklung neuer Produkte.

Von wissenschaftlicher Seite war das Vorgehen von Annahmen geleitet, die in Form von Forschungsthesen in dem vorliegenden Bericht dargelegt und anhand der erzielten Ergebnisse überprüft wurden. Die abschließend in Kapitel 5 formulierten zentralen Ergebnisse können als Anhaltspunkte hinsichtlich der Gestaltung inner- und überbetrieblicher Kunden-Lieferanten-Beziehungen verstanden werden, wobei die jeweiligen betrieblichen und branchenspezifischen Bedingungen immer den konkreten Bezugsrahmen bilden und entsprechend berücksichtigt werden sollten.

5.7 Literaturhinweise

[Fischer, H. 1995] Fischer, H.: Der Mitarbeiter – Schlüssel zum Erfolg. Personal, Heft 2, 1995

[Geiger, G. 1995] Geiger, G.: Schlankes Unternehmen – in der Praxis ein mühsamer Weg. Personal, Heft 2, 1995

[Henning, K. 1993] Henning, K.; Kaiser, B.; Schimweg, R.: Organisationsentwicklung als Voraussetzung für erfolgreiche Umweltqualitätssicherung. In: Eckhard Schillmeyer (Hrsg.): Textilveredlung zwischen Ökologie und Qualität. DTNW-Mitteilung Nr. 19, 1993

[Henning, K. 1994] Henning, K.; Schimweg, R.; Wollenweber, D.: Neue Organisationsstrukturen zur Verbesserung des Material- und Informationsflusses. In: DWI- Reports, Nr. 113, 1994

[Henning, K. 1995] Henning, K.; Marks, S.: Kommunikations- und Organisationsentwicklung. 1995

[Henning, K. 1995] Henning, K.; Scherf, S.; Unger, H.: Aus- und Weiterbildung. In: Luczak, H. & Volpert, W. (Hrsg.). Handbuch Arbeitswissenschaft. 1995

[PQZ 1994] Programm Qualitätssicherung Zwischenbericht 1994: Beteiligungsorientierte Entwicklung und Realisierung qualitätsförderlicher Organisations- und Führungsstrukturen in der textilen Fertigung. Aachen 1995

[Sell, R. 1993] Sell, R.; Fuchs-Frohnhofen, P.: Gestaltung von Arbeit und Technik durch Beteiligungsqualifizierung. Ein erprobtes Modell für die betriebliche Praxis und wissenschaftliche Weiterbildung. Opladen 1993

[Staehle, W. H. 1991] Staehle, W. H.: Management. Eine verhaltenswissenschaftliche Perspektive. München 1991

6 Qualitätsförderung als innerbetriebliche und unternehmensübergreifende Aufgabe in der Papierverarbeitenden Industrie

M. Faller
Projektgemeinschaft QS-VP 2.4.5: Papierverarbeitende Industrie
Federführung: August Faller KG,
Waldkirch i. Brsg.

Inhaltsverzeichnis

6.1 Ziele der Projektgemeinschaft ... 612
6.2 Vorgehensweise ... 613
6.2.1 Analysephase ... 613
6.2.2 Konzeptionsphase ... 615
6.2.3 Spielregeln der Gruppenarbeit ... 619
6.2.3.1 Moderatorensuche ... 619
6.2.3.2 Themensammlung und -auswahl ... 619
6.2.3.3 Zusammensetzung neu zu gründender Problemlösungsgruppen ... 619
6.2.3.4 Einführungssitzung für neu gegründete Problemlösungsgruppen ... 620
6.2.3.5 Sitzungen der Problemlösungsgruppen ... 620
6.2.3.6 Protokolle zu Sitzungen der Problemlösungsgruppen ... 621
6.2.3.7 Maßnahmen, Verbesserungsvorschläge der Problemlösungsgruppen ... 621
6.2.3.8 Umsetzung der Lösungsvorschläge ... 621
6.2.3.9 Ergebniskontrolle der umgesetzten Maßnahmen ... 622
6.2.4 Arbeit in unternehmensübergreifenden Problemlösungsgruppen ... 622
6.2.5 Qualifikation der Mitarbeiter ... 624
6.3 Praxisorientierte Umsetzung ... 625
6.3.1 Moderatorenausbildung ... 626
6.3.2 Einrichtung erster Problemlösungsgruppen ... 626
6.3.3 Mittleres Management ... 627
6.3.4 Infoshop ... 628
6.3.5 Ergebnistransfer ... 628
6.4 Beispielhafte Darstellung der firmenübergreifenden Arbeit in Problemlösungsgruppen ... 629
6.5 Resümee und Ausblick ... 632
6.6 Literaturhinweise ... 635

6.1 Ziele der Projektgemeinschaft

Ziele der Projektgemeinschaft QS-VP 2.4.5

Die Zielstellung der Projektgemeinschaft „papierverarbeitende Industrie" QS-VP 2.4.5 besteht im Rahmen des übergeordneten Verbundprojektes QS-VP 2.4. darin, durch enge Zusammenarbeit mit Kunden und Lieferanten Qualitätspotentiale zu erschließen. Hierzu sollen unter Berücksichtigung externer Kunden-Lieferanten-Beziehungen neue Organisations- und Führungsstrukturen erarbeitet werden und geeignete Organisationsformen für betriebsübergreifende Arbeitsgruppen entwickelt, erprobt und fortlaufend optimiert werden. Anschließend wird die Übertragbarkeit der Ergebnisse auf andere Unternehmen untersucht.

Partner der Projektgemeinschaft

Das federführende Unternehmen August Faller KG entwickelt modellhaft Problemlösungen für die Rolle des Produzenten und die Kartonfabrik Buchmann GmbH für den Lieferanten im überbetrieblichen Kooperationsprozeß. Darüber hinaus werden weitere Kunden und Lieferanten beider Unternehmen in das Projekt einbezogen. Die Universität Bochum, Institut für Arbeitswissenschaft, Lehrstuhl für Arbeitssystemplanung und -gestaltung, Prof. Dr. Ing. Schnauber, unterstützt die Industrieunternehmen als wissenschaftlicher Begleitforscher sowie in der Durchführung von Schulungen und Erarbeitung neuer Organisationsstrukturen.

Erwartungen der Projektpartner

Die Unternehmen erwarten von ihrer Projektteilnahme den Aufbau TQM-gerechter Strukturen, eine Qualifizierung der Mitarbeiter, die Einführung neuer Führungs- und Organisationsstrukturen, die Motivation der Mitarbeiter sowie über das Unternehmen hinaus eine Verbesserung der Kundenorientierung und eine Übertragung der neuen Organisationsformen auf weitere Kunden-Lieferanten-Beziehungen. Insbesondere durch enge Zusammenarbeit zwischen Hersteller und Lieferant sollten künftig die gegenseitigen Erwartungen und Möglichkeiten, die von einem Produkt gefordert, deutlich werden, um so eine bessere Abstimmung, gemeinsame Marketingstrategie gegenüber dem Endabnehmer sowie Wissens- und Erfahrungsaustausch zum Nutzen der beteiligten Firmen zu ermöglichen. Hierdurch sollen sowohl die Qualität des Produktes, der Service, als auch die Kundenbindung und -zufriedenheit verbessert werden.

Gerade in kleinen und mittelständischen Unternehmen wird zukünftig nur Qualitätsführerschaft bei hoher Flexibilität eine ausreichende Beschäftigung sichern. Hierzu ist vor allem in der Organisation des Unternehmens über alle Ebenen eine Kundenorientierung umzusetzen.

6.2 Vorgehensweise

6.2.1 Analysephase

Umfassende QS-Stärken/Schwächen-Bilanz

Als Ausgangspunkt für die Konzeption und Entwicklung neuer, alternativer Formen der Zusammenarbeit zwischen Unternehmen wurde zunächst mit Unterstützung der Universität Bochum eine Analyse der inner- und überbetrieblichen Organisations- und Führungsstrukturen bei den Projektpartnern durchgeführt und eine QS-Stärken- und -Schwächenbilanz erstellt. Dies geschah einerseits durch Interviews mit Führungskräften der oberen und mittleren Managementebene sowie durch einen schriftlichen Fragenkatalog, der Qualitätssicherungsaufgaben, Informationsbeziehungen, Aufgabenstruktur usw. jeder Abteilung der Unternehmen erfaßte und andererseits durch eine anonyme Mitarbeiterbefragung, die zur subjektiven Einschätzung des Arbeitsklimas diente.

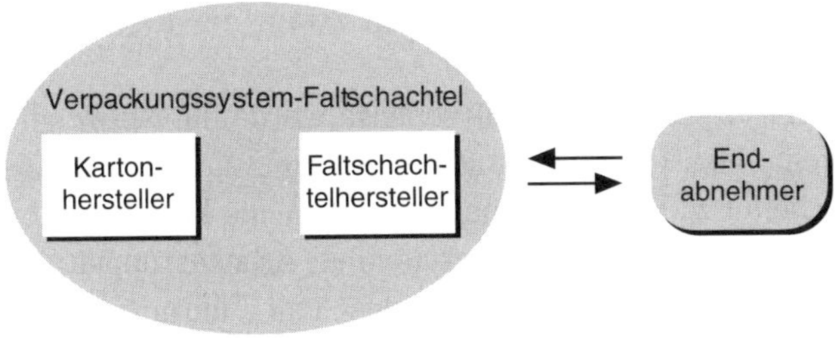

Bild 6-1: Skizze Verpackungssystem Faltschachtel

Ausgangslage der August Faller KG

Zu Beginn des Projektes existierte bei der August Faller KG bereits ein in weiten Teilen funktionierendes QS-System (1986 Gütesiegel RAL Pharma-Verpackung; 1990 QS-Zertifikat nach DIN EN ISO 9001). Es zeigte sich jedoch bei der Analyse von Kundenreklamationen, daß die Selbstkontrolle und Eigenverantwortung der Mitarbeiter noch nicht stark genug ausgeprägt war und durch das in Teilen überreglementierte QS-System blockiert wurde. So wurde in der Analysephase ein Bereichs- und Abteilungsegoismus, mangelndes Wissen und Verständnis für vor- und nachgelagerte Arbeitsprozesse, Mängel im Auftragsdurchlauf sowie ein Nichtausschöpfen der Mitarbeiterkreativität festgestellt. Es galt die stark unternehmensbezogene Sicht- und Handlungsweise der Mitarbeiter in Richtung stärkerer Kundenorientierung und engerer Zusammenarbeit mit den Lieferanten zu verändern.

Auch die subjektive Einschätzung der Mitarbeiter zu den vier folgenden Bereichen Arbeitsalltag, Qualitätssicherungssystem, Informationsfluß und Vorgesetztenverhalten bestätigte die festgestellten Ergebnisse. Besonderen Handlungsbedarf ließ hier die oft unzureichende Information über das Unternehmensgeschehen durch die Geschäftsführung erkennen. Der Informationsbedarf der Mitarbeiter schien nicht ausreichend befriedigt zu werden.

Ausgangslage der Kartonfabrik Buchmann GmbH

Die Kartonfabrik Buchmann GmbH führte zu Projektbeginn gerade ein Qualitätsmanagement nach DIN EN ISO 9001 ein, um den zunehmenden Qualitätsanforderungen gerecht zu werden. Die Teilnahme am Projekt erfolgte u.a. aufgrund hoher Reklamationskosten sowie einem zunehmenden Wettbewerb mit einhergehendem Preisverfall und dem daraus folgenden Zwang zur Rationalisierung.

Als Ergebnis der Analysephase wurde die Notwendigkeit einer Qualifizierung der Führungskräfte und Mitarbeiter zu Problemlösungstechniken, die Installation betriebsinterner und übergreifender Arbeitsgruppen, die Einführung neuer Organisations- und Führungsstrukturen und die Übertragung der gewonnenen Ergebnisse auf andere Kunden-Lieferanten-Beziehungen erkannt.

Anforderungen an die Gestaltung der neuen Organisations- und Führungsstrukturen

Durch Aufbau firmenübergreifender Organisations- und Führungsstrukturen sollten folgende Verbesserungen erreicht werden:

- betriebsinterne Kommunikation und Kooperation zwischen verschiedenen Bereichen/Abteilungen (horizontal) sowie zwischen dem oberen Management und den Mitarbeitern (vertikal),
- Aufbruch erstarrter nicht kooperativer Organisations- und Führungsstrukturen,
- Motivation der Mitarbeiter zur stärkeren Beteiligung am Unternehmensprozeß,
- systematische interne/externe Weiterbildung/Schulung aller Mitarbeiter zur Förderung von Motivation und Kreativität,
- Aufbau interner Kunden-Lieferanten-Beziehungen zur Erhöhung der Transparenz des Auftragsdurchlaufs,
- stärkere Verbreitung des Wissens aus dem QM-Bereich (z. B. Forderungen der QS-Normen und GMP-Richtlinien) auf oberen/mittleren Hierarchie-Ebenen sowie
- Abbau von Wissenskonzentration und
- Verbesserung betriebsübergreifender Kommunikation auf allen Hierarchie-Ebenen zu den Lieferanten, inklusive einer stärkeren Einbeziehung von Lieferanten in Entwicklungsprozesse usw.

6.2.2 Konzeptionsphase

Vorgehensweise als Ergebnis der Analyse

Zur Entwicklung neuer Formen der Zusammenarbeit zwischen Lieferant, Hersteller und Kunden wurde folgendes Vorgehen als Ergebnis der Analysephase festgelegt:

- Erarbeitung und Einführung neuer Organisations- und Führungsstrukturen zur Verbesserung der inner- und zwischenbetrieblichen Zusammenarbeit
- Qualifizierung von Mitarbeitern zu Moderatoren/Multiplikatoren
- Einrichtung betriebsinterner Arbeitsgruppen zur Lösung konkreter Probleme im internen Unternehmensgeschehen (sogenannte Problemlösungsgruppen) und zur Erprobung der neuen Strukturen

- Einrichtung betriebsübergreifender Problemlösungsgruppen zur Optimierung der Zusammenarbeit entlang der Wertschöpfungskette Lieferant-Hersteller-Kunde
- weitere Qualifizierung der Mitarbeiter zu Problemlösungstechniken, Gesprächsführung, Konfliktmanagement und Teamentwicklung
- Übertragung der gewonnenen Ergebnisse auf andere Kunden-Lieferanten-Beziehungen.

Ergebnisse wurden vor allem in der Fortsetzung und Intensivierung der unternehmensübergreifenden Teamarbeit erzielt, wobei neue Organisationsstrukturen in den Unternehmen eingeführt, erprobt und fortlaufend verbessert wurden. Hierbei wurde die projektbegleitende Verallgemeinerung der gewonnenen Erfahrungen zur Absicherung des Ergebnistransfers berücksichtigt.

Zielvereinbarungssitzung der Projektpartner

In einer gemeinsamen Sitzung vereinbarten die beiden Projektpartner Ziele, Rahmenbedingungen sowie Themen des Jahres 1995. Als Schwerpunkte wurden die Senkung der Reklamationsquote, eine verbesserte unternehmens-

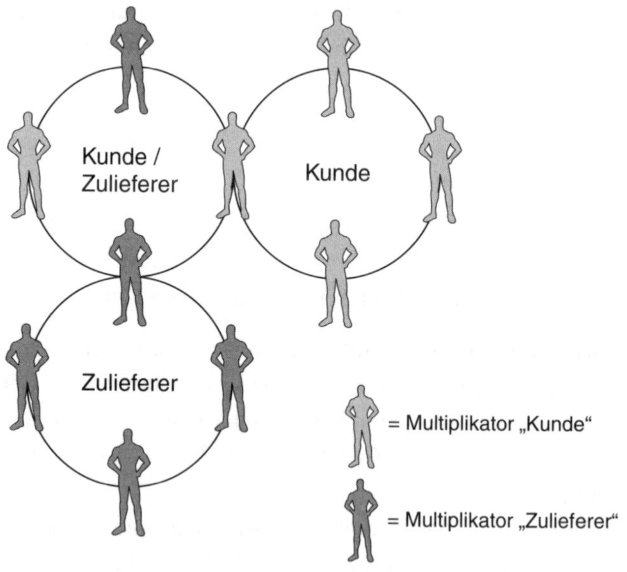

Bild 6-2: Arbeitsgruppen als Netzwerk von „Multiplikatoren“ [vgl. JANSEN, M. 1995a; JANSEN, M. 1995b]

übergreifende Logistik und gemeinsame Entwicklungsprojekte festgelegt.

In einem weiteren gemeinsamen Workshop wurden die bereits 1995 gewonnenen Erfahrungen der Arbeit in zwei firmenübergreifenden Projektgruppen aus den Bereichen Technik/Organisation und Auftragsabwicklung analysiert. Neben der Festlegung weiterer überbetrieblicher Arbeitsgruppen und ihrer Arbeitsthemen wurden auch positive und negative Aspekte der firmenübergreifenden Gruppenarbeit diskutiert: Als äußerst positiv wurde die offene Atmosphäre und rege Mitarbeit aller beteiligten Mitarbeiter eingeschätzt, während Kritik an der Zusammensetzung einzelner Projektgruppen bzw. des zwischenbetrieblichen Informationsaustausches geübt wurde.

Workshops der Projektpartner

Zur Umsetzung von Verbesserungen fanden bei den beteiligten Firmen Faller und Buchmann interne Workshops statt, in denen die Abteilungsleiter und die Moderatoren Maßnahmen zur Umsetzung der Verbesserungsvorschläge festlegten. Diese betrafen beispielsweise eine veränderte Zusammensetzung der Arbeitsgruppen sowie die Verbesserung des Erfahrungsaustausches und der Visualisierung der Ergebnisse.

Bild 6-3 zeigt die anläßlich eines Workshops zusammengefaßten Erfahrungen der über- und innerbetrieblichen Zusammenarbeit in Gruppen.

Besonders zweckmäßig zeigte sich die Erarbeitung und Festschreibung der „Spielregeln der Gruppenarbeit" (siehe Abschnitt 6.2.3). Sie dienten dazu die mangelnde Übersicht und Transparenz der Projektorganisation bei den Mitarbeitern zu erhöhen. Diese Spielregeln wurden zunächst von Faller entwickelt und erprobt, und später nach Überarbeitung von beiden Projektpartnern für die unternehmensübergreifende Arbeit übernommen und fassen folgende Erfahrungen zusammen:

- Moderatorensuche,
- Themensammlung und -auswahl,
- Zusammensetzung neu zu gründender Problemlösungsgruppen,
- Einführungssitzung für neu gegründete Problemlösungsgruppen,

- Organisation der Sitzungen,
- standardisierte Protokolle,
- Maßnahmen und Verbesserungsvorschläge der Problemlösungsgruppen,
- Umsetzung der Lösungsvorschläge sowie
- die Ergebniskontrolle der umgesetzten Maßnahmen.

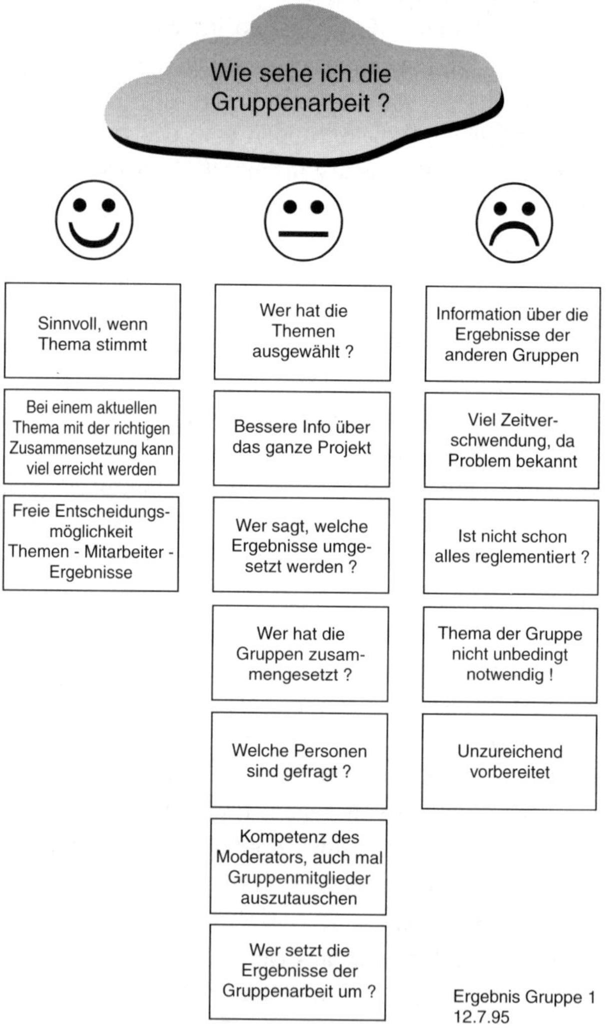

Bild 6-3: Erfahrungen der über und innerbetrieblichen Zusammenarbeit

6.2.3 Spielregeln der Gruppenarbeit

6.2.3.1 Moderatorensuche

Informationen über Moderatorenausbildungen werden per Aushang den Mitarbeitern bekanntgegeben, um Interessentenmeldungen der Mitarbeiter beim Projektleiter oder beim Betriebsratsvorsitzenden zu erfassen. Wenn die Anzahl der geforderten Moderatoren nicht durch freiwillige Meldungen gedeckt werden kann, werden vom Führungskreis vorgeschlagene, geeignete Mitarbeiter in Abstimmung mit dem Betriebsrat direkt angesprochen. Die Erfahrungen zeigen, daß die Bereitschaft zur Schulungsteilnahme und Übernahme von Moderatorentätigkeiten auf freiwilliger Basis erfolgen sollte.

6.2.3.2 Themensammlung und -auswahl

Jeder Mitarbeiter, wie auch der Führungskreis, können Themen vorschlagen, die in Problemlösungsgruppen bearbeitet werden sollen. Die Themenvorschläge sind beim Projektleiter einzureichen und werden vom Führungskreis, nach Priorität geordnet, in einer Liste festgehalten. Dieser Themenspeicher wird am Infoshop ausgehängt und laufend aktualisiert, so daß gewährleistet ist, daß kein Themenvorschlag verloren geht. Die Abarbeitung der Themen erfolgt anhand der Prioritätenliste. Die gegründeten Problemlösungsgruppen werden am Infoshop allen Mitarbeitern bekanntgegeben.

6.2.3.3 Zusammensetzung neu zu gründender Problemlösungsgruppen

Der Führungskreis gibt für das zu bearbeitende Thema die Abteilungen sowie die jeweilige abteilungsbezogene Personenzahl vor, die in den zu gründenden Problemlösungsgruppen vertreten sein sollten. Hierbei werden auch Mitarbeiter von Kunden und Lieferanten berücksichtigt. Die Mitarbeiter der Abteilungen entscheiden, wer an der Problemlösungsgruppe als Abteilungsvertreter teilnimmt. Es sollte dabei darauf geachtet werden, daß möglichst alle Abteilungsmitarbeiter einschließlich des Leiters einmal die Chance zur Mitarbeit in einer Gruppe erhalten. Es ist möglichst der themenbezogen geeignetste Mitarbeiter zu bestimmen.

Die Abteilungsleiter geben dem Projektleiter Rückmeldung über die getroffene Abteilungsentscheidung. Der Moderator für die neue Problemlösegruppe wird vom Führungskreis vorgeschlagen, es werden jedoch auch Gegenvorschläge der Gruppe berücksichtigt.

6.2.3.4 Einführungssitzung für neu gegründete Problemlösungsgruppen

Die Erfahrungen zeigen, daß eine ca. ½-stündige Einführungssitzung des Projektleiters mit den Gruppenmitgliedern sowie dem Moderator sinnvoll ist. In dieser, zunächst innerbetrieblichen, Besprechung wird das zu bearbeitende Problem nochmals inhaltlich erläutert, evtl. vorhandene Unterlagen übergeben sowie Rahmenbedingungen und Ziele der Gruppenarbeit diskutiert. Außerdem ist die Festlegung eines zeitlichen Rahmens (Sitzungsdauer, Sitzungshäufigkeit und möglicher Endtermin der gemeinsam mit den Gruppenmitgliedern abgestimmt und festgelegt werden sollte) sinnvoll. Die Abstimmung des ersten Sitzungstermins erfolgt mit den „internen und externen“ Gruppenmitgliedern, die anschließend mit ihrem Abteilungsleiter bzw. Unternehmensvertreter ihre Teilnahme absprechen, um evtl. notwendige Vertretungen für die Sitzungsdauer zu organisieren.

6.2.3.5 Sitzungen der Problemlösungsgruppen

Die Sitzungen der Problemlösungsgruppen werden vom Moderator organisiert und geleitet. Die Spielregeln für die Gruppensitzungen sollten durch die Gruppe selbst geregelt werden.

6.2.3.6 Protokolle zu Sitzungen der Problemlösungsgruppen

Es ist sinnvoll, ein einheitliches Formular für die Protokolle der Gruppen sowie ein einheitliches Verfahren zur Erstellung vorzugeben, um den Zeitaufwand für die Protokollschreibung möglichst zu minimieren. Die Protokolle werden an die Gruppenmitglieder, den Moderator, den betreffenden Abteilungsleiter - bzw. das beteiligte externe Unternehmen - und den Projektleiter verteilt. Alle Protokolle werden in einem gesonderten Ordner, nach Problemlösungsgruppen sortiert, gesammelt und stehen zur allgemeinen Information zur Verfügung.

6.2.3.7 Maßnahmen, Verbesserungsvorschläge der Problemlösungsgruppen

Auch hierzu wurde ein einheitliches Formular gestaltet. Die Korrekturmaßnahmen sind schriftlich festzuhalten und zu begründen. Die Verteilung erfolgt neben den Gruppenmitgliedern an den Moderator, den betreffenden Abteilungsleiter, den Führungskreis und den Betriebsrat. Die Verbesserungsvorschläge werden anschließend im Führungskreis besprochen. Falls hierbei die vorschlagenenen Maßnahmen nicht akzeptiert werden, wird die Gruppe zu einer gemeinsamen Sitzung mit dem Führungskreis eingeladen, bei der die Ergebnisse und die weitere Vorgehensweise diskutiert werden.

6.2.3.8 Umsetzung der Lösungsvorschläge

Wird den vorgeschlagenen Maßnahmen durch den Führungskreis zugestimmt, so erfolgt eine schriftliche Rückmeldung an den Moderator der Gruppe. Gleichzeitig wird das Ergebnis der Gruppenarbeit am Infoshop veröffentlicht. Der Moderator stimmt eine vom Führungskreis erhaltene Terminvorgabe für eine Sitzung zur Umsetzung der Maßnahmen ab, an der alle Gruppenmitglieder die betreffenden Abteilungsleiter sowie der QS-Leiter teilnehmen.

In dieser Sitzung werden die Verbesserungsvorschläge diskutiert und die erforderlichen Maßnahmen zur Umsetzung eingeleitet, die Aufnahme geänderter Abläufe und Verfahren in der QS-Dokumentation vorbereitet und der Start der Umsetzung sowie der Probezeitraum terminiert.

Bei einer Ablehnung bzw. Aufschiebung einzelner Maßnahmen muß vom Führungskreis eine Begründung an den Moderator abgegeben werden. Der Moderator entscheidet, ob eine weitere Sitzung der Problemlösungsgruppe zur Diskussion der Ablehnung notwendig ist oder ob für die angenommenen Maßnahmen baldmöglichst eine Sitzung zur Umsetzung wie oben beschrieben einberufen wird.

6.2.3.9 Ergebniskontrolle der umgesetzten Maßnahmen

Die QS-Leitung überwacht in unregelmäßigen Abständen die Durchführung der umgesetzten Verbesserungsmaßnahmen. Nach dem Abschluß des Probezeitraumes wird vom Moderator eine letzte Gruppensitzung unter Teilnahme des QS-Leiters einberufen.

In dieser Sitzung wird kontrolliert und diskutiert, ob die getroffenen Maßnahmen in der erwarteten Weise zur Verbesserung geführt haben. Kann darüber Einverständnis erzielt werden, so wird die endgültige Aufnahme geänderter Abläufe und Verfahren im QS-Handbuch bzw. in Organisationshandbüchern veranlaßt. Über diese letzte Sitzung wird ein Abschlußbericht erstellt, der an die Teilnehmer die betroffenen Unternehmen, Abteilungsleiter, den Führungskreis und den Betriebsrat verteilt wird.

Die Ergebnisse der Problemlösungsgruppe werden wiederum am Infoshop veröffentlicht. Haben sich keine zufriedenstellenden Verbesserungen eingestellt, wird ein neuer Sitzungstermin für die Gruppe festgelegt und das Problem erneut behandelt.

6.2.4 Arbeit in unternehmensübergreifenden Problemlösungsgruppen

Die ersten betriebsinternen Problemlösungsgruppen wurden in beiden Unternehmen Ende 1994 gegründet. Sie dienten zur ersten Erprobung dieser neuen Organisations- und Führungsstruktur.

In 1995 wurden dann vier firmenübergreifende Problemlösungsgruppen eingerichtet, die derzeit einen unterschiedlichen Arbeitsstatus besitzen. Die Themen der Problemlösungsgruppen betreffen folgende Aufgabenstellungen: siehe Tabelle 6-1.

Wichtig ist eine Umsetzung der in der externen Zusammenarbeit erprobten Strukturen in die interne Unternehmensorganisation. Dies betrifft sowohl die Umsetzungs- als auch die Entscheidungs- und Durchführungskompetenzen.

Hierzu ist es sinnvoll, weitere interne Arbeitsgruppen zu bilden, die die Erfahrungen der externen Projektgruppe umsetzen. Es zeigte sich, daß durch die Einrichtung zusätzlicher interner Problemlösungsgruppen in beiden Unternehmen schneller und erfolgreicher entsprechende Resultate in die Praxis übergeleitet werden können.

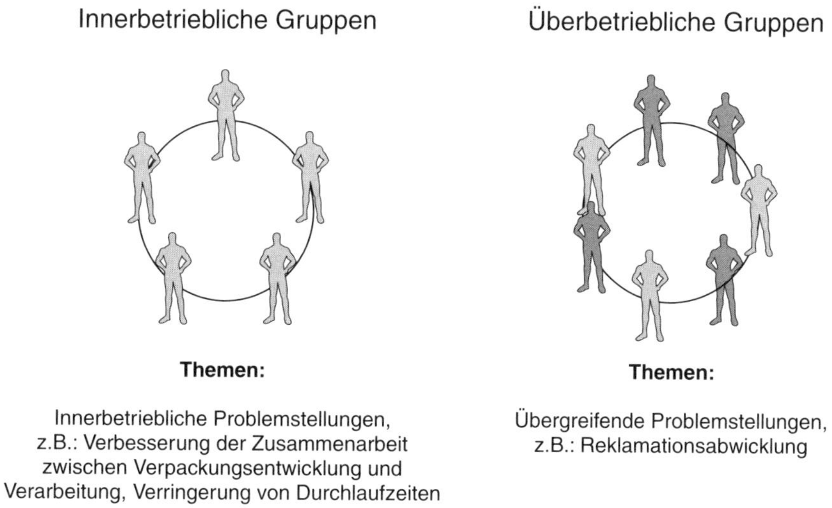

Bild 6-4: Konzept der Arbeitsgruppen

PG-Nr.	Thema	Anzahl Teilnehmer	Status
04	Senkung der Reklamationsquote	6	Arbeit beendet
05	Maßnahmen zur verbesserten Abwicklung von Eilaufträgen	6	in Arbeit
10	Verbesserung der Kartonoberfläche bzw. des Kartonstrichs zur besseren Lackierbarkeit und Erhöhung des Glanzes	6	in Arbeit
14	Wie wird sichergestellt, daß Bedruckstoffanlieferungen in der kalten Jahreszeit zu Druckbeginn die erforderliche Temperatur und Feuchte haben?	Werden noch festgelegt	in Vorbereitung

Tabelle 6-1: Unternehmensübergreifende Problemlösungsgruppen

6.2.5 Qualifikation der Mitarbeiter

Die Erfolge der über- und innerbetrieblichen Zusammenarbeit hängen entscheidend von einer Qualifizierung der Mitarbeiter ab. So wurde auch in 1995 die Moderatorenschulung der Mitarbeiter aus unterschiedlichen Abteilungen fortgesetzt. Die Übernahme von zusätzlicher Verantwortung als Gruppenmoderator führt zu einer stärkeren Identifikation mit der Aufgabenstellung der Gruppe und zu einer hohen Motivation der Mitarbeiter zur Problemlösung. Außerdem wird ein besseres Verständnis der Probleme des Kunden bzw. des Lieferanten erreicht.

Zur Moderatorenschulung fanden bei beiden Projektpartnern zahlreiche Seminare und Workshops zum Erfahrungsaustausch statt, die vom LAS der Ruhr-Universität Bochum geleitet wurden.

Die bisherigen positiven Resultate sollen in der weiteren Projektarbeit gefestigt werden.

Neben der Qualifizierung zu Moderatoren wurden Mitarbeiter – insbesondere die mittlere Führungsebene –

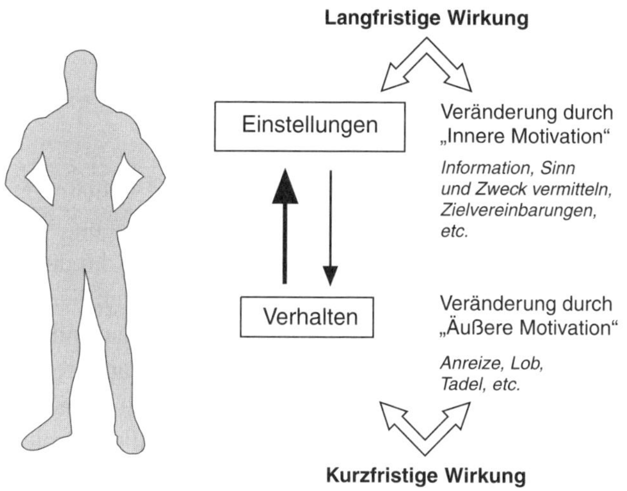

Bild 6-5: Einflüsse auf Denk- und Verhaltensweise der Mitarbeiter

durch mehrere Workshops in kooperativer Führung, Sozialverhalten, Gesprächsführung und Konfliktmanagement geschult.

6.3 Praxisorientierte Umsetzung

Insbesondere die durch einen neutralen Auditor, der LAS der Ruhr-Universität Bochum, durchgeführte QS-Stärken- und -Schwächen-Analyse und die Auswertung einer Mitarbeiterbefragung zeigten die Defizite und Potentiale des Forschungsvorhabens.

Der Handlungsbedarf in den einzelnen Unternehmen wurde in Form von Verbesserungsvorschlägen, bezogen auf die einzelnen Elemente der QS-Normenreihe sowohl für die internen als auch für die unternehmensübergreifenden qualitätsbeeinflussenden Faktoren zusammengefaßt. Zur Verbesserung der Zusammenarbeit der Abteilungen in den einzelnen Unternehmen sowie mit Kunden und Lieferanten wurde zunächst der Qualifizierungsbedarf der Mitarbeiter festgelegt und anschließend themenbezogen Teams gebildet, die beispielhaft inner- und überbetriebliche Themenstellungen bearbeiten.

6.3.1 Moderatorenausbildung

Gestaltung der Moderatorenschulung

Durch Moderatorenschulungen werden Mitarbeiter aus unterschiedlichen Abteilungen und Hierarchieebenen befähigt, Problemlösungsgruppen zu leiten.Die Moderatorenschulungen stellten den praktischen Beginn der Projektarbeit für die Mitarbeiter beider Häuser dar und wurden gemeinsam durchgeführt – je sechs Mitarbeiter von Faller bzw. Buchmann. Es handelte sich um zweitägige Veranstaltungen, die abwechselnd bei einem der Projektpartner stattfanden und mit Betriebsbesichtigungen verbunden waren. Inzwischen wurden drei Schulungen durchgeführt, so daß bei Faller ca. 10% und bei Buchmann ca. 5% der Mitarbeiter in Moderationstechniken ausgebildet sind.

6.3.2 Einrichtung erster Problemlösungsgruppen

Die Arbeit in den Teams wurde aufgenommen, regelmässige Sitzungen der Arbeitsgruppen finden statt. Diese wurden insbesondere am Anfang von Mitarbeitern der Universität Bochum begleitet und ausgewertet, um Verbesserungsvorschläge für die Organisations- und Führungsstruktur abzuleiten und Hilfestellung für die Moderatoren zu geben. Für die ersten Gruppen wurden relativ einfache Themenstellungen ausgewählt um schnell Erfolgserlebnisse vorweisen zu können, die diese neue Form der Zusammenarbeit stabilisieren sollte.

Probleme der Gruppenarbeit

Probleme ergaben sich zunächst durch Störungen der Gruppenarbeit aufgrund fehlender Vertreterregelungen für die Sitzungsteilnehmer und Schwierigkeiten bei der Festlegung der nächsten Sitzungstermine. Auch die Ernsthaftigkeit und das Vertrauen in das Projektvorhaben bildete sich bei den Mitarbeitern erst nach einigen Sitzungen.

Umsetzung der Lösungsvorschläge

Die aus der firmeninternen und -übergreifenden Projektgruppenarbeit resultierenden Maßnahmen werden projektbegleitend umgesetzt und erprobt. Sollte sich hierbei eine Verbesserung abzeichnen, so werden die besprochenen Maßnahmen in der unternehmensinternen Organisation festgeschrieben (z. B. QS-Handbuch/Arbeitsanweisungen).

Eine Verbesserung der unternehmensübergreifenden Zusammenarbeit ist nur möglich, wenn auch die firmeninternen Organisations- und Führungsstrukturen weiterentwickelt werden. Die Erfahrungen zeigen, daß durch Einrichtung firmeninterner Arbeitsgruppen bei den beteiligten Unternehmen (mehrere Arbeitsgruppen in beiden Firmen) eine entsprechende Stabilisierung dieser neuen Strukturen möglich ist.

Aufbauschulung für Moderatoren

Insbesondere bei komplexeren Themenstellungen erwiesen sich Aufbauschulungen für die Moderatoren in weiteren Analysetechniken, Gesprächsführung und Konfliktmanagement als notwendig. Diese wurden betriebsintern unter der Leitung der Universität Bochum durchgeführt und waren mit einem Erfahrungsaustausch der Moderatoren verbunden.

6.3.3 Mittleres Management

Hierarchiekonflikte

Eine weitere, zunächst unerwartete Schwierigkeit bildete die Umsetzungsphase der vorgeschlagenen Maßnahmen der Gruppen, die in Abstimmung mit den Abteilungsleitern erfolgen sollte. Da die Moderatoren – insbesondere bei Faller – aus den Unternehmensebenen unterhalb der Abteilungsleiter rekrutiert waren, traten Hierarchiekonflikte auf, die die Umsetzung behinderten oder blockierten. Das mittlere Management war nicht ausreichend auf seine neue Rolle als Vermittler, Unterstützer oder „Coach" der Gruppen vorbereitet worden. Es bestanden auf beiden Seiten Ängste und Unsicherheiten hinsichtlich des neuen Rollenverständnisses, der Entscheidungskompetenzen und Verantwortlichkeiten sowie des Informations- und Führungsverhaltens.

In speziellen Workshops des LAS der Ruhr-Universität Bochum wurden die Abteilungsleiter auf ihre neue Rolle vorbereitet. Dabei zeigte sich, daß die Informationsflüsse nicht ausreichend geregelt waren, keine Transparenz der

Projektorganisation aufgrund fehlender schriftlicher Fixierung bestand und die Abteilungsleiter nicht ausreichend beim Projektvorhaben beteiligt waren.

Aus diesen Workshops und der Diskusssion der Ergebnisse mit den Moderatoren und dem Führungskreis wurden die Spielregeln der Gruppenarbeit entwickelt. Hier sei auf die unter Pkt. 6.2.3 berichtete Erstellung eines Leitfadens verwiesen, in dem Verantwortlichkeiten und Informationsflüsse für die inner- und überbetriebliche Gruppenarbeit festgelegt sind.

6.3.4 Infoshop

Unbefriedigtes Informationsbedürfnis

Schon in der Stärken-Schwächen-Bilanz zu Beginn des Projektvorhabens gab es deutliche Hinweise auf das unbefriedigte Informationsbedürfnis der Mitarbeiter (siehe Pkt. 6.2.1 oben). Im weiteren Verlauf des Projektes zeigte sich dieses Defizit in der Informationspolitik der Unternehmen immer wieder und wurde von den Mitarbeitern auch explizit genannt.

Der Führungskreis reagierte auf dieses Problem mit der Einrichtung eines „*Infoshop*" an zentralen Stellen des Unternehmens. An diesen Informationstafeln können sich alle Mitarbeiter über den Status der einzelnen Problemlösungsgruppen, den aktuellen Themenspeicher, die Liste der Moderatoren sowie die Ergebnisse der Gruppenarbeit im QS-Verbundprojekt informieren. Hier werden auch Informationen über das Unternehmensgeschehen, strategische Entwicklung, weitere Projekte, Personalmitteilungen sowie Informationen über Produktivität, erreichtes Qualitätsniveau, Termintreue usw. dargestellt.

Der Infoshop wurde von den Mitarbeitern gut angenommen und erfreut sich regen Interesses bei Neuaushängen.

6.3.5 Ergebnistransfer

Workshops zum Ergebnistransfer

Die Ergebnisse des Forschungsprojektes werden auch über die Projektgemeinschaft QS-VP 2.4.5 hinaus weitergegeben: Neben der Teilnahme an Veranstaltungen des

Förderprojektes QS-VP 2.4 und der hierbei durchgeführten Maßnahmen zum Ergebnistransfer (Vorstellung von Arbeitsergebnissen und Erfahrungen) wurde im Hause der Fa. August Faller KG am 05. und 06. September 1995 ein Meeting zum Thema „Total Quality Management" durchgeführt, bei dem Unternehmen der Branche (COPACO-Gruppe) ausführlich über die Resultate des Projektes informiert wurden.

Es fanden mehrere interne und externe Workshops zur Definition und Übertragung der Ergebnisse des Projektes statt.

Veröffentlichungen

Darüber hinaus wurden Berichte in der Regional- sowie Fachpresse zum Verbundprojekt veröffentlicht [PARISIUS, E. 1995, S. 24ff; SAUERMANN, N. 1995, S. 8f].

Außerdem beteiligen sich die Firmen Faller und Buchmann an der Erarbeitung eines multimedialen modularen Medienpaketes durch die Medienwerkstatt Berlin e.V. Ziel hierbei ist es, Videos, CD-ROM´s sowie Informationsbroschüren zum Ergebnistransfer zu erarbeiten.

6.4 Beispielhafte Darstellung der firmenübergreifenden Arbeit in Problemlösungsgruppen

Beispielhaft soll die firmenübergreifende Arbeit der Problemlösungsgruppe 04 „Senkung der Reklamationsquote" (siehe Tabelle 6-1) erläutert werden:

Nach Festlegung des Themas sowie Zusammensetzung der Arbeitsgruppe fand die erste überbetriebliche Arbeitssitzung der Projektgruppe am 27.04.1995 bei der Fa. Buchmann statt. Die Aufgabe der Projektgruppe bestand darin, zu klären, durch welche Maßnahmen die Reklamationen und -kosten im Falle von Bladestreifen gesenkt werden können.

Analyse des Problems

Hierzu wurde in der Arbeitsgruppensitzung anhand der Metaplan-Technik analysiert, wann Bladestreifen erkannt werden können und wie die Erkennung verbessert werden kann. Hierbei wurden einzelne Maßnahmen nach Kosten, Zeitaufwand, Problembeseitigung gewichtet und anschließend Maßnahmen festgelegt, die bei Reklamationen von beiden Partnern eingehalten werden sollen.

Diese betreffen bei Faller z. B. die Erkennung des Fehlers, eindeutige Zuordnung zum Auftrag bzw. zur Palette sowie eine schnelle Reaktion an Buchmann. Außerdem wurde die Einleitung der entsprechenden internen Maßnahmen projektiert, wie Auflage sortieren, Maschine stoppen, Lagervorräte sperren und Lagerbestand sortieren. Darüber hinaus wurden die Prüfintervalle beim Drucken neu geregelt.

Die Maßnahmen der Fa. Buchmann als umgehende Reaktion auf die Fehlermeldung bestehen in der Identifizierung der betroffenen Aufträge, der Kontrolle der Regelkarte, der Prüfung des Lagerbestandes, das Anbringen von Hinweisen an Lagerrollen, die Sperrung der Lagerbestände sowie der Information an den Kunden. Zusätzlich wurden wie bei Faller die Prüfintervalle in der Streicherei verkürzt.

Verbesserungsvorschläge

Weitere Ergebnisse der Arbeitsgruppensitzung entsprangen einer Analyse der Fehlerhäufigkeit und -ursachen von Bladestreifen. Eine der Konsequenzen war z. B. die Neuformulierung der Fehlertoleranzgrenzen für Bladestreifen und Staubbefall beim angelieferten Karton.

Für die Maßnahmen beider Projektpartner wurden Zuständigkeiten sowie Termine vereinbart.

Umsetzung der Maßnahmen

In Anschluß an diese Arbeitsgruppensitzung wurden die festgelegten Maßnahmen in den Unternehmen umgesetzt und auf einer zweiten Arbeitsgruppensitzung am 12.07.1995 bei der Fa. Faller diskutiert.

Hierbei berichteten die Projektpartner über die eingeleiteten Schritte, die bei der Fa. Buchmann in der Verkürzung des Prüfintervalls und Anpassung der Qualitätsregelkarte, der Einführung einer Systemreinigung bei auftretenden Bladestreifen, dem Umbau des Rohrleitungssystems zur Vermeidung von „Blindstrecken“, diverse Änderungen in den Streichaggregaten sowie Filterversuche mit feineren Filtern betrafen.

Die Fa. Faller setzte folgende Maßnahmen um:
- Verkürzung des Prüfintervalls an den Druckmaschinen,

- Eingrenzung der fehlerhaften Partie zur Schadensminderung (Hierbei wurden vor allem Möglichkeiten zur Verringerung des Ausschusses sowie des Sortieraufwandes untersucht.)
- Verkürzung von Informationswegen bei der Beanstandung
- Neugestaltung des Reklamationsformulars
- Kundengespräche zur Festlegung von Grenzmustern

Weitere Verbesserungsmaßnahmen

Anschließend wurden Vorschläge zur Eliminierung weiterer Reklamationsursachen diskutiert und beschlossen. Es wurde u.a. festgelegt, daß die Fa. Buchmann ein Projekt zur Verbesserung der Prozeßqualität am Querschneider startet, bei dem auch die Intervalle des Messerwechsels überprüft werden sollten. Die Fa. Faller informiert künftig bei Beanstandungen Buchmann auch über die Palettennummer und prüft eine Verbesserung der Lagerung. Die konstruktive Diskussion der Gesprächsteilnehmer mündete in dem Vorhaben, in einem gemeinsamen Symposium, den Faltschachtelkunden darzulegen, welche Anstrengungen unternommen werden, um die Kartonqualität zu verbessern und wo derzeit die technischen Grenzen liegen.

Ergebnis der Gruppenarbeit

Am Beispiel dieser Arbeitsergebnisse der überbetrieblichen Projektgruppe zeigte sich, daß es gelingt, in vereinter Anstrengung Fehlerursachen zu bekämpfen, wenn die Probleme des jeweils anderen Partners ernst genommen und die Fehlerauswirkungen besser verstanden werden. . Die bisher stark unternehmensbezogene Denkweise konnte durch die gemeinsame Diskussion der Probleme aufgebrochen werden. Die Buchmann-Mitarbeiter konnten aus erster Hand, d.h. vom Drucker direkt, erfahren, welche Schwierigkeiten ihre Qualitätsmängel bei Faller nach sich ziehen und umgekehrt konnten Faller-Mitarbeiter die Entstehung der Qualitätsmängel bei Buchmann besser nachvollziehen und waren damit in der Lage, Reklamationsfälle besser zu bearbeiten, Schäden einzugrenzen und Folgekosten zu senken.

Dieses gegenseitige Verständnis führte zu einer erheblichen Reduzierung der Reklamationsfälle. Die Qualität konnte durch die überbetriebliche Kooperation entscheidend verbessert werden. Wichtig in diesem Zusammenhang war der direkte Austausch zwischen den Mitarbeitern beider Unternehmen, die von den Qualitätsmängeln konkret betroffen waren.

Ähnlich positive Resultate konnten auch in den anderen Arbeitsgruppen erreicht werden. Bei den neueren Problemlösungsgruppen wurde der Kreis der teilnehmenden Unternehmen bereits erweitert. So ist neben Buchmann als Kartonhersteller, auch ein Farben- und Lackhersteller beteiligt.

6.5 Resümee und Ausblick

Erfahrungen

Eine abschließende Beurteilung des Projektes in Form einer Gegenüberstellung der anfänglich durchgeführten Stärken-Schwächen-Bilanz mit einer noch durchzuführenden zum Projektende, steht derzeit noch aus. Sie ist für Oktober/November 1996 geplant und kann zu diesem Zeitpunkt noch nicht zur Evaluierung herangezogen werden.

Es können dennoch einige tendenzielle Aussagen aufgrund subjektiver Einschätzung des Projekterfolges getroffen werden.

Die Ergebnisse der Projektarbeit ergaben in den Unternehmen eine Überwindung der bisher sehr unternehmensbezogenen Denk- und Handlungsweise aller Mitarbeiter zu Gunsten einer stärkeren Kunden- und Lieferantenorientierung.

Hervorragende Resultate wurden bei der firmenübergreifenden Gruppenarbeit erzielt. Das gegenseitige Verständnis für die unternehmensbezogenen Probleme konnte allein durch den intensiven Erfahrungsaustausch und die verbesserte Kommunikation auf vielfältigen Unternehmensebenen entscheidend verbessert werden. Auch die zu vielen Workshops und Gruppentreffen durchgeführten gegenseitigen Arbeitsbesuche und Betriebsbesichtigungen haben das oft zu enge Gesichtsfeld der Mitarbeiter erweitert und verhalfen zu einem verbesserten

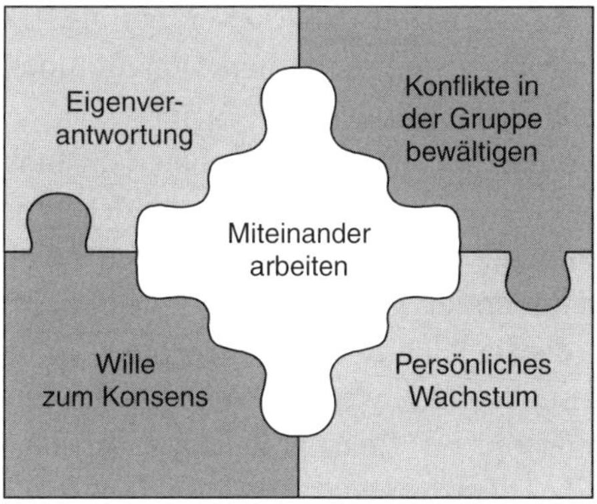

Bild 6-6: Förderung durch Gruppen- und Teamarbeit

Überblick über die jeweils vor- bzw. nachgelagerten Prozesse des Partners und die Verknüpfung der qualitätsbeeinflussenden Faktoren.

Die hierbei gewonnen Erfahrungen werden auch in eine Verbesserung der betrieblichen Organisation umgesetzt. Hier sei insbesondere der Aufbau interner Kunden-Lieferanten-Beziehungen erwähnt, der entscheidend zum Abbau von Bereichs- und Abteilungsegoismus beigetragen hat. Durch die Gruppenarbeit konnten vielfältige Beziehungen zwischen vorher fast „fremden" Einheiten geknüpft werden. Die horizontale Kommunikation ist spürbar besser geworden.. Im Vordergrund der Betrachtung steht heute das gesamte Unternehmen in seiner Ausrichtung auf den Kunden.

Bei der Arbeit in Projektgruppen übernehmen die Mitarbeiter Verantwortung z. B. in der Rolle als Moderatoren. Die Erfüllung derartiger Aufgaben führt zu einer stärkeren Identifikation mit den spezifischen Problemen, vorgeschlagenen Lösungen und letztlich dem gesamten Unternehmen.

Das Betriebsklima ist wesentlich offener und vertrauensvoller geworden, und die Kooperationsbereitschaft und -fähigkeit der Mitarbeiter konnte innerhalb der Unternehmen und über die Unternehmen hinaus weiterentwickelt werden.

Probleme in der Umsetzung

Rückblickend läßt sich sagen, daß es zwei zentrale Problemfelder in der Umsetzung der neuen Organisations- und Führungsstrukturen gab.

Zunächst wurde das Informationsbedürfnis der Mitarbeiter über das Projekt und die neuen Formen der internen wie betriebsübergreifenden Zusammenarbeit unterschätzt. Während der Projektlaufzeit gab es immer wieder Schwierigkeiten, die letztlich auf eine mangelnde Informationspolitik zurückgeführt werden konnten. Die Einrichtung des Infoshop zur Bekanntmachung aktueller Projektergebnisse, Themenspeicher, Statusberichte der Gruppen usw. hat sich sehr bewährt.

Das zweite entscheidende Problemfeld war die mangelnde Vorbereitung des mittleren Managements auf seine neue Rolle als Unterstützer, Berater oder „Coach" der Gruppen. An diesen Aufgaben muß weiterhin gearbeitet werden, zumal die Einstellungs- und Verhaltensänderungen, die dem Führungspersonal abverlangt werden, nur langfristig erreichbar sind.

Arbeit im Verbundprojekt

Die Arbeit zwischen den Projektpartner gestaltete sich sehr konstruktiv und war durch einen offenen Meinungsaustausch geprägt. Die Unterstützung durch den LAS der Ruhr-Universität Bochum als externen Berater und Moderator vieler Workshops und Schulungen war für den erzielten Erfolg maßgebend.

Innerhalb des Teilprojektes QS-VP 2.4 wurde neben jährlichen Plenarveranstaltungen zum Austausch über den Projektstatus auch mehrere Workshops über Querschnittsthemen durchgeführt, die für alle Projektgemeinschaften von Bedeutung waren. Auch hier konnten interessante Erkenntnisse anderer Projektgemeinschaften gewonnen und in der eigenen Arbeit verwertet werden. Aufgrund der großen Anzahl der Projektpartner im Teilprojekt konnten hier keine intensiven Beziehungen aufgebaut werden.

Ein Informationsaustausch zwischen den Teilprojekten war allenfalls durch Infobroschüren gegeben. Hier gab es kaum Kontakte zu anderen Projektpartnern.

Ausblick und offene Fragen

Die bisherigen Erfahrungen sollen in der Zukunft vertieft werden. Hierzu ist die Fortsetzung der Gruppenarbeit und Einrichtung weiterer betriebsübergreifender Problemlösungsgruppen vorgesehen, um den bereits erarbeiteten Leitfaden sowie die unternehmensübergreifenden und -internen Organisationsstrukturen stetig zu verbessern. Ziel ist es auch andere Lieferanten, vor allem aber Kunden für diese neue Form der Zusammenarbeit zu gewinnen.

6.6 Literaturhinweise

[JANSEN, M. 1995a] Jansen, M.; Schnauber, H.: People on Organisations as a driving force for improving relations between customer and supplier. In: Paper 39th (1995) EOQ Annual Congress

[JANSEN, M. 1995b] Jansen, M.: Wie lassen sich externe Kunden-Zulieferer-Beziehungen dauerhaft institutionalisieren ? In: Schnauber, H. (Hrsg.): Tagungsband: 3. Bochumer Qualitätstage „Kunden-Zulieferer-Beziehungen – Wertschöpfung durch Wertschätzung“; FQS-Schrift Nr. 92-04 (1995)

[PARISIUS, E. 1995] Parisius-Liebstein, E. 1995: Individuelle Faltschachtelherstellung nach Kundenwunsch. In: Polygraph Treffpunkt der Druckindustrie, 48. Jg., Nr. 15/16, (1995), S. 24-27

[SAUERMANN, N. 1995] Sauermann, N. 1995: Klare Linie. In: Verpackungs-Rundschau, 46. Jg., Nr. 7, (1995), S. 8f

7 Resümee der Projektgemeinschaften zur „Gestaltung externer Kunden-Lieferanten-Beziehungen“

(FEDERFÜHRER DES QS-VP 2.4)

Arbeit im Verbundprojekt

Positive Erfahrungen konnten insbesondere mit Arbeitskreisen auf Ebene der einzelnen *Projektgemeinschaften (siehe Anhang)* gesammelt werden. Dort fanden angeregte Diskussionen zu Schwerpunktthemen und ein offener Erfahrungsaustausch bezogen auf die Realisierung der Kooperationskonzepte in den einzelnen Unternehmen statt.

Die Unternehmen haben in den *Pilotprojekten* die Anregungen der Hochschulinstitute als externe Berater aufgenommen. Ziel war, die Begleitung zur Befähigung der Unternehmen und Mitarbeiter, selbständig die Kooperationsbeziehungen weiter zu entwickeln. Unter den Projektbeteiligten entstand zu Beginn der Eindruck, daß teilweise mangelnde Erfahrungen bzgl. Management-Konzepten vorlag, was sich im Laufe der Projektarbeit relativierte.

Um Erfahrungen zu sammeln und eine durchgängige Projektarbeit gewährleisten zu können, sind sowohl auf Industrie- als auch auf Hochschulseite feste und bleibende Ansprechpartner notwendig. Insbesondere in den Firmen wirkten sich wechselnde Zuständigkeiten auf die Priorität der Projektarbeit aus.

Von den Beteiligten wurde eine zu detaillierte Planung über den gesamten Projektablauf festgestellt (konkrete Zeitpläne über drei Jahre). Alternative könnte eine Projektierung eines derartigen Forschungsvorhabens über Ziele und Meilensteine sein, die im Verfahren der Antragstellung (Formblätter) Berücksichtigung finden muß.

Probleme im Verlauf der Umsetzungsarbeit

In den beteiligten Unternehmen herrscht ein starker Einfluß des Tagesgeschäftes auf die Pilotprojekte. Besonders im Schrumpfungsprozeß von Branchen bzw. Unternehmen tritt der Qualitätsbegriff in den Hintergrund. Maßnahmen richten sich dann auf Abbau oder bestenfalls auf rein technische Aspekte. Es entstehen Denk- und Kalkulationshürden, an denen Innovationen meist scheitern und die es daher zu überwinden galt.

Bei den beteiligten Mitarbeitern war Konflikt und Krisenmanagement zur Alltagsgewohnheit geworden. Das Interesse der Mitarbeiter richtete sich auf das unmittelbare Arbeitsumfeld. Auf Leitungsebene galten die Interessen größtenteils innerbetrieblichen Fragestellungen. In Konzeption und Realisierung standen in dieser Phase häufig kurzfristige, pragmatische Lösungsansätze im Vordergrund. Anfängliches Mißtrauen gegenüber umfassenden, theoretisch wirkenden Konzepten führte teilweise zu rein pragmatischen, kurzfristigen Maßnahmen, die keine spürbaren, dauerhaften Verbesserungen ergeben konnten. Die so kurzfristigen Lösungen erschienen dann für die Praxis wenig erfolgreich. Ein Ziel der Projektarbeit war es daher auch, bei den Beteiligten über Erfolgserlebnisse zu einer optimistischeren und damit effektiveren Sichtweise beizutragen.

Bei den Mitarbeitern bestehen oft Unsicherheiten in bezug auf den Gestaltungsspielraum, wodurch die Verbesserungsarbeit blockiert wird. Das Informationsbedürfnis der Mitarbeiter wird vielfach unterschätzt. Ebenso scheitern viele Realisierungsmaßnahmen an notwendiger Vorbereitung der mittleren Führungsebene.

Von Seiten des Managements droht die Kooperationsarbeit vielfach zu scheitern, weil an entscheidenden Punkten die Bereitschaft fehlt, die neue Rolle als Trainer und Moderator zu übernehmen und die innerbetrieblichen Ziele angemessen zurückzustellen.

Erfahrungen (Organisations- & Verhaltenqualität, Kommunikation, Maßstäbe)

Neben der erfolgreichen Umsetzung struktur- und prozeßbezogener Konzepte wurden folgende verhaltensbezogene Ergebnisse erzielt:

- lieferanten- und kundenorientierte Denk- und Handlungsweise,
- gegenseitiges Verständnis,

- höhere Identifikation der Mitarbeiter mit dem Unternehmen,
- intensiver Austausch und verbesserte Kommunikation,
- offeneres, vertrauensvolleres Betriebsklima,
- verbesserte Übersicht /Transparenz in der Wertschöpfungskette
- und in der Folge auch eine Verbesserung der betrieblichen Organisation und Effizienz.

Dies sind exemplarische Ergebnisse dieser Projektarbeit, wie sie von Seiten der Unternehmen erlebt und benannt werden. Die Wege dahin sind in den Erfahrungsberichten aufgeführt.

Umfeld/Rahmenbedingungen

Die aktuellen Problemfelder der Firmen befinden sich in ständigem Wandel. Jedes Unternehmen setzt seine eigenen Schwerpunkte teilweise aufgrund externer und unbeeinflußbarer Entwicklungen. Durch die Unterschiedlichkeit der Pilotprojekte in den Unternehmen wird die Übertragbarkeit der Erfahrungen untereinander insbesondere branchenübergreifend erschwert. Erfolgversprechend ist die individuelle Weiterentwicklung von unternehmens- und situationsspezifischen Konzepten und Methoden auf Basis eigener Erfahrungen. Dies ist einem unkritischen Umschwenken auf scheinbar allgemeingültige, modische Heilslehren vorzuziehen.

Empfehlungen für Andere/Warnungen

Im Rahmen des Projektes gelang es größtenteils, die beschriebenen Hürden zu überwinden. Wichtige Voraussetzungen waren zunächst die vollständige Befürwortung neuer Ansätze durch die Geschäftsleitung der Unternehmen sowie die konsequente Einbindung von Mitarbeitern aller Ebenen in die Konzeption und Umsetzung der Maßnahmen.

Da die äußeren Anforderungen sich ständig ändern, müssen die Lösungen dynamisch angelegt sein. Umfassende Ansätze bieten in Form einer Aufbereitung als Module/Mosaiksteine eine bessere Übertragbarkeit als scheinbar allgemeingültige Gesamtkonzepte.

In der Konzeption und Umsetzung ist die Beteiligung auf allen Ebenen zu verstärken. Alle betrieblichen Gruppen müssen aktiv eingebunden werden. Hinsichtlich der

Konzeption von Kooperationen dieser beteiligten Unternehmen und Mitarbeiter ist Spielregeln und Vereinbarungen der Vorrang vor juristischen Absicherungen zu geben, was jedoch in der ersten Stufe auf dem Weg zu partnerschaftlicher Kooperation nicht uneingeschränkt möglich ist.

Ausblick/offene Fragen

Die gemeinsam konzipierten Modelle sind zur Erprobung, Anpassung und Änderung weiter in Anwendung. Eine abschließende Evaluierung ist erforderlich. Weitere Erfahrungen der Unternehmen mit anderen Kunden und Lieferanten werden zu sammeln sein. In der kontinuierlichen Weiterführung der Lösungsansätze werden die entscheidenden Verbesserungspotentiale erwartet, aber auch die größten Hindernisse. Aus den bisherigen Erfahrungen lassen sich folgende Schwerpunkte der langfristigen Weiterentwicklung ausmachen:

- Stärkere Berücksichtigung des Menschen (Verhalten) in der Umsetzung von Konzepten und Maßnahmen zur Förderung vorhandener Potentiale.
- Fortsetzung der Überprüfung bekannter Organisationskonzepte (Struktur, Ablauf) aus erweitertem, interdiszipinärem Blickwinkel und der Anpassung an die Bedürfnisse aller Beteiligten (Verhalten).

Daraus ergibt sich ein Forschungsbedarf, der den damit befaßten Unternehmen Anregungen für die eigene Arbeit geben wird. Die individuelle Weiterentwicklung zur Stärkung der Kooperationsfähigkeit ist für das Unternehmen niemals abgeschlossen. Die vorliegenden Erfahrungen stellen erste Schritte dazu dar.

8 Anhang

8.1 Verbundprojekt zur „Gestaltung von externen Kunden-Lieferanten Beziehungen"

Die dargestellten Erfahrungen sind im Zusammenhang mit dem gesamten Forschungsvorhaben des BMBF-Programms Qualitätssicherung (1992-1996) und den in diesem Rahmen geförderten Projekten [Forschergruppen, Verbundprojekten; vgl. BEY, I. 1994] zu betrachten. Innerhalb des Verbundprojektes QS-VP 2 „Qualitätsförderliche Organisations- und Führungsstrukturen" wurden im Teilprojekt QS-VP 2.4 „Gestaltung von externen Kunden-Lieferanten-Beziehungen" die Forschungs- und Entwicklungsaufgaben nach Themenschwerpunkten in fünf Projektgemeinschaften unter der Koordination von Prof. Dr.-Ing. H. Schnauber, Lehrstuhl für Arbeitssystemplanung und -gestaltung, Ruhr-Universität-Bochum, bearbeitet.

Die einzelnen Projektgemeinschaften sind im folgenden benannt:

- QS-VP 2.4.1: Anlagen-, Geräte- und Maschinenbau
- QS-VP 2.4.2: Kleinstbetriebe/Handwerk
- QS-VP 2.4.3: KFZ-Zulieferer
- QS-VP 2.4.4: Textilverarbeitung
- QS-VP 2.4.5: Papierverarbeitende Industrie

Eine projektorganisatorische Übersicht über alle Partner dieses Projektes „QS-VP 2.4" ist in Bild 8-1 widergegeben.

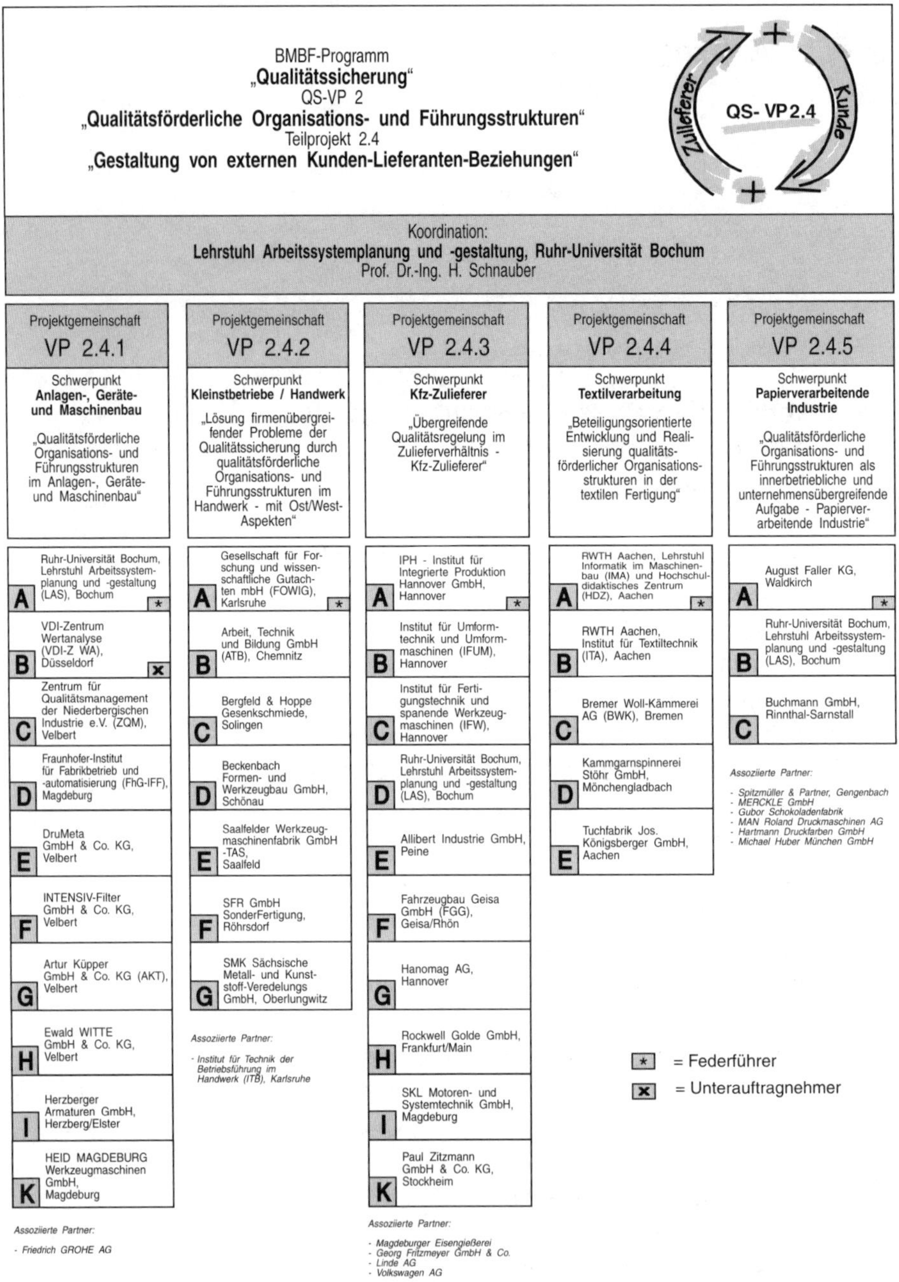

Bild 8-1: Übersicht über die beteiligten Partner

Als eine gemeinsame Kommunikationsplattform wurden im Rahmen des QS-VP 2.4 Plenarveranstaltungen und Workshops angeboten. Diese übergreifenden Foren dienten:

- dem übergreifenden Informationsaustausch zwischen den Projektgemeinschaften
- der Möglichkeit zu einer umfassenden Diskussion der innerhalb der Projektgemeinschaften durchgeführten Arbeiten und erzielten Ergebnisse
- der konsensualen Vereinbarung weiterer Vorgehensweisen
- der Möglichkeit zu gemeinschaftübergreifenden Kooperationen und Arbeitsteilungen, zum Beispiel zur Gestaltung von Schnittstellen zu laufenden Entwicklungen
- dem Abgleich und der Verallgemeinerung der Ergebnisse über die branchenspezifischen Gegebenheiten hinaus

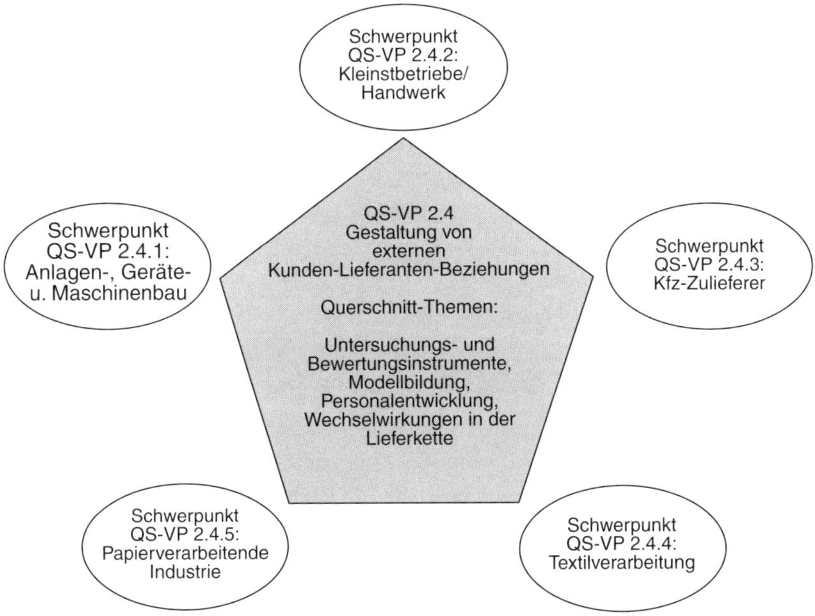

Bild 8-2: Workshopstruktur und Querschnitt-Themen

- der breitenwirksamen Umsetzung („Öffentlichkeitsarbeit“) der im Teilprojekt erarbeiteten Ergebnisse in Zusammenarbeit mit den am Projekt beteiligten Umsetzungsträgern

Aus den gemeinsamen Aufgaben wurden Querschnitt-Themen abgeleitet, die von allen Projektgemeinschaften in den Workshops bearbeitet wurden.

Das Themenfeld und Workshopkonzept wurde zu Projektbeginn mit den beteiligten Partnern abgestimmt und in einem Rahmenplan festgelegt. Die Ergebnisse flossen in die Arbeit der Projektgemeinschaften direkt ein und finden sich in den Erfahrungsberichten wieder.

8.2 Literaturhinweise

[BEY, I. 1994] Bey, Ingward : Zwischenbilanz – Zum Stand des Programms Qualitätssicherung; In: QZ -Qualität und Zuverlässigkeit 39 (1994) 2, S. 66-67; Carl Hanser-Verlag, München 1994

8.3 Autorenverzeichnis

Afflerbach, Leonie M.A.	HDZ/IMA - Hochschuldidaktisches Zentrum und Lehrstuhl Informatik im Maschinenbau, Aachen
Apel, Harald Dr.-Ing.	Fraunhofer-Institut für Fabrikbetrieb und Automatisierung, Magdeburg
Baumbach, Randolf Dipl.-Ing., Dipl.-Arbwiss.	Zentrum für Qualitäts- management der Niederbergischen Industrie e.V., Velbert
Bebon, Anne-Rose Dipl.-VW.	FOWIG - Gesellschaft für Forschung und wissenschaftliche Gutachten, Karlsruhe
Beckenbach, Bernhard	Beckenbach GmbH, Schönau
Bergfeld, Hanjo Dr.rer.pol.	Bergfeld & Hoppe, Solingen
Bode, Christoph Dr.-Ing.	IPH – Institut für Integrierte Produktion Hannover gGmbH
Bongers, Rainer	Dru Meta GmbH & Co. KG, Velbert
Bonk, Wolfgang J. Dipl.-Ing.	FKM AKT-Artur Küpper GmbH & Co. KG, Velbert

Brüning, Jochen Dipl.-Ing.	PH – Institut für Integrierte Produktion Hannover gGmbH
Bunzel, Rainer Dipl.-Ing.	SKL – Motoren- und Systemtechnik GmbH, Magdeburg
Drechsler, Norbert Dipl.-Ing.	ATB – Arbeit, Technik und Bildung GmbH, Chemnitz
Drescher, Marlies Dipl.-Ing.	SFR GmbH Sonderfertigung, Röhrsdorf
Düsterhöft, Hans-Peter	Dru Meta GmbH & Co. KG, Velbert
Faber, Martin Dipl.-Ing.	Fahrzeugbau GmbH Geisa, Geisa
Falk, Jens Dipl.-Ing.	INTENSIV-Filter GmbH & Co. KG, Velbert
Faller, Michael Dr. rer. pol.	August Faller KG, Waldkirch
Goebel, Dietmar Dr.-Ing.	IPH – Institut für Integrierte Produktion Hannover gGmbH
Hennig, Karsten R. Dipl.-Ing.	Institut für Fertigungstechnik und Spanende Werkzeugmaschinen (IFW), Universität Hannover
Henning, Klaus Prof. Dr.-Ing.	HDZ/IMA – Hochschuldidaktisches Zentrum und Lehrstuhl Informatik im Maschinenbau, Aachen

Hiddemann, Britta Dipl.-Psych.	LAS – Lehrstuhl für Arbeitssystemplanung und -gestaltung, Ruhr-Universität Bochum
Hilger, Werner Dipl.-Ing.	Komatsu Hanomag AG, Hannover
Kampschulte, Thomas Dipl.-Ing.	LAS – Lehrstuhl für Arbeitssystemplanung und -gestaltung, Ruhr-Universität Bochum
Karkmann, Andreas Dipl.-Ing.	Institut für Umformtechnik und Umformmaschinen (IFUM), Universität Hannover
Knaak, André Dipl.-Ing.	SMK – Sächsische Metall- und Kunststoff-Veredelungs GmbH, Oberlungwitz
Knein-Linz, Robert Dipl.-Ing.	Institut für Textiltechnik, Aachen
Kolligs, Hans-Willi Dipl.-Ing., Dipl.-Wirtsch.-Ing	Rockwell Golde GmbH, Frankfurt am Main
Krieger, Robert Wirtsch.-Ing.	Fahrzeugbau GmbH Geisa, Dipl.-Geisa
Krüger, Reiner Dipl.-Ing.	Friedrich GROHE AG, Hemer
Lessenich-Henkys, Volker Dr.-Ing.	Friedrich GROHE AG, Hemer
Mählisch, Brigitte Dipl.-Ing	ATB – Arbeit, Technik und Bildung GmbH, Chemnitz
Nitsch, Frank Dipl.-Ing.	Dru Meta GmbH & Co. KG, Velbert

Poeppel, Jörn Dipl.-Ing.	Allibert Industrie GmbH, Peine
Ullrich, Frank Dipl.-Ing.	Fraunhofer-Institut für Fabrikbetrieb und Automatisierung, Magdeburg
Risch, Wolfram Dr.-Ing. habil	ATB – Arbeit, Technik und Bildung GmbH, Chemnitz
Rühl, Günter Prof. Dr.-Ing.	FOWIG – Gesellschaft für Forschung und wissenschaftliche Gutachten, Karlsruhe
Schnauber, Herbert Prof. Dr.-Ing.	LAS – Lehrstuhl für Arbeitssystemplanung und -gestaltung, Ruhr-Universität Bochum
Scholz, Verena Dipl.-Phys.	Ewald WITTE GmbH & Co. KG, Velbert
Schubert, Bernd Dipl.-Ing.	HEID MAGDEBURG Werkzeugmaschinen GmbH, Magdeburg
Seufzer, Anette Dipl.-Ing.	Institut für Fertigungstechnik und Spanende Werkzeug- maschinen (IFW), Universität Hannover
Sowa, Norbert Dipl.-Ing.	Volkswagen AG, Unternehmensbereich Nutz- fahrzeuge, Hannover

Stolze, Gerold
Dipl.-Ing.
SAMAG – Saalfelder Werkzeugmaschinenfabrik GmbH, Saalfeld

Thissen, Rolf
cand. psych.
LAS – Lehrstuhl für Arbeitssystemplanung und -gestaltung, Ruhr-Universität Bochum

Wacker, Heiko
Dipl.-Ing.
LAS – Lehrstuhl für Arbeitssystemplanung und -gestaltung, Ruhr-Universität Bochum

Weber, Ralph
Dipl.-Wirtsch.-Ing.
FOWIG – Gesellschaft für Forschung und wissenschaftliche Gutachten, Karlsruhe

Wulfhorst, Burkhard
Prof. Dr.-Ing.
Institut für Textiltechnik, Aachen

Zitzmann, Matthias
Dipl.-Kfm.
Paul Zitzmann GmbH & Co. KG, Stockheim

8.4 Abkürzungsverzeichnis

ASF	Ablaufstruktur zur systematischen Fehlerfindung
AV	Arbeitsvorbereitung
AZ	Aktionszentrum
BVW	Betriebliches Vorschlags- und Verbesserungs wesen
CAQ	Computer Aided Quality Assurance
EDI	Elektronischer Datenaustausch
EDV	Elektronische Datenverarbeitung
EQA	European Quality Award
FAZ	Faktor der Arbeitszufriedenheit
FE	Führungs-Entwicklung
FMEA	Fehler-Möglichkeits- und Einflußanalyse
GL	Geschäftsleitung
GMP	Good Manufacturing Practice (Gute Herstel lungspraxis)
GP-FMEA	Geschäftsprozeß-FMEA
HG	Handlungsorientierte Grundgestimmtheit
JIT	Just in Time
KLB	Kunden-Lieferanten-Beziehungen
KMU	Kleine und Mittlere Unternehmen
KVP	Kontinuierlicher Verbesserungsprozeß
KVP2	KVP-Quadrat
MA	Mitarbeiter
MBA	Malcolm Baldrige National Quality Award
ME	Marktentwicklung
MFU	Maschinenfähigkeitsuntersuchung
n	Anzahl der Fälle
OE	Organisationsentwicklung
OSTO-Modell	offen, sozio-technisch, ökonomisch
PE	Personalentwicklung
PG	Problemlösungsgruppe
PL	Projektleiter

PPS	Produktionsplanung und -steuerung
QFD	Quality Function Deployment
QM	Qualitätsmanagement
QMH	Qualitätsmanagement-Handbuch
QMV	Qualitätsmanagement-Vereinbarungen
QS	Qualitätssicherung
QS-VP	Verbundprojekt Qualitätssicherung
QVP	Qualitätsvorausplanung
QW	Qualitätswesen
SE	Simultaneous Engineering
SET	Simultaneous Engineering Team
TQM	Total Quality Management
VP	Verbundprojekt
VV	Verbesserungsvorschlag
WA/WE	Warenausgang / Wareneingang
WS/K	Wertschöpfung pro Kopf
ZVT	Zwischenbetriebliches Verbesserungsteam

Sachwortverzeichnis Teil I und Teil II

Ablaufgestaltung 94
Ablauforganisation 458, 460, 475, 482
Ablaufplan 86, 479
Ablaufstruktur zur systematischen Fehlerfindung (ASF) 538
Abnehmer 325
Abstimmung 101
– von Produktions- und Beschaffungslogistik 153
Abstimmungsbedarf 98
Abteilungsdenken 20
Aktionsplan 73
Aktionszentrum 426, 473, 480
–, Lösungen 475
–, Ziele 473
Akzeptanzprobleme 141
Analyse 514, 516, 613f.,
– des Produkts 84
Anbieter 325
Änderungsdienst 522, 554
Anerkennung 30
Angebotserstellung 515
Anpassungsfähigkeit 28
Anreiz 29f.
Arbeitsanreicherung (job enrichment) 50, 66, 230
Arbeitsanweisung 481, 483
Arbeitsaufgabe 30
Arbeitsbedingungen 28
Arbeitserweiterung (job enlargement) 49, 66, 231
Arbeitsinhalt 210
Arbeitsmethoden 32
Arbeitsorganisation 210
Arbeitsplatzwechsel (job rotation) 49, 67
Arbeitsstil 65
arbeitsteilige Prozesse 174
Arbeitsteilung 19, 210
Arbeitsumfeld 28
Arbeitsunzufriedenheit 219
Arbeitszufriedenheit 50, 219, 444, 479
Artenteilung 61
artikelspezifische Prüfplanung 268
Auditfläche 287
Aufbau- und Ablauforganisation 458, 475, 482
aufbau- und ablauforganisatorische Strukturierung 39
Aufbauorganisation 458, 475, 479, 482
aufbauorganisatorische Ausrichtung 59
Aufgabenanreicherung (job enrichment) 50, 66, 230
Aufgabenerweiterung (job enlargement) 49, 66, 231
Aufgabenintegration, prozeßorientierte 132
Aufgabenvielfalt 44
Auftragsabwicklungsprozeß 25, 56
Auftragsinsel 135f.
Auftragsmanagement 487, 497
Auftragsspektrum 84
Ausgliederung von Prozessen 58
Ausnutzung von Synergien 45
Ausreißer 432, 492
äußere Motivation 221
Autonomie 41, 301
Autonomiegrad 44, 67

Basic Buying 426, 439, 464
Basic Selling 426, 430, 439
Bearbeitungselement 258, 263, 268
Bedürfnisbefriedigung 31
Bedürfnishierarchie 30
Befähigung 7

Beherrschung der Variantenvielfalt 258
Belange der Team- und Prozeßorientierung 165
Benchmarking 90, 525
Bereichsegoismen 20
berufliche Kompetenz 31
berufliche Qualifikation 28
Besprechungsformen 109
Bestellvorgang 483
Beta-Gewicht 435
Beteiligung 423, 479, 505
Beteiligungsgruppe 426
Beteiligungsqualifizierung 580
betriebliches Vorschlags- und Verbesserungswesen (BVW) 544
betriebliches Vorschlagswesen 235, 538
Betriebsbesuch 110
Betriebsgruppe 587
betriebspolitische Hürden 103
Betriebsrat 103
Beurteilungskategorien 439
–, Preis 439
–, Qualität 439
–, Termin 439
Beurteilungsklasse 451
Bewertungsklasse 428, 451
Brainstorming 240
Budgetnutzung
–, selbstverantwortliche 157
Bürokratisierung 49

CAQ-System 549
Cost-Center 63

Defizit 437, 470, 479, 483
Design of Experiments 542
Detaillierungstiefe 95
Dezentralisierung 41, 58, 302
Dienstleistung 433, 437, 455
Dispositionsspielraum 67
Dokumentenanalyse 189
Dramaturgietechnik 191
durchgängige Kundenorientierung 132
dynamische Prüfhäufigkeit 271
Dynamisierung der Prüfhäufigkeit 271

Effektivität 38
Effizienz
– von Prozessen 38
– des Leistungserstellungsprozesses 53
Eigentraining 458
Eigenverantwortlichkeit 35, 41, 43
Eigenverantwortung 45, 178, 301
Einflußgewicht 435
Einführung
– der verrichtungsorientierten Werkerselbstprüfung 279
– interner Kunden-Lieferanten-Beziehungen 24
Einführungsprozeß 140
Eingangsschnittstelle 97
Einkaufsfunktionen 134
Einzelfertigung 258
Einzelteilzulieferung 512
Einzelunterweisung 109
empirisches 4E-Modell der Betriebsführung 454
empirisches Modell 436
Entscheidungs- und Handlungsfreiraum 71
Entscheidungs- und Handlungskompetenz 32
Entscheidungsfreiheit 43
Entscheidungsintegration 47
Entscheidungskompetenz 32
Entscheidungsspielraum 47
Entwicklungsfunktionen 134
Entwicklungsprozeß 515
Erfolgsfaktorenforschung 422
Erfolgsfaktorenanalyse 52
Erfolgsfaktorenbewertung 429
Erfolgsfaktorenmodell
– der Kundenzufriedenheit 436
– der Lieferanten-Bewertung 442
Erfüllungsgrad 428
Ergebnistransfer 628
Ergonomieforderung 270
Erklärungsmodell 423
Erstmuster 526, 534
Erstmusterfreigabe 531
Export 455
externe Kooperation 5
externe Qualitätsprüfung 285

Fach- und Erfahrungswissen 142
Fach- und Methodenkompetenz 32

Fachgruppe 522
Fachkompetenz 20, 32, 67, 346
fachliche Herausforderung 103
Fähigkeit 31
Faktoranalyse-Lieferantenauswahl 440
Faktorladung 430, 433
Faszination durch die Aufgabe 444
Fehlerbaum 522
Fehlersammelkarte 538
Fehlersammlung 183
Fehlleistung 57
Feinprofilierung 494
fertigungsgerechte Konstruktion 293
Fertigungsprozeß 56
Festlegung der Autonomie 41
Festlegung der Prozesse 41
Festlegung der Strukturen 41
Flexibilität 225
– der Unternehmensorganisation 27
Flußdiagramm 87
FMEA 522, 525, 538
Förderung des Qualitätsbewußtseins 203
Förderung interner Kunden-Lieferanten-Beziehungen 121
Freiraum 105
Freiräume schaffen 78
Fremdvergabe von Prozessen 58
Führung 443, 505
Führungsaufgaben 33
Führungsgrößen und -regeln 54
Führungsinstrument 53
Führungskraft 33
Führungskraftbeurteilung 109
Führungssegment 63
Führungssituation 33
Führungsstil 222
Führungsstruktur 33
Führungsverhalten 33
Funktion 101
Funktions- oder Prozeßsynergie 61
Funktionsbereich 101
Funktionsintegration 35
Funktionsmusterbau und -test 515
funktionsorientierte Organisationsstruktur 61

Ganzheitlicher Gestaltungsansatz 38
Garantieleistung 53
Geborgenheit 444
gegenseitige Auditierung 73
geistige Rüstzeiten 20
Geschäftsbereich 57
Geschäftsprozeß 55, 516, 519
"Geschäftsprozeß-FMEA" 522
Geschäftsprozeßoptimierung 263
geschätzte Gewichtung 441
Gestaltung
– der Schnittstellen 98
– des Handlungsspielraums 221
– interner Kunden-Lieferanten-Beziehungen 76
– und Einführung von Planungsinseln 147
Gestaltungsmethode 24
Grundkonzept 424, 455
Grundsanierung 494
Gruppe 57, 65
Gruppenarbeit 68, 227
Gruppenebene 45
Gruppenkonzept 47
Gruppensprecher 101
Gruppenuniformität 66
Gruppenvorschlag 547
Gruppenziel 51

Handlungsbedarf 498
Handlungsfeld 493
Handlungskompetenz 32
handlungsorientiert 200
Handlungsspielraum 218
handwerkstypische Vertragsumsetzung 498
Hauptprozeß 55
Hausmesse 482
„Hawthorne-Effekt“ 66
Herstellbarkeitsanalyse 527
Hersteller-Kunden-Kooperation 471
Herzberg 218f.
hochautomatisierte Anlagen 174
hochintegrierte Strukturen 176
horizontale Kooperation 321
humanes Potential 4
Humanisierung der Arbeitswelt 49
Hygienefaktor 219

Indirekt-produktiver Bereich 25
individuelle Kompetenz 78, 105
Individuenebene 45

Information 115, 614, 628, 634
Informations- und Kommunikationsstruktur 47
Informations- und Kommunikationsvernetzung 132
Informationsfluß 46
Informationsflußmatrix 555
Informationssystem 67
Infoshop 628, 634
Innovation 47, 454, 483, 504, 505
INNOVATIONS-Team 328, 341, 378, 388, 406
Innovationsprozeß 56
Inputfaktoren 54
Insel-/Gruppenkonzept 132
Instrumente 496
Integration 45, 224
– in ein Qualitätsmanagementsystem 283
– von Qualitätsmaßnahmen in den Konstruktionsprozeß 294
Integrationsumfang von Planungsinselvarianten 149
Interaktionstechnik 190
interdisziplinäre Zusammenarbeit 47
interne Kunden-Lieferanten-Beziehung 22, 72, 176
interne und externe Partnerschaften 467
Interunit-Prozeß 401
intransparente Prozeßkette 121
intrinsische Motivation 221
Ishikawa-Diagramm 206

Job Enlargement 49, 66, 231
Job Enrichment 50, 66, 230
Job Rotation 218, 230
Juran 40

KANBAN-Grundregelkreise 179
KANBAN-Karten 179
KANBAN-Prinzip 179
KANBAN-Steuerung 179
kapazitätsorientierte Arbeitszeit 195
KATalyse-Modell 334, 412
Käufermarkt 2
Kennzahlen 449
Kernbereich 454
Kernkompetenz 55
Kernleistung 55
Kernprozeß 193
Kleingruppe 66
Kleingruppen-Organisation 423
Kleinserienfertigung 258
Kohäsion 65
"kollektive Dummheit" 66
Kommunikation 64, 615, 632, 633
Kommunikationsmatrix 86
Kompetenz 31
Kompetenz-Center 62
Kompetenzverlagerung 302
Komplettlösung 455
Komplexität
– der internen Unternehmensbeziehungen 174
– der Produkte und der Produktion 27
Konfliktpotential 66
Konformität 259
Kongruenzprinzip 46
Konjunktureinbruch 449, 456
Konjunkturkrise 504
Können 31
Konsolidierung 456
Konstruktion und Entwicklung 525
Konstruktions-FMEA 529
Konstruktionsvorgaben in Anlehnung an Selbstprüfpläne 294
kontinuierlicher Verbesserungsprozeß (KVP) 409, 545
Konzeptabsicherung 515, 520f.
Konzeptentwicklung 520f.
Konzepterstellung 515
Konzeptfindung 525, 527
Konzeptions- und Einführungsphase 285
Kooperation 4, 463, 465, 480, 482, 615, 632, 633
–, externe 5
–, interne 5
Kooperationserfordernis 302
Kooperationsfähigkeit 7, 32
kooperationsförderliche Gestaltung 301
Kooperationsformen 5, 321
Kooperationsgestaltung 323f.
kooperationshemmende Eigenschaft 302
Kooperationsnotwendigkeit 61
Kooperationspartner 4, 46
Kooperationstypen 426
Kooperationsverbesserung 7

kooperative Entwurfsphase 457
kooperierende Entwicklungen 466
kooperierende Gruppen 465
kooperierende Qualitätssicherung 466
KOOPTENZ 349
Koordination 4, 45, 98
– und Kooperation 38
koordinierende und initiierende Aufgabeninhalte 129
Korrekturmaßnahmen-Aufforderung 552
Kreativität und Innovationsfähigkeit 50
Kreativitätspotential 69
Kunde 325
Kunden- und Lieferantenorientierung 632
Kunden-Fragenkatalog 483
Kunden-Lieferanten-Beziehung 7, 463, 480, 493, 497, 500, 612, 615, 633
Kunden-Management 436
kundenanonyme Fertigung 194
kundenanonyme Serienfertigung 25
Kundenauftragskoordinator 99
Kundenauftragsmanagement 100
Kundenberatung 486
Kundenbewußtsein 22
Kundennähe 101
Kundenorientierung 18, 455, 613
– durch vollständige Aufgabenintegration 155
Kundenwunsch 486
Kundenzufriedenheit 134, 430, 436, 486, 537
kürzere Produktlebenszyklen 173
KVP-Runde 235

Lagerbewirtschaftung 187
Lastenheft 533
laterale Kooperation 322
Leistung
– materielle oder immaterielle 53
Leistungsaustausch 42
–, Definition 71
Leistungserstellung 38
Leistungsfähigkeit 31, 65
Leitfirmen 425, 442
Lenkung der Dokumente 286
Lenkung fehlerhafter Teile 287
Lern- und Gestaltungsprozeß 145
lernende Organisation 426
Lernfähigkeit 28
Lernprozeß 28
Lieferantenauswahl 440, 481, 498
– und -bewertung 481, 483
Lieferantenbeurteilung 439
Lieferantenbewertung 197, 439, 443, 481, 501, 553
Lieferantengespräch 553
Lieferantenqualifikationsmodell 552
Linien- und Stabs-Stellen 475
Logistik- und Serviceprozeß 56
Logistikinsel 135, 137
logistische Kette 46
logistische Zielgrößen
– Verantwortung für 153
Lohnbearbeiter 325
Lösungen im Aktionszentrums 475
Lösungsansatz 25

Managementberatung 198
Marktchance 455
Marktdruck 49
Marktleistung des Unternehmens 23
maschinenbezogenes Planungsinstrument 277
Maslow 30, 218
Maßnahme 500
Maßnahmenplan 51
Materialfluß 46
Materialwirtschaft 196
Methodenrahmen zur Gestaltung und Einführung von Planungsinseln 146
Mengenteilung 61
merkmalsbezogener Prüfmittelkatalog 267
merkmalsorientierte Selbstprüfpläne 288
Messen 455
Metaplan 239, 246f., 468, 470, 501
Methodenkompetenz 32, 346
Methodenmix 111
Mitarbeiter 57
Mitarbeiterbefragung 443, 505, 613
Mitarbeiterbeteiligung 160
Mitarbeiterorientierung 24
Mitarbeiterziel 51
mittleres Management 627, 634
4E-Modell der Betriebsführung 452, 454
Modellablauf 94
Moderation 237
moderationsgestützte Problem- und Anforderungsanalyse 190

Moderator 615, 619f., 627, 633
Moderatorenschulung 624, 626
moderierte Gruppenarbeit 192
modulare Organisationseinheit 62
Motiv 30
Motivation 7, 28f., 218, 444, 559, 615
Motivations- und Qualitätsförderung 29
Motivationssteigerung 69
Motivationstheorien 30, 38
Multimomentaufnahme 184
Multiplikator 615

Nahtstelle 71
Netzwerk von Kunden und Lieferanten 42
neue Organisationsformen 427
Nischenprodukt 457
Normenreihe DIN ISO 9000ff. 259
Null-Fehler-Produktion 278
Nullserie 522, 526
Nutzung der Ressourcen 54

Oberfaktoren 430, 433, 454
objekt- und prozeßorientierte Organisationseinheit 132
operative Produktionsvorbereitung 101
Organigramm 479
Organisations- und Prozeßoptimierung 70
Organisationsbeurteilung 448
Organisationseinheiten
–, prozeßorientierte 175
–, teilautonome 175
Organisationsentwicklung 160
Organisationsgestaltung 78, 132
Organisationstheorie 38
organisatorische Einheit 42
Orientierungswechsel 97
OSTO-Modell 583
Outputfaktoren 54

Partikulärmodell
- IST 516
- SOLL 516
Personal- und Maschinenzustandsarten 185
personale Kompetenz 33
Personalentwicklung 160, 345, 443
Petri-Netz 96
Planungsinselformen 135
Planungsinselkonzept 132
Planungsinseln
- Aufgaben von 133
- Gestaltungsmerkmale von 150
- Strukturmodell 148
- Typologieschema für ein Prozeßmodell zur Einführung qualitätsförderlicher 161
- Zwei-Ebenen-Modell der Einführung von 144
Planungsprozeß 56
Planungsvorgang 36
Poka-Yoke-Prinzip 540
Portfolio 91
Positionsbestimmung 83
Prämienmodell 203
Prämienverlauf 204
Preis 426, 439f., 498
Probleme bei der Umsetzung 504
Probleme lösen 106
Probleme wahrnehmen und lösen 106
Problemgruppe 497
Problemlösungsgruppe 615, 619--622, 626, 629
Problemlösungskapazität 48
Problemlösungskompetenz 31
Problemlösungsverhalten 67
"Product Improvement Plan" 526
Produkt bzw. Teilespektrumsanalyse 84
Produktentstehungsprozeß 516
Produktentwicklung 455, 510f.
Produktentwicklungsprozeß 499, 514, 532f.
Produktionsanlauf 526, 531
Produktionsinsel 227
Produktionsplanung 529
Produktionssegment 63
Produktionsvorbereitung 102, 526, 531
Produktivität 449f., 475
Produktlebensdauer 53
Produzent 39
Produzentenverantwortung 211, 261
- Einführung der 226
Profilstruktur 470, 479
Profitcenter 62, 480
Projektevaluation 160
Projektgruppe 68
Projektierungsinsel 135
Projektmanagement 100
Projektmanager 68, 101

Projektorganisation 160
Projektphase 423
Projektplanung 100
Projektsteuerung 100
Projektüberwachung 100
Promotor 118
Prototyp 526, 529
Prototyping 514f., 529
Prozeß 39
–, primärer 56
–, sekundärer 56
– bzw. Ablaufuntersuchung 85
– bzw. Wertschöpfungskette 193
Prozeß-FMEA 525f., 529, 539, 541
Prozeßablaufplan 529
Prozeßanalyse 387
Prozeßbegleitung 160
prozeßbezogenes Bearbeitungselement 265
Prozeßdefinition 41
Prozeßeffizienz 62
Prozeßeigner 54
Prozeßfehleranalyse 182
Prozeßgestaltung 55, 60
Prozeßleistung 54
prozeßorientierte Aufgabenintegration 132
prozeßorientierte, teilautonome Organisationseinheiten 175
Prozeßorientierung 53
Prozeßplanung 283, 285
Prozeßqualität 538
Prozeßschritt 55
Prozeßstabilität 182
Prozeßtheorien 220
Prozeßtransparenz und -beherrschung 339
Prozeßwissen des Werkers 261
Prüfaufgabe 275
Prüfausführung 275
Prüfdokumentation 275
Prüfmerkmalsbestimmung 275
Prüfmittel
– Überwachung der 287
Prüfplanung 259
Prüfprozeß 523, 529
Prüfschärfeableitung 275
Pull-Prinzip 178
Push-Prinzip 178

Qualifikation 218, 277
Qualifikationsmaßnahme 346
Qualifikationsprofil 186
Qualifizierung 502, 570, 580, 615f., 624
– arbeitsbezogene 200
– der Mitarbeiter 25
– vor Serienanlauf 515
Qualifizierung, arbeitsbezogene 200
Qualifizierungsinsel 110, 119–121
Qualifizierungsleitfaden 199
Qualifizierungsmaßnahme 146, 198
Qualifizierungsprogramm 33
Qualität 17, 434, 439f., 472, 613, 631
Qualitäts- und Reibungsverluste 20
Qualitäts-Gewichts-Problematik 442
Qualitätsdefinition 425
qualitätsförderliche Entgeltmodelle 203
qualitätsförderliche Gestaltung 301
qualitätsförderliche Organisations- und Führungsstrukturen 3
qualitätsförderliche Struktur 176
Qualitätsgespräch 553
Qualitätshemmnisse 21
Qualitätskosten 53
Qualitätsmanagementaufgaben 134
Qualitätsmanagementsystem 547, 550
Qualitätsmanagementsysteme nach DIN EN ISO 9000ff. 2
Qualitätsmanagementvereinbarung 367
Qualitätsmangel 551f.
Qualitätsniveau 4
Qualitätsphilosophie 143
Qualitätsplanung und -steuerung 283, 285
Qualitätspotential 23
Qualitätsregelkreis 542, 551
qualitätssichernde Aufgaben 25
Qualitätssicherungsvereinbarung 413
Qualitätsstruktur 67
–, anforderungsgerechte 25
Qualitätsverantwortung 258
Qualitätsverbesserung 31
Qualitätszirkel 68, 111, 118, 123, 205, 235
–, hierarchie- und bereichsübergreifend 205
Quality Function Development (QFD) 525
QVP-Gespräch 529

Realisierung 515
Regelkreis 552
– Konzept des -es 25
– selbststeuernd, untereinander kooperierend

und korrespondierend 174
Regelkreise zur Qualitätslenkung 551
regelkreisgesteuerte Auftragsabwicklung 176
Regelwissen 32
Regression 435
Regressionsgewicht 439
Reklamation 479, 486, 552f., 629
–, Vermeidung 486
Reklamationsmanagement 438, 504
Reklamationswesen 551
Repräsentanz 443
Ressourcen, Nutzung 54
Ressourcen- und Markteffizienz 62
Ressourcenanalyse 85
Restrukturierung von Kompetenzen 58
Risikoprioritätszahl (RPZ) 522
Rollenverständnis des Mitarbeiters 25
Rückkopplung von Fertigungswissen 262

Schnittstelle 19, 40, 475, 480, 504, 520
– zwischen kundenanonymer und kundenspezifischer Fertigung 193
Schnittstellen- und Ablaufproblem 57
Schnittstellenmanagement 59
Schulungsmaßnahme 232
Schulungsprogramm 280
SE-Team 523
Segmentierung 62
Selbstentfaltung 28
Selbstentfaltungsmöglichkeiten 20
Selbstmotivationsfähigkeit 28
Selbstorganisation 28, 146
Selbstorganisations- und Eigenverantwortungsgrad 176
Selbstprüferlehrgang 281
Selbstprüfplan
– Anwendung des 275
Selbstprüfplanerstellung
– softwareunterstützte 288
selbststeuernde Gruppen 47
Selbststeuerung 28, 34, 41, 195
–, Fähigkeit zur 28
Selbstverwirklichung, Wachstumsmotiv 31
Seminar 109
Serienentwicklung 515, 521
Serienentwicklung/-vorbereitung 520
Serienfertiger 173
Service-Center 63
Sicherheitsbedürfnisse 35
Signifikanz 443
Simultaneous Engineering Teams (SETs) 510, 542
sinkende Stückzahlen 173
Sinnvermittlung 39
soziale Kompetenz 67
Sozialkompetenz 346
Spezifika 494
Spielregeln der Gruppenarbeit 617, 619, 628
sprachgestützt 200
stabiler und beherrschbarer Produktionsprozeß 196
Stärken- und Schwächenbilanz 613
Starrheit der Struktur 22
Steuerungsaufwand 174
Stillstands- und Störungszeiten 185
strategischer Wettbewerbsvorteil 17
Strukturdefinition 71
Struktureinbruch 493
Strukturgestaltung 70
Stufenkonzept 72
symbiotische Kooperation 333
Synergieeffekt 60f., 164
Synergien 42
System- bzw. Modullieferant 325
Systemebene 45
Systemfertigung 512
Systemgrenze 99
systemisch-evolutionäre Gestaltungskriterien 131
Systemlieferant 511, 515
Systemziel 51

Tätigkeitsanteil 187
Tätigkeitsspielraum 47
tayloristische Organisationsformen 174
Team 57, 65
– und Gruppenbildung 49
– und gruppenorientierter Reorganisationsansatz 130
– und Kooperationsfähigkeit 32
Teamarbeit 343
Teamentwicklung 344
Teamfähigkeit 32
teamorientierte Strukturelemente 25
teilautonome Arbeitsgruppe 66f.
Teilautonomie 67

Teile- bzw. Vorlieferant 325
Teilegruppenteam 101
Teilestammanalysen 196
teilnehmende Beobachtung 186
Teilprozeß 55
Termin 439, 441, 486
Themenspeicher 123
TQM-Philosophie 145
Transaktionsaufwand 53, 60
Transparenz 225
– der Schnittstellen 72

Umfassendes Wertschöpfungsmanagement 334
Umgang mit Kunden und Lieferanten 498
Umsatzwachstum 450, 462
Umsetzung der verrichtungsorientierten Selbstprüfpläne 264
Umsetzungskonzept 103
Umstrukturierungsprozeß 174
Unternehmensgestaltung
– evolutionäre 146
unternehmensweites Zielsystem 51
Unternehmensziel 51
Urteilsfähigkeit 32

Veränderungsprozeß 36
Verantwortungsbewußtsein 6, 7
Verantwortungsmatrix 158
Verarbeiter-Team 40
Verbesserungsvorschlag 545f., 621f., 630
Vereinbarung der Schnittstelle 72
Verhalten 30
Verkäufermarkt 1
Vermeidung von Reklamationen 486
Vermeidung von Schnittstellenverlusten 164
vernetzte Einzeltätigkeit 38
verrichtungsorientierte Prüfplanung 261, 263
verrichtungsorientierter Prüfplan 262
verrichtungsorientierter Selbstprüfplan 275
verrichtungsorientierte Werkerselbstprüfung
– Vorteil 291
Verrichtungsorientierung 290
Verschiebung der Arbeitsinhalte 203
vertikale Kooperation 321
vertikale Kunden-Lieferanten-Beziehung 261
Vertriebsfunktionen 134
Vertriebsinsel 135, 137, 156
Vertriebsorganisation 482
Verzicht auf Prozesse 58
Vier-Quadranten-Diagramm 240, 251
Vier-Quadranten-Methode 239
virtueller Anbieter 325, 328, 332
virtuelles Unternehmen 362, 386
Visualisierung 110, 193
Visualisierungstechnik 190
VMI-Matrix 241, 250
vorgelagerte Planungsaufgabe 129
Vorserien- sowie Serienentwicklung 515
Vorteil von Kleinstbetrieben 421
Vortrag 109
Vroom 220

Wachstumsmotiv Selbstverwirklichung 31
Wareneingang 481
Weiterbildung 232
Weiterqualifizierung 104
Werkerselbstkontrolle 211
Werkerselbstprüfung 261, 263
Wertanalyse 82
Wertschöpfung 435, 450, 462
Wertschöpfungskette 616
Wertschöpfungsprozeß 178, 261
Wertsteigerung 54
Wiederholbarkeit 54
Wiederholteilcharakter 262f.
Wissen 31
wissenschaftliche Beratung 467
Workshop 115, 501, 617, 625

Zentralisierung 41
Zertifizierung 550
Zielableitungs- und Kontrollprozeß 51
Zieländerung 52
Ziele des Aktionszentrums 473
Zielgröße 51, 435
Zielgruppe 111
Zielinhalts-Theorie 218
Zielkonflikt 92
Zielkonformität 42, 52
Zielkontrolle 51
Zielorientierung 80
Zielvereinbarung 51
Zulieferer 325
Zusammenhänge erkennen 106
„Zwischenbetriebliches Verbesserungsteam“ (ZVT) 537

Springer und Umwelt

Als internationaler wissenschaftlicher Verlag sind wir uns unserer besonderen Verpflichtung der Umwelt gegenüber bewußt und beziehen umweltorientierte Grundsätze in Unternehmensentscheidungen mit ein. Von unseren Geschäftspartnern (Druckereien, Papierfabriken, Verpackungsherstellern usw.) verlangen wir, daß sie sowohl beim Herstellungsprozess selbst als auch beim Einsatz der zur Verwendung kommenden Materialien ökologische Gesichtspunkte berücksichtigen.
Das für dieses Buch verwendete Papier ist aus chlorfrei bzw. chlorarm hergestelltem Zellstoff gefertigt und im pH-Wert neutral.

Springer

Druck: Mercedesdruck, Berlin
Verarbeitung: Buchbinderei Lüderitz & Bauer, Berlin